Wolfram Hennies

Durch das Jahr – durch das Leben. Feste in Mecklenburg

Wolfram Hennies

Durch das Jahr – durch das Leben

Feste in Mecklenburg

Ammian Verlag

Die Deutsche Nationalbibliothek verzeichnet diese Publikation in der Deutschen Nationalbibliografie; detaillierte bibliografische Daten sind im Internet über http://dnb.dnb.de abrufbar.

1. Auflage 2023

Inhaber: Marcel Piethe
Rahnsdorfer Straße 26, D-12587 Berlin
Tel.: +49 (0)30.6 43 28 776 · Fax: +49 (0)30.6 40 94 706
Mail: verlag@ammian-verlag.de · www.ammian-verlag.de

Satz und Umschlaggestaltung: Ammian Verlag
Druck und Bindung: Standart Impressa, UAB
Printed in Europe

ISBN 978-3-948052-82-9

Inhalt

Geleitwort des Landrats

Liebe Leserinnen und Leser!

Wenn Sie dieses Buch in den Händen halten, dann werden Sie erkennen können, dass wir alle irgendwie gern feiern. Zumindest erweckt dieses Buch diesen Eindruck. Aber wie heißt es so schön: „Feste sollten gefeiert werden, wie sie fallen." Angefangen beim Geburtstag über Einschulung sowie Konfirmation, Kommunion oder Jugendweihe bis hin zur Hochzeit. Dazu kommen Festtage wie Ostern, Pfingsten, Himmelfahrt, Weihnachten – Feste, die einen religiösen Hintergrund haben. Damit aber nicht genug – regionale Unterschiede gibt es im Jahreszyklus ebenfalls, wie wir am Beispiel des Frauentages nur allzu gut wissen.

Doch warum feiern wir eigentlich? Unter anderem aus repräsentativen Gründen – und natürlich aus guter Tradition. Beim Erntefest feiern wir unter anderem die Gaben, die uns eine gute Ernte liefern. Weihnachten erinnern wir an die Geburt Christi. In dieser Aufzählung dürfen wir aber auch nicht die Nationalfeiertage vergessen – wie zum Beispiel den Tag der Deutschen Einheit. Genau da bin ich dann beim Wesentlichen angelangt. Feste und Feierlichkeiten sollen doch genau eines sein – gemeinschaftsstiftend und -erhaltend. Dazu zählen dann auch Bräuche wie Karneval. Die fünfte Jahreszeit liegt auch mir besonders am Herzen.

Welche Feste, Feiertage, Bräuche es im Jahres- und Lebenslauf in Südwestmecklenburg gibt, hat Dr. Wolfram Hennies in wunderbarer Kleinstarbeit zusammengetragen. Einige Bräuche begehen wir schon gar nicht mehr. Dieses Buch ist also auch ein Stück Erinnerung. Wir können uns auf eine Zeitreise begeben, gehen sozusagen auf Entdeckungstour. Einiges Neues begegnet uns ebenfalls auf den Seiten. Doch lassen Sie sich beim Lesen einfach überraschen. Sie werden bestimmt einiges entdecken, das Sie kennen, und anderes, von dem sie nicht gedacht hätten, es in diesem Buch zu finden.

Dem Autor möchte ich auf diesem Wege danken. Allen Leserinnen und Lesern wünsche ich viel Spaß. Eines dürfen wir nicht vergessen – und vielleicht ist dies genau der Grund, warum wir feiern – wir sollten dabei immer Freude empfinden, glücklich sein. Denn schon William Shakespeare sagte einst: „Ein fröhlich' Herz lebt am längsten."

Stefan Sternberg
Landrat des Landkreises Ludwigslust-Parchim

Crivitz

Einleitung

Sitte und Brauch formieren unseren Alltag mit ihrer identitätsstiftenden Funktion, sie sind keine isolierten, aus Zeit- und Raumzusammenhängen gerissenen Kulturphänomene, sie sind in historisch-konkrete Umwelt- und Sozialbedingungen eingeschlossen.[1] Bräuche gibt es im Lebens- und im Jahresablauf. Letztere kann man unterscheiden in solche, die mit der Arbeit und jene, die mit christlichen Feiertagen zusammenhängen. In Mecklenburg werden Bräuche in der Arbeitswelt seit der Mitte des 19. Jahrhunderts immer weniger gepflegt. Ein Grund könnte in den Folgen der Industrialisierung seit der Mitte des 19. Jahrhunderts zu suchen sein, da die mecklenburgischen Dörfer seither einem umfassenden Wandel unterworfen waren.[2] Dafür waren die christlichen Feiertage in Mecklenburg noch immer mit regionalem Brauchtum verknüpft. „Die Welt braucht Bräuche. Bräuche bilden und stärken die Gemeinschaft, vereinen zu gemeinsamen Tun. Religiöse Bräuche tragen Sinn in den Alltag, machen Glauben bräuchlich“[3], denn Manfred Becker-Huberti betont die enge Verbindung von Christentum und Brauch, auch wenn dies heute nicht so offenbar wird wie noch vor 100 Jahren. „Der Sinn christlicher Feiern und Festzeiten wird lebendig in der Vielfalt und den Formen der Festbräuche.“[4] Nach 1871 bildeten nicht mehr allein die kirchlichen Feiertage Anlässe zu gemeinsamen Feiern, hinzu kamen im Kaiserreich der Geburtstag von Kaiser Wilhelm I. am 22. März bzw. 27. Januar (Wilhelm II.) und der Sedantag am 2. September (Sieg über die französische Armee und Gefangennahme Kaiser Napoleons III.) als nationale Feiertage. Sie boten mit den Aktivitäten der Krieger- und Schützenvereine Treffpunkte zu Geselligkeiten.

Die Volkskundlerin Ingeborg Weber-Kellermann konstatiert: „Kalenderbräuche sind nicht nur an bestimmte Daten des Kirchenjahres gebunden, sondern beziehen auch ihren Charakter wesentlich aus solcher Bindung. Die Kirche hat die Heiligentage zu festen Punkten im Kalender gemacht, auf die sich nun kirchlicher und weltlicher Brauch konzentrieren. Unter kirchlichem Schutz und Einfluß entwickelten sich zahlreiche Jahresbräuche und mischten sich mit weltlichen Festelementen. So entstand eine unteilbare Symbiose vieler Festmotive, und es wäre falsch, sie auseinanderzudividieren. Die Kirche als Instanz vermittelte aber auch mit der Setzung dieser Feste ihre Autorität. Auf dem Lande bezeichneten die Kalenderfeste zumeist auch Einschnitte im bäuerlichen Wirtschaftsjahr, brachten wohltuende Pausen in die sauren Arbeitswochen. Da es ja zum Teil bis weit nach dem Zweiten Welt-

1 vgl. Richard Weiss: Volkskunde der Schweiz. Erlenbach-Zürich 1946, S. 155 ff.; Walter Hartinger: Religion und Brauch, Darmstadt 1992, S. 37 ff.

2 vgl. W. Hennies: Das Eindringen der Industrie in das mecklenburgische Dorf. In: Stier und Greif 1997

3 Manfred Becker-Huberti: Lexikon der Bräuche und Feste, Freiburg/Basel/Wien 2000, S. 6

4 Manfred Becker-Huberti: Feiern, Feste, Jahreszeiten – Lebendige Bräuche im ganzen Jahr. Freiburg/Basel/Wien 1998, S. 11

krieg keinen Urlaub und keine verbindliche Freizeit für die arbeitende Landbevölkerung gab, erfüllten die Kalenderfeste in dieser Beziehung eine sehr wichtige Funktion, und auf ihre Einhaltung wurde von der Kirche wie von den Gläubigen streng geachtet ... Mit der Mechanisierung der Landwirtschaft und der Verbürgerlichung auch der agrarischen Welt löst sich der traditionelle Festkalender allmählich auf, bilden sich in Stadt und Land neue Formen festlichen Verhaltens. Weithin werden die alten Feiertage durch Ferien und Urlaub abgelöst."[5] Vor dem 19. Jahrhundert waren im Fest „weder kirchliche und weltliche Herrschaft noch religiöse und profane Elemente voneinander zu trennen; Andacht, Markt und Belustigung fielen nicht nur zusammen, sondern bildeten auch eine letztlich untrennbare Einheit. Die aufbrechenden Volksfeierlichkeiten, die im Zuge technischen Fortschritts und veränderter Massenkultur eine moderne Freizeitgestaltung darstellten, wurden von kirchlich-religiöser Seite argwöhnisch beäugt, lieferten sie doch ein Gegengewicht zu einem auf Tradition und Beharren aufbauenden religiösen Denken und lösten manches religiöse Fest ab, so dass Angst vor dem Verfall sittlicher Werte aufkam. Der Sonntag diente nicht mehr der Heiligung des christlichen Feiertages, sondern dem Ausleben von Freizeitkultur."[6] Das tägliche Leben war von den Jahreszeiten und den anfallenden Arbeiten bestimmt, die aber auch für die Geselligkeit im dörflichen Leben Platz boten.

Der Theologieprofessor Thomas Klie geht auf das gegenwärtige Verhältnis von kirchlichen Festtagen und säkularisierter Gesellschaft ein: „In dem Maße, wie die Bedeutung der christlichen Festtage im öffentlichen Bewusstsein abnimmt, reihen sich andere Feiern in den Jahresfestkalender ein. Sie erweitern das Kirchenjahr und gestalten es bunter. Dadurch entstehen ganz neue Zeitläufe und Kristallisationspunkte. Einige dieser neuen Feste behaupten sich von ihrer Geschichte her ganz bewusst jenseits religiöser und kirchlicher Sinnzuschreibungen (1. Mai, Muttertag). Andere dagegen bereichern das Kirchenjahr um Aspekte, die weniger biblisch als vielmehr zivilreligiös ausgelegt sind (Karneval, Valentinstag). Wieder andere werden unverhohlen als säkulare Umcodierung ursprünglich kirchlicher Feiertage begangen (Vatertag, Halloween). Dazu kommen familiäre, stadtgeschichtliche und kalendarisch veranlasste Feiern wie Einschulung, Volksfeste und Silvester."[7] „Die neue Festlichkeit legitimiert sich weniger traditional als vielmehr funktional. Der schöne Tag und die hohe Zeit machen oft nur noch Sinn, wenn sie gut tun: dem Arbeitsalltag (1. Mai), der Genussfreude (Weihnachten, Weihnachtsmärkte), dem Ritualisierungsbedürfnis (Einschulungsfeier) und immer auch dem Umsatz der Anbieter von Fest-Accessoires. In der späten Moderne ist alles um eines anderen willen da. Und so leben die neuen Feste eher vom Vollzug als von der Vergegenwärtigung."[8]

Bräuche sind an Menschen geknüpft, sie müssen überliefert und auch ausgeübt werden, sonst „schlafen" sie ein und verschwinden. Im Laufe der Zeit unterliegen sie Veränderungen, wobei ein und derselbe Brauch im gleichen Ort je nach Familientradition unterschiedlich gepflegt wird. Ziehen

5 Ingeborg Weber-Kellermann: Saure Wochen, frohe Feste. Volksbräuche im Wandel. München/ Luzern 1985, S. 58

6 Silke Leonhard: Schützen- und andere Volksfeste. Prozession zum Festzelt. In: Thomas Klie: Valentin, Halloween & CO., S. 153

7 Thomas Klie: Zeitverschiebungen. Die neuen Einträge im zivilreligiösen Festkalender. In: Thomas Klie: Valentin, Halloween & Co. Zivilreligiöse Feste in der Gemeindepraxis, Leipzig 2006, S. 7

8 ebenda S. 16

fremde Menschen in größerer Anzahl in ein Gemeinwesen, so können sich unter deren Einfluss ebenso Bräuche ändern bzw. völlig neue Gewohnheiten in das Brauchtum aufgenommen werden. So ist das auch mit der Vorweihnachtszeit in Südmecklenburg. Zudem besteht ein Trend weg von der Regionalisierung hin zur Internationalisierung. Durch den Einfluss der Massenmedien, vor allem des Fernsehens, werden immer mehr Anregungen zur Festgestaltung aus anderen Gebieten aufgenommen. In den letzten Jahrzehnten zeichnet sich eine immer durchgreifendere nationale Brauchtumsangleichung ab, sicher durch Presse, Rundfunk und Fernsehen gefördert. Darüber hinaus sind auch Aspekte der Globalisierung unverkennbar – Brauchtum aus Amerika, bekannt aus Film und Fernsehen, dringt auch in Mecklenburg ein.

Vor allem die Eckpunkte des menschlichen Lebens – Geburt, Heirat, Tod – wurden und werden mit Ritualen aus dem Tagesablauf herausgehoben. Der jährlich wiederkehrende Geburtstag, der Hochzeitstag, der Jahreswechsel, eine lange Liste vorgegebener Festtage prägt unseren Jahres- und Lebensablauf. Das jeweilige Ereignis sollte „für lange Zeit in der Erinnerung bewahrt werden. Deshalb sind die dabei verwendeten Gebrauchs- und Schmuckgegenstände oft mit Widmungen und dokumentierenden Inschriften versehen worden."[9] Taufe, Konfirmation, Heirat und Tod sind Höhepunkte im Lebenszyklus. Dazu kommen biografische Ereignisse wie Geburtstag, Ausbildungsabschluss oder Ehejubiläum, die als Feste begangen werden.

Immer dann, wenn Schwellen im Leben überschritten werden, geben Rituale Halt und Orientierung. Sie helfen im Alltag, Altgewohntes loszulassen und sich auf etwas ganz Neues einzulassen. „Die Phase des Übergangs ist der eigentliche Dreh- und Angelpunkt dieser Riten. An und für Übergänge im Leben des Einzelnen und der Gemeinschaft sind diese Riten entstanden. Denn Übergänge von einer Lebensphase in die andere sind ein Problem, das den Menschen aller Kulturen und Zeiten zu schaffen machte und macht und nach Gestaltung, nach Einbindung in eine feste Form schreit."[10] Zu den Übergangsriten gehört Publizität, sie werden aus dem privaten Bereich ins Öffentliche gebracht, dabei sind alle Anwesenden Teilnehmer.

Bei allen großen Übergängen des menschlichen Lebens, bei Taufe, Konfirmation/Jugendweihe, Hochzeit und Begräbnis, werden die im Mittelpunkt stehenden Personen durch besondere Kleidung und gemeinsames Festessen hervorgehoben[11] und tragen dazu bei, dem Festtag eine besondere äußere Form zu geben. Der nach einer Beisetzung übliche Leichenschmaus, heute meist nur noch auf das Kaffeetrinken reduziert, soll nicht nur die Trauergemeinde vereinigen, sondern auch Gemeinschaft mit dem Toten herstellen.[12] Zu den Familienfesten gehörte auch Musik und Tanz, zumal wenn die Feier in der Gaststätte stattfand. Diese Verlagerung aus dem eigenen Haus in eine dörfliche Gaststätte mit Saal vollzog sich in der zweiten Hälfte des 19. Jahrhunderts.

In unserer säkularisierten Gesellschaft sind die kirchlichen Rituale für viele Menschen noch der einzige Kontakt zur Institution Kirche. Aber da der Glaubenshintergrund oft fehlt, werden dann die Rituale als sinn-

9 Johannes Just: Sächsische Volkskunst. Leipzig 1982, S. 275

10 Angelika-Benedicta Hirsch: An den Schwellen des Lebens – Rites de passage als anthropologische Konstante. Eröffnungsvortrag in der Katholischen Akademie Berlin, 17.9.1999: www. ritesdepassage. de/pdf/Benedicta_Hirsch. pdf

11 Vgl. Weiss a. a. O., S. 143

12 Vgl. ebd. , S. 131

Fotografen übermitteln mit ihren Aufnahmen aus der 2. Hälfte des 19. Jahrhunderts das Aussehen der damals lebenden Menschen. O. von Schwanewedel etablierte sich 1862 als Plauer Fotograf, A. Ehrich ließ sich 1870 in Plau nieder, Junge & Möller arbeiteten in Lübz

entleert empfunden. „Die christliche Kirche hat im Laufe ihrer Geschichte für die wichtigsten lebensgeschichtlichen Einschnitte wie Geburt, Eintritt ins Erwachsenenalter, Heirat und Tod zeremonielle Handlungen entwickelt, durch welche den Gläubigen besondere himmlische Gnadengaben angeboten wurden. In keinem einzigen Fall jedoch hat sich das Kirchenvolk begnügt mit den offiziellen kultischen Handlungen. Vielmehr wurden diese jeweils erweitert durch einen Kranz von begleitenden brauchtümlichen Maßnahmen, dadurch wurde das Gewicht der Zeremonie hervorgehoben, gleichzeitig aber meist auch sichergestellt, dass nicht nur das betreffende Individuum in Erscheinung trat, sondern auch die größere Gemeinschaft, innerhalb derer sich sein Leben vollzog. Solche Elemente konnten sein: das gemeinsame Mahl, die Verpflichtung zu Geschenken, der gemeinsame Aufzug. Mittel der augenfälligen Hervorhebung des einmaligen Ereignisses und dessen emotionaler zeitlicher Vertiefung konnten sein: die besonders symbolhaft gedeutete Kleidung oder das besondere Erinnerungszeichen“, charakterisiert der Volkskundeprofessor Walter Hartinger die enge Verbindung von Kirche und Volksleben.[13]

Bräuche haben soziale Funktionen. Sie strukturieren die Zeit und machen das Jahr und damit auch das eigene Leben erfahrbar. „Vor allem in der ländlichen vorindustriellen Gesellschaft, aber auch in der vom Zunftwesen geprägten Stadt dominierte der Brauch weite Bereiche des öffentlichen und des beruflichen Lebens wie des privaten Alltags im kirchlichen und im profanen Bereich. Bräuche beziehen sich also stets auf einen Teil der Gesellschaft, für den sie als Zeichen

13 Hartinger a. a. O., S. 189 f.

einer Norm verpflichtend sind. Sehr unterschiedlich in Herkunft und Alter, in Wirkungsbreite und Dauer waren und sind sie oft bedeutsam als Ausdruck der Freude oder auch der Trauer, der Zustimmung oder auch des Protestes, oft als Stütze für die Lebensbewältigung derjenigen, die sie ausüben oder an ihnen teilhaben. Sie sind ein Mittel der zwischenmenschlichen Kommunikation."[14]

Seit Mitte der 1950er Jahre kam es in der DDR zur Herausbildung von Ersatzritualen für kirchliche Taufe, Trauung und Bestattung. „Diese sogenannten sozialistischen Feiern zur Namensweihe bzw. Namensgebung, zur Sozialistischen Eheschließung und Sozialistischen Bestattung sollten kollektiv vollzogen werden, vorzugsweise in Betrieben oder werkseigenen Klubhäusern stattfinden und zielten auf ein Bekenntnis zum Sozialismus. Ausgestaltung, Ansprachen und Vollzug der Feiern sollten durch Ehrenamtliche abgedeckt werden. Anders als die Jugendweihe, die als kollektive Jugendfeier bis heute erfolgreich durchgeführt wird, war den sozialistischen Feiern zu Geburt, Ehe und Tod kein Erfolg beschieden. Bei der Einführung sozialistischer Feiern vollzogen sich sehr differenzierte Herrschaftsprozesse, bei denen sich auch Kräftebewegungen von „Unten" nach „Oben" ausmachen lassen. Am Beispiel der Herausgabe zentraler Anleitungen für diese Feiern zeigt sich, wie Herrschaft selbst von verschiedenen Faktoren beeinflussbar war. Die ideologisch angestrebte politische Ausrichtung der Feiern wurde von einem Großteil der Beherrschten verweigert. Wo sie als Feiern rezipiert wurden, vernachlässigte man das politische Moment scheinbar völlig; Feiernde und Feiern zogen sich in den Privatraum zurück und der familiäre Teil rückte im Laufe der Jahre immer mehr in den Mittelpunkt, bis sie in den (19)70er Jahren auch konzeptionell einbezogen wurden.

Trotz des Nichterfolgs sozialistischer Feiern kam es aber gleichzeitig zu einer

14 Weber-Kellermann: Feste a. a. O., S. 16

Entkirchlichung und nachlassenden Inanspruchnahme kirchlicher Kasualien. War, so ist zu fragen, das private Feierbedürfnis so eindeutig individuell oder konsumorientiert, dass Inhalte, egal ob politischer oder religiöser Natur, nebensächlich wurden? Für eine solche inhaltliche Sinnentleerung auf beiden Seiten spricht die oberflächliche Rezeption christlicher Formen in den sozialistischen Feiern. Individuelle Vorstellungen und Bedürfnisse, wie ein Leben zu feiern sei, standen herrschaftlichen Vorstellungen und Ideologien entgegen und trugen so maßgeblich zum Nichterfolg sozialistischer Feiern bei."[15]

In der DDR bestand auch eine Tendenz, Familienfeste zu vergesellschaften. Ute Mohrmann bemerkt dazu: „Geburtstage wurden längst nicht mehr nur als Familienfeste gefeiert. Kindergeburtstage fanden auch im Kindergarten und im Schulhort statt. Geburtstagsfeiern der Erwachsenen oder Ehejubiläen verlängerten sich durch Nachfeiern mit Arbeitskolleginnen und -kollegen. Die Betriebe statteten Protokollgeburtstage und Arbeitsjubiläen aus. So gesehen erscheint die DDR-Festkultur als bunter Flickenteppich. Dabei besaß sie ein Nebeneinander von Historizität und Innovation, Mehrdimensionalität und Einförmigkeit sowie eine Struktur von zentralen und Grenzbereichen."[16] Brauch-Rekonstruktionen wie die Lehrabschlussfeiern setzten sich nicht durch. „Die angestrengte Einführung feierlicher Riten aus persönlichem Anlass, wie zum Beispiel die Personalausweis-Übergabe, das Fest der Volljährigkeit, der Beginn der Facharbeiterlehre und die Aufnahme in die Arbeiterklasse, fand ebenfalls keine Resonanz. Die Überorganisation ritualisierter Lebens-Stationen in Kollektiven war besonders für Kinder und Jugendliche mit der Einschulung, der Aufnahme als Jungpionier, Thälmann-Pionier und Mitglied der FDJ sowie der Jugendweihe an Grenzen gestoßen. Breiten Zuspruch fanden dagegen in der Kombination von öffentlichem und privatem Feierrahmen die Schuleinführung, die Jugendweihe mit einem seit den 1970er Jahren stärker auf Erlebnis und Erfahrungswissen ausgerichteten Konzept und die feierliche standesamtliche Eheschließung. Letztere war in den 1970er/1980er Jahren gegenüber der kirchlichen Trauung zur Hauptform der Hochzeit geworden. Neben der Jugendweihe kam der Hochzeit als Übergangsritus eine herausgehobene Bedeutung im Lebenslauf der DDR-Bevölkerung zu. In den Wertvorstellungen und Lebensplänen junger Leute besaßen Hochzeit, Ehe und Familie eine hohe Priorität. Das entsprach weitgehend dem sozialistischen Familienleitbild.

Doch versagte die Passfähigkeit von privaten Vorstellungen und politischem Wunschmodell in der Realität. Die DDR-Familie war mit ein bis zwei Kindern personell kleiner als offiziell gewünscht und auf zwei Eheschließungen kam jeweils eine Scheidung. Trotz immer kürzerer Verweildauer in den Ehen und zunehmender Pluralisierung der Familienformen beruhten die meisten DDR-Familien traditionell auf der Ehe. Die Hochzeit, das Fest des Eintritts in eine meist neue Lebenssituation, galt als etwas Außergewöhnliches und Besonderes. Dementsprechend wurde sie aufwändig ausgestattet und groß gefeiert. Engpässen bei der Beschaffung von reichlich Essen und Trinken wie bei der Reservierung von grundsätzlich preisgünstigen Feiermöglichkeiten in Gaststätten, Klubs und Kulturhäusern musste mit langfristigen Vorkehrungen be-

15 Ines Lange: Von der Wiege bis zur Bahre. In: Kulturation 1/2004, Online Journal für Kultur, Wissenschaft und Politik. www. kulturation. de

16 Ute Mohrmann: Lust auf Feste – Zur Festkultur der DDR. In: Häußer/Merkel: Vergnügen in der DDR. Berlin 2009, S. 32 f.

gegnet werden. Das traf auch auf die Planung der Hochzeitsreise zu, da die Reiseangebote weitgehend kontingentiert waren. Der traditionelle Hochzeitszyklus mit seinen Hauptbestandteilen von Verlobung, Aufgebot, Polterabend, standesamtlicher Registrierung und kirchlicher Trauung sowie Hochzeitsfeier und Hochzeitsreise war in den 1950er Jahren noch weitgehend stabil.

Das änderte sich infolge allgemeiner Säkularisierung, spezifischer Entchristlichung und staatlicher Verordnungen allmählich. Neue Gesetze und Beschlüsse über die Eheschließung und ihre würdige Form trugen dazu entscheidend bei. Die standesamtliche Eheschließung wurde zur Hauptform der Hochzeit der mehrheitlich konfessionslosen Brautpaare. Der Tag der Eheschließung war vom Gesetzgeber als arbeitsfrei erklärt worden. In den Standesämtern gab es seit Mitte der 1970er Jahre repräsentative Festräume. Es wurde ein feierlicher, in sich variabler Ablauf des Eheschließungszeremoniells eingeführt: Musik, Ansprache, Jawort, Unterschrift der Eheschließenden, Ringtausch, Kuss, Glückwünsche, auf Wunsch Anstoßen mit Sekt und Fotografieren. Dabei sind wesentliche Bestandteile des kirchlichen Brauchtums, darunter Ringtausch, langes weißes Brautkleid mit Schleier, Teilnahme der Hochzeitsgesellschaft an der Eheschließung, Blumen streuende Kinder, Wegsperren und Spaliere zur Ausschmückung und Zelebrierung der standesamtlichen Festlichkeit übernommen worden. Diese Rezeptionen trugen schließlich zum weiteren Rückgang der kirchlichen Trauungen bei."[17]

Jeder von uns wird Zeuge des Brauchwandels. Im 20. Jahrhundert lassen sich drei große gesellschaftliche Zäsuren ausmachen, auf die in der Erinnerung der Gewährsleute immer wieder Bezug genommen wird: 1. Weltkrieg, 2. Weltkrieg und die Wende 1989/90. So verschwanden mit der Wende 1990 etliche Brauchtumsformen (beispielsweise sozialistische Namensgebung und der politische Umzug am 1. Mai), andere kamen neu hinzu wie Muttertag, Strohpuppen, Strohballenfiguren, Halloween, Fegen zum 30. Geburtstag und Kreuze am Straßenrand. Jeder Brauchkomplex beinhaltet vier wesentliche Merkmale: „Sie haben eine Geschichte (historische Dimension). Sie sind Angelegenheit einer Gemeinschaft (soziale Dimension). Sie setzen sich aus Formelementen wie Umzug, Maskierung, Spiel oder Lied zusammen (strukturale Dimension) und sie dienen einem Zweck, etwa der Repräsentation, der Geselligkeit oder der Erziehung (funktionale Dimension)."[18] Hartinger nennt drei Strukturbestandteile des Brauches: die Träger/Akteure, die phänomenologischen Elemente wie Zeit, Raum, Handlungsformen und Requisiten sowie die Funktion.[19]

Im zeitlichen Vergleich der vergangenen 200 Jahre ist augenfällig, dass das Brauchtum in Mecklenburg im steten Wandel begriffen ist. Während noch vor 150 Jahren Feste eine wichtige Funktion ausübten, dienten sie doch der Entspannung und Erholung vom harten Arbeitsalltag, ist ihre Bedeutung, sieht man von Ostern und Weihnachten einmal ab, für das alltägliche Leben deutlich geschwunden. Ihre Funktion haben das Wochenende und der Urlaub mit Reisen übernommen.

17 ebenda S. 46 ff.

18 Alois Döring: Rheinische Bräuche durch das Jahr, 2. Auflage, Köln 2007, S. 26

19 Hartinger a. a. O., S. 45

Alter Gasthof in Wahlstorf

Wassermühle und Schleuse in Plau

Volkskundliche Bemerkungen zu Südwestmecklenburg

Für jeden Menschen ist der Begriff „Heimat" mit konkreten Bildinhalten behaftet, zu denen neben der Landschaft vor allem die Bauten in Stadt und Dorf gehören. Die Volkskunde leistet mit dem Aufzeigen kultureller Äußerungen, die sich für jeden sichtbar auch und gerade in baulichen Überlieferungen offenbart, einen Beitrag zur Identitätsfindung in einer sich ständig wandelnden Welt.

Bis Ende des Kaiserreiches war Mecklenburg administrativ in Domanium, Ritterschaft und Landschaft (Städte, Klöster) mit jeweils eigenen Verwaltungseinheiten unterteilt. Es gab domaniale Bauerndörfer mit Büdnereien und Häuslereien (z. B. Domsühl, Garwitz, Hohenwoos, Loosen), domaniale Bauerndörfer, in oder neben denen Pachthöfe bestanden (Brahlsdorf, Dambeck, Marnitz, Perdöhl), domaniale Pachthöfe (Beckentin, Friedrichsruhe, Granzin südl. Parchim, Sudenhof), ritterschaftliche Bauerndörfer (Bretzin, Luckwitz, Wanzlitz, Warsow), ritterschaftliche Güter mit bäuerlicher Restsiedlung (Balow, Lehsen, Neese, Schlieven), ritterschaftliche Güter ohne bäuerlicher Restsiedlung (Mentin, Pritzier, Tessenow, Zahrensdorf), Büdner- und Häuslerdörfer (Consrade, Neu Göhren, Löcknitz, Rusch).[20]

Die ländlichen Siedlungen weisen unterschiedliche Dorfformen auf: Rundling mit ursprünglich nur einem Zugang, die Kirche steht auf dem Dorfplatz (Damm, Karrenzin); Angerdorf, eine Großform, auf dem Anger stehen Kirche, später Schule und Spritzenhaus (Grebbin, Rom); Straßendorf, die Straße ist die Dorfachse, die Kirche steht in der Häuserreihe einer Seite (Marnitz, Mestlin); Sackgassendorf, aus Rundling entstanden durch Häuserbau an der Zugangsstraße (Garwitz, Matzlow); Zeilendorf, kann als in Längsrichtung halbiertes Anger- oder Straßendorf angesprochen werden (Darze, Neu Ruthenbeck); Weiler, besteht aus wenigen Gebäuden (Klein Godems, Malchow); Gutsdorf, wird durch eine Gutshofanlage bestimmt (Frauenmark, Hof Bergrade); Einzelsiedlung, alleinstehende Häuser, Wassermühle (Griebower Mühle, Neu Herzfeld). Die Dorfnamen sind entweder wendischen Ursprungs (Dütschow, Grebbin), gemischtsprachig (Gnevsdorf, Stresendorf) oder tragen einen deutschen Namen (Stralendorf, Ziegendorf).[21]

In der Weimarer Republik wurden diese alten Verwaltungszuständigkeiten und Unterstellungsverhältnisse, die auf feudalen Besitztitel gegründet waren, abgeschafft. Die Dörfer und Städte einer regionalen Einheit gehörten nun zu einem Kreis (ab 1925 in Südwestmecklenburg: Amt Ludwigslust und Amt Parchim). Die Vereinheitlichung führte nicht nur zu Erleichterungen bei Behördengängen, sondern verbesserte auch die bisher stark beeinträchtigte Kommunikation zwischen den Dörfern und beförderte deren ökonomische und politische Verbindung. Das

20 Bruno Benthin: Die historischen Flurformen des südwestlichen Mecklenburg. Schwerin 1960, Abbildung 46

21 vgl. W. Hennies: Zu den Ortsnamen des Kreises Parchim. In: Schweriner Blätter Jg. 9 Schwerin 1989

Gutshaus Benthen

Gutshaus Reppentin

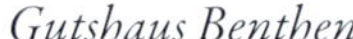

dörfliche Sozialgefüge war vor der Industrialisierung durch Adlige, Bauern, Gesinde und wenige Handwerker gekennzeichnet, es gab um 1800 ein starr ausgeprägtes Oben und Unten. Um 1900 war ein breites Dazwischen hinzugekommen. Im Dorf lebten nun auch Beamte, Handwerker und Arbeiter, auch gab es jetzt bei den Bauern eine breit gefächerte Mittelschicht. Das wird am Beispiel Wendisch Priborn deutlich: 1889 hatte der Ort 800 Bewohner, darunter 33 Gehöftbesitzer, 72 Häusler, 6 Kaufleute, 5 Maurer, 4 Tischler, 4 Schneider, 3 Schuhmacher, 2 Mehlhändler, 2 Bäcker, 1 Viehhändler, 1 Müller, 1 Schlachter, 1 Maler, 1 Schmied, 1 Produktenhändler, 1 Fischhändler, 1 Bahnbeamter, 1 Postbeamter, 3 Briefträger.[22] Das evangelisch-lutherische Glaubensbekenntnis stellte einen starken kulturellen Integrationsfaktor dar.[23] „Dort, wo die Güter ihre ursprüngliche Größe, ihren technischen Standard und die Zusammensetzung der Einwohnerschaft über einen längeren Zeitraum bewahrten, blieb das traditionelle Brauchtum über Jahrzehnte in überlieferter Weise erhalten. Dort, wo sich das Gut so vergrößert hatte, dass beispielsweise die Erntemengen nur mit Hilfe von Saisonarbeitern, fremden Arbeitern also, die aus anderen Dörfern und Landschaften (später auch fremden Ländern) gemietet werden konnten, einzubringen waren, veränderte sich das Brauchgefüge im Verlauf des 19. Jahrhunderts grundlegend.“[24] Nach dem Ende des 2. Weltkrieges kam es zu einer gewaltigen Bevölkerungsdurchmischung und Erhöhung (trotz der Kriegstoten) durch den Zuzug der Vertriebenen aus den deutschen Ostgebieten. Dafür einige Beispiele aus dem Kreis Parchim. Augzin 128 (1939)/ 335 (1946), Barkow 306/684, Beckendorf 85/246, Bobzin 236/593, Daschow 99/238, Friedrichsruhe 332/721, Gischow 287/623, Grambow 112/342, Groß Niendorf 415/985, Hohen Pritz 156/444, Karow 494/1043, Lindenbeck 87/220, Mentin 196/593, Reppentin 44/117, Rom 237/616, Siggelkow 534/1248, Spornitz 968/1950.[25]

Schriftliche Überlieferungen zu Festen und Bräuchen aus Südwestmecklenburg gibt es vor allem aus dem 19. Jahrhundert, wobei

22 PZ Nr. 26 vom 30.3.1889

23 Reinhard Peesch/Wolfgang Rudolph: Mecklenburgische Volkskunst. Leipzig 1988, S. 7

24 Heike Müns: Von Brautkrone bis Erntekranz. Jahres- und Lebensbräuche in Mecklenburg-Vorpommern. Rostock 2002, S. 28

25 1939: treemagic.org/rademacher/ www.Verwaltungsgeschichte.de/Parchim.html;
1946: Volks- und Berufszählung vom 29.10.1946. Deutsches Gemeindeverzeichnis Berlin/München 1950

die überwiegende Mehrzahl sich mit dem Dorfleben befasst. Das kulturgeschichtliche dominierende Kennzeichen war im 19. Jahrhundert der Gegensatz zwischen Stadt und Land. „Die in die Volkskultur wirkenden Impulse gingen nur zu einem geringen Teile von der feudalen Kultur des Adels und des Klerus aus; die wirkungsvolleren Anstöße kamen von der Kultur und Lebensweise des Kaufmanns- und Handwerkerbürgertums in den Hanse- und Handelsstädten. Noch am 18. und zu Beginn des 19. Jahrhunderts orientierte man sich in Mecklenburg am kulturellen Standard von Lübeck und Hamburg und nicht an den Verhältnissen in Ludwigslust oder Neustrelitz. Kulturvermittelnd zwischen den Hafenstädten und dem platten Lande wirkten die vielen kleinen, für diese Region durchaus charakteristischen Handwerkerstädte ... Im ländlichen Bereich waren die Voraussetzungen für die Entfaltung kultureller Aktivitäten sehr unterschiedlich: im landesherrlichen Domanium und auf dem Kirchenland der Bistümer, Klöster und Stifte lebten die Bauern im allgemeinen etwas ungebundener als in den oft unmittelbar angrenzenden ritterschaftlich-gutsherrlichen Besitzungen."[26]

Besonders umfangreich volkskundliche Überlieferungen aus dem Landstrich Griese Gegend erhalten. Dabei ist die Herrschaftskultur des Adels kaum präsent, dafür die das kulturelle Dorfleben tragende Oberschicht der selbständig wirtschaftenden Bauern. Die ländlichen Unterschichten treten vor allem in Beziehung zur Bauernfamilie in Erscheinung.

26 Peesch/Rudolph a. a. O., S. 8

Die Städte

In Mecklenburg-Schwerin arbeiteten Anfang des 20. Jahrhunderts rund 130 000 Personen in der Landwirtschaft, rund 70 000 in der Industrie.[27] Als größere Industriebetriebe sollen genannt werden: In Boizenburg existierte seit 1885 eine Schiffswerft und seit 1903 ein Fliesenwerk. Im Dömitz wurde 1892 ein Sprengstoffwerk gegründet. Lübz hatte ab 1877 eine Brauerei und ab 1894 eine Zuckerfabrik, hinzu kamen einige Maschinenfabriken, in Neustadt-Glewe gab es ein Lederwerk (1911), in Parchim eine Tuchfabrik (1819) und eine Maschinenfabrik (1858), in Plau eine Maschinenfabrik (1840). In Lübtheen, Jessenitz und Conow wurden Kali- und Steinsalze bergmännisch abgebaut, in Malliß Braunkohle. Hier konzentrierte sich die Arbeiterschaft, von der aber keine starken Impulse zur Festgestaltung ausgingen. Sie orientierte sich am städtischen Bürgertum mit seinen Vereinen, nahm, so es möglich war, an deren Festen (z. B. Königsschuss zu Pfingsten) teil, und organisierte sich ihrerseits in Sportvereinen. Ähnlich wird es mit den häuslichen Dienstboten (zumeist Dienstmädchen) gewesen sein. 1905 existierte in Plau ein Arbeiterverein, der seine Mitglieder zum Herbstvergnügen auf einen Ball mit musikalischer Begleitung durch die Stadtkapelle im Bahnhofshotel einlud.[28] Das kulturelle Leben in der Stadt wurde vom Bürgertum getragen, wobei die Handwerker mit ihren Bräuchen die Überlieferung dominierten. Erhalten bis heute blieb das „Freisprechen" der Junggesellen vor geöffneter Lade durch den Innungsobermeister. Die Schriftsetzer und Drucker pflegen immer noch das „Gautschen", eine Art Gesellentaufe. Die Zimmerleute pflegen noch heute

27 Statistisches Handbuch für das Großherzogtum Mecklenburg-Schwerin, Schwerin 1910, S. 68

28 PZ Nr. 133 vom 7.11.1905

Plau am See, ehemaliges Kino und Bahnhofshotel

beim Richtfest, dem feierlichen Ritual bei der Vollendung eines Gebäudes im Rohbau, wozu eine Richtkrone am Firstbalken befestigt wird, einen Richtspruch vorzutragen.

Ein Großteil des städtischen Bevölkerungszuwachses erfolgte durch Zuzug vom Lande. Auslöser war die Industrialisierung mit ihrem Bedarf an Arbeitskräften. In den Fabriken wurden zunächst die Facharbeiter durch Handwerkergesellen gestellt, erst später erfolgte eine spezifische Berufsausbildung im Betrieb. Den Ungelernten aus dem Dorf blieben in der Fabrik nur Hilfsarbeiterstellen. Nicht nur die unterschiedliche Bezahlung trennte beide Schichten. Die Gesellen hatten ihre Sozialisierung in einem städtischen Handwerksbetrieb erfahren, die vom Dorf Kommenden waren in ländliche Sozialstrukturen eingebunden gewesen. Neben der Arbeit in der Fabrik gab es in der Stadt die Möglichkeit, als Dienstpersonal tätig zu sein. Auch diese Personen, zumeist Mädchen, kamen vom Lande in die Stadt. Jürgen Kocka spricht vom 19. Jahrhundert regelrecht als einem „Jahrhundert des Dienstmädchens". Das Betätigungsfeld des Gesindes war von Hausarbeit, persönlicher Bedienung der Herrschaft, von wirtschaftlichen Tätigkeiten in Landwirtschaft und Gewerbe bestimmt.[29] Ein Dienstmädchen war unverzichtbarer Bestandteil eines jeden bürgerlichen Haushalts. Sein Vorhandensein demonstrierte der Außenwelt, dass die Frau des Hauses nicht arbeiten musste.[30] Neben den Dienstboten und Arbeitern wurde das Sozialgefüge der Stadt vom Handwerk und Gewerbe, in Parchim und Ludwigslust zusätzlich vom Militär bestimmt. Hinzu kam die Beamtenschicht aus Verwaltung, Post und Eisenbahn.

In der Stadt wohnte der Geselle nicht mehr beim Handwerksmeister, sondern bezog mit seiner Familie als „ewiger" Geselle eine eigene Wohnung. Neben der Kneipe, wo sich die Männer trafen, waren die Kleingärten (mit dem entsprechenden Verein) eine nützlich-erholsame Freizeitbeschäftigung. Jede mecklenburgische Stadt besaß ein Kino, die größeren Städte hatten sogar mehrere Lichtspielhäuser. 1912 wurde in Ludwigslust eines der ersten Kinos in Mecklenburg eröffnet. Parchim hatte 1914 Kinos in der Langen Straße 47 – Olympia, später Schauburg; in der Lindenstraße 37 – Lichtspiel-Theater, ab 1929 auf dem Alten Markt – Capitol, 1915 wurden in Plau das Lichtspieltheater Metropol im Bahnhofshotel und 1919 das Grabower Lichtspieltheater Urania eröffnet. In vielen Dorfsälen fanden ebenfalls Filmvorführungen statt. Über dieses Medium drang bürgerliche Massenkultur ganz intensiv in das soziale Leben in Stadt und Land ein.[31] Heute haben diese Funktion das Radio, das Fernsehen und das Internet übernommen, über die sich internationale Trends rasch verbreiten.

29 Jürgen Kocka: Arbeitsverhältnisse und Arbeiterexistenzen. Grundlagen der Klassenbildung im 19. Jahrhundert. Bonn 1990, S. 111

30 Heidi Rosenbaum: Formen der Familie. Untersuchungen zum Zusammenhang von Familienverhältnissen, Sozialstruktur und sozialem Wandel in der deutschen Gesellschaft des 19. Jahrhunderts. Frankfurt am Main 1982, S. 341

31 vgl. Bentzien/Neumann: Mecklenburgische Volkskunde, Rostock 1988 S. 79

Mit der Industrialisierung nach 1850 entstanden nicht nur der Arbeiterstand und die Trennung von Wohnung und Arbeitsplatz sondern auch der Bereich Freizeit. Die Zeit wird eingeteilt in Erwerbstätigkeit und arbeitsfreie Zeit. Diese wiederum wird nicht nur von der Länge des Arbeitstages begrenzt, sondern ist auch vom Regenerationsbedürfnis geprägt. Nur der Umfang der über die Regenerationsphase hinausreichenden arbeitsfreien Zeit war Freizeit im heutigen Sinne, in dem die Arbeiter brauchtumsartige Freizeitaktivitäten, „Geselligkeit", entfalten konnten.[32] Wichtiger öffentlicher Freizeitort der Arbeiter war neben dem eigenen Garten die Kneipe, wo sich die Freizeitaktivitäten bündelten: Sportverein (Kegeln), Gesangsverein, Bildungsvorträge und Feiern.[33] Bei den Handwerkern wirkten auch noch die alten Bräuche der Zunftzeit weiter. 1905 berichtete die „Plauer Zeitung", dass in Plau das Maurer- und Zimmerer-Quartal (vierteljährliche Zusammenkunft) abgehalten wurde: „Nachmittags erfolgte ein Umzug und abends fand ein gutbesuchter Ball im Schützenhaus statt."[34] Daneben hatten die Arbeitersportvereine (Turnen, Wandern, Radfahrer, Schwimmen) großen Zulauf. Das alles zeigt zudem, dass neben der Arbeitsmöglichkeit der Freizeitbereich in der Stadt mit seinen Unterhaltungsmöglichkeiten für die nichtbäuerliche Schicht des Dorfes große Anziehungskraft ausübte.

Auch das Bürgertum traf sich in verschiedenen Vereinen, wobei zumeist hier Männer dominierten. Frauen engagierten sich im Rahmen der Kirche in sozialen Verbänden und Einrichtungen. Jürgen Kocka bemerkt dazu: „Zu Freizeitaktivitäten wurden Frauen auch dann von Arbeitervereinen eingeladen, wenn diese nur männliche Mitglieder zählte, was die Regel war. Die an Sonn- und Festtagen häufigen Tanzvergnügungen lebten von der Teilnahme junger Leute beiderlei Geschlechts! In den Kneipen wurde ein klassenspezifischer Lebensstil sichtbar, so sehr sie sich auch regional und nach Ausprägung unterschieden. Vor allem bürgerliche Kritik am übermäßigen Alkoholkonsum, speziell am anscheinend sinnlosen Vergeuden des Lohnes am Tag der Lohnauszahlung, prägte das Bild dieser Kneipenkultur von außen: augenblicksorientiert, verschwenderisch, auch selbstzerstörerisch erschien diese Form der Arbeiterfreizeitgestaltung ... Sicherlich waren Kneipen auch Orte der Flucht vor einer Realität, die bedrückende Züge aufwies und wenig Abwechslung bereithielt. Doch sie hatten auch andere Funktionen. Sie dienten als Orte des Rückzugs aus beengten Wohnverhältnissen. Der dort konsumierte Alkohol war Teil einer – männlich geprägten – Geselligkeitskultur, die gemeinschaftsstiftend wirken konnte und Arbeitern unterschiedlicher Berufe und Betriebszugehörigkeit Gelegenheit zu Meinungsaustausch und Meinungsbildung gab."[35]

Technikum in Neustadt Glewe

32 ebenda S. 466
33 Arbeiterleben um 1900, Berlin 1983 S. 131
34 PZ Nr. 124 vom 17.10.1905
35 Jürgen Kocka: Arbeiterleben und Arbeiterkultur – die Entstehung einer sozialen Klasse. Bonn 2015, S. 308 f.

Kocka schreibt weiter: „Auf Volksfesten und Festtagen des Kirchenjahres, als interessierter Zuschauer von dörflichen, städtischen und herrschaftlichen Repräsentationsveranstaltungen, durch Teilnahme an öffentlichen sonn- und feiertäglichen Lustbarkeiten aller Art kamen sie mit Angehörigen anderer sozialer Gruppen zusammen, vor allem mit anderen »kleinen Leuten«, mit Volkskultur, der sie insofern angehörten. Vor allem über die Selbstdarstellung und Ausstrahlung von Vereinen in der dörflichen und städtischen Öffentlichkeit begegneten sie in ihrer Freizeit auch bürgerlicher Kultur. Ihre Freizeitaktivitäten konnten aber auch arbeiterspezifisch sein, man denke an den Sonntagsausflug mit Freunden in die Natur und vor allem an die Kneipenkultur, die mit der ansetzenden Kommerzialisierung von Unterhaltungsangeboten rasch an Verbreitung gewann. Hier verwirklichte sich Arbeiterkultur – in Nähe zur Arbeitswelt und doch von ihr unterschieden, in Distanz und Spannung zur Arbeiterfamilie, in Unterscheidung von herkömmlicher Volkskultur und gleichzeitig von Bürgerkultur. Mehr als in der Arbeitswelt selbst entwickelte sich hier eine Form berufsübergreifender, allerdings durchweg männlich geprägter Geselligkeit, die Eigenständigkeit zu praktizieren erlaubte, sich gegen Politisierung nicht sträubte und bisweilen in Basisprozesse der Arbeiterbewegung überging.“[36]

Handwerksausleger in Plau am See – Druckerei

Handwerksausleger in Plau am See– Schneiderei

Ende des 19. Jahrhunderts existierten beispielsweise in Plau u.a. folgende Vereinigungen: Schützengilde, Bürgerverein, Gewerbeverein, Patriotischer Verein, Männerturnverein, Kriegerverein, Gesangsverein, Verschönerungsverein, Jünglings- und Lehrlingsverein, Radfahrerverein, Quartettverein, Obstbauverein, Suppenverein, Marien-Frauenverein, Seglerverein, Radfahrerverein. Die Vereinsvielfalt schwand nach 1945 und wurde gebündelt, um die Aktivitäten politisch zu lenken und zu überwachen. Kulturbund, VKSK und DTSB waren die Dachorganisationen in der DDR, innerhalb derer sich die unterschiedlichen Interessengruppen zusammenfanden.

36 Ebenda S. 314

Die Dörfer

Bis 1945 feierte man in Mecklenburg durchaus getrennt nach Klassen, Schichten und Gruppen. Das zeigt sich augenfällig bei der Ausführung der Bräuche des Jahres- und Lebenslaufes. „Im Bauerndorf: die Großbauern unter sich, die Knechte und Mägde unter sich, die kleinen Bauern unter sich. Im Gutsdorf: die deutschen Landarbeiter unter sich, die polnischen Schnitter unter sich. Das Brauchtum selbst, besonders das Familienbrauchtum, nahm überregionale Trends auf. Weihnachten, Geburtstag, Hochzeit (Silberne und Goldene Hochzeit) wurde im Wesentlichen gemäß der allgemeinen jüngeren Norm in Deutschland – genauer: in den protestantischen Ländern Deutschlands – begangen. Bemerkenswert ist zugleich, was in Mecklenburg nicht volkstümlich wurde: die familiäre Feier des ersten Schultages; dieser Tag galt bei den Betroffenen weiterhin nicht als Ehrentag, sondern als nun einmal unabänderliches Datum (Hei möt nu nah Schaul). Zunehmend volkstümlich wurde der Sport, der die überlieferten Bewegungsspiele allmählich verdrängte, besonders der Fußball.“[37]

Bei Heike Müns ist zu lesen: „Der materielle Besitz setzte den Bauern an die oberste Stelle des sozialen Gefüges im Dorf. Ein gewisser Besitzstolz und das Bewusstsein, dass andere von ihm abhängig waren, mussten sein Selbstbewusstsein fördern und sein Brauchtum mit formen, denn das Besitzdenken bestimmte das Verhalten der Dorfbewohner zueinander in hohem Maße mit. Die spezifischen Interessen der Bauern, namentlich der Hüfner, einten diese als soziale Schicht und trennten sie gegenüber der Gemeinschaft der Knechte und Mägde, die keinen Besitz zu wahren hatten. Das Streben der Bauern war beispielsweise gerichtet auf gegenseitige Unterstützung, Besitzanspruch und Besitzsicherung, Repräsentation des eigenen Standes. Es richtete sich aber auch auf Geselligkeit und Abwechslung als Ausgleich zur täglichen körperlich schweren Arbeit. So deckte es sich teilweise mit den Interessen auch anderer sozialer Schichten.“[38]

Auf dem Lande beherrschten die Bauern, die nach der Aufhebung der Leibeigenschaft 1820 persönlich frei und durch die Vererbpachtung 1869 per Gesetz von Zeitpächtern zu Besitzern wurden, das gesellige Leben im Dorf. „Das Brauchtum der Bauern machte mehr den „konservativen Bestandteil des Brauchlebens“ aus. Es verlieh ihm gewisse kulturelle Akzente, wirkte als unentbehrliches Bindeglied zu anderen sozialen Gruppen, aber auch als trennende Scheide gegenüber diesen ... Ihre Bräuche dienten der Repräsentation der Bauernschicht, unterstrichen ihr Wertgefühl, erhöhten ihr Selbstbewusstsein.“[39] Die Bauernschaft war sozial in Groß-, Mittel- und Kleinbauern getrennt, wobei Büdner und Häusler (die oft nebenbei einen handwerklichen Beruf ausübten) den unteren Rang einnahmen.[40] Hinzu kamen im Dorf Handwerker. Nach Separation und Vererbpachtung setzte „ein Wandel der Festformen und der sozialen Zusammensetzung der Teilnehmer“ ein. „Fortfallen musste zwangsläufig in separierten Dörfern der gemeinsame Erntebeginn der Bauern, dass Einläuten der Ernte, das gemeinsame Singen während des Mähens und des Heimweges. Dort, wo das Erntefest nicht mehr reihum gefeiert wurde, entfiel auch der

37 Bentzien/Neumann a. a. O., S. 79

38 Müns a. a. O., S. 36

39 ebenda S. 38

40 vgl. Friedrich Mager: Geschichte des Bauerntums und der Bodenkultur im Lande Mecklenburg. Berlin 1955 und Bruno Benthin: Dier historischen Flurformen des südwestlichen Mecklenburgs. Schwerin 1960

Zug mit der Erntekrone zum Hauswirt, der das Fest auszurichten hatte, und damit der Übergabespruch."[41]

Die landwirtschaftlichen Arbeitskräfte unterteilten sich in unverheiratete Knechte und Mägde sowie in zumeist verheiratete Landarbeiter (Tagelöhner, Einlieger). „Die Magd arbeitete hauptsächlich im Haus und darüber hinaus im Stall, zusammen mit den weiblichen Familienmitgliedern, nur während der Arbeitsspitzen half sie auf dem Feld ... Knechte dagegen waren eher zuständig für die Feldarbeit und andere Tätigkeiten außerhalb des Hauses im engeren Sinn, für schwere Arbeiten, die viel Körperkraft brauchten, und vor allem – auf den größeren Höfen – für die Pferde." Bei größeren Bauern ergaben sich Differenzierungen in Groß- und Kleinknecht, Groß- und Kleinmagd, somit Hierarchien und Aufstiegschancen.[42] „Im Brauchleben des Dorfes erfüllten die Knechte und Mägde wichtige Funktionen: 1. Sie wirkten als lebendiges Kalendarium des Dorfes, indem sie als Gruppe oder als Einzelperson durch eine sichtbare Aktion auf den Festakt aufmerksam machten ... 2. Durch ihre Rolle als agierende Brauchträger bei den Umzugsbräuchen beteiligten sie indirekt das ganze Dorf, weil auf ihrem Gang jedes Haus mit einbezogen wurde und die Brauchadressaten sich zu einer Gegenreaktion genötigt sahen. Sie brachten lebendige Unruhe, vermittelten Festerwartung – auch durch ihre langandauernden Vorbereitungen – und machten die Mühen des Arbeitsjahres erträglicher ... In ihrem Wirken als aktive Brauchträger waren die Knechte und Mägde Organe sozialer Aufsicht, indem sie zu bestimmten Terminen die pünktliche Erledigung termingebundener Arbeiten ... kontrollierten und ein Nichteinhalten durch Rügebräuche straften. Regelmäßigkeit und Fleiß wurden so gegenseitig im Interesse eines reibungslosen Arbeitsjahres angezogen."[43] Tagelöhner (sowohl die kontraktlich gebundenen als auch die freien) lassen sich in inländische und ausländische Arbeiter unterteilen, wobei die zumeist polnischen „Schnitter" keine aktive Rolle im dörflichen Brauchtum spielten. „Existenzsorge, Kündigungsangst, die möglicherweise kürzere Verweildauer in den Dörfern, das Fehlen eines passenden Brauchadressaten, geringe materielle Mittel beließen die Tagelöhner in einer insgesamt weniger aktiven Rolle. Wo es möglich war, beteiligten sie sich am Brauchleben des Dorfes."[44] „Brauchaktiver traten sie – im Bewußtsein ihrer Unentbehrlichkeit – während der Erntezeit auf ... Die Tagelöhner zeigten sich im Brauchtum, das direkt an das Feld gebunden ist, am agilsten. Sie stellten den Vormäher bzw. die Vorbinderin, in der Regel ein verheiratetes Ehepaar, das am längsten im Dorf wohnte. Diese beiden gaben den Rhythmus der Arbeit an, legten die Pausen fest, dirigierten das „Streichen" und das „Binden", sprachen das Mäher- bzw. Bindegedicht oder stimmten das Mäherlied an. Das Binden und Überreichen der Krone oblag dagegen den Mägden und Knechten."[45]

Beginnend um die Mitte des 19. Jahrhunderts wurde in der mecklenburgischen Landwirtschaft eine „Leutenot" beklagt – es machte also Schwierigkeiten, Arbeitskräfte zu verpflichten. Die Ursachen dafür waren vor allem die Auswanderung nach Übersee und die Abwanderung in die Städte, wo die ehedem landwirtschaftlichen Arbeitskräfte Beschäftigung in den Industriebetrieben fanden. Die Arbeit in einer Fabrik entfachte

41 Müns a. a. O., S. 33

42 Jürgen Kocka: Arbeitsverhältnisse und Arbeiterexistenzen. S. 155

43 Müns a. a. O., S. 40 ff.

44 ebenda S. 45

45 ebenda S. 43 f.

Niederdeutsches Hallenhaus in Raduhn

Niederdeutsches Hallenhaus in Alt Damerow

Klumphaus in Herzfeld

Landarbeiterhäuser in Altenlinden

Backsteinwohnhaus in Wangelin

Schlösser in Karow, erbaut 1800 und 1906/07

Gutshaus Zarchlin, erbaut 1877–79

Gutsscheune in Lenschow

eine große Anziehungskraft auf die jungen Leute, die vordem als Mägde und Knechte bei den Bauern bzw. als Landarbeiter auf den Gutshöfen arbeiteten. Im Dorf verpflichtete man sich auf ein Jahr und durfte in dieser Zeit den Arbeitsplatz nicht verlassen. Wer es trotzdem unerlaubt tat, wurde polizeilich gesucht und zurückgeführt. Zudem hatte der Dienstherr das Recht zur Züchtigung. Ganz anders die Anstellung in einer Fabrik – hier gab es feste Arbeitszeiten – und somit auch Freizeit, und der Arbeiter konnte jederzeit kündigen. Um die Leutenot zu lindern, setzten die Gutsbesitzer auf den Einsatz von Maschinen in der Feldarbeit. Neben Produkten von englischen und amerikanischen Maschinenproduzenten wurden diese auch zunehmend in deutschen Fabriken hergestellt. Sehr schnell setzte sich die Dreschmaschine durch, die in kurzer Zeit den Getreidedrusch erledigte. Damit wurden aber die Drescher, die den ganzen Winter über mit ihren Dreschflegeln auf den Höfen gearbeitet hatten, arbeitslos. Die Mähmaschinen ersetzten die Handarbeit mit der Sense. Die Mechanisierung verstärkte so den Saisoncharakter der Landwirtschaft – hoher Arbeitsanfall von Frühjahr bis Herbst stand geringer Tätigkeit im Winter gegenüber. Den Ausweg sahen die Gutsbesitzer und Großbauern im Einsatz von Saisonarbeitskräften aus dem Ausland. Anzeigen machen auf diese Entwicklung aufmerksam. Überraschend ist die Tatsache, dass diese zunächst nicht aus dem östlichen sondern dem nördlichen Europa angeworben wurden. Am 19.10.1870 annoncierte W. Boitin aus Siggelkow bei Parchim: „Schwedische Dienstboten besorge ich zum 24. October und 1. November. Reisekosten pro Kopf 14 Taler. Bestellungen erbitte ich baldigst."[46] Am 26.4.1871 verkündete das Ludwigsluster „Nachweisungs-Comptoir" W. Stammer: „Schwedische Dienstboten werden durch Vermittlung eines Lübecker Hauses, das schon seit mehreren Jahren dierect nur brauchbare Leute von dort her engagirte, von mir empfohlen, und nehme ich Aufträge zu jeder Zeit entgegen." Als jährlichen

46 KfdW Nr. 83 vom 19.10.1870

Tramm in Mecklenburg, alte Postkarte

Lohnsatz (bei gestellter Unterkunft und Verpflegung) wurden gefordert für einen Großknecht 37 Taler 17 1/2 Silbergroschen, für einen Halbknecht 27 Taler, für einen Jungen 15–18 Taler, für ein Großmädchen 22 Taler, für ein Halbmädchen 18 Taler, damit waren sie viel billiger als deutsche Arbeitskräfte. „Passagegeld beträgt bis Ludwigslust 11 Thlr, bis Lübeck 10 Thlr; doch sind die Leute verpflichtet mindestens ein Jahr zu bleiben, widrigenfalls das Passagegeld in Abzug gebracht wird. Es sind meistens kräftige und fleißige Arbeiter.“[47]

Der Ausbau des Pressewesens durch regionale Zeitungen schaffte mehr Öffentlichkeit, so erschienen in Parchim die Norddeutsche Post, in Lübz der Mecklenburger Bote, die Plauer Zeitung, das Goldberger Tageblatt, die Dömitzer Zeitung, das Wochenblatt für Boizenburg, Hagenow und Umgebung, in Grabow die Elde-Zeitung, der Anzeiger für Sternberg, Brüel und Warin. Dagegen steht der Rückzug in die private Sphäre, denn die bäuerliche Familie beschränkte sich immer mehr auf die Kernfamilie. So kam es auch in sozialer Hinsicht zu großen Veränderungen im Dorf. Alle Arbeiten wurden von der eigenen Familie und dem zur Familie zuzuzählenden Gesinde, das mit im Haus lebte, erledigt. Durch den verstärkten Maschineneinsatz verringerte sich die Anzahl der Mägde und Knechte, die auf dem Bauernhof wohnten.

Beliebter Treffpunkt auf dem Lande war der „Dorfkrug“. In der Dorfgaststätte des 19. Jahrhunderts wurde häufig noch eine weitere Gaststube eingerichtet, die nur für bestimmte Gruppen vorgesehen war, das Vereinszimmer. Das Vereinszimmer war räumlicher Ausdruck der neuen dörflichen Gruppierungen (Gesangs-, Sport- und Kriegervereine). Da diese auch Feste veranstalteten, brauchte es auf dem Dorf größerer Festräumlichkeiten, als dies bisher die Diele eines Bauernhauses bieten konnte. Die Gastwirte, als „Krüger“ bezeichnet, bauten in vielen Fällen einen Tanzsaal an ihre Gaststätte. Obwohl die Dorfbewohner auch schon vor dem 19. Jahrhundert viel getanzt haben, war der Tanzsaal eine Neuerung des ausgehenden 19. Jahrhunderts.[48] Die neuen dörflichen Haus-

Holländerwindmühle Ruchow

Wassermühle Griebow

47 KfdW Nr. 33 vom 26.4.1871

48 vgl. Herbert May/Andrea Schilz: Gasthäuser – Geschichte und Kultur. Petersberg 2004

typen ohne Diele waren „nur das äußere Zeichen für die Unmöglichkeit, fortan in diesen Häusern ein großes Fest wie Fastnacht oder Erntebier mit gemeinsamem Essen und Tanz auszurichten. Der innere Grund war die fortschreitende soziale Abgrenzung der Bauern, die nun den Status eines Erbpächters hatten, gegenüber dem Gesinde."[49] Heike Müns fährt fort: „Das Äußere zur Schaustellen des erreichten Wohlstandes, die Trennung von Wirtschafts- und Wohnbereich beeinflussten auch andere Bräuche, die außer dem Erntefest mit der Diele verbunden waren. Für den Aufzug des Schimmelreiters zu Fasnacht, Ernte und Hochzeit, das Spiel der Ruklaasgruppe zu Weihnachten fehlte in den neuen Haustypen der Platz, so dass die Umzugs- und Spielbräuche auch durch den Fortfall der Diele den Spielcharakter zugunsten des Heischecharakters einbüßten."[50]

Fahne des Plauer Quartett-Vereins

Fahne des Wahlstorfer Radfahrervereins

49 Müns a. a. O., S. 32
50 ebenda S. 33 f.

Feste und Bräuche im Jahreslauf

WINTER

Zum Winter gehören Eis und Schnee. Deshalb ist das Schlittenfahren, das Schlittschuh- und Skilaufen sowie das Schlittern auf überfrorenen Wegen eine beliebte Freizeitbeschäftigung für Groß und Klein. Dabei gab es aber behördliche Einschränkungen, wie folgende in Plau von 1887: „Der Jugend ist das Fahren mit kleinen Schlitten an abschüssigen Stellen und die Errichtung und Benutzung von sog. Glitschen auf den Straßen und öffentlichen Wegen und Promenaden verboten.“[51] Gerhard Müller aus Karbow erzählt, dass der Ziegenberg in seinem Heimatdorf ein guter Rodelberg war, sogar mit Naturschanze. Die Kinder aus Vietlübbe kamen hinzu, „da gabs auch Konkurrenz“.

Schlitten gab es in den Familien schon vor dem 2. Weltkrieg. Ski und Peekschlitten hatte Stellmacher Danneberg aus Karbow gebaut.[52] Walter Schleede aus Wahlstorf erinnert sich, dass Schlitten grundsätzlich an Wagen angehängt wurden und so gezogen wurden. Die Darßer Kieskuhle hatte eine gute Rodelbahn. Mit dem Peekschlitten ging man nach Jännerstorf zum Blanksoll, „da war besonders glattes Eis“.[53] Walter Kintzel aus Quaßlin berichtet, dass die Kinder sogar auf Schultaschen den Rodelberg hinabgerutscht sind. Mit Schlittschuhen, „als wir schon welche hatten“, wurde auf den überschwemmten Wiesen gelaufen. War schlechtes Wetter, wurde in der Scheune gespielt und vom Balken ins Stroh gesprungen.[54] Die Passower Kinder rodelten vom Pferdeberg oder vom Hügel des Eiskellers.[55] Vor über 100 Jahren nutzte man gern einen von Pferden gezogenen Sitzschlitten für Ausflüge am Wochenende. Darauf verweisen Anzeigen aus der Plauer Zeitung.[56] Einen Schneemann zu bauen, machte früher genauso viel Freude wie heute. Die Wangeliner Kinder fuhren in der Kiesgrube Schlitten, mit Ski auf dem Buchberg und auf den überschwemmten und zugefrorenen Seewiesen Schlittschuh.[57]

Schlittenfahren in den 1920er Jahren

Die Plauerin Eva Hoeft berichtet aus den 1930er Jahren: „Endlich war der See zugefroren. Die Eisdecke war inzwischen so dick, dass selbst LKW und Pferdewagen das andere Ufer erreichen konnten ... An ei-

51 Straßen-Polizei-Ordnung für die Stadt Plau von 1887

52 Gerhard Müller, Jg. 1935

53 Walter Schleede Jg. 1936

54 Walter Kintzel Jg. 1936

55 Gustav Bergter: Passow 1324–1999, S. 54

56 Ein Einspänner-Schlitten wird zum Kauf gesucht von Wilhelm Dankert, Plau PZ Nr. 101 vom 19.12.1874. Einen Einspänner-Schlitten verkaufte 1875 der Plauer Stellmacher Chr. Haase, einen Zweispänner-Schlitten der Plauer Schlachtermeister Stüdemann. PZ Nr. 1 vom 2.1.1875. Auktion Pastor Barmwoldt zu Karbow verkaufte u. a. 1 Schlitten. PZ Nr. 100 vom 20.10.1900. Im November 1868 verkaufte der Grabower Ackerbürger Carl Wille seinen Besitz, wozu auch ein Schlitten gehörte. Kreisblatt für die Westprignitz Nr. 93 vom 20.11.1869

57 Hans-Heinrich Jarchow, Jg. 1955, Wangelin

Peekschlitten

nem sonnigen Wintertag durfte ich meinen Schlitten vom Heuboden holen. Ich spannte Senta, unsere Schäferhündin, davor und ließ mich von ihr über das Eis ziehen. Das funktionierte anfangs nicht sehr gut, denn sie rutschte ständig aus, fiel hin, aber raffte sich immer wieder auf. Dann aber hatte sie Tempo genommen und wir flitzten nur so über die blanke Eisfläche, fast bis auf die Mitte des Sees. Ich konnte sie kaum bremsen. Natürlich kippte der Schlitten irgendwann um, ich lag hilflos aber lachend da, was Senta als Aufforderung zum Spielen ansah."[58]

Eine heute kaum noch ausgeübte Wintersportart auf dem Eis war das Peiken. „Peik" (= Pike), so nannten die Mecklenburger Kinder eine Holzstange, die an einem Ende mit einer Eisenspitze versehen war. Entweder bestand diese Spitze schlicht nur aus einem großen Nagel, dessen Kopf nach dem Hineinschlagen abgekniffen worden war, oder aus einem vom Schmied hergestellten hohlkegelförmigen Eisenstück, das in einer Spitze auslief. Diese Eisenspitze ermöglichte das Abstoßen von einem „Peiksläden" (Pikschlitten) auf dem Eis. Der Peikschlitten war ein kleines schlittenförmiges Holzgerät aus Eschen-, Buchen- und Eichenholz mit schmalen Eisenkufen (meist nur ein dicker Draht, oft dienten alte Sensenrücken als Kufen) auf der unteren Gleitseite, oft selbstgebaut mit Hilfe des Vaters, manchmal von einem Holzhandwerker gefertigt. Er hat eine Länge von etwa 30–45 cm und ist um die 25 cm breit. Die Kufen weisen vorn eine Biegung auf, so dass bequem Kinderfüße hineinpassen. Er war nur so groß, dass die beiden Füße darauf passten. Diese „Stehschlitten" dienten den Jungs vor dem Aufkommen der Schlittschuhe zum Wintersport auf dem Eis. Um sich auf einer „Glitsch" (Schlitterbahn) mit dem „Peiksläden" fortbewegen zu können, benötigte man eine Stange mit eiserner Spitze – eine „Peik". Damit stieß der „Peiker" zwischen seinen Beinen nach hinten ins Eis, so dass sich der „Släden" nach vorn bewegte. Man kam schnell ins schnelle Gleiten. Geschickte Jungen ließen sich während des Fahrens in tiefe Kniebeuge nieder, um noch schneller zu werden. „Komm mit peiken" sagte man, wenn es aufs Eis gehen sollte. Noch in der 50er Jahren des 20. Jahrhunderts war dieses Wintersportgerät in beliebter Nutzung. Die Mädchen und kleineren Jungs, die sich mit dem Peikschlitten nicht trauten, vergnügten sich mit Schlittern auf Holzpantoffeln, eine Bahn hinauf, daneben eine andere hinunter, aufrecht oder in der Hocke.

Manfred Tunn überliefert aus Heiddorf bei Dömitz über das heute nicht mehr zu beobachtende Wintervergnügen der Kinder: „Meinen Peikschlitten hat mein Vater gleich nach 1945 gebaut, weil wir keine Schlittschuhe hatten. Das Gestell stammte von einem Tischler der Papierfabrik Neu Kaliß. Darauf hat mein Vater Bretter genagelt, drunter kam ein Bandeisen, mein Vater war gelernter Schmied. Das rostige Eisen haben wir nach der Sommerpause mit Sandpapier angeschliffen. Die Peike hatte einen langen Stiel mit einer handgeschmiedeten Tülle,

58 Eva Hoeft, geborene Pogrell, Plau, geb. 1926. PZ 10/2010

die in einem Dorn auslief. Mit der Stange wurde der Schlitten zwischen den Beinen im Stehen abgestoßen. Man erreichte damit eine große Schnelligkeit. Es gab Jungen, die konnten es sogar auf einem Bein. Besonders gut ging es auf den überschwemmten Wiesen bei Dömitz. Bei Wind breiteten wir mit einem Arm unsere Jacke aus, um die Fahrgeschwindigkeit zu vergrößern. Auf den zugefrorenen Gräben sind wir mit dem Peikschlitten bis nach Dömitz geglitten. Es gab viele in unserem Dorf, die so ein Ding hatten. Wir haben sogar die überfrorenen Jauchegruben zum Laufen genutzt. Da bin ich, weil das Eis zu dünn war, sogar mal eingebrochen. Unser Problem war, dass wir für die alten Schlittschuhe aus der Vorkriegszeit keine ordentlichen Schuhe hatten. Wir liefen ja auf Holzpantinen und hatten dicke, gestrickte Wollsocken an. Der Vorteil des Peikschlittens gegenüber Schlittschuhen war – man konnte es selbst bauen, das Material hatte man, das kostete kein Geld. Und mit den Pantinen konnte man prima auf dem Peikschlitten stehen."[59]

Bei trockenem Frostwetter waren zugefrorene Gewässer nicht nur für Kinder ein willkommener Anlass, die engen Wohnungen zu verlassen und das Vergnügen auf dem Eis zu suchen. Frost und Schnee war, will man den Erinnerungen der älteren Generation und den mehr als 100 Jahre alten Schilderungen glauben, nach Weihnachten immer sicher.

Walter Kintzel erinnert sich an die Nachkriegszeit in Quaßlin südlich von Lübz: „Schlechter gestellt waren auch hier die Kinder der Flüchtlinge, weil sie keine Schlitten und „Peiksläden" besaßen. Doch Not macht erfinderisch. Da die Flüchtlingskinder meistens nur Holzschuhe oder Holzpantoffeln („Slaben") besaßen, wurde mittels Koppeldraht ein Peiksläden hergestellt. Der Koppeldraht wurde hinten und vorn an der Holzsohle befestigt und lief unter der Holzsohle entlang, meistens wurden zwei Drähte verlegt. Dazu verwendete man zur Fortbewegung einen „Peik". Es muss noch dazu gesagt werden, dass in den ersten Jahren der Nachkriegszeit wohl infolge mangelnder Pflegearbeiten (besser: Meliorationsmaßnahmen?) in der Kriegszeit und dem generell höheren Wasserstand in der Landschaft sich oftmals ideale Eisflächen auf den Wiesen und Koppeln bildeten. Das flach stehende Wasser gefror eher und barg auch keine Gefahr – außer nassen Füßen – beim Einbrechen. Selbstverständlich wurde auch auf den zugefrorenen Dorfteichen und auf Söllen in Ortsnähe „geglitscht". Auf manchen Söllen, die auf Grund ihrer Lage in der Landschaft vor dem Wind geschützt waren, bildete sich ein ganz glattes Spiegeleis aus, das besonders zum Glitschen prädestiniert war. Bei Wahlstorf lag ein solches Soll, das im Volksmund „Blanksoll" genannt wurde. Findige Mitschüler fertigten

Schneemannbauen in Parchim 1972

59 Manfred Tunn, Jg. 1937, Heiddorf

Auf dem Dorfteich in Stolpe 1957. Foto Willy Voß

sich auch aus den flach gebogenen Dauben der Holzfässer Schi an.

Ende der 1940er Jahre waren die Winter strenger und auch schneereicher, auch wenn nicht in jedem Jahr über längere Zeit eine geschlossene Schneedecke lag, Frost und Eis aber gab es immer. In dem strengen Winter 1946/47 mit erheblichen Minusgraden und viel Schnee, bauten wir Schneeburgen, den Begriff Iglu kannten wir nicht. Mit einem Spaten konnten aus dem hartgefrorenen Schnee Blöcke ausgeschnitten werden, die man dann wunderbar als Bausteine verwenden konnte. Interessant war immer die aktive Tätigkeit des Bauens, das fertiggestellte Bauwerk war dann nicht mehr so interessant.

Die Schüler der Dorfschule Darß nutzten in den Pausen den unmittelbar an der Schule gelegenen Dorfteich, der damals immer Wasser führte und auch zugefroren war, zum Glitschen. Klatschte die Lehrerin in die Hände, waren die Pause und das beliebte Glitschen beendet. Eine diebische Freude bereitete es immer den Jungen, wenn die Schneeballschlachten sich in ein Abwaschen der „Deerns" wandelten. Da wir ja einen Schulweg von einem bis zwei Kilometer hatten, entgingen die Mädchen dem Abwaschen nur selten. Beliebt war es auch, auf dem Nachhausweg von der Schule an den relativ steilen Abhängen der Darßer Sandkuhle mit der Schulmappe unter dem Hintern Schlitten zu fahren. Ausgeläutet wurde der Winter mit dem Fahren auf Eisschollen. Da die Teiche nicht besonders tief waren, konnte auch ein Einbrechen glimpflich ablaufen. Findige Mitschüler trockneten ihre nassen Sachen im Backofen der Dorfgemeinschaft, der vom Backen des Brotes noch warm war."[60]

Hans-Ulrich Rose aus Quetzin erinnert sich: „Min Kinnertid wir vun 1929 bit 1945, womit die Schaultid uk tau En' wir. Ik erinner mi an väle Winter mit väl Schnei un dickes Is up'n See. In die Turnstunnen wür entweder schlittschaulopen oder rodelt. Oft sünd wi mit unsen Lirer vun'n Kalkaben bit schräg na Old-Schwerin un trüch lopen. Einmal wull uns Lirer mal sein, wi uns glattes Is verhollen würden aan Schlittschau. Dat

60 Walter Kintzel Jg. 1936, damals Quaßlin

Is wir frisch un noch nich old un het ganz schön knackt. Wi haden Bang. Öwer hei meinte, solang dat Is knacken deit, bräckt dat nich. Hei hett Gottseidank Recht behollen! Dat wir up'n Gorger See. Rodelbanen haden wi baben vun'n Klüschenbarg – Gordenstrat bit an die Lübzer Strat un an den'n Eikbarg. Bi starken Schneifall müssten wi tau Faut in die Schaul gan. Die Schneiplaug is vun 4 Pird treckt wurden, dei dei Plauer er Ackerbürger stellt hewwen. Bi Wind sünd dei Wäg fix wedder tauweit. Denn güng dat up'n Acker lang, wo nich soväl Schnei lägen het. Wenn dei See taufroren wir un noch kein Schnei up't Is lägen het, sünd wi uk mit Schlittschau na die Schaul lopen. Sogor up dei Chaussee sünd dei Kinner vun die Siedlung Quetzin na dei Schaul up Schlittschau lopen! So glatt wir dei Strat. Einmal künn ik mit'n Auto mitfüren. Up halwer Streck het sick dei Wagen üm sin eigen As (Achse) dreit. Dei Fort künn likers furtsett warden. Later bün ik leiwer tau Faut gan. Ik kann mi erinnern, dat Isstücke an'n Kalkaben up Pirdwagen lad wurden un na die Hotels un Pensionen verdeilt wurden. Uk die Pension „Hus an'n See" in Quetzin had einen Iskeller. Bi starken Schneifall kämen dei Buern ut dei umliegenden Dörper mit 'n Schläden in dei Stadt un hewwen in dei Kräug utspannt. Wenn man ollig inböt (eingeheizt) het, güng dat in'n flotten Draf wedder na Hus."[61]

Auf die gesundheitsfördernde Wirkung des Eisbadens schwören deren Anhänger. Husten und Schnupfen sind ihnen (angeblich) unbekannt. Vielen mit Mantel, Schal und Handschuhen bekleideten Zuschauern laufen aber Schauder den Rücken herunter, wenn sie zusehen, wie sich andere in Badehose ins Wasser stürzen, auf dem Eisschollen schwimmen. „Plauer Eisbeeren" nannten sich 16 Plauer Winterschwimmer, die jahrelang publikumswirksam ihren Sport praktizierten. Unter Leitung von Dietmar Villwock waren die Eisbeeren zweimal erfolgreich beim Eisbader-Großtreffen in Ahlbeck: Die Plauer holten den Pokal für die originellste Gruppe! Alljährlich zum 1. Advent war der Plauer See Treffpunkt für Winterschwimmer aus dem Norden: Zum 3. Plauer Adventsschwimmen 2003 kamen 80 Eisschwimmer aus elf Vereinen. Am 7. Januar 2018 vereinte das in Neustadt-Glewe zum 2. Mal veranstaltete Eisbader-Wintervergnügen mehr als 1000 Zuschauer mit 50 Aktiven am Neustädter See.[62] Das Neujahrs-Eisbaden in Zarrentin lockte 2018 wieder 20

61 Hans-Ulrich Rose Jg. 1929, Quetzin
62 SVZ Ludwigsluster Tageblatt vom 8.1.2018

Eisbader im Plauer See 2001

Weihnachtsbaumverbrennen auf dem Sportplatz in Wendisch Priborn 2018

mutige Schwimmer in die Fluten des Schaalsees.[63] Am Silvester-Eisbaden im Luckower See nahmen 2017 9 Wagemutige teil.[64] Das Banzkower Neujahrsschwimmen im Störkanal gibt es seit dem 1. Januar 2000. Das als einmalige Aktion geplante Spektakel wurde zum Dauerbrenner.[65] Am 1.1.2019 trafen sich 14 Hartgesottene und Schaulustige, um das winterliche Spektakel zu erleben. Eisbader präsentierten sich auch in Sternberg bis 2016, dann wurde das Spektakel mangels Beteiligung eingestellt.

Nach dem Jahre 2000 entstand ein neuer Brauch: Anfang Januar (viele Familien lassen den Tannenbaum im Wohnzimmer bis zum kirchlichen Feiertag Heilige Drei Könige am 6. Januar stehen) wird jetzt vielerorts die Entsorgung der Weihnachtsbäume zu einem Dorffest umgestaltet. Bei der öffentlichen Verbrennung der Bäume unter Aufsicht der örtlichen Feuerwehr wird das ganze Dorf eingeladen, es wird gegrillt und gemeinsam getrunken. Auch in den Städten verbreitete sich dieser mit Essen und Trinken verbundene Brauch. Nicht überall werden die Tannenbäume verbrannt, sondern wie sonst üblich abgeholt. Dafür sorgt dann die Abfallentsorgung des Landkreises Ludwigslust-Parchim mit 340 Sammelplätzen. 2008 führten in Karow die Feuerwehr und der Jugendklub das 1. Tannenbaumfeuer durch. „Sinn dieser Aktion ist die Entsorgung der Bäume, damit diese nicht mehr im Dorf herumliegen. Außerdem festigt so eine Aktion die Dorfgemeinschaft", erklärte Bürgermeister Norbert Wellenbrock. Für die Gäste wurde Essen und Trinken bereitgehalten.

Am 18. Januar 2013 wurden auf dem Festplatz in Rom die ausgedienten Weihnachtsbäume verbrannt.[66] Am 9. Januar 2016 lud die Dobbertiner Feuerwehr zum Feuer ans Gerätehaus nach dem Motto „Wenn's brennt, kommen wir zu Ihnen, kommen Sie zu uns, wenn wir feiern" ein. Am 7. Januar 2017 loderten Flammen auf dem Plauer Burghof und dem Sportplatz von Wendisch Priborn. Die Wendisch Priborner machten daraus ein Winterfest, bei dem es nicht nur Glühwein und Bratwurst gab, sondern auch der Chor sang. Zum 1. Tannenbaumbrennen in Plau kamen rund 350 Gäste, die für jeden mitgebrachten Weihnachtsbaum einen Gratis-Glühwein eintauschen konnten.

63 SVZ Hagenower Kreisblatt vom 4.1.2018

64 SVZ Anzeiger für Sternberg-Brüel-Warin vom 2.1.2017

65 SVZ Lübz vom 29.12.2017

66 SVZ Lübz vom 11.1.2013

Valentinstag

Der 14. Februar ist der Tag der Verliebten, an dem Blumen verschenkt werden. Die Tradition des Valentinstags geht zurück auf die Sage des Bischofs Valentin von Terni, der als christlicher Märtyrer starb, weil er im 3. Jahrhundert Verliebte christlich getraut hatte. Zudem soll er den frisch verheirateten Paaren Blumen aus seinem Garten geschenkt haben. Der Brauch stammt aus England und gelangte von dort in die USA. Amerikanische Soldaten brachten als „Reimport" den Brauch, die Ehefrau mit Blumen zu ehren, nach dem Zweiten Weltkrieg nach Europa.[67]

„Der Valentinstag ist ein interessantes Phänomen der Alltagskultur. Es finden sich Brauchelemente wie sein regelmäßiges Wiederkehren als fester Termin im Jahreslauf und seine zeichenhafte Sprache. Mit der Legende vom heiligen Valentin wird dem Valentinstag eine historische Bedeutung beigefügt und gleichzeitig ein mystisches Bild kreiert. Ebenso weist er den Charakter einer medialen und kommerziellen Inszenierung auf, die Werte und Handlungsmuster an den Konsumenten heranführen und ihn von der Authentizität des Valentinstages überzeugen soll. Obwohl der Valentinstag in Deutschland nicht auf eine längere Tradition zurückgreifen kann, scheint er sich fest zu etablieren."[68] Am 16.2.2018 fand in der Gnevsdorfer Kirche ein Gottesdienst zum Valentinstag statt.[69]

Auffallend sind die Ähnlichkeiten zwischen den Bräuchen zum Valentinstag und denen, die in der DDR zum Internationalen Frauentag am 8. März üblich waren. Der Valentinstag verbreitete sich in Südwestmecklenburg erst nach 1990, erfreut sich aber, gefördert und propagiert vom Handel, zunehmender Beliebtheit. Zugleich werden mit Annoncen in den Lokalzeitungen Glückwünsche an die/den Geliebte/n gesandt. Auch Söhne senden ihrer Mutter einen Valentinsgruß. „Insgesamt betrachtet ist der Valentinstag keine feste Bedeutungsinstanz, da seine Trägergruppe heterogen ist und er darüber hinaus in unterschiedlichem Maße akzeptiert oder gar abgelehnt wird. Somit handelt es sich bei dem diskutierten Phänomen um ein loses Gefüge bestimmter Handlungs- und Bedeutungsmuster. Der Valentinstag bietet daher manchem auch eine Gelegenheit, völlig Neues auszuprobieren. Das betrifft nicht nur neue Geschenkideen, sondern auch die Freizeitgestaltung."[70]

Vor einigen Jahren hat ein neuer, internationaler Brauch Mecklenburg erreicht: Das Anbringen von Schlössern an Brücken als ein Zeichen für die Liebe. Diese Schlösser sind der dingliche Überrest eines Rituals, das von einem Liebespaar auf einer Brücke vollzogen wird. Gemeinsam wird das Vorhängeschloss an einem Gitterzaun geschlossen, das zumeist mit dem Namen oder Initialen des Paares beschriftet wurde. Anschließend wird der Schlüssel in den Fluss geworfen, dass er niemals wieder auftaucht. Die Symbolik dieser Handlung soll sagen: Unsere Liebe ist so groß, dass niemand diese Verbindung lösen wird. Das Versenken des Schlüssels im Fluss belegt die gemeinsame Entscheidung füreinander. Ein Brauch, der vor allem frisch Verliebte anspricht. Die Plauer Hubbrücke, das 1916 gebaute technische Wunderwerk über die Elde, ist ein solcher Ort, den sich Liebespaare dafür ausgesucht haben, weil sie

67 vgl. Inken Mädler: Valentinstag. Liebesgabe und Beziehungskitt. In: Thomas Klie: Valentin, Halloween a. a. O.

68 Maja Kützemeier: Zwischen Brauch und Kommerz: Der Valentinstag. In: Alltag im Rheinland, Bonn 2010, hrsg. vom LVR Institut für Landeskunde und Regionalgeschichte, Bonn 2010, S. 79

69 Gemeindeblatt der evangl. -luther. Kirchengemeinde Gnevsdorf-Karbow, Dez. 2017–Febr. 2018

70 Maja Kützemeier a. a. O., S. 78

Liebesschlösser an der Plauer Hubbrücke, 2015

Gitter zum Befestigen der Schlösser besitzt. Zum Jahresende 2011 zierten 18 Schlösser und ein Fahrradschloss den Eldeübergang. Im Januar 2014 waren es schon über 110. Anfang April 2019 erhöhte sich diese Zahl auf 381. Alle Sicherheitsschlösser tragen Vornamen bzw. Initialen sowie das Datum der Anbringung. Das erste ist vom 5.7.2008 von Caro und Andi. Bei einem anderen Schloss ist neben den Namen Ramona und Matthias ein Herz und das Datum 7.8.2010 zu finden. Basti und Melli brachten am 28.10.2011 ihr Schloss an. Die Aufschriften sind entweder graviert oder mit Farbe aufgemalt.

Seit Januar 2017 können Verliebte ihre Vorhängeschlösser in Boizenburg anbringen, den Schlüssel in die Elbe werfen und sich so ewige Treue schwören. Der Verein „Hafenschlepper „hat ein Metallherz für Liebesschlösser an der Hafenmauer aufgestellt".[71] Dagegen werden in Lübz die Freundschaftsschlösser, die an die seitlichen Gitter des Waschhaussteges am Rosengarten angeschlossen wurden, von der Stadtverwaltung entfernt, um das Rosten der Gitter zu verhindern.[72]

Brauchtumsforscher, allen voran die Bonner Volkskundlerin Dagmar Hänel[73] haben den neuen Brauch erforscht, der Ende des 20. Jahrhunderts an ganz verschiedenen Orten Europas aufkam. Entstanden ist er vermutlich in Italien oder im Baltikum. 2008 tauchte er in Köln auf und verbreitet sich seither in ganz Deutschland. Wichtig sind dabei drei Elemente:

1. Die leicht verständliche Symbolik von Schloss und Schlüssel.

2. Der Ort der Brauchtumsausübung: Die Schlösser werden an Brücken angeschlossen, so sie denn ein Gitterwerk aufweisen, an das ein Schloss festgemacht werden kann. Brükken sind Orte des Übergangs. Sie überwinden die trennende Grenze eines Flusses. Diese Funktion macht sie zum idealen Ort, um ein Beziehungsritual zu praktizieren. Besonders attraktiv ist ein solcher Übergangsort für Jugendliche, die selbst in einem Prozess des Übergangs stecken. Außerdem steht die Hubbrücke mitten in der Stadt Plau am See, was sie zusätzlich interessant macht. Vor 50 Jahren suchte man dafür noch eine Buche im Wald aus, in deren Rinde ein Herz und die Initialen, manchmal auch die Jahreszahl geritzt wurden. Dort sahen nur vereinzelte Spaziergänger das Liebessymbol – über die Hubbrücke gehen täglich Hunderte!

3. Die Kreativität dieser symbolischen Handlung, die gemeinsam von einem Paar vollzogen wird – jeder entscheidet für sich, wie und wann er es tut. Der Soziologe Kai-Olaf Maiwald sieht in dem Schloss ein symbolisches Objekt: „Die Schlösser verweisen damit auf ein Problem, vor dem jedes Paar

---

71 SVZ Hagenower Kreisblatt vom 3. 2.2017: Boizenburg im Hafen der Liebe

72 SVZ Lübzer Ausgabe vom 18. 5.2015: Freundschaftsschlösser lassen Brückengitter verrosten

73 vgl. Dagmar Hänel und Mirko Uhlig: Wie man im Rheinland die Liebe festhält: Die Liebesschlösser an der Hohenzollernbrücke. In: Alltag im Rheinland, Bonn 2010, S. 68–75

David Klaubert: Unser Schloss am Fluss. In: FAZ Nr. 36 vom 12. 2.2011

steht. Die Bildung einer Paarbeziehung hat gleichzeitig eine innere und eine äußere Seite. In den vergangenen Jahrzehnten rückte die innere Seite mehr und mehr in den Vordergrund. Inzwischen ist die Paarbildung nicht mehr eine Zäsur, in der Heirat, Haushalts- und Familiengründung beinahe zusammenfallen, sondern eine Passage, die sich vom ersten Kennenlernen über die erste Liebesnacht, eine Zeit gemeinsam verbrachter Freizeit, die Haushaltsgründung bis zur Familiengründung mehrere Jahre erstrecken kann. Das Paar selbst wurde an die Brücke angeschlossen, weil das Vorhängeschloss eine Statusmarkierung für das Paar ausdrückt, die gegenüber Dritten kundgetan wird. Deshalb sind öffentliche Kundgaben gleichzeitig auch so wichtig für den inneren Prozess der Paarbildung. Um diese Verbindung von innerer und äußerer Statusmarkierung geht es bei den Schlössern auch. In diesem Zusammenhang lässt sich das Datum, das auf vielen Schlössern angeben ist, als Gründungsdatum der Beziehung verstehen – ob nun einhergehend mit der Anbringung des Schlosses oder nicht. Das Schloss repräsentiert damit, anders als der Ehering, der symbolisch für das Glied einer Kette steht, weniger die stetige Verbundenheit des Paares, sondern vielmehr die Stiftung der Verbindung qua Entscheidung. Die Attraktivität des neuen Brauchs besteht darin, dass er so vieles zu verbinden scheint: die Intimkommunikation des Paares, die Erlangung der Statussicherheit, die Vergemeinschaftung der Liebenden."[74] „Die Schlösser repräsentieren die Sehnsucht nach der einzigen und wahren Liebe", sagt Dagmar Hänel. Und die sucht ja bekanntlich jeder im Leben. Das lässt die Hersteller von Sicherheitsschlössern frohlocken – ein neuer, großer Absatzmarkt erschließt sich.

74 Kai-Olaf Maiwald: Wir sind keine Affäre. In: FAZ Nr. 3 vom 4.1.2013.

Fasching

Typische Elemente des Karnevals sind: 1. Der Hang zur Vergemeinschaftung – „allein Karneval zu feiern, geht praktisch nicht. Da fällt auf, dass der Karneval als Gruppenphänomen die Wirkung hat, Milieu- und Machtgrenzen durchlässiger zu machen." Im Rahmen dieser Vergemeinschaftung werden zudem Berührungsgrenzen abgebaut, was vom Schunkeln bis zum harmlosen Küsschen reicht. 2. Ferner das Verkleiden, es „setzt alltägliche und bürgerliche Regularien zeitlich begrenzt außer Kraft und ermöglicht das Ausprobieren einer partiell anderen Identität." In der Narrenrolle lässt sich Witz und (Herrschafts-)Kritik freier und gefahrenloser formulieren. 3. Schließlich ist Karneval ohne Musik, gemeinschaftliches Singen und Alkoholkonsum undenkbar. Viele Rituale der Karnevalsvereine sind zwar aus dem preußischen Militär entlehnt, zugleich wird dieses aber in der karnevalistischen Performance karikiert.[75] „Die niederdeutsche Fastnacht unterscheidet sich von der oberdeutschen durch den „fast völligen Verzicht auf parodistische oder komische Brauchelemente, die das Gelächter der Brauchadressaten hervorrufen sollten."[76] Der aus dem Rheinland übernommene Fasching mit Büttenrede hielt erst in den 1950er Jahren Einzug in Mecklenburg und wird seitdem von vielen Karnevalsvereinen gepflegt. Sogar die Karnevalsumzüge werden kopiert.

Fasching[77] wurde als Maskenball in der Stadt gefeiert, während er auf dem Dorf

75 Detlev Präßdorf/Harald Schroeter-Wittke: Karneval. Verkehrte Welt feiern. In: Thomas Klie: Valentin, Halloween a. a. O., S. 56

76 Müns a. a. O., S. 54

77 Einen Abriss der Karnevalsgeschichte in MV bieten: Walter Ihrke: Mecklenburgische Fastnachtsbräuche. Nach älteren Schilderungen zusammengestellt. In: Deutsches Jahrbuch für Volkskunde Jg. 6, 1960 und Gerhild Ludwig/Heidemarie Höfler/Paul

ganz anders als Faslam[78] begangen wurde. Um sich für das Feiern Essen und Trinken zu verschaffen, zogen noch im 19. Jahrhundert die Knechte verkleidet durchs Dorf und suchten Gaben zu erheischen.[79] Aus dem südlichen Mecklenburg erfuhr Karl Bartsch 1865: „Vor Beginn der Fastenzeit wird Fasslabend gefeiert. Das Fest dauert gewöhnlich zwei Tage. Am ersten Tage gehen die jungen Dorfburschen, deren Mützen mit bunten Sträußen geschmückt sind, unter Musikbegleitung von Haus zu Haus und erbetteln sich Würste, Kartoffeln, Milch und andere eßbare Sachen. Diese werden von den Mädchen zubereitet, und es wird ein gemeinschaftliches Mahl gehalten. Die übrige Zeit wird getanzt."[80] „Die ausführlichsten Berichte über Knechtsfastelabende stammen aus Groß Laasch und Picher, den größten Bauerndörfern des mecklenburgischen Südwestens. Hier lebte eine größere Anzahl von Knechten und Mägden, sodass dort für die Vorbereitung und Ausrichtung des Festes mehr potentielle Brauchträger bzw. Initiatoren zur Verfügung standen als anderswo und auch eine Finanzierung des Festes leichter zu garantieren war."[81] Wossidlo berichtet, dass im Südwesten Mecklenburgs die Kosten des Festes von den Mädchen bestritten wurden. „Dabei hatten sie bei dem Tanz das Kommando. Als Zeichen ihrer Herrschaft ward ein großer Pantoffel im Saal unter der dort angebrachten, reich mit Lexen (= Spross der Weizenpflanze) verzierten Krone befestigt."[82] Auch im Gutsdorf Greven bei Lübz wurde der Fastelabend bis in die 1930er Jahre gemeinsam im Tivoli gefeiert, einem Gemeinschaftsraum in der Kate Nr. 6.[83]

In der Griesen Gegend feiern heute nur noch wenige Dorfschaften Faslam, so in Woosmer, wo 1955 der Faslamverein gegründet wurde. Friedrich Giese berichtet darüber 1957: „Großvaddern und Großmuddern lüchten hüt dei Ogen, wenn sei dat Wurt „Faslam" hüren, un giern vertell en sei ut dei Tied, as de Faslam noch dat Fest von't ganze Johr wier. Twors siden Kleder und Lackschau kennten sei dunntaumal noch nich, ne, sei drögen noch eigenmakt Tüg, un Schauster und Snider makten Musik. Sei wiern dorbi awer all heil vergnäugt, un jung und olt, arm un rick fünn sick bi de feinen Burdänz, dei ok hüt wedder plägt warrn ... Wenn dei Faslam neger keem, würr dei Saal von'n Dorpkräuger utleihnt un up den Buern sein Grotdäl upslagen, dei grad an de Reig' wier. Dat güng nämlich üm. All dei anner Burn bröchten nu wat tau äten in dat Faslamhus, un dei Gastgäwer dräpt alle Vorbereitung tau dat Fest. Un denn künn dat an'n Dunnerstag Utgang Januor oder Anfang Februor losgahn. Dag und Nacht würr danzt, drunken un äten un wedder danzt. Wenn einer vor Fridag nah Hus güng, wiel hei vielleicht einen öwer'n Döst drunken harr, würr hei mit Musik up'n Stell wedder haalt. Dei Sünnabend äwer wier Utslapdag, un an'n Sünndag geew dat meist noch'n Nachklapp. Wochenlang würr noch von den Buernfaslam, van de nigen Brutschaften un Kleder vertellt.

Plagemann: Karneval in Mecklenburg-Vorpommern. In: MM 2001 Nr. 2 S. 12; Nr. 3 S. 12; Nr. 4 S. 12; Nr. 5 S. 12

78 vgl. Fritz Buddin: Faslam im Ratzeburgischen. In: Mecklenburgische Monatshefte 3. Jg. Heft 3/1927, S. 144–148

79 Vgl. Hans Schubert: Altes Vergnügen im neuen Gewand. Karnevalsklubs zwischen Frohsinn und Zensur. In: Ulrike Häußer/Marcus Merkel. Vergnügen in der DDR, Berlin 2009, S. 54

80 Karl Bartsch: Sagen, Märchen und Gebräuche aus Mecklenburg, 2. Band, Wien 1880, S. 253

81 Müns a. a. O., S. 66

82 Ihrke a. a. O., S. 461

83 Roland Knebusch: Glück und Leid in Greven. In: Mario Niemann: Ländliches Leben in Mecklenburg in der ersten Hälfte des 20. Jahrhunderts. Rostock 2004, S. 328

Awer nich blots dei Buern fierten ehr Fest, ne ok dei lütten Lüd leten sick ehren Daglöhnerfaslam nich nahmen. Sei begnäugten sick mit einen Dag un danzten in'n Dorpskraug. Un denn kemen natürlich un vör allen Dingen dei jungen Lüd an dei Reig'. Sei faslamten ok twei Dag, un wenn noch Geld nahbläben wier, höllen sei, grad as dei Buern, ok noch 'n Nahfier af. Daglang vör dat Fest all würr von dei jungen Dierns un Kierls ut Buschboom un Bänner, ut bunt Papier dei Kron bunnen un nah dat Hus von de öllst Diern dragen. Vier junge Kierl äwer mößten för Geldinsammeln sorgen. Ein von iehr wier de Faslamvadder, dei för allens gradstaustahn harr. Van wegg Dierns kregen de drei, van anner sogor fief Mark. Dorvon würn Musik un Kaffee betahlt, un männichmal bleew ok noch'n bäten för Fribier nah. An'n iersten Dag würr denn van dei jüngsten Kierls dei Kron mit Musik afhaalt un dörch dat Dörp dragen. Jeder Inwahner kreg 'n Sluck ut de Koemkruk un spendierte dorför 'ne Mettwurst. Tauletzt harn sick ok all de Dierns denn Togg anslaten un dat güng trügg nah'n Kraug. Hier äwer füng denn dei Danzeri an. Nahmiddags un nachts so henne twei geew dat Kaffee un Heitwäk'n. Jeder kreeg drei von de zuckerbestreuten Plutschen, un Klock drei würr dei Rutsmiter blaast. An'n Fridag geew dat in alle Hüser Pannkauken tau Middag, un nahmiddags güng dat Spillwark 'wider. Männich Glas un männich Hart würr an disse Dag braken, un doch, dat best' Fest in't ganze Johr wier för old un jung, för arm un riek, dei „Faslam".[84]

Grosser

ASKEN-BALL

am Dienstag,

den 30. Januar,

im Saale des Herrn Schünke.

(Geschlossene Gesellschaft.)

Ball-Ordnung:

1. Der Zutritt ist nur **anständig** gekleideten Masken gestattet.
2. **Kinder unter 12 Jahren** dürfen **nicht** theilnehmen.
3. Das Tragen **scharfer** Waffen ist nicht erlaubt.
4. **Das Rauchen bis zur Demaskirung ist strengstens untersagt!**
5. Versammlung der Theilnehmer von 7½ Uhr ab bei Unterhaltungsmusik.

Zur Aufführung kommen u. A.:

1. Tanz der Chinesen.
2. Ballet.
3. Der Winter der verschiedenen Nationen.

Mitglieder, die Aufführungen beabsichtigen, wollen sich rechtzeitig beim Festordner Herrn **Sauber** melden.

Masken-Garderobe zu mäßigen Preisen ist vorher beim Mitgliede Herrn **Mauch** und abends im Ball-Lokal zu haben.

Eintrittskarten sind bis Dienstag, den 30. d. Mts., nachmittags 5 Uhr, beim Kaufmann Herrn **Blohm** und Sattlermstr. Herrn **Krüger** zu haben. — Für Nichtmitglieder 1 Mk., Mitglieder frei.

Jeder Theilnehmer hat seine Karte behufs Vorzeigung mitzuführen; ohne diese ist der Zutritt **unbedingt ausgeschlossen**.

Die Theilnehmer haben sich den Anordnungen des Vorstandes in jeder Weise zu fügen.

Ball-Anfang 8 Uhr.

Der Vorstand.

Anzeige vom 8.1.1875 im Öffentlichen Anzeiger für die großherzoglichen Aemter Lübz-Marnitz, Goldberg-Plau und Wredenhagen zu Röbel

Es gab an einigen Orten Heischebräuche: „In Spornitz gingen die Knaben und Mädchen, jeder Teil für sich allein, von Haus zu Haus und sangen, indem sie beim Pfarrhause anfingen. Sie erhielten dafür Geld, Eier oder Wurst. Nach Schluß der Sammlung brachten sie alles ins Küsterhaus und verzehrten es, der Küster und seine Leute aßen natürlich aus Leibeskräften mit. Hin und wieder kam Streit, indem etliche Bauern stolz waren und wollten ihre Kinder nicht mehr gehen lassen."[85] Auf diesen Brauch ist auch das Eiersammeln im benachbarten Garwitz zurückzuführen. „Sonderlich aber armer Leute Kinder denen reicheren einen grünen Strauß

84 Richard Giese: Faslam in die Gries Gegend. In: Land und Leute Ludwigslust Heft 2/1957, S. 40–43. Identischer Text bei Ellen Bartram: Buernfaslam und Knechtsklingbimmbel. In: SVZ MM Nr. 2/Januar/Februar 2005 S. 6

85 Wossidlo/Teuchert: Mecklenburgisches Wörterbuch, Neumünster 1996, 2. Bd Sp. 810

ins Haus bringen, dabei der Redensarten sich bedienen: Ich bring zum Fastelabend einen grünen Busch. Habt ihr nicht Eier, so gebet nur Wurst.“[86] Aus Brüz bei Lübz erfuhr Bartsch: „Fastnachtabend (d.h. den Abend vor Fastnacht) gehen die Müllergesellen mit Ruthen herum und peitschen, wenn ihnen keine Gaben gegeben werden.“[87]

Im Mecklenburgischen Wörterbuch wird von einem Brauch des „Snutenkönigs“ aus Kraak bei Hagenow berichtet. Hier „mußten sich die neuzugezogenen Leute, wenn die erste Tanzlust befriedigt war, in die Snutenlad, die der Dorfschmied in Verwahrung hatte, einkaufen, wobei sich der Preis nach der Länge der Nase richtete; nach einem anderen Bericht wurde der Besitzer der größten Nase in der dortigen Gegend bei dieser Gelegenheit auf ein Jahr zum Snutenkönig gewählt, nachdem er für diese Ehrung eine Runde Koem ausgegeben hatte, legte man ihm einen Reiserock um, dessen rote Futterseite nach außen gekehrt war, schmückte sein Haupt mit einer Krone von Erbsstroh, setzte ihn auf eine Biertonne, die auf einer Meßböhr (Mistkarre) stand, und trug ihn durch das ganze Dorf. Am letzten Abend erschien fast regelmäßig der Schimmelreiter, der häufig von einem ganzen Gefolge, in dem der Schmied und der sprichwörtlich gewordene Doktor Eisenbart die hervorragendste Rolle spielten, umgeben war; er pflegte zum Schluss die ganze Gesellschaft mit Wasser zu besprengen.“[88] Die Snutenlade, in der sich ein Schweinslederbuch und ein Schiebemaß befanden, wurde mit Musik hereingebracht. „Beim Vermessen der größten Nase gibt es erst einen Mautkoem (Mutkümmel) und

Kinderfasching in den 1920er Jahren …

… und 100 Jahre später in Plau am See

hernach einen Dankkoem, und die Maße werden in das Buch eingeschrieben. Der Mann mit der größten Nase wird auf ein Jahr Snutenkönig, … dat is de meckelbörsch Prinz Karneval.“[89] Ein heute unbekannter Brauch war das „Heißwecken-Abklopfen“, der in Domsühl in der zweiten Hälfte des 19. Jahrhunderts üblich war.[90]

Beliebt waren in Mecklenburg schon im 19. Jahrhundert Maskenbälle, die von der Stadtelite organisiert wurden, um ihre soziale Stellung und ihren Wohlstand zur Schau zu stellen, zudem erfreute sich das Entfliehen in die Anonymität durch Verkleidung und Masken großer Beliebtheit. Traditionell ist Ende Januar bzw. Anfang Februar der Zeitpunkt für diese Karnevalsveranstaltungen. Die Parchimer Zeitung veröffentlichte im Fe-

86 Gerhard Pingel/Peter Richter: Die fünfte Jahreszeit bi uns in Pütt un annerswo. Parchim 1995, S. 17 f.

87 Bartsch a. a. O., S. 254

88 Wossidlo/Teuchert a. a. O. 2. Bd, Sp. 809

89 Ihrke a. a. O., S. 463

90 Vgl. Hermann Fornaschon: Im Bauerndorfe Fastnacht In: Mecklenburg Zeitschrift des Heimatbundes, 6. Jg. Heft 1/1911, S. 22 f.

bruar 1828 folgende Annonce: „Einem verehrungswürdigen hiesigen und auswärtigen Publikum beehre ich mich eine ganz ergebene Anzeige zu machen, wie mir Allerhöchster Genehmigung am 26. dieses Monates Ball en Masque in meinem Hause sein wird, wozu ich – da hier eine besondere Missive nicht circulieret (besonderes Schreiben nicht im Umlauf ist) – hierdurch ganz ergebenst einlade. Das Entrée für Erwachsene ist á Person 24 Schillinge, für Kinder 12 Schillinge. Auch bemerke ich hienieden gehorsamst, daß für Zuschauer ein hinlänglicher Platz im Masquen-Saal eingerichtet ist, daß diese sich jedoch nur auf den Ihnen angewiesen Platz beschränken müssen und im Saale, zwischen den Masquen jede durchaus keinen Zutritt gestattet werden kann. Das Entrée für die Zuschauer ist á Person 12 Schillinge. Der Ball nimmt des Abends 6 Uhr seinen Anfang, und sind Billets in meiner Wohnung sowie Abends eine Casse zu haben. Ich hoffe mich einer recht zahlreichen Theilnahme zu erfreuen und werde daher für alle nur mögliche Erfrischungen bestens sorgen. Parchim, den 14. Februar 1828 August Neumann."[91] Ab 1850 übernimmt der Schützenverein mit dem Gastwirt des Schützenhauses die Organisation des Maskenballs: „Mit hoher Bewilligung werden wir am Dienstag, den 20. d. M, auf dem Schützenhause eine große Maskerade veranstalten, wozu wir ein verehrungswürdiges Publikum Parchims und der Umgebung ergebenst einladen. Der Zutritt zum Locale ist nur anständigen Masken gestattet, doch soll auch für Damen und Herren der einfache Ballanzug in Masken nicht ausgeschlossen sein, das Tragen scharfer Waffen ist verboten. Parchim, den 9. Februar 1855. Wegner & Schönfeldt."[92]

1875 gab es in Lübz einen Verein „Thalia" der alljährlich einen Maskenball im Schützenhaus veranstaltete. Damals waren folgende Bedingungen zu beachten: „Die Perrons des Saales sind für Zuschauer ohne Maske reserviert, jedoch dürfen sich dieselben nicht bis zur Demaskierung zwischen den Masken im Saale bewegen. Scharfe Waffen müssen in den Gesäßen angelöthet sein. Das Tanzen mit Sporen ist nicht gestattet".[93] Die Lübzer Gesellschaft „Frohsinn" veranstaltete 1888 einen Maskenball, bestimmte allerdings, „Kinder und Dienstboten haben keinen Zutritt".[94] In Plau organisierte der Kriegerverein Friedrich Franz am 6.2.1893 einen „Großer Maskenball nebenst Carnevalumzug durch die Stadt. Zutritt ist nur anständigen Masken gestattet. Das Tragen von Waffen ist untersagt. Garderobe ist beim Schneidermeister Mauch zu haben. Eintritt für Mitglieder 25 Pf, für Nichtmitglieder 75 Pf."[95] Sogar in Dörfern folgte man dem städtischen Vorbild. Am 17.1.1895 fand in Grebbin bei Parchim im „neu decorirten Saal des Herrn Voss ein großer Maskenball mit brillanten Aufführungen" statt.[96] Den wahrscheinlich ersten Karnevalsumzug in Parchim gab es am Rosenmontag des Jahres 1911, organisiert vom Parchimer Radfahrerclub Schwalbe.[97]

„Den Menschen im Nachkriegsdeutschland war nach Nazidiktatur, Krieg und Vertreibungen in allen vier Besatzungszonen eines gemeinsam: Sie wollten wieder leben. Neben der täglichen Suche nach Nahrung trieb viele auch eine starke Vergnügungssucht (während des Krieges waren öffentli-

91 zitiert nach Pingel/Richter a. a. O., S. 36

92 ebenda S. 37

93 Oeffentlicher Anzeiger für die großherzoglichen Aemter Lübz-Marnitz, Goldberg-Plau und Wredenhagen zu Röbel Nr. 5 vom 27.1.1875

94 Lübzer Wochenblatt Nr. 7 vom 25.1.1888

95 PZ Nr. 9 vom 1.2.1893

96 zitiert nach Pingel/Richter a. a. O., S. 38

97 ebenda S. 40

che Tanzveranstaltungen verboten – W. H.). Jeder Gastwirt, der einen Saal oder einen größeren Raum hatte, veranstaltete regelmäßig Tanzabende. Kapellen schossen wie Pilze aus dem Boden, die Säle waren voll und es wurde nach Herzenslust geschwoft und geflirtet. In der Faschings- oder Karnevalszeit waren Kostüm- oder Kappenfeste sowie Maskenbälle der Renner. Deren Beliebtheit zeigte, dass die Menschen noch bestimmte Traditionen fastnachtlichen Brauchtums im Hinterkopf hatten. Obwohl solche Bräuche in der Sowjetischen Besatzungszone kaum gepflegt wurden, wussten viele Menschen um die fünfte Jahreszeit, die am 11.11., dem Martinstag, beginnt, ihren Höhepunkt am Rosenmontag und Faschingsdienstag hat und den Abschluss am Aschermittwoch (dem 40. Tag vor Ostern) findet. Die Freude daran, sich zu verkleiden und in eine andere Haut zu schlüpfen, war also über Jahrhunderte hinweg lebendig geblieben."[98]

Nach dem 2. Weltkrieg fanden in Wahlstorf in der Gaststätte Tönse Maskenbälle statt, wozu Inge Schleusener schrieb: „Zum Maskenball hatten wir uns selbst Kostüme genäht oder gebastelt. Toll empfanden wir das immer, wenn man uns unter der Maske nicht erkannt hatte. Die drei besten Kostüme wurden von einer Jury begutachtet und prämiert."[99] Über Plauer „Vergneugungen na den'n Krig" schreibt Hans-Ulrich Rose: „Hus an'n See" had einen groten Danzsaal. In disser Tid hewt dei Besatzer Danzveranstaltungen deuchfürt. Dei Bedarf wir natürlich grot, sik fridlich „uttautowen". In Plau haden wi ne Blaskapell ünner dei Leitung vun Willem Felten. Sei spälten hauptsächlich up'n Klüschenbarg in den'n groten un hogen Saal mit 8–9 Musiker up. Uk Kostümfeste sünd veranstalt wurden. Ik kann mi erninnern: Ne charmante Dam ut Plau un ein entspreckender Freier hewwen ne spaßige Vörstellung gäwen – Naamung vun dei Hamburger Reeperban. Karneval wir in Plau nich in Mod – dorför in Lübz un Goldbarg. In Plau handelte sik dat nur um Kostüm-Maskenbälle. So gaud dat güng, het man sik Kostüme tausommen schnidert. Dei Besten sünd uk prämirt wurden. In dei irsten Tid wir dei Schnaps knapp. Win wi hüt gäw dat öwerhaupt nich. Einige Lüd hewwen sülwst Schnaps brennt. Essenzen wir rieklig im Angebot. Wi nämen uns ne Buddel mit un versteckten sei in't Laub. Wenn man an dei frische Luft wull, is ein kräftiger Schluck ut dei Buddel nommen wurden. Wi Quetziner haden ümmer einen langen Wäg. Ne Taxe het man sik nich leist. Dei Forrör (Fahrräder) hewwen dei sowjetischen Soldaten „beschlagnamt". Also müssten wi uns up uns Bein verlotten – bit taun Strandhotel, Waldrestaurant (Turnplatz), Heidekraug un gor Plauerhagen!"[100]

Von der Nachkriegszeit in Bobzin berichtet Dr. Karl-Fritz Schmidt: „Im Februar machte das Dorf Fasching. Den Kindern war der Nachmittag vorbehalten unter Aufsicht einiger Mütter und Omas. Unsere Kostüme waren alle hausgemacht, nachgenutzt oder getauscht. Ich erinnere eine Vielzahl an Rittern, Indianern, Prinzessinnen, Feen, Hexen u. a. Märchenfiguren. Es gab Spiele, Kostümwettbewerb und eine Tombola mit kleinen Preisen für alle, also nur Gewinner."[101]

Die Zeit der Maskenbälle ging bald zu Ende, was an der veränderten Erwartungshaltung der Jugend lag. „Ihnen reichte das Verkleiden allein nicht mehr, sie wollten irgendetwas machen oder geboten bekom-

98 Schubert a. a. O., S. 53 f.

99 Inge Schleusener, geb. Zahn, Jg. 1935, seit 1945 in Quaßlin

100 Hans-Ulrich Rose

101 Dr. Karl-Fritz Schmidt, Jg. 1943, Bobzin

Umzug zum 50. Jubiläum des Lübzer Karneval 2005

men – ein Programm."[102] Und das boten die Karnevalsklubs mit Prinzenpaar, Showtanzdarbietungen, Büttenreden, Lieder zum Mitsingen und Tanz, denen es darum ging, das Publikum in ausgelassene Stimmung zu bringen. „Närrische Gesetze" wurden verkündet, allgemeine Kussfreiheit proklamiert. Oft gab es einen Karzer, in den die Prinzengarde Leute schleppte und gegen Lösegeld wieder freiließ. Es gab ein Standesamt, wo man heiraten und sich auch wieder scheiden lassen konnte. Auch stand am Eingang eine Rutsche, die man benutzten musste, um in den Saal zu gelangen. Die schönsten Kostüme wurden prämiert. In den Büttenreden wurde mehr oder weniger deutlich Missstände in der DDR angesprochen und Kritik geäußert, wobei wegen des Spotts Konflikte mit der SED und den staatlichen Instanzen vorprogrammiert waren. In Below bei Goldberg nahm man 1959 wieder den Faschingsbrauch auf, „weniger aus Traditionsbewußtsein, sondern weil der Karneval auch in Lübz, Goldberg und anderen Städten und Dörfern Mecklenburgs Mode wurde. Ob das von der politischen Klasse bereits abgeschriebene Sehnen nach einem einheitlichen Deutschland untergründig eine Rolle dabei spielte? Dann hatten die Belower damals den Bock zum Gärtner gemacht. In einem erhalten gebliebenen Programm zum zweiten Belower Karneval 1960 war nämlich ausgerechnet der Ortsausschuß der Nationalen Front Träger dieser Veranstaltung".[103]

Folgende Karnevalsvereinigungen gibt es im Landkreis Ludwigslust - Parchim:

- BKC Grün-Gold Banzkow – Gründung 1953. Er ist der drittälteste Karnevalsverein Mecklenburg-Vorpommerns und der älteste im Landkreis. CCC 84 Crivitz-Gründung 1983, 2019 wurde der 35. Karneval gefeiert.
- KCD Dabel – Gründung 1956.
- RDCC 89 Demen – Gründung 1989. Das Motto der 30. Session: „Wer hat an der Uhr gedreht? Kinder, wie die Zeit vergeht."
- DCC Dömitz – Gründung 1955. Däms Hau-rinn! Motto der 64. Saison: „Sommerhitze, verkehrte Welt – der DCC den Pegel hält". Motto der 65. Saison: „Beim DCC ists prima – hier herrscht noch gutes Klima!"
- GCC 94 Goldberg – erste Gründung 1957, Neugründung 1994. „Golle Golle ahoi" Motto 2016: „Glanz und Glamour – Walk of Fame, beim GKC kannst du alles sehn". Motto 2018: „Beim GKC schlagen die Narrenuhren – wir feiern Karneval der Kulturen". Das traditionelle Landespräsidententreffen in Goldberg zog 2018 mehr als 1000 Karnevalisten an, die der Kultusministerin zeigten, wie gefeiert wird.

102 Schubert a. a. O., S. 56

103 Fred Beckendorff': 1296–1996 700 Jahre Below, S. 68

- GCV Blau-Weiß Goldenstädt – Gründung 1963.
- GCC 81 Groß Laasch – Gründung 1981. Motto der Session 2017/18: „Walt Disney macht Träume wahr im 37. Karnevalsjahr"
- Dörpschaft to Hagenow – Gründung 1982
- LFC Leezen – Gründung 1986. Motto 2018: Thema „Der LFC macht ne Schow mit Kino, Film und Radio"
- LKC 54 Lübz – Der Lübzer Karneval wird seit der Saison 1954 von der Lübzer Sportvereinigung getragen. Motto 2017: Mit Petticoat und Cadillac machen wir die 65. Saison perfekt „2018 „Der LKC in black & white ist zur 66. Saison bereit"
- NKCC Neu Kaliß – Gründung 1984. heute über 300 Mitglieder
- PCC Parchim – Gründung 1955.
- PFC Plate – Gründung 1969, 2001 aufgelöst
- SKV Spornitz – Gründung 1956.
- SCC Sternberg – Gründung 1981
- SCC Blau-Gelb-Rot Suckow – Gründung 1983, Maskenbälle gab es schon in den 1950er und 1960er Jahren
- SCC Sukow – Gründung 1981 Motto 2018: „Ob Sandmann oder 'Wetten, dass ...?', beim SCC-Fernsehabend haben alle ihren Spaß"
- SKC Sülstorf – Gründung 1985. Schlachtruf „Sülstorf hau rein!" 2018: 33. Saison „Der SKC scheut keine Kosten – wir feiern Karneval im fernen Osten".
- TCC Techentin – Gründung 1958. Motto 2019: „Beim TCC wird es nicht flau- Nach 62. Jahren heißt es immer noch Helau"
- VCC 60 Vellahn – Gründung 1960. „Vellahn-Velau"
- Faslamclub Woosmer – Gründung 1955. „Ob nüchtern oder klar – dreimal Woosmer Hurra" Das Motto der 64. Saison 2018/19 lautet: „Der Faslam Club macht sich bereit für eine Reise durch die Zeit!"

Die Leitung einer Karnevalsgesellschaft wird von einem Elferrat gestellt. In Groß Laasch gibt es im Elferrat neben dem Präsidenten Minister für Finanzen, Öffentlichkeitsarbeit, Vereinsfundus und Chronik, Jugendarbeit und Tanz, Licht und Ton, Dekoration und Bühnenbild, Bühnenbau und Transport, Vereinsfeste und Kultur, Internet sowie Musik und Tanz.[104] In Crivitz amtieren neben dem Präsidenten und einem Hofmarschall 10 Minister. Die Titel lassen Rückschlüsse auf Beruf oder Charakter zu. 1998 waren es die Minister schlaffer Turnschuh, für heiße Funken, Buddelflink, schneller Pinsel und gerader Strich, für Havarie und Karambolage, für Verkehr, flinker Stöpsel, für gehörnte Dickköpfe, für Bandsalat, für ungehobelte Klötze. Die Ministergattinnen haben in Crivitz auch eine Aufgabe. Sie suchen das Prinzenpaar der Saison aus. In aller Heimlichkeit passiert das, die Herrschaften werden erst bei der Auftaktveranstaltung den närrischen Untertanen präsentiert.[105] Anziehungspunkt für viele Gäste sind immer die Umzüge der Karnevalklubs.

Einmal jährlich kommen die Elferratspräsidenten des Landes MV zusammen. Am 10.2.2016 war Spornitz der Treffpunkt von über 1000 Narren aus fast 60 Vereinen beim 26. Präsidentenreffen.[106] „Zum 28. Landespräsidententreffen durfte 2018 der Goldberger Karneval Club '94 laden.[107] 2013 kamen die Präsidenten der Karnevalsvereine des Altkreises Parchim zum 21. Arbeitstreffen, bekannt als „Eisbeinessen", in Goldberg zusammen, um die Vorhaben der Saison zu besprechen.[108]

104 http://www. glccev. de/seite/263501/elferrat. html
105 Zeitschrift Mecklenburg Heft 2/1998 S. 4
106 SVZ Lübz vom 11. 2.2016
107 SVZ Lübz vom 15. 2.2018 Das war's – zu Ende ist die närrische Zeit
108 SVZ Lübz vom 25.11.2013

Zum Einläuten der fünften Jahreszeit in Lübz gehört – anders als in anderen Orten – seit vielen Jahren zusätzlich eine zwischen der Bürgermeisterin und dem hiesigen Karnevalverein LKC '54 e.V. geschlossene Wette. Gudrun Stein wettete 2007 mit dem Lübzer Elferrat, dass es diesem am 11.11. nicht gelingt, mit ihren wie TV-Star Schwester Agnes gekleideten, auf dem Sozius von elf verschiedenfarbigen Schwalben sitzenden Ehefrauen vom Ziegenmarkt zur Schleusenbrücke zu fahren. 2011 sollte der Elferrat als 11 Feuerwehrleute in Einsatzkleidung mit Martinshorn zum Markt kommen und dort 11 Freiwillige aus dem Publikum suchen, die sich entsprechend der letzten 11 Mottos des LKC anzuziehen hatten und das alles in 11 Minuten. 2016 stand Gudrun Stein vor der Aufgabe, „elf ihrer Mitarbeiter in Kostümen aus elf verschiedenen Disneyfilmen mit der dazugehörigen Musik aufmarschieren zu lassen. Die Zuschauer, so die Vorgabe, müssten sie erkennen und es laut von sich geben. Und wie hat sich die Chefin im Rathaus geschlagen? Um gleich auf den Punkt zu kommen: Sie hat zum ersten Mal gewonnen."[109]

Landespräsidententreffen in Lübz 2003

109 SVZ Lübz vom 12.11.2016 Zum ersten Mal Wette gewonnen

INTERNATIONALER FRAUENTAG

Angeregt von der deutschen Sozialistin Clara Zetkin 1910 auf der Zweiten Internationalen Sozialistischen Frauenkonferenz in Kopenhagen fand der erste Frauentag am 19.3.1911 statt. Eines der Hauptziele war das Frauenwahlrecht. Nach Ende des 1. Weltkrieges nutzte man den Frauentag verstärkt, um auf soziale Probleme aufmerksam zu machen. Nachdem der Frauentag während der nationalsozialistischen Diktatur in Deutschland verboten war, wurde er in der Sowjetischen Besatzungszone 1946 wieder eingeführt. In der DDR wurde er von in Betrieben und Einrichtungen beschäftigten Frauen mit einer Feier begangen, bei der üblicherweise Prämien ausgeteilt wurden – Gleichstellung per Staatsdoktrin und kollektives Feiern gehörten an diesem Tag zusammen. Der Charakter des Frauentages wandelte sich von einem Kampftag zu einem Festtag. Es wurde üblich, am 8. März diejenigen Frauen besonders zu ehren, die sich durch hohe Leistungen in Wirtschaft, Politik und Kultur um den jungen Staat verdient gemacht hatten.[110] Nach der Wende blieb der Frauentag bei den Seniorentreffs der Volkssolidarität erhalten (beispielsweise 2004 in Marnitz und Lübz), während er ansonsten wegfiel. 2016 luden die Kreisverbände der Volkssolidarität Parchim-Ludwigslust und Hagenow zu ihrer ersten gemeinsamen Frauentagsfeier ein. In Karow veranstalteten der Seniorentreff und die Ortsteilvertretung die Feier am 10.3.2016. Die Ortsgruppe der Volkssolidarität und die Gemeinde Karstädt hatten am 10.3.2018 zum zweiten Mal alle Frauen zum Weltfrauentag in die Gaststätte zu Quelle bei Kaffee und Kuchen und einem Glas Sekt zu Gast. Der Verein Kulturkreis Gemeinde Passow und der Kulturausschuss

110 Bentzien/Neumann: Mecklenburgische Volkskunde, Rostock 1988, S. 366

der Gemeinde Passow luden alle Frauen der Gemeinde zur Frauentagsfeier am 8.3.2020 nach Charlottenhof ein.

Frauentagsfeiern finden in vielen Gemeinden statt.[111] Seit der Wende löst der Muttertag am 2. Sonntag im Mai mehr und mehr den Internationalen Frauentag ab: Mütter erhalten an diesem Tag einen Blumenstrauß, oft mit einem kleinen Präsent verbunden.

Frauentagsparty

8. März 2009 · 19.00 Uhr

im Vereinsheim Quetzin

Eintritt 14,00 Euro pro Person

inkl. Büfett, Musik mit DJ Michael aus Waren

Voranmeldungen ab sofort in der „Gaststättte zum Richtberg" · Tel. 0173-2322847

FRAUENTAGSFEIER

FALK Seehotels

Aus Gästen Freunde machen

8. März 2010 ab 15.00 Uhr

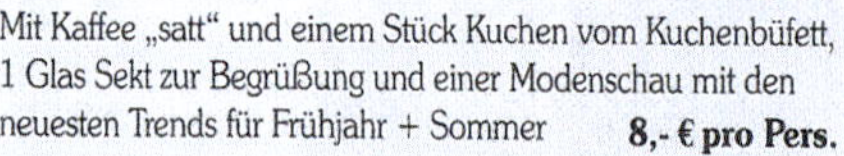

Mit Kaffee „satt" und einem Stück Kuchen vom Kuchenbüfett, 1 Glas Sekt zur Begrüßung und einer Modenschau mit den neuesten Trends für Frühjahr + Sommer **8,- € pro Pers.**

HERINGSBRUNCH 21. März 2010 ab 11.30 Uhr

mit vielen Leckereien rund um den Hering **9,99 € pro Pers.**

Kostenfreie Tischreservierung unter Tel. (0800) 840 840 8

Seehotel Plau am See · www.falk-seehotels.de

Annoncen zum Frauentag in der Plauer Zeitung

Ostern

Im Osterfest verbindet sich das Erlebnis der Erneuerung der Natur mit der kirchlichen Feier der Auferstehung Jesu. Ostern leitet sich aus dem jüdischen Pessachfest ab. Jesus kam zum Pessachfest nach Jerusalem, wurde Karfreitag gekreuzigt und stand nach drei Tagen wieder von den Toten auf. Aus der Verquickung heidnisch-germanischer, jüdischer und christlicher Bräuche entstand unser heutiges Osterfest, auch für Nichtgläubige das Fest der Freude: Der Winter ist vorüber, die Sonne ist in ihrem Lauf wieder höher gestiegen, das Leben in der Natur beginnt sich wieder zu regen.

Gerade in der Osterzeit besitzt das Ei als Symbol des werdenden Lebens eine große Bedeutung. Für die Christen wurde das Ei zum Symbol der Auferstehung Christi und der Auferstehungshoffnung aller Menschen. Die Schale bedeutet das Grab Christi, aus ihr geht ein lebendiges Wesen hervor.[112] Als Geschenk wurde es oft reich bemalt und verziert.[113] Dazu erzählt Gerlinde Jakowski aus Wahlstorf: „Zu Ostern wurden Hühnereier selbst gefärbt mit gekauften Farben, aber auch mit Zwiebelschalen[114] oder Roter Bete. Vor allem hat meine Mutter köstlichen Eierlikör gemixt, der in der Speisekammer stand und an dem wir und später auch unsere Tochter gern heimlich genascht haben."[115]

Die Woche vor Ostern, die Karwoche, wurde als „stille Woche" bezeichnet. Die

111 2018 in Siggelkow, Golchen, Hasenwinkel, Basthorst, Sternberg, Brüel, Kobrow II, Witzin, Borkow, Karstädt, Prislich, Balow, Prislich, Zierzow, Dambeck und Eldena, 2019 in Goldberg, Diestelow, Passow, Gallin, Dobbertin, Granzin bei Lübz, Pinnow, Sukow, Barnin, Godern, Alt Krenzlin, Klein Krams, Göhlen, Lübesse, Banzkow, Sülstorf, Wöbbelin, Uelitz, Kraak, Raduhn, Grebbin, Garwitz, Groß Godems und Stolpe.

112 Becker-Huberti: Feiern S. 309

113 Henry Gawlick beschreibt in einem Aufsatz, wie das Ostereierbemalen vollzogen wird. Henry Gawlick: Ostereier. Ein Jahrhunderte altes Brauchtum wird in Hagenow engagiert gepflegt. In: Mecklenburg. Zeitschrift für Mecklenburg-Vorpommern. 41. Jg. Heft 3/1999 S. 6 f.

114 das berichtet auch Siegfried Schliemann, Jg. 1937, Wessentin

115 Gerlinde Jakowski geb. Malchow, Wahlstorf Jg. 1946

Professionell gestaltete Ostereier

Festvorbereitungen begannen schon Gründonnerstag, da wurde nämlich der Kuchen im dörflichen Backofen gebacken.[116] Karfreitag wurde im Plattdeutschen als „Stillenfridag" bezeichnet. Es war allgemein üblich, dass Karfreitag fleischlos gegessen wurde, es gab Rührei und Fisch. In der Woche vor den Feiertagen wurde Moos für Nester gesammelt.[117] Es wurden Ostereier gekocht, gefärbt und mit Abziehbildern beklebt. Eier wurden früher ohne besonderen Aufwand gefärbt: in Kaffee und Zichorie gekochte Eier ergaben braune, in Heu grüne, mit Zwiebeln gelbe Ostereier. Schon frühzeitig nutzte man industriell gefertigte Farben zum Färben. Oft schrieb man vor dem Färben mit Seife Namen auf die Eierschale oder malte Verzierungen darauf, dann blieb das Ei dort weiß. Weiße Eier wurden mit flüssigem Wachs bemalt, anschließend in Zwiebelschalenlauge gekocht. Auch wurde die Kratztechnik angewendet, bei der die Eier zunächst gefärbt werden, worauf mittels eines Messers die gewünschten Muster ausgekratzt werden, die sich dann weiß herausheben. Gefärbte Eier bot aber schon vor 150 Jahren der Handel an: 1873: „Ostereier in recht hübscher Auswahl empfiehlt zur geneigten Abnahme Conditor Chr. Meiers Witwe in Plau."[118] In die Nester kamen dann die gefärbten Hühnereier, Schokolade und Zuckersüßigkeiten. Oft tauschten die Kinder auch ihre verschieden gefärbten Eier untereinander aus. „Eigenschöpferisch Hergestelltes verschwand zunehmend an den Kalenderfesten, alles war käuflich zu erwerben. Über eine Großmutter in Hagenow, die etwa 1880 zu Ostern in ihrer Küchenschürze die ausgeblasenen Eier, in deren Öffnung sie eine Rosine gesteckt hatte, für ihre Enkel in den Garten zum Verstecken trug, oder über eine Mutter, die im Dorf die Eier traditionsgemäß noch mit Heu, Zwiebelschalen oder Zichorie färbte, hätten Bürgerkinder in den größeren Städten um 1900 schon gelächelt."[119]

Die nicht unmittelbar auf christliche Glaubensvorstellungen zurückgehenden Osterbräuche (gefärbte Ostereier, Eierverstecken, Hase als Ostereierbringer) belegen, dass auch in den mecklenburgischen Dörfern die mit der Industrialisierung verbundene Verbürgerlichung der Familien seit der zweiten Hälfte des 19. Jahrhunderts voranschritt. Zur überkonfessionellen Verbreitung der Verbindung von Osterei und Osterhase haben im 19. Jahrhundert Süßwarenindustrie, Kinderbücher und Postkarten beigetragen. Der Sonnabend vor Ostern hieß „Osterabend" bzw. „Stillensünnaobend". Vielerorts

116 vgl. Henry Gawlick: Eigenbackt Brot. Brotbakken auf dem Lande in Mecklenburg. Rostock 1992

117 das berichtet Hans-Heinrich Jarchow, Jg. 1955, Wangelin

118 PZ Nr. 28 vom 5.4.1873
„Oster-Eier in schöner Auswahl empfiehlt Chr. Weier Conditorei Plau" PZ Nr. 30 vom 13.4.1892 und Nr. 22 vom 17.3.1894
ebenfalls H. Sauber, Bäckermeister Plau PZ Nr. 23 vom 21.3.1894

119 Bentzien/Neumann: Mecklenburgische Volkskunde, Rostock 1988, S. 362

werden Osterfeuer angezündet, um die sich die Dorfbewohner bei Musik zum Essen und Trinken versammeln. In der Plauer Umgebung passiert dies in Quetzin und Leisten, organisiert vom Siedler- und Heimatverein, in Karow vom Jugendclub, in Wangelin von der Gemeinde, in Barkow und Wendisch Priborn von der Feuerwehr.[120] Auch in Dobbertin, Lübz, Gallin-Kuppentin und Langenhagen loderten 2017 Feuer.[121] „Ostermorgen" nannte man den Morgen des Ostersonntags, plattdeutsch als „Osterdach" bezeichnet. Nach altem Brauch aß man am Ostermorgen auf nüchternen Magen einen „Osterappel" (Osterapfel). Jeder Dienstbote bekam früher am Ostermorgen einen Apfel in der Ludwigsluster Gegend.[122] Karl-Fritz Schmidt aus Wahlstorf erinnert sich: „Ostern in frühen Jahren mit kurzen Hosen und weißen Kniestrümpfen, auch bei Schnee. Die Mädchen gingen sicherheitshalber Osterwasser aus der „Ahlbeeck" holen. Dann stand der erste obligatorische Kirchenbesuch des Jahres an. Danach Osternester suchen. Oma und Mutter gaben sich immer Mühe mit Eierfärben, Nester mit geeignetem Schwierigkeitsgrad zu verstecken und noch besser zu kochen als ohnehin. Diese Bräuche wurden auch nach Omas Ableben gepflegt."[123]

Am Ostersonntagvormittag wurden die Nester gesucht, was den Kindern immer große Freude bereitete. Wenn das Suchen gar zu schwierig war, half man mit „heiß" oder „kalt" nach, indem so der Suchende an das Versteck herangeführt wurde. Stadtbewohner nahmen die Kinder zu einem Spaziergang ins Grüne mit, wo die Eltern dann „plötzlich" entdeckten, dass der Osterhase für ihre Kinder wahrscheinlich beim schnellen Lauf Eier und Süßigkeiten verloren hatte. Gänzlich unwillkommen war am Ostersonntagmorgen Regen, denn dann musste die Ostereiersuche in das Haus verlegt werden. Sehr viele Familien unternehmen am Nachmittag einen „Osterspaziergang" in die erwachende Natur. Otto Warnke aus Zapel erzählte: „Meine Eltern machten (in der Weimarer Republik – W. H.) mit uns einen Osterspaziergang, wobei sie unauffällig Ostereier ins Gras fallen ließen: Kiek, hier is de Osterhas langlopen! Bei Regenwetter bauten wir Nester aus Moos im großen Holzschuppen, später aus Holzwolle."[124] An ein besonderes Essen am Ostersonntag erinnern sich Zeitzeugen nicht. Sigrid Froh aus Plau erzählt, dass in ihrer Familie ein Putenbraten auf den Tisch kam.[125] Otto Warnke gibt an: „Am Karfreitag gabs bei uns grundsätzlich kein Fleisch zum Mittag sondern Fisch bzw. Rühreier mit Bohnen oder Kartoffelpuffer. Am Karfreitag stopfte und nähte meine Mutter nie. Wir spielten meist im Wald mit den Mädchen Versteck, da der Wald kaum 100 Meter vom Dorf entfernt war."[126]

120 weitere Osterfeuer des Jahres 2018, zumeist organisiert von den Freiwilligen Feuerwehren, in Ludwigslust, Göhlen, Kummer, Techentin, Balow, Sternberg, Warin, Kobrow, Langen Jarchow, Weitendorf, Witzin, Zahrensdorf, Parchim, Garwitz, Rom, Stolpe, Klein Niendorf, Groß Godems, Paarsch, Spornitz, Klinken, Raduhn, Dobbertin, Kuppentin, Hagenow, Haar, Kuhstorf, Göhlen, Bahlen, Zarrentin, Gallin, Goldenstädt, Lübz, Zahren.

121 SVZ Lübz vom 14.4.2017

122 Osterfeuer wurden 2018/19 am Ostersonnabend in Brüel (schon am Osterdonnerstag), Gorlosen (2018 zum 25. Male), Grabow, Zierzow, Karstädt, Raben Steinfeld, Sukow und Plate entfacht. 2019 brannten Feuer in Hagenow, Hohenwoos, Polz, Klein Schmölen, Neu Kaliß, Vielank, Malliß, Redlin, Malow, Steinbeck, Granzin bei Lübz, Gallin-Kuppentin, Lübz und Dobbertin, ferner in Göhlen, Lübesse, Lüblow, Rastow, Fahrbinde, Kraak, Warlow, Wöbbelin, Rom, Kladrum, Stolpe bei Parchim, Grebbin, Garwitz, Kossebade, Raduhn, Herzberg, Klinken, Groß Godems. Wossidlo/Teuchert Band 5 Sp. 222

123 Karl-Fritz Schmidt, Jg. 1943, Bobzin

124 Otto Warnke, Jg. 1916 Zapel

125 Sigrid Froh, geb. Haenning, Jg. 1937, Plau

126 Otto Warnke

Osterdekoration an der Straße in Marnitz und Plau, fotografiert 2004, 2012 und 2017

In der Wohnung werden grünende Zweige in einer Vase mit bunten Eiern geschmückt, Sträucher und Bäumchen in den Vorgärten werden mit bunten Plasteeiern behängt. Otto Warnke berichtet, dass auf dem Ofen im Wohnzimmer eine Vase mit ausgegrünten Birkensträuchern, behängt mit ausgepusteten und bemalten Hühnereiern (keine gekauften) stand.[127] An vielen Orten werden vor die Haustür Osterhasen oder Blumenschalen mit Ostereiern gestellt.

Vor dem Seniorenpflegeheim Marnitz stand 2004 ein aus einem Strohballen gefertigter Hase. Brauchtum wandelt sich, das zeigt sich auch zum Osterfest. Seit der Jahrtausendwende dekorieren in der Vorosterzeit immer mehr städtische Wohnungsinhaber ihre im Erdgeschoss liegenden Fenster zur Straßenseite mit Osterhasen, Ostereiern und blühenden Frühlingsblumen und erfreuen so die Vorübergehenden. Schon in der DDR-Zeit wurden in dörflichen und städtischen Vorgärten Büsche und Bäume mit bunten Ostereiern geschmückt und Osterhasen aufgestellt. Ebenso verbreiten sich österliche „Eierkränze", die an den Eingangstüren aufgehängt werden. Die Kreativität der neuen Laien-Volkskunst zum Osterfest ist ohne Grenzen. Als Schöpfer lassen sich ganz normale Mitbürger ausmachen. Volkskunst ist eine Gebrauchskunst, die sich reproduzierbarer Formvorlagen bedient und sich dem Brauch der Gesellschaft anpasst. Sie kennt keine Trennung von künstlerisch Bedeutsamem und Nützlichem. Volkskunst bedient das Grundbedürfnis, Dinge des Lebensalltags zu gestalten und zu verschönen.[128]

In den Vorgärten in Stadt und Land zeigen sich vielfältige Beispiele, die sich weniger durch eigene Herstellung als durch ihr Arrangement auszeichnen. Dazu Heinrich Mehl: „Zur Charakteristik solcher Volkskunst gehört der Zwang zur Nachahmung und Uniformität. Indirekter nachbarlicher Druck, das Bedürfnis dazuzugehören, nicht als fantasielos und zu karg dazustehen",[129] lassen vielfältige Ausdrucksformen entstehen, zumal mit dem Osterhasen und dem Ei zwei bedeutungskräftige Symbole zur Verfügung stehen. Neben den vorgefertigten Mustern einer international orientierten Freizeitin-

127 Otto Warnke

128 vgl. Heinrich Mehl/Gabriele Schmäling: In Volkshochschulkurs und Schrebergarten: Moderne Formen der Volkskunst. In: Volkskunst in Schleswig-Holstein. Alte und neue Formen. Heide 1998, S. 197

129 Mehl/Schmäling S. 203

Ostereiersuche 1914 in Parchim

dustrie (wie Plaste- und Keramikosterhasen in verschiedenen Größen) tauchen immer wieder regional entstandene Dinge auf. Es ist gerade einmal eine Generation her, dass bei uns Büsche und Bäume mit bunten Ostereiern geschmückt werden. Keine Seltenheit im dörflichen Vorgarten ist auch ein Osterhasen-Baumstumpfgesicht, aufgemalt auf einem schräg geschnittenen Birkenstamm. Oft stammen die „Baumstumpfgesichter" von Kindern, die sie auf Schulbasaren verkaufen. In der Innenstadt von Plau am See sind in jedem Jahr etliche Beispiele für volkskünstlerischen Osterschmuck in zur Straße zeigenden Erdgeschossfenstern, im Hauseingang und auf dem Bürgersteig vor der Fassade zu entdecken. Holzkästen und Keramiktöpfe sind mit Frühlingsblühern bepflanzt und diese mit bunt bemalten Ostereiern oder Plaste- beziehungsweise Holzeiern behängt worden. Kleine Osterhasen ergänzen den Blumenschmuck. Neben der Haustür kann der Betrachter auch Dachziegel entdecken, die mit Ostermotiven bemalt wurden. Alle Formen zeigen den Wunsch der Schöpfer, die Freude über das Ende des Winters und den Beginn des Frühlings in die Öffentlichkeit zu tragen.

Mit den Ostereiern waren in Südmecklenburg viele Kinderspiele verbunden. Besonders beliebt war die Sitte des Eiertrudelns, die überall dort, wo ein Abhang existiert, ausgeübt wurde. Jeder Mitspieler musste ein Ei auf den Boden mit großem Abstand zum nächsten legen, dann wurde mit einem anderen Ei danach gekullert. Traf man eins, hatte man es gewonnen, ansonsten blieb es liegen. Eine Variante bestand darin, dass man nur einfach die Eier einen Abhang hinunterkullern ließ.[130] Wessen Ei am weitesten rollte, hatte gewonnen. Eine weitere Variante des Eiertrudelns bestand darin, dass man in den Abhang eine Rille zog, an dessen Ende eine mit Moos gepolsterte Kuhle gebaut wurde. In der Rille rollte das Ei dann hinunter, wobei man hoffte, dass die Eischale angeschlagen wurde. Ging das Osterei trotz mehrfachen Kullerns nicht kaputt, half man mit einem Stein in der Kuhle nach. Man suchte ja einen Grund, um das bunte Ei essen zu können. 2018 veranstaltete der SV Traktor Balow auf dem Schulhof zu Ostern das Eiertrudeln. 2019 wurden in Siggelkow Ostereier getrudelt. Ein weiteres Kinderspiel war das Eierpicken. Man schlug die Eier am spitzen Ende aneinander, dort hatte der verloren, dessen Ei zuerst zerbrach. Diese Spiele wurden nach 1945 auch von den Vertriebenenfamilien übernommen.

Verschwunden sind heute die Bräuche des Osterwasserholens, des „Stüpens" mit einer Birkenrute und das Scheiben-Trudeln auf der Straße. In Parchim glaubte man: „Fließendes Wasser am ersten Ostertage vor Sonnenaufgang geschöpft, bleibt das ganze Jahr frisch

130 das berichtet Hans-Heinrich Jarchow, Jg. 1955, Wangelin

und ist gut gegen Hautkrankheiten."[131] Vom „Osterwarer halen" in Wulfsahl nach 1918 schrieb Johannes Pabst aus Benthen: „To de Löcknitz säden se einfach de „Bäk". Se wier de Grenz twüschen Wulfsahl un Herzfeld. Se wier ok würklich man ne Bäk, oewer doch so breit, dat wi Jungens dor nich roewerspringen künnen. Wenn wi up de Hatzfölder Wischen wullen, müßten wi dorchwaden dörch de Bäk, wat wi ok giern deden. In de Nacht vör Ostern halten de Dierns sik Osterwarer ut de Bäk. Wenn de Klock twölf slagen harr, dörften se losgahn. Se güngen mit miehrer tosamen, denn ein allein würd grugen. Jede nehm sik 'n Emmer mit. Se dörften oewer nich dorbie snacken ünnerwägens, wat ehr woll bannig suer worden is! Oewer dat hülp nich, süs wier de ganze Mäuh umsüs, Bet Klock ein müßten se werrer to Hus sin. Jede Diern hett sik nu in dat Osterwarer wascht, denn blew se hübsch un kreg ok bald 'n Brüjam."[132]

Ein heute vergessener Brauch war das „Stüpen" (stäupen – mit der Rute züchtigen). Am Ostersonntagmorgen in der Frühe standen die Kinder still auf und stäupten ihre Eltern aus den Betten, d. h. sie nahmen einen Strauß ausgegrünter Birkenreiser, lüfteten die Federbetten und schlugen mit den Zweigen zu. Auch das Stäupen junger Mädchen durch Burschen war ein sehr beliebter Brauch, der mit viel Kreischen und Juchzen auf dem Bauernhof verbunden war. Das Stäupen lebte bis ins 20. Jahrhundert in Südmecklenburg fort, bis es ersatzlos aufgegeben wurde. Das erotische Element wird sicher eine wichtige Rolle

Ostereiersuche 1982 in Mentin

gespielt haben, gelang es den jungen Burschen doch, sich den Mädchen aller sozialen Schichten, von der Dorfgesellschaft toleriert und akzeptiert, zu nähern. Das Stäupen war mit einem Heischebrauch verknüpft. Junge Burschen sammelten Eier von Haus zu Haus und sagten dabei einen Spruch auf, der in verschiedenen Versionen überliefert ist. Dieser Heischespruch hatte den typischen Aufbau mit Anrede, Wunschreihe und Gabenforderung: „Stüp stüp Osterei. Giffst du mi keen Osterei, slah ick di dat Bett entwei."

Von einem anderen alten Heischebrauch berichtet Karl Bartsch 1880, der ihm vom Pfarrer Bassewitz aus Brüz bei Lübz mitgeteilte wurde. „Das Herumgehen der Hirtenjungen am zweiten Ostertag, um Eier einzusammeln und in die Sparbüchse Geld zur Osterfreude, hat jetzt aufgehört."[133] In Barkow war bis um 1830 üblich: „Am ersten Ostertage versammelten sich sämmtliche Pferdehirten des Dorfes an einer von ihnen vorher verabredeten Stelle, es wurde eine Anzahl großer Sträucher herbeigeholt und am zweiten Ostertage begaben sie sich auf das Feld nach dem jedesmaligen Weideplatz und steckten für ihre Pferde mittelst der mitgenommenen Sträucher eine Fläche Landes

131 Wilhelm Gottlieb Beyer: Aberglauben in Meklenburg. In: Jahrbücher des Vereins für Mecklenburgische Geschichte und Altertumskunde, Band 9, Schwerin 1844, S. 218

132 Erlebt von Hausfrau Emma Pabst (1883–1938) in Wulfsahl von 1910 bis 1920. Ostern würden Eier snurrt. In: Johannes Pabst: Flass und Linnen, Schwerin 1986, S. 33

133 Bartsch a. a. O., S. 261

Osterkarten aus der Kaiserzeit und der Weimarer Republik

ab, die weder der Ochsen- noch Kuh- oder Schafhirte mit seiner Heerde betreten durfte. An der einen Ecke dieses abgesteckten Weideplatzes wurde eine schlanke Tanne eingegraben und oben an dieselbe ein Knittel gebunden zur Warnung für die übrigen Hirten. Diese abgesteckte Fläche Landes wurde Pfingsthege genannt. Darauf begaben sich die Pferdehirten wieder ins Dorf und unterhielten sich bei einer Flasche Branntwein. Vom Mai nun bis zu Pfingsten hin gingen die Pferde auf die Koppel.“[134]

Osterwasserholen und Eierschnurren wurden schon nach dem 1. Weltkrieg aufgegeben. Johannes Pabst aus Benthen überliefert einen Brauch in Wulfsahl, der von 1910–1920 ausgeübt wurde: „De Pierdknechts un de Kauhjungens güngen an ‘n iersten Osterdag von Hus to Katen un snurrten Eier, Ein drög de Kiep, de annnern säden all togliek denn’ Spruch up: „Goden Dag in juch Hus. juch Däl is so krus, juch Schostein is so holl un boll, teihden Eier gäben ji uns woll? Gäben ji uns kein teihden Eier, sall uns Hahn juch Häuhner nich träden.“[135]

Das Ostereierschnurren in Blievenstorf beschreibt Fritz Niemann aus Neu Brenz: „Dat is an ‘n Sunnabend vor Ostern. Dor versammeln sik de jungen Lüd, Mannslüd un Frugenslüd, in Bliewensdorp (Blievenstorf) vor ‘n Kraug, einige mit Kiepen up denn’ Arm, um Eier to snurren. Se gahn von Hus to Katen un seggen denn’ Vers up: Goden Dag in jug Hus, / jug Dal is so krus, / de Schapstall is all holl un boll, / achtteihden Eier gawen ji uns woll, / achtteihden Eier in uns’ Kiep, / ji wardt selig, wie warden riek. / Weit ji ok, wat Grotknechts hürt? / Speck un Eier, ‘n Buddel Beier, / alls, wat ji uns gäwen wollt. / Gäwt ji uns kein Eier nich, / trädt uns’ Hans jug Häuhner nich. / Hett de gal Puter all leggt? / Lat’t uns nich so lange stahn, / denn wi wollt noch wierergahn. Wenn se dat Dörp

134 ebenda S. 273 f.

135 Alter Brauch in Wulfsahl, nach 1918, erzählt 1918, aufgeschrieben 1976 von Johannes Pabst (Jg. 1905). In: Johannes Pabst. Flass un Linnen. Schwerin 1986 S. 33

afklappert hemm', gahn se mit de Eier nah 'n Kraug, un dor ward fiert."[136]

In ihren Erinnerungen an Ostern schreibt Erika Arnold (Jg. 1922): „In meiner Kindheit im Karower Forsthaus wurde am Karfreitag nur das Nötigste mit dem Messer geschnitten. Es gab generell nur Fisch zum Mittag, gerade den, welchen der Fischer gerade gefangen hatte. Die Osterfeiertage gab es Wild. Meine Mutter trug ihr gutes schwarzes Kleid, das tat ich nach meiner Konfirmation auch. Am Ostersonnabend holten meine Geschwister und ich nachmittags recht schönes Moos aus dem Wald. Wir bauten im Garten unter den Johannisbeersträuchern für jeden ein Osternest. Vorbeugend – falls es regnete – wurden im Heufach auch noch Osternester gebaut. All die wunderbaren Ostersachen aus Zucker und Schokolade gab es früher selten, weil das Geld dafür fehlte. Statt dessen lagen am Ostervormittag bunte Ostereier im Nest, die natürlich der Osterhase gebracht hatte, manchmal hatte er auch unterwegs kleine Zuckereier „verloren". Unsere Mutter umwickelte vor dem Färben die Eier mit Wurstband und kochte sie in Zwiebelschalen. Dadurch hatten wir gemusterte braune Ostereier, andere weiße wurden mit Abziehbildern beklebt. Unsere Hühner legten nur weiße Eier, naturbraune kannten wir damals noch nicht. Auf dem Osterkirchgang sagte unser Nachbarjunge Heiner einmal: „Ick kann mi nich helpen, de Eier von'n Osterhasen smecken grad so as de von uns Häuhners!"[137]

Dass auch das traditionelle Brauchtum Südwestmecklenburgs Veränderungen unterworfen ist, beweisen die seit der Wende aufkommenden Osterfeuer. Diese haben ihren Ursprung in den Mittelgebirgsgegenden,[138] aber verbreiten sich nun über viele Ortschaften.[139] Eine fördernde Ursache ist wohl auch in dem Umstand zu sehen, dass hier Altholz legal verbrannt werden kann. Das Osterfeuer in Wangelin bei Plau wurde 2018 in der Plauer Zeitung angekündigt.[140] Auch der Kultur- und Heimatverein Leisten lud am 29.3.2018 Gründonnerstag auf dem Festplatz Leisten zum traditionellen Osterfeuer nach Leisten ein.[141] Alljährlich veranstalten in Lübz die Kleingartenanlage Eldestrand und der Kleingartenverein Frohe Zukunft Gartenfeste mit Osterfeuer. Ostersonnabend ist ein Osterfeuer im Lübzer Stadtpark zu erleben. Marlis Schmidt berichtet von Groß Laascher Osterfest 2019: „Es begann am Gründonnerstag mit dem Eierschnurren. Mit bunt geschmückten Eierhutschen zogen die Karnevalisten des Ortes von Haus zu Haus und überbrachten Ostergrüße. Als Dank bekamen sie viele Ostereier und auch so manches Osterwässerchen geschenkt ... Die Kleinsten des Ortes versuchten sich beim Eierlaufen. Am Abend fand traditionell das Osterfeuer statt und auch dort konnten sich alle über buntgefärbte Eier freuen."[142]

Einen Gruß per Postkarte zum Osterfest zu versenden, ist heute ein weit verbreiteter Brauch. Mit dem Wunsch „Frohe Ostern" ist

136 Vertellt von Fritz Niemann, Neu Brenz, 1989. In: Johannes Pabst: Land un Lüd Riemels un Vertellers. Schwerin 1992, S. 75

137 Erika Arnold, geb. Ahlschläger, Karow, Jg. 1922

138 vgl. Hessler: Hessische Volkskunde S. 623

139 Osterfeuer brannten 2017 auch in Dobbertin, Gallin, Wendisch Priborn, Barkow und Langenhagen. Osterfeuer und Ostereiersuchen fanden 2018 auf dem Sportplatz Tramm und am Gemeindehaus Göhren statt, 2019 in Groß Laasch, Göhlen, Sülstorf, Lübesse, Lüblow, Rastow, Fahrbinde, Uelitz, Kraak, Warlow und Wöbbelin. Schon seit 1993 gibt es ein Osterfeuer in Zahren. 2019 brannten Osterfeuer rund um Crivitz, in Tramm, Göhren, Hof Barnin, Gädebähn, Prestin, Sukow und Retgendorf

140 PZ 3/2018

141 ebenda

142 Gemeindeblatt Ludwigslust Land Nr. 5 vom 312. 5.2019

damit zwar weniger die Freude über die Auferstehung von Jesus Christus als vielmehr die Hoffnung auf das Frühjahr verbunden. Das Absenden fröhlicher und lustiger Karten zur Osterzeit läutet zugleich den Abschied vom harten und unfreundlichen Winter ein. Das zeigt sich deutlich in den Bildern, mit denen die Postkarte geschmückt ist. Interessant sind die auf den Karten verwandten Motive: heitere Frühlingslandschaften mit Kindern und weidenden Schafen, Hasenfamilien, die Blumen pflücken oder mit Eiern spielen. Osterhasen, Küken, auch Hennen, sowie Lämmchen, ferner Weidenkätzchen, frisches Birkengrün und bunte Blumensträuße zieren die vielfältig gestalteten Osterkarten. Eigenartig verquickt erscheinen auf den Bildern Hase, Henne und Küken. Die Henne legt die Eier, der Hase bemalt sie, er selbst oder das Küken vertreibt sie an die Verbraucher. Der Vertrieb der Eier bleibt stets auf der Höhe der Zeit: Sie werden auf den frühen Osterkarten im Schubkarren vorgefahren, in der Kiepe getragen oder sogar in einem Auto transportiert. Vermenschlichung der Tiere ist besonders auf Osterkarten ein gewohntes Illustrationsprinzip. Aber auch Engel und Putten bringen Eier, läuten die Glocken, lenken und ziehen Eierwagen oder bemalen die Ostereier. Ebenso häufig sind Darstellungen mit Kindern; sie überbringen Ostereier oder posieren vor überdimensionierten, geschmückten Eiern.

Strohosterhase in Lutheran 2003

Frühjahr

„Der Jugend ist das Ballspielen, das Schießen mit Armbrüsten, Bögen und Blaseröhren auf den Straßen und öffentlichen Plätzen und Promenaden untersagt“, bestimmte die Straßen-Polizei-Ordnung für die Stadt Plau von 1887. Aber gerade das Spielen und Herumtollen außerhalb der Häuser, welches das warme Frühlingswetter ermöglichte, machte den Reiz dieser Jahreszeit aus. Beliebt waren Ballspiele wie Fußball und Völkerball.[143]

Eine weit verbreitete Kinderbeschäftigung war bei uns in Parchim in den 1950er und 1960er Jahren das Spiel mit Murmeln. Sobald der Winter vorbei war, konnte man überall Kindergruppen beim Murmeln sehen. Der Spaß beim Spielen entstand durch das Sich-Ärgern und Sich-Freuen, durch die Spannung und Entspannung, die Konzentration und Geschicklichkeit, aber auch durch das Quäntchen Glück, das über den Spielverlauf entschied. Dieses Zusammenwirken von Geschicklichkeit und Glück faszinierte immer wieder die Kinder. Bei den von uns verwendeten Murmeln handelte es sich um kleine Glaskugeln, die naturbelassen oder farbig waren. Einige von ihnen besaßen auch farbliche Einschlüsse im Inneren. Es gab Murmeln in unterschiedlichen Größen, so dass ihnen beim Spielen auch verschiedene Werte zugeordnet wurden. Einfache Glasmurmeln mit einem Durchmesser von rund einem Zentimeter hatten den Wert „Einer“. Größere Murmeln galten als „Zweier“, noch größere als „Fünfer“ (entsprachen also fünf kleinen Glasmurmeln).

Wir spielten mit ihnen im Freien auf festem, ebenem Erdboden. Dazu wurde ein etwa faustgroßes Loch hergestellt. Je flacher es war, desto schwieriger war es zu spielen, da die Murmeln, die mit zu viel Schwung dahin-

143 Walter Schleede, Gerhard Müller, Walter Kintzel

Kinder mit Schubkarre (vor 1914) und mit Puppenwagen (Parchim, 1950er Jahre)

ein geworfen wurden, wieder herausrollten. Am Spiel konnten sich beliebig viele Kinder beteiligen, meist aber wurde es zu zweit oder dritt von möglichst Gleichaltrigen mit je mindestens zwei Murmeln gespielt. In einem Abstand von 2 bis 4 Metern zum Loch stellten sich die Spieler nacheinander an einer gezogenen Linie auf und warfen ihre Murmeln – auf einmal oder einzeln – in Richtung Loch und hofften, es zu treffen, damit ihre Murmeln darin liegen blieben. Dazu wurde die Murmel locker zwischen gekrümmtem rechten Daumen und Zeigefinger gehalten und aus dem Handgelenk zum Ziel geworfen. Manche Spieler verzichteten jedoch auf den Wurf (vor allem, wenn die erste Murmel nicht im Loch landete) und „baggerten" ihre Murmeln am Startpunkt, um das Spiel zu erschweren. Der Spieler, der die meisten Murmeln im Loch unterbrachte oder derjenige, dessen Murmel dem Loch am nächsten lag, begann. Er versuchte nun mit dem flach auf den Erdboden gelegten Zeigefinger, die restlichen Finger locker zur Faust geballt, die außerhalb des Loches liegenden Murmeln ins Ziel zu befördern. Gelang es beim ersten Mal mit der ersten Murmel, durfte die nächste Murmel geschoben werden, bis alle im Loch waren. Rollte die Murmel aber nicht ins Loch, kam der zweite Spieler an die Reihe. Besondere Bedeutung kam der letzten Murmel zu, weil sie das Spiel entschied. Wer sie ins Loch schob, war Sieger und durfte alle am Spiel beteiligten Murmeln sein Eigen nennen.

Natürlich erhielt der Verlierer die Möglichkeit zur Revanche. Es gab regelrechte Könner unter den Murmelspielern, die viel Geschicklichkeit bewiesen und die immer gewannen – mit dem Ergebnis, dass mit diesen künftig ungern oder nicht gespielt wurde – wer verliert schon gern immer wieder. Neben den Glasmurmeln wurde auch mit den billigeren, farbigen Tonmurmeln (abschätzend „Lehmscheißer" genannt und vor allem den kleineren Kindern überlassen) und den glänzenden Stahlkugeln aus Kugellagern gespielt, wobei letztere im Wert hochrangiger als Glasmurmeln angesehen waren. Mir gefielen aber die bunten Glaskugeln am besten. Ich hatte ein kleines Stoffsäckchen, darin bewahrte ich sie auf – je nach Glücksphase war es stramm gefüllt oder beängstigend flach, dann musste für Nachschub gesorgt werden. Damals gab es Murmeln in jedem Spielwarengeschäft zu kaufen. In Parchim konnte man das bei Odemarck in der Lindenstraße sowie bei Dankert & Bohn in der Blutstraße.[144]

144 Wolfram Hennies (Jg. 1948), damals in Parchim

Aus Bobzin bei Lübz berichtet Karl-Fritz Schmidt: „Ab 5. Schuljahr fand der Schulunterricht in der Zentralschule Broock statt. Die ca. 4 km Weg bewältigten wir „Ausgebauten" mit dem Fahrrad, wintertags oft querfeldein zu Fuß. Der Rückweg bot sich mit steigender Sonne endlich wieder zum „Ströpen" an. „Jakobs Tannen" oder die „Fahrenhorst" waren für eine Bande Jungen unwiderstehlich, trotz Krach oder „Fellvull" bei arg später Heimkehr. Bis auf einige Pfützen ließ es sich mit Fahrrädern gut fahren. Neben den oft von Pferdehufen und eisernen Reifen tief zerfahrenen Wegen liefen etwa 40 cm breit, feste ebene Streifen, die sich nur durch den damals regen Radverkehr gebildet hatten. Sagenhaftes Lindmoor, Eldekanal, Alte Elde mit Schleusenruine, Wendenschanze schufen uns fantastische Welten, in denen ein verschworener Haufen zog, bewaffnet mit Speeren, Pfeil und Bogen, Angeln, Katschi. Krönung war ein blitzblanker Degen, gefunden von Horst H. in einem trockenen Durchlassrohr. Waffen und Gerät lagerten wir versteckt. Es passierten auch grenzwertige Dinge mit ungewissem Ausgang. Dazu gehörte der Einfall, in der Nähe unseres kleinen Lagerfeuers eine geharzte Kiefer anzubrennen. Die Flamme drohte rasend schnell den Stamm zu ergreifen. Wir arbeiteten in höchster Angst mit frisch belaubten Ästen. Gerade noch gut gegangen! Geangelt wurde bevorzugt von den Betontrümmern aus, die nach den Brückensprengungen (1945) noch lange in Ufernähe lagen. Hier fühlten wir uns sicher, entschlossen bei blöden Fragen nach dem Angelschein ins Wasser zu springen und zur anderen Seite zu schwimmen. Da kam der alte Fischer Freese mit dem Motorboot. Zu spät erkannt! In unser Erschrecken hinein sein Ruf: „Öwer nich up Häkt" (Aber nicht auf Hecht!). Damit war die Sache für ihn erledigt. Wir hatten Oberwasser. Kam sein Sohn Fritz, taten wir fortan ungerührt: „Der is' auch froh, wenn er fröhlich is'."

In früher Kindheit begannen wir an warmen Tagen auf dem Hof mit Murmeln schieben, Gummihopser, Verstecken und „Ausball". Hier waren die Mädchen oftmals die Initiatoren. In der Scheune Strohhöhlen, gefährliche Sprünge von den Balken und Rutschen durch das dicke Rohr des Heugebläses lagen mehr in unserer Hand. Denn die Strafe folgte auf dem Fuß. Diese schweren Fälle wurden sofort kommentarlos mit einer derben Tracht geahndet. Wir wussten warum. Unser Höhlenbauprogramm in der Sandgrube blieb lange unentdeckt. Ich hatte zudem einen Stahlhelm und ein Seitengewehr gefunden. Bei Bekanntwerden zerstörten die Erwachsenen unsere einsturzgefährdeten Stollen. Wieder mal gut gegangen!"[145]

Grabower Geschäftsleute läuten in der Gegenwart die Frühjahrszeit Anfang April mit einem Lichterfest ein. Sie laden ein, bis spät in die Nacht hinein in den Grabower Geschäften zu stöbern und nebenbei in der Innenstadt zu schlendern, verschiedene kulturelle Aktionen zu erleben und Musik zu hören. „Anlässlich des 10. Lichterfestes 2016 zeigten sich das Festkomitee und die Gewerbetreibenden Grabows besonders kreativ bei der Ausleuchtung ihrer Stadt. Ob als Teelicht am Straßenrand, als Laterne mit überdimensionalem Lampenschirm, als Wandbild oder flackernde Lichter – Grabow beleuchtete seine Straßen und Gebäude in allen Farben und Variationen."[146] In Boizenburg wird der Frühling mit einem Hyazinthenfest begrüßt, die 17. Auflage war am 26.3.2017. Die Balower Volkssolidarität lud am 11.4.2018 zum Frühlingsfest der Senioren nach Kolbow ein. Etwas Besonderes ist der Weideaustrieb der

145 Karl-Fritz Schmidt, Jg. 1943, Bobzin
146 SVZ Ludwigslust 3.4.2016

560 Jersey-Rinder des Milchviehbetriebes Kuhpon in Kaarz, der am 22.4.2019 zu einem Fest wurde, bei dem die Brüeler Blasmusik aufspielte.

Zum Frühjahrsbrauchtum gehört auch das In-den-April-Schicken am 1. April, bei dem eine eigentlich unglaubliche Tatsache als Wahrheit verkauft wird. Mit den Worten „April, April" wird der Aprilscherz dann aufgelöst. Ilse Daebel aus Lübz schrieb 1995 einige solcher Aprilscherze auf: „Uns Lübzer Zeitung, dei „Mäkelborger Bote" bröcht in dei twindiger Johrn ümmer taun'n 1. April dei niesten Nahrichten. Einmal stünn in: Dei Luthraner Inwahners hürtn morgens ümmer Musik un keiner wüßt, wo dei Musik herkem. Tauletzt kregen sei rut, dat dei iesern Brügg, dei kort vor dat Dörp öwer dei Bahnschienen güng, as Radioantenn funksenieren ded. Poor Lübzer Inwahners sünd sogor mit ihren Radio dorwäst, un wullen dei Musik noch verstärken. Einige Tauhürers sünd ok kamen, öwer funktionieren wull dei Kram nich. N' anner Mal stünn 31. März in 'ne Zeitung, dat nächsten Dag 'ne groot Versammlung up'n Mark sien sull. Dei Lübzer Inwahners wör empfahlen, sick Stäuhl mittaubringen, denn dat wör siehr interessant un künn länger durn. Annern Dag, denn 1. April, sünd ok würklich Lüd in dei Stadt seihn worden, dei mit'n Stauhl tau Mark wullen.

Wedder'n Johr späder wier taun'n 1. April in dei Lübzer Zeitung tau läsen: In 'ne Nordsee wiern'n groten Hieringsswarm afdrängt nah dei Elf rin, dei nu bie Dömitz nah dei Ell rintrök. Nah dei Beräknung von dei Experten müßt dei Hieringsswarm denn 1. April morgens tau rechten Tied vor dei Lübzer Schlühs stahn. Allerhand Lübzer Inwahners stünn 'n annern Morgen up dei Schlüsenbrügg un keken int Wader, öwer von'n Hieringsswarm wier nix tau sien."[147]

Kaffeetafel in Parchimer Buchholz, 1920er Jahre

HIMMELFAHRT

Die Christen feiern 40 Tage nach Ostern den „Aufstieg von Jesus Christus in den Himmel" und nennen diesen Tag Christi Himmelfahrt (Donnerstag nach dem 5. Sonntag nach Ostern). Für nicht christliche Gebundene wird dieser Tag als „Vatertag" begangen. Es gibt nur wenige brauchtumsmäßige Überlieferungen. „Beim Glockenläuten am Vorabend des Himmelfahrtstages soll man Kürbisse legen" ist im Mecklenburgischen Wörterbuch zu lesen.[148] Bartsch berichte aus Warlow bei Ludwigslust: „Der Maibusch, mit welchem Himmelfahrt ausgemaiet ist, soll, zwischen die Garben gelegt, ein Mittel sein, die Mäuse von ihnen fern zu halten; auch zum Räuchern von krankem Vieh soll er sich trefflich eignen."[149] 1865 wird aus Görslow berichtet: „Am Abend vor Himmelfahrt, während mit der großen Glocke geläutet wird, werden Gurken- und Kürbiskerne gelegt, aber an solchen Tagen, wo das Kalenderzeichen Krebs regiert, wird kein Gemüse gesät."[150]

Allgemein üblich war, dass der männliche Teil der Bevölkerung zu Himmelfahrt einen feucht-fröhlichen Ausflug – ob zu Fuß, auf dem Fahrrad, mit dem Pferdewagen oder Kraftfahrzeug unternahm. „Eine besondere Bedeutung hatte noch bis nach dem zweiten Weltkrieg der Himmelsfahrtstag als Herrentag. Mehrere Kutschen mit Männern besetzt, auf dem Kopf den Zylinder und im Knopfloch eine Blume, holperten über die Straße. Es ging über Land in die Nachbardörfer, und natürlich wurde in jedem Wirtshaus haltgemacht."[151] In der DDR, wo dieser Feiertag 1968 gestrichen wurde, schmückten Kraftfahrer die Frontseite ihres Fahrzeuges mit Fliederzweigen. Berüchtigt ist der Tag, weil an ihm junge Männer mit Zylinder und Krückstock, an dem eine Klingel befestigt ist, in Gruppen zu einer Gaststätte gehen oder mit einem geschmückten Pferdewagen fahren und dort übermäßig dem Alkohol zusprechen. Quasi als Gegenentwurf kann man die Familienausflüge ins Grüne – mit Auto, Fahrrad oder zu Fuß – ansehen. Das Ausschmücken des Fahrzeuges mit Fliederbusch ist auch hier üblich.

„Hans Kohn (Jahrgang 1925) machte nach dem Krieg am Herrentag mit gleichaltrigen Jungen und Mädchen Fahrradtouren nach Dömitz an die Elbe. Von dort ging es auf dem Elbdeich nach Lenzen. Zurück fuhr die Gesellschaft „über die Dörfer", Verpfle-

148 Wossidlo/Teuchert a. a. O. 3. Band Sp. 689
149 Bartsch a. a. O., S. 269
150 Zuschrift Görslow im Mannhardt-Nachlass
151 625 Jahre Domsühl. Eine Chronik, Schwerin 1987 S. 14

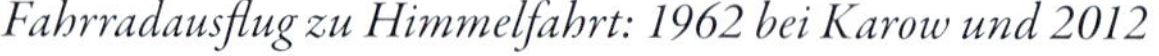
Fahrradausflug zu Himmelfahrt: 1962 bei Karow und 2012

gung und Getränke hatten die Ausflügler meistens dabei, versorgten sich aber auch in den angesteuerten Lokalitäten. Manchmal machten sie auch kleinere Touren zu Fuß, die sie nur in die benachbarten Dörfer führten. Dabei wurden gern das sogenannte „Eldelokal" in Heiddorf und die Bahnhofswirtschaften in Malliß und Heiddorf sowie die Dorfschenke in Bockup angesteuert. Heinz Schwemm aus Groß Schmölen fuhr in den 1950er Jahren in kleiner Gruppe und mit geschmückten Fahrrädern gern die Tour über Dömitz nach Heidhof …

Bis 1966 waren die Herren- bzw. Männertagstouren in Mecklenburg verhältnismäßig populär. 1968 wurde der Tag in der DDR als gesetzlicher Feiertag abgeschafft und erst 1990 wieder eingeführt. Während dieser Zeit blieben Ausflüge zum Herrentag die Ausnahme."[152]

Es gab beliebte Ausflugsziele wie die folgenden um Hagenow: „Himmelfohrtsdag ging 't morgens tierig los. 'n lang'n Dag harr'n wi meist vor uns, denn üimme kom'n wi later nah Huus as dei Käuh, Dei Waldkater in uns Beiko lock väl Minschen an, wie ok Jabs sien Kraug in Granzin. Doch wer wat erleben wull, föhr mit 't Rad nah dei „Waldhalle" vor Wittenborg in dei Kurv'. Dor wirr 'n von hübsche säute Deerns bedeint, un dordorch harr dat Lokal ümme ne gauden Tauspruch."[153]

Die Kirchgemeinden aus Gnevsdorf, Karbow, Barkow, Broock und Plau am See feiern alljährlich gemeinsam einen Himmelfahrts-Gottesdienst am Kritzower See mit Posaunenchor und Picknick.[154]

152 Rolf Roßmann: Von der Prozession zur Landpartie. In: SVZ MM Jg. 2016 S. 73

153 Himmelfohrt müssen ünnerwegens sien nah Walter Lange sen. 1910–1984. In: Fiekn hätt schräbn ut Hagenow Heft 3, Hagenow 1988, S. 59

154 Mittendrin (evangl. Gemeindeblatt Plau am See) April/Mai 2019 S. 5

1. Mai

Der 1. Mai heißt im Plattdeutschen Maidag und hat besondere Bedeutung in der Landwirtschaft und anderen von der Jahreszeit abhängigen Betrieben. In Parchim sagte man: Maidag möt dei Hawer rin sin (die Aussaat beendet sein), auch wurden nun die Kartoffeln gepflanzt. Von Maidag bis Michaelis wurden die Gänse draußen gehütet. In Grambow bei Parchim erschienen am Maidag die Arbeiter aus der Griesen Gegend, um dort bis Johanni Backtorf herzustellen.[155] Hans-Ulrich Rose aus Quetzin erinnert sich: „In Mäkelborg sünd früher up dei Buernhöfe dei Finster int Huus un Stallungen mit Barkengreun taun 1. Mai schmückt warden. Weck Joren had man tau daun, tau dissen Tidpunkt Greuns in dei Natur tau finnen. Aw 1. Mai können dei Mudderkeu up dei Koppel."[156] In Greven bei Lübz wurden vor dem 1. Mai in der Walpurgisnacht Birkenreiser vor den Türen im Dorf aufgestellt.[157]

Ein besonderer Brauch war das Blocksbergreiten in Grabow. „Am 30. April versahen sich fast alle Knaben in Grabow mit einem Stückchen Kreide und bemalten hiemit die Thüren, Fensterläden, Häuser, die Steine der Straßen oder sich gegenseitig die Röcke oder Jacken mit Kreuzen. Nachmittags um 4 Uhr nach Beendigung der Schule versammeln sie sich ausgekleidet und die Gesichter bemalt mit einem Besenstiel, worauf sie reiten, in der Regel auf hiesigem Marktplatze. Sobald eine kleine Anzahl zusammen ist, durchzieht sie so, auf ihrem Besenstiele reitend,

155 Wossidlo/Teuchert a. a. O. 4. Bd. Sp. 1068–1070

156 Hans-Ulrich Rose

157 Roland Knebusch: Glück und Leid in Greven. In: Mario Niemann: Ländliches Leben in Mecklenburg in der ersten Hälfte des 20. Jahrhunderts. Rostock 2004, S. 328

schreiend die Straßen, wo sich nun überall immer mehr anschließen. Nachdem sie so ungefähr zwei Stunden in den Straßen umhergetobt haben, ziehen sie nach einer kleinen Anhöhe unweit des israelitischen Friedhofes hinaus und schlagen hier mit ihren Besenstielen aus Leibeskräften auf den Berg los, mit dem Ausrufe ›Slag Hamann dot!‹ – In frühern Jahren war um den israelitischen Friedhof noch keine Mauer, sondern nur ein Graben gezogen, der übersprungen ward. Auf demselben angelangt, schlugen sie nun ebenso auf die Gräber mit dem Ausruf ›Slag Hamann dot!‹ Haben sie hier nun so eine Zeitlang umhergetobt, so ziehen sie mit dem erst erwähnten Gesang ›Hett noch gor keen Bulen in 'n Hoot!‹ wieder zur Stadt herein, und begaben sich dann – wenn auch nicht allemal friedlich – nach Hause."[158]

Der 1. Mai wurde ab 1890 von der Arbeiterbewegung gefeiert. Im Mittelpunkt stand die Forderung nach dem Achtstundentag. Der Tag besaß für die Arbeiter seit dem Ende des 19. Jahrhunderts große Bedeutung, für den sie alte Brauchformen aufgriffen: Umzug, Fahnen, Musik, Festkleid und Umtrunk.[159] Spaziergänge, Ausflüge, Treffen in Gartenwirtschaften und Kundgebungen wurden zu proletarischen Feierformen. Die Nationalsozialisten führten den 1.Mai als Feiertag („Tag der Arbeit") ein und begingen ihn auch mit einem Umzug. Sie etablierten auch den Maibaum als Festrequisit. Aus Wilsen bei Lübz berichtet Harry Brüggmann über den 1. Mai, der mit einem Umzug begangen wurde: „Es war üblich, dass ein Landarbeiter dem Umzug eine Birke im grünen Laub vorantrug. Danach kam die Musikkapelle, dann folgten die Honoratioren und die Dorfbevölkerung. In einigen Dörfern fanden dann Sportveranstaltungen statt und es gab eine gemeinsame Kaffeetafel. An den Abenden endeten viele Maifeiern mit einer Tanzveranstaltung in den Mai."[160]

„Von 1933 an wurde in Below der 1. Mai als „Tag der nationalen Arbeit" zur bestimmenden Veranstaltung in der Frühjahrszeit. Bis dahin als Heerschau der Arbeiterklasse in den Bauerndörfern überhaupt nicht verankert, sollten jetzt Betriebsführer und Gefolgschaft, also auch der Bauern mit seinen Leuten, gemeinsam den Zusammenhalt der Volksgemeinschaft auf Festumzügen, mit Reden und Volksfesten demonstrieren. Nach dem Krieg als internationaler Kampftag der Arbeiterklasse in seine ursprüngliche Bedeutung zurückgeführt, organisierte man in den Dörfern Umzüge, Volksbelustigungen, Sportveranstaltungen, Tanzabende, wobei die obligatorische Festansprache nicht fehlen durfte. Als sich immer weniger Menschen daran beteiligten, wurden am Sitz der LPG in Dobbertin Maifeiern veranstaltet, die sich auf Grund des großen Einzugsbereiches unter Beauflagung von Betrieben und Institutionen und durch verschiedene Aktivitäten einer guten Teilnahme erfreuten. Mit der Wende ist auch diese kurze Tradition beendet worden."[161] Der 1. Maifeiertag war in der DDR ein Tag mit zusätzlicher Versorgung, Tanzvergnügen und diversen Vorführungen. „Die Traditionen der Arbeiter- und Jugendbewegungen sowie der bürgerlichen Heimatbewegungen standen dabei oft nebeneinander. Letztere war nicht selten beeinflusst und in Dienst genommen von der nationalsozialistischen Volkstumspflege. Das Kontrastprogramm offerierte die Gleichzeitigkeit des Ungleichzeitigen."[162] Zum Volksfest am 1.

158 Bartsch a. a. O., S. 264 f.

159 vgl. Weber-Kellermann: Feste a. a. O., S. 194

160 Harry Brüggmann: Leben am Gehlsbach. Geschichte und Geschichten aus Südmecklenburg. o. O. 2016, S. 118

161 Fred Beckendorf: 1296–1996 700 Jahre Below. S. 70

162 Ute Mohrmann: Lust auf Feste. a. a. O., S. 35

Maidemonstration 1956 in Lübz

Maidemonstration in Neuhaus um 1960

Mai gehörte immer ein Umzug mit Fahnen (schwarz-rot-goldene mit DDR-Emblem und rote), bei dem Losungen der SED auf Transparenten mitgeführt wurden. Dazu musste eine rote Papiernelke zum Preis von 50 Pfennigen von der Gewerkschaft erworben und sichtbar angesteckt werden.

In der Gegenwart wird am Vorabend des 1. Mai eine von Kindergartenkindern mit Luftballons und langen, bunten Bändern geschmückte Birke (meist mit Hilfe der Freiwilligen Feuerwehr) aufgerichtet. In Plau am See passiert dies auf dem Klüschenberg, wo am 1. Mai ein Volksfest mit Sportveranstaltung stattfindet, in den Dörfern auf zentralen Plätzen. In Barkow wird eine vor der Gaststätte stehende Birke geschmückt. Am 1. Mai lud die Imkerei Bode und der Verein des Bienenmuseums zum Hoffest nach Quetzin ein. Auch hier wurde ein Maibaum aufgestellt, wobei der „Heidekrug" die Versorgung der Gäste übernahm. Im Bauernhof Reichelt wurden zudem frisch gestochener Spargel und Hofkaffee angeboten. Im Jahr 2016 wurden beispielweise Maibäume aufgestellt in Goldberg, in den Gemeinden Gnevsdorf (mit Maibaumfest), Gallin-Kuppentin und Siggelkow, 2017 nach langer Pause erstmals wieder in Goldberg, 2019 in Kossebade und Severin.[163] In Kreien brannte 2019 ein Maifeuer.

Vielfältig sind die Veranstaltungen zum 1. Mai, nachfolgend eine Auswahl: 2018/19 wurden Maibäume aufgestellt in Witzin, Zahrensdorf, Blankenberg, Kobrow I, Karstädt, Balow, Eldena, Grabow, Kolbow, Muchow und Walsmühlen. Der jährliche Höhepunkt des Dorflebens in Lenzen ist am 1. Mai ganz klar der Töpfermarkt. In Warin waren Bürger und Gäste der Landstadt vormittags zur Maifeier am Großen Wariner See willkommen. In Boizenburg und Bad Kleinen wird in den Mai getanzt. Den 1. Mai feierten die Gemeinden Bad Kleinen und Hohen Viecheln dann vormittags traditionell an der legendären Schwedenschanze an der Nordspitze des Schweriner Sees.[164] In Zarrentin gab es einen Festumzug zum 1. Mai durch die Schaalseestadt.[165] Die Wariner feierten im Strandbad. Die traditionelle Lampionfahrt des Dömitzer Kanu-Vereins verkündete am 1. Mai 2018 den Start in die neue Saison. Seit mehr als vier Jahrzehnten feiern die Mitglieder des Vereins die Lampionfahrt mit Ehrenmitgliedern, Freunden und Besuchern.[166] In Spornitz luden die Oldtimerfreunde zur 17. Technikschau.[167] Der Tanz in den Mai und das Bläsertreffen in der Bekow (2019 zum 28. Mal) sind in Hagenow die traditionellen Veranstaltungen zum 1. Mai. 2018 reisten 15 Jagdhornbläsergruppen aus der gesamten norddeutschen Region an.

163 So auch in Göhlen, Lüblow, Lübesse und Wöbbelin.

164 SVZ Sternberg 30. 4.2018 Von Töpfermarkt bis zu Maifeiern

165 SVZ Hagenow 2. 5.2018 Wenn Freibeuter Zarrentin entern

166 SVZ Ludwigslust 2. 5.2018 Tanzende Lichter auf der Elbe

167 SVZ Parchim 2.5.2018 Das Mekka der Oldtimer

Maifeier in Quetzin 2013

Auf dem Programm stand jagdliches Brauchtum. Die Bläser gaben einen Einblick in ihre musikalische Arbeit. Veranstalter waren der Kreisjagdverband Ludwigslust zusammen mit der Stadt Hagenow.[168] Vom Maibaumaufstellen in Lüblow berichtet Doreen Hannemann: „Viele Kinder versammelten sich am 1. Mai mit ihren Eltern ab 10 Uhr auf dem Dorfplatz in Lüblow zum Maibaumaufstellen. Traditionell wurde der Baum morgens geschlagen und mit Musik durchs Dorf gefahren, um dann auf dem Dorfplatz aufgestellt zu werden. Davor waren die Kinder sehr eifrig dabei, den Baum zu schmücken. Bei Würstchen, Steak und kalten wie warmen Getränken sowie auch Kuchen konnten die Gäste bis in den Nachmittag hinein noch plauschen.“[169] Maifeste veranstalteten auch die Kladrumer und Wozinkler.

168 SVZ Hagenow 2. 5.2018 Hörnerklang in der Bekow

169 Gemeindeblatt Amt Ludwigslust Land Nr. 5 vom 31. 5.2019; Darin auch Berichte vom Maibaumauftsellen in Wöbbelin, Lübesse und Göhlen

Pfingsten

Der Name Pfingsten leitet sich von dem griechischen Wort „pentekoste“, der Fünfzigste, ab. In seiner ursprünglichen Bedeutung weist er auf den zeitlichen Abstand zu Ostern, nämlich 50 Tage, hin. Durch den variablen Ostertermin variiert auch Pfingsten zwischen dem 10. Mai und dem 13. Juni. Als kirchlicher Feiertag wird Pfingsten als Fest der Aussendung des Heiligen Geistes und damit als Gründungstermin der Kirche begangen. Folgende plattdeutsche Bezeichnungen gab es für die Pfingsttage: Pingstabend = der Abend, bzw. der Tag vor Pfingsten[170], Pingstnacht = die Nacht zum Pfingstsonntag, Pingstmorgen = der Morgen des Pfingstsonntages,[171] Pingstdag = Pfingstsonntag, Pingstmandag = Pfingstmontag. In den Städten Mecklenburgs war Pfingsten das Hauptfest der Gilden, denn in der Pfingstwoche fand der Königsschuss statt. Pfingsten wurde bis vor 250 Jahren an drei Festtagen gefeiert, von Sonntag bis Dienstag.

Die gemeinsamen Feste der Unterschichten waren der Obrigkeit schon immer suspekt. Am 28.4.1704 forderte Herzog Friedrich Wilhelm in einer in Rostock erlassenen Bestimmung die Abstellung von Bräuchen am Pfingstfeste: „Was Wir mit großem Mißfallen vernehmen wie das hin und wieder in Unsern Herzogthümern und Landen ein schändlicher Mißbrauch und böse Gewohnheit in Schwange gehet, daß eben in den heiligen Pfingst-Feyer-Tagen die sogenandte Gilden gehalten werden, da so woll auf dem Lande als auch in denen Städten die Un-

170 Am Abend vor Pfingsten knallen die Knechte in Parchim mit den Peitschen, berichtet Bartsch a. a. O S. 270

171 „Am Pfingstmorgen muß man stillschweigend vor Sonnenaufgang einen Apfel verzehren, so wird man immer gesund bleiben“, sagte man in Kl. Rogahn bei Schwerin. Bartsch a. a. O., S. 281

terthanen, Dienst-Knechte und Jungen am Heiligen Pfingst-Abend zum Gesöffe zusammen kommen, und das gantze Fest über damit continuiren, dabeneden auch allerhand ärgerliche Täntze und andere verböttliche Excesse verüben." Der Herzog befahl „bey Vermeydung Unser Ungnade und schweren straffe ernstlich", diese Zusammenkünfte irgendwo abzuhalten und auszuüben. Die Begründung liest sich im Edikt dann so: „Wenn aber durch unordentliches Wesen und Entheiligung der Feyer-Tage der grosse Gott erzürnet, mithin auch die Unterthanen auf dem Lande an ihrem Vermögen je mehr und mehr schröpffet werden und Wir demnach solche Mißbräuche hinführo gäntzlich abgeschaffet und eingestellet wissen wollen".[172] Das Schnüren der Pferdehirten zu Pfingsten fiel anscheinend nicht unter dieses Verdikt.

In Klinken (zwischen Crivitz und Parchim) wurde das Gildefest der Bauern bis in die erste Hälfte des 18. Jahrhunderts gefeiert, wie Karl-Rudolf Schultz 1957 schreibt. „In feierlichem Aufzug wurden die Tiere am Pfingstsonntagmorgen unter Peitschengeknall auf die gemeinsame Dorfweide ausgetrieben. Anschließend fand dann das Gildenfest der Bauern statt, das unabhängig von dem von der Kirche eingeführten Pfingstfest bis in die erste Hälfte des 18. Jahrhunderts gefeiert wurde. Hierüber berichtet das Kirchenarchiv: Pastor Becker war von 1722 bis 1740 Pfarrer des Kirchspiels Garwitz-Raduhn, vorher (zeitweise in Klinken und davor) seit 1707 bei seinem Vorgänger als Hilfskraft beigegeben. Bei einer Aufstellung der Raduhner Pfarrländereien fügt er an: „Hierbei ist zu merken, daß an der Mühlenbeke die sämptlichen Flachsländer von den (Klinker) Bauern als unter dem Namen eines Gildkampes an den Klinker Müller öfters verheuret, das Geld aber in der Bauernschaft vertrunken. Zu alten Zeiten haben die Klinker Bauern ihre Gilden unter einer grünen Buche auf dem Berg am Kirchhof nach dem Schäferende zu gehalten. Da denn der Priesterbauer mit den andern fröhlich gezecht und das Einkommen der Gildkampe verzehret. Wie ich aber zu Raduhn gewohnet und das Gildesaufen nicht mehr so Brauch, haben sich die Bauern (in Raduhn) solchen Kamp geteilet."[173]

In Hagenow, Sternberg und Parchim führten die Schlachterlehrlinge am Donnerstag oder Freitag vor Pfingsten einen geschmückten Ochsen durch die Stadt. „In Parchim wurde das Tier mit Girlanden und Grün bekränzt und mit bunten Bändern und Tüchern geschmückt. Auf den Hörnern steckten Zitronen. So geschmückt, führten Schlachterlehrlinge, begleitet von einer großen Kinderschar, den Ochsen durch die Stadt und in die Häuser ihrer Kunden, wo sie bunte Taschentücher erhielten. Der Ochse wurde so von Haus zu Haus immer prachtvoller herausgeputzt. Die Taschentücher teilten die Lehrlinge sich nach dem Umzug."[174]

In der Zeit vor dem 1. Weltkrieg wurde in den südmecklenburgischen Dörfern zu Pfingsten ein umfangreiches Brauchtum (Ausmaien, Schnüren, Pfingstlaube) ausgeübt, heute sind diese Bräuche meist unbekannt. Beim „Utmaien" (Schmücken der Häuser mit grünen Birkenreisern) stellte man Birkenzweige zu beiden Seiten von Hoftor, Haus- und Stalltür sowie Fenster. Bis zur Mitte des 20. Jahrhunderts war es auch üblich, je einen Birkenzweig links und rechts am Fenster anzunageln, was bei Fachwerkhäusern keine Schwierigkeiten berei-

172 Neue vollständige Gesetzessammlung für die Mecklenburg-Schwerinschen Lande vom Anbeginn der Thätigkeit der Gesetzgebung bis zum Anfange des 19. Jh. in fünf Bänden, 5. Band Polizei- und Militairsachen, Parchim 1841, S. 78

173 Schultz a. a. O. S. 112

174 Müns a. a. O., S. 119

tete. Wenn bei Massivbauten Fensterläden vorhanden waren, wurden diese zur Befestigung genutzt.[175] 1920 wird aus Groß Laasch überliefert. „Pfingsten werden, wie auch jetzt noch, die Häuser mit Maibusch geschmückt und von den Knechten mehrere Lauben auf den Höfen oder in den Gärten gebaut, wo sich dann die verschiedenen Altersklassen der Knechte und Mädchen zu Spiel und Tanz zusammenfinden."[176] Die soziale Trennung wurde auch in diesem Dorf praktiziert: „Pfingsten saßen in Groß Laasch Bauern und Büdner getrennt in den Lauben. Gewöhnlich aber vergnügten sich Knechte und Mägde gemeinsam innerhalb und außerhalb der Laube. Kinder hatten wiederum mit Ausnahme der Hütejungen ... kein Recht auf dieses Vergnügen. Die Hütejungen waren in der Regel Kinder der Dorfarmut."[177] Erika Arnold aus Karow bei Plau schreibt über die 1920er und 1930er Jahre in ihren Erinnerungen: „Pfingstsonnabend wurden zwei Birken vor die Haustür des Forsthauses Teerofen gestellt und der Hausflur mit Birkengrün geschmückt."[178] Auch Karl Rolf Schultz berichtet 1957 von Klinken: „Die Häuser und Hoftore wurden mit frischem Birkengrün geschmückt. Tagelang wurde darüber gesprochen, welches Haus am besten hergerichtet war. In den anderen Häusern nahm man sich vor, es nächstes Jahr genauso zu machen."[179] Otto Warnke hielt in seinen Erinnerungen fest: „Zu Pfingsten holten wir Kinder in Zapel Birkenbüsche und nagelten sie an jeden Pfosten des Blumengartens; auch an die Tür der großen Diele. Den Birkensaft fingen wir in kleinen Flaschen auf. Die Mädchen gossen sich ihn ins Haar, die Jungs rieben sich das Gesicht damit ab (auch noch eine andere Stelle), danach sollten Haare wachsen."[180] Aus Wahlstorf schreibt Gerlinde Jankowski: „Ich kann mich daran erinnern, dass wir zu Pfingsten immer unsere Veranda mit jungem Birkengrün geschmückt haben, ebenfalls Handstöcke, mit denen wir durchs Dorf gezogen sind. Das kann ich heute kaum glauben, da zu Pfingsten die Birken heutzutage schon voll ausgebildete Blätter haben. Nachmittags wurde traditionell ein Spaziergang in die Feldmark unternommen, um das Wachstum der Pflanzen auf den Feldern zu begutachten."[181] Mit dem „Utmaien" (Ausmaien) verknüpft war ein Heischebrauch. Das frische Grün wurde von jungen Leuten Jahr für Jahr von Haus zu Haus verteilt. Dabei wurde im Chor folgender Spruch gesagt: „Der Maibusch ist genagelt, nun will er auch begossen sein. Es können ein paar Eier sein oder eine Flasche Wein." In Klinken wird seit 1980 am Pfingstsonnabend ein Pfingstfeuer entzündet.

Ein weiterer heute vergessener Pfingstbrauch war das Eiererbitten, der in der Parchimer Gegend bis ins 20. Jahrhundert gepflegt wurde. In Domsühl war üblich: Junge Männer zogen in der Nacht zum 1. Feiertag mit einem Harmonikaspieler von Haus zu Haus, um Eier und Speck zu erbitten, das war das sogenannte „Eierschnurren". 1911 wird festgehalten: „In vielen Häusern sind die Türen noch geschlossen, doch der lustigen Gesellschaft zuliebe opfert man gerne eine Stunde Schlafes und öffnet die Tür", nachdem mit folgenden Worten höflich um Einlass gebeten wurde: „Frau Mutter,

175 „Bis in die 1930er-Jahre wurden zu Pfingsten in Below bei Goldberg die Häuser mit Birkengrün ausgeschmückt." Fred Beckendorf: Below a. a. O., S. 70

176 G. Romberg: Bauernwirtschaft und Leben vor 100 Jahren. In: Zs. Mecklenburg 15. Jg. Heft 1/1920, S. 25

177 Bentzien/Neumann a. a. O. S. 357

178 Erika Arnold, geb. Ahlschläger Jg. 1922, Karow bei Plau

179 Schultz S. 112

180 Otto Warnke (geb. 1916), wuchs in Zapel bei Crivitz auf

181 Gerlinde Jakowski geb. Malchow Wahlstorf geb. 1946

Frau Mutter, mach auf die Tür. Es stehen drei junge Gesellen dafür. Sie wollen wohl tanzen dreimal um den Feuerherd herum." Im Hausflur oder in der Küche ging es mit diesen Worten weiter: „Gaud'n Dag in Jug Hus, Jug Deel is so rund, Jug Deel is so holl un so boll. Achtteihn Eier geb'n Ji uns woll, achtteihn Eier in uns Kiep, Ji warrn selig un wi warr'n riek. Weit'n Ji ok, wat hüt is? Hüt is dat Pingsten! Weit'n Ji ok, wat jung'n Gesellen hürt? Eier un Speck, Mehl un Fett, all's, wat Ji uns geb'n will'n. Lang inne Höst, stramm inne Böst. Taukum Johr will'n wi wedderkamen un de ollen Eier nahhalen. Un wenn Ji uns kein Eier geb'n, denn hewwen wi nicks tau leben." Nach dem Empfang der Gaben wurde ein Lied gesungen und ein Ständchen mit der Harmonika als Dank dargebracht. Auf Bitten der jungen Leute bereitete dann eine Hausfrau aus den Gaben ein Frühstück (Rühr- oder Spiegelei mit Speck). „Nach beendigtem Gottesdienst, welcher in Domsühl am ersten Festtage nachmittags stattfindet, versammelt sich die Jugend, jetzt auch die weibliche, wieder im Lusthause und unter Scherz, Gesang und mit Ballspielen verbringt man den 1. Festnachmittag."[182]

In Muchow bei Grabow trafen sich die „Pferdejungs und die jungen Knechte zur sogenannten Pfingsthege, andere Personen hatten keinen Zutritt."[183] In jüngerer Zeit fand dann die Pfingsthege auf dem Dorfanger oder auf den Höfen der Gaststätten statt. Aus Birkenbursch wurden Hütten gebaut, in denen die Eierschnurrer ihre erhaltenen Gaben verzehrten.[184] Mit Beginn des Zweiten Weltkrieges hörte der Laubenbau zu Pfingsten auf und wurde auch nach dem Kriege

Pfingstausflug 1952. Pfingstausflüge mit dem Pferdewagen und das Ausmaien gehörten bis weit ins 20. Jahrhundert zum Brauchtum.

nicht wieder aufgenommen. Die unverheirateten Burschen zogen und ziehen heute wieder vom Hus to Katen und sagen vor dem Hauswirten folgen Spruch auf: Gauden Dach in juch Hus, / juch Däl is so krus. / Juch Schaapstall is so holl un boll / föftein/achttein Eier gäb'n ji uns woll / föftein/achttein Eier in uns Kiep, / je war'n seelig, wie war'n riek./ Weiten ji ok, wat Peerknechts hürt? / Eier un Speck, Mähl un Fett, / Buddeln un Bei'r, / alls wat ji uns gäben will'n. / Gäben ji uns kein Eier nich, / peert uns Hahn juch Häuner nich. / Lü'e nu lat uns nich so lang stahn, / denn wi will'n noch wider gahn."[185]

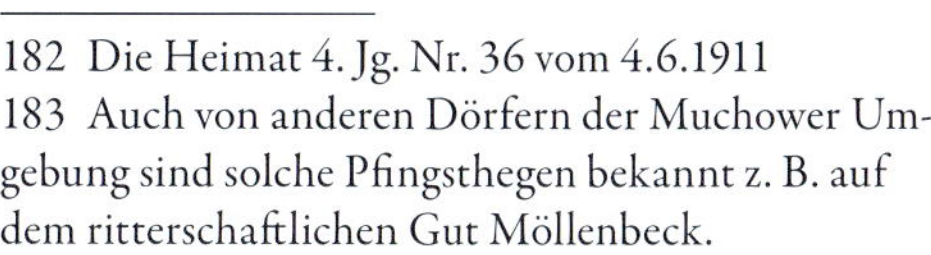

182 Die Heimat 4. Jg. Nr. 36 vom 4.6.1911

183 Auch von anderen Dörfern der Muchower Umgebung sind solche Pfingsthegen bekannt z. B. auf dem ritterschaftlichen Gut Möllenbeck.

184 Vom Laubenbau vor Gaststätten wußten die Muchower Betty Krause und Fritz Hildebrandt

185 Elisabeth und Lothar Kluck: dat anner Bauk Muchow, Muchow 2002, S. 172

Franz Holm schrieb zum Eierschnurren in Stresendorf auf: „Gauden Dag ok in juch Hus, juch Deel is so krus, / Juch Schapstall is so holl un boll, / Achtteiden Eier gaben jieh woll, teiden in die Kiep, / Jieh warden selig, wi warden riek. / Weitten jieh ok watt Kauhjungs hürt? / Kauhjungs hürt Eier un Speck, Bodder un Fett, Melk un Mähl, / Alliens watt jieh uns gäben wullt. / Weitten jieh ok watt hüd is, hüd is Pingsten. / Anner Johr um disse Tid will'n wi wedderkamen un uns poor Eier halen. / Un gieben jieh uns kein Eier nich, so trat uns Hahn juch Heuner nich. Dieser Brauch existierte noch 1953, bis zu meiner Republikflucht. Alle unverheirateten Männer nahmen am Eierschnurrn teil. Die Jungen nahmen mit 14 Jahren nach der Schulentlassung das erste Mal daran teil. Pfingstsamstag, wenn es dunkel wurde, trafen sich alle am Glockenturm. Einer der älteren Junggesellen trug eine Kiepe, die aus Weiden geflochten war. Die Kiepe war zur Hälfte mit Häcksel gefüllt, damit die Eier nicht kaputt gingen. Sobald es schummerig wurde, ging es los. Besonders die Jungen, die das erste Mal mitgingen, waren sehr kribbelig ... Um Mitternacht waren wir durch. Danach wurden die Eier gezählt. 160 Stück hatten wir zusammengeschnurrt. Bei einem von uns wurden sie gekocht. Dann kriegte jeder seine Anzahl Eier, und jeder aß, soviel er konnte. Das Eierschnurrn stirbt wohl aus. Es sind zu wenig junge Leute im Dorf. Nach der Wende haben die Jungs einmal damit angefangen. Aber in den letzten Jahren ist der Brauch eingeschlafen."[186]

Heide-Marie Krüger, geb. Dormann (geboren 1946), erzählte mir 1998, dass in dem mecklenburgischen Grenzdorf Dambeck ihr Vater selbst Maibusch geholt und am ersten Feiertag früh an jede Tür auf dem Hof angenagelt hat. Am Hoftor wurde der Maibusch nur hingestellt. Unverheiratete Jugendliche trafen sich ab 22 Uhr vor 1960 zu einem Heischegang, bei dem Eier, Speck und Weißbrot (vom Bäcker), auch Geld, erbeten wurden. Die Eier wurden zum Teil in der Gaststätte gebraten und verzehrt, der Rest vom Gastwirt angekauft. Von dem Geld wurden die Getränke bezahlt.[187] Der ehemalige Dambecker Lehrer Otto Warnke schrieb über die Zeit nach dem 2. Weltkrieg auf: „In Dambeck war das Eierschnurren üblich. Jugendliche zogen in mehreren Gruppen mit einem Korb von Haus zu Haus. Dabei sagten sie im Chor: Guten Abend in juch Hus, juch Kauhstall is so krus, juch Kauhstall is so holl un boll, achtteihn Eier hefft je woll. Achtteihn Eier in unse Kiep makt juch nich arm un uns nich riek. Un gewt ji uns de Eier nich, denn träd uns' Hahn juch Häuhner nich, Hett de gäle Pöddel all leggt? Danach erhielten sie Eier, Schnaps, Speck, Geld oder auch Butter. In der Kneipe wurden die Eier gebraten, ein Teil gegen Schnaps und Bier eingetauscht."[188] Übrigens war das Eierschnurren auch in den Dörfern der benachbarten Prignitz mit fast identischen Sprüchen üblich.[189]

In Barnin gab es den Heischebrauch des Schnürens, der andernorts nur bei Hochzeiten üblich war – das Absperren des Weges mit einem Seil, der nur nach Reichung einer Gabe wieder freigegeben wurde. „Am ersten Pfingsttag war es früher üblich, daß Kinder die Landstraße sperrten und Männer und Frauen schnürten mit folgendem Spruch: Ich möchte den Herren (Frau) schnüren / mit Freuden und mit Ehren. / Der Herr, der

186 Franz Holm: Eierschnurrn tau Pingsten in Stresendorp. In: Mein Mecklenburg Heft 3/2008 S. 33

187 Heide-Marie Krüger, geb. Dormann, Jg. 1946, Dambeck

188 Otto Warnke

189 vgl. W. Hennies: Feste im Jahres- und Lebenslauf in der Prignitz, Berlin 2017

Ausmaien 2019 in Wangelin und in Quetzin

möchte so freundlich sein / und geben mir ein Trinkelein."[190]

Bis in die jüngste Vergangenheit galt Pfingsten auf dem Lande als das schönste Fest des ganzen Jahres: „Pingsten wir dat Haupt". Viele Reste alten Frühlingsbrauchtums waren auf das Pfingstfest zusammengedrängt. Zeitig wurde das Pingstbier gebraut, die Feier ging jährlich in der Parchimer Umgebung auf den Bauernstellen reium. Knechte und Mägde gingen Pfingsten von Hof zu Hof und probierten überall. Das Dorf, die Stuben und Türen der Häuser, die Windmühlenflügel, selbst die Ställe wurden mit Mai (Maibusch, Pingstmaibusch) geschmückt, dem einst magische Kraft zugemessen wurde. Man streute auch kurz geschnittenes, wohlriechendes Kalmus aus. Die Dierns, welche am Pfingstmorgen früh zum Melken aufstanden, bekamen zur Belohnung einen Pingstbusch gesetzt, die mißliebigen oder faulen Mädchen fanden dagegen Zweige vom Fulbom oder einen Bessen an ihr Fenster gesteckt. „Wo möglich, wird zu Pfingsten auch das Haus geweißt" wurde vom Pastor Bassewitz aus Brüz berichtet.[191]

In vielen Dörfern des Südwestens wurden ein oder mehrere Pfingstbäume – Fichten, die bis auf den äußersten Wipfel kahl geschlagen wurden, oder Birken – aufgerichtet. In Wilsen wurde ein Maibom vor jedem Tor eines Bauerngehöfts eingegraben. Unüblich geworden ist das Aufstellen eines Pfingstbaumes durch Knechte. Dieser wurde in Woosmer, Laupin (bis 1855) und Karenz mit ausgestopften Puppen (Frau und Mann) als Baumschmuck behängt. In Laupin kam dazu noch eine Flasche Koem. In Lübtheen und Altjabel wurde im Reigen um den Baum getanzt.[192] In der Boizenburger Gegend stand der Maibaum, eine Birke, zur Pfingstzeit mitten im Dorfe. „Wenn auch jedes Haus eine Birke vor der Tür stehen hatte, so wollten doch die Burschen ihren Spaß haben. Für manches Mädchen stand noch ein besonderer Busch vor seinem Fenster. Hatte sich die „Diern" mit ihrem Burschen erzürnt oder konnten sich zwei nicht riechen, so fand

190 Dieter Dünninger: Wegsperre und Lösung – Formen und Motive eines dörflichen Hochzeitsbrauches. Berlin 1967, S. 210

191 Bartsch a. a. O., S. 270

192 Müns a. a. O., S. 103

sie wohl den starkriechenden „Fulboom“ eingepflanzt.“[193]

„Nur in einigen Dörfern des Kreises Ludwigslust lebte der Brauch, in den Pfingstbaum, die Pfingstlaube oder auf die Ehrenpforte große Strohpuppen zu setzen. Das konnte eine Frau oder ein Paar sein, in Domsühl, Woosmer und Tewswoos war es ein Mann (Pingstkierl, Kierl mit Frugensjack) ... Pfingsten war in besonderem Maße das Fest der Hütejungen. Zum Knaaster, Knapper-, Ballerabend hatten sie ihre Knallpeitschen bereit, die, um damit möglichst laut ballern zu können, extra gefertigt waren. Dann wurde Pingsten inballert, inknallt. Der ursprüngliche Sinn, durch das Peitschenknallen die bösen Mächte zu vertreiben, wurde nicht mehr empfunden, nur in Damm bei Parchim wußte man noch 1934, dass er sich gegen Hexen richtet. Am Morgen des ersten Pfingsttages standen die Hütejungen schon beim Morgengrauen auf, um als erste ihr Vieh auf die Weide zu treiben, manche verbrachten die Nacht gemeinsam im Backofen, um die Zeit nicht zu verschlafen. Der mit seinem Vieh zuerst auf der Wiese ankam, war der Dausläper. Er durfte am Abend den Umzug anführen. Der Pfingstumzug war ein Heischegang von Haus zu Haus, dabei wurde vom Hütejungen, der am Pfingstmorgen als letzter sein Vieh auf die Weide getrieben hatte, ein Bittreim hergesagt, der in Plau Pingsterleid hieß.

Als Belohnung für die Spende von Eiern, Wurst oder anderen Esswaren wurde ein Schluck aus der mitgeführten Branntweinflasche gewährt. Blieb die Gabe aus, so hieß es: Swatten Twiern un witten Twiern, Dat oll Wif dat gifft nich giern. In Parchim zogen die Hirtenknaben und Pferdejungen der Nachbarsdörfer mit knallenden Peitschen durch die Straßen und erbaten Gaben, die sie dann gemeinschaftlich verzehrten. Pferdejungen, die am Pfingstmontage heischend auf die Bauernhöfe zogen, trugen eine lange Stange mit einem Krähennest oder einer lebendigen jungen Krähe daran vor sich her. Ein von Pferdehütejungen, zuweilen auch Tagelöhnern, am ersten, seltener an beiden Pfingsttagen viel geübter Brauch war das Sneren oder Pannen. Sie sperrten Fußgängern oder Fuhrwerken, besonders den Kirchgängern, mit einem vorgehaltenen Strick, an dem manchmal ein Blumenkranz hing, den Weg und suchten, indem sie einen Bittreim hersagten, ein kleines Lösegeld zu erhalten, wofür den Spendern dann auch ein Schluck Branntwein gereicht wurde. Reim beim Pingstsneren: Ick will den Herren sneren, Mit Freuden und mit Ehren, Der Herr der möcht so gütig sein Und schenken mir was fürs Kränzelein. Und nicht allein fürs Kränzelein, Sondern auch fürs Verselein. Es sei die Gabe groß oder klein, Damit will ich zufrieden sein.

In Brenz und Stralendorf (Parchim) war es Sitte, die am Pfingstmorgen zuletzt ausgetriebene Kuh zum Abend, wenn sie eingetrieben wurde, zu bekränzen. Der Kranz war aus Brennessel, Dornbusch oder Birke und wurde vom Kuhhirten geflochten. Der Hütejunge, der zuletzt in Siggelkow austrieb, mußte einer Pogg (Frosch) das Fell abziehen. Folgende Redensart beschrieb in Redefin einen Aufschneider: So schiten de Gäus, wenn se twischen Pingsten un Johanni upt Is gahn.“[194]

Die Sammler von Bräuchen Adalbert Kuhn (1812–1881) und Wilhelm Schwartz (1821–1899) überliefern aus dem Jahre 1843 folgenden Pfingstbrauch aus Südmecklen-

193 Ina Kahns: Zur Volkskunde des Landes Mecklenburg am Beispiel des alten Amtes Boizenburg zu Beginn des 20. Jahrhunderts. Dortmund 1983, S. 70

194 vgl. Wossidlo/Teuchert a. a. O., Band 5, Sp. 411–416

burg, der heute völlig vergessen ist: „Sehr weit erstreckt sich die Sitte, an einem der Pfingsttage morgens die Kühe so früh als möglich auszutreiben; jede Magd bemüht sich, die erste zu sein, keine will die letzte sein. Wenn dann Abends die Kühe heimkehren, bindet der Hirt der erstausgetriebenen gewöhnlich einen Maibusch an den Schweif, ... der letztausgetriebenen wird ein Kranz an die Hörner gehängt, und sie heißt gewöhnlich die bunte Kuh.“[195]

„Vielfach, z. B. in der Schwerin-Ludwigsluster Gegend, wird eine große Pfingstlaube gebaut, in der auch Schaukel und Kegelbahn nicht fehlen durften. Das dazu nötige Laub wird in der Nacht von den Burschen und Mädchen gemeinsam aus dem Walde geholt. De Dierns güngen Klock nägen na 't Holt un halten Maibusch. De Knechts kemen na nut 'n halben Wagen, dor hadden se sik sülben inspannt. Wenn de Wag' vull ladt wier, spannten de Knechts de Mätens vor: Ummer twee un twee, so güng 't in 'n Draff na Hus. De Knechts güngen gor nich to Bedd in de Nacht. In dieser Laube, die in manchen Dörfern mit ausgeblasenen Eiern geschmückt ist, wird geschmaust und getrunken und allerlei Kurzweil getrieben. Klumpsack ist dabei ein beliebtes Spiel. Früher wurde von den Eheleuten, die im letzten Jahre geheiratet hatten, ein kleiner Beitrag zu den Kosten der Feier eingefordert. In der Crivitzer und Boitzenburger Gegend wurden Pfingsten allerlei altüberlieferte Volksbelustigungen abgehalten, so das Ringreiten, das Jungfernfahren, das Brüjamsgriepen (die jungen Mädchen greifen mit verbundenen Augen nach einer an einer Schnur aufgehängten Holzfigur, dem Brüjam), das Dubenbosseln, das Katerschlagen u. a. m. Pingsten güngen fruher hier in Kummer alle Buerknechts to Kirch. Wenn de Kirch ut wier, würd üm de Wedd lopen. Dee denn toierst to Hus ankem, dee würd in 't ganze Johr toierst mit de Arbeit farig, so saden se.“[196]

In Wulfsahl erlebte Johannes Pabst 1912: „An' ,n iersten Pingstdag würd snert. De Schaulkinner, Jungens un Dierns, paßten up de Strat up, ob sik groten Lüd seihn leten. Se wüßten all ummer, wo week to Beseuk wiern. De wurden snert, dat helt, de Kinner kreisten se in un bodten denn denn' Spruch: „Wir wolln den Herrn (die Frau) mal sneren, mit Freuden und mit Ehren, Geld müssen Sie geben, groß oder klein, wir wolln damit zufrieden sein.“ För dat Geld köfften de Kinner sik Bonbons bie ,n Kopmann, de se sik genau deilten un gaud smecken leten.“ [197]

Aus der Griesen Gegend berichtet Richard Giese: „Pfingsten war vor allen Dingen das Fest der Hütejungen. Fast jedes Dorf hatte sein eigenes Brauchtum. So berichtet z.B. eine alte Urkunde aus meinem Heimatdorf Warlow: Früher würrn dei Käuh an'n iersten Pingstdag utdräwen. Dei tauierst sien Käuh utdrifft, heit Daussläper, de tweit Mückenstäker, dei drüdde aewer, dei König kriggt von jeden 'ne Pietsch. Dei letzt Utdriwer heit Pingstkalf oder ok woll Pingkarr.[198] Ein

195 Adalbert Kuhn/Wilhelm Schwartz: Norddeutsche Sagen und Märchen und Gebräuche. Leipzig 1848, S. 388

196 Das große Wossidlo-Lesebuch, Rostock 2009, S. 58–60

197 Johannes Pabst: Flas un Linnen. Schwerin 1986, S. 33

198 „Man findet an vielen Orten in Meklenburg die Sitte in den Familien, daß dasjenige Familienglied, das am ersten Pfingstmorgen am spätesten aufsteht, mit dem Namen ›Pingstekarr‹ benannt wird, welcher Schimpfname dem Langschläfer gilt. “ Das erfuhr Bartsch aus Barkow bei Plau. Bartsch a. a. O., S. 273

„Unter den Kuhhirten des Dorfes ist der, welcher am Pfingstmorgen seine Heerde zuerst austreibt, der ›Dauschlęper‹ (de den Dau afschlępt), der zweite ist ›den Dauschlęper sin Knecht‹, der dritte ist der ›König‹, der vierte ›den König sin Knecht‹, der fünfte ist ›de Müggenstöwer‹, der sechste ›den Müggenstöwer

besonderes Freudenfest war Pfingsten für die Hütejungen der Eldenaer Gegend. Dort mussten die Bauern an diesem Tage das Vieh selbst auf die Weide treiben, denn die Kuhjungen hatten ihren höchsten Festtag. Morgens schon zogen sie mit Peitschengeknall durch die Dörfer. Voran im Zuge ging der König mit einem hölzernen Säbel. Er trug sogar eine aus Frühlingsblumen gewundene Krone als Baldachin über dem Kopfe, die von vier anderen Jungen getragen werden mußte. Hinter dem König folgte der Mückenfänger, der den König mit einer Birkenrute die Mükken abzuwehren hatte. Dann kam endlich der Pingstkarr. Er bekam von jedem Jungen einen Pitschenknast für seine Peitsche. Ja, und dann folgten alle anderen Hütejungen. Nun gab es selbstverständlich nicht in allen Dörfern diese Zugordnung. In Eldena selbst kannte man den Pingstkarr nicht, wohl aber in Bresegard bei Eldena. Am Nachmittag wanderten alle Jungen mit den erbetenen Würsten, Broten, Semmeln usw. auf das Feld und hielten dort ein großes Festessen."[199]

Bartsch erfuhr 1880: „In ganz besonderer Weise beschimpfen die Hirtenjungen in dem Dorfe Leussow den Jungen, der an dem ersten Pfingstmorgen am spätesten mit den Kühen aus dem Dorfe treibt. Es ist jedoch nicht der Pingstekarr an diesem Tage die einzige Persönlichkeit, die am Abend dieses Tages die Augen der ganzen Jugend, ja selbst die der Erwachsenen auf sich zieht, sondern unter den Hirten wird je nach der Zeit des Austreibens der eine Doogschlęper (Thauschlepper), König, Adjutant und Mückenjäger genannt. Diese vier Namen sind aber keine Schimpfnamen, sondern Ehrennamen.

In der ersten Pfingstnacht stehen die Hirten nicht selten schon um 1 oder 2 Uhr auf, nehmen ihre Peitsche, gehen auf die Straße und knallen, um die übrigen Hirten zu wekken. Wenn sie so eine Weile auf der Straße zugebracht und von allen Seiten Antwort erhalten haben, gehen sie nach Hause und wekken das Mädchen, das jetzt schon die Kühe melken muß. Nachdem nun der Junge sein Morgenbrot, das schon am Abend vorher bereitet ist, verzehrt hat, treibt er die Kühe, nicht selten schon in der Dämmerung, hinaus. Der erste nun, der aus dem Dorfe treibt, ist der sogenannte Doogschläper, diesen Namen bekommt er, weil er den Thau von dem Grase abschüttelt, und den übrigen Hirten gleichsam einen trockenen Weg bereitet. Der zweite Hirte, der aus dem Dorfe treibt, bekommt die Königswürde, und der dritte wird sein Adjutant genannt. Der vorletzte ist der sogenannte Mückenjäger und der letzte der Pingstekarr. Der Mückenjäger hat es auch mit dem Könige zu thun, und zwar muß er des Abends beim Umzuge im Dorfe ihm die Mücken mit einem Busche abwehren.

An diesem Tage ist es den Hirten erlaubt, schon um 10 Uhr Morgens das Vieh in die Ställe zu treiben, auch gestatten ihnen die Bauern, nach Mittag eine Stunde später auszutreiben. Diese Mittagszeit benutzen nun die Hirten, um die nöthigen Vorbereitungen zu dem Abendumzuge zu machen. Sie verfertigen aus Feldblumen einen Kranz für den Pingstekarr, der die größte Aehnlichkeit mit einem Bienenkorbe hat. Die Blumen werden mit Zwicken (Klappen) zusammengebunden, die die Hirten zusammenbringen, den Pingstekarr jedoch ausgenommen. Außer diesem Kranze wird noch aus Papier ein dreieckiger Königshut gemacht, sowie

sin Knecht‹ u. s. w. Da nun Jeder, um König zu sein, als dritter seine Heerde austreiben will, so entsteht oft großer Lärm und Wirrwarr. Aus Klein Rogahn bei Schwerin. " ebenda S. 270 f.

199 Richard Giese: Pfingsten, das Fest der Hütejungen. In: Land und Leute Ludwigslust, Heft 6/1957, S. 161 f.

zwei Schärpen aus Weidenbast und zwei hölzerne Säbel mit Koppeln, letztere ebenfalls aus Weidenbast bestehend. Mit den Schärpen und Säbeln wird der König und sein Adjutant am Abend geschmückt. Noch ist zu erwähnen ein großer Birkenzweig, der auch schon am Mittag herbeigeschafft wird. Ist nun der Abend gekommen, so versammeln sich alle Hirtenjungen, sowie die ganze Dorfjugend vor dem Hause des Pingstekarr. Jetzt werden alle Standespersonen geschmückt, wobei zu bemerken ist, daß dem Doogschlęper der große Birkenzweig an den linken Fuß gebunden wird. Nachdem nun Alles in gehöriger Ordnung ist, zieht der König seinen Säbel und befiehlt den Abmarsch. Der Zug setzt sich nun in folgender Weise in Bewegung: Vorauf der Doogschleper, dann kommt der Pingstekarr und diesem folgt der König, umgeben von seinem Adjutanten und dem Mückenjäger."[200] Ganz ähnliche Sitten sind vom Pferdehüten aus Barkow und Grebs überliefert.[201]

Von einem lebendigen Pfingstbrauch 1980 in Loosen berichtet der Hagenower Kuno Karls, obgleich es jetzt weder Hirten noch bäuerliches Gesinde gibt. Statt dessen gestalten Schulkinder als Brauchtumsträger das Geschehen. Sie bauen am Pfingstsonnabend auf einem elterlichen Grundstück eine Pfingstlaube aus Kiefernstämmen, die sie mit Birkbusch verkleideten. Kurz nach Mitternacht treffen die Teilnehmer ein, denn niemand will der letzte „Pfingstochse" sein. Dieser Junge bekommt als Zeichen einen geflochtenen Kranz aus Birkengrün und Blumen umgehängt. In der Laube wer-

200 Bartsch a. a. O., S. 272 f.

201 Richard Giese: Pfingsten, das Fest der Hütejungen. In: Land und Leute Ludwigslust, Heft 6/1957, S. 162

Pfingstkarten zwischen 1903 und 1930

Pfingstkarte von 1919

den Brause und Cola getrunken, Bockwurst gegessen, der Kranz geflochten, Kasettenmusik gehört und erzählt. Gegen 6 Uhr ziehen die Kinder in zwei Gruppen laut rufend durchs Dorf „Frühliche Pfignsten – Eier prat!“. Nachdem sie einen plattdeutschen Spruch, wie er auch aus Klinken überliefert ist, bei den Familien aufgesagt haben, bekommen sie Eier oder eine kleine Geldsumme. Die gesammelten Eier werden dann zur Eiersammelstelle gebracht. Mit dem erlösten Geld werden Bockwurst, Cola und Brause gekauft.[202]

Aus Brüz bei Lübz wird 1880 festgehalten: „Am zweiten Pfingsttage nach Mittag zogen die Pferdejungen früher hinaus aufs Feld und gruben dort eine Tanne ein, warfen von Erde einen Tisch auf und ein paar Bauernmädchen backten Pfannkuchen und kochten Biersuppe, wozu die Bauersfrauen die Ingredienzien hergaben. Dann zog Alles, Jung und Alt, hinaus und verzehrte das Mahl gemeinschaftlich. Unter Scherz und Sang und Tanz mußte Einer der Pferdejungen auf die Tanne klettern, wofür er ein zusammengebrachtes Trinkgeld erhielt. Diese Festlichkeit hieß Pfingstbier. Seit Brüz kein Bauerndorf mehr ist, kommt auch dies Pfingstbier nicht mehr vor.“[203]

Die Grebser Pferdejungen feierten Pfingsten so: „Am ersten Pfingstfeiertage wählten sie sich Fünf aus ihrer Mitte, die im Dorfe herumgehen und von den Bauern Eier, Speck, Butter und Mehl erbitten mußten, denn sie wollten am andern Morgen Pfannkuchen essen, die um 2 Uhr auf dem Felde von einem Mädchen gebacken wurden. Von den fünf Jungen hatte jeder sein Amt. Der eine trug die Butter, der zweite die Eierkiepe, der dritte den Speck, der vierte den Mehlbeutel (dieser hieß ›Hannenüte‹), der fünfte war der ›Hundpitsker‹ und mußte mit einer Peitsche die Hunde fern halten.“[204]

Vergessene Pfingstbräuche zeigen exemplarisch, dass sozioökonomische Entwicklungen auch Veränderungen im Brauchtum nach sich ziehen. Wenn die Adressaten, an die sich ein Brauch richtet, nicht mehr existieren, oder wenn die Ausübenden nicht mehr da sind und niemand in die Lücke springt, dann „stirbt“ der Brauch. Das 19. Jahrhundert mit seinen ökonomischen Umwälzungen durch die Industrialisierung (Fabrikproduktion löst die handwerkliche Fertigung ab, die neue Klasse der Arbeiter formiert sich, Maschinen ersetzen die Handarbeit) und mit der bürgerlichen Umgestaltung des gesamten gesellschaftlichen Lebens, die auch vor dem Dorf nicht Halt machten, bietet dafür ein markantes Beispiel. 1822 wurde die Separation in den Bauerndörfern des Domaniums angeordnet. Dadurch wurden die Landanteile der Bauern in den einzelnen Gewannen zusammengefasst und die Gemeindeweide aufgeteilt. So war das gemeinsame Pferdehüten nicht mehr möglich, die Pferdehirten als Stand verschwanden, und deshalb wurde auch keine Pfingsthege

202 Kuno Karls: Von einem Pfingstbrauch in Loosen. In: Stier und Greif, Schwerin 1984, Jg. 4, S. 72–75

203 Bartsch a. a. O., S. 275 f.

204 Ebenda S. 276–279

mehr abgesteckt. Als neuer Brauch wurde in Barkow nun das sogenannte „Hähneschlagen" ausgeübt von den Knechten auf den Bauernhöfen, welche die Pferde versorgten und mit ihnen arbeiteten. W. Schulz schrieb an Karl Bartsch: „Nachdem nach der Regulirung der Bauerngehöfte das Pferdehüten und folglich auch das Abstecken der Pfingsthege unter unserem Landvolke verschwunden war, trat eine andere Sitte an dessen Stelle, nämlich das Hähneschlagen. Am ersten Pfingsttage traten die Pferdeknechte des Dorfes zusammen bei einem der Knechte, der gewöhnlich der Aelteste unter ihnen war und deshalb Altgeselle genannt wurde und kauften nach gemeinsamer Berathung einen Hahn. Darauf gingen die Knechte in Begleitung einer Anzahl von Knaben und Mädchen aus dem Dorfe hinaus. Es wurde nun ein passender Ort ausgewählt, ein Loch in die Erde gegraben, der gekaufte Hahn in dasselbe gesetzt und ein großer irdener Topf auf das Loch gestülpt. Nun losten die Knechte, in welcher Ordnung sie den Hahn schlagen wollten. War die Reihenfolge durch das Loos entschieden, so stellte sich der Altgeselle in einer Entfernung von ungefähr zwanzig Schritten von dem Loche auf, verband dem, der das erste Loos gezogen, die Augen mit einem Tuche, gab ihm einen Dreschflegel in die Hand und sagte zu ihm Slag 'n Hanen dod! Dieser ging dann auf die Stelle, wo er glaubte, daß der Hahn verborgen sei und schlug mit dem Dreschflegel. Traf er den Topf nicht, entstand ein großes Gelächter unter den Zuschauern, es wurde ihm das Tuch von dem Altgesellen abgenommen und dem nächstfolgenden wiederum um die Augen gebunden. Dies wiederholte sich so lange, bis der Topf zerschlagen war. Darauf wurde der Hahn geschlachtet und alle Knechte verspeisten ihn alsdann gemeinsam. Diese Sitte hat sich noch bis auf den heutigen Tag (1880) erhalten mit der Abänderung, daß in neuester Zeit nur ein Topf hingestülpt wird und das gemeinsame Essen der Knechte weggefallen ist."[205] Diesen Brauch gab es auch in Brüz. Die technische Entwicklung ging auch über diesen Brauch hinweg – Traktoren und Autos ersetzten die Zugkraft der Pferde. Damit wurden die Pferdeknechte als soziale Schicht auf dem Bauernhof überflüssig – diese Brauchausübenden verschwanden im 20. Jahrhundert und mit ihnen das Hähneschlagen.

In der Mannhardt Zuschrift wird 1865 folgender Pfingstbrauch aus Kreien übermittelt: „Das Hahnschlagen kommt am 2ten Tage des Pfingstfestes vor. Die Mehrzahl der Bewohner des Dorfes versammelt sich alsdann des Nachmittags auf einem mitten im Dorfe gelegenen freien Platz, sei es, um am Hahnschlagen selbst theilzunehmen oder um sich am Treiben der Jugend zu ergötzen. Jeder der Theilnehmer zahlt einen Schilling. Für das zusammengebrachte Geld wird zunächst ein Hahn gekauft, das übrige wird nachher für Bier und Branntwein verausgabt. Auf dem freien Platze ist ein Loch gegraben von etwa 2 Fuß Tiefe (1 Fuß = 30 Zentimeter) und 1 Fuß im Durchmesser. Hier hinein wird der Hahn gesetzt, und damit er nicht entwische, wird das Loch mit einem großen irdenen Topf oder gläsernen Hafen verwahrt. Etwa 50 Schritte vom Loch entfernt stehen diejenigen, welche sich am Hahnschlagen selbst beteiligen wollen. Mit verbundenen Augen suchen sie von hier aus in der durch Loos bestimmte Reihenfolge mit einem Dreschflegel den Hahn, oder vielmehr das demselben den Ausgang verwehrende Gefäß zu treffen. Wer das Gefäß trifft oder so beschädigt, daß der Hahn entflieht, der wird als Meister begrüßt und erhält den Hahn als Eigenthum. Dieser wird aber von einer großen Menge Knaben

205 ebenda S. 280

mit lautem Jubel verfolgt, wieder eingeholt und, falls noch nicht alle Theilnehmer einen Schlag gethan, aufs neue eingesperrt und so oft noch lange geängstigt, bis man endlich des Treibens müde ist."[206]

1865 erhielt Mannhardt folgende Zuschrift aus Hagenow: „In der Nähe Zarrentins wurde noch in diesem Jahre gleich nach Pfingsten ein Fest unter dem Namen Hahnenköst gefeiert. An einem geeigneten Platz sind 3 Töpfe verkehrt aufgestellt und unter einem befindet sich ein junger Hahn. In 3 verschiedenen Entfernungen sind kleine Pfähle eingeschlagen. Die Dorfschaft zieht unter Musik nach diesem Platz. Zuerst wird von dem am meisten entfernten Pfahl mit einer Kugel von den Mädchen geworfen, gelingt es nicht, den Topf, worin der Hahn sitzt, zu treffen, so wird vom zweiten Pfahl geworfen, wird nicht getroffen, dann vom nächsten Pfahl, so lange, bis ein Mädchen so glücklich ist, den Hahn durch Zerschmetterung des Topfes aus seiner Einkerkerung zu erlösen. Dies Mädchen ist Königin und wählt sich aus den anwesenden Personen einen Liebhaber. Während des Werfens sucht ein Witzmacher, der durch seine Kleidung auffällt, die Menge zu amüsieren. Musik und Tanz beschließen das Fest."[207]

Aus Barkow bei Plau wird 1880 berichtet: „Am Sonnabend vor Pfingsten versammelten sich die Pferdehirten, es wurden einige aus ihrer Mitte ausgewählt, gewöhnlich die ältesten, die mit zwei Pferden zum nächsten Walde fahren mußten, um grüne Zweige und Gesträuche zu holen." Es wurde „eine Hütte von dem Busche gemacht und innerhalb derselben Tische und Bänke aus Brettern ... Es versammelten sich nun die Pferdehirten bei der Hütte und mit Peitschen in

206 Zuschrift aus Kreien zum Mannhardt-Bericht

207 Zuschrift Hagenow zum Mannhardt-Bericht

Pfingstausflug 1950er Jahre

der Hand gingen sie dem Dorfe zu. Sobald sie das Dorf erreicht, begannen sie mit Peitschenknallen das Pfingstfest anzukündigen. Am Pfingstmorgen noch vor Sonnenaufgang wandelten die Pferdehirten der Koppel zu. Es wurde nun ein Pferd gegriffen, der Hirte, dem es gehörte, schwang sich auf dasselbe und voranreitend folgten ihm die übrigen Hirten mit ihren Pferden unter heftigem Peitschengeknall." Bei der Hütte teilten sie sich, „die größeren und älteren übernahmen das Geschäft des Schnerens (Versperren der Durchfahrt durch ein Seil, das sog. „Schnüren"), während die jüngern die Pferde auf der Pfingsthege beaufsichtigen mußten. War es am Pfingsttage gutes Wetter, so strömten die Bewohner des Dorfes zahlreich nach der Pfingsthege, um an den Freuden und Spielen der Pferdehirten theilzunehmen. Jeder, der sich der Pfingsthege näherte oder auch in der Nähe einen Fußsteig, Weg oder eine Straße passirte, wurde von den Pferdehirten aufgehalten und von ihnen geschnert mit zusammengebundenen Pferdeleinen, wobei sie alsdann folgende Worte sprachen: Wi wollen den Herrn wol schneren / Vul Freuden und in Ehren. / Es möcht' des Herrn gut Wille sin, / Dat hei uns bescheer' ein lütt Bierlin. / Dat mag sin groß oder klein, / So wart dat doch unse Freude sein."[208] Mit der Veränderung der wirtschaftlichen Verhältnisse im Dorf sind diese Bräuche aufgegeben worden und aus dem kollektiven Gedächtnis verschwunden.

Einen Pfingstbrauch in Zieslübbe bei Parchim beschreibt der Lübzer Karl Pietsch: „Wenn Pingsten rankem, güng dat in Zies lübb' dull her. Denn' Abend vor Pingsten halten de Buerjungs un de Knechts, de oewer twindig Johr olt wiern, bie einen von de Buern Pierd un Wagen. Denn führten se to Holt un halten einen Wagen vull gräunen Barken. Dat führten se denn bie Babenbuern an de Strat ünner de grot Eik. Nu wurden de gattlichen Barken von denn' Wagen afladt un Pierd un Wagen werrer an Urt un Stell bröcht. Ein von de Buerjungs harr von Kräuger Witten all 'n Korw vull Koem un Bier halt, un nu künn dat Bugen von dat Lusthus losgahn. Dorbie gew dat ümmer'n lütten Koem un 'n Sluck Bier tau. Wenn se alls farig harrn, denn würd de grot Lauw mit de gräunen Barken gliek rnit Singen un Treckfiedelmusik inwieht.

De Nacht wier man kort, denn an 'n Pingstmorgen harrn se sik all utkledt; week Männer lepen as ollen Frugens rüm, anner werrer harrn sik de Kleder von jungen Mätens antreckt ok as Kreihdenschüchtels harrn sik week utkledt, un Punkt Klock söß güng dat Eiersnurren in 't Dörp los. Bie Buerjochen an 't Enn' füngen se an, un denn güng dat wierer as dat Riemelsch: ümmer de Reig nah. De Daglöhners geben twei Eier, de Huslers vier Eier, de Bäuners acht Eier, de Halwbuern geben twölf Eier un de Grotbuern achtteihden Eier un de Gautsbesitter müßt vieruntwintig Eier rutrücken."[209] Es gab auch Pfingstfeuer, von denen Wossidlo berichtet: „Von den neuen Pfingstbräuchen verdient das Springen der Hirtenjungen über das nächtliche Feuer im sogenannten Pfingstgrund in Polz hervorgehoben zu werden."[210]

Pfingsten war eine Zeit, in der es nicht allzuviel auf dem Hof zu tun gab, deshalb waren die Festtage die Zeit der gegenseitigen Besuche. In mit Birkengrün geschmückten Pferdewagen fuhren die Bauern zu Verwandten und Bekannten in weiter entfernte Dörfer oder machten Ausfahrten in die nähere Umgebung. Man fuhr im Sonntagsstaat

208 ebenda S. 273–275

209 Vertellt von Karl Pietsch, Lübz, 1985. In: Johannes Pabst: Land un Lüd – Riemels un Vertellers. Schwerin 1992, S. 76 f.

210 Richard Wossidlo: Volkskunde in Mecklenburg 1926 in: Zs. Mecklenburg 22. Jg. Heft 4/1927, S. 116

Pfingsttour 1928

durch die Feldmark, um zu begutachten, wie die Saaten standen. Auch ein Besuch beim „Königsschuss" in der nächsten Stadt durfte zu Pfingsten nicht fehlen. So auch im Gut Zapel bei Hagenow: „Ein besonderes Ereignis für meinen Bruder und mich war der Ausritt am Pfingstmontag über die Feldmark. Daran waren mein Vater, der Inspektor, die Gutssekretärin, wir Kinder und einige Schulkameraden aus der Kreisstadt und auch Vettern oder Cousinen, die zu Besuch waren, beteiligt."[211] Ein Ausflug gehörte auch bei der Plauer Familie Haenning zum Pfingstfest.[212]

In ihren Erinnerungen an Pfingsten um 1930 im Karower Forsthaus hielt Erika Arnold fest: „Wir Kinder unternahmen Pfingstsonntag sehr früh eine Radtour. Es ging über Waldschneisen vorbei an der Sniederkuhl zum Ortkrüger Weg, an den Flohbergen vorbei nach Ortkrug. Dort am See wünschten wir Fischer Frohriep schöne Festtage. Weiter ging es nach Glawe, auch dort sagten wir dem Förster Plattner frohe Pfingsten. Wir bekamen von ihm ein Stück Zuckerkuchen. Zurück zum Forsthaus ging es über den Totschlag und den großen Futterplatz. Der alte Hahn wurde unser Pfingstessen. Er wurde gekocht, das ergab eine fette Hühnersuppe. Das Fleisch wurde übergebraten, dazu gabs grünen Salat und als Nachtisch Rhabarber mit Vanillesoße. Nachmittags bekamen wir Besuch von Onkeln und Tanten, deren Elternhaus auch das Forsthaus war. Im Blumengarten vor dem Haus gab es Kaffee mit Hefe- und Topfkuchen." Aus Karow bei Plau überliefert sie: „Kinder und junge Mädchen freuten sich, wenn am Pfingstsonntag und -montag die Sonne schien. Warum? Sie wollten doch in ihrem neuen Sommerkleid und den leichteren Schuhen beim Spaziergang auf der Dorfstraße bewundert werden. Natürlich hielt es auch die älteren Bürger Pfingsten nicht im Haus. Häufig ging es mit dem Kutschwagen durch die Feldmark, um eine Feldbesichtigung vorzunehmen oder um liebe Verwandte und Bekannte im nächsten oder übernächsten Dorf zu besuchen. Am Ziel angekommen, ließ man sich zum Kaffee den im großen Ofen gebackenen Kuchen (Napf-/Topfkuchen und Butterkuchen) der Hausfrau gut schmecken. Am 2. Festtag vereinte meist ein Fußballspiel die Jugendlichen des Dorfes mit denen der Nachbardörfer."[213]

Pfingsten war früher besonders ein Fest der Jugend. Der starke Reiseverkehr wurde von den Kindern zum Anlaß genommen, um durch „Sneren", das heißt Absperren der Straße mittels Bändern oder Seilen, und durch Aufsagen eines Verses eine Spende von den Reisenden zu erbitten. Johannes Pabst (Jahrgang 1905, aufgewachsen in Wulfsahl südlich von Parchim) berichtet vom Brauch des Snerens, den er 1912 erlebte: „An 'n iersten Pingstdag würd snert. De Schaulkinner,

211 Wolfgang Borchert: Das Rittergut Zapel bei Hagenow. In: Mario Niemann: Mecklenburgische Gutsherren im 20. Jahrhundert. Erinnerungen und Biographien. Rostock 2000, S. 90

212 Sigrid Froh, geb. Haenning, Jg. 1937, Plau

213 Erika Arnold (Jg. 1922), Karow

Jungens un Dierns, passten up de Strat up, ob sik groten Lüpd seihn leten. Se wüssten all ümmer, wo weck to Besauk wiern. De würden snert, dat heit, de Kinner kreisten se in un bädten denn denn' Spruch: Wi wolln den Herrn (die Frau) mal sneren, mit Freuden und mit Ehren, Geld mussen Sie geben, groß oder klein, wir wolln damit zufrieden sein. För dat Geld köfften de Kinner sik Bonbons bie 'n Kopmann, de se sik genau deilten un gaud smecken leten."[214] Ein Bobziner erinnert sich an die Nachkriegszeit: „Pfingsten blieben wir zu Hause. Meist kamen meinen Eltern bekannte Leute mit Motorbooten zu kurzem Halt, manchmal Pferdewagen. Wir Kinder trieben uns nachmittags in der Nähe der Schleuse rum, erpicht auf „Sensationen", die das Treiben der um diese Zeit „dunen" Fahrgäste auf Booten und Kutschen bot."[215]

Katholiken feiern zu Fronleichnam am Donnerstag nach Pfingstsonntag (Fest des Leibes Christi) die Gegenwart Jesu Christi im Heiligen Abendmahl. Nach katholischem Glauben übergab Jesus seinen Jüngern in Form von Brot (Hostie) und Wein den lebendigen Leib des Herrn. Dabei symbolisiert das Brot den Leib und der Wein das Blut. Das Fest hat sich aus der mittelalterlichen Christusmystik entwickelt und wird seit 1246 gefeiert. Als Zeichen für die Gegenwart Christi wird die Hostie in einem Schaugefäß, der Monstranz, während der Prozession mitgeführt. Die Prozession zeigt die Kirche als wanderndes Gottesvolk. In der DDR war z. B. in Parchim der Zug der Gläubigen mit Gebeten und Gesang auf den Straßen der Stadt untersagt, weshalb die Prozession auf dem Alten Friedhof stattfand.

214 Johannes Pabst: Flas un Linnen, Schwerin 1986, S. 33

215 Karl-Fritz Schmidt, Bobzin, Jg. 1943

Kinderfest

Aufgrund der deutschen Geschichte gibt es zwei Daten, die beide festlich begangen werden. In der DDR war es der 1. Juni, der ab 1950 das Bewusstsein auf die Kinderrechte lenkte. Auch heute noch feiern mancherorts Kinder in Kitas und Schulen mit Spiel und Spaß den 1. Juni. Der in der BRD begangene Weltkindertag am 20. September wurde nach einer Empfehlung der Vereinten Nationen 1954 eingeführt.

In Plau findet seit der Wende das Kinderfest Ende September entweder auf dem Sportplatz Klüschenberg oder bei schlechtem Wetter in der Sporthalle statt. Schon im 19. Jahrhundert feierte man in Plau ein alljährliches Kinderfest, veranstaltet vom Lehrerkollegium, beispielsweise 1875 am 17. Juni.[216] Zum Kinderfest am 14.6.1883 baten die Prediger der Plauer Kirche die Bürger um Gaben, da die Lehrer keine Beiträge fordern und annehmen dürfen: „Wir bitten hierdurch Eltern und Kinderfreunde diese Gaben zum Kinderfeste in unseren Häusern uns möglichst bald zugehen zu lassen."[217]

Die Plauer Tradition ist aber viel älter. 1756 war der größte Stadtbrand in der Plauer Geschichte. Fast die ganze Stadt wurde ein Opfer der Flammen. Nach Ende des Siebenjährigen Krieges (1756 -1763) feierten die Bürger der Stadt ab 1763 jährlich ein Dankfest, bei dem auch an die Bedeutung der Kinder für die Zukunft der Gemeinschaft erinnert wurde, mit der Zeit wurde aus diesem Dankfest das Plauer Kinderfest. Was lag deshalb näher, dieses Fest an den Weltkindertag zu koppeln. Die Organisation teilt sich die Stadtverwaltung mit dem Kinder- und Jugendzentrum und dem Ausschuss für gesellschaftliche Angelegenheiten der Stadtvertretung. Unterstützung kommt von vielen

216 PZ Nr. 44 vom 2.6.1875

217 PZ Nr. 45 vom 6.6.1883

Vereinen und Sponsoren. Die Plauer Grundschüler feiern zusammen mit der Klasse 5 der Regionalen Schule, wozu sie angeführt durch den Fanfarenzug von der Grundschule bis zum Klüschenberg anmarschierten. Den Abschluss des Kinderfestes bildet traditionell der Luftballonweitflugwettbewerb.[218]

Das Kinderfest hat auch in Lübz eine lange Tradition, die bis ins 19. Jahrhundert zurückreicht. Der Lübzer Karnevalsclub und die Stadtverwaltung organisierten 1969 das erste Kinderfest. Es ist mit einem Kinderumzug verbunden und wird im Neuen Teich gefeiert. Vom 3. bis 5. Juni 2016 wurde in Lübz das Stadt- und Kinderfest gefeiert, organisiert von der Stadt Lübz und dem Verein Lübzer Land.[219] In Lübz wurde im 19. Jahrhundert alljährlich am Freitag nach Pfingsten das Kinderfest der Stadtschule auf dem Spielplatz im Stadtholz begangen. 1864 brachte die „Parchimer Zeitung“ folgenden Bericht über die am 24. Juni abgehaltene Feier: „Nachdem dasselbe schon Nachmittags vorher von den kleinen Trommlern durch einen Umgang in der Stadt und Abends durch einen Zapfenstreich eingeleitet worden, begann der für die Kleinen so bedeutende Tag Morgens 6 Uhr durch eine Reveille. Nach Abholung des Königs und der Königin bewegte sich der Zug gegen 10 Uhr mit seinen Fahnen und Fähnlein – Knaben und Mädchen in festlichen Kleidern und bekränzt – unter Führung der Lehrer und Lehrerinnen durch die mit frischem Grün bestreuten Hauptstraße auf den Festplatz, voran die Knaben mit ihren unermüdlichen 7 Trommlern und einen vorzüglichen Pfeiffer, die Mädchen mit einem Musikcorps folgend, wo unter schattigen Buchen der Tag, begünstigt durch angenehmes Wetter, mit Scheibenschießen und Vogelwerfen um Preise, Gesang und allerlei Spielen im allgemeinen

218 vgl. PZ 10/2008: Plauer Kinder feierten ihr Fest und PZ 10/2015: Seifenkisten und Luftballons zum Kinderfest der Stadt Plau am See

219 Hallo Nachbar 29. 5.2016

Kindertag in Gnevsdorf 1938

Kindertag im Neuen Teich Lübz 1.6.1976

Frohsinn verbracht ward. Daß auch hungrige und durstige Seelen hier erquickt werden konnten, dafür hatten ... Restaurants ... gesorgt. Erst gegen 8 Uhr Abends machte sich die frohe Schar jubelnd und unter Sang und Klang auf den Rückweg in die Stadt. Hier angelangt, ward das neue Königspaar in seine Behausung geleitet, worauf sich der Zug vor der Schule, wovon er Morgens abmarschiert, auflöste."[220] 1870 gab es beim Lübzer Kinderfest „Vogel- und Scheibenschießen, Topfschlagen, Laufen und Springen, Ringen und Singen und allerlei kindliche Spiele, an welchem auch oft Erwachsene theil nahmen, wechselten einander ab."[221]

1889 berichtete die „Plauer Zeitung" aus Parchim vom dortigen Kinderfest im Buchholz, ohne dabei aber auf die eigentlichen Kinderbelustigungen einzugehen: „6. Juni. Heute feierten die hiesigen städtischen Schulen ihr sogenanntes Kinderfest. Gegen 3 Uhr (= 15 Uhr) zog die muntere Schaar, begünstigt vom schönsten Wetter, die Turner voran, das Trompetercorps des hiesigen Dragoner-Regiments in der Mitte des Zuges, durch die Stadt nach dem für derartige Vergnügungen außerordentlich geeigneten Turnplatze im Buchholz. Die Betheiligung der Eltern war in diesem Jahre nicht so stark wie sonst; sicher sind viele Leute durch den frühzeitigen Beginn der Heuernte und andere nach dem letzten Regen nothwendige Feldarbeiten zurückgehalten worden. Nach Rückkehr in die Stadt brachte der Rektor Henkel, wie üblich, ein Hoch auf Kaiser und Großherzog aus, worauf der erste Vers des Heil Dir im Siegerkranz gesungen wurde."[222] Schon 1853 fand am 6. September im Parchimer Buchholz ein Waldfest der städtischen Volksschule mit über 800 Kindern statt.[223]

Ingeburg Baier erinnert sich an das Plauer Kinderfest um 1930: „Unser Kinderfest hatte dagegen eine duftende, blumenreiche Tradition. Blaugesäumte Roggenfelder waren die großzügigen Lieferanten. Waschkörbe voll Kornblumen wurden zu doppelten Bügeln für Königinnen gebunden. Alle Mädchen trugen Kränze, die Jungs Sträuße an den Jacken. Die Straße, die aus der völlig entleerten Stadt hinaus führte, war so weit das Auge reichte mit festlich gekleideten, Blütenblätter verstreuenden Menschen jeden Alters gefüllt. Auf dem Festplatz mitten im Wald standen die Galgen der Aufregung. Daran hingen fette Holztauben mit Nagelschnäbeln und Lederschwänzen. Anders war es beim Schützenfest, wenn wir die Zuschauer waren. Mit all seinen Buden und Karussells war der Klüschenberg wie verwandelt. Die fliegenden Kettenschaukeln machten mich zum Vogel. Ich durfte die Gewinner der buntgerüschten Sofapuppen beneiden, während meine Schwester ihr bestes Sonntagskleid mit Krabbensaft bekleckerte. Recht müde und beklommen erfolgte der Abstieg.

220 Parchimer Zeitung Nr. 78 vom 30.6.1864; auch Parchimer Zeitung Nr. 62 vom 30.5.1863
vgl. auch W. Hennies. Die städtische Entwicklung im 19. Jahrhundert. In: Lübz - Beiträge zur Geschichte der Stadt, Lübz 1989, S. 36

221 NdP Nr. 73 vom 16.6.1870

222 PZ Nr. 48 vom 15.6.1889

223 Archiv für Landeskunde in den Großherzogthümern Mecklenburg und Revue der Landwirtschaft. Schwerin 1853, S. 666

Im Winter mit unseren Schlitten waren wir bedeutend schneller. Vielleicht wird es mir heute kaum einer glauben, dass wir mit einem solchen Affentempo die Straßen kreuzten, dass wir jubelnd den Wall erreichten. Es war schon damals die Panoramapromenade mit bewährtem Postkartenblick."[224]

„Als ein besonderes wurde in Raduhn das Kinderfest gefeiert. Traditionsgemäß fand es am Sonntag nach Pfingsten statt. Über Jahrzehnte wich man von diesem Termin nicht ab. Das Protokollbuch der Gemeindevertretung weist am 21.4.1923 erstmals als Datum den Sonntag nach Pfingsten auf. Dieser wurde seitdem in Raduhn-Rusch ein Begriff. Am Tage des Kinderfestes war im Dorfe Hochbetrieb. Die Verwandten und Bekannten hatte man eingeladen, um mit ihnen auf dem Festplatz den Vorführungen der Schulkinder beizuwohnen, die, festlich gekleidet, der Mittelpunkt des Tages waren. Der Umzug, der dem Fest voranging, lockte die Bewohner auf die Straße, um sich an dem farbenfrohen Zug der Kinder zu erfreuen. Dieser Brauch hielt sich bis in die 1950er-Jahre."[225]

Erika Arnold schreibt über ihre Kinderzeit: „In den Jahren 1930–1939 fand in Karow am ersten Sonntag im Juli unser Kinderfest statt. Am Sonnabend banden wir Tannengrün und Laubblätter auf gebogenen Weidenstöcken zu Girlanden, diese wurden mit Blumen besteckt. Die Mädchen pflückten Kornblumen und Margeriten. Wir flochten uns daraus einen Kranz, den wir im Haar trugen. Die Jungen hatten Stöcke angefertigt, die mit Girlande und Bändern geschmückt waren. Viele Kinder bekamen zum Kinderfest ein neues Kleid oder einen Anzug. Mit einer Blaskapelle und einem Spielmannszug, in dem unsere Jungen Trommel und Pfeife spielten, mit Willi Klähn als Tambour ging der Umzug durchs Dorf zum Turnplatz am Ortkrüger Weg. Das Vorjahreskönigspaar ging unter den Girlandenbögen. Für unsere Eltern und die Gäste sangen wir vierstimmig Volkslieder. Ich habe eines der Lieder noch in Erinnerung: „Frühmorgens, wenn die Hähne krähen, der Wachtelruf erschallt, dann gehet leise nach seiner Weise der liebe Herrgott durch den Wald." Das neue Königspaar wurde durch Luftgewehr- und Taubenschießen sowie Ballwerfen ermittelt. Alle bekamen für unsere Begriffe ganz tolle Preise. Dann folgten Volkstänze der Mädchen und Turnübungen der Jungen. Die Kleinen, auch die Vorschulkinder, machten Sackhüpfen und Eierlaufen. Der Kuchen, den unsere Mütter mitgebracht hatten, schmeckte uns hier im Freien besonders gut. Der Lehrer sprach zum Abschluss und dankte allen, die geholfen hatten, sowie den Spendern der Preise. Dann ging es in Reih und Glied zurück ins Dorf, wobei das neue Königspaar, das eine Schärpe trug, auf der Name und Jahr stand, nach Hause gebracht wurde. Am Abend gingen unsere Eltern zum Tanz."[226]

Alfred Lobbe schreibt, dass in der Weimarer Republik in Spornitz das Kinderfest der Schule ein Dorffest war: „Viele mit Blumen geschmückte Wagen, die in späteren Jahren vom Gutspächter Lessing in Steinbeck gestellt wurden, fuhren mit den Kindern und Erwachsenen unter den Klängen der Musik hinaus zum Spielplatz im Steinbecker Busch. Hier sorgten Glücksräder, Schieß-, Schank- und Kuchenbuden für Unterhaltung und Erfrischung. Die Kinder erhielten für Schießen, Taubenwerfen, Topfschlagen und turnerische Wettbewerbe viele Preise. Auch der bunt behängte Kletterbaum fehlte nicht und gab in fröhlicher Stimmung oft älteren Män-

224 Ingeburg Baier, Jg. 1922

225 Joachim Göllnitz: 700 Jahre Raduhn, Raduhn 1964, S. 85

226 Erika Arnold

nern Veranlassung neben der Balance auf dem Schwebebaum auch ihre Kletterkünste unter Beweis zu stellen."[227]

In Sandhof und Wooster Teerofen bei Goldberg wurde vor dem 2. Weltkrieg ein Kinderfest in den Buchen gefeiert. „Mit Umzug und Musik begann der Trubel. Sackhüpfen, Eierlauf, Taubenschießen, Klettern auf dem Klettermast und andere Belustigungen waren an der Tagesordnung. Das lockte auch die Kinder aus den Orten der Umgebung an. Abends war dann Tanzen im Asmus-Krug."[228] In der Gegenwart veranstaltet in Sandhof der Heimatverein Wooster Heide alljährlich am zweiten Juniwochenende ein Kinder- und Familienfest. Bis in die 1950er Jahre fand in Below bei Goldberg ein Kinderfest in den Buchen am Ziegenberg statt.[229] In Parchim trafen sich in den 1950er Jahren die Schüler der Goethe-, Adolf-Diesterweg- und Fritz-Reuter-Schule zum Kindertag im Buchholz, um dort bei Sport und Spiel zu feiern.

In den Dörfern südlich von Lübz wurde das Kinderfest wie folgt begangen: „Die Kinder freuten sich das ganze Jahr auf das zu ihren Ehren veranstaltete Kinderfest ... Es begann zumeist an einem Sonnabendnachmittag mit einem Umzug im Dorf. Danach fanden sportliche Veranstaltungen wie Wettlaufen, Weitspringen, Eierlaufen, Sackhüpfen, Stangenklettern und ähnliche Belustigungen und Prüfungen statt. Die Sieger belohnte man mit kleinen Geschenken, meistens mit Süßigkeiten. Beim Stangenklettern, das die Jungen veranstalten, hatte jeder, der das oberste Ende der Stange erreichte, die Möglichkeit, sich eine Belohnung auszuwählen und abzureißen. Dann kam es zur Kaffeetafel, die bei gutem Wetter auf einem Brink im Dorf eingedeckt war. Dort bedienten einige Eltern die Kinder, die zum Kuchen Tee, Milch oder Kakao tranken. Im weiteren Verlauf waren Ballspiele, Ringel- und Hopserspiele organisiert. Die Eltern, Großeltern, Tanten und Onkel hatten Freude daran, wie sich ihre Nachkommen von Jahr zu Jahr entwickelten."[230]

Alice Peterich berichtet: „Ich wuchs in Zarrentin auf und kann mich an die Kindertage Ende der 1950er Jahre gut erinnern. Die Vorbereitung und Organisation lag in den Händen der Lehrer. Unterstützung kam von der LPG, der PGH, der Feuerwehr und den städtischen Kleinbetrieben des Ortes, der damals im Sperrgebiet lag. Dieser besondere Festtag für die Kinder war ein Anlass, die Jungen und Mädchen neu einzukleiden ... Am Nachmittag des 1. Juni liefen wir Schulkinder mit den selbst gebastelten Blumenstöcken im Festumzug durch die Straßen des Ortes. Die Feuerwehr stellte die Musikkapelle und führte den Festumzug an. Mit laut beschwingter Blasmusik lockte sie viele Einwohner vor ihre frisch gefegten und geharkten Hauseingänge. Sie winkten uns freudig zu. Ziel des Zuges war der Badestrand am Ufer des großen Schaalsees. Für uns Kinder waren dort zahlreiche Spiel-, Kletter- und Sportstände aufgebaut. Eierlaufen, Seilspringen, auf Stelzen gehen, Glücksrad drehen, im braunen Getreidesack um die Wette hüpfen oder mit kleinen Bällen Blechdosen umwerfen, das unterhielt uns den ganzen Nachmittag. Wir machten alle eifrig mit, dafür lockten auch kleine Preise, wie eingewickelte Fruchtbonbons, Stundenlutscher, kleine Trompeten aus Papier, mit bunten Netzen umwickelte Neckbälle, Schiebebildchen, bunte Luftballons. Besonders schön fand ich den Kindertanz, auf den ich mich schon

227 Amtsblatt Parchimer Umland Nr. 10 vom 23.10.2019

228 Die Wooster Heide und ihre Walddörfer. Sandhof 2004, S. 108

229 Fred Beckendorf Below a. a. O., S. 70

230 Brüggmann a. a. O., S. 119

Kindertag in Lübz am 30.5.1998

Plauer Kindertagsfeiern zwischen 2004 und 2017

den ganzen Tag gefreut hatte. Dazu spielte die kleine Musikkapelle des Ortes auf, deren Schifferklavier tonangebend war."[231]

Vielerorts gibt es heute Kinderfeste in der Region, von denen einige kurz vorgestellt werden sollen. Am ersten Sonnabend nach dem Kindertag findet ein Kinderfest in der Hagenow Heide statt.[232] Auch in Plauerhagen bei Plau wird seit 2016 alljährlich zu einem Kinderfest eingeladen.[233] Kinderfeste gibt es in Dömitz, Goldberg, Dobbertin, Poltnitz und in der Gemeinde Tewswoos. Im Juli veranstaltet der Naturpark Nossentiner/Schwinzer Heide rund um das Kultur- und Informationszentrum Karower Meiler ein jährliches Kinderfest. In Parchim wurde im Haus der Jugend 2016 erstmals ein Kinderfest mit mehr als 10 Vereinen, Einrichtungen und Förderern veranstaltet.[234] 2016 fand das 40. Volks- und Kinderfest der Gemeinde Rom in Klein Niendorf bei Parchim statt.[235] Zölkow bei Parchim begeht im Juni das Kinderfest. 2016 lud der Heimatverein Wooster Heide im Juni zum Kinder- und Familienfest in Sandhof ein. 2017 feierte Crivitz am 3./4. Juni das Kinder- und Stadtfest, ebenso Lübz am 9./11. Juni. In Zarrentin war das Kinderfest am 11. Juni am Badestrand.[236] „Spielen wie zu Omas Zeiten", so lautete das Thema des Kindertages, der am 01.06.2019 auf dem Gelände der Freiwilligen Feuerwehr in Goldberg stattfand."[237]

231 Alice Peterich: Kindertanz am Schaalsee. SVZ MM 27. 5.2016

232 SVZ Hagenow vom 8. 6.2017

233 SVZ Lübz vom 14.11.2017, das Kinderfest fand 2018 am 1. Mai statt

234 Elde-Express vom 18. 5.2016

235 SVZ Parchim vom 13. . 6.2016

236 Die Gemeinden Barnin, Eldena, Muchow, Balow und Grabow führten 2018 Kindertagsfeiern durch, 2019 in Wittenburg, Horst, Zölkow, Severin, Garwitz, Klein Niendorf, Dümmer und Pampow, 2020 in Rom, Severin, Stolpe und Garwitz

237 Heimatbote Goldberg Nr. 7 vom 12. 7.2019

Sommer

„An die Stelle der Reise mit Unterkunft in Gasthof, Hotel oder Herberge (wie sie wohlhabende Bürger praktizierten – W. H.) trat für Arbeiter und Arbeiterinnen häufig der sonntägliche Ausflug in die nähere Umgebung, der Rückzug aus der Stadt, das Gemeinschaftserleben in der Natur. An Sonn- und Feiertagen geht man im Frühling und Sommer ins Grüne ... Das Naturerlebnis als Freizeitvergnügen war kostenlos, der Sonntagausflug ließ sich mit dem schmalen Arbeiterbudget vereinbaren ... Dass in der Arbeiterschaft das Naturerlebnis als Freizeitwert anerkannt wurde, entsprach dem allgemeinen Diskurs, in dem spätestens seit dem 18. Jahrhundert Natur nicht mehr nur als menschenfeindlicher, unzivilisierter Raum wahrgenommen wurde, sondern auch als Ort der Inspiration, Erholung und der Harmonie", stellt der Sozialhistoriker Jürgen Kocka fest.[238] Jede Stadt hatte ihre Ausflugsziele, die an den Sonntagen von den Familien zu Fuß erreichbar waren. Neben der Bewegung an der frischen Luft stellten die hier vorhandenen Lokale die Versorgung mit Getränken und Sitzgelegenheiten zum Ausruhen sicher. Die Plauer zog es an das Seeufer bis nach Appelburg bzw. auf den Klüschenberg. Die Lübzer hatten ihren „Neuen Teich". Die Parchimer wanderten durch das Buchholz (hier gab es das Restaurant Schützenhalle), setzten mit der Eldefähre nach Slate über, wo es ein „ansehnliches Gasthaus" gab, „wohin die Städter häufig Lustparthien anstellen", wie 1843 berichtet wurde.[239] Ein weitere Möglichkeit war der Brunnen (Badeanstalt), der von Parchim aus über die Brun-

238 Jürgen Kocka: Arbeiterleben und Arbeiterkultur – die Entstehung einer sozialen Klasse. Bonn 2015, S. 313

239 Gustav Hempel: Geographisch-statistisch-historisches Handbuch des Meklenburger Landes, 2. Bd, Parchim/Ludwigslust 1843, S. 108

nenstraße und die Brunnenbrücke über die Elde erreichbar war. Mein Vater, der 1940 in Parchim Soldat war, berichtete mir, dass der Brunnen bei seinen Kameraden ein beliebter Treffpunkt war.

Die Sommerzeit bedeutete für die Kinder Ferienzeit – spielen, Fahrrad fahren, baden. In der Erinnerung schien immer die Sonne, wenn es auch Gewitter mit Platzregen gab. In der DDR-Zeit verbrachten viele Kinder zwei Wochen in (zumeist betrieblichen) Ferienlagern, wobei die Ostseeküste und die Mecklenburgische Seeplatte bevorzugte Gebiete waren. Auf dem Eichberg am Parchimer Wockersee stand ein Zentrales Pionierlager, wo sich Kinder aus der Gegend von Halle-Leipzig erholten. Auch am Plauer See hatten viele Betriebe aus den südlichen Bezirken Ferienmöglichkeiten für ihre Arbeiter und Angestellten geschaffen, so an der Seesüdspitze mit der „Dresenower Mühle". Es gab, von den Polytechnischen Oberschulen in den Sommerferien organisiert, für die Schüler ab der 5. Klasse örtliche Ferienspiele. Im Kreis Lübz fanden Spezialistenlager Junger Naturschutzhelfer statt, so in Kreien 1975 und in Gallin 1976.

Baden stand immer an erster Stelle in der Freizeit, wie Zeitzeugen sich erinnern. Walter Kintzel aus Quaßlin berichtet, dass man im Darßer Dorfteich und im Gehlsbach bei der Karbower Brücke badete. Walter Schleede aus Wahlstorf schwamm im Treptow, Gerhard Müller im Blanksee, wohin man zu Fuß ging, denn keiner hatte ein Fahrrad.[240] In Passow gingen die Kinder im oberen Karpfenteich und im Passower See baden, gern spielten sie auch auf der Insel (Turmhügel) im Park, wie die 1925 geborene Emmi Schröder berichtet.[241] Die Wangeliner Kinder fuhren mit dem Fahrrad nach Twietfort, um dort im Plauer See zu baden. Die Karower waren mit dem Fahrrad zu den Schaftannen am Nordufer des Plauer Sees unterwegs. Dass die Plauer Kinder ihren See zum Baden nutzten, versteht sich von selbst, ebenso die Neustädter ihren See, wie auch die Parchimer, Dobbertiner und Sternberger. Die Gemeinden, die am Schweriner See lagen, nutzen diese für den Freizeitspaß. Die Lübzer

240 Walter Kintzel, Walter Schleede, Gerhard Müller

241 Gustav Bergter: Passow 1324–1999, S. 53f

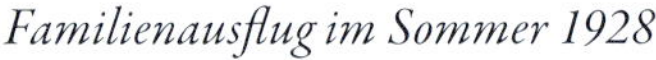
Familienausflug im Sommer 1928

Sommerausflug 1918

Baden im Plauer See, 1920er Jahre

hatten eine Elde-Badeanstalt, man ging auch in der Elde bei den Bobziner Tannen baden oder fuhr zum Kritzower See. In Dömitz badete man in den 1930er Jahren in einer Elbe-Flussbadeanstalt unweit der Festung auf einer Elbe-Landzunge. Daneben gab es eine Elde-Flussbadeanstalt an einem Eldearm.[242] Viele Dörfer haben einen See in der Nähe, so z. B. Broock, Passow, Pinnow, Barnin, Dabel, Demen, Klein Pritz und Göhren.

Schon immer gab es in der Sommerzeit viele Veranstaltungen. Dafür zwei Beispiele aus Plau. Das Programm des Plauer Bürgerverein mit seinem Sommerfest sah 1889 so aus: „Donnerstag, 13. Juni, 13 Uhr, Versammlung der Teilnehmer auf dem Markt beim Kriegerdenkmal, bis 2 Uhr Unterhaltungsmusik, 2 Uhr Abfahrt auf laubgeschmückten Wagen durch die Stadt nach dem Turnplatze, 8 Uhr Rückfahrt, 21 Uhr Tanz im Saal des Gastwirt Kröger. (Für kochendes Wasser zur Kaffeebereitung auf dem Turnplatz wird ausreichend Sorge getragen. Zur Beaufsichtigung der Pferde sind 2 Leute angestellt)“.[243] Der Plauer Bürgerverein lud zum Holzfest am 8.6.1900 mit nachmittäglicher Ausfahrt auf laubgeschmückten Wagen zum Turnplatz ein. Dort gab es ein Konzert und Belustigungen für Kinder, abends war Tanz im Schützenhaus.[244]

Heute finden im Sommer in der Region die unterschiedlichsten Veranstaltungen statt, die teilweise Tausende Besucher aus nah und fern anlocken. Unter den Sommerfesten ragen die Plauer Badewannenrallye (Mitte Juli, 2019 zum 30. Mal begangen), das Quetziner Strandfest (Ende Juli, 2019 zum 25. Mal begangen) und das Lübzer Turmfest (2018 zum 25. Mal begangen) heraus. Auch in den Dörfern werden Feste begangen, für die im Ort bzw. Ortseingang mit Strohballenpuppen oder ausgestopften Strohpuppen geworben wird. Die erst nach der Deutschen Einheit im Osten verfügbaren Rundballenpressen (die Mitte der 1970er Jahre Einzug in die westdeutsche Landwirtschaft hielten) lieferten zugleich ein neues Materialelement für die mecklenburgische Volkskunst. Die Rundballen, die beispielsweise mit Pressen der Firma New Holland entstehen, haben einen Durchmesser von 1,25 Meter und sind 1,20 Meter breit. Sie wiegen 120 bis 200 Kilogramm. Allerorten werden zu Volksfesten

242 Nach Aussage von Christel Fuhrmann, Dömitz. In: Rolf Rossmann: Zwei Ohrfeigen fürs Abzeichen. In: Mecklenburg-Magazin Jahresband 2019 S. 94

243 PZ Nr. 47 vom 12.6.1889

244 PZ Nr. 44 vom 2.6.1900

Ferienspiel 1930er Jahre

Ferienlager am Parchimer Wockersee ,1962

nach den Vorbildern aus dem Westen aus drei aufeinandergetürmten Ballen lustige Figuren hergerichtet, zumeist sind es bunt angezogene Paare.

Zum Strandfest 1999 in Quetzin, zum Retzower Dorfjubiläum 1998 und zum Klein Dammerower Dorfjubiläum 1999 waren Paare zu sehen, während zum Dorfjubiläum Benzin eine „Milka-Kuh" aus Stroh gezeigt wurde. Einzelpuppen machten 2000 in Domsühl auf den „Tag der Vereine", 2002 auf das Parchimer Stadtfest („Räuber Vieting"), 2002 in Broock als Reklamegag auf eine Gaststätte und als Weihnachtsmann im Dezember 2001 auf die Plauer Weihnachtsstraße aufmerksam. Beim Herbstfest des Wangeliner Lehr- und Erlebnisgarten 1999 erwartete die Besucher als Hinweis an der Straße ein Schmetterling. Zu Erntefesten waren Mühlen in Marnitz 2000 und in Friedrichsruhe 2001 aufgebaut. 2001 hatten die Marnitzer einen Turm gebaut, während 2002 die Poltnitzer einfach nur vier Ballen mit einem Plakat bespannten. Anlässlich des 10. Holzfestes 2005 wurde in Friedrichsruhe (bei Crivitz) ein überlebensgroßer Holzfäller aus Stroh aufgebaut. Im gleichen Jahr machte am Straßenabzweig nach Goldenbow ein „Riesenhuhn" aus Stroh auf den Geflügelhof Friedrichsruhe aufmerksam. In der Folgezeit erhielt das Huhn Verstärkung von zwei Strohküken und einer „Hühnerfee" aus Stroh, ferner an der Dorfstraße vor dem Verwaltungsgebäude der Landwirtschaftlichen Erzeuger- und Absatzgemeinschaft e. G. eine Kuh samt Kalb aus Stroh.

Das 16. Lindenfest fand 2019 in Below statt. Im Juni sind Besucher eingeladen nach Dömitz zum Norddeutschen Tag – Festival der niederdeutschen Sprache und Musik, zum Landesrapsblütenfest in Sternberg (2019 zum 14. Male), zum Burgfest in Neustadt Glewe (2018 zum 26. Male), zum Eichenfest in Domsühl und zum Volksfest in Altenlinden (2018 zum 35. Mal). Im Mai 2018 fand das 35. Stadtfest in Parchim statt. Im gleichen Monat beging 2018 Ludwigslust zum 22. Male das Mai Barockfest.[245] Beim 26. Burgfest von Neustadt-Glewe wurden an drei Tagen rund 18000 Besucher gezählt. Im Juni feiert man in Crivitz das Kinder- und Stadtfest, in Hagenow das Altstadt- und Schützenfest (2019 zum 29. Mal), in Sternberg das Heimatfest (2018 zum 55. Mal). Am 22.6.2019 war zum 18. Mal das Dra-

245 W. Hennies: Hofdamen, Maitressen und hitzige Kavaliere. In: Mecklenburg 6/2002, S. 10

chenbootrennen auf der Elde am Stadthafen von Grabow zu erleben. Im Juli finden die Plauer Ritterspiele (2019 zum 5. Male), das Drachenboot-Sommerfest am Sternberger See, die Dabeler Dorffestspiele (2019 zum 59. Mal), das Strand- und Sportfest in Barnin und die Apachenshow in Neu Damerow statt, ferner das Grambower Parkfest des Diestelower Heimatvereins. Beim Sport- und Parkfest in Balow am 30.6./1.7.2018 wurden auch 70 Jahre Sportverein und 80 Jahre Freiwillige Feuerwehr gefeiert. Im August ist das Quetziner Strandfest (2019 zum 25. Male), das Heimatfest in Sternberg (2017 zum 55. Male), 20. Quellfest in den Ruhner Bergen, das Turmfest in Lübz (seit 1991), in Ludwigslust das Kleine Fest im großen Park, in Plau am See Altstadtfest und Burgfest, in Techentin (bei Goldberg) das Kirchturmfest. Im August 2018 wurde zum 25. Heideblütenfest in Sandhof Lena Leuchtenberg aus Neu Damerow als Heidekönigin erwählt. 2019 fand das 45. Sport- und Parkfest in Balow statt. Im September wird das Heidefest in der Viezer Heide, das Reuterfest in Kaliß (2019 zum 34. Mal) und das Hofseefest in Leisten gefeiert. 2017 war das 15. Holzfest in Friedrichsmoor. Die Plauer Badewannenrallye, 2019 war die 30. Auflage, ist ein Magnet für Einheimische und Urlauber. Eine weitere Badewannenrallye findet alljährlich in Banzkow statt.

Am Klein Pritzer See 1980

Für Technikfreunde ist Quetzin (Ortsteil von Plau am See) Ende Juni das Ziel: Die Ausfahrt der Traktoren vom Gelände des Bauernhofes Reichelt in Quetzin nach Plau

Quetziner Strand, Plauer See 2013

Barockfest am Schloss Ludwigslust 2005

Königinnen Sternberg 2006

Mittelalterfest in Plau am See 2015

Volleyballturnier in Ganzlin 2006

Naturbühne Neu Damerow 2019

27. Apachen-Live-Show in Neu Damerow 2019

Burgfest in Plau am See 2013

Dorffest in Altenlinden 2015

Plauer Badewannenrallye 2006 und 2009

am See war sicher ein Höhepunkt des Oldtimer- und Traktorentreffens 2017, einem der größten Treffen in ganz Norddeutschland. Am Wochenende strömten dann Tausende Besucher herbei, um die alte Technik zu bewundern.

Das 23. Quetziner Strandfest Anfang August 2017, gemeinsam von der Gaststätte Zum Richtberg und dem örtlichen Siedler- und Heimatverein veranstaltet, ist eine erfolgreiche Tradition des Ortes, die sich auch viele Auswärtige nicht entgehen lassen. Neben dem Wettkampf mit dem Leistener Heimatverein gehören die Neptuntaufe wie das Inselschwimmen mit zwei Durchgängen zu den Höhepunkten des Festes. Zum 33. Male hatte die Gemeinde Barkhagen und der Förder- und Angelverein Barkhagen am 20. Juni 2015 zum „Mecklenburger Volksfest" eingeladen.

Mit dem 2. Sternberger Rapsblütenfest, am 15. Mai 2004 mit einem bunten Festumzug eingeleitet, wurde eine der bedeutendsten Kulturpflanzen Mecklenburg-Vorpommerns gefeiert. 218 Akteure präsentierten sich in 36 Bildern. Landwirtschaftsminister Dr. Till Backhaus, welcher die Schirmherrschaft übernommen hatte, erinnerte im Beisein von Landrat Klaus-Jürgen Iredi und Sternbergs Bürgermeister Jochen Quandt bei der Eröffnung auf dem Marktplatz, dass im Land rund 230 000 Hektar mit Raps bestellt werden, mithin ein Fünftel der Anbaufläche. Damit ist Mecklenburg-Vorpommern des Rapsanbauland Nr. 1 in der Bundesrepublik Deutschland. Die gelb blühenden Rapsfelder erweisen sich dabei auch als ein touristisches Markenzeichen.

Strandfest in Quetzin 1996

Ortsjubiläen

Es ist der pure Zufall, wann ein Ort im Mittelalter in einer Urkunde erwähnt wurde. Meist sind irgendwelche Besitzveränderungen der Grund für die schriftliche Fixierung des jeweiligen Ortsnamens. Auch weniger erfreuliche Anlässe, wie es ein Überfall von Raubrittern war, können Grund sein, den Ort des Geschehens aufzuschreiben. So kommt es, dass manche räumlich dicht beieinander liegende Dörfer, die zur gleichen Zeit, nämlich im 12./13. Jahrhundert, von deutschen Bauern besiedelt wurden, bei der Ersterwähnung zeitlich 200 oder gar 300 Jahre auseinanderklaffen. Bis Ende des 15. Jahrhunderts tauchen die meisten Orte in einer Urkunde auf, spätere Erwähnungen stellen eine Ausnahme dar. Vielleicht ist hier der Grund darin zu suchen, dass entsprechende Schriftstücke die Zeitläufe nicht überstanden. Erwähnungen nach dem 30jährigen Krieg sind wirkliche Neugründungen in dem entsprechenden Jahr.

Alle Ortsnamen, die auf -ow, -itz oder -in enden, sind wendischen Ursprungs. Wenige Ortsnamen sind gemischtsprachig. Dabei wurde meist an einen wendischen Personennamen ein deutsches Bestimmungswort gehängt – „Gnevs-dorf". Es gibt auch rein deutsche Ortsbezeichnungen, die eindeutig als solche zu erkennen sind. Aber auch viele von diesen muten uns heute fremd und nicht hochdeutsch an, da sie aus dem Mittelniederdeutschen, der Sprache, die im Mittelalter in Mecklenburg gesprochen wurde, stammen. Beispiele sind „Stralendorf" (strale = Pfeil) und „Herzberg" (hertes = Hirsch). Von den 83 Ortsnamen des Altkreises Lübz sind 68 slawischer und 13 deutscher Herkunft, 3 sind gemischtsprachig, ein Ortsname (Lutheran) ist lateinischer Herkunft.[246] Von den 100 Ortsnamen des Altkreises Parchim sind 70 slawisch, 3 mischsprachig, 22 deutsch, 1 lateinisch (Rom) und 4 undeutbar.[247]

Die verstärkte Hinwendung zur lokalen Vergangenheit ist der Grund für die Erfolgsgeschichte der Ortsjubiläen, die bis heute ungebrochen anhält. Das Bewusstwerden über das Historische findet wesentlich über solche Veranstaltungen statt. In einer Welt der Globalisierung und der allgegenwärtigen Medienpräsenz bietet die Beschäftigung mit der Geschichte des eigenen Heimatortes die Möglichkeit, die eigene Zeit nach dem Maßstab des Menschen zu messen. Das Erinnern an vergangene Ereignisse und ihre festliche Umgestaltung gehört wie das Feiern von Festen zur gesellschaftlichen Ausstattung unserer Kultur. Denn die Heimat ist die menschliche, landschaftliche und geschichtliche Umwelt, mit der sich der Mensch identifiziert, rational und emotional bindet und sichert und die er sich immer neu schafft. Sie gibt ihren Bürgern – ob alteingesessen oder zugewandert – Halt, die Möglichkeit der Identifikation und der Integration. Eine wesentliche Rolle spielt für die alle 25 Jahre begangenen Dorfjubiläen die „Magie der runden Zahl". Ortsjubiläen erlauben es den Bewohnern, sich auf ihre Herkunft zu besinnen, Bilanz des Erreichten zu ziehen und sich zu einer festlichen Gemeinschaft zusammenzufinden. Es geht dabei um die Fragen woher wir kommen, wer wir sind, wohin wir gehen. Vielfach erschienen Ortschroniken, in denen mehr oder weniger ausführlich der Ortsgeschichte nachgegangen wird.[248]

246 Walter Kintzel: Die slawisch-deutsche Besiedlung des Kreises Lübz und der Niederschlag in den Ortsnamen. In: Informationen des Bezirksarbeitskreises für Ur- und Frühgeschichte Schwerin Heft 26/1986, S. 13

247 Wolfram Hennies: Ortsnamensforschung und ihre Aussage zur Siedlungsgeschichte des Kreises Parchim. In: Informationen des Bezirksarbeitskreises für Ur- und Frühgeschichte Schwerin Heft 17/1977, S. 44

248 Beispiele: Fred Beckendorff: 1296–1996 700 Jahre Below, Below 1996; Walter Kintzel: Quaßlin

Dorfjubiläum Klein Dammerow 725 Jahre 1999

Dorfjubiläum Plauerhagen 775 Jahre 2010

Dorfjubiläum 725 Jahre Möderitz 2004

Mit der Feier eines Ortsjubiläums wird in erster Linie an die erstmalige Nennung des Ortes erinnert, nicht aber sein tatsächliches Alter. In wohl jedem Fall ist der entsprechende Ort älter. Oft existierten auf der Feldmark Siedlungen, die bis in die jüngere Steinzeit vor über 4000 Jahren zurückreichen. Von ihnen zeugen nur noch archäologische Spuren. Doch erst ab dem ersten schriftlichen Beleg, der mit einem exakten Datum in Verbindung steht,[249] wird ein Ort auch „reif“ für ein historisches Jubiläum. Der Jahrestag wird zum willkommenen Anlass genommen, sich die Geschichte eines Ortes zu vergegenwärtigen. Kein Ort lässt sich die Gelegenheit entgehen, alle Vierteljahrhunderte sein Ortsjubiläum zu feiern, was ein willkommener Anlass ist, dass viele ehemalige Einwohner zu einem Besuch in ihren Heimatort kommen. Der Ort macht sich zu den Festtagen schön, die Grundstücke und Häuser werden geschmückt. Viele alte liebevoll gehegte Gegenstände, die früher bei der Arbeit auf dem Hof, im Haus und auf dem Feld Verwendung fanden, werden vor dem Grundstück zur Besichtigung ausgestellt. In den letzten Jahren kamen lustige Strohpuppen hinzu. Oft führt ein Festumzug mit gestalteten Bildern zurück in vergangene Epochen und zeigt die Gegenwart des Dorfes mit ansässigen Betrieben, sozialen Einrichtungen und kulturellen Aktivitäten.[250] Dass die Bewohner ihre

– aus der Geschichte eines südmecklenburgischen Grenzdorfes. Wahlstorf 2000; Aus der Geschichte der Parchimschen Kämmereiorte Damm, Malchow, Neu Matzlow und des Rittergutes Möderitz. Damm 2004; Christine Steinbach: 1254–2004 750 Jahre Karow – aus der Geschichte eines mecklenburgischen Gutsdorfes, Karow 2002; Heidemarie Ruchhöft: Chronik der Stadt Plau am See, Plau am See 2009

249 Daten im Mecklenburgischen Urkundenbuch (25 Bände)

250 vgl. Wolfram Hennies: Festumzug in drei Prignitzstädten und drei mecklenburgischen Dörfern. In: Heimatgeschichte 21/1988

Grundstücke festlich schmücken und ihren Teil zur Dorfgeschichte mit der Ausstellung alter Geräte beitragen, gehört ebenfalls dazu. 2019 z. B. feierten ihr 800-jähriges Ortsjubiläum Golchen und Techentin, 750 Jahre Woosten, 675 Jahre Goldenbow und Panstorf, 650 Jahre Griebow und Rothen sowie 600 Jahre Drefahl.

Für ein neues Brauchtumselement bei Dorfjubiläen – die Strohpuppen – soll das Beispiel Klinken dienen. Vom 13.–16. Mai 2005 feierte dieses Dorf bei Parchim seine 775-Jahrfeier. Dazu ließen sich die Organisatoren etwas Originelles einfallen. An beiden Ortseingängen in Richtung Crivitz und Parchim wiesen dreistöckige Strohtorten auf dieses Jubiläum hin. Dazu machte das Dorf am Lewitzrand zusätzlich mit einer volkskundlichen Besonderheit auf sich aufmerksam. Zum ersten Male wurden in einem Dorf der Region schon Tage vor der Feier in Vorgärten und Hauseingängen viele phantasievoll hergestellte bunte Strohpuppen aufgestellt, um Gäste und Einheimische zu erfreuen. Bislang tauchten diese neuen Brauchtumselemente nur vereinzelt auf. So waren in Slate (bei Parchim) im Jahr zuvor bei seiner 750-Jahrfeier nur in einem Vorgarten zwei Strohpuppen ausgestellt. In Möderitz (bei Parchim), das 2004 775 Jahre alt wurde, waren gar keine zu sehen.

Die altbekannten Vogelscheuchen sind sicher das Vorbild für die neuen lebensgroßen Figuren. Wahrscheinlich durch Einflüsse aus der Prignitz, wo sich dieser neue Brauch seit Mitte der 1990er Jahre flächendeckend durch Erntefeste und Dorfjubiläen verbreitete, finden sich in Südmecklenburg vereinzelt immer öfter lustige Strohgesellen. Mal sind die Gesichter aus Stroh, mal bestehen sie aus dünnem, ausgestopftem Stoff und sind bemalt. Oft tragen die auch mit Heu oder anderem Füllmaterial ausgestopften Figu-

Strohpuppen zum Dorfjubiläum Klinken 775 Jahre 2005

Festumzug zum Dorfjubiläum Klein Dammerow 725 Jahre 1999

ren Schuhe oder Stiefel, immer besitzen sie Kleidung, durch welche sie in Form gehalten werden, und eine Kopfbedeckung.

So auch in Klinken, wo mitten im Dorf eine Teufelsfigur neben einem Holzstapel an eine Sage erinnert, die in das Mittelalter zurückführt. Die Dorfkirche aus dem 14. Jahrhundert liegt außerhalb des heutigen Dorfes, muss aber einstmals in der Ortsmitte gestanden haben. Es hat also eine Verlagerung der Bauerngehöfte stattgefunden, die eine Sage folgendermaßen erklärt: Für die ungewöhnliche Lage der Kirche soll der Teufel verantwortlich sein. Er ließ mehrmals das Holz vom angedachten Bauplatz im Dorf verschwinden, weshalb die Klinker die Kirche schließlich in den Wischen außerhalb des Dorfes errichteten.

Mehrere Strohfiguren sitzen einfach so ausruhend auf einem Stuhl oder lehnen im Hauseingang. Die Klinker stellten aber auch Strohfrauen her, die mit Hilfe einer hölzernen Bottichwaschmaschine Wäsche waschen oder als Verantwortliche bei der Eiersammelstelle fungieren. Die Strohmänner sind meist mit einer Arbeit beschäftigt: Einer repariert Schuhe, einer sägt Holz, einer löscht als Feuerwehrmann einen Brand,

Festumzug zum Stadtjubiläum Plau am See 775 Jahre 2010

Festumzug Plau am See 775 Jahre 2010

einer sitzt auf dem Milchbock und bewacht die Milchkannen, einer liegt erschöpft mit einer Bierflasche im Arm in einer Schubkarre. Einige Klinker haben auch Strohpaare gefertigt: Ein auf der Bank nebeneinander sitzendes Ehepaar zeigt alte Handgeräte aus der Landwirtschaft – Kartoffelkratzer, Forke, Rechen und Holzschüppe. Ein anderes Ehepaar sitzt zu beiden Seiten eines Tisches – sie hält einen Rechen, neben ihr steht ein Waschbalg mit Waschbrett, er hat eine Sense im Arm. Neben beiden stehen Flaschen und Gläser, immerhin wird ein Jubiläum gefeiert. Zwei Arbeiter schließlich machen beim Holzsägen eine Bierpause.

SCHÜTZENFEST

„Die Schützenvereine entstanden als aufklärerischer Ausdruck dafür, dass das erwachende Bürgertum nach Einheit und Freiheit strebte … Nach dem Verlust der ursprünglichen Funktionen des Schützenvereins, nämlich Schutz und Verteidigung, kam dem Schützenwesen im Wilhelminischen Zeitalter eine neue (Schein-)Aufgabe zu: die nationale Einigung. Die Feste ähnelten nun Sportfesten … Einheitsgedanke und ritualisierter Nationalismus (ohne Staatsauftrag) verbanden sich mit Wehrgedanken; die Vorbereitung vieler Schützenvereine auf ihre Feste bestand darin, das Exerzieren zu üben. Während im 16. Jahrhundert das Schießen mit dem Rohr Realität war, wurde es im 19. Jahrhundert zur Scheinaufgabe im Sinne organisierter Geselligkeit.“[251] Innerhalb des Vereinswesens nahmen die Schützenvereine einen wichtigen Platz ein, zumal sie mit den Umzügen bei den Schützenfesten im öffentlichen Raum präsent waren. So ist es auch noch heute. Die grüne Uniform, die oft ein Ärmelschild hat, auf dem die jeweilige Zunft mit Wappen abgebildet ist, signalisiert „Zusammengehörigkeit und Gleichklang; sie schützt, indem sie maskiert, und gibt dem Agierenden Zusicherung im Raum der Gemeinschaft … Verschiedene Insignien an der Kleidung machen Stand und Würde des Trägers sichtbar.“[252] Dazu gehören die den Bürgermeisterketten nachgebildeten Königsketten und die auf der Brust getragenen Orden und Medaillen. Die Fahne der Schützenzunft, bei jedem Umzug vorangetragen, macht die Zugehörigkeit der dahinter marschierenden Schützen deutlich. Einige Wo-

251 Silke Leonhard: Schützen- und andere Volksfeste. In: Thomas Klie: Valentin, Halloween und Co – Zivilreligiöse Feste in der Gemeindepraxis. Leipzig 2006, S. 156 f.

252 ebenda S. 164

Schützenumzug Grabow 1920er Jahre

Festprogramm

zum 275. Jubiläum der Boizenburger Schützenzunft

und dem

Heimattreffen aller Mecklenburger in Boizenburg (Elbe) 1933.

Mittwoch, den 12. Juli:

Während des ganzen Tages Ständchen den Offizieren der Zunft. Abends Zapfenstreich, beginnend am Reichsbahnhof mit Ausklang auf dem Marktplatze.

Donnerstag, den 13. Juli:

Morgens 5 Uhr: Reveille.

6 Uhr: Antreten der 4 Korps zum Abholen der Fahnen und des Schützenkönigs.

7,45 Uhr: Aufstellen der Zunft vor dem Rathaus, Abholen des Patrons, Verlesung der Zunftartikel und Uebergabe der Ratsstandarte von 1737 durch den Oberst der Zunft an den Rat der Stadt. Abschreiten der Front durch Patron und König.

8 Uhr: Parademarsch. Anschließend Ausmarsch nach dem Schützenhaus. Königsschießen und allgemeines Gewinnschießen. Auf dem Schützenfestplatz Belustigungen aller Art.

nachmittags 6 bis 10,30 Uhr: öffentlicher Tanz im Festzelt und im Schützenhaus.

abends 11 Uhr: Königsproklamation durch den Patron der Zunft, anschließend festlicher Einmarsch. (Platzgeld 30 Pfg., Tanzgeld 20 Pfg.)

Freitag, den 14. Juli:

Morgens 6 Uhr: Reveille. 9 Uhr Parademarsch, Ausmarsch, Zunft- und allgemeines Gewinnschießen.

Abends 8 Uhr: Königstafel und Festball (nur für Zunftmitglieder in Uniform und durch diese eingeführte nicht in Boizenburg ansässige Gäste). Auf dem Festplatze Belustigungen. Allgemeiner Tanz im Festzelt. (Platzkarte 30 Pfg., Tanzgeld 50 Pfg.).

Sonnabend, den 15. Juli:

Kinderschützenfest. Aufstellung 12,30 Uhr beim Kirchplatz. Ausmarsch. Allgemeine Belustigungen. Tanz für Kinder. (Platzgeld 30 Pfg., Kinder frei).

Programm der 275-Jahrfeier der Boizenburger Schützenzunft 1933

chen vor dem Schützenfest wird die neue Königswürde ausgeschossen, wobei jedes Gildemitglied König bzw. Königin werden kann. Traditionell wurden auf dem Schützenfest der beste Bürgerschütze und der beste Jugendschütze ermittelt.

Das Schützenfest erfüllt eine wichtige Aufgabe: „Alle Traditionen und Bräuche haben einen zutiefst sozialen Aspekt, weil sie die Gruppenzugehörigkeit fördern. Für das soziale Miteinander eines Ortes sind sie essentiell. Man tut das aber nicht nur für die Mitglieder des Vereins, sondern auch für die Gemeinde als Dorf. So sind die Kirmes und das Schützenfest wichtige Anlässe, bei denen Gemeinschaft konstituiert wird. Ritualisiertes Handeln verstärkt diese. Die Uniform auf den Festen und Umzügen verdeutlicht die Zugehörigkeit zu einer Gruppe, auf die man stolz ist. Sie ist außerdem Ausdruck eines gehobenen Selbstwertgefühls. Ein zentraler Aspekt beim Thema Gemeinschaft ist die Pflicht zum aktiven Mitmachen ... Erst in der Gemeinschaft wird Spaß gehabt, welcher das Mitmachen fördert, das wiederum erfüllt die Menschen mit Stolz.“[253]

Vom Parchimer Königsschuss, zu dem ein Umzug gehörte, wird 1818 berichtet: „Wenn ehemals der lange Zug der Bürger mit wehenden Fahnen – einer großen weißen mit mecklenburgischem Wappen gezierten und einer blauen sogenannten Spiel-Fahne – unter Musik- und Trommel-Begleitung nach dem Schützenplatz bewegte, wenn besonders der Träger der blauen Fahne im roten Rock und blauen Unterkleidern mitten im Marsche durch die volksgefüllten Straßen seine Geschicklichkeit im Schwenken, in die Höhe werfen und regelmäßigen Wieder-Auffangen

253 Maike Neumann: Das Schützenwesen im Dorf heute – für „Glaube, Sitte ... Heimat“? In: Alltag im Rheinland. Sonderheft 2016: Dörfer im Fokus – Skizzen über Veränderungsprozesse im ländlichen Raum, Bonn 2016. S. 82

Grabower Schützenfest

Am Anlegeplatz.

Weithin berühmt ist dieses Fest. Im Juli eines jeden Jahres wird es von sämtlichen Verbänden der hiesigen Schützengilde gefeiert. Fast eine Woche lang ist dann das Städtchen mit seiner ganzen Bevölkerung in eitel Lust und Fröhlichkeit getaucht, und von weither kommen die Gäste, um hier unvergeßliche Tage zu erleben.

Die Fahnenkommandos der einzelnen Schützenverbände: der schwarzen Zunft, des Garde-, Jäger- und Joppenkorps.

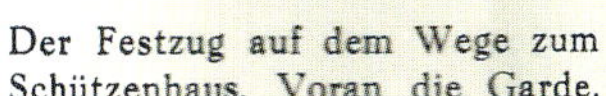

Der Festzug auf dem Wege zum Schützenhaus. Voran die Garde.

Und „wie die Alten sungen, so zwitschern die Jungen". Auch Grabow's Jugend feiert ihren Königsschuß.

Nicht leicht hat es der „Stab", das feuchtfröhliche Volk zu regieren.

Prospekt der Stadt Grabow 1935

solcher Fahne zeigte, so gab schon dies das Signal zur allgemeinen Freude, welche durch das darauf erfolgte Schmauserei und Tanz-Vergnügen vollendet ward."[254] Der Parchimer Chronist Michael Cordesius schreibt 1670, dass die seit 1410 in einer Zunft vereinigten 60 Parchimer Schützenbrüder „jährlich des Mittwochens nach Pfingsten zwischen den Wällen (gemeint sind die Wallanlagen – W. H.) nach der Scheibe schießen nicht so sehr um des aufgesetzten Gewinns und der sogenannten Königschaft und deren Freiheit, als um der Übung willen … Diese Schützenbrüder haben Macht, das Korn auf dem Felde

---

254 W. L. Icke: Neueste Geschichte der mecklenburg-schwerinschen Vorderstadt Parchim vom Jahr 1801 bis 1852 – Zur Ergänzung und Fortsetzung der Cleemannschen Chronik. Parchim 1853, S. 102

Schützenfest unterm Hakenkreuz 1938 in Plau

zu visitiren und, was sie auf den Freiheiten und außer den Erb-Schlägen, wie sie es nennen, gesäet finden, wegzunehmen und zu der Schützen-Compagnie Bestem zu gebrauchen." Sie hätten auch Macht, „nebst den Fürstl. Stadt-Voigt und etlichen Deputirten des Rathes auf die umliegenden Dörfer umher zu ziehen und was sie an selbst gemachten Malz, Brauzeug und Branntweins-Blasen finden, zu nehmen und zu zerschlagen, wie Anno 1665, den 16. und 17. Martii es also geschehen ist. Es wäre zu wünschen, daß die Landleute sich das ließen eine Warnung seyn, auf daß sie nicht durch solch ihr eigennütziges Mültzen und Brauen einer gantzen Stadt, die auf Mültzen und Brauen gewidmet ist, ihre Nahrung entziehen möchten."[255]

Horst Alsleben berichtet über das Schützenfest der 1705 gegründeten Dobbertiner Schützengilde: „In früheren Jahren gehörten in Dobbertin neben dem Kirchgang und Markttagen auch das jährliche Schützenfest zum allgemeinen Dorfleben. Über das Schützenfest wurde nicht nur in den Tageszeitungen berichtet, im Güstrower Anzeiger war es fast eine ganze Seite, auch auf den Landtagen wurde häufiger über den Dobbertiner Königsschuss und seine Nachfeiern debattiert. Denn welches Dorf in Mecklenburg konnte sich schon einen Schützenverein mit einer eigenen Fahne leisten und ein Schützenfest an drei Tagen finanziell durchführen. Das war in Dobbertin schon vor mehr als 300 Jahren mit Hilfe der Klostervorsteher und dem Dobbertiner Klosteramt möglich. Die Dobbertiner Schützengilde stand unter dem Patronat des Klosterhauptmanns. Der Schützenkönig erhielt neben der Schützenkette dazu noch einen vom Klosterhauptmann gestifteten Sonderpreis.

Erstmals wurde 1705 die Schützengilde genannt, 1744 gab es eine eigene Fahne und 1748 konnte in Dobbertin die erste Schützenkette verliehen werden. Vier Jahre später stiftete dann der Klosterhauptmann Jobst Hinrich von Bülow auf Woserin, der 1751 und 1760 selber Schützenkönig wurde, eine silberne Königskette. Diese war mit einem Schild, auf dem man die Namen der Schützenkönige eingravierte und dem Wappen der von Bülow versehen. Zehn Jahre später, es war das Jahr 1758, wurde zum Missvergnügen der Schützen erstmals bei einem Schützenfest der Knopf der Scheibe nicht getroffen. Das sollte sich nicht wiederholen.

255 Michael Cordesius: Chronicon Parchimense. In: Friedrich Johann Christoph Cleemann: Chronik und Urkunden der Mecklenburg-Schwerinschen Vorderstadt Parchim. Parchim 1925, S. 47 f.

Während und nach dem Siebenjährigen Krieg wurde nicht geschossen und weitere 40 Jahre fanden keine Schützenfeste in Dobbertin mehr statt. 1848 nahmen dann einige Mitglieder der Schützengilde die alte Tradition wieder auf. Mit den Änderungen der Statuten erhöhte sich 1849 die Mitgliederzahl von neun auf 21, nun durften auch die Handwerker und Bauern der benachbarten Klosterdörfer Below, Ruest, Techentin, Dobbin, Oldenstorf, Altenhagen und Gerdshagen teilnehmen. Der Klosterhauptmann Carl Peter Baron von Le Fort auf Boeck stiftete für den Schützenkönig sogar einen Sonderpreis. Er bekam ein Fuder Heu, so schwer, dass es eben noch vier Pferde ziehen konnten. Die Gilde hatte eine eigene Königsschussbaracke, die auch gerne als Tanzsaal genutzt wurde. Als das Schießhaus sehr baufällig wurde, beantragte 1911 der damalige Klosterhauptmann Erblandmarschall Karl Friedrich Ludwig von Lützow auf Eickhof auf dem Landtag in Sternberg, die Kosten für einen Neubau aus der Klosterkasse zahlen zu dürfen. Von der Erwägung ausgehend, die alten Überlieferungen den Dobbertiner Einwohnern zu erhalten und dass die Gilde kein Vermögen besaß, wurde die Genehmigung erteilt. Die Genehmigung wurde auch hier nachträglich eingeholt, denn das kleine Schützenhaus stand bereits. Beim jährlichen Schützenfest wurde schon am Donnerstag dem vorjährigen Schützenkönig als ersten ein Ständchen dargeboten, danach sämtlichen Schützen. Dann ging es ins Kloster zu den Klosterdamen und ihrer Frau Domina als Vorsteherin des Damenstifts. Abends fand ein großer Zapfenstreich mit Fackelzug durch das Dorf statt. Freitags früh um sechs Uhr nach dem Wecken ging es mit der Goldberger Marschkapelle Cordshagen durch das Dorf bis ins Kloster und anschließend zum Festplatz. Der Fahnenträger und der Dobbertiner Schützenkönig wurden aus ihren Wohnungen geholt. Ein fremder Schützenkönig wurde aus dem Dorfkrug abgeholt. Die Schützengilde kam wie immer im Gehrock, mit Zylinder und blauweißer Schärpe. Vor dem Haus des Klosterhauptmanns und dem der Frau Domina gab es mit präsentiertem Gewehr Ansprachen. Denn der Schützenkönig bekam ja vom Klosterhauptmann noch einen zusätzlichen Preis ... Als dann 1937 auch der Schützenverein eine neue Tracht erhielt, wurden die alten Traditionen aufgegeben und waren nur noch ein Teil der Dobbertiner Klostergeschichte."[256]

Vom Königsschuss in Lübz vor dem 1. Weltkrieg wird erzählt: „Für die alten Lübzer" war nicht Weihnachten sondern der Königsschuss das größte Fest des Jahres. Darauf sparten einige das ganze Jahr, für die Jugend war das Schützenfest der Höhepunkt der Sommerferien. Es begann am Donnerstagabend mit dem Zapfenstreich, dann war der Umzug durch die Stadt. Vorweg marschierten Trommler Kröger und Werner Borg, dann die Kapelle Steinkopf, später Ebert, hinterher die Jungen und Deerns in langen Reihen und eingehakt. An diesem Abend waren die Eltern gar nicht böse, wenn die Jugend gegen 22 Uhr erst wieder im elterlichen Haus eintraf. Am Freitag war der Hauptag. Er begann mit musikalischem Wecken. Dann wurden die Corpsführer vom Grünen Corps, vom Grauen Corps und vom Scharpen Corps mit Musik abgeholt, danach der Schützenkönig vom letzten Jahr und der Bürgermeister, Onkel Welzien, der Buchbinder und Kleinstadtpoet – sein Ökelname (Spitzname) war Korl Kleisterpott – hielt vor dem Rathaus an der Schleusenbrücke eine Rede auf den Herrn Bürgermeister West-

256 SVZ Lübz 18.6.2016, vgl. auch Horst Alsleben: Heu für den Königsschuss. In: Mecklenburg-Magazin Jahresband 2019, S. 97

phal. Er lobte den Bürgermeister wegen all seiner Verdienste um die Stadt, erwähnte die Gründung der Zuckerfabrik, der Brauerei, des Elektrizitätswerkes und redete sich immer mehr in Ekstase. Er zeigte auf den Wasserturm und rief aus: „Der Wasserturm vor Ihnen, Herr Bürgermeister, und die holde Jungfrau (zeigte dabei auf Westphals Tochter Else) neben Ihnen sind Produkte Ihres schöpferischen Geistes."

Am Freitagabend mussten fast alle Frauen ihre Männer beim Einmarsch unterstützen, kaum ein Mann bekam Vorhaltungen wegen eines Schwipses. Wenn der neue Schützenkönig nach Hause gebracht wurde, mußte seine Frau ihn mit einem Kuss empfangen. Als der Hutzengeneral, Sattler Hahne, verstorben war, tat seine Witwe den bezeichnenden Ausspruch: „Tscha, nun is hei dod, und Königsschuss wies hei noch so schon duhn." Auch für die Jugend war der Königsschuss – mit 50 Pfennig in der Tasche – eine willkommene Abwechslung im alltäglichen Einerlei, für manche fast eine Seligkeit. Am Freitagabend gingen die Mütter mit ihren Töchtern zum Tanz ins Schützenhaus. Die Mütter saßen auf dem sogenannten Drachenfelsen und die jungen Mädchen in weißen Kleidern entlang der Tanzfläche."[257] In den Dörfern südlich von Lübz fand das Schützenfest als Königsschuss statt.

Otto Köhnke (Jg. 1918) berichtet über den Königsschuss in Parchim in den 1920er und 1930er Jahren: „Der Königschuss entwickelt sich im Laufe der Zeit zu einem allgemeinen Volksfest. Dieses Fest findet anfangs auf dem heutigen Moltkeplatz und seit 1879 auf dem Festplatz im Buchholz statt. In den 1920er und 1930er Jahren sieht man dann an den Königschusstagen eine große Menge junger und alter Menschen zum Festplatz strömen. Auf dem Weg dorthin stehen Leierkastenmänner und lassen ihre Musik ertönen. Der Platz empfängt die Besucher mit einem Getöse von Blasmusik, Karussellorgeln und Kindertuten. Schon am Eingang zum Festtrubel kann man seine Kräfte beim „Hau den Lukas" messen. Dann sieht man viele Verkaufsstände mit Spielzeug, Luftballons, Drehknarren, Tuten, Flöten, Windrädern aus bunten Federn usw. oder Süßigkeiten, wie zum Beispiel Zuckerstangen und aus weicher Zuckermasse geformte „Gummitiere". Vielfach vertreten sind auch Gewinnspiele, bei denen ein Drehstab von dem Spieler in Schwung gesetzt werden muss und der dann schnarrend über eine Platte kreist und so über Gewinn und Verlust entscheidet. Vergnügen kann man sich im Wiener Sportrad, in Luftschaukeln und verschiedenen Karussells, bei denen die Kinder auf Holzpferden reiten können. Die Älteren lassen in der Berg- und Talbahn ihr Herz höher schlagen. Die Erwachsenen haben die Gelegenheit, sich in einem der großen Bierzelte zu erfrischen. Bei den vielen Abwechselungen denken die meisten Besucher des Volksfestes dann wohl kaum noch an den Schützenkönig."[258]

„1879 wurde mit dem Bau der Schützenhalle im Parchimer Buchholz begonnen. Hier nahm die 1410 gegründete Schützengilde ihren Sitz. Der Königschuss fand nun im Buchholz statt. Der Gasthof ‘Schützenhalle’ rühmte sich als altrenommiertes Familienrestaurant und Ausflugsort ersten Ranges mit aufmerksamer Bedienung ... Ganz in der Nähe der Schützenhalle stand die Schießhalle mit den dahinter liegenden Scheibenständen. Anlässlich der Feier zum 500jährigen

257 Walter Kintzel: Das Material über den Königsschuss überließ mir mein Schulfreund Dr. med. Jochen Dellien aus seinem Familienarchiv – aufgeschrieben durch Frieda Dellien, 1.10.1996

258 Otto Köhnke: Das Parchimer Wörterbuch. Parchim 2019, S. 102

Bestehen der Schützengilde im Jahre 1910 wurde die Schießhalle zu einem ansprechenden Bau umgestaltet, der sich gut in die Umgebung einfügte. Nachdem der Schießsport in der DDR allein in Händen der Gesellschaft für Sport und Technik (GST) lag, kam es nach der Wende zu zahlreichen Neu- und Wiedergründungen von Schützenvereinen in Stadt und Dorf. Vom 11.–13.5.2001 kamen die Gesandten der Schützenvereinigungen zum 11. Landesschützentag in Parchim zusammen. Dazu gehörte auch ein Umzug durch die Stadt, bei der die Böllerschützen mit ihren Vorderladern oder Handmörsern gehörigen Krach verbreiteten. „Mit ihren festlich geschmückten Uniformen, Fahnen und Standarten vermittelten sie den Parchimer Bürgern einen Einblick in das Leben und die Traditionspflege der Schützen und sorgten mit Sicherheit für einen denkwürdigen gesellschaftlichen Höhepunkt in der Stadt Parchim.“[259]

Höhepunkt im Vereinsleben ist das Schützenfest. Goldberg beging diese Veranstaltung 2016 zum 25. Male, Grabow 2018 zum 20. Male. 2019 fanden Schützenfeste beispielsweise in Lübz, Poltnitz, Vielank, Plau, Wittenförden, Crivitz, Leezen, Werder, Sternberg und Brüel statt. Am 15./16. Mai 2004 wurde in Parchim das erste Kreisschützenfest veranstaltet, an dem sich 13 Vereine aus dem Landkreis Parchim beteiligten. 2016 richtete Lübz das 14. Landesschützenfest mit 20 Vereinen aus sieben Landkreisen aus.[260] Oft ist das Schützenfest in Städten mit einem anderen Fest verknüpft, so in Hagenow mit dem Altstadtfest, in Wittenburg mit dem Burgfest, in Boizenburg mit dem Altstadtfest, in Lübz mit dem Stadt- und Kinderfest. Parallel zum Parchimer Stadtfest, bei dem es ein buntes Unterhaltungsprogramm auf dem Schuhmarkt der Kreisstadt zu erleben gab, konnten sich alle Bürger beim Schützenfest am Schießen beteiligen.

Die Fahnenweihe beim Plauer Schützenfest am 31. Mai 1997

Über das Kreisschützenfest 2017 berichtete die Zeitung: „Bevor sich die Vertreter aus insgesamt 13 im Kreisschützenbund Ludwigslust-Parchim organisierten Vereinen mit einem Umzug zur Proklamation der Schützenkönige ins Stadtzentrum aufmachten, hatten sie bereits mit einem eigenen Fest am Schießstand am Voigtsdorfer Weg die Werbetrommel für ihre Sportart gerührt. Der Kreisschützenbund Ludwigslust-Parchim e.V. bildete sich vor fünf Jahren nach der großen Landkreisneuordnung in Mecklenburg-Vorpommern. Der ehemalige Kreisschützenverband Parchim hatte sich zum 1. Januar 2012 in den Kreisschützenbund umbenannt. Diesem Bund sind auch einzelne Vereine des damaligen Kreisschützenverbandes Mecklenburg-Schwerin beigetreten. Zum 1. April 2012 erfolgte dann die Verschmelzung mit dem damaligen Kreisschützenverband Ludwigslust. Gleichzeitig erfolgte die Anerkennung zum Kreisfachverband Sport- und Bogenschießen im Kreissportbund Ludwigslust-Parchim. Heute gehören dem Kreisfachverband 38 Vereine aus dem Landkreis

259 U. P. Schwarz: Landesschützentag 2001 in Parchim. In: Mecklenburg Nr. 6/2001, S. 6 f.
260 SVZ Lübz vom 29. 8.2016

Plauer Schützen 2005

Ludwigslust-Parchim und der Landeshauptstadt Schwerin mit ca. 1 800 Mitgliedern an. Damit ist er der mitgliedsstärkste im Land Mecklenburg-Vorpommern. Wenige Tage vor dem Kreisschützenfest in Parchim vertraten die Kreiskönige 2016 mit ihrem Gefolge den Landkreis würdig beim Landesschützentag in Neustrelitz."[261]

Am Pfingstsonnabend feiert die Plauer Schützengilde Grüner Jäger 1895 e. V. seit 1994 ihr Schützenfest mit Umzug durch die Stadt, dazu werden die Schützenzünfte aus der Umgebung eingeladen. Außerdem beteiligen sich andere Vereine (Feuerwehr, Sport) am Umzug, der mit einer Meldung des Präsidenten der Schützenzunft an den Bürgermeister eröffnet wird. Im Mai 1996 wurde eine Schießsportstätte am Plauerhäger Damm an der B 101 eröffnet. Am 31. Mai 1997 erhielt die Plauer Schützengilde Grüner Jäger 1895 eine neue Vereinsfahne. Im Festzelt auf dem Klüschenberg spielte der Lübecker Spielmanns- und Fanfarenzug auf und verkürzte mit flotten Rhythmen die Wartezeit auf die Fahnenweihe. Die Plauer Schützengilde Grüner Jäger 1895 e.V. hatte ein der alten, verlorengegangenen Vereinsfahne nachgestaltetes Tuch anfertigen lassen, das auf einer Seite blau gehalten ist. Auf der anderen, hellen Seite, ist der Spruch: „Klar das Auge, fest die Hand, treu das Herz fürs Vaterland" zu lesen. In der Mitte prangt das Plauer Stadtwappen. Da der mecklenburgische Großherzog Friedrich Franz II. der Gilde eine Standarte gestiftet hatte, gewann man eine Nachfahrin, Donata Herzogin zu Mecklenburg-von Solodkoff zur Fahnenweihe. Der Schützenkönig (Hermann Blanke) erhielt eine Königsscheibe, die an der Hausfassade angebracht wurde.

Die Plauer Schützenzunft erhielt 1632 eine Ordnung, die 1706 durch Herzog Friedrich Wilhelm konfirmiert wurde, es wurden zwei Gildemeister und zwei Schaffer (Vorsteher) festgelegt. Das Schützenfest fand drei Wochen nach Pfingsten statt. Heidemarie Ruchhöft schreibt: „Bereits vor 1900 hat man das Schützenfest in Plau wegen des zunehmenden Fremdenverkehrs in die Sommermonate verlegt. Es findet unter großer Beteiligung der Plauer auf dem Klüschenberg statt. Die Schießbahn liegt direkt neben dem Schützenhaus, in welchem das anschließende Festessen mit Bürgermeister und Rat stattfindet. Um 1910 hat die Plauer Schützengilde ca. 135 Mitglieder. Diese Zahl steigt noch auf um 200 an. Die Schützengilde ist in vier Korps aufgeteilt: Grüne Jäger, Graue Jäger, Schwarzschärpen und Blauschärpen. Der Korps der Grünen Jäger besteht seit 1895."[262] Das letzte Königsschießen fand 1940 statt. Schützenkönig wurde Robert Enders, Vize-

261 SVZ Lübz 27. 5.2017

262 Heidemarie Ruchhöft: Chronik der Stadt Plau am See, Plau am See 2010, S. 29 f.

Schützenkönigsschild am Wohnhaus des Schützenkönigs, Plau am See 2005

Plauer Schützen bei Festumzug zum Stadtjubiläum 2010

könig Kurt Wegener und Volkskönig Walter Scheel.[263]

Im Landkreis Parchim-Ludwigslust bestehen etliche Schützenvereine, die kurz genannt werden sollen: Parchimer Schützengilde 1410[264]; Grabower Schützenzunft von 1655,[265] Schützenverein Raduhn-Rusch 1880; Schützenverein Poltnitz 1990[266]; Schützenverein Herzfeld, 1990 gegründet; Schützenverein „Grüner Jäger 1931" Goldberg, 1991 wieder gegründet[267]; Schützenverein „Schwarze Jäger 94" Werder[268]; Schützenverein Leezen 1998[269]; Lübzer Schützengilde 1650[270]; Schützenzunft zu Crivitz 1839; Sportgemeinschaft „Blau-Weiß" Pa-

263 T. Renné: Gründung Plauer Schützenzunft 1621 e. V. In: PZ Nr. 4 vom 27.2.1996

264 zur Geschichte der Parchimer Schützengilde siehe: http://www. heimatbund-parchim. de 1843 wird berichtet: „Die Bürgerschaft bildet zwei Schützenzünfte. " Gustav Hempel: Geographisch-statistisch-historisches Handbuch des Meklenburger Landes, 2. Bd. , Parchim/Ludwigslust 1843, S. 105

265 1993 wiederbegründet. Festzeitschrift: 350 Jahre Grabower Schützenzunft von 1655 e. V. , Festwoche vom 20. bis 29. Mai 2005; 1843 wird berichtet: „Der hiesige Königsschuß gehört zu den ausgezeichnesten, und ist als wahres Volksfest anzusehen, wird auch von zahlreichen Fremden besucht. Die Schützengesellschaft besteht aus zwei Corps, der eigentlichen Schützenzunft und der Bürgergarde. " Hempel a. a. O., S. 125

266 Höhepunkte im Vereinsleben sind u. a. das jährliche Mannschaftspokalschießen zum Tag der Deutschen Einheit, das öffentliche Schützenfest jeweils am Pfingstsonntag mit einer Reihe Attraktionen, das Weihnachtsschießen, Karten- und Würfelabende, und der jährlich vom Schützenkönig und Schützenkönigin gestaltete Grillabend

267 Jährliche Höhepunkte sind ein großes Schützenfest, der Königsball, das Weihnachtsschießen sowie die beliebten Skat- und Rommé-Tourniere.

268 im November 1994 gegründet. Die jährlichen Höhepunkte im Vereinsleben sind das Königsschießen und das Schützenfest am ersten Wochenende im September

269 Höhepunkte im Vereinsleben sind das jährliche Schützenfest und der regelmäßig durchgeführte Neujahrsempfang

270 Die Lübzer Schützengilde wurde am 19. März 1650 gegründet und am 25. August 1996 wieder aus der Taufe gehoben. Die jährlichen Höhepunkte im Vereinsleben sind das Königsschießen mit Schützenfest am ersten Wochenende im Juni sowie die Vereinsmeisterschaften und das Weihnachtskugelschießen Anfang Dezember. 1843 wird berichtet: „Vor dem Plauer Thore befindet sich das Schießhaus, wo jährlich zweimal ein Scheibenschießen gehalten wird, indem außer der Schützengilde noch eine zweite, die sogenannte Römergilde, besteht. " Hempel a. a. O., S. 117

400 Jahre Plauer Schützenzunft von 1612, 2012

rum Sektion Bogensport,[271]: Schützenverein Lindenstadt Ludwigslust[272]; Wittenfördener Schützenzunft 1998[273]; Sportschützen Boizenburg[274]; Wittenburger Schützenzunft 1514[275]; Schützenverein „Blau-Gelb" Vielank[276]; Schützenverein Brahlstorf von 1990; Hagenower Schützenzunft 1794[277]; Schützengilde Neustadt-Glewe 1991; Boizenburger Schützenzunft von 1658[278]; Schützenverein Eldena 1993[279]; Schützenverein Balow 1992[280]; Schützenzunft zu Dömitz von 1655[281]; Schützenverein Plate 1990[282]; Wittenfördener Schützenzunft 1998; Plauer Schützengilde „Grüner Jäger" 1895; Plauer Schützenzunft 1612[283]; Brüeler Schützengilde 1425[284].

271 Der Verein wurde am 5.10.1970 gegründet. Die Sektion Bogen besteht aus 2 Trainingsgruppen: Wettkampfschützen und Fun-Schützen. Seit 2016 wird allen Schützen Mecklenburgs ein Turnier (Turnier ohne Visier) im Rahmen des jährlichen Vereinssportfestes angeboten.

272 Seit 1821 bestand die Eichkoppel-Schützengesellschaft und seit 1886 die Ludwigsluster Schützengesellschaft. Im Jahr 1926 ist daraus die Schützenzunft Ludwigslust geworden. Der heutige Schützenverein wurde am 21. Juni 1990 gegründet. Als einziger Verein in MV wird einer Gruppe mit Blinden und Sehgeschädigten Sportlern ein Training ermöglicht

273 Die jährlichen Höhepunkte sind die Schützenfeste Anfang Juni sowie die Königsbälle im Oktober

274 1990 gegründet

275 Die Wittenburger Schützenzunft wurde durch Nachkommen ehemaliger Mitglieder am 25.4.1990 wiedergegründet. Die Zunft gehört zu den ältesten Schützenvereinigungen in Deutschland

276 In Vielank entwickelte sich 1952 eine Schießsportgruppe aus einem Reitsportverein heraus. Der heutige Schützenverein wurde am 22. Oktober 1990 gegründet. Jährlicher Höhepunkt des Vereinslebens ist das Schützenfest mit großem Festumzug

277 Die Hagenower Schützenzunft 1794 wurde am 11. Juni 1990 wiedergegründet

278 Die Boizenburger Schützenzunft wurde am 16. 05.1990 wiedergegründet, sie entstand ursprünglich am 23.10.1657.1843 wird das Schützenhaus an der Elbe „mit einer schönen Linden-Allee, in welcher die Schießbahn ist, eröffnet". Hempel a. a. O., S. 192

279 Im Verein gibt es ein Böllercorps, das zu anderen Vereinen und Veranstaltungen fährt, um dort Salut zu schießen. Die jährlichen Höhepunkte im Vereinsleben sind das Königsschießen mit Schützenfest am zweiten Wochenende im Juli sowie die Vereinsmeisterschaften und das Weihnachtsbratenschießen Anfang Dezember

280 Höhepunkt im Vereinsleben ist das Königsschießen

281 1994 wiedergegründet, jährliche Höhepunkte sind das Schützenfest im August und das Gästepokalschießen mit den ortsansässigen Vereinen.

282 weitere Informationen zu diesen Schützenzünften unter: www. ksb-pch. de/mitgliedsvereine. html

283 Wiedergründung am 9.11.1995
Der Zweck des Vereins ist auf die Förderung der jahrhundertealten Plauer Schützentraditionen und des Schützenbrauchtums gerichtet, diese zu wahren und weiterzuführen, der Verein pflegt und fördert das Sportschießen, organisiert einen regelmäßigen Trainings- und Wettkampfbetrieb sowie Schützenfeste und Pokalwettkämpfe.
Das Schützenleben war bis zum 2. Weltkrieg sehr ausgeprägt. Enge Kontakte entwickelten sich mit den Parchimer Schützenbrüder und mit den Malchowern. Jedes Jahr wurde das sogenannte Königsschießen veranstaltet und der Plauer Schützenkönig gekrönt. Das letzte Königsschießen war 1940.1851 entstand aus der Plauer Schützenzunft der Plauer Schießklub v. 1851. Die Schützenzunft besaß einen eigenen Schießstand auf dem Klüschenberg. T. Renné PZ 4/1996

284 1990 Wiedergründung, Höhepunkt ist der Königsschuss im Juni
1843 wird berichtet: „Als Volksfest existirt ein Vogelschießen, welches zwei Tage dauert und sehr zahlreich, auch von den Nachbarstädten besucht wird. "
Hempel a. a. O., S. 146

HEUERNTE

In die Sommerzeit fiel die Heuernte („Heuaust"). Im „Oeffentlichen Anzeiger für die Großherzoglichen Aemter Lübz-Marnitz und Goldberg-Plau" kündigte das Amt Lübz am 5. Juni 1873 an: „Die früher in Nutzung von Hauswirthen und Cossaten zu Gnevsdorf befindlich gewesenen Wiesen im sog. Mühlenbruch, Feldmark Reppentin, neben dem sog. Mühlenholz von zusammen 10 Hektar sollen am 13. Juni, Morgens 11 Uhr, zum diesjährigen Vor- und Nachmahd gegen gleich baare Bezahlung in Caveln öffentlich meistbietend verpachtet werden."[285] Die Plauer Zeitung zeigte am 12. Juni 1889 einen Heugrasverkauf von den beiden Wiesen „im Kiebitzhören" in Plötzenhöhe bei Plau an. Weiterhin war zu lesen, dass Schuhmachermeister Carl Waetcke „das Heugras (bestes Kuhfutter) in meiner Wiese" zur Vor- und Nachmahd verkauft. „Das Heugras in meiner Wiese beim Kalkofen soll in Kaveln meistbietend verkauft werden. Elise Schmidt" und „Das Heugras meiner Wiese in meinem Brinkgarten (Vor- und Nachmahd) wünsche ich zu verkaufen. Julius Elkan".[286] Unter der Überschrift „Heugras-Auction" bot das Plauer Feldamt vom 17.–19. Juni 1889 das Heugras auf den Kämmereiwiesen meistbietend gegen Barzahlung an.[287] Auf diese Nachrichten werden damals viele gewartet haben, die zur Eigenversorgung Vieh hielten, aber nicht ausreichend Wiese oder Weide besaßen. Die Heugewinnung hatte große Bedeutung, schuf man mit ihr doch eine Futtergrundlage für Pferde, Rinder, Schafe und Ziegen in den Wintermonaten. Deshalb sagt ein plattdeutsches Sprichwort: „Väl Heu, väl Käuh". Am 12. Juni 1889 annoncierte das Großherzogliche Provinzialamt Parchim in der „Plauer Zeitung": „In den nächsten Tagen beginnt der Abkauf von Heu aus der neuen Ernte-Gut ausgeheute Waare von in hoher Cultur stehenden Wiesen."[288] Das Militär war Großabnehmer. In Parchim und Ludwigslust waren Dragoner stationiert, für deren Pferde man Futter benötigte.

Schon im Frühjahr wurden die Vorbereitungen für die Heuernte getroffen. Mit leichten

285 Oeffentlicher Anzeiger für die Großherzoglichen Aemter Lübz-Marnitz und Goldberg-Plau Nr. 23 vom 5.6.1873

286 PZ Nr. 47 vom 12.6.1889

287 PZ Nr. 48 vom 15.6.1889

288 ebenda

Erntearbeiter bei Lübz 1950er Jahre

Eggen lüftete der Bauer die Grasnarbe und zog gleichzeitig die Maulwurfshaufen auseinander, damit sie später nicht die Grassensen beschädigten.

Eine alte Bauernregel besagt, dass 14 Tage vor Johanni (24. Juni) in der „Vormahd“ das Gras gemäht werden soll, denn „en Fäuder Heu vör Johanni is bäter as twei nah“. Hintergrund dieser Regel war das Wissen, dass die Güte des Heus als Futter davon abhing, wie nahrhaft es war, dass also die Pflanzen jung sein mussten und noch nicht geblüht haben durften. Deshalb begann die Heuernte Anfang Juni bis Mitte Juni. Ein zweites Mal wurde im Herbst nach der Getreideernte gemäht. Das nährstoffreichere Heu des ersten Schnittes erhielten Pferde und Jungvieh, das des zweiten Schnittes die Milchkühe. Die Dauer der Heuernte hing von der Witterung ab. „Rägent 't Vit (St. Veit = 15. Juni), ward 't Heu Schit.“ In Burow sagte man: „Wasst de Kohl öwern Tun, will dat Heu nich in de Schün.“

Heuwagen

Heuernte in Barkow 1930er Jahre

Die Heuwerbung in den Wiesen vor dem Maschineneinsatz war Gemeinschaftsarbeit von Mann und Frau. Das Gras wurde vom Bauern oder Knecht mit einer Sense abgemäht, die im Sensenblatt etwas kürzer als die Kornsense ist. Die frisch abgeschnittenen Grasschwaden wurden von der Bauersfrau oder der Magd auseinandergebreitet. Dazu benutzte man eine hölzerne Harke mit leicht schräg gestellten Zinken („Rechen“), die der Stellmacher gefertigt hatte. Zum Auseinanderbreiten und Wenden zog man auch Kinder heran. Das erste Mal wurde am Nachmittag nach dem vormittäglichen Mähen gewendet, das zweite Mal tags darauf um die Mittagszeit, wenn der Tau abgetrocknet war. Es galt beim Wenden jeweils so viel, wie der Rechen fasste, in geringer Breite vom Boden aufzunehmen und auf etwa Schrittbreite in Richtung des herrschenden Windes zu werfen.

Auf großen Wiesenflächen ließ man das geschnittene Gras gewöhnlich liegen, bis die Halme der oberen Seite getrocknet waren. Bei günstiger Witterung wurde es nach zwei oder drei Tagen von Mann und Frau in gemeinsamer Arbeit mit der Harke gekehrt. Nachdem auch diese Seite getrocknet war, brachte man es in kleine Haufen oder Reihen. Nach einigen Tagen wurden diese Haufen auseinandergeharkt, das Heu nochmals gekehrt, in große Haufen gesetzt (die oft mehrere Tage lang liegenblieben) und dann mit dem Pferdewagen eingefahren.

Auf größeren Flächen wurde dazu das Heu mit Hilfe eines Bindebaums („Bäsbohm“) zusammengezogen. Dabei spannte man an dessen Enden je ein Pferd, welche den Balken zogen. Der lenkende Bauer oder Knecht stand auf der Mitte des Baums, drückte diesen durch sein Gewicht nieder, so dass er nicht über das Heu hinweggleiten konnte und schleifte auf diese Weise in kurzer Zeit eine beträchtliche Menge Heu auf einen Haufen zusammen. Von feuchten Wiesen musste das Heu heruntergetragen werden, wozu häufig leiterähnliche Tragen („Börgen") benutzt werden. Um sich diese Arbeit zu ersparen, wurde das Heu auch in die Nähe der befahrbaren Wege geharkt. Die Wege in die nassen Wiesen befestigte man im Winter.

Nach dem Aufladen wurde die Wiese mit einer Schleppharke, auch „Hungerharke" („Treckhark") genannt, abgeharkt, welche die losen Halme zusammenzog. Ursprünglich waren diese Geräte ganz aus Holz, später erhielt die zwei bis drei Meter breite Harke statt der langen Holzzinken gebogene, spitze Eisenzinken. Das Auf- und Abladen des Heus erfolgte mit zwei- oder dreizinkigen Forken („Heufork"), welche einen langen Stiel besaßen, während man zum Setzen von Haufen auf der Wiese solche mit kurzem Stiel benutzte.

Zum Beladen des Wagens gehörten mindestens zwei Personen: der „Staker", der mit der Heuforke jeweils so viel, dass es mit zwei Armen umspannt werden konnte, zusammenspießte, und der auf dem Wagen stehende „Packer", der dies dem Staker abnahm und festpackte. Beides erforderte Kraft, weshalb dies meist von Männern erledigt wurde. Musste eine Frau einspringen, so stand sie als Packer auf dem Wagen. Der Wagen wurde zuerst an den Ecken und dann in der Mitte geladen. Das auf den Wagen gepackte Heu wurde mit Hilfe des Bäsbohms und zwei Seilen für den Transport befestigt. Vor Abfahrt von der Wiese wurde das Heu, das lose um die Seiten hing, so dass es unterwegs verloren gehen konnte, mit einem Rechen abgezogen. Das Abladen des Fuders in der Scheune war, zumal an heißen und schwülen Tagen, eine noch mehr schweißtreibende Arbeit als das Aufladen im Freien.

Anfang September erfolgte dann der zweite Wiesenschnitt, die „Nachmahd". In der Plauer Zeitung" stand am 9. September 1885: „Das Heugras meiner Wiese wünsche ich auf dem Halm zu verkaufen. Ar-

Heuernte bei Gischow

Rechen (links) und Hungerharke zum Zusammenziehen loser Grashalme (rechts)

beitsmann Fritz Schröder, Eldenstraße in Plau."[289] Die Heuernte nahm bei gutem Wetter rund zwei Wochen in Anspruch. Gemäht wurde ab morgens um 4 Uhr und vormittags (ca. sechs Stunden), wenn das Gras nass und feucht war und sich leichter mähen ließ. Das Ausbreiten lief daneben her und endete nach dem letzten Sensenhieb. Ein guter Mäher schaffte täglich einen halben Hektar. Das Wenden passierte um die Mittagszeit und am Nachmittag, auch das Aufladen und Einfahren. Bei drohendem Schlechtwetter ging die Arbeit auch bis in die anbrechende Dunkelheit der Nacht. Dazu kam dann zu Hause noch das Abladen des letzten Fuders und die Stallarbeit, so dass reine 16 Stunden Arbeitszeit in der Heuernte keine Ausnahme waren.

In Parchim wurde die Heuernte aus der sog. Großen Wiese, welche mit den Neustädter Wiesen und der Lewitz zusammenstößt, noch in den zwanziger Jahren des 19. Jahrhunderts festlich begangen. 1826 wird berichtet: „Von den hinausziehenden Bürgern wurden daselbst Zelte erbaut, worin sie bis zur Beendigung der Ernte verblieben. Jedes Mädchen erhielt zu diesem Feste ein rotes Mieder und jeder Knecht eine rote Weste."[290]

In die sprichwörtliche Rede ging das Wort „Heu" auch ein. Dafür bringt das „Mecklenburgische Wörterbuch" einige Beispiele: Ein gähnendes Kind wird zurechtgewiesen: „Du rittst jo dat Mul apen, dor kann je ′n Buer mit ′n Fuder Heu rinführen" (Gammelin). Scherzhaft von einem langen Menschen: „Dei kann Heu ut de Luk fräten" (Gammelin). Von einer ungewohnten und daher ungeschickt durchgeführten Arbeit sagte man in Ganzlin: „Dat steiht di an, as de Soeg dat Heufräten". Einer untüchtigen Hausfrau wurde nachgesagt: „Dei geiht mit 'n Bund Heu nah'n Swinstall". (Redefin). „Dumm as 'n Bund Heu" (Redefin) war ein wirklich starkes Schimpfwort. Das lästige Kind wird abgewiesen: „Kannst de Häuhner Heu up de Röp stäken" (Wulfsahl). Der Dummkopf hatte „soeben Johr mit de Fibel up 'n Heuböhn säten." (Benzin).[291] „Old frigen, abends dat Bedd maken un in 'n Winter heuen, hett keen Oort!"(Redefin).[292]

289 PZ Nr. 72 vom 9.9.1885
290 Wossidlo Teuchert: Mecklenburgisches Wörterbuch 3. Band Sp. 658
291 ebenda Sp. 655
292 ebenda Sp. 659

Getreideernte

Das Einbringen der Getreideernte im Juli/August gehörte in Mecklenburg zu den wichtigsten Tätigkeiten im landwirtschaftlichen Arbeitsjahr. Im Laufe der Zeit bildete sich dabei während der Erntezeit ein reiches, aber auch differenziertes Brauchtum heraus. Solange die Leibeigenschaft existierte, stand der Bauer sozial nicht viel höher als die Knechte und Mägde, die den Hofdienst beim Adligen leisten mussten. Er kam darum als Adressat von Bräuchen nicht in Betracht. Aus diesem Grund ist in den Dörfern, wo ein Adelssitz bestand, eine weit beständigere Tradition des Erntebrauchtums zu verzeichnen. Hier blieb der Gegensatz zwischen Gutsherrn und Tagelöhner auch im 19. Jahrhundert nach der Bauernbefreiung bestehen. Im Bauerndorf konnte das Erntebrauchtum erst dann eigene Formen entwickeln, nachdem die Leibeigenschaft 1820 aufgehoben wurde.[293] „Die persönlichen Begegnungen der obersten und untersten Schichten fanden besonders in der Erntezeit statt, z. B. bei den Bindebräuchen ... Damit war die scherzhafte Fesselung des Gutsherrn oder eines fremden Besuchers gemeint, wenn diese zum ersten Male während der Erntezeit das Feld, also den Arbeitsplatz betraten. Sie mußten sich mit einem Trinkgeld oder einer Runde Schnaps (Bier/Wein) für die auf dem Felde Arbeitenden loskaufen. Der Brauch wiederholte sich in ähnlicher Weise bei der Kartoffel- und Weinernte, beim Hausbau und anderen Gelegenheiten. Wenn hier die Schnitter die (arbeits-)fremden Besucher gewissermaßen wie die Garben behandelten und banden, wenn sie also bei dieser Gelegenheit im Bewußtsein ihrer Wichtigkeit für den Ablauf der Ernte ihr Platzrecht beanspruchten, so vollzog sich

Auf dem Getreidefeld

damit eine kurze Begegnung gewissermaßen von Gleich zu Gleich: von Feldbesitzern mit Arbeitskompetenten, die diesem Verhältnis in einem Brauchspiel Ausdruck gaben.“[294]

Wenn im 19. Jahrhundert die nicht mit auf dem Feld arbeitende Herrschaft (Gutsbesitzer, Inspektoren, Großbauern und die jeweilige Begleitung), welche die Erntearbeiten begutachten wollte, zum Ernteschlag kam, wurden diese Personen von einer Binderin (meist die Großmagd) „geschnürt“, während die Mäher dabei ihre Sense strichen. Dazu wurde ein aus Getreidehalmen gedrehtes Band um den Oberarm des zu Schnürenden gelegt und ein Spruch aufgesagt. Aus Brahlsdorf stammt folgender Spruch: „Ich streiche von fern dem Herrn zu Ehren Mir so fromm daß ich ein klein Biergeld bekomm Es mag sein groß oder klein. Damit will ich und die ganze Gemein zufrieden sein.“[295]

Heike Müns stellt fest: „Streichen und Binden erfüllten im Erntebrauchtum in erster Linie die Funktion einer gegenseitigen Respektbezeugung. In seltenen Fällen

293 vgl. Heike Müns: Brauchtum zur Erntezeit in Mecklenburg im 19. Jahrhundert. In: Erntebrauchtum einst und jetzt, Rostock 1984, S. 3

294 Ingeborg Weber-Kellermann: Landleben im 19. Jahrhundert. München 1987, S. 295

295 Heike Müns: Von Brautkrone bis Erntekranz a. a. O., S. 128

nutzten die Mäher ihren Brauch, um einen Rechtsanspruch geltend zu machen. Dieser Fall konnte eintreten, wenn der Benutzer oder der Bauer nach dem erfolgreichen Ernteabschluß nicht daran dachten, die geleistete Arbeit der Mäher durch ein Erntefest oder zumindest ein besonderes Essen oder eine Zuteilung von Branntwein zu würdigen."[296]

Die Volkskundlerin Ingeborg Weber Kellermann bemerkt zu dieser Aktion der Landarbeiter: „Verarmt und ausgenützt, bedrückt und schlecht ernährt, gewannen sie für diese kurze Ernteperiode, umgeben vom schützenden Mantel der Bräuche, ein neues Gefühl menschenwürdiger Unabhängigkeit. Es vollzog sich also in der Begegnung von Gutsherrschaft und Erntearbeitern im Verlaufe des 19. Jahrhunderts ein Wandlungsprozeß, der sich besonders in der Sprache der Bräuche Ausdruck verschaffte. Wenn sich dieser Prozeß am klarsten auf den großen Gütern zeigte, so hatte das seinen Hauptgrund in der Umwertung, die dort die Arbeit erfahren hatte. Die Landarbeiter waren zu jener Zeit neben den Wanderarbeitern die einzige landbewohnende soziale Gruppe in Deutschland ohne Landbesitz (wenn wir vom Gesinde als Durchgangsberuf absehen). In dem Augenblick aber, da nicht mehr ihr Besitz an Acker und Vieh ihre Einstufung in der Bewertungsskala ihrer Gruppe bestimmte, mußte eine neue Größe an dessen Stelle treten: ihre Arbeitskraft, die ihnen nun als einziges Produktionsmittel verblieb und die in der Erntezeit einen Wertzuwachs über die Lohnhöhe hinaus in ethische Bereiche erfuhr. Die nordostelbischen Gutsbesitzer, deren eigene Lebenswelt ja auf Traditionsbewußtsein ruhte, verstanden die Sprache der Bräuche ihrer Arbeiter. Das führte zu dem Phänomen, daß sich die Erntebräuche dort am reichsten belebten und entfalteten, wo der Antagonismus der Sozialpartner am stärksten ausgebildet war."[297]

Die mit der Getreideernte verbundenen traditionellen Handarbeitstechniken und Bräuche wurden nach und nach mit zunehmender Mechanisierung einzelner Arbeitsgänge aufgegeben.[298] Mit den Stationen Mähmaschine, Ableger, Mähbinder und Mähdrescher verschwanden die Handarbeit des Mähens mit der Sense und das darauf folgende Garbenbinden mit der Hand – Mäher und Binderinnen wurden als Arbeitskräfte nicht mehr auf dem Feld gebraucht, somit gab es auch keine Brauchtumsträger mehr. Das Binden wurde als willkommene Arbeitsunterbrechung angesehen. In einer Zuschrift aus Hagenow im Mannhardt-Nachlass wird 1865 festgehalten: „Es ist ganz und gar Sitte geworden, daß der Gebundene ein Trinkgeld verabreicht. Der Spruch lautet: Ich hab mir vorgenommen/ der Herr möcht heut nachkommen. / Ich hab mir gemacht ein Bändelein, / damit sollen Sie gebunden sein. / Reichen Sie mir Ihre schneeweiße Hand, / ich will sie binden mit diesem Band. / Nicht zu lose und nicht zu fest, / ich will es machen aufs allerbest! / Wir binden in dem weiten Feld. / Wir wollten gern trinken und haben kein Geld. / Das Binden macht uns eine Lust, / wir leiden aber sehr vielen Durst. / Darum möcht der Herr so gütig sein / und schenken uns einen Schilling zum Brannte-wein / und nicht allein zum Branntewein, / sondern dem Herrn eine Ehre zu sein."[299] Aus dem Jahre 1867 ist aus Mecklenburg überliefert, dass das Schnüren als „Streichelbier" zu Erntebeginn stattfand: Beim Streichelbier im mecklenburgischen Gutsdorf beim Beginn der Roggenernte stellen sich

296 Müns Brauchtum a. a. O., S. 129

297 Weber Kellermann: Landleben a. a. O., S. 298

298 vgl. Ulrich Bentzien: Landbevölkerung und agrartechnischer Fortschritt in Mecklenburg, Berlin 1983, S. 138

299 Zuschrift Hagenow im Mannhardt-Nachlass

Sensen mit Sensenkorb für Getreidemahd

festlich angezogene Mädchen mit Warprock, bunter Jacke, Mützchen mit farbigen Bändern, weißer Latzschürze vor die Gutsherrschaft, überreichen „zierlich geflochtene, von Kornähren, Knistergold und Bändern hergestellte Kränzchen oder vielmehr Armbänder“, sagen oder singen einen Spruch auf, während Mäher die Sense streichen. „Hierauf schieben sie das Ringlein von Stroh auf die Arme der Gutsherrschaft, erhalten ein Trinkgeld und am Abend bekommen alle Dorfeinwohner Bier und Branntewein zu freier Tanzmusik im Dorfe.“[300]

Heike Müns zitiert in ihrem Buch „Von Brautkrone bis Erntekranz“ aus einem 1905 aufgezeichneten Bericht eines Marnitzers: „Eine Nichtachtung des alten Brauches oder eine Verweigerung des Bindens, würde von Schnittern und Binderinnen als tiefste Kränkung empfunden werden. Andererseits gilt aber auch den Herrschaften das Binden als eine Ehrung, und ein Unterlassen derselben würde gleichfalls als ein Zeichen der Unzufriedenheit und Nichtachtung angesehen werden.“[301] Und sie resümiert: „Ist der Brauchablauf absolviert, so hat der Gutsherr durch das Binden eine Ehrung erfahren und eine durch Aufzählen der Verdienste der Erntearbeiter in diesen Tagen in Versform begründete Bitte bzw. Forderung entgegengenommen. Die Mäher und Binderinnen konnten während der Erntezeit besondere Rechte und Vergünstigungen erwarten und deshalb auch stolzer und selbstbewusster auftreten. Indem der Gutsherr sich durch ein Geldgeschenk löst und mit dem Bindeschmuck nach Hause geht, erst dort darf er ihn ablegen, hat er seinen Beitrag zu diesem Brauchablauf geleistet. Ist der Brauch in vorgeschriebener Weise ausgeübt, so hat sich die in ihn gesetzte Erwartung für beide Seiten erfüllt. Dieser Brauch wirkte außerdem noch wie ein Vertragsabschluss weiter. Der Besitzer des Feldes erwartete eine hohe Arbeitsproduktivität, die Erntearbeiter erhofften gute Beköstigung bzw. einen festlichen Abschluss als Anerkennung ihrer Arbeit.“[302]

Aus Brüz bei Lübz wurde Bartsch mitgeteilt: „Wird das Korn angemäht, so gehen die Herrschaften gleich am ersten Tag aufs Feld. Haben sie dort einige Worte mit Mähern und Binderinnen gesprochen, so tritt eines der Mädchen zu ihnen und bindet sie, indem sie Kornhalme mit daran sitzenden Aehren

300 Fr. L. Graff: Sitten und Gebräuche des Mecklenburger Landvolkes. In: Archiv für Landeskunde Band 17, Schwerin 1867, S. 448

301 Müns 2002, S. 130

302 ebenda S. 131

oder ein seidenes Band nimmt und einem Jeden um den Arm bindet, wobei sie spricht: Hier will ich den Herrn binden / Mit lieblichen Dingen, / Mit fröhlichen Sachen, / Viele Complimente kann ich nicht machen, / Sie mögen mir geben groß oder klein, / Ich will damit zufrieden sein. Die Binderin fragt: Ist es erlaubt, den Herrn (oder: die Frau etc.) zu binden? Dann bindet sie und sagt: Mit lieblichen Dingen, / Mit lieblichen Sachen, / Viele Complimente kann ich nicht machen. / Ist das Band auch schlecht, / Ist der Wunsch doch recht. / Der Herr möcht so gütig sein, / Beschenken mir das kleine Bändelein; / Das kleine Bändelein nicht allein, / Das möcht dem Herrn seine Ehre sein. Oft streicht der Vormäher die Sense dazu."[303] Seit dem Ende des 19. Jahrhunderts wurden auf den Gütern neben einheimischen auch ausländische Landarbeiter, zumeist aus Polen, beschäftigt. So stand in Karow bei Plau eine sogenannte „Schnitterkaserne" als Quartier für die zugereisten „Schnitter", die auf dem Schlutiusschen Gute aber vorwiegend in der Hackfruchtpflege und -ernte arbeiteten.[304] Die ausländischen Arbeitskräfte kannten die einheimischen Bräuche wohl kaum, weshalb sie von ihnen auch nicht ausgeübt wurden.

Hedwig Brandt aus Brunow bei Parchim (Jg. 1896) erinnert sich: „Als ich 1923 auf einen Bauernhof heiratete, allerdings ohne Kenntnisse der Landwirtschaft, hörte ich auch von dem üblichen Strohkranzbinden und ging darum in der Roggenernte aufs Feld. Da band mir eine Helferin einen Kranz um den Arm mit dem Spruch: Ich wünsch Frau Brandt soviel Glück und Segen als Tröpflein Wasser im Himmelsregen und so Gut's, als weißer Sand tut liegen an unserem Ostseestrand. Und ist die Gabe noch so klein, ich will damit zufrieden sein. Ich löste mich mit einem Geldstück und einem passenden Spruch aus."[305]

Johann Beese aus Benthen berichtet von der Zeit um 1900 über „De Aust": „Dot wier ümmer ne hille Tied' Mit de Roggenaust güng dat los. An 'n Mandag dörften jo nich anfangen, dat bröcht niks Gauds! Uter de eigen Lüd würden noch frömde Austarbeiters to annahmen. De kregen jeden Dag 'n Daler an Geld un Brot, Borrer un Speck to äten. Fiefundörtig bet vierig Meihers treckten morgens Klock sös ut 'n Dor. Binners wieren nich soväl. Ein von de Daglöhners wier de Vormeiher. Se meihten ümmer wierer, ok wenn mal 'n Ragenschuer kem. Bie gaud Wärer würd de Rest denn upbunnen.

Klock nägen gew dat ne half Stunn' Frühstück, un Klock twölf wier Middag. All blewen se buten up 'n Fell'. De Mätens un de Kinner von de Daglöhners bröchten dat Äten nah. Klock ein rep de Stathöller: „Kiepen tau!" Un denn güng dat werrer wierer. Klock vier nahmiddags gew dat noch einmal ne half Stunn' Vesper. Gegen Abend blewen ok all week ümmer ierer trüch, de wieren all flünkenlahm. Denn' iersten Dag müßten sik oewerhaupt vorseihen, dat einen de Austbuck nich stöten ded. All hollen se sik ümmer so, dat se abends Klock acht werrer up denn' Hoff wiern. Wenn mal for längere Tied slecht Wärer kamen ded, güngen twei von de Knechts nah 'n Herrenhus un säden: „Je, Herr Glantz, wie is dat, wi wullen mal seihn, ob wi dat Wärer nich rümdanzt kregen." „Meinen ji dat? Denn möt noch einer nah Lübz un Koem un Bier halen, am besten, he bringt de Muskanten gliek mit!" Denn gew dat Striekelbier. Wenn de Roggenaust farig wier, gew dat einen „Austdag". Denn

303 Bartsch S. 296

304 vgl. Wolfram Hennies: Ausländische Arbeiter in der Mecklenburg-Schwerinschen Landwirtschaft in der Weimarer Republik. In: Ein Jahrtausend Mecklenburg und Vorpommern, Rostock 1995

305 Norddeutsche Zeitung, Norddeutscher Leuchtturm vom 9.10.1987

gew dot tau Middag nich so gewöhnliches Fleisch, ne, denn gew dat Swiensbraden orrer Kalwsbraden. Dortau gew dat 'n olligen Koem un Dünnbier. Denn' Austdag gew dat ok nah de Weitenaust un de Haweraust."[306]

Aus der Hagenower Gegend wird berichtet: „All' dei Dörpsfruugens ut 'n Jeiser breiden noch eins dei witten Linn'nkleere, Schört'n un Flunkerheue up dei Bleik ut. Aff un an ward all'ns noch mal mit Warer oewerbruust, denn jere Fruu wull tau Aust dat witt'ste Kleed anhämm'n. Nah Fierabend harr'n dei Kierls naug mit dei „krumm Greit" (Sense) tau daun. Jere niee Boom müß hier un dor noch mit 't Toggmetz bearbeit't warden. Ok dei Seißel wurr noch hoort. Dat weer doch all früher so: Gaut Geschirr is halfe Arbeit!

In 'ne anner Woch süll 't bie dei Aust losgahn. Jere Buur harr sien Daglöhners dei Orre bröcht: „Mandag früh Klock fief mit Seißel un Binnefruu up 'n Hoff versammeln!" So hätt 't heiten! Un so harr ok Hinnik Ausk sien Daglöhners ansöggt. Up 'n Hoff harr'n sick Mandag früh söss Daglöhners mit ehr Fruugens versammelt. Denn' Buur'n sien Grotknecht käm mit dei Deinsdeern dortau, ok dei Kauhhir un ick lopen mit, wi müssen hocken. As dei Peerknecht anspannt harr, söcht sick jere up 'n Lerrewagen ein'n Platz, un los güng 't henn nah dei „Sandkoppel", denn dei süll tauierst meiht warden. Frühstück harr 't up 'n Fell'n an 'ne Grabenkant gäben, oewer Merrag würr tau Huus äten."[307]

Die Getreideernte wurde von den Bauern als eine festliche Zeit angesehen. Das zeigte sich in der besonderen Kleidung und im reichhaltigen Essen. Zum festlichen Charakter der Erntezeit bemerkt Richard Wossidlo, dass viel gesungen wurde: „Middags würd ok all oft sungen hodenwis, abends würd ümmer sungen, dorna is dat nu hütigendags goor keen Aust (Warlow)."[308] „Nu hebben de Lüd keenen Moot mihr to 'n Singen (Eldena). Wenn de Lüd abends inkemen, würden se von den Buern mit 'n Wagen inhaalt. All de ollen Leeder würden hervörkrägen, bet de Wag up 'n Hof wier (Probst-Jesar)."[309] Aus Görslow erhielt der Volkskundler Wilhelm Mannhardt 1865 folgende Zuschrift: „Ist das Korn reif, so begeben sich am frühen Morgen Männer und Frauen im festlichen Schmucke aufs Feld. Gewöhnlich tragen die Männer in der Ernte weiße Leinkleider und Kittel und die Frauen weiße Schürzen und Jacken."[310]

306 Johann Beese aus Benthen (1871–1960) Ernte in Benthen um 1900, erzählt und aufgeschrieben 1957. In: Flas un Linnen, Schwerin 1986, S. 53 f.

307 Äten in 'ne Aust von Werner Vock Jg. 1914 In: Fiek'n hätt schräb'n ut Hagenow Heft 2, Hagenow 1985, S. 29

308 Richard Wossidlo: Erntebräuche. Hamburg 1927, S. 5

309 ebenda S. 6

310 Zuschrift Görslow im Mannhardt-Nachlass, Staatsbibliothek Berlin

Hocken: aufgestelle Getreidegarben

Zur Kleidung schreibt Wossidlo: Die aus Leinen genähte „Austbücks" (Erntehose) wurde in Hagenow vom Bauern an die Erntearbeiter geliefert.[311] Auch die Ernteweste wurde den Knechten vom Bauern geschenkt. In Eldena achtete man darauf, dass „bi de beiderwandsch Austwest de Stripen dwas gahn müssten."[312] In Leussow bei Ludwigslust trugen die Frauen eine weiße Ernteschürze („Austschört").[313] „De Stäwel müssten in de Roggenaust blank sien." (Warlow bei Ludwigslust).[314] „Wi hadden 'ne Puffjack mit kort Arm." (Plate).[315] „Den „stuwen Hoot" hadden se up, de Flunkerhoot (Flanderhoot, Helgoländer) is ihrst späder upkamen. Weck hadden ok ganz billige Mardelhöd', dee würden up 'n Markt köfft un kost'ten föffig Penning" (Klinken). „Alles, wat meihgen ded, hadd 'n Struutz an. Wenn de Meihger rinkeem na de Däl un goden Morgen säd, paßten de Dierns all up: denn nehmen se em de Mütz af un maakten den Struutz dor an fast" (Petersberg bei Schwerin). „De Hocker kreeg de gröttst Bloom" (bei Crivitz).[316] „De Binner gew den Meiher 'ne groot Sleuf; dee hadden se up 'n Arm, wenn se abends insingen kemen. De Meiher schenkte den Binner 'ne künstliche Bloom, dee steckt se sik an de Bost" (Bauhof bei Lübz). „Wenn dat ihrst Föder Roggen lad't würd, hadd de Vörlader den Struutz mit Sleusenbänd, denn müßt de Knecht den Hoot afnähmen, dat de Lader em faststicken künn. Dee würd dragen de ganze Sommertied" (Wilsen).[317]

Folgende Belege zur Nahrung während der Erntezeit stellte Wossidlo zusammen: „To Aust würd anricht't as to Hochtied un Kinnelbier" (Zarrentin). „To de Aust würd backt un dahn" (Strohkirchen bei Hagenow). „Süß ward jo bi de Buern von'n witten Disch äten. Oewer in de Aust würd 'n wittes Laken up 'n Disch leggt. Gottsgaw sall man mit Ihrfurcht entgegennähmen, säden de Ollen" (Belsch bei Hagenow).[318] „De Höd'slüd (de Scheper, de Sween un de Gos'heird) kregen von jeden Buern an den ihrsten Austmorgen 'n Stück Koken un 'n Fienbroot, dat künn eener goor nich mal dragen" (Warlow).[319] „Vör de Oorn würd to Stadt führt un inköfft. Austboor würd ut Hagenow haalt (Bresegard).[320] „As't noch keenen Kaffee gew, kregen de Lüd uppe Aust morgens Pannkoken mit Zirup un Kirschen" (Klinken). „Pannkoken gew't to'n Frühstück Middags gew dat Höhnerbraden un Schaapküül un afplaasterten Swinskopp oder dicken Ries un drög Plummen" (Tramm bei Crivitz). „Groot Fisch (d. h. Häkt un Boors) un dicken Ries gew dat blos bi 'n Roggen" (Petersberg bei Schwerin). „Hier bi uns kaakte de Buerfru „bruun Supp", dee wier mit Plummen un Krinten un Rosinen un eier un Sirup kaakt un dor gew dat dicken Ries to, De Supp wier so sööt un smeckt so schön, dor freten sik de Meihers oft krank an" (Warlow).[321] „Dat Bier wier so stark, dat de Proppen von de Buttel, wenn se noch nich mal halw vull wier, an'n Boen flöög, wenn dat 'ne Tiet lang stahn hadd" (Kossebade). „Backbeerenbier, dor wier 'n bäten Ingwer mank, dat smeckte fein. Dat würd in grote Kruken von de Mannslüd rutdragen" (Picher).[322]

Die Kornernte begann Ende Juli (meist an Jacobi–25. Juli[323]) mit der Roggenernte

311 Wossidlo/Teuchert a. a. O. Bd. 1, Sp. 497
312 ebenda Sp. 507
313 ebenda Sp. 502
314 Wossidlo Erntebräuche a. a. O., S. 7
315 ebenda S. 8
316 ebenda S. 8
317 ebenda S. 9

318 ebenda S. 10
319 ebenda S. 10 f.
320 ebenda S. 11
321 ebenda S. 12
322 ebenda S. 13
323 Wossidlo hatte dazu auch gegenteilige Belege gehört: „Jacobi sall de Rogg up'n Boen sien" (Warlow).

und endete mit der Weizen- und Haferernte. Wossidlo überliefert folgende Belege zum Beginn der Ernte: „Wenn de Buern austen wullen: de Sünndag vörher güngen dree Buern in dissen Slagg Roggen un dree in'n annern un noch dree in'n drütten. Jeder Deel bröcht 'n Bünnel Ohren mit, de würden tosamenkrägen, wecker de riepst wier. Dor güng't denn los: in dree Dag müßt de Slagg af sien" (Alt Brenz).[324] „De Buern hebben Ohren mitnähmen müßt na't Amt un fragen, ob se anfangen dörften to austen" (Warlow).[325] „As se de Stücken noch hadden, würd up 'n Dunnerstag anmeiht: Sünnabend wier de Rogg af mit söß Seissen" (Warlow). „Wenn de Sween blas't hett, so bi Klock teihn rüm, sünd de Buern den ihrsten Morgen rutgahn to de Aust" (Warlow).[326] „Wenn dree Hau maakt wiren, güng 't wedder na Huus. Jeder Daglähner kreeg den ihrsten Austdag 'n Schnaps. De Schaap hadden all 'ne groot rod Sleuf üm 'n Hals, dee würden all mit Musik na'n Hof rupdräben un denn verdeelt" (bei Parchim).[327] „Wenn in de Stiernbarger Gegend de Weiten anmeiht würd, gew dat 'ne bunt Stuw, so würd dat nennt. De Lüd'stuw wier mit allerlei Oorten Getreid un Blomen utsmückt; baben an'n Boen hüng 'n groten Klibenbusch staats (stattliche) Kron. Denn gew dat Pannkoken. De Disch un de Botter wiren mit Blomen bekränzt un üm de Koembuttel wir 'n Kranz. Naher würd danzt unner den Klibenbusch."[328]

Bei der Getreideernte gab es eine Arbeitsteilung zwischen Männern und Frauen. Überall war es üblich, dass Weizen und Roggen von Männern gemäht und von den Frauen gebunden wurden. Bei Hafer und Gerste mähten die Männer das Getreide, das dann einige Tage liegen blieb und von Männern und Frauen gemeinsam gebunden wurde. Es war Brauch, dass der Mäher der Binderin zum Erntebeginn eine mit Bändern geschmückte Austharke schenkte. Diese war rot (Jungfräulichkeit), grün (Hoffnung) und blau (Liebe) bemalt, auch mit gelben Nägeln geschmückt und manchmal mit einem Spruch versehen. „Eine verzierte Binnel- oder Binnerhark (Binderharke) wurde am Austmorgen der Magd, die dem Mäher als Binderin auf dem Feld zur Seite stand, überreicht. Sie schenkte dafür dem Knecht – ihrem Mäher – ein besticktes Band (Schann), das am Sensenbaum angebracht wurde, oder steckte ihm einen Strauß aus Kunstblumen und Knistergold an den Hut. Dieser Geschenkaustausch ist ein Ausdruck für die gegenseitige Wertschätzung und Achtung der Arbeit, die während der Ernte gemeinsam zu leisten war, und zeigt das Bemühen von Mäher und Binderin, sich eine gute Grundlage für die Zusammenarbeit auf dem Feld zu schaffen."[329] „To de Aust gew dat 'ne apartige Binnerhark för de Dierns, dee wier ganz bunt snitzelt un snäden, dor keem roden oder blagen Band üm. Austmorgen haalte de Knecht de Hark ut de Kamer: hier, Fiek, hest dien Hark. Denn nehm se em den Hoot af un stickt 'n Struutz an" (bei Ludwigslust).[330] „De Austhark müßten wi Knechts trecht maken, jeder för sinen Binner: süß güng se nich mit na 'n Binnen, de oll Hark würd nich nahmen" (Warlow).[331] „Das gegenseitige Beschenken von Mäher und Binderinnen musste schwinden, „war doch durch das Über-

„Am Jacobitag soll man nicht anfangen" (Bresegard). Wossidlo Erntebräuche a. a. O., S. 55

324 ebenda S. 14

325 ebenda S. 14 f.

326 ebenda S. 16

327 ebenda S. 17

328 ebenda S. 19

329 Henry Gawlick: Die Aust- oder Bruthark. In: Henry Gawlick/Karla-Kristine Lübeck: Mecklenburgische Ornament-Fibel, Rostock 1988, S. 24; vgl. Müns Brauchtum a. a. O., S. 4

330 Wossidlo Erntebräuche a. a. O., S. 9

331 ebenda S. 9

Bauer bei der Getreideernte

flüssigwerden der männlichen Mähergruppe die alte geschlechtliche Arbeitsteilung zerstört worden, sodass für das gegenseitige Beschenken mit Harke und Strauß keine Veranlassung mehr bestand."[332]

Zum Mähen, Binden und Hocken trug Wossidlo folgende Belege zusammen: „Wenn de Meiher, dee hinner eenen is, so dicht rankümmt, dat man em mit dree Hau utmeihgen kann, mööt he wat utgäben" (bei Parchim).[333] „Wenn de Binner 'ne duwwelte Roggenohr sünn, de stöök se den Meiher an 'n Hoot: dat süll Glück bringen" (Eldena). „Wenn de letzt Garw keenen Maten hadd, denn würd glöwt, dat een von de Binners bald afgahn (d. h. sterben) müßt" (Alt Brenz). „Wenn up de Göder de Hocker nich mit kamen kann, blarren de Binners as de Schaap un ropen em to: Du, paß up, dor gahn Schaap verloren" (Redefin).[334] „Wenn een von de Mätens 'n Kind hadd, de dörft denn den Frömden nich binnen. Dat heit jo in den Spruch: Hier komme ich an in Ehren. Dat künn se jo denn nich seggen" (Plate). „Wenn de Diern eenen de Hand bunnen hadd, füng se so äben an mit ehr Hand to schuben: se müßt dat so inrichten, dat dat Band baben up 'n Arm seet, wenn se mit ehren Spruch farig wier. Wenn de Frömd betahlt hadd würd de Knuppen trügschaben von den Kranz, un denn würd em dat oewer 'n Arm hängt, dor güng he denn mit af" (Plate). „De Vörbinner ded dat Bäden un bünn, de Vörmeiher streek: dat Geld würd deelt" (bei Parchim).[335] „Städwies sünd ok de Buer un sien Fru von ehr Lüd bunnen un sträken, städwies nich. Buer würd nich sträken" (Wilsen). „De Austgäber würd anbädt: de Knecht streek em mit de Seiß, de Diern bünn em mit 'n Seil" (Trebs). „Wenn de Buerfru up 'n Slagg keen mit dat Äten, würd se bunnen" (Klinken).[336]

1902 publizierte der Volkskundler Robert Petsch Bindesprüche der Roggenschnitter: „Kommt die Herrschaft aufs Feld, um nach der Ernte zu sehen, so treten die Schnitter zusammen und streichen leise die Sensen, während der Vormäher spricht: Wir sind dem Herrn seine Mäherknecht, Wir mähen das Feld ihm schier eben recht. Schier eben recht mäh'n wir ihm das Feld, Wir trinken gerne Bier und Wein und haben kein Geld, Doch thun wir's nicht um das Geld allein, Es soll dem Herrn eine grosse Ehre sein. Darauf tritt eines der Mädchen vor, bindet jedem

332 Müns Brauchtum a. a. O., S. 35
333 Wossidlo Erntebräuche a. a. O., S. 21
334 ebenda S. 23
335 ebenda S. 24
336 ebenda S. 25

Mitglied der herrschaftlichen Familie ein buntes Band um den Arm und spricht dabei: Ich habe vernommen, Mit lieblichen Sachen. Dass der gnädige Herr will kommen. Viele Komplimente kann ich nicht machen; Drum will ich ihn binden. Doch ist das Band auch schlecht, Mit lieblichen Dingen, So ist der Wunsch doch recht. Oder: Ich binde dieses Band Um Ihre schlohweisse Hand. Und ist das Band auch schlecht, So ist der Wunsch doch recht. Oder: Wir kommen hergegangen, Ist das Band auch schlecht, Den Herrn zu empfangen, So sind die Gedanken doch recht. Wir haben uns vorher bedacht, So möge der Herr so gütig sein Haben uns ein klein Bändlein mitgebracht. Und lösen dieses Bändelein. Die Lösung besteht in einem Geldgeschenk."[337] In der Lübz-Goldberger Gegend war folgender Spruch üblich: „Ich will den Herrn binden mit lieblichen Dingen, mit lieblichen Sachen. Viel Komplimente will ich nicht machen. Ist mein Band zwar schlecht, ist mein Wunsch doch recht."[338]

Heike Müns konstatiert: „Mit der Verdrängung der Mähergruppe und des Arbeitsgerätes Sense durch die (Mäh-)Maschine schwand auch traditionelles Brauchtum, nämlich das sogenannte „Streichen" des Gutsherrn bzw. des Inspektors auf dem Feld durch die Mäher. Dagegen erhielt sich das „Binden und Lösen", denn die Gruppe der Binder blieb bestehen und wurde sogar durch männliche Arbeitskräfte, ehemalige Mäher, verstärkt. Vor allen Dingen stand die Bindergruppe nach wie vor dem herkömmliche Brauchpartner, der Gutsherr oder ein anderer Feldfremder, gegenüber."[339] Und Heike Müns fährt fort: „Sicherlich wirkten auch das verschärfte Arbeitstempo und die intensivere Ausnutzung der Arbeitskraft unmittelbar brauchzerstörend – wie es auch mit dem Aufhören des gemeinsamen Singens deutlich wird. Doch die Maschine verlangte einen völlig anderen Arbeitsrhythmus als das vorherige gleichmäßige rhythmische Gehen mit der Sense beim Mähen."[340]

In Bauerndörfern, wo kein Gutshof existierte, wurden 1865 so gut wie keine Erntebräuche ausgeübt. Durch die Aufhebung der Gemengelage (jeder Bauer hatte einen Streifen Land in einem Feld) gab es auch keinen Flurzwang (es musste zuvor gemeinsam am gleichen Tag mit dem Säen und dem Ernten begonnen werden). Es gab also keinen Grund mehr, etwas gemeinsam auf dem Feld zu machen. Jeder legte für sich Aussaat und Erntebeginn fest. Neues Brauchtum entwickelte sich bei den nun selbständig wirtschaftenden Bauern nicht, das vorhandene ist wenig aussagekräftig.

1865 verschickte der Volkskundler Wilhelm Mannhardt (1831–1880) Fragebögen, in denen er um Auskunft über Erntebräuche bat. Die Zuschriften belegen, dass das „Binden" von Personen auf dem Feld lebendiges Brauchtum war. Der Mannhardt aus Kreien[341] mitgeteilte Binde-Spruch ist in Hochdeutsch gehalten, ein Indiz dafür, dass das Plattdeutsche nicht mehr als alleinige Kommunikationssprache diente. Vielleicht war die Verwendung des Hochdeutschen auch Ausdruck der besonderen Ehrerbietung der Arbeiter ihrer Herrschaft gegenüber: „Das genannte Binden ist in Gebrauch, indem man dabei folgenden Spruch hersagt. Wir

337 Robert Petsch: Bindesprüche der Roggenschnitter in Mecklenburg. In: Zeitschrift des Vereins für Volkskunde 12. Jg., 1902, S. 341
Ein weiterer Bindespruch lautete: „Wir wünschen dem gnädigen Herrn einen gedeckten Tisch / Auf allen vier Ecken einen gebratenen Fisch / Und in der Mitte ein Gläschen Wein / Das soll dem gnädigen Herrn seine Gesundheit sein." ebenda S. 342

338 Bartsch a. a. O., S. 296

339 Müns Brautkrone a. a. O., S. 35

340 ebenda S. 36

341 Zuschrift Kreien im Mannhardt-Nachlass

mähen und binden so weit ins Feld, wir mähen und binden, wie sichs gehört. Das Mähen und Binden macht uns eine Lust. Wir aber leiden so vielen Durst. Der Herr (die Frau) möchte so gütig sein und beschenken dies klein Händelein. Es mag sein groß oder klein, damit werden wir zufrieden sein.

Auch sucht der Vormäher bisweilen ein Trinkgeld zu erbetteln, indem er zunächst seinen Huth oder seine Mütze auf den Sensenbaum hängt und darauf seine Sense langsam streichend folgenden Reim spricht: Ich bin meines Herrn Meierknecht (= Mäherknecht). Ich hab und brauche das Meierrecht. Wir Meiers sind lustig und streichen ins Feld. Wir wollen gern trinken und haben kein Geld. Drum möge der Herr so gütig sein und schenken uns ein wenig zum Branntewein. Aber dieses nicht allein, es soll auch dem Herrn zur Ehre sein."

Zuschrift Eldena:[342] „Der Gutsherr, der zum ersten Male sein Feld besucht, die Glieder seiner Familie, auch Fremde werden von der Binderin mit einem Kornband gebunden. Der Spruch lautet: „Ich bring dem Herrn N.N. ein Bändelein, damit soll er gebunden sein. Dem Herrn zur Ehr und mir zum Frommen, damit ich ein gutes Biergeld bekomm, er mag mir schenken groß oder klein, damit will ich zufrieden sein." Die Schnitter pflegen, um ein Biergeld zu bekommen, sich den Herrn im Kreis einzuschließen und ihre Sensen zu streichen, wobei dann einer einen, mir leider nicht bekannten Spruch hersagt. Das Streichen geschieht mittels des sogenannten „Sträck" (Streiche). Einem dolchartig geformten Brett, welches mit Theer und Sand bestrichen ist (in manchen Gegenden besteht die Streiche aus Stahl). Es wird aber bei vom Herrn streichen nicht mit der breiten Seite der Sträck meist wie sonst beim Sensenschärfen gestrichen, sondern, um mich so auszudrücken, mit der Schneide."

Zuschrift Kobrow:[343] „Allgemeine Sitte ist es, den Gutsherrn, wenn er zuerst aufs Erntefeld kommt, sowie Freunde welche dasselbe besuchen, zu streichen und zu binden. Das Streichen thut der Vormährer, indem er seine Mütze oben auf den Sensenbaum steckt, die Sense streicht und dabei folgenden Spruch hersagt: Die Mäher sind lustig und streichen ins Feld, / sie wollen gerne trinken und haben kein Geld, / darum müsse der Herr (die Frau, das Fräulein) so gütig sein / uns schenken ein wenig zum Branntewein; / aber nicht allein zum Branntewein / es möchte dem Herrn (der Frau, dem Fräulein) eine Ehre sein. Die Schnitterin nimmt einige Halme und bindet diese dem Fremden mit dem Worten um den linken Arm. Ich bringe dir ein Bändelein / damit soll er gebunden sein. / Er mag mir schenken Groß oder Klein, / damit will ich zufrieden sein."

Zuschrift Görslow:[344] „Das Binden wird bald von weiblichen bald von männlichen Personen besorgt ... Früher wurde in der ersten Woche, wenn angemäht war, von einer Schnitterin dem Gutsherrn ein aus Ähren und Blumen gewundener Erntekranz gebracht und bei Überreichung desselben von der Darbringerin nachstehende Worte gesprochen: Hier komm ich herein / die Stut' ist sehr hübsch und fein. / Viele Komplimente verstehe ich nicht zu machen / denn jung bin ich von Jahren / viel hab ich noch nicht erfahren. / Jung bin ich in Ehren / was ich nicht weiß, kann ich noch lernen. / Hier bring ich dem Herrn einen Erntekranz; / denn die Ernte ist noch nicht geschehen ganz, / wär die Ernte geschehen ganz / hätt ich dem Herrn nicht gebracht diesen Kranz. / Dieser Kranz ist gemacht sehr hübsch und

342 Zuschrift Eldena im Mannhardt-Nachlass

343 Zuschrift Kobrow im Mannhardt-Nachlass

344 Zuschrift Görslow im Mannhardt-Nachlass

fein / ihn haben verfertigt die Mädchen allhier; / er ist gemacht aus Ähren und Blättern, / morgen giebt der liebe Gott uns wieder gut Wetter / gut Korn, gut Gras / und ein ander Jahr beschert er uns wieder was. / so manche Ähr, so manches Hehr / so manche Wipp / so manche Wapp / so männig hunnet Jule in 'n Herrn sein Schapp / Ich wünsch dem Herrn einen vergolden Tisch / auf allen 4 Ecken gebratne Hühner und Fisch / in der Mitte darein / einen Becher mit Wein. / der möge des Herrn Gesundheit wohl sein! / Ich wünsch dem Herrn 4 weiße Schimmel / und endlich auch den seligen Himmel! (mit Wipp und Wapp soll das Hin- und Herwiegen der Schnitter bezeichnet werden). Dieser Gebrauch hat aber jetzt ganz aufgehört."

Zuschrift Hagenow:[345] Wenn der Gutsherr oder ein Fremder zum ersten Male aufs Feld kommen, so nimmt eins der Mädchen einige Halme Korn und bindet diese um den Arm des Gutsherrn oder Fremden und spricht dabei den folgenden Vers: „Ich bind dem Herrn ein Bändelein, damit soll er gebunden sein, er mag mir geben Groß oder Klein, damit will ich zufrieden sein." Einer von den Männern nimmt seine Sense, stellt sie aufrecht, hängt seine Mütze darauf und streicht die Sense mit seinem Streichholze, solange, bis er folgenden Reim hergesagt hat: „Die Mäher sind lustig und streichen ins Feld, sie wollen gern trinken und haben kein Geld. Darum möchte der Herr so gütig sein und schenken ein wenig zum Branntewein. Aber nicht allein zum Branntewein, das möchte dem Herrn eine Ehre sein." Die auf diese Weise erhaltene Gabe wird dann von sämmtlichen Erntearbeitern gemeinschaftlich verzehret, indem sie sich Branntwein dafür kaufen und denselben während der Erntezeit austrinken."

Vom Einfahren der Garben wird berichtet: „Dat ihrst Föder ward nich affägt. Denn

345 Zuschrift Hagenow im Mannhardt-Nachlass

Getreidemahd mit der Sense

bliben de Müs up 'n Fell un drängen nich to Timmer (Lübtheen). „Bifoot un Säwerblomen (Pierblomen) warden in de Schüün leggt, denn soelen de Müs nich so bikamen bi dat Kuurn" (Groß Laasch). „De Pingstmaibusch ward up 'n Kuurnboen henleggt, dat de Müs nich bi't Kuurn gahn" (Bresegard bei Hagenow). „Von dat ihrst Föder mööt dat Kuurn, wat up de Wagenbräd utrusselt is, mit 'n Strohbünnel affägt warden: dat is denn för de Müs. Ümkippen darf man dat Wagenbrett nich" (Plau).[346] „Wenn de Ladersch von dem Knecht bi dat Upstaken mit de Fork stäken ward, seggt se: Hest mi stäken, mööst mi nähmen" (Kobrow).[347] „Wenn wi Kuurn inführen deden, hadden wi uns Stricheltüüg bi uns: wenn de Wagens nich ran wiren, würd knütt't" (Karow). „De Knecht, de ümsmäten hett, un sien Bistaker möten danzen mit de beiden Laders up't Oornbier, un wenn se rümdanzt hebben, drinken se tosaam" (Dütschow).[348] „In de ihrst Garw, dee in't Fack leggt ward, ward 'n Steen bunnen" (Tewswoos).[349]

346 Wossidlo Erntebräuche a. a. O., S. 29
347 ebenda S. 27
348 ebenda s. 28
349 ebenda S. 29

„Das letzte Fuder bei jeder Kornart heißt ›dei Wulf‹. Es wurde früher bekränzt und damit der Herrschaft angezeigt, daß es das letzte sei. Dann gab es Bier und Branntwein. Dies hat aufgehört, doch machen sich die Leute untereinander noch den Spaß, daß der, welcher unter vielem Gelächter die letzte Garbe zu binden bekommt, ›den Wulf‹ kriegt und etwas zum Besten geben soll (Brüz bei Lübz)."[350] „Wer das letzte Korn abmäht und zubindet, ist der Roggenwolf. Bei Einigen wird die letzte Garbe besonders zugebunden und geschmückt (Gegend von Hagenow)."[351]

In der Griesen Gegend war üblich: „In manchen Dörfern herrschte folgender Brauch: Am ersten Tage, wenn der Roggen angemäht wurde, stellte man einen Stuhl vor die Haustür. Auf den Stuhl setzte man einen Eimer mit Wasser. Darüber band man an die Lehne des Stuhles einen grünen Zweig in der Weise, daß das untere Ende der Strauches im Wasser hing. An den Strauß wurden allerlei Gartenfrüchte, wie Kirschen, Johannisbeeren, Stachelbeeren usw. gebunden. In das Wasser im Eimer legte man Brennesseln, neben den Eimer aber eine Klette. Wenn die Ernteleute nun heimkamen, so mußten sie sich in dem Wasser reinigen, wobei sie sich an den Brennesseln die Hände verbrannten. Hatten sie sich gewaschen, so kämmten sie sich mit einem Kamm, der gleichfalls auf dem Stuhle lag. Bei und nach dem Kämmen bewarfen sie sich gegenseitig mit den Kletten und zielten besonders nach den Haaren, in denen die Kletten bekanntlich besonders gern hängen bleiben. Viele mußten sich dann nach dem Entfernen der Kletten noch einmal kämmen. Auch holte man die Brennesseln aus dem Eimer und verbrannte sich gegenseitig. So ging die Neckerei weiter, bis die Hausfrau zum Essen rief. Den aufgeputzten Strauß im Eimer nannte man den Auststruß. An anderen Orten wurde sogar ein Dornbusch in das Wasser gestellt. Am Abend, wenn die Männer vom Mähen heimkehrten, stellten sich die Mädchen mit Töpfen und Kellen um den Eimer. Wollten nun die Männer die Früchte vom Dornbusch rauben, zerrissen sie sich nicht nur die Finger an den Dornen, sondern wurden dazu auch noch von den Mädchen mit Wasser bespritzt. Dabei gab es natürlich viel Jubel und Lachen. Man nannte dies Bunt-Wasser-machen."[352] Zum bunten Wasser berichtet Wossidlo aus Zachow bei Parchim: „De Mätens un Kierls hadden ehr Jökels dormit: se grepen sik un slögen sik mit de Netteln."[353] (Zachow). In Godern bei Schwerin stellte man zur Roggenernte sogar Ehrenpforten vor jedes Haus: „De Roggenaust wier as 'n grotes Fest: dat ganze Dörp freute sik dull to de Aust. Ja, dat wier 'n Upritt, wenn de Aust anfüng! Wenn de Rogg meiht würd, dat wier binah duller as up 'ne groot Hochtiet. Bi uns in Godern würden in de Aust Ihrenpuurten maakt vör jedes Buerhuus."[354]Die letzte Garbe (Austgarf) wurde mit Blumen geschmückt auf einer Stange ins Dorf getragen. Wilhelm Schwartz bemerkt zu diesem Brauch 1862: „In der Priegnitz, Uckermark, Mittelmark, anderseits aber auch an einigen angrenzenden Punkten Mecklenburgs fanden wir ebenfalls meist einen Erntegebrauch, der auch offenbar noch in seinen Elementen heidnisch ist, dessen Beziehung aber zweifelhaft sein dürfte. Man fertigt nämlich meist eine Puppe aus der letzten Garbe, und schmückt sie, so gut

350 ebenda S. 310
351 ebenda S. 310

352 Richard Giese: Bunt Wasser und Auststruß – Altes Erntebrauchtum. In: Land und Leute. Ludwigslust, Heft 2/1956, S. 48 f.
353 Wossidlo Erntebräuche a. a. O., S. 19
354 www. lexikus. de/bibliothek/Erntebraeuche-in-Mecklenburg/Festlicher-Charakter-der-Erntezeit/Singen

es geht, aus. Nachmittags wird dieselbe auf einen mit Laub und Blumen verzierten, vierspännigen Wagen festlich eingeholt. Jung und Alt, festlich gekleidet, folgt, und Musik begleitet den Zug. Ist man nämlich bei den Garben, auf denen die Mannsgestalt steht, angekommen, so schließt man einen Kreis um sie und ungefähr eine halbe Stunde wird auf den Stoppeln getanzt. Sodann werden die Garben mit der Puppe auf den Wagen geladen, und jubelnd fährt man nach Hause."[355]

Zur letzten Garbe bzw. zum letzten Fuder hörte Wossidlo folgende Bemerkungen: „Den Meiher würd toropen: Holl di nich up, nu kümmt de Wulf" (Zarrentin).[356] „Nu mööt de Wulf rut, würd seggt (Pampow, Burow). „De Meiher, dee den letzten Hau maken ded, un de Binner ok, dee hadden den Wulf, dor würd sik oewer lacht" (Gnevsdorf). „Du büst de Wulfbiter, würd seggt to den'n, dee de letzt Eck afmeihen ded" (bei Zarrentin). „Dat wier so 'n Narrerie: Se maakten so 'n lütt Swadd, keener wull den Wulf hebben" (Kritzow). „Wer de letzt Garw bindt, mööt bald Kinddööp hollen" (bei Parchim).[357] „De Meiher, dee den Wulf krägen hett, kriggt twee Snaps, dee ward dat ganze Johr foppt" (Pinnow bei Schwerin). „Roggenwulf is de letzt Garw, dee ward mit Busch utstoppt un uppe Hock sett't" (Neuhof bei Parchim). „Üm den Hawerwulf würden twee Seil ümmaakt, dat he to kennen wier" (bei Wittenburg). „De letzt Garw kreeg dree Seiler üm un würd mit Grööns bestäken un alleen up 'n Fell henstellt. Bi't Inführen würd dann seggt: Hier is de Wulf wäst" (bei Brüel).[358] „All dee dor up de Wag seten mit den Wulf kreeg 'n Sluck" (Karow).[359]

Aus Kreien wird Mannhardt 1865 mitgeteilt: „Zur Erntezeit verlassen Mäher, Binder, Hocker etc. in fast festlichen Schmucke des Morgens zu rechter Zeit das Haus, nachdem sie als erstes Frühstück Kaffee und Kuchen oder feines Brod zu sich genommen haben. Ausgezeichnete Kost erhält den Arbeitern bei ihrer großen Anstrengung Muth und Kraft ... Beim Schneiden der ersten Aehren auf dem Ackerfelde pflegt der Vormäher die Worte zu sprechen: Nu help uns Gott tau'm Glück'n dat wi hi nich lang bi plück'n. Die letzte Garbe wird wie alle übrigen Garben geformt und erhält auch keinen besonderen Namen. Demjenigen, der sie bindet (resp. die letzten Halme schneidet) ruft man zu: Du krigst 'n Wulf, ohne sich jedoch etwas weiteres dabei zu denken.

Bei der Ernte grüßt der Vorrübergehende die Arbeitenden auf dem Felde mit: Help Gott und erhält die Antwort: Schön'n Dank! Hin und wieder begegnet man noch der abergläubischen Meinung, daß derjenige, welcher des Abends beim Aufhören des Mähens seine Sense nicht streicht, in der folgenden Nacht vom Alpdrücken (vom Volk eigentlich Marder-Reiten genannt) geplagt wird."

Aus der Sternberger Gegend erhielt Mannhardt folgende Fakten zugeschickt[360]: „Zu keiner Zeit aber hört man das Wort Wulf mehr im Munde führen als in der Ernte von unserem Landvolk. Man bezeichnet nämlich damit 1. den letzten Schwad (Swatt) der einzelnen Kornarten, vorzugsweise der letzten, die gemäht wird, 2. eine aus einem solchen Schwaden gemachte und mit bunten Bändern geschmückte Puppe, welche auf der

355 Wilhelm Schwartz: Der heutige Volksglaube und das alte Heidenthum mit Bezug auf Norddeutschland, besonders die Mark Brandenburg und Mecklenburg, eine Skizze. 2. Auflage, Berlin 1862, S. 83
356 Wossidlo Erntebräuche a. a. O., S. 31
357 ebenda S. 32
358 ebenda S. 33
359 ebenda S. 34
360 Zuschrift Sternberger Gegend im Mannhardt-Nachlass

letzten Hocke gestellt wird und später beim Erntebier figuriert, 3. die letzte Garbe der einzelnen Kornarten, welche man durch ein doppeltes Seil (Säl) kenntlich gemacht und 4. endlich das letzte Fuder Heu, Roggen usw. oder auch das letzte Fuder in der Ernte. Auch die Mäher erhielten in manchen Gegenden vom Zuschauer eine Gabe, indem sie ihre Sensen streichen und sprechen: Wie Meikers, wi meiken un striken ins Feld wir wollten gern trinken und haben kein Geld! Wollt der Herr (oder Mösenü – Monseur) so gütig sein und schenken uns 'n bisch'n Branntewein! Wir thun es aber nicht um den Branntwein allein sondern was der Herr (Mosenü) Wille und Beliebung möchte sein. So hörte ich in dem Gute Prestin im Amte Sternberg ist üblich: Wir Mäher sind lustig und streichen ins Feld, wir möchten gern trinken und haben kein Geld, das Arbeiten das macht uns 'n Lust, wir Mäher wir leiden 'n schrecklichen Durst. Darum möchte der Herr so gütig sein und schenken uns 'n Schilling zum Branntewein, nicht allein zum Branntewein, das soll dem Herrn 'n Ehre sein …

Den Knechten und Mägden wird in der Ernte zum Lüttmiddag und Vesperbrot eine Kiepe mit Butterbrötchen, die mit Fleisch, Wurst oder Käse belegt sind, nachgeschickt (de Kip ward steken), auch Bier in Lägeln (Lecheln) nachgetragen. der Sluck (von Branntwein) ist auf vielen Höfen bereits abgeschafft und dafür, wenn die Hitze groß ist, Wasser in Rum gegeben. Der Gruß lautet: Gott help! Kinder, die laut brüllen beim Weinen: He brüllt as'n Roggenwulf!

Man nennt zwar die letzte Garbe des Feldes noch den Erntewod oder de Wulf an der mecklenburgisch-preußischen Grenze auch de Oll aber was mit derselben eine Bewandnis habe, weiß man nicht mehr. Einigen dient der Wolf zum Scherzen, um diejenige Binderin, welcher die letzte Garbe zu theil wurde ein Jahr lang mit dieser Bezeichnung zu necken (bei Ludwigslust); andere verfertigen aus dieser Garbe eine große Puppe, schmücken sie mit Band und fahren sie jubelnd auf den letzten Erntewagen heim (bei Parchim); noch anderen verbinden mit diesem Wolfe den Begriff des Schadens und hier (bei Rostock) scheint der älteste Anklang seiner wahren Bedeutung aufbewahrt zu sein. Die Binderin, welche hier diese letzte Garbe verfertigt und muß dieselbe mit dem Ausrufen de Wulf! und mit geschlossenen Augen hinterrücks von sich werfen, sonst

Mähdrescher bei Wangelin 2008

wird sie unfruchtbar. In südöstlichen Landestheilen ist die gleiche Sitte bei der Kartoffelernte übertragen und wer die letzte Staude dieser Frucht hat ausheben müßen, heißt auf ein Jahr de Kantüffelwulf."

Aus Kobrow erhielt Mannhardt folgende Zuschrift:[361] „Am letzten Tage des Mähens und Bindens liefert der Wolf vielen Stoff zum Gespräch und Gelächter. Der Schnitter nämlich, der die letzten Halme abmäht und die Schnitterin, welche dieselbe aufbindet, haben den sogenannten Wolf. Die letzte Garbe wird in Gestalt eines Mannes mit roher Andeutung von Kopf, Händen und Füßen geformt, mit verschiedenen Bändern geschmückt und dann aber auf eine Hocke gestellt so dass sie schon von ferne sichtbar ist. Diese Gestalt führt den Namen Wolf. Auf dem letzten Wagen, der den Segen der Ernte heimfährt, wird diese Garbe unter lautem Jubel der beim Aufladen beschäftigt gewesenen Personen in die Scheune gebracht, wo ihr weiter keine Aufmerksamkeit geschenkt wird.

In Bezug auf das Umwerfen des Erntewagens glaubt man, daß der Kutscher, sowie das Mädchen, welches den Wagen geladen hat, im nächsten Jahre Unglück haben, oder den diesjährigen Erntesegen nicht mehr verzehren helfen." Der Gruß auf dem Feld lautete „Guten Tag, Gott help". Um kleine Kinder vom Verlaufen in ein Getreidefeld abzuhalten, sagt man: Der Wolf sitzt im Korn.

Dem, der die letzten Halme von jeder Fruchtart mähet, und dem, der sie bindet, ruft man die Worte zu: Du hast 'n Wulf! Sobald der Gutsherr zum ersten Male aufs Erntefeld kommt, wird er mit einem Bande aus Roggenhalmen von einer Schnitterin gebunden, wobei dieselbe nachfolgende Worte spricht: Hier bringe ich ein Bändelein / damit soll der Herr gebunden sein. / Nicht bring ich allein das Bändelein / Es soll auch dem Herrn eine Ehre sein."[362]

Aus Hagenow wurde an Mannhardt geschrieben:[363] „Man ruft demjenigen, der die letzte Garbe bindet oder die letzten Halme schneidet, zu: Er hat den Wolf! Die letzte

361 Zuschrift Kobrow im Mannhardt-Nachlass

362 Den gleichen Spruch teilt auch Bartsch aus Brüz mit. vgl. Bartsch a. a. O., S. 296. Vgl. auch Robert Petsch: Bindesprüche der Roggenschnitter in Mecklenburg. In: Zeitschrift des Vereins für Volkskunde 12. Jg., 1902, S. 341

363 Zuschrift Hagenow im Mannhardt-Nachlass

Garbe führt auch den Namen Hurenkind. Besonders bei Mädchen ist es ein Schimpf, dies Hurenkind gebunden zu haben.“ Aus Techentin bei Ludwigslust erhielt Mannhardt folgende Zuschrift:[364] „Beim Gerstesäen nimmt der Säemann gewöhnlich 4 Körner in den Mund und behält diese solange im Munde, bis das Säen beendet ist. Darnach pflanzt er diese Körner an allen 4 Ecken des besäten Stück Abends ein, um die Vögel von dem Gerstenfelde abzuhalten. Ebenso werden Erbsen in den Gärten am Mittwoch oder Sonnabend vor Sonnenaufgang gelegt. Dies soll auch zur Abwehr der Vögel dienen. Kürbiskerne werden am Himmelfahrtstage während des Läutens der großen Glocke gelegt, und es herrscht der Aberglaube, daß die Kürbisse so groß werden wie die Glocke selbst. Der Leinsaamen wird gewöhnlich am 100sten Tage des Jahres oder auch am 22ten Mai gesäet. Dies soll bewirken, damit der Flachs eine gute Länge erreicht. Die letzte Garbe wird Wolf genannt, und demjenigen, welcher sie bindet, ruft man wohl zu: „Du bist der Wolf oder der Erntebock (de Austbuck) und in der Garbe sitzt der Wolf.“ Der Gruß bei der Ernte lautet: „Guten Tag, Gott helf!“ Zu Kindern auf dem Kornfeld sagte man „Frau Wode oder der Roggenwolf sitzen im Korn und nehmen dich mit fort.“ Man redet hier vielfach vom fliegenden Drachen (Drak), der des Abends und des Nachts während der Erntezeit demjenigen, dem er nicht gut ist, wie die Leute es nennen, Garben vom Kornfelde nimmt und zu einem Anderen überträgt.

Mannhardt erhielt aus Garlitz bei Lübtheen folgende Zuschrift:[365] „Beim Beginn des Getreidesäens spricht der Bauer: „Im Namen Gottes des Vaters, des Sohnes und des heiligen Geistes.“ Beim Flachssäen wird von einigen Landleuten an einem Ende des zubesäenden Stück Ackers ein Feuerstahl oder auch ein Messer in die Erde gesteckt, das soll bewirken, daß der Flachs recht fest werde. Oder der Säer legt Eier zwischen seinen Samen und streut sie mit demselben aus. Die nicht zerbrochenen Eier werden nach dem Säen wieder aufgenommen. Es geschieht dies, damit der Flachs recht gelb werde. Ferner wird die beim Hecheln des Flachses gewonnene Scherwe – holzige Fasern der gebrochenen Flachsstengel – auf einen grünen Rasen in der Nähe des Wohnhauses gestreut, damit der Flachs recht groß werde und gut gedeihe. Endlich macht man, damit der Flachs gut gedeihe, auf allen Ecken des mit Flachs zu besäenden Stück Ackers ein Kreuz, die günstigsten Tage sind der 100ste Tag im Jahre oder der 10. April, weil es alsdann nicht abfrieren soll."

Nach Beendigung der Ernte wird dem Gutsherrn entweder ein Ährenbüschel oder ein Ährenkranz gebracht, welcher von allerlei Getreideähren gemacht und mit bunten Bändern geschmückt ist. Demjenigen, der die letzten Getreideähren schneidet wie auch derjenigen Person, welche die letzte Garbe bindet, ruft man zu: „Den sitt dei Wulf in“ (darin sitzt der Wolf). Dasjenige Mädchen, welches die letzte Garbe bindet, soll nach einigen Angaben noch in demselben Jahre heirathen, nach andern in dieser Zeit sterben.

Wenn der Wind mit dem Korn weht, namentlich zur Zeit der Blüthe, so sagt man „dat Kurn welkt“. Um Kinder vom Korn abzuhalten, sagt man: „Gah da nich rin, dar sett de Wulf in“ oder „Der Roggenwulf sitt in't Korn“. Wenn Kinder schreien, pflegt gesagt zu werden „Du schreist ja wie dei Roggenwulf.“ Man zählt am Weihnachtsabend die Sterne und so viele man zählt, so viele Garben soll es in der folgenden Ernte geben.

364 Zuschrift Techentin im Mannhardt-Nachlass
365 Zuschrift Garlitz im Mannhardt-Nachlass

Es ist noch jetzt Gebrauch, den Gutsherrn oder auch Fremde, welche das Erntefeld besuchen, mit einem Kornbande zu binden, um von ihnen ein Trinkgeld zu erhalten. Gedichte, die von Mädchen bei dieser Gelegenheit gesprochen werden, sind: „Ich bind dem Herrn ein Bändelein um sein schneeweißes Händelein. Dem Herrn zur Ehre und mir zum Frommen, damit ich ein wenig Biergeld bekomm. Der liebe Gott möge Sie beehren und Ihnen eine hübsche, reiche Braut bescheren mit blauen Augen, blondem Haar, dazu auch ein vergnügtes Jahr. Viele Komplimente weiß ich nicht zu machen. Viele Komplimente machen mir kein Wort, schönstes Bändlein du mußt fort." Oder: „Ich komm von Ferne, meinem Herrn zur Ehre. Ihm zum Leben und mir zum Frommen, damit ich ein kleines Biergeld bekomme. Es mag sein groß oder klein, damit werd ich zufrieden sein."

In der Zuschrift Eldena zum Mannhardt-Nachlass ist zu lesen:[366] „Wenn hier nur einige wenige Volksgebräuche bei der Ackerbestellung und der Ernte aufgezählt sind, so hat das seinen Grund einerseits in dem Mangel an großen Gütern in hiesiger Gegend, auf denen sich dergleichen Gebräuche doch noch immer am längsten erhalten haben, andererseits in der Zurückhaltung des Volkes, das seine alten geerbten Sitten nicht gerne dem neugierigen Frager preisgiebt.

Das Verfertigen einer Puppe aus der letzten Garbe und die Sitte, sie mit Blumen und Bändern auszuschmücken und auf den Erntewagen nach Hause zu fahren, findet sich in hiesiger Gegend nicht. Doch in anderen Theilen Mecklenburgs, z. B. in der Umgegend von Schwerin, im südwestlichen Theile Mecklenburgs sagt man von dem, der das letzte Fuder nach Hause fährt, „er fährt den Wolf nach Hause" oder den letzten Sensenschnitt macht, sagt gewöhnlich „nu soll das Gras woll rut", und beim nächsten Sensenschnitt ruft der Vormäher den übrigen Leuten zu: „So, nun help Gott". Die beim Aufhocken etwa übrigbleibende letzte Garbe (es werden immer 20 Garben zu einer Stiege zusammengestellt) nennt man „Lügengarw" (Lügengarbe). Wenn der Wind im Korn Wellen schlägt, sagt man „das Korn wolkt".

366 Zuschrift Eldena im Mannhardt-Nachlass

Strohballen bei Karow 2017

ERNTEFEST

Erntefeste als willkommene Gemeinschaftsfeiern – Fest und Feier zu Erntedank – haben zwei verwandte Quellen: Die Abhängigkeit des Menschen vom Naturkreislauf und den Dank an Gott für die Ernte. Heute gibt es sowohl das kirchliche Erntedankfest als auch das weltliche Erntefest, das auf dem ersteren fußt. In der evangelischen Kirche finden die Erntedankgottesdienste am ersten Sonntag nach dem 29. September statt. Die katholischen Christen feiern ihre Erntedankgottesdienste meistens am 1. Sonntag im Oktober. Das Erntefest, meist nach dem Einbringen des Getreides gefeiert, bildete den Höhepunkt und festlichen Abschluss im Erntebrauch. Der Abschluss der Ernte bot deshalb Anlass zu Dank des gesamten Dorfes. Fast jedes Dorf ist bemüht, ein Erntefest mit Umzug zu organisieren, wozu nicht nur die Wagen, sondern auch die Grundstücke geschmückt werden. Die folkloristischen Erntefestumzüge dienen dabei der dörflichen Selbstdarstellung, sie ziehen viele Besucher der Umgebung an. Gemeinsames Kaffeetrinken mit Kulturprogramm und Musik runden das Fest ab. Als Hinweis auf das bevorstehende Erntefest werden an den Dorfeingängen Strohfiguren aufgebaut. Etwas Besonderes ließen sich in jedem Jahr die Siggelkower einfallen: Zum Parchimer Kreiserntefest 1999 waren hier Biene Maja und Willi am Ortsein- und -ausgang aufgestellt. 2000 begrüßten zwei Mäuse die Siggelkower Gäste. 2001 konnte man ein Schwein mit einer Kuh betrachten. 2002 stand eine Blumenfrau mit Korb am Ortseingang.

Die Begriffe Erntekrone und Erntekranz wurden synonym verwendet, der plattdeutsche Begriff lautet „Austkrone". Das Binden einer Erntekrone nach Abschluss der Getrei-

Erntedank im Evangelischen Gemeindehaus Parchim, vor 1945, Postkarte

deernte ist alter mecklenburgischer Brauchtumsbestandteil zum Erntefest. Die Erntekrone fertigen die Frauen des Dorfes aus Weizen-, Roggen-, Hafer- und Gerstenähren an. Diese werden über einem Gestell geflochten und mit Blumen, Früchten, Laub und bunten Bändern geschmückt. Dazu sortieren die beteiligten Frauen die Getreidehalme, fassen die oberen Enden mit den Ähren zu kleinen Bündeln zusammen und schneiden sie ab. Diese etwa 10–15 Zentimeter langen Bündel werden von anderen Frauen am Gestell, beginnend am oberen Ende, mit einem Wickeldraht festgebunden. Die Erntekrone besteht aus zwei gekreuzten Bügeln, die auf einem Ring befestigt sind. Jedes Bügelteil ist einer anderen Getreidesorte vorbehalten. Ist das Gestell mit Ähren bedeckt, wird zum Schluss der Kranz mit bunten Bändern und Blumen verziert. Die Erntekrone bildet unten einen Kreis, der ohne Anfang und Ende als Zeichen für die Unendlichkeit steht. Von diesem Kreis aus führen vier Arme mit je einer Getreideart nach oben, wo sie sich vereinen. Die Ähren erinnern die Menschen an ihre Abhängigkeit von der Natur und ihre Einbindung in sie. Ohne eine gute Ernte drohte im Winter eine Hungersnot. Deshalb wurde die Macht der Natur symbolisch auch in der Erntekrone dargestellt. „Die Erntekrone stellt ein Gemeinschaftszeichen dar, da es nicht nur *von* einer, sondern auch *für* eine Gemeinschaft hergestellt wird und den gemeinschaftlichen Dank für die Ernte zum Ausdruck bringt.“[367] Die Erntekrone in Belsch wurde nur von Mädchen gebunden. „Die Krone ist ein mit Grün und Blumen bewundener und geschmückter Kreuzbügel, in dessen Mitte ein aus Pappe geschnittener und mit buntem Papier überklebter Hahn hängt, so war es auch in Besitz.“[368] Aus Spornitz wird berichtet: „Zwar war auch hier schon Jahre hindurch im Saal in der Gastwirtschaft gefeiert worden, doch hatte jährlich wechselnd ein bestimmter Bauer das Fest auszurichten. Auf der Diele seines Hauses wurde der Erntekranz gefertigt. An langen Tischen waren dabei alle Mädchen des Dorfes vereint. Stets stellten sich auch die Knechte dazu ein; der Tradition gemäß wurde vom Bauern für Binder und Zuschauer zu trinken spendiert. Die fertige Krone aber fand ihren Platz auf dem Tanzsaal des Dorfkruges.“[369] In Zierzow und Kolbow machte man seit 2017 aus dem Erntekronenbinden ein Fest. „Anfang August 2019 trafen sich viele fleißige Binder aus Hohen Woos, Vielank, Alt-Jabel und Tewswoos zum gemeinsamen Binden der Getreidesträuße. Nach getaner Arbeit gab es immer leckeren selbstgebackenen Kuchen, Kaffee und ein kleines Schlückchen. Es war immer sehr gesellig und lustig. Kurz vor dem Erntefest wurden dann an ein vorbereitetes Gestell die Getreidesträuße angebracht und so die Erntekrone fertig gebunden.“[370] Heute wird die Erntekrone beim Ernteumzug durchs Dorf selten getragen, sondern meist auf einem Fahrzeug mitgeführt.

Das Erntefest wurde „Oornbier“ (Erntebier)[371] genannt. Der Pastor Ludwig Fromm berichtet 1860 über das Erntefest in Mecklenburg: „Am Morgen des Tanzes

367 Philipp Beyhl: Erntedank – ein mögliches Fest, Neue Aspekte zu einem beliebten und doch schwierigen Fest. Theolog. Dissertation Heidelberg 2007, S. 49

368 Karl Baumgarten: Erntefest und Hallenhaus in Mecklenburg. In: Zeitschrift für Volkskunde, 61. Jg. Stuttgart 1965, S. 79

369 ebenda S. 83

370 Amtskurier Domitz Nr. 10 vom 4.10.2019

371 Fred Beckendorff schreibt in der Belower Ortschronik, dass es bei der Austköst (Ernteessen) vorwiegend um reichhaltiges Essen ging. „Die Bezeichnung Orenbier (Erntebier) drückt schon deutlicher aus, worum es den Beteiligten auch ging. “ Beckenorf a. a. O., S. 69
vgl auch Willi Giencke: Dei Oornbierfier. In: Stier und Greif, Schwerin 1987, Jg. 7, S. 50 ff.

Zum Erntefest nachgestaltete Tracht, Karow Mitte der 1930er Jahre

versammeln sich die jungen Leute, flechten zuvörderst eine große Krone aus Kornähren und Fichtenzweigen und umreihen sie mit Schnüren von Hagebutten und den Früchten der wilden Rosen. In der Mitte der Krone wird in manchen Gegenden ein aus Holz oder Tragant (wickenartige Futterpflanze) verfertigter Hahn befestigt."[372] Aus der gleichen Zeit wird mitgeteilt: „Die Erntekrone als Symbol des Festes ist oft mächtig groß und über 4 Fuß (rund 1,20 Meter) hoch. Die Figur der Krone, aus Weidenstäben zusammengefügt, wird mit allen hiesigen Arten von Kornähren und gemachten Blumen bekleidet, und eine Menge breiter bunter Bänder flattern aus derselben hernieder; auch sah ich außer Fähnchen von Knistergold die Embleme der Landwirthschaft: Harke (Rechen) und Spaten ganz klein aus Holz geschnitzt und zwei niedliche Puppen in der Kleidung Mecklenburger Landleute in der Krone angebracht."[373]

Von einem Heischebrauch beim Erntefest berichtet Wossidlo: „In Loitz bei Sternberg sind früher auf dem Erntefeste Eier von Knechten erbettelt worden."[374] Er sammelte folgende Belege: „Kranzbier würt fiert, gliek wenn de Aust los güng. (Zapel bei Hagenow).[375] „In Buhof bi Lübz haalte sik jede Katenmann an den Oornbier-Morgen 'n Roggenstuten von achteihn Pund."[376] „Vier Grootknechts löden in: twee an een End von't Dörp, tree up't anner End." (Wilsen).[377] „De Knecht, dee den tweeten Morgen bi't Oornbier nich dor wier, würd up 'n Vörgestell von'n Wagen ranhaalt, in 'n Hemd, so as he liggen ded, müßt he rup" (Godern).[378] „In väle Buerdörper, vörut in de gris Gegend, is oewer 'n Oornbier för't ganze Dörp in de letzten hunnert Johr nich mihr fiert worden. Oornbier würd nich fiert, dat wier up'n Hoeben." (Bresegard). „De Knechts güngen den Sünndag vörher rüm in'n Dörp un beden sik Molt tosaam, de Knechts maakten jo hauptsächlich dat Oornbier. Jede Buer müßt 'n viertel Molt togäben. Dat bröchten se denn na dat Oornbierhuus. Abends vörher güngen se hen un provten dat Bier" (Wilsen). „To't Oornbier gew dat Hönersupp un dicken Ries un söötsuer Klümp mit Krinten un Rosinen" (Plate).[379] „Sünndag vör't Oornbier gew't Arften un Hiring för de Knechts un Dierns" (Spornitz). „För de Tokikers bi't Oornbier güng nachts so bi Klock

372 Ludwig Fromm: Mecklenburg, ein niederdeutsches Landes- und Volksbild, Schwerin 1860, S. 115

373 Fr. L. Graff: Sitten und Gebräuche des Mecklenburger Landvolks, Archiv für Landeskunde in den Großherzogthümern Mecklenburg, Schwerin 1867, S. 448 f.

374 Wossidlo Erntebräuche a. a. O., S. 62

375 Wossidlo Erntebräuche a. a. O., S. 41

376 ebenda S. 42

377 ebenda S. 43 f.

378 ebenda S. 44

379 ebenda S. 45

twölf rüm een mit 'ne groot Backelmoll vull Botterbroot rüm, dor kreeg jeder wat von" (Tramm). „Bi't Oornbier würd nich ut Gläs drunken. Een poor Knechts güngen rüm mit witt Schörten, dee drögen 'n missingschen Kätel, dor würd ut drunken" (Spornitz).[380] „Alle Mannslüd kregen 'ne Oornbiersbloom an de Bost, de Oornbiersvadder twee" (Besitz bei Boizenburg). „To't Oornbier würd de Lüchter trecht maakt mit twölf Lichter; de hüng anne Kett up de Däl, de wier mit Blanks un gemaakten Blomen ümwickelt. Dee würd ümmer upbewohrt von een Johr to't anner" (Plate). „De vörbinner un de Vörmeiher kregen den ihrsten Danz" (Langen Jarchow).[381] „Ok in de Buerndörper würd 'ne Austkron bunnen. Jeder, der mithulpen hadd bi dat Binnen von de Kron, kreeg 'n Auststuten. De Kron würd von twee Matens dragen un up jeden Buerhopf vörwist" (Loitz bei Sternberg).[382] „De Mätens, dee den Austkranz maakt hadden, haden 'ne blank Mütz up, wenn he in't Herrenhus bröcht würd, de annern nich" (Pritzier).[383] „De Kranzjungfern, dee de Herrschaften anbäden deden, putzten ok de Muskanten" (Pritzier).[384]

Mannhardt erhielt aus der Hagenower Gegend 1865 folgende Zuschrift: „Die Zeit des Erntefestes ist fast in jedem Dorf verschieden. Gewöhnlich ist es gleich nach beendigter Ernte, oft aber auch während der Ernte und mitunter auch wohl gar erst nach wieder beendigter Aussaat Mitte Oktober. Es führt die Namen Erntebier und Kranzbier, letzterer Ausdruck ist meistens auf ritterschaftlichen Gütern gebräuchlich,

380 ebenda S. 46
381 ebenda S. 47
382 ebenda S. 51
383 ebenda S. 52
384 ebenda S. 53

Erntekronenwettbewerb der Landfrauen des Landkreises in der Sparkasse Parchim 2004

ersterer in Bauerndörfern. Ein aus Blumen und Kornähren gewundener Kranz wird mit Musik auf den Hof gebracht und in der Mitte des Tanzlokals angehängt, so daß nachherum ihn herum getanzt wird. Es ist an einigen Orten Sitte, daß der Gutsherr mit dem Mädchen zuerst tanzt, das den Kranz vorausgetragen hat. Das Hauptgetränk beim Erntefest ist das Bier, dann aber auch der Branntwein, der von einigen Knechten noch gern mit Unmäßigkeit getrunken wird, wiewohl diese Unsitte durch besseren Umstand zurückgedrängt wird.[385] Gewisse Speisen gibt es nicht, das Beste, was die Küche aufzuweisen hat, wird aufgetischt. Das kirchliche Erntefest (Erntedankfest) wird unmittelbar nach der Ernte gefeiert."[386]

385 C. F. W. Bollbrücke stellte 1835 fest: „Die Neigung zum Genuß des Branntweins hat sich erst seit etwa 100 Jahren unter dem Landvolk verbreitet und ist leider fortwährend im Zunehmen. In früheren Zeiten wurde von den Bauern viel Bier consumiert, welches sie aus den städtischen Brauereien bezogen. Jetzt trinken die geringen Landleute höchst selten anderes Bier, als den elenden selbst gebrauten Covent, der im Sommer fast immer sogleich in die Essiggährung übergeht." C. F. W. Bollbrücke: Das Landvolk im Großherzogthum Mecklenburg-Schwerin. Güstrow 1835, S. 28
Pastor Johann Ritter in Vietlübbe (bei Lübz) schrieb 1843: „Seitdem der Branntewein erfunden und die Bereitung desselben allgemein geworden ist, wird er seines wohlfeilen Preises wegen gerade von den Aermeren am meisten getrunken, so daß man jetzt Säufer überall und Trunkene zu jeder Zeit, bei Tage und bei Nacht, findet. Nicht an festlichen Tagen wird er getrunken, nein der Branntewein ist nothwendig geworden in Leid wie in Freude, bei Hochzeiten, Kindtaufen und Begräbnissen, in nasser und trokkener, kalter und heißer Witterung, bei der Arbeit und beim Nichtsthun, bei trocknem Brote und bei fetter Kost, in Gesellschaft und in der stillen Ecke des einsamen Kämmerleins." Johann Ritter: Die Mäßigkeitsvereine in Mecklenburg. In: Wilhelm Raabe: Mecklenburg ein Jahrbuch für alle Stände. Parchim und Ludwigslust 1844, S. 67 f.

386 Zuschrift Hagenow im Mannhardt-Nachlass

In Görslow gab es 1865 folgenden Brauch: „Ist der Roggen eingefahren, so wird den Leuten vom Gutsherrn ein Tanzvergnügen gegeben, ein sogenanntes Kranzbier, an welchem Tage den Arbeitern so viel Bier und Branntwein verabreicht wird, als sie es trinken mögen. Am Nachmittage dieses Tages, wenn die jungen Leute sich versammelt haben, wird die am Vormittage von den Mädchen aus Ähren, Blumen und Blättern gewundene und mit vielen Bändern geschmückte Erntekrone abgeholt. Sie wird auf eine hölzerne Stange gesteckt und unter rauschender Musik und Jubel der nachfolgenden Dorfbewohner nach dem Tanzplatze getragen, wo dieselbe, aber ohne irgend welche Reime dabei herzusagen, aufgehängt wird. Das Tanzvergnügen dauert bis des nachts um 12 Uhr. Das Erntefest, Austköst genannt, ist ein gewöhnliches Tanzvergnügen, das vom Gutsherrn kurz vor dem 24. October seinen Arbeitern gegeben wird. An diesem Tage, wo das Erntefest gefeiert wird, erhalten die Leute Bier und Branntwein und jeder Hausvater für seine Familie auch noch 5–6 Pf. Rindfleisch. Das kirchliche Erntefest fällt auf einen Sonntag kurz nach der Ernte und wird durch eine gottesdienstliche Feier begangen. Die Predigt dieses Sonntags bezieht sich hauptsächlich auf die Ernte und mahnte die Gemeinde an die Güte Gottes und fordert dieselbe auf zum Danke gegen den Geber aller guten und vollkommenen Gaben."[387]

In Techentin bei Ludwigslust war 1865 üblich: „Am kommenden Sonntage nach Beendigung der Ernte oder auch am Erntedankfeste giebt jeder Bauer seinen Ernteleuten eine Mahlzeit, welche den Namen „Ernteklas" führt. Als Hauptgericht dabei gelten die Faustenklöße (d. h. Klöße von der Größe einer Faust). Als Getränk giebt es Bier und

387 Zuschrift Görslow im Mannhardt-Nachlass

Branntwein. Gemeinschaftliche Erntefeste oder Erntebiere, wie sie auch genannt werden, werden hier nicht gefeiert. Das zweite Frühstück besteht das ganze Jahr hindurch. Das kirchliche Erntedankfest fällt kurz nach Beendigung der Ernte. Jeder Hausvater hält es für seine Pflicht, an diesem Sonntage die Kirche zu besuchen, um Gott zu danken für alles Gute, das er empfangen hat. Letzteres findet hier nicht statt."[388]

In Garlitz bei Lübtheen wurde 1865 das Erntefest so begangen: „Das Erntebier wird im October gefeiert, damit diejenigen Dienstboten, die etwa am 24. October abziehen, auch noch Theil davon nehmen können. Zu diesem Feste giebt der Gutsherr seinen Leuten feine Tanzmusik und eine Tonne Bier. Die einzelnen Familien theilen sich das Fleisch einer vom Herrn gegebenen Kuh. Besondere Mahlzeiten werden nicht gegeben. Zu diesem Tage machen 4 Mädchen (Kranzjungfern genannt) einen Kranz von Buxbaum, schmücken ihn mit Bändern, Blumen, vergoldeten Eiern und allen Arten Getreideähren. Dieser Kranz wird am Festtage vor Beginn der Tanzmusik an den Boden des Tanzlokals gehangen. Bevor die 4 Mädchen mit demselben zum Gutsherrn oder Wirthschafter gewesen sind und demselben dabei ein Gedicht hergesagt haben, wofür sie von diesem gewöhnlich ein Trinkgeld erhalten. Ein Gedicht dieser Art ist: „Glück zu ins Haus Ich bin geschickt aus von allen jungen Leute insgemein. Ich bring dem Herrn einen Ährenkranz." (Darauf folgt ein lustiger Tanz). „Dieser Kranz ist gemacht von allerlei Korn, das ist gewachsen auf unsers Herrn Acker und Sand. So mannig Roggen, so mannig gaud Jaa, so mannig Haferwapp, so mannig 100 000 Thaler in unseren Herrn sein Schapp. Ick wünsch den'n Herrn ein'n vergoldeten Tisch, auf all'n Ecken ein'n gebackenen Fisch. Da mitten ein Gläschen mit Wein, das soll des Herrn Gesundheit sein. Aus lieblichen Dingen und freundlichen Sachen, viele Komplimente weiß ich nicht zu machen. Viele Komplimente machen mir kein Wort. Schönstes Kränzlein, du mußt fort." Es ist Sitte, daß der Herr oder Wirthschafter mit den 4 Mädchen, die den Kranz gemacht haben, die 4 ersten Tänze tanzt. Der ganze Tanz währt bis zum nächsten Morgen. Nach diesem Erntebier hört für die Dienstboten das zweite Frühstück auf. Das kirchliche Erntedankfest verläuft wie der sonntägliche Gottesdienst, nur daß in der Predigt auf den von Gott erhaltenen Segen hingewiesen und zum Schluß der Predigt ein Dankgebet dafür gesprochen wird."[389]

Aus Eldena wurde Mannhardt berichtet: „Erntebier (Austbier) fällt in die Zeit gänzlich vollbrachter Ernte. Im Dorfe versammelt sich Alt und Jung bei einem Bauern (im nächsten Jahr kommt der Nachbar), der dann die Leute bewirthet mit Bier und Schnaps, ob noch besonders gegessen wird, weiß ich nicht. Nachher gibts einen Tanz auf der großen Hausdiele unter Orchesterbegleitung von drei Instrumenten, einer Klarinette, Violine und Bass, letzterer gewöhnlich von einem Bauernjungen gestrichen. Auf Harmonie kommt es nicht an, wenn nur recht viel Lärm ist. Unter den Tänzen ist besonders der sogenannte „Rückenbringen" zu erwähnen. Alle jungen Burschen und Mädchen fassen sich an die Kleider und Jakken, so daß sie eine lange Reihe bilden und geht es fort ins Freie hinaus über Stock und Stein und einer mit der Peitsche immer hinter her. Ob der Tanz „Grotvadderdanz" auch bei Erntebieren getanzt wird, ist mir nicht bekannt, wohl aber bei Hochzeiten. Es tanzen ihn nur die alten Leute. Für das kirchliche Erntefest wird nach dem Gutdünken

388 Zuschrift Techentin im Mannhardt-Nachlass

389 Zuschrift Garlitz im Mannhardt-Nachlass

des Predigers ein Sonntag nach vollbrachter Ernte festgesetzt; besondere Feierlichkeiten finden aber an ihm nicht statt."[390]

Aus Kobrow wurde Mannhardt berichtet: „Das Erntefest fällt nach der Ernte und beschaffener Herbstsaat, doch gibt mancher Herr schon nach der Raps- oder Weizenernte etwas zu tanzen (Weizenbier). Das Erntefest heißt Austköst. Eine Violine, wenn't hoch kümmt, ein Klarinet (Klarinette) und uralten Baßgeigen, die jeder streicht (treckt – zieht) oder will, machen die Musik. Sie kreischen laut auf, wie unwillkührlich bewegen sich die Füße. Dies Kreischen überwältig sie mitten im Tanze und der Venus wird dann späterhin meistens sehr reichlich geopfert. Dann und wann entspinnen sich Schlägereien, meist gerade aus Übermut der Berauschten ... Auf den Höfen ist die Musik schon besser, indem aus der benachbarten Stadt der Stadtmusikus requirirt wird. Als Tanzplatz dient für die Leute die große Hausdiele oder der Milchenkeller oder der Kornboden ... Das Erntefest, auch Erntebier und Austköst genannt, wird kurz vor dem 24. October gefeiert, welches von Mittags bis zum Anbruch des folgenden Tages dauert. Zu diesem Feste verfertigt man eine Erntekrone von den verschiedenen Getreidearten, von Blumen (meistens Feldblumen) und Bändern, welche dann am Tage des Erntefestes von zwei Mädchen durchs Dorf getragen wird. Die Musici gehen voran, und die Erntearbeiter folgen unter lautem Jubelgeschrei nach. So kehrt die jubelnde Schaar in das Haus des Gutsherrns zurück, welcher sie dann in ein mit Blumen ausgeschmücktes Zimmer führt, wo die Erntemahlzeit dann stattfindet. Diese Mahlzeit besteht gewöhnlich in Schaffleischsuppe, in Kartoffeln und Fischen, und als Getränk dient während dieses Festes Bier und Branntwein. Nach Beendigung der Mahlzeit tritt der Gutsherr mit seiner ganzen Familie in dieses Zimmer, be-

390 Zuschrift Eldena im Mannhardt-Nachlass

Erntedankfest in der Gnevsdorfer Kirche am 27.9.2014

Erntedankfest in der Dobbertiner Klosterkirche am 6.10.2002

tet das Vaterunser, und führt dann die ganze Gesellschaft in das Tanzlocal, welches dann vor Anbruch des folgenden Tages nicht verlassen wird. Das Erntefest richtet sich nach der Ernte, je nachdem dieselbe früher oder später beschafft wird."[391]

In der Zuschrift aus Kreien an Mannhardt steht: „Das Erntefest oder Erntebier auf dem Hofe wird im Winter, gewöhnlich zwischen Weihnachten und Neujahr begangen. Es beginnt gleich nach Mittag und dauert bis zum anderen Morgen 2 Uhr. Alle Leute, die in der Ernte auf dem Hofe mit beschäftigt gewesen, werden dazu eingeladen, und nehmen entweder theil am Tanz oder suchen sich durchs Spiel zu ergötzen. Gemeinschaftlich verabreicht wird nur Bier, Branntwein und fein Butterbrod. Für Mittagbrod und Abendbrod muß jeder Tagelöhner selbst sorgen, erhält aber dafür gratis ein Schaf von der Herrschaft.

Das kirchliche Erntefest, Erntedankfest genannt, wird gefeiert, sobald das Getreide wenigstens dem größten Theile nach eingeerntet ist, etwa 14 Tage vor Michaelis. Der Gottesdienst nimmt alsdann auch seinen gewöhnlichen Verlauf. Die Gemeinde wird mit Hinweis auf die vielen empfangenen Wohlthaten zum besonderen Danke gegen Gott aufgefordert und ihr nach Beendigung des Gottesdienstes durch Zustellung von Becken an den Kirchenthüren Gelegenheit gegeben auch durch Wohlthun und Mittheilen ihr dankbares Herz zu zeigen, und die Noth armer Leuthe zu mildern."[392]

Bartsch schreibt 1880 über Brüz: „Bei Erntefesten ist es im Lande sehr verschieden. Auf vielen Gütern bekommen die Dorfleute (Tagelöhner) Fleisch, Brot, Grütze etc. Nach alter Weise, wie hier auf einigen Gütern noch jetzt, werden die sämmtlichen Dorfleute mit den Hofleuten gemeinschaftlich auf dem Hofe gespeiset, wobei ein paar der Tagelöhnersfrauen das Kochen besorgen. Einer der Tagelöhner hat die Bier-, ein anderer die Branntweinschenke. – Beim Erntefest auf den Höfen muß die Herrschaft den Ehrentanz machen, der Herr mit der Braut, die Frau mit dem Brautmann. Gegen Abend kommt der Zug mit Musik zur Herrschaft und tanzt den Erntekranz oder die Erntekrone ab, die vier Hofmädchen tragen, woran Lichter befestigt sind, und die so gleichsam den Kronleuchter im Tanzlocale bildet, und dabei singen sie, indem sie herumtanzen. Ein Mädchen von denselben spricht dann: Guten Abend! meine Herren und Damen, wohl insgesammt! / Hier bringen wir Sie den Ohrentkranz, / Die Ohrent is geschehen ganz. / Wir haben gebunden, dat dat Sand gestöwt, / All meine Herren lassen Sie auftragen, daß der Tisch sich bögt. / Dieser Kranz ist gemacht hübsch und fein, / Den haben gemacht die Mädchen allein. / Dieser Kranz ist gemacht bei der Nacht; / Dabei sind wir gewesen ganz munter und wacht. / Ich wünsch dem Herrn und der Frau einen vergoldeten Tisch, / Auf allen Ecken einen gebratenen Fisch, / In der Mitte möcht sein ein Gefäß mit Wein, / Das möcht dem Herrn und der Frau ihre Gesundheit sein. / Ich wünsch dem Herrn und der Frau ein schneeweißes Hemd; / Damit soll ihr jung Leben vollendt. – (Musik und Hurrah!)

Dann hält ein Mädchen noch eine Ansprache, nachdem die vier Erntekranz-Trägerinnen wieder gesungen und getanzt, und überreicht Allen Bouquette, soviel sie eben hat, wofür sie ein Geschenk an Geld empfängt. – (Mit Musik und Hurrah ab.) Im Tanzlocal wird dann das Tanzen bis zum Morgen fortgesetzt, nachdem Nachmittags gemeinschaftliches Essen für die Hofleute und Hochzeitsleute und Abends gemein-

391 Zuschrift Kobrow im Mannhardt-Nachlass
392 Zuschrift Kreien im Mannhardt-Nachlass

schaftlich für Alle noch zum Abendessen angerichtet ist. Das Tanzlocal ist mit Fichten ausgeschmückt und gewöhnlich sehr mäßig beleuchtet.“[393]

Aus der Goldberger Gegend überliefert Bartsch 1880: „Es pflegten früher die Schnitter von dem letzten Korn des Feldes eine kleine Garbe zu binden, welcher man den Namen ›Erntepuppe‹ gab. Diese wurde dann auf das letzte Fuder gelegt und in der Scheune an einem bestimmten Orte bis zum Tage des Erntebiers aufbewahrt. Am Morgen dieses Tages wurde sie mit verschiedenfarbigen Bändern festlich geschmückt. Beim Beginn des Tanzvergnügens wurde von dem Wirth des Hauses der erste Tanz mit ihr getanzt.“[394]

„Zum Schluss noch ein alter Erntespruch, wie er bei Überreichung des Erntekranzes an den Bauern (in der Ludwigsluster Gegend – W. H.) gesprochen wurde: Glück ins Haus! / Von allen Mähern und Vormähern insgesamt. / Auch die jungen Mädchen schließen sich an. / Hier bring ich dem Hauswirt einen Erntekranz. / Drauf folget ein lustiger Tanz, / drauf folget ein Gläschen mit Wein, / das soll unsers Bauern Gesundheit sein! / Wir wünschen unserm Hauswirt 'nen vergoldeten Tisch, / auf allen vier Ecken Brathühner und Fisch. / In der Mitte drein – ein Gläschen mit Wein, / dass soll unsers Bauern Gesundheit sein! / Dies Kränzchen ist gemacht von allerlei Blumen und Korn, / was wächst auf unsers Bauern Garten und Baum. / Hier will ich das Kränzchen bringen / mit lieblichen Dingen / und freundlichen Sachen. / Viele Komplimente kann ich nicht machen. / Viele Komplimente machen mir kein Wort, / das liebe Kränzchen, und das muß fort!“[395] „Lediglich einzelne Dörfer des Südwestens kennen Erntefeste nicht. In väle Buerdörper, vörut in de gris Gegend (= Umgebung von Ludwigslust) is oewer in Oornbier för't ganze Dörp in de letzten hunnert Johr nich mihr bekannt.“[396] In Brahlsdorf wurde das Erntefest reihum von den Bauern ausgerichtet. „Im Trauerfall wurde die Reihenfolge abgeändert. Wenn een Truer hadd, leet hei sick oewergahn. Denn kreeg hei't nächste Jor.“[397]

Zum Kranzbier erfuhr Bartsch aus der Elbgegend: „Das Kranzbier ist zu unterscheiden vom Erntebier. Das Kranzbierfest findet in der Regel nur auf den ritterschaftlichen Gütern statt, und ist der Feier des Erntebieres gleich, nur daß am Kranzbier die Hofarbeiter den Herrschaften den Kranz ›anbeden‹. Diese senden nämlich eine möglichst schmucke, dreiste und beredte Dirne mit dem reichlich mit Bändern und Blumen aufgeschmückten Kranze an die Herrschaften, um ihnen denselben mit einem volksthümlichen Gedichte zu überreichen.“[398]

Heike Müns erläutert: „Das Überreichen der Krone wurde von den Gutsherren durchaus als Ehrung verstanden und aufgrund ihrer ökonomisch-sozialen Stellung erwartet ... Der Auftritt schien einer kurzen dramatischen Szene nicht unähnlich: Feierliches Heranschreiten unter Musik, Entgegenkommen des Gutsherrn, Vortreten der Sprecherin, Aufsagen der Verse mit kunstvollen Pausen, in denen die Musik spielte und ein Mädchen dem jeweils Angesprochenen ein Sträußchen übergab, Dankesworte der Gutsfamilie, verbunden mit einer Geldgabe, Abnahme der alten Krone, Anbringen der neuen Krone, Beginn des Ernteschmauses mit anschließendem Tanz.“[399]

393 so berichtet der Brüzer Pastor Bassewitz 1880. In: Bartsch a. a. O., S. 304 f.

394 Bartsch a. a. O., S. 309

395 Richard Giese: Bunt Wasser und Austruß – Altes Erntebrauchtum. In: Land und Leute Ludwigslust Heft 2/1956, S. 49

396 Baumgarten a. a. O., S. 75

397 Baumgarten a. a. O., S. 76

398 Bartsch a. a. O., S. 300

399 Müns a. a. O., S. 142

In Domsühl bei Parchim lief das Erntefest jahreszeitlich sehr spät folgendermaßen ab: „So um Martini herum (10. November), wenn auch die Kartoffelernte beendet und die Wintersaat zur Erde gebracht ist, wenn für die Dörfer gleichsam die Erholungsmonate beginnen, dann bekommt die junge Welt des Dorfes das Erntebier zu feiern … Hat man auch auf den Gutshöfen noch zum großen Teile an der guten, althergebrachten Sitte festgehalten, das Erntebier auf dem Kornboden des Wirtschaftshauses zu feiern, Herrschaft, Ortsinsassen und Dienerschaft in Freuden beisammen zu sehen, … so haben doch die Gepflogenheiten des Bauerndorfes sich mit dem Ausgange des letzten Jahrhunderts auch in diesem Punkte wesentlich geändert. Welches Dorf hat heute nicht seinen Krug mit einem angebauten Tanzsaal? Hier feiert jetzt die junge Dorfwelt an einem Werktagsnachmittage und der darauf folgenden Nacht ihr Erntebier, wobei sie u. a. auch die Unkosten selbst decken …

Am Festtage gegen Mittag stellten die Musikanten sich auf dem Bauernhofe ein und werden als Gäste bewirtet … Im geputzten Sonntagsstaate, einen künstlichen Blumenstrauß mit wehenden, flatternden farbigen Bändern an der breitgedeckelten Mütze erschienen bald die ersten Knechte im Festhause und nach und nach kamen alle andern Burschen und die Mädchen in ihren bunten und luftigen hellen Kleidern herbei.

Hinter den Musikanten marschierten die Knechte, jungen Burschen und Mädchen zu vieren oder sechsen in bunter Reihe Arm in Arm. Allen voran trug ein Jung- oder Altknecht an einer hohen Stange die Erntekrone, geschmückt mit Blumen und lang wehenden bunten Bändern. Dann wurde getanzt. Gegen 5 Uhr hatte das Tanzen auf der Bauerndiele Unterbrechung. Alle jungen Leute und die Musikanten wurden von der Hauswirtin in die Stuben geladen, wo auf langen Tischen der Kaffee dampfte. In bunter Reihe nahm man auf den Bänken und Brettstühlen rund herum Platz und tat sich gütlich an Feinbrot mit frischer Butter und gezuckertem Sirup.“ Abends wurde zu Hause Abendbrot gegessen und das Vieh versorgt. „Gegen 10 Uhr wurde es auf der Dorfstraße wieder lebendig. Von allen Seiten her strömte es dem Erntebierhause zu und mehr noch als am Nachmittage, denn nun kamen auch die jüngeren Eheleute aller Stände herbei, und auch wohl noch die Alten,“ um mitzufeiern. Am nächsten Tag trieben die Großknechte Unfug. „Zu dem Zwecke verkleideten sie sich zu alten Männern und Frauen mit angsterregender Maske und krummen, schiefen Buckeln, derben Handstöcken und weitbau-

Erntekrone Wendisch Priborn 2007

Vgl. auch die Schilderung des Erntefestes auf dem Gut Möllenbeck bei Mario Niemann: Beständiger Wandel. Landwirtschaft und ländliche Gesellschaft in Mecklenburg von 1900 bis 2000. Rostock 2020, S. 273 f.

chigen Körben, sogenannten Stadtkörben auf den Armen und gingen truppweise im Dorfe von Hus to Kat. Stolpernd und polternd klopften sie an die Türen, traten ohne Einladung herein und fingen krampfhaft an zu lamentieren und zu betteln um Schinken, Eier und Speck. Eine von den Frauen hatte gewöhnlich das kläglichste Wort und redete etwa folgendes: Wi kamen ut'n Süden von Amerika / ja ja ja ja / dat is ne wide Ris un dat Geld blew da / ja ja ja ja / Nu hewt wi öwer Hunger un keenen Groschen in de Tasch / de Mag knurrt uns mächtig un de Been sünd all lasch (lahm) / drum birrn wi de Husfru üm'n poor Eier ut dat Nest / un'n Stück Schinken un'n Stück Speck un'n Wurst wier dat Best / wi wünschen dorför ok, dat all de Swin in'n Stall gedeihn / denn lat'n wi nächst Johr nah den'n Ornsbiersdag uns werrer seihn." Das Erheischte wurde gemeinsam verzehrt. „Nachmittag, gegen 2 Uhr, kamen die Dorfburschen und Mädchen sowie die Kinder im Feststaate wiederum herbei. Es wurde vor der großen Tür Aufstellung genommen, die Musikanten traten an die Spitze, und wie gestern setzte sich der Zug wieder unter lustiger Musik, unter Johlen und Juchhei durchs Dorf in Bewegung ... Mit der Abendpause, in welcher auch die jungen Leute der Nachbardörfer herbei kamen, wurde bis zum nächsten Morgen getanzt."[400]

Johann Beese aus Benthen berichtet von der Zeit um 1900: „Wenn all dat Kurn inführt wier, gew dat Ornbier, dat wier de schönste Dag von 't ganze Johr! De Hawgängers bünnen denn' Kranz mit alle Sorten Kurn, Blaumen un Gräuns, Ein von de Knechts müßt de Muskanten ut Gollbarg halen. De Knechts un Mätens marschierten mit de Muskanten nah 'n Dörp un halten de Dorplüd mit Musik af. All wiern se lustig un vergnäugt an dissen Dag! De Knechts harn sik Blaumen an denn' Haut stäken, un de Mätens harrn einen Blaumenstrutz in de Hand.

Twei Mätens drägen denn Ornkranz vorup. Vor dat Gautshus holl de Tog still, denn müßt ein von de Dierns ein Gedicht upseggen: „De Kranz is gräun un gäl, / he sall schienen up de Däl. / So monnig Quast, so männig Last, / so männig Hawerwapp, / so männig blank Daler in 't Schapp! / So männig Krispel, so männig Wispel, / so männig Roggenohr, / so mannig leiw un gesogent Johr!" De oll Kranz würd von de Däl runnerhalt, un de frische Kranz kem dorför ran an denn' Boen. Up de Däl würden noch poor Dänz makt, un denn güng dot roewer nah denn' Kurnboen."[401]

Traditioneller Schauplatz des Essens und Tanzens beim Erntefest war die Diele eines der Hallenhäuser des Dorfes. „Fraglos war dieser Raum hierfür in besonderer Weise geeignet, vermochte er doch ohne Schwierigkeit eine größere Teilnehmerzahl zu fassen."[402] Dazu wurden die Seitenwände mit Säcken behängt und daran Fichtengrün befestigt, wie aus Alt Damerow berichtet wurde. In Strassen hängte man lediglich die Türen mit Sackleinen ab.[403] Wenn man die Diele mit einem Bretterboden belegte, wurde das „Saal" genannt. [404] Nachdem ab der 2. Hälfte des 19. Jahrhunderts die Dorfkrüge zu Dorfgaststätten wurden, was mit dem Bau eines Tanzsaales verbunden war,[405] wur-

400 Hermann Fornaschon: Im Bauerndorfe Das Erntebier. In: Mecklenburg Zeitschrift des Heimatbundes 5. Jg. Heft 2/1910, S. 56–63

401 Johann Beese aus Benthen (1871–1960) Ernte in Benthen um 1900, erzählt und aufgeschrieben 1957. In: Flas un Linnen, Schwerin 1986, S. 53 f.

402 Baumgarten a. a. O., S. 74 f.

403 ebenda S. 78

404 ebenda S. 77 f.

405 vgl. Heinrich Stiewe: Dorf- und Straßenkrüge – Ländliche Wirtshäuser im Norden Deutschland. In: Herbert May/ Andrea Schilz (Hsg.): Gasthäuser – Geschichte und Kultur. Petersberg 2004, S. 99

de der Schauplatz des Erntefestes, wenn dieses noch gemeinsam gefeiert wurde, in diesen Saal verlegt. „Der kollektive Kostenbeitrag für die Ausrichtung des Festes ist durch die Einzelzahlung des persönlichen Verzehrs ersetzt."[406]

1900 wurde in der Plauer Zeitung beklagt, dass in vielen Dörfern kein Erntefest gefeiert wird, während es „in manchen Dörfern ganz von selbst geschieht. In früheren Jahren da galt es als selbstverständlich nach erfolgtem Abschluß der Erntearbeiten ein Ornbier abzuhalten. Das ging immer der Reihe nach im Dorf herum, und das ganze Dorf nahm an diesem Lokalfeste thätigen Anteil. Und auf den Gütern wars nicht anders; dort zog ebenfalls der Arbeitgeber einmal für einige Stunden den Gutsherrn aus, um sich mit seinen Arbeitern zusammen des Abschlusses der Ernte zu freuen, um Gemeinsames klar hervor- und alles andere zurücktreten zu lassen. In neuerer Zeit kommt man immer mehr davon ab. Das Heer der Sachsengänger (womit die ausländischen Saisonarbeiter gemeint sind – W. H.) zieht ja wieder der Heimat im Osten zu, wenn die Arbeiten des Sommers so ziemlich beschafft sind; für die wenigen ansässigen Arbeiter noch Erntefeste zu veranstalten – eh das lohnt sich nicht, dazu sind die Zeiten zu schlecht. In den Bauerndörfern, wo die fremden Arbeiter immer noch nicht so recht Eingang gefunden haben, drückt man sich auch nach Möglichkeit um überflüssige Ausgaben herum, oder thut am Ende etwas übriges, indem man für den Dienstboten im Krug eine solenne Tanzmusik veranstaltet. Dabei geht natürlich dieser und jener von den Arbeitgebern auch für eine halbe Stunde hin und giebt einen aus." Zu bedauern ist, dass dem Erntefest „der Stempel des Intimen, Familiären" genommen wurde, statt den „Ton der Gemeinsamkeit, des Bewußtseins aller, jederzeit auf einander rechnen zu können" zu vermitteln. „Das Erntefest war eine Feier, in der der Dank der Arbeitgeber gegen die Helfer bei der schweren Arbeit des Sommers, die gemeinsame Freude an der Bewältigung derselben zum Ausdruck kam." Der Autor appellierte, am Erntefest festzuhalten und da, wo es nicht gefeiert wird, es zurückzugewinnen.[407]

Bis zu Beginn des 20. Jahrhunderts wurde in Spornitz bei Parchim das Erntefest gefeiert, das man „Erntebier" nannte. Es war für die dörfliche Jugend das höchste Vergnügungsfest. Über diese Feierlichkeit berichtete die „Plauer Zeitung" am 5. September 1901: „Das Erntefest wurde früher bereits am Sonntage vor Beginn mit einer Vorfeier eingeleitet, indem für die Männer ein kräftiges Mahl, bestehend in dicken Erbsen und Heringen, stattfand. Das Erntefest selbst begann am Freitagmittag und währte drei Tage. Zunächst wurde von den jungen Leuten der Erntekranz, welcher am Tage vorher aus Blumen, Bändern sc. hergestellt war, aus einem bestimmten Bauernhause abgeholt, auf der Dorfstraße herumgetragen und schließlich in dem festgebenden Hause mitten auf der großen Lehmtenne befestigt. Dann trat der Tanz in seine Rechte. Der betreffende Gastgeber lud dazu noch Nachbarn, Freunde und Verwandte, die besonders bewirtet wurden. Sämtliche jungen Leute des Ortes erhielten natürlich auch freie Mahlzeiten. Die Abhaltung dieses Festes ging bei den Bauern im Dorfe um. Die Musik mußte früher verordnungsgemäß jede Dorfschaft aus der Stadt des betreffenden Amtes nehmen. Seit etwa 10 Jahren sind jedoch diese Feiern außer Gebrauch gekommen und es werden nur noch Tanzmusiken in den Dorfwirtshäusern abgehalten." Der Autor des Artikels bemerkte dazu, dass der neue Brauch den Bauern

406 Baumgarten a. a. O., S. 82

407 PZ Nr. 89 vom 23.9.1900

Erntefestwerbung in Siggelkow in den Jahren1999, 2000, 2001 und 2005

billiger komme: „Ob es auch zweckmäßiger ist, erscheint sehr fraglich. Jedenfalls giebt es Leute, die der Ansicht sind, daß die Schablonisierung resp. die Ausrottung der ländlichen Vergnügungen für die Landflucht mitverantwortlich gemacht werden muß."[408]

Der Spornitzer Ortschronist Alfred Lobbe schrieb: „Die Erntezeit „Das Austbier" oder die „Austköst" war in Spornitz und Umgebung bis Anfang des 18. Jahrhunderts eine Gehöftsfeier, auf der die Dienstboten und Erntehelfer nach der Erntezeit ein besonderes Festessen mit Bier und Branntwein erhielten. Zur Zeit Pastor Plagemanns aber taten sich alle Gehöfte zusammen und feierten das „Austbier" gemeinsam im Krug. „Es beginnt am Sonnabend, und es wird die ganze Nacht hindurchgetanzt" schreibt Plagemann 1757 beschwerdeführend an den Herzog. Er verkennt den Sinn des Erntebieres durchaus nicht, wenn er schreibt, dass selbige ursprünglich eine Belohnung für die Erntearbeit habe sein sollen und auch in diesem Sinne auf den Gehöften begangen wurde. Jetzt aber das ganze Dorf erfasse und am Sonnabend beginne, worunter der Gottesdienst am Sonntag leide. Darauf verbot der Herzog Friedrich seinen Pächtern und Domanialbauern das „Austbier" und empfahl ihnen, den Schnittern und Erntehelfern eine Vergütung in Geld zu geben. Dieses Verbot wurde aber nie beachtet, denn das Erntefest hat sich unentwegt bis in unsere heutige Zeit erhalten. Nach dem öffentlichen Verbot erhielten die Dienstboten und Helfer schon am Sonntag vor dem Erntebier Erbsen und Hering, das in jener Zeit ein Festessen war. Das Bier wurde in Messingkesseln herumgereicht, später aus Tonkruken getrunken. 1769 erfolgt abermals ein Verbot durch den Fürsten, aber die Bauern beachten es nicht und machen die Ausköst als Gehöftsfeiern weiter. Die Art der Feier hat sich im Laufe der Jahrhunderte wesentlich verändert. Ende des 19. und Anfang des 20. Jahrhunderts wird am Abend vor der Feier von den Mädchen eine Erntekrone gebunden und die Ausstattung des Festes obliegt einem Bauern, der am Nachmittag des Festtages auf der großen Diele seines Hauses für alle Dienstboten eine Kaffeetafel gibt. Anschließend versammeln sich alle vor dem Dorfkrug, wo die Musik bereits Aufstellung genommen hat. Der älteste „Knecht" ordnet und führt alle Versammelten zum Umzug. Die Mädchen tragen die bunt bebänderte und mit Blumen geschmückte Erntekrone, ihnen folgen Gruppen mit Harken und Sensen. Der „Altknecht" schwenkt die mit bunten Bändern geschmückte Schnapsflasche, die Musik setzt ein, und der Zug setzt sich in Bewegung zum Pastorenhaus. Der Pastor begrüßt sie, spricht ein paar Worte des Dankes für die Bergung der Ernte und trinkt als Erster ein Glas aus der Flasche des Altknechts. Von nun an wird

408 PZ Nr. 107 vom 5.9.1901
Vgl. auch die Schilderung des Erntefestes im Bauerndorf Ruest bei Niemann: Beständiger Wandel a. a. O., S. 135

sie auf dem Marsch auch den Zuschauern gereicht. Nach dem Ummarsch erhält die Krone an der Decke des Festsaals ihren Platz und schaut auf das fröhliche Treiben der Erntearbeiter herab. Diese Gemeinschaftsfeier wird auch nach dem ersten Weltkrieg in gleicher Weise fortgeführt. In der Nazizeit wurde das Erntefest als Erntedankfest mit einem Gottesdienst in der Kirche verbunden. In vielen Fällen fand derselbe auf dem Friedhof statt, weil der Platz für alle Teilnehmer am Festzug in der Kirche nicht ausreichte. Anschließend setzte sich der bunte Festzug zum Umzug durch das Dorf in Bewegung. Mit Blumen geschmückte Erntewagen und marschierende Trachtengruppen, die mit den verschiedensten Erntegeräten erschienen, wechselten einander ab. Am Abend war auf beiden Sälen Tanz und auch in der Bahnhofswirtschaft herrschte reges Leben und Fröhlichkeit. Nach dem zweiten Weltkrieg ruhte zunächst die Feier, lebt aber dann als Fest der Beteiligten wieder auf, und wird mehr zu Einzelfeiern der einzelnen landwirtschaftlichen Produktionsgenossenschaften, von denen 1966 noch drei vorhanden sind. Mit Bildung der Kooperation (KAP) Kooperative Abteilung Pflanzenproduktion 1971–75 wurde das Erntefest über das gesamte Territorium der KAP organisiert mit den Orten Tramm, Klinken, Raduhn-Rusch, Garwitz, Matzlow, Spornitz, Dütschow, SteinbeckPrimank, Klockow-Kiekindemark. Einzelne Gemeinden wie Tramm und Klinken führten auch ein Gemeindeerntefest durch. Mit der politischen Wende und Wiedervereinigung Deutschlands 1989/90 wurden Erntefeste auf Gemeindeebene gefeiert wie in der Gemeinde Lewitzrand oder wie in Dütschow organisiert von den Organisatoren aus den Dörfern. Der Volksmund in Spornitz zur Ernte: Beim paarweisen Aufhocken der Garben blieb oft eine Garbe übrig. Sie wurde vor der Hocke aufgestellt und der Hocker sagte: „Hier hett`s wedder bie lagen". Gemeint ist nach Lehrer Gillhoff die Binderin. Darum heißt diese Garbe „Die Loegengarw." Alte Bäuerinnen nennen sie auch „Hurkind" und ersehen daraus ein kommendes Kindelbier bei der Binderin. Damit „die Waur (Wode) för sein Pferd Faurer (Futter) findet", lässt der Mäher in einer Ecke des Kornfeldes einige Halme stehen. „In die letzte Korneck sitt „die Wulf". (Daher die Redensart, wenn jemand als letzter oder zu spät kommt: Den`n bitt dei Wulf). Wenn ein Mäher bei der Ernte schlapp macht, „denn hett em dei Austbuck stött" und wenn einer im Mähen nachlässt, ruft man ihm zu: „Lat Die man nich von`n Austbuck stöten". Wer das letzte Korn abmäht, wird „Roggenwulf". Daher hütet sich jeder Mäher, den letzten Hieb zu tun, weil er dann „einen bewilligen muss".[409]

In Below bei Goldberg wurde im 19. Jahrhundert „bei Festlichkeiten auf den bäuerlichen Dielen gegessen, getrunken und getanzt. Bei wachsendem Wohlstand ließen die Krüger an ihre Häuser einen Saal anbauen, manchmal mit einer Bühne versehen, in Below allerdings nur mit einer Empore für

409 Amtsblatt Parchimer Umland Nr. 9 vom 21.9.2018

Erntefestwerbung in Friedrichsruhe 2000

die Musiker. In unserem (20. – W. H.) Jahrhundert waren die Erntefeste mit Umzügen verbunden, deren wichtigster Bestandteil die gemeinsam gefertigte Erntekrone war, die bis zum nächsten Jahr an der Saaldecke aufgehängt wurde. Die LPG versuchte diesen Brauch weiterzuführen, doch mit der Trennung in Tier- und Pflanzenproduktion fehlte die gemeinsame Basis für das einzelne Dorf. So wurden verschiedene Möglichkeiten versucht, von einem kleinen Fest der Tierproduzenten, die ja gar keine Beziehung mehr zur Ernte hatten, bis zu einem gemeinsamen Kooperationsrat an zentraler Stelle. Bevor sich eine neue Tradition ausbilden konnte, war auch dieser Abschnitt der Geschichte vorbei."[410]

Otto Warnke berichtet aus Zapel, dass das Erntefest in den 1930er Jahren für das ganze Dorf gefeiert wurde, das Gut feierte extra. „In der Nazizeit wurde es wieder Mode, beim Festumzug Volkstracht zu tragen, Volkstanzgruppen führten alte Volkstänze vor. Beim Erntedank-Gottesdienst lagen vor dem Altar Getreide, Obst und Gemüse, dies übergab man am nächsten Tag dem evangelischen Krankenhaus Stift Bethlehem in Ludwigslust."[411]

Das Erntefest wurde vor dem 2. Weltkrieg in Weisin bei Lübz auf dem Gut folgendermaßen begangen: „Ein besonderer Höhepunkt im Dorfleben war jedes Jahr nach Abschluss der eingebrachten Halmfruchternte das Erntefest (Ornbier). Zunächst wurde die Erntekrone, die Frauen und Mädchen aus Ähren und Blumen gebunden hatten, in einem Festzug durch das Dorf getragen, hing zunächst in der Kirche und wurde dann vor dem Gutshaus (dem Gutsbesitzer – W. H.) Herrn Berckemeyer übergeben. Der dankte für die geleistete Arbeit und lud alle zur Festtafel ein, meistens draußen im Park. Anschließend wurde auf dem Kornboden fleißig getanzt und so manches Glas Lübzer Bier und nicht zu wenig Köm getrunken."[412] Anna Knoll erinnerte sich an das Erntefest auf dem Gut Passow bei Lübz: „Nach Abschluß der Kornernte wurde zum Oornbier eine Erntekrone aus Ähren und Blumen gebunden, die zwei Knechte im Festzug auf Forken durch das Dorf trugen. Vor dem Schloss empfing sie der Gutsbesitzer. Das Festessen nahm man im Freien oder in dem Wirtschaftsgebäude ein, getanzt wurde auf dem Kornboden über dem Pferdestall. Es gab Freibier."[413]

Zum Erntefest auf dem Gut Hof Grabow wird berichtet: „Die Vorstufe zum späteren Erntefest bildete jeden Sommer das sogenannte Schleifenbinden. Das erste Feld, das

410 Fred Beckendorf 700 Jahre Below, S. 69

411 Otto Warnke

412 Gustav Bergter: Weisin, o. O. 2000, S. 22

413 Anna Knoll, geb. Wilke (1910–1997) In: Gustav Bergter: Passow 1324–1999, S. 51

für den Mähbinder vorzubereiten war, mußte mit der Hand angemäht werden. Hierzu wurden einige Männer mit Sensen und Frauen zum Aufbinden der Garben auf das besagte Feld geschickt. Sie mußten rund um das Feld eine Sensenbreite des Getreides abmähen, um Platz für die vier Pferde mit dem Mähbinder zu schaffen. Vater und Mutter sowie wir Kinder, die zu Hause waren, und die Beamtenfamilie mit dem Hofwirtschafter mußten auf das Feld kommen und wurden von den Anmähern begrüßt. Anschließend wurden ihnen breite bunte Schärpen mit einer großen Schleife an Jacke oder Kleid geheftet. Für die Schleifen mußte selbstverständlich ein Obolus entrichtet werden. Die Erwachsenen erhielten lange (zu fünf Mark) und die Kinder kurze (zu zwei Mark) Schärpen. Sie wurden bis zum Erntefest aufgehoben.

Ende September wurde in den meisten Jahren, wenn das Getreide vom Felde war, das Erntefest gefeiert. Das war für die ganze Domäne das herausragende Fest und Ereignis des ganzen Jahres. Da zur damaligen Zeit das Getreide noch in Garben in Scheunen und, wenn diese nicht ausreichten, auch in Mieten gelagert wurde, war auf dem großen Kornspeicher über dem Pferdestall noch ausreichend Platz ... Engagierte Frauen banden in liebevoller Arbeit eine Erntekrone aus allen zur Verfügung stehenden Getreidesorten. Am Tag selbst wurde am frühen Nachmittag mit der angemieteten Blaskapelle ein Umzug durch das Dorf veranstaltet und Klein und Groß zum Feiern abgeholt. Die Erntekrone wurde hinter der Kapelle dem Zug vorangetragen.

Nachdem so alle Dorf- und Gutsbewohner sich dem Zug angeschlossen hatten, zogen sie Richtung Kornboden. Dann ging es die mit Tannengrün geschmückte Treppe hinauf zum ebenfalls mit Tannengrün und bunten Bändern festlich geschmückten und gut präparierten Tanzboden. Für die Erwachsenen gab es Bier vom Faß und für die Kinder Saft. Die ersten zwei Stunden waren nur den Kindern gewidmet mit Spielen, Tanz und Kasperltheater ... Getanzt wurde bis in die frühen Morgenstunden."[414]

Erntefestwerbung in Siggelkow 2003

„Im Herbst nach der eingebrachten Ernte wurde in Tarnow, einem Bauerndorf mit 22 Bauern und drei Gastwirtschaften, zünftig das Erntefest gefeiert. Die Erntewagen wurden mit Sitzbrettern versehen und mit vielen schönen Blumen und Tannengrün geschmückt. Die Frauen und Pferdeknechte trugen Trachten und Zylinder, es war sehr hübsch. Auch wir Kinder hatten einen geschmückten Einspännerwagen. In Tarnow auf dem Festplatz war ein buntes Treiben mit Schießbuden und

414 Bernhard Beckendorf: Die Familie Benckendorff und die Domänen Hof Grabow und Adamsdorf. In: Mario Niemann: Ländliches Leben in Mecklenburg in der ersten Hälfte des 20. Jahrhunderts. Rostock 2004, S. 102 f.

Reitergeschicklichkeiten."[415] „Zu den Festen kamen wir stets nach Mestlin. Das jährliche Erntefest feierte Mestlin mit Vimfow gemeinsam. Zunächst ging der Umzug durch das Dorf, dann zum Gutshaus, wo Reden gehalten wurden, und er endete im Klosterkrug beim Gastwirt Hartwig mit Freibier und fröhlichem Tanz."[416]

Von Austköst und Austbier in Klinken schreibt Schultz: „In früheren Zeiten bestand der Erntedank in einem Dankopfer. Auf jedem Feld wurde „ein Garv for Waud" (Wotan), den wilden Reiter, stehengelassen, damit er etwas für sein Pferd zu fressen hatte ... Die harte Arbeit machte hungrig und durstig, und so gab es immer als Austköst (Erntekost) „wat owern Dumen", nämlich Brot und Schinken, und zur Erfrischung „'nen Sluck ut de Buddel". Das selbstgebraute hochprozentige Bier tat seine Wirkung. Am Abend erwartete die Dorfjugend die Heimkehrer, die meist in Gruppen mit Gesang ins Dorf einzogen.

Die Austköst bei der Erntearbeit war eine Vorfeier für das Austbier, das eigentliche Erntefest. In früheren Jahrhunderten wurde 3 Tage lang gefeiert, nämlich am Donnerstag, Freitag und Sonntag. Die Herrichtung des Austbiers ging jedes Jahr bei den Bauern im Dorf reihum, wobei der „Austbur" das Bier einzubrauen hatte. Am Abend vor dem Austbier, also am Mittwoch, fanden sich die Bauern des Dorfes beim Austbur ein, um die Qualität des Bieres zu erproben. Auch die Dorfjugend versammelte sich ebenfalls beim Austbur, um die Erntekrone zu binden. Hierbei wurden lustige Geschichten erzählt, alte Volkslieder gesungen und, wenn die Krone fertig war, nach der Ziehharmonika getanzt. Am Donnerstag nach dem Mittag begann das Erntefest mit einem Umzug durch das Dorf. Schultenvarrer und Schultenmurrer sowie Austburvarrer und Austburmurrer führten den Zug an. Dann kam die Musik, danach die Austkrone und hinter dieser folgten die Einwohner des ganzen Dorfes. Schließlich erfolgte der Einmarsch beim Austbur, und es ging rund um die Diele herum, bis sich Spitze und Ende des Zuges zu einem Kreise schlossen. Die Austkrone wurde nun in die Mitte getragen, die Musik hörte auf zu spielen, und eine feierliche Stille trat ein, wenn die Austkrone an der Dielendecke aufgehängt wurde. Dies war das Zeichen für den Beginn des Austbieres. Die Musik spielte zum Tanz unter der Erntekrone auf, und das Austbier wurde ausgeschenkt ... Die Dorfmusik – Baß, Violine, Klarinette und Flöte, dazwischen Hornmusik – brachte die Tanzenden in Schwung. Oft mußte der „Banschower" gespielt werden, sehr viel wurden der Besentanz und andere Gemeinschaftstänze getanzt. Den Höhepunkt bildete die Polonaise. Sie ging durch die Stuben, dann

415 Wolfram Düvel: Das Gut Haegenfelde und seine Nachbarschaft. In: Mario Niemann: Ländliches Leben a.a. O, S. 202

416 Gisela Behm: Die Domäne Mestlin und das Gut Weisin. In: Mario Niemann: Ländliches Leben a. a. O., S. 79

durch den Garten, über den Graben, durch die Wiesen, um die Kirche und dann zurück in die Festdiele. Schlaf war erst am Morgen. Am Freitag ging es weiter, Sonnabend war Ruhetag, und am Sonntag wurde so lange gefeiert, wie das Bier reichte."[417]

Aus Wilsen bei Lübz berichtet Harry Brüggmann: „Als die einzelnen Bauerndörfer noch Gemeinden und damit selbständig waren, veranstaltete jedes Dorf sein eigenes Erntefest. Für dessen Finanzierung sammelten die Veranstalter bei den Bauern, Büdnern und Häuslern im Voraus einen Geldbetrag, um entstehende Kosten, insbesondere für die Kapelle, begleichen zu können. Zwischen den Bauern und dem Dorfschulzen kam es zu einer Einigung über das Erntefestprogramm, über organisatorische Verantwortlichkeiten und den Erntefesttermin. Dann begannen die Vorbereitungen. Dazu gehörte, dass die Mädchen des Dorfes – Bauerntöchter und Mägde in gemeinsamer Arbeit – eine Erntekrone auf einem Holzgerüst banden. Sie verwendeten dazu alle Ähren der von den Bauern im Dorf geernteten Getreidearten, die sie mit kleinen Wild- und Gartenblumen verflochten. In der Regel fand am Nachmittag des Erntefestes ein Umzug der gesamten Dorfbevölkerung statt. Dazu stattete man Pferdeleiterwagen mit Garben, Blumen und Zweigen aus. Häusler, die keine Pferde besaßen, spannten ihre Ochsen oder Kühe vor einen Erntewagen. Die Bauern saßen auf den Wagen und regierten das Gespann mit Leine und Peitsche. Knechte und Mägde hatten Arbeitskleidung angelegt und trugen Sensen, Forken und Harken, die mit Ähren und Blumen geschmückt waren. Ältere Leute, die Altbauern, Jugendliche und Kinder saßen ebenfalls auf den Wagen oder schlossen sich dem Fußvolk an. Der Dorfschulze gab das Signal, damit sich die Wagenkolonne in Bewegung setzte. Vorneweg trug ein Bauernsohn oder ein angesehener und erfolgreicher Knecht stolz die Erntekrone während des gesamten Umzugs im Dorf. War der Umzug beendet, hängte man die Erntekrone inmitten des Saales oder über der Tanzfläche auf der Tenne an der Decke auf. Sie galt als Sinnbild einer guten Ernte und wurde von allen geachtet und geehrt. In vielen Orten hing sie bis zur nächsten Ernte an der Saaldecke …

Die Fahrt führte rund durch das ganze Dorf. Das war nur in den Runddörfern möglich. In den Straßendörfern fuhren die Erntewagen hin und zurück. Dann spannten die Knechte die Pferde aus, brachten sie in ihre Ställe, zogen sich schnell um, ebenso die Frauen. Gegen 16 Uhr fanden sich alle Dörfler zur gemeinsamen Kaffeetafel auf dem Festplatz und bei ungünstigem Wetter im Saal der Gaststätte oder in den Dörfern, die über eine solche Lokalität nicht verfügten, auf der Scheunendiele eines Bauern ein. Hier saßen alle gemeinsam an langen Tischen bei dem Kuchen, den die Bauersfrauen zuvor gebacken hatten. Das Gesinde saß beim Bauern

417 Schultz a. a. O., S. 112 f.

Landeserntefest in Dobbertin am 6.10.2002

Plauerhagen 2009

mit am Tisch ... Nach diesem Teil des Erntefestes tanzten Kinder, Jugendliche und die Altenteiler nach den Klängen der Blasmusik, bis die Eltern sie zum Abendessen riefen. Das Hofpersonal hatte sich nach der Kaffeemahlzeit schon entfernt, denn auf dem Bauernhof war zum Abend das gesamte Vieh zu füttern und die Kühe waren zu melken. Diese Arbeit musste auch am Erntefest geleistet werden, wie man sie für jeden Tag kannte. Dann nahmen alle auf dem Bauernhof das Abendessen ein, das am Erntefest reichlicher und besser ausfiel als an anderen Tagen. Danach bereiteten sich alle auf den Erntefestabend vor. Dazu zog sich jeder die beste Kleidung an, die er besaß, denn beim Tanz wollte man angenehm auffallen. War der Erntetanz eröffnet, bewegten sich alle nach den Walzer-, Schieber- und Polkamelodien. Hatten die Männer einige Gläser Korn getrunken, wurden sie mutiger und stießen im Takt der Musik kräftig mit den Füßen auf den Tanzboden auf, dass es nur so krachte. Das taten sie auch, wenn sie den Kegeltanz aufboten ... In einigen Orten banden die jungen Mädchen neben der Erntekrone auch noch grüne Ehrenpforten aus Buchsbaum, Spargelkraut, Buchen- und Eichenzweigen. Dazu spielte jemand auf einer Mundharmonika oder auf einer „Treckfidel" genannten Ziehharmonika."[418]

Die Nationalsozialisten machten per Reichsgesetz vom 28.2.1934 den Erntedank zum nationalen Feiertag, er wurde von nun an am ersten Sonntag nach Michaelis gefeiert. Das Erntefest sollte die Verbundenheit von Arbeitern und Bauern dokumentieren. Mit Ernteumzügen in unhistorischen Trachten in Dörfern und in den Städten wurden das Leben auf dem Lande und die zentrale Bedeutung des Bauernstandes für die Ernährung verdeutlicht. 1937 erschien eine kleine Broschüre von Ernst Ammer als Handreichung „Wir feiern Erntefeste – Glückwünsche, Vorträge und Aufführungen zum Erntefest", darin enthalten u. a. Bindesprüche und Sprüche bei der Überreichung der Erntekrone. Es fehlt aber auch nicht ein Text, der nationalsozialistischen Zeitgeist versprüht: „Der Bauer ist des Volkes echter Sohn", in dem es heißt: „Zu aller Freude auch ein ernstes Wort zu dir, Bauer, auf der Heimatscholle. Dem Führer treu! Mög kommen, was da wolle, stets wie ein Mann: der Ost, Süd, West und Nord, Du stehest hoch inmitten der Nation, du deutscher Bauer, du, es klingt wie Mahnen; erweis dich würdig deiner alten Ahnen; der Bauer ist des Volkes echter Sohn."[419]

„Nach 1933 wurden in Wangelin die Erntefeste groß gefeiert. Viele Einwohner nahmen in Tracht am Umzug teil. In jedem Jahr wurde die Erntekrone bei einem anderen Bauern gebunden. Von dort wurde sie abgeholt und zum Saal gebracht."[420] In der Dorfgeschichtsdarstellung von Wilsen steht zum Erntefest: „Wenn es losging, holten die Jungen das Geld zusammen. Jeder gab 3 Mark. In der Nacht vom Donnerstag zum Freitag

418 Harry B. Brüggmann: Leben am Gehlsbach – Geschichte und Geschichten aus Südmecklenburg. o. O. 2016, S. 115–117

419 Ernst Ammer: Wir feiern Erntefeste – Glückwünsche, Vorträge und Aufführungen zum Erntefest. Reutlingen 1937

420 Werner Albrecht: 550 Jahre Gnevsdorf Wangelin, 1998, S. 78

banden die Mädchen die Erntekrone und die grünen Ehrenpforten aus Eichenlaub, Buchsbaum und Spargel. Freitag begann der Tanz. Fahrten über Land, über Stock und Stein, brachten die Jugend in übermütige Laune. Auch der Schnaps erhitzte die Gemüter. Ein Mann aus dem Dorf spielte Harmonika. Man lud ihn auf eine Schiebkarre und fuhr schnurstracks in die gute Stube hinein, um gehörig Klamauk zu machen.

Sonnabendmorgen, wenn der Tanz vorbei war – so gegen sechs oder sieben Uhr herum – verkleideten sich zwei Jungs als Mann und Frau. So wankten sie durchs Dorf, um Eier und Zucker zu sammeln. Musikanten gingen voraus; Kinder und die Jugend liefen hinterher. Mit Ofenruß hatten sich die „Eierschnurrer" Gesicht und Hände geschwärzt, und kam jemand zu nahe an das zerzauste „Ehepaar" heran, so wurde er liebevoll gestreichelt ... Beim Einsammeln der Eier blieb es nicht. Zwei- oder dreistöckige Kümmel und Körner brachten die sonst so schwerblütigen mecklenburgischen Mummenschanzen in Vulkanglut. Waren die Schimpfereien nicht mehr mit Worten zu steigern, so gingen die Verkleideten zur Tat über (alles scheinbar noch Scherz). Doch daraus wurde zuweilen hitziger Ernst. Mit Eiern bewarfen sich „Mann" und „Frau". Nicht selten lagen dann zwei zerzauste und jammervoll anzusehende Gestalten auf einer Strohschütte und schliefen den Schlaf der Erschöpften.

Was an Eiern übriggeblieben war, trugen andere in der Hofkiepe in das Haus, wo der „Erntefestvater" wohnte. Im Kupferkessel hatte man Bier angesetzt. Dieses wurde mit den Eiern zusammengerührt, aufgekocht und in Tassen ausgeschenkt. So gegen 10 Uhr des Sonnabends fing der Tanz wieder an. Jetzt kamen auch die alten Tänze dran wie „Katt und Maus", „Scheperdanz", „Windmöller" usw. Wenn es dunkel wurde am Sonnabend, war alles vorbei."[421]

Plauerhagen 2017

Aus der Nachkriegszeit erinnerte sich Inge Schleusener an das Erntefest in der Gemeinde Wahlstorf: „Wenn die Felder abgeerntet waren und die Früchte unter Dach und Fach waren, wurde das Erntefest gefeiert. Dazu schmückte man Erntewagen und Geräte festlich aus und begann am frühen Nachmittag mit dem Umzug durchs Dorf. Dem geschmückten Zug schlossen sich viele Dorfbewohner an. Die schönsten und originellsten Wagen wurden prämiert. Ich erinnere mich noch an einen Festzug aus den ersten Nachkriegsjahren. Da fuhr eine Hungerharke mit im Festumzug. Davor war ein mageres Pferd gespannt, auf dem Sitz der Hungerharke saß ein spakker Kutscher, ärmlich gekleidet, mit einem Schild und folgender Aufschrift: *„Wir hungern zu Dritt"*. Er wurde mit einer Schachtel Zigaretten für die originelle Darstellung ausgezeichnet."[422]

„1956 wurde in Granzin bei Lübz das erste Fest der „Ersten Garbe" gefeiert. Die Einwohner zogen zum Getreideschlag, wo vom Vorsitzenden der LPG der erste Schnitt mit der Sense getan wurde. Dann band man das Getreide zu einer Garbe, die zum Festplatz geleitet wurde. Höhepunkt waren danach am Vormittag sportliche Wettkämpfe, die von den einzelnen Mannschaften der koope-

421 725 Jahre Wilsen 1274–1999, S. 34 f.
422 Inge Schleusener, geb. Zahn, Jg. 1935, seit 1945 in Quaßlin

rierenden LPG durchgeführt wurden, wobei wertvolle Punkte für einen Wanderpokal gesammelt wurden. Der Nachmittag war der Kultur vorbehalten. Einstmals wetteiferten auch hier Einwohner oder Werktätige der einzelnen Betriebe einzeln oder in Gruppen um die beste Darbietung. Heute (1984 – W. H.) – zum Leidwesen vieler – werden derartige Veranstaltungen durch die Konzert- und Gastspieldirektion durchgeführt. Noch 1973 lief dieses Fest unter der traditionellen Bezeichnung (= Erntefest). Da die Ernte jedoch bereits mit der Einbringung des Futters beginnt und da das Territorium sich vergrößert hatte, taufte man das Fest auf Kooperationsfest um. Wenn sich heute auch einige Meinungen breitmachen, daß ein derartiges Fest zu arbeitsaufwendig ist, so sollte es jedoch nach wie vor durchgeführt werden. Zum einen beruht es auf einer alten Tradition, die man pflegen sollte, zum anderen ist es die einzige Möglichkeit, daß sich die Einwohner des Einzugsbereiches unserer Kooperation zum gemeinsamen Feiern zusammenfinden, was der engeren Bindung zwischen den LPG dienlich ist. Wir sollten dieses Fest mit einer alten Schönheit wiederaufleben lassen. Das Erntefest, einstmals der Höhepunkt nach der Ernte, hatte ebenfalls durch die Spezialisierung und die damit verbundene durchgehende Arbeit gelitten. Die Größe des Territoriums macht Umzüge – wie sie früher üblich waren – fast unmöglich. Aber auch hier sollte man darangehen, dieses Fest in seiner alten Schönheit wieder entstehen zu lassen."[423]

Erntefeste wurden in Mecklenburg bis zur Gründung der LPG (1952–1960) in jedem Dorf gefeiert; dann ging – wie Christel Brandt, 1984 stellvertretende Direktorin des Bezirkskabinetts für Kulturarbeit Schwerin und Leiterin des Folkloreensembles des Bezirkes Schwerin, schrieb – deren „inhaltliche Basis" verloren. Mit dem Abschluss der LPG-Bildungen wurde die Feier des Erntefestes eingestellt. Auch in Plau veranstalteten die Ackerbürger bis etwa 1960 Erntefeste in der Gaststätte auf dem Klüschenberg mit Freibier und Tanz, „das war eine festliche Angelegenheit mit Erntekrone, wozu alle Erntehelfer eingeladen wurden."[424]

„In den 1950er-Jahren wurde noch fast in jedem Dorf ein Erntefest gefeiert. Im Zuge der Konzentration und Spezialisierung der landwirtschaftlichen Produktion etwa seit Mitte der 1960er-Jahre wurden in den Dörfern Kooperationserntefeste veranstaltet. Sehr viel Organisations- und Transportaufwand war nötig, um die Angehörigen der Kooperation zusammenzuführen. Hierbei gegen die Ursprünglichkeit des bisherigen Erntefestes verloren. Die Ursachen sind darin zu suchen, daß die Teilnehmer sich teilweise fremd gegenüberstanden, nicht alle Einwohner der Gemeinden mehr daran teilhaben konnten und zum anderen die Spezifik des jeweiligen Dorfes fehlte. An die Stelle dieser Feste traten Betriebsfeiern, die zu nüchternen Auswertungsveranstaltungen mit anschließendem Tanz wurden, natürlich nur für Betriebsangehörige, während die übrige Bevölkerung abseits stand. In dieser Zeit gab es viele Bemühungen, qualitativ Neues zu entwickeln, wie z.B. das Fest der ersten Garbe, Maisfest, Fest der letzten Garbe."[425] 1982, als die SED die Heimatverbundenheit der Bürger für ihre politischen Ziele nutzen wollte, beschloss der Ministerrat der DDR eine „Grundorientierung und Maßnahmen zur weiteren Entwicklung des Kulturniveaus der Genossenschaftsbauern und des geistig-kulturellen Lebens in den Dörfern". Erntefe-

423 Dorfgeschichten des Dorfes Granzin 1984, S. 71

424 Ingeborg Kuse, geb. Höppner Jg. 1939 Plau

425 Christel Brandt: Erntefeste im sozialistischen Dorf (Bezirk Schwerin). In: Erntebrauchtum einst und jetzt, Rostock 1984, S. 14

Erntefest in Friedrichsruhe 2006

ste sollten nun von den Kreiskabinetten für Kulturarbeit wiederbelebt wurden. Christel Brandt vermerkt dazu: „Gerade das Anfertigen der Erntekrone nahm überall einen breiten Raum ein", wobei ältere Bäuerinnen das Binden übernahmen und die jungen Leute zuschauten, denn es stellte sich heraus, „daß das Binden gar nicht so einfach ist und gelernt sein will." Sie berichtet weiter, dass das Überreichen der Erntekrone nicht einheitlich erfolgte. Entweder übergaben Genossenschaftsmitglieder oder die Binderinnen die Erntekrone an den Bürgermeister, oder der LPG-Vorsitzende erhielt sie von Jugendlichen.[426] Beim gemeinsamen Erntefest der LPG (P) und LPG (T) im Kooperationsbereich Grebbin (Landkreis Parchim) überreichten 1983 in Trachten gekleidete Jugendliche der LPG-Vorsitzenden die Erntekrone, die anschließend feierlich in den Saal getragen und dort aufgehängt wurde; sie war somit Mittelpunkt des abendlichen LPG-Festes." Die LPG Pflanzenproduktion Parchim/Rom wiederbelebte sogar einen „Erntebitter": „Zur Einladung der Erntehelfer und der Mitglieder des Sekretariats der Kreisleitung der SED und des Rates des Kreises wurde ein kostümierter Erntebitter mit einem mit Blumen und Bändern versehenen Stab in einer ebenfalls hübsch geschmückten Kutsche in Begleitung Berittener durch Parchim gefahren, um die jeweiligen Einladungen zu überbringen."[427] Der Volkskundler Michael Kamp stellte dazu fest: „Die Kollektivierung und Industrialisierung der Landwirtschaft als eine der Grundideen des Sozialismus vollzog sich im Arbeiter- und Bauernstaat bei gleichzeitiger Verdrängung der traditionellen ländlichen Kultur sehr dynamisch. In der Rückschau mutet es grotesk an, wenn die Belegschaften der meist hochtechnisierten LPG mit Stroh geschmückten Bauernwagen und Trachtenversatzstücken Erntedank feierten."[428]

Am 19. Oktober 1985 feierte die Kooperation Redefin (LPG P Redefin, LPG T Redefin, Belsch, Gößlow, Goldenitz mit dem Kooperationspartner VE Pferdezuchtdirektion Nord) mit ihren 400 Genossenschaftsbauern

426 ebenda S. 15 f.

427 ebenda S. 16

428 Alois Döring/Michael Kamp/Mirko Uhlig: Dem Licht entgegen – Winterbräuche zwischen Erntedank und Maria Lichtmess. Köln 2010, S. 114

Erntefeststrohfiguren in Wendisch Priborn 2007

Erntefeststrohfiguren in Plau am See 2008

ein großes Erntefest mit über 1000 Mitwirkenden, an dem Werner Felfe (Mitglied des Politbüros und Sekretär des ZK der SED für Landwirtschaft) und weitere SED-Politprominenz als Gäste teilnahmen, was darauf hinweist, welche politische Bedeutung diesem Ereignis beigemessen wurde. Die SVZ berichtete, dass die Erntekronen der fünf Genossenschaften nicht nur von der Staatsflagge sondern auch „von roten Fahnen der Arbeiterklasse" flankiert waren. „Weiße Tauben erheben sich in den Himmel, davon kündend, daß hier Menschen zusammen sind, die in friedlicher Arbeit ihr Bestes geben." Werner Krix, Vorsitzender des Kooperationsrates, überreichte Felfe „die letzte Garbe symbolisch für eine Ernte, die die beste in der Geschichte der LPG ist." Dazu wurden Erntesprüche rezitiert. „Im Frühjahr haben wir gesät, im Sommer haben wir gemäht, daß auf dem Land und in der Stadt ein jeder gut zu essen hat. / Nun sind die Felder leer, nun sind die Säcke schwer. Weh dem, der unser Land und Brot und unseres Freundes Haus bedroht." Der Festumzug mit 54 Bildern, welcher die „tiefgreifenden gesellschaftlichen Veränderungen in Redefin veranschaulichen sollten, wurde vom Redefiner Blasorchester angeführt, dahinter ein Transparent mit der Losung: „40 Jahre demokratische Bodenreform – 40 Jahre erfolgreiche sozialistische Agrarpolitik".[429]

Nach der Wende erlebten die dörflichen Erntefeste vielerorts eine Renaissance. Heute machen Strohpuppen im Vorgarten und Strohballenfiguren an den Ortseingängen auf das Fest, das mit einem Umzug verbunden ist, aufmerksam. Im Dorf werden Früchte aus Feld und Garten, oft auch ausgehöhlte Kürbisse, vors geschmückte Haus gestellt. Wichtiges Attribut ist das Binden einer Erntekrone. Im Landkreis Parchim

429 SVZ vom 21.10.1985

fand in jedem Jahr ein Wettbewerb um die schönste Erntekrone statt, die in der Parchimer Sparkasse öffentlich ausgestellt wurden. Elf Erntekronen aus dem damaligen Landkreis Parchim waren für eine Woche im September 2003 in der Sparkassenhalle am Parchimer Moltkeplatz zu sehen, denn zum 6. Male lud der Landfrauenverband zu einer Erntekronenschau ein. Diesmal beteiligten sich der Dorfclub Dargelütz, der Landfrauenverband Parchim (auch mit einer Kinderkrone), der Landfrauenverband Stolpe (mit Kinderkrone), die Gemeinde Suckow (mit Kinderkrone), die Lorenz GbR Ruest, die Familie Dieter Schaffrin aus Langen Brütz, das Gut Wamckow und der Landfrauenverein Siggelkow. Als Werbung für den Landkreis Parchim wurden die Erntekronen anschließend am 29. September in Hamburg und danach im Schweriner Schloss Park Center gezeigt.[430]

Das 12. Landeserntedankfest wurde 2002 in Dobbertin gefeiert: „Landwirtschaftsminister Till Backhaus bezeichnete das 12. Landeserntedankfest, das am 6. Oktober in Dobbertin stattfand, als „das beste Erntedankfest“, das er bisher erlebt hat. Nach einem Festgottesdienst mit Landesbischof Hermann Beste in der überfüllten Klosterkirche zog sich vier Kilometer langer Festumzug mit rund 100 Fahrzeugen vorbei an 8 000 Schaulustigen durch das festlich geschmückte Dobbertin, das in diesem Jahr sein 775. Dorfjubiläum begeht. Den ersten Streckenabschnitt führte eine Kutsche an, in der Schirmherr Ministerpräsident Dr. Harald Ringstorff, Landrat Klaus-Jürgen Iredi und Dobbertins Bürgermeister Horst Tober saßen. Erntekrone und Frauen in Mecklenburger Tracht folgten. Dann stiegen die Ehrengäste aus und verfolgten am Rande stehend den Festumzug, der von NDR-Moderator Norbert Bosse erläutert wurde.

Ein Hamburger Fanfarenzug sorgte am Anfang für schmissige Musik. Dann rollte die moderne Landwirtschaftstechnik durch die Dorfstraße und belegte augenfällig den Wandel, der sich bei der Feldbestellung und der Ernte vollzogen hat. Natürlich kamen auch die guten alten Pferdegespanne nicht zu kurz, welche die farbenfroh mit Blumen und Getreide geschmückten Wagen zogen. Da waren beispielsweise die Vimfower neben den Heideköniginnen aus Sandhof zu sehen. Viel Beifall erhielten auch die Festumzugteilnehmer aus Kirch Jesar mit ihren Trachten und Erntewagen. Die Oldtimerfeunde aus Goldberg und Werder bildeten mit ihren alten Traktoren einen eigenen Block. Auch die Forstwirtschaft stellte sich mit mehreren Fahrzeugen vor.

Der Lübzer Spielmannszug leitete den zweiten Teil ein, der sich der Dobbertiner Dorfgeschichte widmete. Da wurde nicht nur auf das Kloster mit seinen Nonnen und das adlige Damenstift aufmerksam gemacht, sondern auch an die Anwesenheit von John Brinckman 1844–46 in Dobbertin und Theodor Fontane erinnert. Eine Gruppe Flüchtlinge und Vertriebene wiesen auf den schweren Neuanfang 1945 hin. Die DDR-Geschichte kam mit einem Wagen, auf dem Jugendliche mit FDJ-Hemden und Pionierhalstüchern standen, sowie einem Trabant nicht zu kurz. Heute präsentiert sich Dobbertin als ein modernes Dorf mit etlichen Handwerksbetrieben, die alle im Festumzug vertreten waren. Die Karnevalisten wie auch die Westerntanzgruppe beschlossen den geschichtlichen Abriss.

Ministerpräsident Ringstorff schätzte in seiner Festansprache ein: „Was Dobbertin heute auf die Beine gestellt hat, das ist aller Ehren wert.“ Der Schirmherr zog eine Bilanz

430 Unser Landbote Nr. 10 vom 17.10.2003

Marnitz 2015

der diesjährigen Ernteergebnisse, die durch die Wetterunbilden gelitten haben. Er erinnerte, dass bei aller Technik ohne die Natur nichts geht: „Das war bei unseren Großeltern so, das ist auch heute noch so." Ringstorff sprach den Bäuerinnen und Bauern seinen Dank für ihre Arbeit aus: „Durch den Fleiß und unternehmerischen Mut der Landwirte ist die Landwirtschaft ein wichtiger und stabiler Wirtschaftszweig im Lande geworden." Er rief auf, verstärkt einheimische Produkte zu kaufen, damit können die Verbraucher die mecklenburgische Agrarwirtschaft weiter stärken. Symbolisch nahm der Ministerpräsident einen Erntekranz von den Vertreterinnen des Landfrauenverbandes Parchim entgegen."[431]

Die Gemeinde Prislich im Amt Grabow richtete am 24.9.2016 das Kreiserntefest im Landkreis Ludwigslust-Parchim aus. Die Schweriner Volkszeitung berichtete darüber: „Geschmückte Zäune und Vorgärten, Kürbisse, Figuren aus Stroh, bunte Luftballons und Fähnchen zeigen, dass in Prislich etwas los sein muss. Die Gemeinde im Amt Grabow ist Gastgeber des diesjährigen Kreiserntefestes. Es ist Sonnabendmittag. Auf dem Sammelplatz warten 45 Erntewagen, Traktoren, andere landwirtschaftliche Fahrzeuge und Fußgruppen aus Prislich, Neese, Werle und vielen anderen Gemeinden des Landkreises auf den Beginn des Festumzugs. Doch bevor sich der Tross in Bewegung setzen kann, inspiziert eine Fachjury jeden einzelnen Wagen und die selbst gebundenen Erntekronen. Vertreter des Landkreises, von Bauernverband und Sparkasse gehören dazu ... Pünktlich um 12.30 Uhr setzt sich der farbenfrohe und laute Umzug Richtung Neese über Werle und zurück nach Prislich zum Festplatz in Bewegung. Egal ob zu Pferde, mit dem Fahrrad, zu Fuß oder auf einem der geschmückten Erntewagen – alle Teilnehmer genossen die knapp dreistündige Rundfahrt bei schönstem Sonnenschein."[432]

2018 wurde das Kreiserntefest in Sülte gefeiert: „Wer am 22.9.2018 in unsere Gemeinde kam oder auch nur durchfuhr, wurde von den vielen, wunderschön gestalteten Vorgärten überrascht ... Die 45 Erntewagen setzten sich Punkt 12 Uhr zu einem Umzug durch unsere Gemeindedörfer in Bewegung. An den Straßen standen und saßen unsere Einwohnerinnen und Einwohner ... Während der ganzen Zeit des Umzuges ging es auch auf dem Festplatz bunt her. Ein Bauern- und Handwerkermarkt lud die Besucher ein ... Spannend wurde es im Festzelt, als die Platzierungen der Erntekronen und Wagen durch den Bauernverband bekannt gegeben wurden. "[433] Von den eingereichten 17 Erntekronen wurden prämiert: 1. Gemeinde Bengerstorf, 2. Niendorfer Erntekronen, 3. Fam. Busse aus Boldela.[434]

In Goldberg kamen Angehörige der evangelischen und katholische Kirche 2013 zu

431 Wolfram Hennies: Gottesdienst und Festumzug. In: Zs Mecklenburg 11/2002, S. 6

432 SVZ Ludwigslust 25. 9.2016

433 Daniela Spiehs /www. amt-ludwigslust-land. de/news/1/467810/nachrichten/kreiserntefest-in-sülte.html

434 SVZ Lübz vom 24. 9.2018

Erntefestumzug von Gnevsdorf über Wangelin, Retzow nach Ganzlin 2014

Erntefestumzug in Wendisch Priborn 2007

einem ökumenischen Erntefest zusammen, um dem Herrn für den Erntesegen zu danken. Die Mildenitzer Tanzlüd trugen die große Erntekrone in die evangelische Stadtkirche mit dem festlich geschmückten Altarraum. Nach dem Gottesdienst wurde gemeinsam im Pfarrgarten bei Posaunenmusik Kaffee getrunken.[435]

Das erste gemeinsame Erntefest feierte am 27.9.2014 die südlich von Plau gelegene Gemeinde Ganzlin nach der Fusion mit Buchberg und Wendisch Priborn, verbunden mit dem kirchlichen Erntedankfest in der vollbesetzten Gnevsdorfer Kirche. Im mit vielen Früchten und Blumen geschmückten Altarraum wies eine große Erntekrone auf den Anlass des Gottesdienstes hin. Im Ernteumzug, der nach dem Gottesdienst von Gnevsdorf über Wangelin und Retzow nach Ganzlin führte, wurde auf dem Wagen von Dresenow auch ein solcher Erntekranz mitgeführt. Ein anderer Wagen war mit einer lustig gekleideten Strohpuppe versehen. Insgesamt 22 geschmückte Wagen bildeten den Korso, angeführt und beschlossen mit einem Feuerwehrauto. Gezogen wurden die Anhänger, die mit Einwohnern aus allen Ortsteilen besetzt waren, nicht nur von modernen Ackergiganten sondern auch von Pferden, mehreren Lanz-Bulldog-Traktoren und einem Famulus-Traktor. Im Fahrzeugzug war auch ein VP-Wartburg zu entdecken, gesteuert von einem „echten" Volkspolizisten, erkennbar an seiner grünen DDR-Uniform. Nach dem Umzug trafen sich alle zur gemeinsamen Kaffeetafel in der Ganzliner Gaststätte Hinzpeter, wo den Feiernden auch ein Musikprogramm mit zünftiger Blasmusik geboten wurde.

Horst Kamke schreibt über das Marnitzer Erntefest 2017: „Selten zuvor hatte Marnitz zum Erntefest einen derart langen Umzug wie am vergangenen Samstag gesehen. In Doppelreihen stellten sich sowohl große als auch kleine Zugmaschinen mit ihren geschmückten Anhängern in der Ruhner Straße zur Abfahrt bereit. Zur Feier des Tages bot Marnitz gleich zwei Erntekronen auf. Vom Malower Pferdehof hatte sich außerdem eine Reitergruppe als Bereicherung des Umzugs eingefunden. "[436]

435 SVZ Lübz vom 8.10.2013

436 SVZ Parchimer Zeitung 19. 9.2017 Langer Umzug durch Marnitz

MICHAELISTAG

Der 29. September heißt Michaelistag, der Erzengel heißt im Mecklenburger Platt „Micheil“. Im Jahreslauf nahm Michaelis einen bedeutenden volkskundlichen Platz ein. Seit 1774 ist er als kirchlicher Feiertag abgeschafft worden. Jedoch feierten die Bauern weiterhin unter sich, jährlich reihum gehend, den Tag noch bis weit in das 19. Jahrhundert hinein. Die kürzeren Tage zu Ende September brachten auf dem Lande eine verkürzte Arbeitszeit mit sich („Micheil steckt ‘t Licht an, Marie – der 2. Februar – puust ‘t ut“), mit der aber auch zwei Mahlzeiten, das zweite Frühstück und das Vesperbrot („lütt Abendbrot“) wegfielen. Auch der Tageslohn für den „Daglöhner“ verringerte sich um einen Groschen. So sagte man: „Micheil is kamen, hett ‘t Abendbrot nahmen, hett ‘t Tüffelschellen bröcht.“

Wahrscheinlich preußischem Einfluss ist es zu verdanken, dass im westlichen und südlichen Mecklenburg der alljährliche Dienstbotenwechsel zu Michaelis stattfand, wie aus der Gegend von Wismar, Schwerin, Hagenow, Parchim und Güstrow bekannt ist.[437] In den Zeitungen finden sich etliche Anzeigen: „Zu Kritzow bei Lübz wird zu Michaelis ein Mädchen vom Lande gesucht, welches Lust hat, die Wirthschaft zu erlernen. Kritzow, den 10. August 1862 L. Bade, geb. Weidemann.“[438] In der „Norddeutschen Post“ war 1869 zu lesen: Es wurde eine „tüchtige Meierin zu Michaelis“ für ein Gut in der Nähe von Lübz gesucht[439] und „Zu Michaelis suche ich ein in allen häuslichen Arbeiten erfahrenes Mädchen. Majorin von Suckow.“[440] Die Bauern hatten in der Regel zwei Knechte und zwei Mägde, den „Grot- un Lüttknecht“ und die „Grot- un Lüttdiern“. Zum Hüten zog man schulpflichtige Jungen heran, dagegen waren die schulpflichtigen Mädchen nur selten während des Sommers in Dienst ausgetan.

Der Zugang an Dienstboten kam bis Mitte des 19. Jahrhunderts aus der Zahl der jüngeren Bauernkinder (denn nur der älteste Sohn erbte den Hof). Sie taten bis zu ihrer Verheiratung auf dem elterlichen Hofe (wo sie selbstverständlich zur Familie zählten) wie auch an anderen Stellen Dienst. Das familiäre Verhältnis wurde auch auf Fremde ausgedehnt, z. B. wenn Kinder von Büdnern, Häuslern und Tagelöhnern beim Bauern dienten. Gemeinsame Mahlzeiten, wobei der Großknecht das Tischgebet sprach, das abendliche Zusammensein mit der Bauernfamilie, die Teilnahme an den Spielen der Dorfjugend schlossen die Knechte und Mägde in die Dorfgemeinschaft ein. Auch war die bevorrechtigte Stellung von Großknecht und -magd, die ihre Arbeit nach fester Ordnung verrichteten, ohne dass ihnen viel Weisung erteilt wurden, in den Augen der jüngeren Dienstboten etwas Erstrebenswertes, ein Umstand, der die Dienstwilligkeit hob.

Als Lohn waren Geld und Kleidung zugesichert.[441] Aus Groß Laasch ist aus dem

437 In der Gesinde-, Tagelöhner-, Bauer-, Schäfer-, Tax- und Victualordnung vom 14.11.1654 des Herzogs Adolph Friedrich ist der Ab- und Zugang der Schäfer auf Michaeli festgesetzt.
Neue vollständige Gesetzessammlung für die Mecklenburg-Schwerinschen Lande vom Anbeginn der Thätigkeit der Gesetzgebung bis zum Anfange des 19. Jh. in fünf Bänden, 5. Band Polizei- und Militairsachen, Parchim 1841, S. 51

438 PZ Nr. 62 vom 13.8.1862

439 NdP Nr. 193 vom 28.8.1869

440 NdP Nr. 109 vom 11.9.1869

441 Die mecklenburgische Gesindeordnung von 1646 bestimmte im § 8 als Lohn für „einem grossen Knecht, der pflügen, haken, säen, meyen und das Wagen-Pflug und Hakenzeug verfertigen kan, auffs höchste eins für alles 18 fl (Gulden) oder auch 12 fl und 2 pahr Schuhe, 2 Hembder und 2 pahr Leinenhosen“
Herrn Adolph Friderichen ... renovirte Gesinde-Tagelöhner- Paur- vnd Schäffer Ordnung/ Zu män-

19. Jahrhundert folgender Lohn überliefert: „Der Lohn der Leute war gering an Geld, wertvoller durch die Beigaben. Der Knecht erhält 18 bis 20 Taler, dazu einen „Warganzug“ aus selbstgesponnenem, -gewebten und -gefärbten Wollstoff, drei leinene Hemden, eine leinene Hose, einen leinenen Kittel, zehn Ellen Warg und zwei Pfund Wolle, zusammen damals etwa 100 Mark an Wert (im Jahre 1920 – W. H.). Die Mädchen erhalten, mit 6 Talern anfangend, bis zu 14 Taler, dazu drei Warpröcke, ein Laken Leinen, zwei blaue Schürzen, zwei Pfund Wolle und einen Scheffel Kartoffeln ausgepflanzt, zusammen etwa 60 Mark damals wert. Dienten sie in der Stadt, so erhalten sie Barlohn bis zu 25 Talern, aber wenig Kleidung.“[442]

Beim Dienstwechsel hatten die „Dierns“ drei Tage frei, um in dieser Zeit zu Hause bei ihren Eltern ihr Zeug in Ordnung zu bringen. Sie zogen abends bei der neuen Herrschaft zu, während die Knechte schon am Morgen antreten mussten. Abergläubisch, wie man war, sollte sich ein Dienstbote auf dem Weg zu seiner neuen Stelle nicht umsehen, sonst würde er dort das Jahr nicht aushalten. Auch durfte man einem zuziehenden Dienstboten nicht Glück wünschen. Der neue Herr hatte „de Lad“ der Knechte und „dat Kuffert“ der Mädchen (worin die persönlichen Sachen aufbewahrt wurden, vorrangig Kleidung) von der alten Dienststelle zu holen. Beim Mieten erhielt der Dienstbote den Mietstaler, dessen Empfang den Vertrag bindend machte. Die Stimmung beim Abgang endlud sich auf beiden Seiten. Den Stoßseufzer der Dienstboten wie auch den Ärger der Herrschaft verraten folgende Reime: „Dat is uns armen Deinsten so taugetan, dat wi von ein Schindluder nah de anner gahn“ und „Morgen is Micheilidag, reist männig ein Schelm un Hur af.“ Wer seinen Arbeitsort innerhalb der verpflichteten Zeit ohne Zustimmung der Dienstherrschaft verließ, wurde mit polizeilicher Anzeige gesucht und vom Gendarmen wieder an den Dienstort zu seinem alten Dienstherrn zurückgebracht. Im Polizeiblatt für Mecklenburg „Der Wächter“ liest sich das 1870 so: „Louise Helms, unverheiratet. Da sie ihren Dienst beim Holländer Lorenz zu Görslow vor kurzem eigenmächtig verlassen hat, so ersuchen wir alle verehrten Polizeibehörden dieselbe in ihren Dienst zurücktransportiren lassen zu wollen. Partimonialgericht Görslow bei Schwerin.“[443] „Der Deputatkrecht Johann Barneckow hat sich am 7.12. heimlich von Gut Keetz bei Brüel entfernt. Dienstergebenst ersuchen wir alle Behörden, den Barneckow im Betretungsfalle anhalten zu wollen und an die Gutsherrschaft Keetz abliefern zu lassen. Vereinigtes ritterschaftliches Gericht Keetz zu Crivitz, als Gutspolizeibehörde in Vertretung der Gutsherrschaft.“[444]

Auch freiwerdende Wohnungen in der Stadt wurden zu Michaelis vermietet. Dafür einige Beispiele aus der Plauer Zeitung. 1862: „Die Oberetage meines Hauses, bestehend aus zwei heizbaren Stuben, Küche und den nöthigen Wirtschaftslokalitäten steht zu Michaelis zu vermieten. Tuchmacher Klibbeck.“[445] Die in Parchim erscheinende „Norddeutsche Post“ veröffentlichte 1869 das zu Michaelis erfolgende Vermietungsangebot von drei Zimmern des Parchimer Klempners L. Winter[446], auch war bei dem Parchimer Rau zu Michaelis eine Ober- und eine Unterwohnung zu beziehen[447]. Zum Hausverkauf nutzte man 1869 ebenfalls den

nigliches Nachricht/ Wissenschaft vnd gehorsamer beobachtung publicirt im Jahr Christi M. DC. XLVI Rostock

442 G. Romberg a. a. O., S. 20 f.

443 Der Wächter Nr. 91 vom 13.12.1870 S. 362

444 Der Wächter Nr. 92 vom 17.12.1870 S. 366

445 PZ Nr. 22 vom 22.3.1862

446 NdP Nr. 111 vom 16.9.1869

447 NdP Nr. 101 vom 24.8.1969

Michaelis-Termin: „Zu Michaelis ist eine Häuslerei in Malchow zu verkaufen."[448] Das Großherzogliche Domanialamt Lübz erhob zu Michaelis die jeweils fällige Jahrespacht von den verpachteten Höfen Barkow, Bauhof-Lübz, Bobzin, Karbow, Kreien, Klebe, Lalchow, Quaßlin, Reppentin, Dammerow, Ganzlin, Kritzow, Retzow, Ruthen und Schlemmin, wie im „Öffentlichen Anzeiger" des Amtes am 10. September 1868 angezeigt wurde. Aber auch von den Bauern aus Barkow, Benzin, Broock, Darß, Karbow, Kreien, Sandkrug, Wahlstorf, Wessentin, Wilsen, Ganzlin, Gnevsdorf, Granzin, Retzow, Twietfort, Vietlübbe, Wangelin, Werder, Burow und Lutheran sowie von den Mühlen in Lübz und Plau wurde zu Michaelis die Pacht kassiert.[449]

Für die ländliche Arbeit ist Michaelis von großer Bedeutung. Man war der Ansicht, dass jetzt die beste Saatzeit für Wintergetreide wäre: „Micheil warden Roggen un Weiten seigt" und „Um Michaelis in der Tat, gedeiht die beste Wintersaat", aber auch: „Michelkorn ist halb verlorn." Nur in der „Micheiliwoch" (die als stürmisch und regnerisch gilt) und natürlich an „Micheilidag" selbst sollte man besser nicht säen, da das Korn sonst „dof" würde, wie man abergläubisch befürchtete. Die Heuernte schloss mit der Nachmahd ab. Die Mohrrüben („de roden Wödeln") mussten bis Michaelis aus der Erde sein, damit sie ihre Süße behalten und nicht wurmstichig werden. Die Kartoffelernte begann, die Obsternte war fast abgeschlossen. Die Kühe blieben ab jetzt nur noch bei Tage auf der Weide und kamen nachts in den Stall. Die Gänse wurden von der Stoppel in den Maststall getrieben.[450]

448 NdP Nr. 104 vom 31.8.1869

449 Öffentlicher Anzeiger für die Großherzoglichen Aemter Lübz-Marnitz, Goldberg-Plau und Wredenhagen zu Röbel Nr. 37 vom 10.9.1868

450 Wossidlo/Teuchert a. a. O. 4. Band Sp. 1185 f.

Herbst

Zur Herbstzeit gehören die Kartoffelernte, das Laternegehen, das Drachensteigen, die Flachsverarbeitung und das Schlachten. Während heute der Handel eine große Auswahl an Drachen anbietet, wurden diese bis nach dem 2. Weltkrieg selbst angefertigt. Dazu legte man zwei Latten über Kreuz und verband sie, bespannt wurde mit Papier, das man aus Papiersäcken schnitt, als Schnur hatte man keine Angelsehne sondern nahm Band.[451] 1887 war der Plauer Jugend „das Ziehen der fliegenden Drachen auf den Straßen und öffentlichen Plätzen und Promenaden verboten".[452] Dass das Drachensteigenlassen noch heute eine beliebte Kinderfreude ist, zeigen die Drachenfeste, die vielerorts begangen werden: Am 14.10.2018 fand in Weitendorf ein Drachenfest statt, am 20.10.2019 in Dömitz, wo auch Drachen gebastelt wurden. Die Goldberger Schüler der John-Brinkman-Grundschule begrüßen alljährlich die Herbstferien mit einem großen Drachensteigenlassen auf dem Sportplatz. Auch in Wendisch Priborn lassen die Kinder auf dem Sportplatz gemeinsam ihre Drachen steigen.

Im Herbst finden mancherorts „Fuchsjagden" als sportlicher Wettkampf statt. Bei der Fuchsjagd übernimmt ein Reiter die Rolle des „Fuchses". Dieser wird von den Jägern gejagt. Die Reiter führt ein Master an, dieser darf während der Reitjagd im Gelände nicht überholt werden. Wenn ein Pferd zum Ausschlagen neigt, wird dieses mit einer roten Schleife im Schweif für die anderen Reiter gekennzeichnet. Vor dem Start einer Jagd wird sich auf dem Reitplatz versammelt. Jagdhornbläser verkünden das Stelldichein, der Master ruft dreimal „Horrido", die Jä-

451 Walter Kintzel, Walter Schleede, Gerhard Müller

452 Straßen-Polizei-Ordnung für die Stadt Plau von 1887

ger antworten mit „Jo-Ho“, dann geht die Jagd los. Bei der Fuchsjagd gibt es am Ende das Fuchsschwanzgreifen als Wettkampfelement. Ist dies erfolgt, geht’s zum Halali-Platz. Dort werden Verstöße geahndet, der Bruch, meist Eichenbrüche, verteilt und das Halali, „Fuchs tot“, geblasen.

Am 21.10.2017 veranstaltete der Reit- und Fahrverein Kladrum zum Abschluss der Turniersaison zum 23. Mal seine Reitjagd, auch Hubertus- oder Fuchsschwanzjagd genannt.[453] Einem Reiter wurde ein Fuchsschwanz an der Schulter angeheftet, den die nachfolgenden Reiter ergreifen wollten. Pferd und Reiter müssen einen ruhigen Galopp im notwendigen Abstand zu anderen Pferden, insbesondere bei engen Wendungen, reiten können. Über Hindernisse müssen die Pferde aus vollem Lauf springen, ohne dass davor ein gefährlicher Stau entsteht. Das Publikum wurde mit Kremser und Kutschen zu den interessantesten Stellen der Jagdstrecke gefahren. Abschließend gab es ein Lagerfeuer und Essen.“[454]

2018 wurde in der Lübzer Begegnungsstätte der Volkssolidarität das traditionelle Herbstfest gefeiert.[455] Am 29.9.2019 fand auf Schloss Kaarz ein Apfelfest statt. 2020 lud der Reit- und Fahrverein Ruhner Berge zum 10. Fahrertag nach Griebow ein. Nach der Dressur konnten die Zuschauer die Gespanne beim Kegelfahren mit Ein-, Zwei- und Vierspännern erleben.[456] Oktoberfeuer loderten 2018 in Muchow, Zierzow, Balow und Prislich. Herbstfeuer wurden 2019 in Rom, Grebbin, Retgendorf und Kladow entfacht, in Brüel, Klinken und Kossebade mit Fackel- und Laternenumzug.

Fuchsjagd

453 2013 kamen 160 Teilnehmer zur 19. herbstlichen Reitjagd des Reit- und Fahrvereins Kladrum. SVZ Lübz vom 29.10.2013

454 SVZ Parchim vom 14.10.2017

455 SVZ Lübz vom 23.10.2018

456 Prignitz-Express Nr. 41/30 vom 7.10.2020

Drachensteigen in Wendisch Priborn 2010

Brauchtum bei der Flachsverarbeitung

Der Volkskundler Wilhelm Mannhardt (1831-1880) verschickte 1865 Fragebogen, in denen er um Auskunft über Erntebräuche bat. In der Antwort aus Kreien bei Lübz steht: „In Bezug auf das Flachsbrechen. Vor dem Einsetzen des Flachses wird der warme Backofen mit einem Büschelchen Flachs gereinigt. Dies Büschelchen führt den Namen Brautriste und wird nachher mit lautem Jubel einer etwaigen Braut zum Brechen übergeben. Das Brechen des Flachses, bei welchem sich die Bewohner eines Dorfes gegenseitige Hülfe leisten, wird im Herbst und gewöhnlich des Abends vorgenommen. Sobald die Arbeit gethan ist, werden die Leute mit Kaffee und Butterbrod bewirthet, und nur selten verlassen sie das Haus, ohne noch einige Volkslieder gesungen zu haben."[457] Aus Techentin bei Ludwigslust wurde geschrieben: „Beim Flachs- und Hanfbrechen reichen sich die Bewohner des Dorfes hülfreiche Hand. Das Brechen geschieht gewöhnlich Abends in der Zeit von Michaelis bis zum 24ten October und wird meist von jungen Leuten, Knechten und Mädchen, besorgt. Es sind dann vor einem Backofen, in welchem der Flachs oder Hanf gedörrt ist, circa 20 Personen mit dem Brechen beschäftigt. Nach Beendigung der Arbeit wird von dem Besitzer des Flachses eine Mahlzeit gegeben, welche den Namen Brakelköst führt."[458] In der Görslower Zuschrift steht: „Nachdem der Flachs gedroschen und zur Röste wieder aufs Feld gebreitet ist, wird er, wenn er wenige Wochen gelegen hat, getrocknet und in geheizte Backöfen gesetzt, in denen er bis zum Abend des folgenden Tages stehen bleibt. Am Abend dieses Tages versammeln sich die jungen Leute des Dorfes

Flachsverarbeitungsgerät Brake

Schwingbock, Museum Lübz

vor den Öfen, wo sie dann in Gemeinschaft den Flachs brechen. Nach Beendigung erhält jeder von dem Besitzer des Flachses als Belohnung für 1 Schilling Semmel und so viel Branntwein, als er trinken mag. Wird das Flachsbrechen am Nachmittage besorgt, so verrichten es die Hausfrauen, welche aber statt der Semmel und des Branntweins Kaffee und Butterkuchen erhalten."[459]

457 Zuschrift Kreien im Mannhardt-Nachlass

458 Zuschrift Techentin im Mannhardt-Nachlass

459 Zuschrift Görslow im Mannhardt-Nachlass

Hermann Fornaschon überliefert einen langen Bericht aus Domsühl aus dem Ende des 19. Jahrhunderts: „Nachdem der Flachs auf einige Tage in der Backhitze gesetzt worden, bestellt die Hauswirtin ihre Freundinnen und Bekannten des Dorfes zu einem Herbstabende nach einem der bezeichneten großen Dorf-Backhäuser hinter den Bauernhöfen, um hier gemeinsam den spröden Flachs zu brechen. Die Hälfte der Gebetenen bringt einen Flachsbrecher mit ... Die Hausfrau steht vor dem Ofen und nimmt einen Namen von Flachs heraus. Jede Handvoll wird einmal von ihr durchbrochen und dann zu Haufen gelegt; dieser darf nun an die Frauen verteilt werden und das Brechen des Flaches beginnt. Die Frau umfasst mit der linken Hand den Flachs an einem Ende und legt ihn auf die drei scharfen Längskanten, mit der rechten Hand greift sie den Brecher beim Griff und stößt ihn kräftig schnell hintereinander auf den dazwischen gelegten Flachs. Dadurch wird das spröde Holz des Flaches kurz gebrochen und fällt aus den Bastfasern heraus, diese selbst werden weich und solange gestoßen, bis alle Holzendchen heraus sind. Dann dreht man die beiden Enden des Flachses von der Mitte aus zur einem sogenannten Knock ein paar Mal um einander; alle Frauen sind zugleich damit fertig und geben ihren gebrochenen Flachs an die Hausfrau zurück, die ihn zu Töpfen legt, das sind Bündchen von 60 Knock, und die Verteilung und Arbeit beginnt aufs Neue, daß es in ländlicher Abendstille, wo fahles, mattes Mondlicht die Gehöfte erhellt, weit über das Dorf schallt. In geübter Fertigkeit ist den Frauen die Hantierung eine mehr mechanische, so daß die Schwatzmäulchen und Auskramen von allerhand Tagesneuigkeiten aus dem Dorfe und seiner Umgebung zu ihrem vollen Rechte kommen dürften. So vergehen unter Lachen, Neckereien und heiteren Scherzen, und Kichern und Plaudern die Stunden recht bald, bis der Flachs gegen 10 Uhr abgebrochen ist. Nun gehts in das Haus der Wirtin, die ihre Gäste am Herd empfängt und im Stübchen an den Kaffeetisch ladet.“[460]

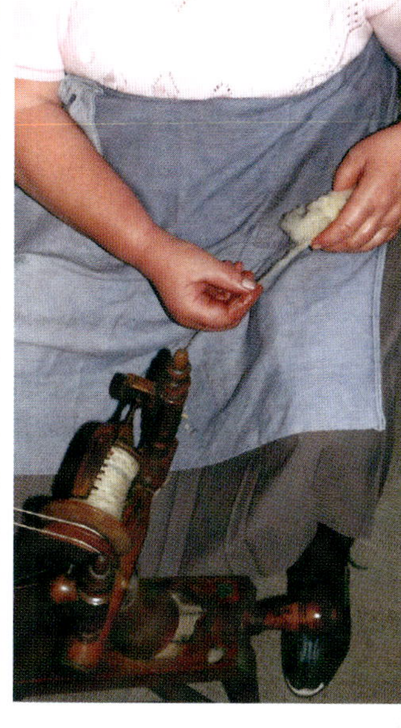

Faden spinnen am Spinnrad

1957 schrieb der Tagelöhner Johann Beese aus Benthen von der Zeit um 1900 auf: „Wenn de Kurnaust to schick wier, würd dot Flas uptreckt un in Reigen henleggt. Wenn dot väl rägent horr, müßt dot Flas mit 'n Harkenstäl werrer ümslagen warden. De Stengels müßten ümmer hell liggen, denn se solln jo drögen. De letzten Dag in 'n September würd dat Flos tauhophorkt un mit Strohbänner tosomenbunnen. Nu würd dat up 'n Kastenwogen nah Hus halt, dormit jo niks verlurn gahn süll.

Haspel zum Aufwickeln des Fadens

De Bünn' wurden up denn' Husboen bröcht un afräpt. Dorbie wurd ümmer ne Handvull Flas dorch de Röp treckt. De Röp wier as ne grot Hark, de up 'n Buck festmakt wier. De groten Tinnen wiern ut Holt orrer ok ut Iesen. Dörch dat Röpen wurden de Bollen von de Stengels afströpt. In de Bollen wier dat Lien-

460 Hermann Fornaschon: Im Bauerndorfe Das Flachsbrechen. In: Mecklenburg Zeitschrift des Heimatbundes 4. Jg. Heft 4/1909 S. 108–110

Webstuhl, Museum Plau am See

saat, wat man jo dot anner Johr werrer bruken ded. Oewer, wenn mal ne Kauh krank wier, denn kreg se ok Liensupen. Dat Flas würd werrer mit Strohbänner tosomenbunn' un up de Klewerstoppel bröcht. Dor würd dat utspreidt. De Dau un de Rägen solln de holtigen Stengels moer maken. Dorüm würd dat ok öfter mit 'n Harkenstäl umslagen.

Midden in 'n Dorp stünn' in de Gordens poor grote Backabens. Dor backten de Frugens dot Brot in, un tau 't Fest ok denn' Kauken: Bie Swälfüer würden ok de Plummen in 'n Harwst dorin drögt, Hinnerher würd noch einmal twei Stunn' long ollig inbött. Wenn dat Fuer utgloest wier, würd de Aben sauber utfägt un in denn' heiten Aben dat Flas insett't. Dot wier ein dulles Stuck Arbeit! De Frugens künnen dot am besten, denn se koenen jo miehr Hitt verdrägen as de Mannslüd. Also müßten twei Frugens in denn' heiten Aben. Un wenn se ok man wenig Tüg anharrn, so lep ehr doch de Sweit man ümmer so von denn' Kopp. De annern langten ehr denn' Flas in lütten Risten tau. Dat müßt heil fiks gahn, denn bald repen de Frugens in denn' heiten Backaben: „Lat't uns rut! Wi koenen dat nich miehr uthollen." Denn müßten twei annern rin. De Flas müßt hochkant henstellt un ollig stramm inschaben warrn. Wenn de Aben vull wier, würd vörn alls mit kort Stroh un Schäw todeckt un de Abendor dicht tomakt, dormit jo kein Hitt verlurn gahn süll. Von einen Morgen bet tau 'n annern Abend müßt dat Flas in 'n Aben bliewen. Denn künn dat Braken losgohn ... De gröteren Kinner geben dat Flas ut denn' Aben, un ein Fru mößt Risten, also lütten Bünnels, dorvon moken. Dot Geklapper von de Braken wier in 'n ganzen Döörp to hürn. De holtigen Stengels wurden intweibraken un fölln as Schäw up de Ierd. Dat reine Flas, wat oewrig blew, wurd in 'n Knuppen slogen un schier up denn' Backaben leggt. Nah gaud twei Stunn' wier de Aben lerrig. Denn lop de Fru nah Hus un ded Koffe kaken ...

Varrer harr de Säck mit Flas werrer to Boen dragen. Dor würd dat Flas nu zwungen. In de linke Hand harr de Fru denn' Topp Flas un in de rechte Hand einen breiden Holtklopper, denn' Swing. Dormit slog se de letzte Schöw von dat Flas. Noben ehr stünn sohne Ort Stauhl mit lurer spitzen Nagels, de Häkel. Dor treckte se dat Flas dorch. Denn beholl se denn' langen, schieren Flas in de Hand, un de kort, krus Heid blew up de Hekel. Middewiel wier dat Winter worden. Nu sett'ten sik de Frugens ut de Nahwerschaft tosomen un spünnen dat Flas up. De Aben in de Stuw wier schon warm, de Ierdöllamp stünn up denn' Disch, un de Spinnroed snurrten üm de Wedd. Dorbie würden Volkslieder sungen un all dat Niegs vertellt, wat in 'n Dörp passiert wier."[461]

Über die Spinnstuben in der Boizenburger Gegend berichtet Ina Kahns: „Selbstverständlich hat es Spinnstuben oder, wie man in unserer Gegend sagte, „Spinngesellschaften" gegeben, wo auch die jungen Bur-

461 Johann Beese, Benthen (1871–1960). Flas un Linnen. In: Pabst: Flas und Linnen, Schwerin 1986, S. 54 f.

schen erschienen und Unfug machten, „Snor aflopen" ließen und Geschichten erzählten, „bannig grugelig". Das ist schon lange her. Fragt man danach, bekommt man, wie in Tessin zur Antwort: „Mit dat Spennrad lopen mehrst de ollen Frugens", also die wenigen alten Frauen, welche noch spannen. Das war dann das Ende. Die Weber starben auch aus."[462]

Die Spinnstuben, von denen so viel aus Süddeutschland bekannt ist, waren auch hier durchweg üblich. Gewiß, es wurde zuerst gesponnen, ja, faulen Spinnerinnen das Gesicht geschwärzt, oder man stach sie mit der Nadel. Eine energische Hausfrau schalt wohl: „Trien, du spinnst jo Farkenköttel", wenn ungleichmäßige Stellen im Faden waren (Wittenburg). Die Burschen kamen dann bald und trieben Schabernack, zündeten mit der Pfeife den Faden an oder ließen am Rade „de Snor aflopen" (Besitz). Man neckte sich oder gab Rätsel auf. „Wat smitt man witt up dat Dak rup un wat kümmt geel werrer runner?" (dat Ei) oder: „Wat smitt man rund up dat Dak rup un wat kümmt lang werrer dal?" ('n Klünkel Gorn) ... In Besitz und Niendorf hielten die Spinngesellschaften sich länger. Als sie aufhörten, kam die Jugend auch ohne Beschäftigung zusammen. Pfänderspiele, die zu Anspielungen und Gelächter Anlaß gaben, waren sehr beliebt."[463]

Kartoffelernte

Johannes Pabst aus Benthen schrieb auf: „De Tüffelaust is ok sonn' hille Tied as de Kurnaust. Klock soeben treckten se los, de Rakkers all mit ne Moll, de Varrer in 'n Winter tünt harr, un nen Kratzer. Dot wiern dörchwechns all Frugenslüd un 'n poor Kinner.

Kartoffelracken

Oewer ein Mann wier ok dorbie, dot wier de Utgeiter. He harr einen groten Haken up de Schuller, dormit müßt he de Tüffelbülten uphaugen. Bie ocht bet teihden Rackers' harr he sin' vulle Arbeit, noch tau, wenn de Tüffel gaud grot wiern un ollig lohnten. Kum wier he anfungen, de Bültens uptohaugen, denn rep all werrer ein von de Rackers: „Utgeiter!" Denn wier de Moll vull, un he müßt hen un de Tüffel in 'n Sack schurren.

Klock nägen kem de Husfru mit dat Frühstück, dat harr se in 'n Korw fein sauber inpackt, ok de Kruk mit denn' heiten Kaffee harr se nich vergäten. De Utgeiter stellte de Strohschut gegen denn' Wind, un dor achter verkröpen se sik all. Se sett'ten sik up dot Tüffelkrut, dat de Kinner tosamendragen harrn un leten sik dot gaud smecken. Noh ne halw Stunn' güng dot wierer. Jeder von de groten Rackers harr drei Reigen, de Kinner harrn oewer blot ein orrer twei Reigen, je nahdem, wie grot un käaftig se wiern. All harrn se ne Tüffelrackerschört um un krepen up de Knei. Wecker de meisten Nietiedings to vertellen wüßt, harr dot beste Anseihn, denn bie't Vertellen würd einen de Tied nich so lang. Dat güng gemütlich tau bie de Arbeit. Klock twölf kem Modaußen Vorrer mit

462 Kahns a. a. O., S. 65
463 ebenda S. 78

denn' Wogen antoführn. Dor wier de grote Ätenpott up un de Korw mit de Tellers, de Füllkell un de Löpels. Nu gew dot Mirrag.

De Buer ded gliek de vullen Sack up denn' Wagen loden, un de Utgeiter hülp em dorbie. He bröchte de Tüffel noh Hus un schurrte se in de Tüffelmiet, de he an 'n Vormirrag utgrowt harr. Klock ein güng dot Racken werrer wierer. De Hauptsok wier, dat dat Warer sik holl. Dat seg so mulmig ut, as wenn dat onfangen wull to smeren.

Halw vier kem Modaußen Murrer werrer mit denn' Ätenkorw, nu wier dot Vespertied. Se krepen all werrer achter denn' Strohschirm, dor wier dot oewerwinnig. Ein jeder mök sik dat so kommod, as dat aben up denn' Fell' güng. Dot gew Plotenkauken un heiten Koffee ut de Kruk. So künn sik jeder upwormen un richdig satt äten. Nu wier dot nich miehr long' bet Abend. Klock sös kem Modaußen Vorrer mit Pierd un Wogen von de Ackerie. He ladet werrer de vullen Sack mit denn' Utgeiter tosomen up denn' Wogen un nehm se gliek mit nah Hus, denn dat kunn frieren warden in de Nacht, un wenn de Sack lang' up denn' Fell' stünn', würden se mör. De Rackers versteken de Kratzers un de Mollen in de Tüffelstrünk un tüwwelten all achter denn' Wagen her. Ditmol würden de Tüffel bie de Lücht in denn' Keller schürrt. Klock soeben, wenn de Rockers sik wascht un sauber antreckt harrn, kemen se all to 'n Abendeten. Dot gew ümmer Polltüffel un Hiering un Melksupp achteran.

So güng dot jeden Dag, bet nah 'n Oktober rin. Dat duerte meistens vier Wochen, bet de Tüffel all rut wiern in 'n Dörp. In 'n Frühjohr, wenn de Tüffel in 'n Keller all wiern, würd de Tüffelmiet werrer upgrowl. Nu würden de Tüffel utsöcht in Ättüffel, Planttüffel un Swientüffel. Tüffel würden väl äten. Jeden Mirrag gew dat Koktüffel un abends Brottüffel. Kein Wunner, wenn de annern von uns seggen: Tüffel hürn in denn' Mäkelborger Büffel! Oewer 'n Tüffelbuk hemm' se nich krägen."[464]

Hans-Ulrich Rose aus Quetzin bemerkt zur Tüffelrackertid: „In dei Vergangenheit bugte jeder Ackerbörger in dei Stadt un dei Buern in dei Dörper Tüffel an. Dei Oktober wir dei Monat taun Tüffelracken. Denn wiren dei Minschen – hauptsächlich Frugens – tau Gang, üm mit'n Kratzer Tüffel tau racken. Dorbi leg man up dei Knei, üm sinen Rücken tau schonen. Vör den'n 1. Weltkrig kämen dei irsten Tüffelrackermaschinen up. Dei Lüd brukten dei Tüffel blot noch uptosammeln. Hinnerher hewwen dei Äcker noch einige Tüffel taun Vörschin bröckt, dei dei Maschin ümmermölt het. Wenn dei Winderfor (Winterfurche) mit'n Mäckelbörger Haken deuchfürt wurden is, lep einer hinnerher, üm dei letzten Tüffelknollen in'n Sack tau krigen. As dei Treckers upkämen, is dei Vorratsroder erfunnen wurden. Frugens un uk Kinner sammelten dei Tüffel in ne Moll, starke Männer schürten (schütteten) sei up'n Wagen. Dei nächste Steigerung wir dei Vullaustmaschin (Kartoffelkombine). Dorbi sünd wedder Arbeitskräfte insport wurden"[465]

Fritz Breuel aus Parchim hielt fest: „Dot Tüffelracken nehm sienen Anfang, wenn de September tau Neig güng. Dor wieren allerhand Vorbereitungen tau drapen. Tworstens wieren de Tüffelsäck nah't letzte Tüffelracken in'n See wuschen un nahstens flickt wurden, aewer de ein un de anner Sack hard intwischen doch all wedder Schaden läden un müßt up't frisch utflickt warden ... Wi Kinner rullten de Säck un stäkten s' ümmer tau fiewuntwindig tausamen. In jeden Sack

464 Johannes Pabst Jg. 1905, erlebt in Wulfsahl, 1919: Gries' Gegend – Tüffelgegend. In: Flas un Linnen. Schwerin 1986, S. 51 f.
465 Hans-Ulrich Rose

keemen babenup fiewuntwindig Bänner, all up de richtig Läng tousnäden ut Strohband un ahn Knuppens, denn dei wieren bie't Taubinnen hinderlich ...

Up den'n Acker kreeg jeder Rocker twei Reihgen taudeilt. Hei neehm sienen Kratzer un 'n Drahtkorw odder 'ne Moll un leggte sick twischen siene Reihgen. Wecker an de ein Butenkant rackte, kreeg twei Korw. Denn müßt fastleggt warden, in weckern Korw de lütten Tüffel, in weckern de groten Tüffel smäten warden sullten ... Vadder wier Utgeiter, un as wi Kinner noch lütter wieren, hölen wi den'n Sack up biet Utgeiten ... De Säck wurden in Reihgen upstellt und gliek taubunnen ... Frühstück geew't twischen nägen un teihden ... Jedwerein packte sien Snäden ut, söchte sich 'n Platz up 'n Sackpummel, höll sien Blecktass odder sienen Bleckbecher hen un leet sick van Mudder Malzkaffee inschenken ... Dat Upladen würd mit 'n Upladerknüppel besorgt, dei an 'n Ledderband aewer de Rung hüng. De ein Fläk würd gor nich mitnahmen un de Kretten ok nich, stats dessen 'n poor Biesetterbräd. De Säck würden mit 'n Swung un „Ein, twei, drei" bet an de verbläben Fläk smöten, uprecht, dat's nich väl rückt warden brukten. Wenn ok de vorderste Reihg stünn, würd twischen disse Reihg un de Rungen 'n Brett schaben. Vörn un hinnen up den'n Wagen, wo sünst de Kretten seeten, würden de Sack mit dat Fautend nah buten hen- un aewereinannerleggt. Wenn dat gescheihn wier, würden von alle Sieden noch Säck in de glieke Wies upsmäten, bet de Pierd sick wat strecken müßten, urn dot Fauder tau trecken, man 'n Stücker acht Säck würden doch noch rupsmäten ... Vadder bröcht de beiden Wagens nah Hus un dat Middagäten in'n graten Pott mit ... Dag för Dag geew dot Tausamenkaktes: mal Arwten, mal Bohnen, denn eins Kohl un denn eins Wrucken.

Kartoffelroden mit Maschine

Kartoffelmiete auf dem Feld 1950er Jahre

Wenn Großmudder dot gaud meint hard, geew't Plummen un Tüffel. Dat wier 'n Festäten for uns Kinner ...

Je wieder dot in'n Oktober ringüng, desto köller wier dot morgens. Mannigmal wier't so kolt, dot de Putten aewerfroren wieren, un wi treckten uns, solang wi up'n Wagen seeten, Hanschen an. Bie't Racken wieren de Hanschen in'n Weg un wurde n uttrocken. Bald, wenn de Sünn wat höger stünn, wieren aewer nich bloß de Hanschen hinderlich, sonnern all dat, wat 'n sick aewer den'n Kopp ströpt hard, üm nich tau frieren. Un nu würd ein Deil nah't o nner awströpt un hinner sick smäten ... De Nahmiddag wier ümmer verdeuwelt lang, denn üm fiew wier ierst Fierabend, un 'ne Kaffeepaus geew dat nich. De Utgeiter keem gegen Abend nich miehr so dull in Sweit, denn meist, wenn de Tüffel lohnten, würden de Säck knapp, un denn wurden de Tüffel up Hupens schüd't. De wurden späder, wenn mal nich so väl Rak-

Mecklenburger Brauch: Einfriedung eines Gastes auf dem Feld durch einen Kartoffelring mit nachfolgendem Loskauf. Foto aus Wilhelm Peßler: Handbuch der Deutschen Volkskunde, Band 2, S. 107

Mecklenburger Brauch: Ein Knecht überbringt dem Hofbesitzer unter Aufsagen eines Spruches die dickste, auf einer Forke aufgespießte Kartoffel. Foto aus Peßler S. 108

kers wieren, twischendörch insackt. Wenn 'ne kolle Nacht in' Utsicht stünn, würden de Hupens un de Säck, dei buten bleeben mit Tüffelkrut taudeckt ...

Tau Hus würd awlad't: entwäder in den'n Keller schüd't, wenn 't Swientüffel odder de Ättüffel för de Familie wieren, odder an de Sied in'n Dorweg stellt, wenn 't de Verkopstüffel wieren. Disse würden den'n nächsten Sündagtau tau de Lüd bröcht, dei bie Vadder Tüffel för den'n Winter bestellt harden ... De Saattüffel keemen in de Miet.

Wieren alle Tüftel rackt, ägte Vadder dat Krut tausammen. Wi Kinner güngen mit 'n Korw achter de Ägen her un söchten de Tüffel up, dei von de Ägen upwäuhlt wieren. Nahst würd dat Krut up Hupens smäten un anstickt, 'n poor Tüffel würden ünnerleggt, un wenn de Hupens dalbrennt wieren, wieren de Tüffel meist gor. Ein würd tau Prauw mit 'n Stock ruterpoekert, un wenns' nich gor wier, würden de aewrigen ümmer wedder in de Glut schaben, bet sei 'ne schöne Köst harden. Dat wier 'n Äten, wenn 't ok man bloßen Tüffel wieren, un sei smeckten sogor ohn Solt!"[466]

Erich Stübe schrieb zur Kartoffelernte in der Crivitzer Gegend:[467] „Die richtige Kartoffelernte begann erst, wenn das Kraut der Stauden abwelkte und eintrocknete, für die Häusler in Zapel in der ersten Septemberwoche etwa ... In dem benannten Zeitraum wurden in der Crivitzer Gegend wie allgemein in Mecklenburg bei den Kleinbauern, die Kartoffelstauden mit einem drei- oder vierzinkigen „Kratzer" aus dem Boden geholt. Man

466 Fritz Breuel Jg. 1928, Parchim: Woans dat Tüffelracken bie de Ackerbörgers in Parchen vör sick güng. In: Pütt 87 – Informationen der Gesellschaft für Heimatgeschichte im Kulturbund der DDR, Parchim 1987, S. 30–32

467 Erich Stübe: Landmaschinen und Arbeitsgeräte unserer Vorfahren für den Kartoffelanbau. In: Heimathefte für Mecklenburg und Vorpommern 4. Jg. 1+2/1994, S. 29–31

kroch dabei auf den Knien und zog links und rechts einen Korb für die Knollen mit, einen für die kleinen und schadhaften und einen für die großen und guten. War das Feld quer gepflanzt, rodete man auch hin und her in der Feldbreite. Die Arbeit begann morgens etwa gegen 7 Uhr. Gewöhnlich fuhr bei Erntebeginn ein Erwachsener mit der Schubkarre die nötigen Geräte und leeren Säcke auf das Feld, später wurde „umgesetzt". Waren die Ackerstücke weit ab, fuhr oder schob man mit dem Fahrrad hinaus. Das Frühstück in Form belegter Brote und heißen Malzkaffee führte man in einem besonderen Korb mit ... Häufig war es so, daß die Hausfrau bis zum Mittag die häusliche Wirtschaft erledigte und das Essen kochte. Wenn dann die größeren Kinder aus der Schule kamen, wurde schnell das Fuhrwerk hergerichtet, die Kühe angespannt und man fuhr zügig auf das Feld, wo man das Mittagessen schon erwartete. Allgemein gab es mittags „Mankkakt Äten", „Appel un Tüffel", Plumm' un Tüffel", „Backbeern un Tüffel", „witt Bohnen orer Arften mit Tüffel", meistens mit gekochtem oder gebratenem Speck. In ähnlicher Weise lief das Kartoffelsammeln auch bei den Bauern und Büdnern ab, jedoch pflügten sie meistens die Kartoffelreihen mit einem Haken (mit Radvorgestell) auf. Die Sammler krochen ebenfalls wie beschrieben auf den Knien, zerteilten die aufgelockerten Furchen mit einem leichten dreizinkigen Kratzer und sammelten alle Knollen in die seitlich mitgeführten Körbe."

Die Kartoffelernte war vor allem eine Arbeit für Frauen und Kinder. Bauernhöfe wie Güter kamen dabei ohne Hilfskräfte nicht aus. Diese wurden per Annonce angeworben. So stand in der „Plauer Zeitung" 1876: „Kartoffelsammler in Accord finden Arbeit zu Hof Barkow. Garantirt wird Erwachsenen pro Tag 1 Mark 50 Pf., Morgens Kaffee, Mittags und Abends Pellkartoffeln und Nachts Quartier" und „Kartoffelsammler suche ich zum Montag, den 2. October, und zu den folgenden Tagen. Tagelohn 1,50 Mark. Die Kartoffeln sind in der Nähe der Stadt (Plau), auch sind Körbe zum Einsammeln nicht erforderlich. Jul. Meister."[468]

„Kartoffelpurrertid oder Tüffelklarertid" wurde die Zeit der Kartoffelernte genannt. Es war vor dem Einsatz eines Roders üblich, die Kartoffeln auf Knien zu racken.[469] Mit dem Einsatz des Schleuderradroders wurden die Kartoffeln in Drahtkörbe gesammelt und in Plau gleich zu Mieten am Feldrand aufgeschüttet. Die Mieten deckte man mit Kartoffelkraut und Stroh (und später mit Erde) ab. Ingeborg Kuse erinnert sich, dass in den 1950er Jahren auf dem Kartoffelfeld gemeinsam Kaffee getrunken wurde, wozu sich alle auf dem Stroh hinsetzten.[470]„Im Herbst war das Kartoffelracken eine wichtige Arbeit. Mit den Pferden wurde ein Kartoffelroder gezogen und jeder bekam einen Abschnitt zugeteilt, den er aufsammeln mußte. Beim Runkelnernten wurden die Runkeln aus der Erde gezogen, in einen Kreis gelegt und die Blätter wurden mit einem scharfen Messer abgehauen. Das war eine schöne Arbeit, weil dabei viele Geschichten erzählt wurden und man als Kind gerne zugehört hat."[471]

Im Gegensatz zur Getreideernte im Sommer gab es bei den Hackfrüchten im Herbst nur wenig brauchtümliche Handlungen. Sicher liegt es an der Tatsache, dass Kartoffeln und Rüben die historisch jüngsten angebauten Feldfrüchte sind. Die älteren Leser werden sich erinnern: Nach dem „Stoppeln", dem Nachsammeln übriggebliebener Kar-

468 PZ Nr. 78 vom 30.9.1876

469 vgl. auch Edda Schulz: Slate 1254–2004, Slate 2001 (ohne Seitenzahl)

470 Ingeborg Kuse, geb. Höppner Jg. 1939 Plau

471 Gerlinde Jakowski geb. Malchow Jg. 1946 Wahlstorf

toffeln, verbrannte man auf dem Feld das trockene Kraut. In der glühenden Asche wurden einige Kartoffeln gebacken, die man gleich an Ort und Stelle verzehrte. Mit Stöcken holte man die heißen Knollen heraus, wobei jeder bemüht war, die verkohlte Schale zu entfernen, ohne sich die Finger zu verbrennen.[472] Dieser beliebte Schmaus gehörte zum Herbst und signalisierte das Ende der anstrengenden Kartoffelernte. Im Mecklenburgischen Wörterbuch wird folgendes Brauchtum aus Lübtheen überliefert: „An einer Stelle legte man die Kartoffelknollen in einem Kreis, nur wenn die Pflanzen später einen deutlichen Kreis bilden, bekam das betreffende Mädchen einen Brautkranz."[473]

Im 1935 von Wilhelm Peßler herausgegebenen „Handbuch der deutschen Volkskunde" berichtet Adolf Spamer[474] von zwei weiteren Brauchtumshandlungen. Das von ihm persönlich Erlebte belegt er zudem mit zwei Fotos. Der erste von Spamer beschriebene Brauch erinnert an das „Binden" von Gutsherrn und Fremden, welche das abzuerntende Getreidefeld betreten. Dazu wird ihnen von den Tagelöhnern ein Band aus Getreidehalmen um den Arm gelegt. „So friedet man in Mecklenburg den Zuschauer bei der Kartoffelernte durch einen Kartoffelring ein, damit er sich loskaufe. Schließlich lösen andere Brauchhandlungen das Gabenheischen aus. Wiederum in Mecklenburg wie auch am Niederrhein überbringt der jüngste Knecht beim Einfahren der letzten Kartoffelfuhre dem Hofbesitzer die dickste Kartoffel, auf einen Stecken gespießt und mit bunten Bändern behangen. Dazu sagt er einen Spruch auf. Hier ist die Kartoffel vom Lande, gewachsen auf schwere Sande. Enthält einen kräftigen Fusel, der bringt uns all einen Dusel. Dein Hof sei gesegnet allezeit, zum Rundtrunk sind wir bereit! Darauf muß der Bauer den versammelten Arbeitern einschenken, das Glas macht die Runde, und zum Schluß lädt die Bäuerin alle zum Kaffee und Kuchen ein."[475]

Zum sechsten Male richtete der Verein Lewitz vom 1.–31. Oktober 2018 die „Tüffelwochen" aus. Gestartet wurde mit einem Schlacht- und Kartoffelfest auf dem Pingelhof in Alt Damerow, wo auch die „Kartoffel der Lewitz" gewählt wurde. Den Abschluss bildete ein Kunst- und Bauernmarkt in Domsühl. Den ganzen Oktober über bereicherten Hoteliers und Gastronomen der Region ihre Speisekarte mit Kartoffelgerichten, darunter die traditionellen Buttermilchkartoffeln mit Speck und Zwiebeln, Lewitzer Kartoffelpizza, Tortillas mit Chorizo-Wurst aus blauen, roten und gelben Kartoffeln, Kartoffelbaumkuchen, Mecklenburger Kartoffelpudding, Kartoffelsuppe mit Birnenchutney und Kartoffelschnee.[476] 2018 feierten die Herzberger das erste Kartoffelfest. In einem Quiz galt es, zehn Fragen zu beantworten, der Sieger erhielt einen Sack Kartoffeln. Zur Kartoffelkönigin wurde Christa Oberländer gewählt. Auch das Essen und die Getränke standen ganz im Zeichen der Tüften: Puffer, Salat und Suppe, die Hauptzutat war immer die Kartoffel. Zur Verdauung gab es noch einen Kartoffelschnaps.[477] Am 12.10.2019 folgte die Zweitauflage des Kartoffelfestes in Herzberg bei Parchim.

472 das berichten auch Walter Kintzel, Walter Schleede und Gerhard Müller

473 Wossidlo/Teuchert a. a. O. 7. Band, Neumünster 1992, Sp. 302

474 Adolf Spamer (geb. 1883 in Mainz – gestorben 1953 in Dresden) zählt zu den bedeutendsten Wissenschaftlern der Volkskunde der Zwischenkriegszeit. Er war einer der wesentlichen Mitarbeiter beim Atlas der deutschen Volkskunde.

475 Adolf Spamer, in: Wilhelm Peßler: Handbuch der deutschen Volkskunde. 1935, S. 107

476 Elde-Express vom 2.10.2018

477 SVZ Parchim vom 5.10.2018

Schweineschlachten

Erika Arnold erinnert sich an die 1920er und 1930er Jahre: „Im Spätherbst wurde ein Schwein geschlachtet. Ein Kinderspiel von uns begann mit den Worten: „Min Vadder het en Swin slacht. Wat wist du dorvon hebben?“ Einen Tag vor dem Schlachttag wurde der Waschkessel voll Wasser von der Pumpe getragen, Brühtrog, Schlachtbank und große Leiter vom Nachbarn geholt. Tage vorher wurden schon die Gewürze in Plau gekauft. 15–20 Pf. Salz, gemahlenen Pfeffer, Pimentkörner, Senfkörner, Lorbeerblätter, Gewürznelken, Zitrone, Essig, Grütze, eine Flasche Rum sowie Alaun. Eine große Schüssel Zwiebeln mußte gepellt werden.

Das Schlachtschwein bekam am Abend vor dem Schlachten nur Wasser. Alle Steintöpfe und Schüsseln wurden bereitgestellt. Am Schlachttag wurde Feuer unter den Waschkessel gemacht, denn man benötigte viel kochendes Wasser. Unser Nachbar kam morgens mit all den Schlachtinstrumenten zu uns rüber. Das Schwein wurde betäubt, dann in die Kehle gestochen zum Herzen hin. Meine Mutter fing das Blut auf, goß es in ein Gefäß, in dem Essig war, wegen des Gerinnens. Ein Zweiter mußte das Blut tüchtig rühren. Das tote Schwein kam in den Trog und wurde mit dem kochenden Wasser gebrüht.

Nun wurden dem toten Tier die Borsten mit einer Glocke abgeschuppt. Dann wurde es auf die Leiter gelegt und die Feinrasur begann. Mit den Hinterbeinen wurde es an der Leiter befestigt, die Leiter an die Hauswand gelehnt. Nun wurde das Schwein aufgeschnitten und die Eingeweide herausgenommen. Die Därme wurden durchgespült und mit Alaun in der Waschbalge gewaschen. Am Schlachttag kam ein Fleischbeschauer mit einem Mikroskop wegen der Trichinen. Gegen Abend wurde das Schwein zugehauen, nachdem es ausgekühlt war. Zum Abendbrot gab es den „Möhrbraten“ (Filetstück), süßsauer gekocht. Abends wurden noch die Mettwurst und Lungenwurst gestopft. Vorher wurde noch die Schweinsblase zu einer Wursthaut genäht.

Vor dem Schlachten

Beim Schlachten

Das Mettfleisch wurde durch den Fleischwolf mit der Hand gedreht, die Hälfte nochmals mit einer dünneren Lochscheibe. Es wurde gewürzt mit Salz, Pfeffer, Senfkör-

Beim Schlachten

nern, etwas Zucker und einen guten Schuß Rum, wegen der roten Farbe. Das Mett wurde 30–45 Minuten geknetet, bis es unter den Händen warm wurde, dann fest in die gereinigten Därme gestopft. Ein Teil des Metts nahm man zur Lungenwurst. Dazu gab man die durchgedrehte Lunge dazu und Nelkenpfeffer (Piment). Die Masse kam in dünnere Därme. Inzwischen wurde das Fleisch für die Leberwurst, Preßkopf, Braunschweiger abgekocht. Am anderen Morgen ging das Wurstmachen weiter. Mein Vater pökelte den Schinken, die Speckseiten, Schweinebacke, Rippenbraten, Schulter („sogenannter Genickbraten") und verschiedene Fleischknochen ein, die ca. 6 Wochen in der Lake blieben. Dann kam es in den Rauch. Wegen des pikanten Geschmacks nahmen wir dazu Sägemehl von Wacholder aus dem „Knick".

In den Magen stopften wir den Preßkopf, der zwei Tage mit einem Stein beschwert wurde. In eine Braunschweiger Wurst kam die ganze Zunge. Diese Würste wurden gekocht. Damit sie sich länger hielten, wurden sie einige Tage in den Rauch gehängt. Das Fett wurde ausgebraten zu Schmalz. Aus den Grieben kochten wir Apfelschmalz. „Schnuten, Poten und Uhren" mit Backobst, Mehlklößen und Blut wurden zu Schwarzsauer in der Fleischbrühe gekocht. Als letztes kam die Grützwurst, die aus Fleischbrühe mit Schwarten und Zwiebeln gekocht wurde. Die Blutwurst wurde gemacht aus in der Fleischbrühe eingeweichten Semmeln, etwas Mehl, Rosinen, mit Zitrone und Zucker abgeschmeckt und in der Bratpfanne zu dickem Brei gekocht. Auch Sauerfleisch wurde gekocht. Anderes Fleisch wurde eingeweckt. Es gab ja noch keine Tiefkühltruhe und keinen Kühlschrank. Unseren Nachbarn brachten wir eine runde Leberwurst, Blut- und Grützwurst zum Probieren."[478]
Gerlinde Jankowski berichtet aus Wahlstorf: „Das Schweineschlachten war ein wichtiger Höhepunkt. Hierzu kam ein Schlachter ins Haus. Das Schwein wurde an der Hausrückwand auf Brettern aufgehängt und danach wurde Wurst gemacht (Mettwurst, Leberwurst, Blutwurst und Preßkopf). Wurst

478 Erika Arnold, geb. Ahlschläger, aus Karow (1922–2004)

und Schinken wurden auf dem Hausboden geräuchert. Mir hat besonders die Blut- und Grützwurst geschmeckt, die in der Bratpfanne warm gemacht und zum Abendbrot gegessen wurde.“[479]

Otto Köhnke aus Parchim veröffentlichte in „Pütt 1993/94“ einen ausführlichen Beitrag „Swinsslachten up'n Dörp üm 1900“: „Das Schweineschlachten war im Leben einer Familie, besonders bei den kleinen Leuten, ein wichtiges Ereignis, das aber auch viel Arbeit und Mühe machte. „Dat Swinsslachten“ soll einmal von einem Jungen neben Weihnachten und Ostern zu den höchsten drei Feiertagen des Jahres gezählt worden sein. Meine Mutter, 1894 bis 1991, ist auf einer Domäne am südwestlichen Ende des Plauer Sees aufgewachsen. Meine Mutter erzählte, daß ihre Eltern immer 3 bis 4 Schweine fettfütterten; außerdem wurde eine Zuchtsau gehalten. Jährlich wurden zwei Schweine für den Eigenbedarf geschlachtet, die übrigen wurden – wie auch die Ferkel – verkauft. Mitte Dezember, mein Großvater hatte während dieser Zeit Geburtstag, wurde ein Schwein geschlachtet. Ein zweites Schwein wurde Mitte Februar geschlachtet, wenn es recht kalt war. Mein Großvater führte alle Schlachtungen im Dorf durch. Eine Schlachtung begann hier nach Feierabend.“[480]

Aus der Boizenburger Gegend berichtet Ina Kahns: „Als Schlachtfest wurde und wird die feierliche gemeinschaftliche Schlachtung eines Tieres bezeichnet, der nicht selten ein Festmahl folgt. Wenn früher auf einem Bauernhof ein Schwein oder ein Rind geschlachtet wurden, so war das nicht nur ein sachlicher Vorgang der Fleischbevorratung und -konservierung für die Winterzeit, sondern ein Ereignis, zu dem es für die Kinder sogar schulfrei gab. Alle – oft auch die Verwandten, Bekannten, Nachbarn – beteiligten sich an den Arbeiten. Am Abend wurde die gemeinsam erledigte Arbeit gefeiert: Wurstbrühe, Wellfleisch, Blut-, Leber- und Grützwürste, Speck, Tierfüße, Schweineohren und anderes wurden mit Sauerkraut, gedünsteten Äpfeln und – natürlich – mit Bier und Schnaps gereicht. Wer nicht mitfeiern konnte, dem schickte man eine Auswahl der Köstlichkeiten nach Hause. Geschlachtet wurde meistens im Winter, wenn es kalt war, so dass frisches Fleisch und frische Wurst nicht so leicht verdarben, in Zeiten ohne Kühltruhen und Kühlschränken.

Wichtig war natürlich auch das Schlachten selbst. Fast jede schwierige Arbeit war vom Aberglauben begleitet. Leberwurst sollte man stillschweigend kochen, damit sie nicht platzte, auch sollte man stillschweigend rückwärts bei ihrer Zubereitung zur Tür gehen. Das Steertanhängen beim Schweineschlachten ist auch ein alter Brauch. Heimlich hängt man jemanden den Schweineschwanz hinten an die Kleidung. Dazu war nur eine zum Haken gebogene Haarnadel nötig. Aus Bennin wird darüber berichtet ... aus Boizenburg und als Unfug der Schulkinder.“[481]

Über Jux beim Schlachten wird aus Hagenow berichtet: „Dat Huusslachten in Hagenow un Ümgegend weer ümme 'n Slachtfest. Naher harr dat schrage Läben ein Enn'n. Wenn dei Lüe ehr Fleisch un Wusst nich gaut indeilen künn'n, künn'n sei bald werre up 'e Hungerpoten suugen. Näbenbie bie't Slachten köm ok dei Jux nich tau kort. Dat Bräuhware deer sien Wirkung bie dei Ollen. Denn hämms' dei Kauhjungs orre Rümdriewers'n lütt Enn'n von 'n Ringelstiert orre dei Dracht anstäken (Gebärmutter). Ok dei Fleischbeschauer würr nich verschont,

479 Gerlinde Jakowski geb. Malchow, Wahlstorf geb. 1946

480 Otto Köhnke: Swinsslachten up'n Dörp üm 1900. In: Pütt 1993/94

481 Kahns a. a. O., S. 65

denn meist käm hei all mit lichte Slaggsiet an. Marken deer dat keine, wenn man em ut Knäp dei Dracht orre denn' Stiert ansteek. Dracht un Milz würr'n je sowieso weggsmäten. Ein Trichinenkieker ut dei Gegend föhr ümme mit 'n Rad oewer dei Dörper un harr denn dat Mikroskop in 'n Rucksack up 'n Rüng'n. Bie jeden Kunn'n kreeg hei ierst 'n Lütten intüdelt. Doch meist harr hei denn noch nich naug un müß tausätzlich in Hagenow noch in mihrere Kraug."[482]

Dr. Karl-Fritz Schmidt aus Bobzin erinnert sich an die Nachkriegszeit: „Wohl denen, die in kargen Zeiten ein Schweinchen zur Schlachtreife füttern konnten. Für eingesessene „Altbauern" kein Problem. Nach der Bodenreform konnten endlich auch die „Neubauern" viele hungrige Mäuler stopfen: „Gehungert haben wir genug, nun wird gegessen". Mit Beginn der kalten Jahreszeit und nochmal im späten Winter schlachtete Otto Mewis aus Lübz bei uns zu Hause. Er arbeitete zur besonderen Zufriedenheit meiner Mutter. Alles war „pük un fien". Sein Fleischerhemd und die weiße Wachstuchkappe blieben auch an langen Arbeitstagen adrett. Otto kam morgens mit dem Fahrrad. Im Hause kochte das Brühwasser im Kessel, Brühtrog, Leiter und Krummholz standen bereit. Das Schwein, Strick am Hinterbein, wurde unter gut Zureden über den Hof geleitet. Otto machte keinen Stress. In der Regel brachte das Bolzenschussgerät den schnellen Tod. Gelegentlich versagte die Treibladung. Für diese Fälle stand ein Gerät bereit, in das mit schwerem Hammer ein Bolzen durch die Führungshülse geschlagen wurde. Im Schulalter hatten wir beim Schlachten Handreichungen zu leisten. Das Schwein wurde gebrüht, Borsten und Klauen mit glockenförmigen Schabern entfernt sowie ein bestimmtes Stück Rückenhaut für die Lederindustrie. Letzteres entfiel bei „Schwarzschlachten". Die blanke Sau kam nun mittels Krummholz an die Leiter, wurde ausgenommen und längs des Rückenmarks geteilt. So wie ganz zufällig traten alle Beteiligten näher, denn Ottos „Zuhauen" versprach immer wieder hohen Schauwert. Er traf mit seinem Schlachterbeil nie die alte Stelle, sondern abwechselnd etwas links oder rechts. Er hob die Klinge, zielte sorgfältig, kniff dabei mit den Augen und schlug „lütt bäten" daneben. Die geteilte Wirbelsäule erinnerte an eine feingezahnte Säge, war aber uneingeschränkt nutzbar. Ob dieser besonderen Gabe sprach man unter sich von „Otto Drauplock". Nachmittags, die Sau war inzwischen ausgekühlt, kam Otto wieder angeradelt. Er hatte inzwischen auf zwei oder drei anderen Höfen geschlachtet. Wir waren für diesen Tag immer der letzte Kunde. Er zerlegte die Sau und trug die zugehauenen Stücke nach Maßgabe meiner Mutter ins Haus. Otto kam in die Küche, nahm mit uns eine kräftige Mahlzeit und tat nach getanem Tagwerk einen guten Trunk. Seine angenehm dunkle Stimme versank mit jedem Korn in einen noch tieferen Bass. Ich drückte mich still in eine Ecke und lauschte mit Riesenohren den Geschichten aus seiner Hamburger Zeit: Hei wir Slachtergesell in`n Hoben un`n möst dat grote Metz ümmer prat hem`n, wenn em de Ganoven tau Jack

Krummholz, an dem das getötete Schwein aufgehängt wird. Das Krummholz wird an einer Leiter befestigt

482 Friedrich Zengel Jg. 1920. In: Fiekn hätt schräbn ut Hagenow Heft 2, Hagenow 1985, S. 21

wullten. Nach seinem unvermittelten Herztod kamen andere Schlachter. Meine Mutter war nicht zufrieden. Erst Bauer und Hausschlachter Paul G. aus Hinterpommern hat wieder alles richtig gekonnt.

Wurstmachen war Mutters Sache. Mettwürste und Schinken ihrer Produktion waren berühmt. Hilfe hatte sie an ihrer Freundin Annemarie (Mieken) Z. Ich musste Fleischwolf und Wurstmaschine drehen, Holz holen, Kessel heizen. Diese beiden Schlachttage wurden mir lang! Als Halbstarker kam die Vorwäsche der Därme hinzu. Ich stand dann mit meinem Freund Mäxchen, dem säuischen Innenleben und heißem Wasser am Misthaufen, wir beiden Jungens mit einer kleinen Zigarre (eine gute von Konrad: „Schneehase“) in Brand, haben die Sache wie richtige Männer erledigt. Meinen vom Kühemelken trainierten Händen wurde später auch das Mettwurstkneten anvertraut.“[483]

Laternegehen

Der alte Brauch, im Herbst Laterne zu gehen, ist immer noch aktuell – mit dem einzigen Unterschied, dass viele Lampions, statt mit Kerzen innen beleuchtet zu werden, inzwischen über elektrisches Batterie-Licht verfügen. Und natürlich haben sich auch die bunten Leuchten verändert: Bis spät ins 19. Jahrhundert hinein nutzten Kinder auf dem Lande Kürbisse und Runkelrüben. Dazu wurde ein Deckel abgeschnitten, die Frucht ausgehöhlt, ein Gesicht in die Außenhaut geritzt, eine Kerze eingesetzt und mit dem Deckel wieder geschlossen. Erst später lösten die industriemäßig hergestellten leichten Papierlaternen die schweren Vorgänger ab. Dazu schreibt der Volksschullehrer Wilhelm Kotzde: „An warmen Herbstabenden geht die Grabower Jugend mit Papierlaternen in den Straßen herum und singt: Laterne, Laterne, ich geh mit meiner Laterne, meine Laterne ist hübsch und fein, darum geh ich ganz allein. Hamburg, Lübeck, Bremen, ich brauch mich nicht zu schämen, De Kooppmann giwwt tau wenig in de Titt, de Bäcker backt de Semmel tau lütt. Brenne aus, mein Licht, brenne aus, mein Licht, aber ja meine liebe Laterne nicht!“[484] Im „Mecklenburgischen Wörterbuch“ lasst sich ein ähnliches Lied nachschlagen: „Laterne, Laterne, die Sonne, Mond und Sterne. Brenne auf, mein Licht, brenne auf, mein Licht, aber ja meine liebe Laterne nicht!“[485] So ähnlich wird es noch heute bei den Laternenumzügen gesungen. Während damals noch der hochdeutsche in einen plattdeutschen Text übergeht, bleiben die kleinen Laternengänger heute beim Hochdeutschen. In Brüz bei Lübz war üblich: „Im Herbst gab es noch das Laternegehen, das sehr beliebt war. Mit Dorfkindern zogen wir mit schönen Laternen, mit Liedern begleitet, über Hof. Im Krieg hörte dieses Vergnügen auf, Verdunklung war angesagt.“[486]

Bruno Theek hielt fest: „In vielen mecklenburgischen Orten, besonders in den kleinen Städten, ist vielfach noch das Laternegehen in Brauch. Im Herbst, wenn die Tage kürzer und die Abende länger werden, kommen die Kinder mit ihren Stocklaternen aus den Häusern und gehen in kleineren oder größeren Gruppen mit leuchtender Laterne die Straßen auf und ab. Dazu werden Lieder gesungen, die landschaftlich verschiedentlich

483 Dr. Karl-Fritz Schmidt, Bobzin

484 Wilhelm Kotzde: Volks- und Kinderreime. In: Brandenburgia Jg. 1906/07, S. 32

485 Wossidlo/Teuchert a. a. O. 4. Bd. Sp. 854

486 Veronika Lipke/Rose Marie Reinicke: Das Gut Brüz. In: Mario Niemann: Mecklenburgische Gutsherren im 20. Jahrhundert. Erinnerungen und Biographien. Rostock 2000, S. 342

Herbstfeuer 2011

Abwandlungen erfahren, aber im Grundtext sowie in der Melodie meist gleichlautend sind ... Die Goldberger Kinder singen: De Olsch mit de Lücht / dee de Lüd bedrücht / dee de Eier haalt / un nich betahlt / dee de Himbern plückt / un Water mank gütt. Auch die Gegend um Boizenburg-Wittenburg hat ihr besonderes Laternenlied: Meine Laterne ist kugelrund / föffteihn Sniders wägen achtteihn Pund. / Mit de Nadel un de Schier / wägen se noch half Pund mihr. Am meisten verbreitet ist wohl das Lied: Laterne Laterne, die Sonne, Mond und Sterne! Löschet aus das Licht, löschet aus das Licht, aber meine kleine Laterne nicht! Alte Ludwigsluster erinnern sich noch an das Lied: Herr Littdittditt, Herr Littdittditt / wi gahn nah Jaberls Markt / un köpen uns een lütt Zuckerpopp / de ganz un gar nich quarrt!" Und dann beim Nachhausegehen ertönt: Nu gahn wi to Hus, un braden uns 'ne Mus/ un leegen dee up'n Steen un braden uns noch een / un leegen dee uppe Dracht un braden uns noch acht / goode Nacht, goode Nacht!"[487]

Rolf Roßmann aus Neu Kaliß schreibt: „In den 1960er Jahren drängten wir Kleinkinder unsere Mütter oder Omas so oft wie möglich zum „Laternegehen". Dabei verabredeten wir uns meistens auch mit den Nachbarkindern. Meistens sprachen sich dann die Eltern ab und wir Kleinkinder wurden von ein oder zwei Aufsichtspersonen auf einem kleinen Rundkurs durchs Dorf begleitet. Das gab dann immer schon vor dem Treffen eine helle Aufregung unter uns Kindern: So wurden die Laternen und Kerzen nebst Ersatzkerzen bereitgelegt. Die Eltern wurden ermahnt, auch ja die Streichhölzer nicht zu vergessen. In aller Regel trafen wir uns in der Schummerstunde, oft schon vor Einbrechen der Dunkelheit. Die Laternen wurden meistens schon an der eigenen Haustür zum Leuchten gebracht. Besonders erfreuten wir Kinder uns an den verschiedenen Formen. So gab es runde Kugellaternen und abgeflacht runde Laternen mit Mondgesicht und am häufigsten die zylinderförmigen Laternen in den buntesten Farbkombinationen ... Im alten Mecklenburg benutzte man an den Feierabenden gern die sparsamen Laternen, die man „Lücht", also Licht oder scherzhaft in Anlehnung an die Laterne auch „Latücht" nannte. So hieß es in einem Laternenlied, welches wir als Kinder noch von den Großeltern gelernt haben: „De Ollsch mit dat Lücht, dee de Lüd' bedrücht, dee de Eier haalt un se nich betahlt, al al al, Madam kumm' se mal dal, Lischen sitt in'n Kellerlock un all de Melk is oewerkockt."

In Neu Kaliß, wo der Autor aufwuchs, wurde den heranwachsenden Kindern das Laternegehen mit Eltern bald zu öde und sie besannen sich auf die aus den Ferienlagern bekannten Taschenlampen. Diese teils hellen Stablampen, teils energieschwachen Funzeln, hatten für die 12- bis 14jährigen Kinder einen weitaus größeren Reiz. Sie ließen sich nicht nur in den Gesichtern der Anderen fokussieren, sondern auch beliebig in und außer Betrieb setzen. In Anlehnung an die schwach flimmernden Lampen trafen

487 Bruno Theek: Laterne, Laterne. In: Land und Leute Ludwigslust 3/1956 S. 81 f.

wir uns also statt zum Laternegehen, abends zum Funzeln ... Zunächst hatten wir unseren größten Spaß dabei, an Hecken und Zäunen den kleineren Laternengängern Angst einzujagen, bestenfalls die Kleinen mit ihren Muttis zu erschrecken ... Wurde es für die Kleinen zu unheimlich, klärten wir die gruselige Atmosphäre immer schnell auf. Schließlich lebten wir in einem Dorf, in welchem jeder Jeden kannte. Auch dieser Schabernack stieß bald an seine Grenzen. So zogen die „Bagaluten" in kleineren Gruppen untergehakt durch die damals noch fast verkehrsfreien Straßen und zählten ihre Schrittfolgen „Eins und zwei und drei und vier und vor, zurück, zur Seite, ran ... und eins und zwei ... „Dabei brachte der ausgelassenen Funzel-Bande das harmlose Schubsen, Rempeln und Stolpern den allergrößten Spaß."[488]

2015 hatte der Plauer Sky-Markt die Plauer Kinder am Nachmittag des 16. Oktober zum fünften Male zu einem Laternenfest eingeladen – und viele Eltern kamen trotz regnerischen Wetters mit ihren Sprösslingen. Vor dem Supermarkt stand eine Hüpfburg, die ständig besetzt war. Die Kleinen konnten mit Miniautos einen Rundparcours absolvieren oder bei einem Clown am Glücksrad drehen. Die Plauer Jugendfeuerwehr unterstützte die Veranstaltung mit allerlei Aktivitäten, so konnte beispielsweise Knüppelkuchen am Lagerfeuer gebacken werden. Pünktlich um 18 Uhr startete dann zum Abschluss ein vom Plauer Fanfarenzug angeführter Laternenumzug durch die Stadt.

Am Vorabend des Tages der Deutschen Einheit am 3. Oktober 2018 feiern die Mestliner auf dem Sportplatz ein Fest mit Fackelumzug.[489] In Dabel und Techentin (bei Goldberg) gibt es im Oktober einen bunten Laternenumzug mit der Feuerwehr. In Kuppentin sind alljährlich Anfang November viele Kinder mit Fackeln und Laternen bei einem Umzug unterwegs, der am Feuerwehrhaus endet, wo Knüppelkuchen am Feuer geröstet wird. 2012 startete Anfang November der erste Lampionumzug des Lübzer Karnevalsclubs durch die Stadt.[490] 2017 fand im Oktober das 14. Lichterfest der Freiwilligen Feuerwehr Wendorf auf der Warnow statt, bei dem 42 Boote um die Wette schwammen.[491] Am Freitag vor den Herbstferien findet in Lübz ein Laternenumzug statt, bei dem die schönsten selbstgebastelten Laternen prämiert werden. Am 27.10.2017 zogen die Mädchen und Jungen der Techentiner Kita Zwergenland mit Laternen durchs Dorf, eine schon seit mehreren Jahren gepflegte Tradition.[492] Der Lübzer Karnevalsclub lud am 30. Oktober 2017 zu einem Lampionumzug mit anschließendem Knüppelkuchenbacken am Lagerfeuer ein.[493] 2017 war der erste Laternenumzug der Gemeinde Barkhagen in Plauerhagen, die Kameraden der Freiwilligen Feuerwehr sorgen für das leibliche

Herbstfest in Plau am See 2015

488 Rolf Roßmann: Vom Lücht zur Funzel. In: SVZ MM vom 15.11.2019
489 SVZ Lübz vom 4.10.2018

490 SVZ Lübz vom 1.11.2014
491 SVZ Anzeiger für Sternberg, Bruel, Warin 15.10.2017
492 SVZ Lübz vom 24.10.2017
493 SVZ Lübz vom 24.10.2017

Wohl von Groß und Klein.[494] In Rom lud die Feuerwehr Anfang Oktober 2018 zum Herbstfeuer auf den Sportplatz ein. In Lübz bastelten zur gleichen Zeit die Kinder ihre Lampions selbst und zogen mit ihnen zum Stadtteil „Alaska". Am 29.10.2018 kamen zum Laternenumzug der Gemeinde Gallin-Kuppentin am Feuerwehrhaus rund 50 Kinder und Erwachsene. Am 2.11.2018 war Lichterfest in Sternberg, das Kitas, Kinderhort und FFw organisierten. Dazu gehörte ein Laternenumzug (auch mit Fackeln) mit anschließendem gemütlichem Beisammensein an der Feuerwehr, wo Feuerschalen zum Erwärmen standen, es gab Stockbrote, Bratwurst und Glühwein.[495] Ende Oktober 2018 fand das 15. Laubfeuer in Dammereez statt. Das Fest bietet einen Regionalmarkt mit Produkten aus den Regionen Schaalsee und Flusslandschaft Elbe, Parkführungen, Handwerks- und Kinderaktionen sowie eine Feuer-Show. Ein Publikumsmagnet ist das Teichfest der Lewitz in Neuhof Anfang November, zu dem 2018 rund 7000 Besucher kamen.[496] In Pritzier fand ein Oktoberfeuer mit Laternenumzug statt.

494 SVZ Lübz vom 14.11.2017
495 SVZ Lübz vom 29.10.2018
496 SVZ Lübz vom 5.11.2018

Oktoberfest

Seit der Jahrtausendwende etablieren sich vielerorts nach bayerischem Vorbild Oktoberfeste. Dafür einige Beispiele. 2014 fand zum vierten Male auf den Parchimer Hafenterrassen ein von Holger Nüsch organisiertes Oktoberfest statt, dort gab es Deftiges aus Mecklenburg wie Grünkohl und Knacker zum Lübzer Bier.[497] Bei Bayern am Plauer See – so hätte das Motto am 16. Oktober 2015 lauten können, als der Plauer Ferienpark An der Metow zum dritten Male sein Oktoberfest feierte. Im Dirndl und in Lederhosen mit einer Maß Bier (die Frauen bevorzugten allerdings Wein) in der Hand, ließen es sich die Gäste am lodernden Lagerfeuer gut gehen. Am Büfett ging es bayerisch weiter mit Grillhaxe, Weißwurst, Kartoffelsalat, bayerisch Kraut, Brezel mit Salz, mehreren Brotsorten und Käse. Einziges Zugeständnis an die mecklenburgische Seenplatte: leckerer Räucherfisch war auch im Angebot. Nach dem Essen erklang Musik, es wurde bis weit in die Nacht hinein getanzt.

Am 16.9.2017 stand in Alt Jabel das Oktoberfest auf dem Programm. Serviert wurden u. a. Grillhaxe und Hähnchen aus dem Steinbackofen.[498] Am 13. Oktober 2017 bewiesen Mecklenburger im Plauer Fischerhaus an der

497 SVZ Lübz vom 16.10.2014
498 SVZ Ludwigsluster Tageblatt 13. 9.2017

Oktoberfest in Plau am See 2015 und 2017

Metow beim Oktoberfest, dass sie auch bayerisch können. Lederhose und Dirdl, Bier und Lagerfeuer samt zünftiger Musik gehörten zur beschwingten Feier, auch wenn echte Bayern unter den lustigen Mecklenburgern wohl nur spärlich vertreten waren. In Kummer wurde am 14. Oktober 2017 erneut zum Wies'n-Gaudi eingeladen. Ab 18 Uhr hieß es bei der Feuerwehr „O'zapft is". Wie beim Oktoberfest üblich, gab es auch in Kummer Musik von einer Blaskapelle, bayerische Wettkämpfe wie Bierkrugstemmen und Nagelversenken sowie Leckeres von Weißbier und Haxen bis Leberkäs und Brezen. Gäste, die in Tracht kamen, erhielten ein Freigetränk.[499] Oktoberfest-Stimmung war am 21. Oktober 2017 im Europahaus in Dümmer angesagt.[500]

Ende September 2018 war Oktoberfest in Göhlen. Die überwiegende Zahl der Gäste war in Dirndl oder Lederhose gekleidet. Wie bei einem Oktoberfest üblich, wurde mit einem Fassanstich gestartet. Bürgermeister Seyer, assistiert vom Kulturausschussvorsitzenden Marco Mädlow und dem 2. Stellvertretenden Bürgermeister Thomas Edling, benötigte vier Schläge, bis er vermelden konnte: „O' zapft is". Danach sorgten wechselweise die Blaskapelle „Grabower Blasmusik" und DJ Tobias Banisch dafür, dass die Stimmung hochgehalten wurde und die Tanzfläche regelmäßig gut gefüllt war. Einer der Höhepunkte des Abends war sicherlich die Wahl der Dirndl-Königin. Aus 18 Kandidatinnen wählten die Besucher Anna Klüß zur ersten Göhlener Dirndl-Königin, die unter tosendem Applaus „gekrönt" wurde. Gleich 29 Kandidaten waren es bei der Wahl zum Lederhosen-König. Die Stimmenauszählung durch den Kulturausschuss ergab: Arnold Dapp ist erster Lederhosen-König von Göhlen.[501] Am 15.9.2018 fand wieder die „Burgwiesn" in Neustadt-Glewe statt. Bereits am Nachmittag in der Zeit von 14 bis 17 Uhr gab es ein Familien- und Seniorenprogramm mit Hüpfburg, diversen Spielangeboten sowie Kaffee und Kuchen. Um 18 Uhr begann dann die Party im Oktoberfest-Stil. Für die richtige Stimmung sorgte zunächst das Blasorchester aus Banzkow und dann die Partyband „Feeling".[502]

Fast restlos ausverkauft waren die Karten für das 2. Oktoberfest im Kulturhaus Mestlin. Nach der erfolgreichen Premiere im vergangenen Jahr mit mehreren hundert Gästen fand am 29. 9. 2018 die zweite Auflage des Bayernfestes statt. Das Programm richtete sich nach bayerischen Gepflogenheiten. Bürgermeisterin Verena Nörenberg-Kolbow stach das traditionelle erste Bierfass an. Die beliebtesten Dirndl wurden bei einem Wettbewerb gewählt. Für Musik am Abend sorgte DJ Hans Wahnsinn.[503] Die Oktoberfest-Liveband „DeichTiroler" sorgte am 6.10.2018 beim Oktoberfest in der Mehrzweckhalle Neu Kaliß für Stimmung.[504] Am gleichen Tag fand in Karstädt das 1. Oktoberfest statt. Zwei Tage Oktoberfest feierte die Siggelkower Tagespflege „Klönsnack" im ehemaligen Klosterhof. Während die ersten Gäste zu zünftigen Bläserklängen aus Musikkonserven bereits ein Tänzchen wagten, vergnügten sich andere mit Spielen wie Brezelschnappen oder Bierkrugstemmen. Das Personal hatte sich passend zum Motto extra schick gemacht und trug Dirndl. Auch die Speisekarte für das Mittagessen war mit Spätzle-Suppe und Leberkäse mit Bratkartoffeln ganz auf das Fest ausgerichtet.[505] 2019 wurde am 28. September zum 3. Boeker Oktoberfest eingeladen.

499 SVZ Ludwigsluster Tageblatt 7.10.2017
500 SVZ Zeitung für die Landeshauptstadt 20.10.2017
501 SVZ Hagenower Kreisblatt 25. 9.2018
502 SVZ Parchimer Zeitung 14. 9.2018
503 SVZ Zeitung für Lübz-Goldberg-Plau 28. 9.2018
504 SVZ Ludwigsluster Tageblatt 2.10.2018
505 SVZ Parchimer Zeitung 20.10.2018

Allerheiligen/Allerseelen

Katholiken besuchen und richten die Gräber ihrer Angehörigen zu Allerheiligen (1. November) und Allerseelen (2. November) her und gedenken der Verstorbenen. (Protestanten machen dies zum Totensonntag am letzte Sonntag vor dem 1. Advent.) Sichtbar wird das für Außenstehende durch das Grablicht auf den Gräbern. Meist stehen kleine, geschlossene Grablampen auf den Gräbern, damit der Wind das Grablicht nicht sofort löschen kann. Das „ewiges Licht" wird als Zeichen der Verbundenheit mit den Verstorbenen angezündet und brennt bis Allerseelen weiter. Das Grablicht sollte dem Verstorbenen den Weg in die nächste Welt leuchten. In der christlichen Tradition gilt Licht als Symbol für Leben und Auferstehung. Dabei geht es nicht um die Auferstehung der Toten, sondern um die Auferstehung der Seele, die im christlichen Glauben nach dem Tod in den Himmel aufsteigt.

Dazu wird aus dem Rheinland berichtet: „Eine wichtige Rolle bei den Aktivitäten vor Allerheiligen scheint nämlich die Gesellschaft als Regulativ zu spielen ... Auch für diese Besucher, für die Öffentlichkeit, wird das Grab hergerichtet, ja regelrecht „fein" gemacht. Es wird scheinbar erwartet, dass Gräber an diesem Tag gepflegt sind. Auch wenn der gesellschaftliche Druck auf dem Land, wo die Familien sich untereinander kennen, wohl ungleich stärker ist als in der Stadt, spielt das Akzeptieren der Konventionen wohl auch 2011 eine wichtige Rolle. Doch nicht nur ein gepflegtes, aufgeräumtes Grab ist an Allerheiligen wichtig. Die Gräber werden auch besonders geschmückt und mit Festelementen versehen. Zentral sind dabei Grabgestecke und Grablichter ... Für den Einzelhandel ist Allerheiligen nach Ostern und Weihnachten einer der wichtigsten Tage, um Blumenschmuck und Gestecke zu verkaufen."[506]

Es wird weiter bemerkt: „Am Gedenktag der Toten wird das Erinnern noch einmal auf besondere Weise wichtig und vor allem öffentlich. Die sonst vielleicht nur zu Hause oder einfach im Innern ausgelebten Gedenken werden verstärkt nach außen in die Öffentlichkeit transportiert und innerhalb der Gesellschaft zelebriert. Eine wichtige Rolle spielen an solchen Tagen Rituale, denn sie geben mehr oder weniger verbindliche Handlungsanweisungen und damit Halt und Orientierung ... Mit dem Tod eines geliebten Menschen und seiner körperlichen Abwesenheit müssen neue Mechanismen geschaffen werden, wie die Hinterbliebenen nun mit dem Verstorbenen umzugehen haben. Gedenktage wie Allerheiligen bzw. Allerseelen schaffen Raum, um den Toten in den Jahreslauf zu integrieren. Der Friedhofsgang und die festliche Gestaltung der Grabstätte erfüllen so eine weitaus größere Funktion, als die Handlungen an sich. In einer mobilen Gesellschaft wird der Friedhofsbesuch für viele Angehörige zu einem seltenen und damit außergewöhnlichen Erlebnis."[507]

Friedhof Goldberg mit Grablichtern 2019

506 Isabeau Peter: Friedhöfe an Allerheiligen Blumen – Blätter – Lichter. In: Alltag im Rheinland. Mitteilungen der Abteilungen Sprache und Volkskunde des LVR-Instituts für Landeskunde und Regionalgeschichte Herausgegeben von Georg Cornelissen, Alois Döring, Dagmar Hänel – Sonderheft 2012: Feier-Tag Allerheiligen zwischen Kerzen und Kommerz, Bonn 2012, S. 63

507 ebenda S. 65 f.

Halloween

It's Halloween! Was ist das, fragt sicher zu Recht mancher beim Lesen dieser Worte. Dieser nach der Wende eingeführte irisch-amerikanische Heischebrauch von verkleideten und geschminkten Kindern um Süßigkeiten ist eine Mischung aus Karneval, Walpurgisnacht und Silvester. In den letzten Jahren wurde dieser irische Volksbrauch mit Hilfe der Medien in Deutschland bekannt gemacht. So lieferte die Schweriner Volkszeitung am 29. Oktober 2003 auf ihrer Titelseite nicht nur eine Erklärung, sondern zugleich eine „Gebrauchsanleitung": „Kürbis-Köpfe gegen böse Geister. Am 31. Oktober ist Halloween und die kleinen (Quäl) Geister stehen mit ihren Kostümen vor der Tür und verlangen Süßigkeiten. Wer den aus Amerika kommenden Trick-or-treat-Spaß – entweder du spendierst oder wir spielen dir einen Streich – nicht ernst nimmt, muß mindestens damit rechnen, dass ihm das Türschloss verklebt oder die Klinke mit Schuhcreme geschwärzt wird. Der Festimport nimmt immer mehr US-Dimensionen an – mit Umzügen, Verkleidungen, Gruselpartys, Geisterkostümbällen – und besonders auch beim Geschäftsumsatz. Doch das Fest setzt sich sicher vor allem deshalb so schnell durch, weil es einfach Spaß macht ..."[508] Brauchen wir Halloween? Die Frage mag provokant sein, angesichts der Tatsache, dass beispielweise in Ludwigslust ein Jahrmarkt zu Halloween ausgerichtet wird, woanders werden am 31. Oktober „Halloween-Partys" gefeiert und Kinder aufgefordert, verkleidet zu Heischegängen von Haustür zu Haustür zu gehen. Der volkskundlich Interessierte schaut schon etwas verwundert, da er miterlebt, wie auf solche Art und Weise ein irischer Volksbrauch via USA in Deutschland verbreitet wird.

Damit alle Altersklassen zugleich angesprochen werden, bietet der Handel für Jung und Alt nicht nur Halloween-Kostüme sondern auch Zubehör für die Feier an: Grusel-Finale (Pyroerzeugnis), Halloween-Becher (Tasse mit Abbildung), Halloween-Serviettten, Geistkürbiskerze, Teelicht- und Kürbiswindlicht, Halloween-Lichterkette.[509] Einer Ankündigung in der SVZ vom 30. September 2004 ist zu entnehmen, dass am 30. Oktober in der Parchimer Kita „Spatzennest" ein Kinderflohmarkt mit Halloweenparty stattfindet, wo „lustig-gruselige Spiele ebenso vorbereitet werden wie Hexenpunsch und Ekelwürstchen".[510] 2010 wurde in Lübz eine 1. gemeinsame Halloween-Party des Mehrgenerationenhauses mit Stadtbücherei und Verein Lübzer Land veranstaltet.[511] 2016 fand im Lübzer Mehrgenerationenhaus in den Herbstferien eine Halloween-Woche statt. Sie begann montags mit dem Kürbis-Schnitzwettbewerb, um gruselige Kürbisköpfe herzustellen, auch wurde Kürbissuppe gekocht und Gespenster- und Hexenlichter gebastelt. Am Dienstag war Kinotag, es lief „Hui Buh, das Schloßgespenst", zudem konnten Geister aus Holz beim Laubsägen entstehen. Mittwochs wurden Windlichter und Hexenbesen hergestellt. Hexen-Kekse gebacken und bei einer Wanderung Geister gesucht. Donnerstags wurden Stoffbeutel mit gruseligen Gesichtern oder lustigen Figuren genäht. Freitag war wieder Basteltag, dazu gab es Schmink- und Kostümtipps zu Halloween. Die Woche endete mit einem abendlichen Lagerfeuer mit Kesselgulasch und Stockbrot.[512] Die Freiwillige Feuerwehr Passow lud 2019 zur Halloween-Party. In Kobrow

508 SVZ vom 29.10.2003

509 Doppelseite in famila-Werbepostwurfsendung für die Woche vom 13.–18. 9.2004, Einlage in der SVZ

510 SVZ Parchim vom 30. 9.2004

511 SVZ Lübz vom 1.11.2010

512 SVZ Lübz vom 21.10.2016

Zu Halloween verkleidete Kinder in Lübz 2006

I wurden am 30.10.2019 Kinderschminken, ein gruseliger Umzug und Lagerfeuer angeboten. Zur Vorbereitung fand in Moraas ein „Kürbisschnitzen“ statt.

Kommerzieller Nutzen war auch in der Vergangenheit von entscheidender Bedeutung für die Lebensfähigkeit von Bräuchen, da macht Halloween keine Ausnahme. Das bedeutet aber nicht, dass dieser Brauch auch benötigt wird, denn bei ihm interessiert nur die Form, nicht der Inhalt. Bei Halloween handelt es sich um ein altes Totenfest der Kelten, das am Vorabend von Allerheiligen (Hallowmas) gefeiert wird. Nach Druidenglauben rief Samann, der Herr des Todes, in dieser Nacht die bösen Seelen zu sich. Hexen und Geister spukten auf der Erde herum. Mit Lärm, Feuer und anderen Abwehrriten sollten sie vertrieben werden. In den USA entwickelte sich Halloween zu einem Fest für Kinder, die sich als Gespenster oder Hexen verkleiden, ausgehöhlte Kürbisse mit Lichtern mit sich tragend in einem Heischegang von Haus zu Haus gehen und Süßigkeiten erbitten.

Schon immer gab es Wandel im deutschen Brauchtum, einzelne Elemente verschwanden, andere wurden hinzugefügt. Manchmal wurden Feste ganz aufgegeben, selten aber völlig neu aufgenommen. Aber alle Feste sind entweder mit dem Jahres- und Lebenslauf verknüpft oder wurzeln im Christentum. Doch zurück zu Halloween. Gibt es irgendwelche sachlichen Hintergründe wie Religion oder bestimmte Arbeitsabläufe für das Aushöhlen der Kürbisse und den Bittgang von verkleideten und geschminkten Kindern um Süßigkeiten? Wohl kaum, dafür freuen sich aber Industrie und Handel ob der Nachfrage nach Kostümen und Süßigkeiten. Der Party-Gag Halloween hat mit deutschem Brauchtum absolut nichts zu tun, wird aber von den Medien propagiert und vom Handel ob der Umsatzförderung begrüßt.[513] Deshalb warnte beispielweise die Vereinigung schwäbisch-alemannischer Narrenzünfte im Herbst 2003 und sprach sich in einer Erklärung gegen Halloween aus: Damit nimmt die Tradition Schaden und die damit verbundene Werteordnung wird durcheinandergebracht. Der von den Halloween-Kindern nach dem Klingeln an der Haustür geäußerte Ausspruch sagt zudem alles über den Sinn dieser Veranstaltung aus: „Gib oder Hieb!“

Auch in Mecklenburg darf Skepsis erlaubt sein, zumal ein Lichtergang durch die Straßen an Martini schon längst gepflegt wird, allerdings ohne das Erheischen von Süßigkeiten und ohne Verkleidung. Vergleicht man beide Anlässe Halloween und Martinstag, dann fällt eigentlich die Entscheidung zwischen beiden nicht schwer. Wir müssen keine keltischen Gespenster in Mecklenburg vertreiben. Viel besser wäre es, Kinder zu bestärken, sich einen wachen Blick für das Teilen mit Bedürftigen zu bewahren. Dafür ist der Laternengang zu St. Martin ganz sicher der geeignetere Brauch.

513 Elde-Express vom 18.10.2001: „Dekoration zu Halloween: je schauriger, desto besser“
SVZ, Lübzer Ausgabe, vom 26.10 2001: „Die Nacht der bösen Geister“

Martini

Das Fest für Martin von Tours, einem Soldaten und Mönchsbischof aus dem 4. Jahrhundert, wird nach dem liturgischen Kalender am 11. November gefeiert. Er war auch der Namenspatron von Martin Luther, der am 10. November 1483 geboren wurde und wie damals üblich, den Namen des Heiligen seines Tauftages erhielt. In der Erinnerung an das Leben und Wirken des heiligen Martin entstand eine breite Bildtradition: Der geteilte Mantel, mit dem Martin den frierenden Bettler bedeckte, wurde zum Symbolträger für christliche Nächstenliebe schlechthin, für die vom Evangelium geforderte Zuwendung der Gläubigen in der Nachfolge Christi zu den Armen, Kranken und Verfolgten. Martin hat den Satz Jesu „Was ihr dem Geringsten meiner Brüder getan habt, das habt ihr mir getan" exemplarisch umgesetzt. Martin stand für Kranken- und Sterbefürsorge in Hospitälern, für Almosengaben und Barmherzigkeit.

Weit verbreitet war und ist in Mecklenburg der Lichtergang zu Martini am 11. November. Eigentlich ist der Martinstag ein katholisches Fest, doch auch bei den Protestanten ist dieser Heilige sehr populär. In der Oktober-Ausgabe 2016 der Zeitschrift „monumente", die von der Deutschen Stiftung Denkmalschutz herausgegeben wird, gedenkt Julia Ricker des 1700. Geburtstages von Martin von Tours:[514] Als Sohn eines römischen Offiziers wurde Martin vermutlich im Jahr 316 in Pannonien, im heutigen Ungarn, geboren. Mit 15 Jahren trat er in Pavia, wo der Vater als Militärtribun wirkte, in die römische Armee ein. Er diente zunächst unter Konstantin II., später unter Julian in der kaiserlichen Leibgarde. Er ließ sich vermutlich mit 18 Jahren taufen. An einem Tag im Winter begegnete Martin am Stadttor von Amiens einem armen, unbekleideten Mann. Außer seinen Waffen und seinem Militärmantel trug Martin nichts bei sich. In einer barmherzigen Tat teilte er seinen Mantel mit dem Schwert und gab eine Hälfte dem Armen. In der folgenden Nacht sei ihm dann im Traum Christus erschienen, bekleidet mit dem halben Mantel, den Martin dem Bettler gegeben hatte.

Dass sich der Martinskult im gesamten europäischen Raum immer größerer Beliebtheit erfreuen würde, war nach seinem Tod im Jahr 397 nicht abzusehen, doch das fränkische Königtum wurde auf ihn aufmerksam. Dem merowingischen König Chlodwig (466–511), der als erster seiner Dynastie zum Christentum übergetreten war, kam Martin als Schutzpatron und direkter Verbindungsmann zum Himmel gerade recht. Die wertvolle Mantelreliquie, in deren Besitz die Merowinger waren, begleitete als Teil des Schatzes und Rechtssymbol den König von nun an auf den Reisen durch sein Herrschaftsgebiet. Als markanteste Stelle der Martinsgeschichte blieb die Mantelteilung in der Kunst über die Epochen hinweg bestimmend und wurde zum Erkennungszeichen des Heiligen. Spielte sie im Heiligenkult früher eine eher untergeordnete Rolle, bildet die Szene heute das Zentrum des Festes: Jedes Kind lernt von Martin, was Teilen und Nächstenliebe bedeuten. Er doziert seine Botschaft aber nicht mit erhobenem Zeigefinger: Denn schon im Traum erkannte Martin, dass schenken glücklich macht. Diese Tat ist nicht nur zum Markenzeichen des Heiligen, sondern auch zum Inbegriff der Nächstenliebe geworden. Seine Botschaft hat bis heute nichts von ihrer Aktualität eingebüßt.

C. Martiensen aus Grabow berichtete Bartsch 1880: „Das Martini-Singen der Currentschüler war in Grabow ein sehr alter

514 Julia Ricker: Markenzeichen Mitgefühl–1700 Jahre heiliger Martin von Tours. In: monumente 26. Jg. Heft 5/2016, S. 8–13

Gebrauch. Die Currentschüler trugen alle einen Chormantel; wer keinen besaß, der lieh sich einen, was oft seine großen Schwierigkeiten hatte. Der Cantor, der hier früher den Schulgesang leitete, suchte sechzehn bis zwanzig der besten Sänger unter den Rectorschülern heraus, die dann an dem Martini-Tage anfingen, hier vor allen Thüren zu singen. Der Anfang wurde stets Morgens 7 Uhr auf hiesigem Amte – soweit ich mich erinnere – mit „Gott segne Friedrich Franz" gemacht. Vor den Häusern, in denen sich zufällig eine Leiche befand, wurde stets „Jesus meine Zuversicht" gesungen. Die Knaben führten zwei große verschlossene Sparbüchsen bei sich, deren Schlüssel – irre ich nicht – der Cantor während des Singens in Verwahrsam hatte. Einer von ihnen ging dann, nachdem sie, in der Regel, zwei Lieder vor der Thür gesungen, mit der Büchse ins Haus und erbat eine Gabe. Bei den Bäckern war es Sitte, daß ein Jeder für 2 bis 3 Schilling (respective acht bis zwölf Stück) Kringeln gab; diese wurden draußen Demjenigen übergeben, der von ihnen der Unterste in der Schule war, dem sogenannten Schlußoffizier. Dieser hatte entweder einen dicken Bindfaden oder auch wohl einen ledernen Riemen über der Schulter, worauf er dann die Kringel zog und hiermit bis Mittags oder Abends umherging. Auf mehreren Stellen bekamen sie auch warmes Getränk, besonders bei den Eltern, die einen Knaben dabei hatten. Das Singen durch die ganze Stadt dauerte eineinhalb bis zwei Tage."[515]

2003 begingen die Kinder der evangelischen Gemeinden St. Georgen und St. Marien mit der katholischen St. Josephsgemeinde in Parchim gemeinsam den Martinstag in der St. Georgenkirche. Anwesend waren auch Gäste aus den Gemeinden Herzfeld und Spornitz sowie die Spornitzer Schüler der evangelischen Schule „Johannes Gillhoff".[516] Auch in Lübz wurde der Laternengottesdienst ökumenisch begangen. Nach dem Theaterstück in der evangelischen Kirche führte der Laternenumzug zur katholischen Kirche, wo es beim Liedersingen am Lagerfeuer Martinshörnchen gab.[517] Im gleichen Jahr ritt in Dobbertin am Abend der Heilige Martin hoch zu Ross durch den Ort, begleitet von Einwohnern sowie Kindern und Jugendlichen des Klosters, welche Laternen trugen. Der Fanfarenzug spielte auf. In der Kirche wurde ein kleines Theaterstück gezeigt und Martinshörnchen verteilt. Knüppelkuchen und Lagerfeuer beschlossen den Abend.[518] Am 11.11.2013 luden evangelische und katholische Kirchgemeinden in Wittenburg zum ökumenischen Martinsumzug mit Lampions und Martin auf dem Pferd ein. Jedes Kind erhielt im Anschluss ein Martinshörnchen. Auf dem Gelände der katholischen Kirche brannte ein Martinsfeuer, es wurden Waffeln gebacken, heiße Würstchen und warme Getränke gereicht.[519] „Ein originelles und liebevoll gestaltetes Martinsspiel 2016 erlebten Kinder, Eltern und Großeltern zum Martinstag in der Dömitzer Johanneskirche ... An keinem anderen Tag im Jahr treffen sich mehr Mädchen und Jungen mit ihren Laternen in Dömitz als am 11. November zum Martinsfest. Als der Zug das Festungstor erreichte, standen dort im Fackellicht die Lützower zum Empfang."[520]

2017 fand am 11. November ein ökumenischer Martinsumzug mit Laternen in Goldberg statt, angeführt von einem Reiter im roten Umhang und begleitet vom Bläserchor. Anschließend gab es am Feuer Martinsbro-

515 Bartsch a. a. O., S. 221 f.

516 SVZ Lübz vom 12.11.2003

517 SVZ Lübz vom 13.11.2003

518 SVZ Lübz vom 8.11.2003

519 Parchimer Blitz vom 3.11.2013

520 SVZ Ludwigsluster Tageblatt vom 16.11.2016

Martinsfest in der Plauer Stadtkirche 2011

Martinsfest in der Ganzliner Kirche 2015

te.[521] Gleiches passierte 2019 in Wittenburg. Über Wochen wurden auch in Plau am See und Ganzlin Laternen gebastelt, Lieder geübt und Weckmänner (Rosinenbrötchen) gebacken. Am Martinsabend folgen singende Kinder mit bunten Lampions dem Heiligen auf seinem Pferd, wenn er im Schauspiel in den Kirchen seinen Mantel mit einem Bettler teilt. 2018 probten Christenlehrekinder der St. Georgengemeinde Parchim für den Martinstag. Er wird seit vielen Jahren als ökumenische Tradition in der Kreisstadt gepflegt. Nach der Kirche gehen sie mit ihrer Laterne eine kleine Runde durch die Altstadt. Den Martinsumzug gibt es auch auf dem Klostergelände in Dobbertin.[522]

Den Martinstag beging die Lübzer Kindertagesstätte Sophienstift mit einem Laternenumzug mit anschließendem Lagerfeuer. Die Kirchengemeinde Groß Pankow-Redlin-Burow-Lancken und der Jugendclub Rom/Klein Niendorf luden am 12. November zu einem Fackel- und Laternenumzug in Klein Niendorf ein.[523] In Ludwigslust organisierten die Veranstaltung der Hort der katholischen Edith-Stein-Schule gemeinsam mit der evangelischen Kirchgemeinde, dem Kindergarten Alexandrinenstift und dem Montessori-Kinderhaus.[524] Beim Lichterfest am 15.11.2019 wurde ein Laternenumzug mit Reiter und Martinsgeschichte von Plate nach Peckatel veranstaltet.[525] In Wittenburg fand 2019 ein ökumenischen Martinsfest statt,[526] in Dabel feierte man ein Martinsfest.[527]

Martini war auch ein beliebter Markttermin. In Grabow fand 2019 der Martinimarkt zum 442. Male statt. Die Bezeichnung Markt täuscht allerdings – es handelt sich um ein großes Volksfest. Der Herbstmarkt zu Martini, 1685 in Parchim erwähnt, war ursprünglich ein Vieh- und Krämermarkt, Belustigung und Kuriositäten gab es nur am Rande. Jedoch setzte im 19. Jahrhundert ein Wandel von einer Handelsmesse zu einem Volksfest ein. „Einstmals durch die Festlichkeiten der Gilden und mittelbar durch die Aktivitäten der Kaufmannschaft (als Organisator des Marktes) geprägt“[528], ging der Martinimarkt seiner Hauptfunktion als Warenmesse allmählich verlustig. „Für die

521 SVZ Lübz vom 13.11.2017
522 SVZ Lübz vom 6.11.2018
523 SVZ Parchimer Zeitung vom 9.11.2018

524 SVZ Ludwigsluster Tageblatt vom 14.11.2018
525 Martinsfeste mit Laternenumzug fanden u. a. in Brüel, Dabel, Dömitz, Grabow, Ludwigslust, Parchim, Sternberg, Brüel, Warin, Lübtheen, Raduhn, Ziegendorf, Blievenstorf, Rastow, Dabel, Witzin, Herzfeld, Domsühl und Ziegendorf statt.
526 Wittenburger Land- und Stadtbote Nr. 12 vom 7.12.2019
527 Amtsblatt Sternberger Seenlandschaft Nr. 1 vom 19.1.2019
528 Bentzien/Neumann a. a. O., S. 359

Parchimer Martinimarkt 2018; Foto: Michael-Günther Bölsche

Kaufleute war der Markt als Kommunikationszentrum für Warenangebot und -nachfrage nicht mehr attraktiv, seitdem Neuerungen wie Eisenbahn, Chaussee und Telegraph bequemere Geschäftsverbindungen versprachen, wohl auch für die vergnügungssuchenden Städter und Landleute,"[529] die hier neben Buden für allerlei Krimskrams und Naschereien (Lebkuchen, glasierte Äpfel, Zuckerwatte, Kartoffelpuffer, Bratwürste) technische Einrichtungen wie Rundkarussells, Wiener Rad, Berg- und Talbahn, Geisterbahn und Achterbahn vorfanden. Der Parchimer Martinimarkt, er erlebte 2018 die 334. Auflage, entwickelte sich zum größten Volksfest in Mecklenburg-Vorpommern, zu dem alljährlich rund 100 000 Besucher strömen. Nach vier Tagen wird es mit einem Höhenfeuerwerk beendet.

Zur Geschichte des Parchimer Martinimarktes hat Kurt Stüdemann (geb. 1920) aufgeschrieben: „Früher war das Markttreiben auf den Alten Markt und den Schuhmarkt beschränkt, beanspruchte jetzt aber die ganze Lange Straße, den Mönchhof und den Neuen Markt. Der Martinimarkt hatte einen hohen Stellenwert nicht nur für Parchim sondern auch für die ganze Umgebung. Mein Vater und meine Mutter sind beide in Parchim geboren (1889 bzw. 1897) …

Martinimarkt und Königschuss waren die Ereignisse in Parchim, die uns als Kinder am meisten in ihren Bann zogen, was hatten wir auch sonst? Der Martinimarkt begann am Sonnabend Nachmittag und endete Dienstag Abend. Anfangs waren die Parchimer Schaulustigen weitgehend unter sich, aber Montags und Dienstags war der Höhepunkt, denn dann kam die Landbevölkerung dazu und nun begann das große Gedränge. Es war üblich, dass die Bauern mit ihren Familien am Montag den Markt besuchten und am Dienstag hatten die Knechte und Mägde Ausgang." Bedingt durch den 2. Weltkrieg wurde der Martinimarkt eingestellt und erst 1948 wiederbelebt.

In den 1950er Jahren verlegte man den Martinimarkt in die Altstadt – Blutstraße, Apothekenstraße, Schuhmarkt, Alter Markt und Ziegenmarkt standen voller Karussells und Buden. Als der Platz für die vielen Angebote zu knapp wurde, zog man auf das Gelände am Wasserturm und von hier schließlich 1968 zum heutigen Standort an der Bergstraße.

Schließlich muss an den Auftakt der Karnevalszeit erinnert werden: Mit dem 11.11. um 11.11 Uhr beginnt die närrische Zeit, Bürgermeister übergeben den Rathausschlüssel an die Narren. Doch hat dieses Datum nichts mit Martini zu tun, es ist der Magie der vier Mal auftretenden Zahl 11 geschuldet.

529 ebenda S. 359

Hubertusmesse

Alljährlich wird zu Ehren Gottes und zur Erinnerung an den Heiligen Hubertus von Lüttich um den 3. November (dem Hubertustag) ein Jägergottesdienst, die Hubertusmesse, mit instrumentaler Blechbläsermusik abgehalten. Hubertus soll als junger Edelmann ein leidenschaftlich ausschweifender Jäger gewesen sein, der die Erlegung des Wildes als Selbstzweck sah. So habe er an einem Karfreitag einen Hirsch gejagt. Als er ihn schließlich gestellt hatte, sah er zwischen den Geweihstangen ein Kreuz aufleuchten und erfuhr dadurch eine totale Umkehr seiner bisherigen Lebenseinstellung. Dadurch erkannte Hubertus in allen Wesen Geschöpfe Gottes, diese „Achtung vor dem Geschöpf" ging als Waidgerechtigkeit in die Verhaltensgrundsätze der Jägerschaft ein.

Einmal im Jahr kommen die Jäger in den Kirchen zusammen, um ihrem Schutzpatron mit Hubertusmessen zu gedenken. So 2009 in Woserin, Dobbertin, Kuppentin, Spornitz, Lübz, Suckow, Gnevsdorf. In Plau am See fand die erste Hubertusmesse mit den Jagdhornbläsern aus Werder bereits 2003 statt. 2014 luden die Kirchgemeinde und der Hegering in die Mestliner Kirche ein, die Jagdhornbläsergruppe Weidmannsheil Eldenburg-Lübz spielte in der Messe.[530] 2017 wurde in der Domsühler Kirche die 13. Hubertusmesse gefeiert. Dazu luden die Kirchengemeinde Klinken, der Hegering Domsühl und der Förderverein für die Kirche Domsühl sowie die Gaststätte „Zum Eichenkrug" ein. Umrahmt wurde das Ereignis von der Parforcehorngruppe „Elbetal" aus Dömitz.[531]

Am 5.11.2017 fand die Hubertusmesse mit der Jagd & Parforcehornbläsergruppe „Hubertus" e.V. Ludwigslust in der Stadtkirche in Ludwigslust statt.[532] Rauchende Schwedenfeuer am Eingang, mehr als 100 Besucher und noch einmal gut 40 Bläser, all das bildete den Auftakt für die feierliche Hubertusmesse, die am 10.11.2017 in Redefin gefeiert wurde. Dazu hatte sich der Kreisjagdverband mit der Kirchgemeinde zusammengetan, um Sankt Hubertus, dem Schutzpatron der Jäger, zu gedenken.[533] In der Banzkower Kirche erklangen am 28.10.2018 Parforcehörner. „Mit der Tradition einer instrumental erklingenden Messe bekennen sich die Jäger zu waidgerechtem Handeln, zur Achtung vor dem Wild", erklärte Mit-Organisator Andreas Lange, Mitglied des Fördervereins der Banzkower Kirche.[534] Die Hubertusmesse in der St. Hubertuskirche in Woserin wurde 2018 mit der Weihe von drei Glocken verbunden.

2018 wurde die Hubertusmesse von den Parforcehornbläsern aus Neustadt-Glewe in der Dorfkirche Lancken bei Rom gestaltet. Auf Einladung der Kirchengemeinde sowie der Jagdgenossenschaft Stralendorf fand die Messe am 28.10.2018 statt,[535] ebenso in Spornitz mit der Jagdhornbläsergruppe „Weidmannsheil" Eldenburg-Lübz[536]. Am 4.11.2018 umrahmte diese Jagdhornbläsergruppe zu ihrem 20jährigen Jubiläum die Hubertusmesse in Vietlübbe. Weitere Auftritte der Jagdhornbläser waren am 5.11.2018 in Gnevsdorf, am 11.11.2018 zur Hubertusmesse in Woserin und in Kladrum.[537] Am 3.11.2018 war Hubertusmesse in Uelitz. Am 4.11.2018 feierten in Ludwigslust die Jäger mit ihren Gästen die 49. Hubertusmesse mit der Ludwigsluster Jagd- und Parforcehornbläsergruppe „Hubertus".[538] In der Blievenstorfer

530 SVZ Lübz vom 17.10.2014
531 SVZ Parchim vom 26.10.2017
532 SVZ Hagenower Kreisblatt vom 3.11.2017
533 SVZ Hagenower Kreisblatt vom 6.11.2017
534 SVZ Zeitung für Lübz-Goldberg-Plau vom 23.10.2018
535 SVZ Lübz vom 24.10.2018
536 SVZ Lübz vom 25.10.2018
537 SVZ Lübz vom 1.11.2018
538 SVZ Lübz vom 25.10.2018

Hubertusmesse 2018 in der Dorfkirche Vietlübbe. Foto. Dietmar Villwock

Kirche wurde am 4.11.2018 zum 5. Mal die Hubertusmesse als Gottesdienst begangen. Zur Hubertusmesse 2019 wirkte die Gnevsdorfer Kirche fast wie ein Herbstwald, die von den Jagdgenossen mit viel Laub, Tannengrün und der Trophäe eines in diesem Jahr erlegten Hirsches geschmückt war. Die musikalische Begleitung übernahm die Jagdhornbläsergruppe Waidmannsheil aus Lübz.[539]

Zum Herbst gehören auch Treibjagden. In Stralendorf bei Schwerin gibt es deshalb ein Hubertusfest. 2018 stand in der Regionalzeitung: „Seit 49 Jahren treffen sich am Hubertuswald zwischen Stralendorf und Pampow die Jäger zur Jagd. Jedes Jahr am 3. November, dem Hubertustag, ziehen am frühen Morgen, bevor die ersten Besucher kommen, die Jäger und Treiber in die Reviere und jagen das zum Abschuss freigegebene Wild. Ob und wie viele Tiere sie erlegt haben, erfahren die Gäste dann zur Mittagszeit, wenn die Jäger zum Halali blasen, die Strecke legen und danach von der Jagd berichten. Ganz nebenbei schweißt das Hubertusfest auch die Dorfgemeinschaft zusammen."[540]

539 Ev. Luth. Kirchengemeinde Gnevsdorf-Karbow Gemeindebrief Dezember 2019 – Februar 2020

540 SVZ Zeitung für die Landeshauptstadt vom 5.11.2018

Volkstrauertag und Totensonntag

Im Beisein vieler Bürger werden am Volkstrauertag Mitte November an den Denkmalen für die Toten des 2. Weltkrieges von Vertretern des öffentlichen Lebens Kränze niedergelegt. Am Totensonntag Ende November gedenken die evangelischen Angehörigen ihrer Verstorbenen. Bis Totensonntag werden die Gräber auf den Friedhöfen mit Tannengrün abgedeckt und mit einem Gesteck verziert. Schon 1894 annoncierte der Plauer Gärtner E. Meyer in der „Plauer Zeitung", dass er Bestellungen für „Kränze etc." entgegennimmt.[541]

Das Gedenken an individuelle Kriegstote beginnt in Deutschland mit den Befreiungskriegen vor 200 Jahren. Gräber und Denkmäler erinnern die Lebenden an die Kriegsopfer und konfrontieren mit den Folgen von Krieg und Gewalt. In den Kriegen des 19. und 20. Jahrhunderts ließen Millionen deutsche Soldaten auf Schlachtfeldern, die nicht auf dem heutigen deutschen Staatsgebiet liegen, ihr Leben. Sie wurden dort beerdigt, so dass „Ersatzgräber" in der Heimat errichtet wurden.

In Mecklenburg erfolgt das Gedenken an dreierlei Orten: 1. im öffentlichen Raum durch Gedenksteine 2. in Kirchen durch Gedenktafeln 3. auf Friedhöfen durch Inschriften auf Grabsteinen. Als bewusst gesetzte Zeichen im überwiegend öffentlichen Raum sind sie vor allem durch ihre Vielzahl charakterisiert. Auch der durchweg publikumswirksame Ort ihrer Aufstellung oder Anlage zeigt ihre Bedeutung im Grenzbereich historisch-politischer, sozial- und kulturgeschichtlicher Aspekte. Die Denkmale mit ihrem Symbolcharakter reflektieren bei ihrer

541 PZ Nr. 94 vom 28.11.1894

Errichtung das öffentlich vorherrschende Geschichtsbewusstsein:

Kollektive Kriegergedächtnistafeln wurden in den Kirchen auch nach dem Deutsch-Französischen Krieg 1870/71 angebracht, in dessen Ergebnis das Deutsche Kaiserreich gegründet wurde. Diesem Ereignis kam eine ähnliche nationale Bedeutung zu wie den Befreiungskriegen. Die Anschaffung der Tafeln wurde vom Kaiser am 2. September 1873 angeordnet. In jeder Kirche wurde wie bei den Befreiungskriegen zum Gedächtnis eine Gedenktafel mit den Namen der Gefallenen aufgehängt. Nach dem 1. Weltkrieg entstanden in den 20er Jahren des 20. Jahrhunderts in den Dörfern Kriegerdenkmäler, die meist auch ein Namensverzeichnis der Gefallenen aufweisen.[542]

Der verlorene 1. Weltkrieg erforderte eine andere Sinndeutung für den Soldatentod als die des Opfers für den Sieg (wie 1870/71). Der Tod auf dem Schlachtfeld sollte nicht vergeblich gewesen sein und daher benötigte man eine nachträgliche Legitimation. Die Nazis deuteten den Tag als „Heldengedenktag" um, es wurde nicht mehr um die Toten getrauert sondern die Helden geehrt. In der DDR wurde am 2. Sonntag im September statt des Volkstrauertages ein „Internationaler Gedenktag für die Opfer des faschistischen Terrors und Kampftag gegen Faschismus und imperialistischen Krieg" begangen. Für die Gefallenen des 2. Weltkrieges wurden in einigen Kirchen kollektive Gedächtnismale angebracht, in der DDR der einzige Ort, wo neben privaten Grabdenkmalen auf dem Friedhof an die Gefallenen erinnert wurde. In der DDR war es deshalb üblich, die Namen der im 2. Weltkrieg gefallenen oder vermissten Söhne und Väter im unteren

Gedenkstein für die Toten des 1. Weltkrieges in Karow, nach 1945 entfernt

Drittel des Familiengrabsteins aufzuführen. An die vielen ums Leben gekommenen Soldaten, deren Namen oftmals unbekannt blieben, erinnern Gräber auf Friedhöfen, die oftmals durch Stahlhelme besonders kenntlich gemacht wurden. Heute sind sie allerdings nur noch selten auf den Gräbern oder Kreuzen zu finden. Erst nach 1990 im wiedervereinigten Deutschland konnten in den Dörfern Denkmäler/Gedenktafeln für die Toten des 2. Weltkrieges errichtet werden.

„Die kollektiven und individuellen Kriegergedächtnismale sind vielschichtige, bislang noch nicht ausreichend erforschte Denkmäler der öffentlichen und privaten Heldenverehrung, aber auch der Totenklage und des Totengedenkens im Raum der christlichen Kirche. Man darf sie nicht einseitig und undifferenziert als Kriegsverherrlichung bewerten. Sie legen unter anderem auch Zeugnis ab von dem Versuch, den Tod unzähliger Söhne, Ehemänner und Väter in der gemeinschaftlichen Ehrung, Trauer und Erinnerung zu bewältigen. Jeder Name bedeutet ein zu früh und oft qualvoll zu Ende gegangenes Leben. Er bedeutet auch unvorstellbares Leid für die Angehörigen. Für Frauen, die ihre Kinder nun allein aufziehen, für Kinder, die ohne Vater aufwachsen, für

542 eine detaillierte Auflistung nach Orten ist zu finden unter: denkmalprojekt. org/covers_de/d_meckvorp. htm

Volkstrauertag auf dem Neuen Friedhof Parchim 2003

Totensonntag 2003 auf dem Plauer Friedhof

Eltern, die ihre Hoffnungen, im Alter versorgt zu werden, begraben mussten. Für uns fungieren die Kriegergedächtnismale heute eher als Mahnmale im Sinne von „Nie wieder Krieg!".“[543]

Im Landkreis Ludwigslust-Parchim sind 5239 Kriegstote in 90 Orten und 98 Kriegsgräberstätten bestattet.[544] In Parchim gibt es eine Kriegsgräberstätte an der Dammer Chaussee. Mit Beginn des 1. Weltkrieges 1914 wurde auf dem ehemaligen Kavallerieexerzierplatz (das heutige Flugplatzgelände) eines der größten Kriegsgefangenenlager Deutschlands eingerichtet. Bis 15 000 Kriegsgefangene wurden hier festgehalten. Im September 1920 wurde das Lager aufgelöst, diente aber als Anlage noch bis Juli 1921 als Internierungslager für Soldaten der Roten Armee, die im russisch-polnischen Krieg nach Ostpreußen abgedrängt und dort gefangenen genommen wurden. Ende 1914 entstand der Friedhof. 1402 Soldaten (Russen, Franzosen, Belgier, Serben und Engländer) wurden in Einzelgräbern bestattet. 1916 wurde auf Initiative und mit Geldspenden der Lagerinsassen ein Denkmal zum Andenken der verstorbenen Kameraden aufgestellt. Nachdem ab 1923 die westeuropäischen Staaten begannen, ihre Kriegstoten in die Heimatländer zu überführen, blieben noch 1164 Gräber bestehen. Während des 2. Weltkrieges wurden hier 465 Ostarbeiterinnen und Ostarbeiter sowie 50 Militärangehörige verschiedener Nationen beerdigt. 1962 erfolgte die Umgestaltung der Friedhofsanlage zu einem Gedenkhain. 1999 wurde die Kriegsgräberstätte mit Unterstützung des Landes MV unter Mitwirkung des Volksbundes Deutsche Kriegsgräberfürsorge und der Bundeswehr erneut instandgesetzt.

Zwischen Ludwigslustund Wöbbelin existierte zehn Wochen – vom 12. Februar bis zum 2. Mai 1945 – das Konzentrationslager Wöbbelin. In dieser Zeit starben mehr als 1000 der 5000 Häftlinge aus über 25 Nationen an den Folgen von Misshandlungen, Erschöpfung und Hunger. Die Überlebenden wurden von US-Truppen befreit, ein Teil der Opfer fanden in Ludwigslust, Schwerin, Hagenow und Wöbbelin ihre letzte Ruhestätte. Auch der Todesmarsch des KZ Sachsenhausen führte durch Südmecklenburg, bis die Häftlinge in Rabensteinfeld befreit wurden. An diesen Marsch erinnerten in der DDR Gedenksteine und -tafeln. 1966 schuf der Crivitzer Bildhauer Wieland Schmiedel 26 Betonstelen und Stelengruppen, die an der Todesmarschstrecke im Landkreis Parchim aufgerichtet wurden.

543 Sylvia Müller: Aus diesem Kirchspiel starben für König und Vaterland – Zeugnisse des Kriegergedenkens in den Kirchen Brandenburgs. In: Offene Kirchen 2009, S. 94

544 volksbund. de/mecklenburg-vorpommern/mecklenburg-kriegsgraeber. html

Der Volkstrauertag wird seit 1952 zwei Wochen vor dem ersten Adventssonntag begangen. Er ist ein staatlicher Gedenktag und gehört zu den sogenannten stillen Tagen. Vielerorts treffen sich Bürger am Volkstrauertag zum Gedenken der Opfer von Krieg und Gewalt an Kriegsgräberstätten und Denkmalen. Auf dem Neuen Friedhof in Parchim legte der stellvertretende Landrat Helmut Gresch am 16.11.2003 gemeinsam mit vielen Vertretern des öffentlichen Lebens einen Kranz von Kreistag und Kreisverwaltung nieder. In einer gemeinsamen Anlage ruhen hier 161 deutsche Soldaten, 99 Sowjetbürger, neun Polen, ein Ungar und ein Slowake. Auf dem Sowjetischen Friedhof haben 196 Kriegsopfer, davon sind 79 bekannt und 117 unbekannt, ihre letzte Ruhestätte.

In Plau am See wurde am Fuße des Klüschenberges ein Denkmal errichtet, auf dem die Namen der Plauer verzeichnet sind, die im 2. Weltkrieg ihr Leben verloren. Außerdem gibt es auf dem Friedhof eine Kriegsgräbergedenkstätte. Hier fanden 1945 sowjetische und deutsche Soldaten in einer gemeinsamen Anlage ihre letzte Ruhe. Die Kranzniederlegung wechselt jedes Jahr an beiden Orten.

Mit einer Kranzniederlegung auf dem Neuen Friedhof in Parchim endete am 19.11.2017 die zentrale Gedenkveranstaltung des Landes Mecklenburg-Vorpommern zum Volkstrauertag. Das Gedenken erfolgte an einer Gräberanlage, wo 305 zivile Kriegsopfer beigesetzt sind. Es handelt sich vorrangig um Flüchtlinge und Vertriebene aus den ehemaligen deutschen Ostgebieten. Die meisten hatten zwischen 1945 und 1950 ihr Leben gelassen. Ihre ewige Ruhe fanden sie in Parchim in Reihengräbern und in einem Massengrab. Eine Gedenkstätte auf dem Areal wurde Mitte der 1990er Jahre angelegt.

Advent und Weihnachten

Adventszeit

„Weihnachten, wie wir es heute im protestantisch geprägten Norden in der Vorweihnachtszeit mit Adventskranz und Adventskalender, am Heiligen Abend als Familienfest mit Bescherung, Tannenbaum und Adventskalender feiern, ist nicht älter als 150 Jahre und eng mit der Entwicklung der bürgerlichen Gesellschaft, ihren Bildungs- und Familienidealen verbunden. Die an die gesellschaftlichen Bedingungen des vorindustrialisierten Dorfes gebundenen Bräuche wichen im Laufe des 19. Jahrhunderts denen aus der Stadt, als die Verbürgerlichung der Gesellschaft auch auf dem Lande Einzug hielt.

Mit der Entwicklung der Industriegesellschaft wurden besonders in unserem Jahrhundert das Weihnachtsfest und die damit verbundenen Bräuche und Festrequisiten allseitig vermarktet. Die traditionellen Familienstrukturen sind von einem tiefgreifenden Wandel gekennzeichnet, so daß sich Weihnachten als Familienfest im Sinne des 19. Jahrhunderts durch den Zerfall der traditionellen Familie selbst auflöst. Das Wirken von Ideologien zweier Diktaturen sowie die Säkularisation der Industriegesellschaft trugen und tragen ebenfalls dazu bei, dass heute von vielen Menschen der christliche Gehalt des Festes nicht mehr wahrgenommen oder

Adventskarte vor dem 1. Weltkrieg

gar abgelehnt wird. Wir leben in einer Zeit der „Entzauberung der Welt“, die auch vor dem „Zauber der Weihnacht“ nicht haltgemacht hat.“[545] Diese Feststellungen traf Henry Gawlick in seinem Buch über Weihnachtsbräuche in Mecklenburg.

Der Versuch in der DDR, die Advents- und Weihnachtszeit vom überkommenen deutschen Brauchtum zu lösen und das säkularisierte sowjetische Modell einzuführen, scheiterte aber. „Um die Kinder in Schulen, Kindergärten und -krippen auch weihnachtlich in die sozialistische Lebensweise zu integrieren und zugleich die deutsch-sowjetische Freundschaft zu bekunden, starteten allerorten Jolka-Feste. Doch Väterchen Frost, begleitet durch Figuren aus der russischen Märchenwelt, gelang es nicht, den guten alten Weihnachtsmann zu verdrängen.“[546]

Gerade das Weihnachtsfest bietet in Südwestmecklenburg ausreichend Stoff, den Wandel in der Brauchtumsüberlieferung deutlich zu machen. So sind der Adventskranz und der Adventskalender erst im 20. Jahrhundert von den Mecklenburgern übernommen worden. Das gilt auch für den Nikolaustag am 6. Dezember, an dessen Morgen die Kinder in ihren bereitgestellten Schuhen etwas zum Naschen und ein kleines Geschenk vorfinden. Der Nikolaus wurde beispielsweise in vielen mecklenburgischen Dörfern erst nach 1945 durch die Vertriebenen aus katholischen Gegenden eingebürgert. Die Geburtsstunde des kommerziellen Adventskalenders war 1908 in München. In der Lithographischen Anstalt Reichold & Lang erschien der erste gedruckte Adventskalender „Im Lande des Christkinds“. Er bestand aus zwei Teilen. Jeden Tag musste aus einem Ausschneidebogen ein neues Bild ausgeschnitten und in das entsprechende Feld des eigentlichen Kalenders geklebt werden. Es wurde das Erfolgsrezept der damals sehr beliebten Ausschneidebögen und Klebebilder übernommen und damit die Bedürfnisse bürgerlicher Familien getroffen, die das gespannte Warten auf das Christkind pädagogisch nutzen wollten: Man muss Geduld haben, wenn man etwas Schönes erleben will. Und: Brave Kinder werden belohnt. So lautete die Botschaft. Mitte der 1920er Jahre kam der heute übliche Adventskalender mit Türchen zum Öffnen und etwas später mit Schokoladenfüllung auf den Markt.[547]

Der Adventskranz entstand ebenfalls aus dem Zählbedürfnis der Tage der Adventszeit. Der evangelische Theologe Johann Hinrich Wichern, der das „Rauhe Haus“ in Hamburg (ein Erziehungs- und Wohnheim für Kinder und Jugendliche) eingerichtet hat, hängte im Jahre 1839 im Beetsaal einen wagenradgroßen Holzkranz mit 24 Lichtern auf–20 dünne rote Kerzen für die Wochentage und vier dicke weiße Kerzen für die vier Aventssonntage. Daraus entwickelte sich unser heute üblicher aus Tannengrün gewickelter kleiner Kranz mit nur vier Kerzen, die nacheinander an den vier Adventssonntagen entzündet werden. Aus Muchow bei Grabow berichtet Herta Liermann:[548] „In der Vorweihnachtszeit hingen in den Schulen

545 Henry Gawlik: Schimmelreiter, Knapperdachs und Weihnachtsmann – Weihnachtsbräuche in Mecklenburg und Vorpommern. Rostock 1998, S. 8 f.

546 Katharina Rieger: Fondant und Cuba-Orangen. Ein Rückblick: Weihnachten in der DDR. In: Der Elbländer 12/2012, S. 18. Vgl. auch Constantin Hoffmann: Weihnachten in der DDR, Halle/Saale 2016

547 Vgl. Peschel: Adventskalender a. a. O. sowie Esther Gajek: Türchen auf! Zur Geschichte des Adventskalenders. In: Döring/Kamp/Uhlig: Dem Licht entgegen. Köln 2010

548 zitiert nach Kluck: Muchow a. a. O., S. 172

Weihnachtsdekoration, fotografiert in Plau und Parchim 2003 bis 2015

22

und im Vorjahrkonfirmandenunterricht im Konfirmandensaal der Pfarre Adventskränze an den Decken, mit Kerzen und roten Bändern."

Das Kerzenlicht zauberte auch immer ein Gefühl der Wärme und Geborgenheit, denn Kerzen waren für den Normalgebrauch zu teuer und nur für ein den Alltag deutlich überhöhendes Fest im Gebrauch. In der Zeit der Wintersonnenwende keimte die Hoffnung auf längere Helligkeit, deshalb bemaß man dem Kerzenlicht (das erst im 19. Jahrhundert weite Verbreitung fand) in der Adventszeit so übergroße Bedeutung bei. Trotz unserer elektrischen Totalbeleuchtung in Häusern, Schaufenstern und Straßen spürt der Mensch von heute den Symbolwert des Kerzenlichts.

Die Straßen sind mit weihnachtlicher Beleuchtung und Tannenbäumen geschmückt, die Schaufenster der Geschäfte festlich dekoriert. Elektrische Lichterketten zieren Nadelbäume und Ziersträucher im Vorgarten. Zum ersten Advent werden in den Wohnungen Weihnachtsdekorationen aufgestellt, wie Weihnachtsleuchter, Weihnachtspyramiden,[549] Krippen, Adventskränze, Schwibbogen, Räuchermännchen und Herrnhuther Sterne. Neben dem Weihnachtsbaum ist die Weihnachtskrippe mit der Heiligen Familie, den Heiligen Drei Königen und den Hirten samt Tieren ein wichtiges weihnachtliches Symbol.

549 Vgl. Claus Leichsenring: Erzgebirgische Weihnachtspyramiden, Dresden 2009

Mit Ausstellungen in Schaufenstern und im Ladeninnern machten Händler auf ihr Angebot zum Fest aufmerksam, wobei Spielzeug immer im Mittelpunkt stand. So sah man in den 1950er und 1960er Jahren in Parchim bei Odemarck in der Lindenstraße immer Kinder vor seinen Schaufenstern stehen, da er eine große Spielzeugeisenbahn darin fahren ließ. 1861 war in der Plauer Zeitung zu lesen: „Mein aufs reichhaltigste assortirtes Spielwaaren-Lager empfehle ich dem geehrten Publikum zu Weihnachts-Einkäufen unter Zusicherung reeller und billiger Bedienung so angelegentlichst als ergebenst Klempnermeister Drändorff." „Soeben empfing ich direct aus Berlin eine Menge Spielsachen, welche sich zu Weihnachtsgeschenken für Kinder eignen, sowie Papier zu Neujahrswünschen l. Kloß Buchbinder." „Puppen, Puppengestelle, Quarrpuppen und Spielwaaren zu äußerst billigen Preisen empfiehlt F. Louis." „Meine diesjährige Weihnachts-Ausstellung empfehle ich den geehrten Herrschaften der Stadt und Umgebung. Plau, im Dezember 1861 A. Schloika."[550] 1873 annoncierten Plauer Händler: „Weihnachtsausstellung mit einer hübschen Auswahl Spielsachen und nützlichen Drechslerarbeiten empfehle ich mich zu bevorstehenden Weihnachten ergebenst Fr. Paul, Plau, Steinstr. 176." Die Plauer Zeitung berichtet 1861 in einem längeren Artikel, dass der Vorstand der Plauer „Klein-

550 PZ Nr. 93 vom 3.12.1861

Gestickte Weihnachtsdecken von Erika Arnold, Lübz 1980

Kinderschule" die Bürger aufrief, Geschenke zu einer Weihnachtsfeier für die „kleinen Zöglingen der hiesigen Bewahranstalt" am 23. Dezember zu schenken: „Außer Pfeffernüssen, Kuchen und Aepfeln werden uns nicht nur neue, sondern auch bereits getragene Kleidungsstücke und schon gebrauchte Spielsachen willkommen sein, zumal da bei der gegenwärtigen theuren Zeit manche Eltern für ihre Kleinen keine Ausgabe machen können."[551] Nach dem Fest wurde mitgeteilt, dass 3 Taler 8 Schillinge gespendet wurden, außerdem eine Reihe von Kleidungsstücken, darunter 11 Kleider, und Spielzeug sowie natürlich Pfeffernüsse und Äpfel. „Durch diese reichen Liebesgaben wurde es uns denn möglich gemacht, 62 Kindern wieder eine Christfreude zu bereiten."[552]

Mit den Kindern werden daheim Weihnachtsplätzchen gebacken, es wird gebastelt. Die Bäckereien bieten natürlich ebenfalls Weihnachtsgebäck an, so 1873 in Plau der Bäcker Hermann Sauber: „Makronennüsse Pfund 12 Schillinge, Zuckernüsse Pfund 9 Schillinge, braune Pfeffernüsse Pfund 8, 9, 10 und 12 Schillingen, Anisnüsse Pfund 6 Schillinge, Gebäck zum Tannenbaum."[553] Die Konditorwitwe Weier annoncierte: „Mit heutigem Tage habe ich eine Weihnachts-Ausstellung eröffnet und empfehle aus derselben den geehrten Herrschaften von Plau und Umgebung als ganz vorzüglich: Liqueur-Confect, Naturell- und echten Lübecker Marzipan, Auflauf, Schaum-Confect, ferner Traubrosinen, Krachmandeln, Feigen, Succade, eingezuckerte Pomeranzenschale mit der Bitte um geneigte Abnahme. Plau, den 13. December 1873."[554]

Erika Arnold erinnert sich an die Zeit um 1930: „Am 1. Advent wurden die Pfeffernüsse gebacken. In unserem Garten stand auch einen Quittenbaum. Dessen Früchte wurden im Haushalt verwertet. Die meisten Früchte wurden zu Quittenmarmelade gekocht, manchmal gemischt mit Kürbis, Äpfel oder Birnen. Das Beste für uns Kinder aber war das „Quittenbrot", wie wir es nannten, eine Art Quittenpaste. Auf ein Kilogramm Früchte kommen dabei 500 g Zucker. Gekocht wurde es wie Apfelmus unter ständigem Rühren, da es leicht anbrennt. Nach dem Kochen wurde die pastenartige Fruchtmasse auf ein mit gefettetem Butterbrotpapier ausgelegtes Kuchenblech gestrichen. Dieses Blech musste danach acht bis zehn Tage an einem warmen Ort stehen. Dann wurden kleine Stücke abgeschnitten oder mit Weihnachtsgebäckförmchen ausgestochen. Die Stücke wurden in Zucker gewälzt. Dieses Fruchtkonfekt mit dem wunderbaren Aroma lag am Nikolausmorgen als Süßigkeit zusammen mit Äpfeln, Pfeffernüssen und Nüssen in unseren vor die Tür gestellten Schuhen."[555] Hans-Heinrich Jarchow aus Wangelin berichtet, dass seine Großmutter und Mutter hellen und dunklen Teig für Plätzchen ansetzten, den Teig aus-

551 PZ Nr. 98 vom 18.12.1861
552 PZ Nr. 100 vom 28.12.1861
553 PZ Nr. 98 vom 6.12.1873
554 PZ Nr. 101 vom 17.12.1873
555 Erika Arnold, geb. Ahlschläger, Jg. 1922 Karow

Adventsmarkt an der Parchimer Marienkirche 2012

walzten und mit Metallformen Kekse ausstachen. Diese wurden auf Backblechen zum Plauer Bäcker Roock in der Lübzer Straße zum Abbacken gebracht. Die Plätzchen wurden dann in einer 10-Liter-Milchkanne aufbewahrt.[556]

In der Adventszeit kommt zum Advents- und Weihnachtsmarkt der Weihnachtsmann und beschenkt die gekommenen Kinder. „Es ist eine Tradition, die sich einer nahezu ungebrochenen Beliebtheit erfreut. Manche sind professionell organisiert, andere wiederum sind klein, improvisiert und überwiegend für die nächste Umgebung von Interesse. Aber aus allen spricht die Sehnsucht nach Teilhabe an Gemeinschaft, an den Ritualen der Vorfahren und danach, die Welt ein wenig heller und wärmer aussehen zu lassen. Das ist der emotionale, tatsächlich auch romantisierende Aspekt. Der andere ist ein wirtschaftlicher. Für viele Gemeinden ist Weihnachten ein einträgliches Geschäft, ein wichtiger Tourismusfaktor."[557] Auf den Nikolaus- wie auf den Weihnachtsmärkten bot man von Anfang an auch handwerkliche und landwirtschaftliche Erzeugnisse an; es gibt Karussells, Glühwein, Bratäpfel, Schmalzgebäck und Bratwurst. Durch das Abspielen von Weihnachtsliedern, das Auftreten von Kindergruppen auf der Bühne sowie das persönliche Erscheinen des Weihnachtsmanns entsteht eine besondere Atmosphäre, die für Weihnachtsmärkte charakteristische Verbindung von Kommerz und Melancholie.[558] Es werden Gefühle und Erinnerungen geweckt, „die eine Saite in uns zum Klingen bringen, welche sonst im Lebensalltag kaum hörbar wird. Den sozialgeschichtlichen Hintergrund dieser sinnkonstruktiven Verbindung von käuflichem Genuss bzw. Gefühl einerseits und unerschwinglicher Erfüllung bzw. Sehnsucht andererseits bildet das seit dem frühen 19. Jahrhundert wirkmächtig werdende Lebensideal der bürgerlichen Familie mit seiner bedeutsamen Aufwertung des Kindes und der Kindheit. Spätestens seit dieser Zeit gilt Weihnachten als das Fest der Kinder ... Der eigentliche Ursprung des Weihnachtsmarktes, wie wir ihn heute kennen, liegt mithin in eben dieser ambivalenten Verbindung von Darstellung und Empfindung, von Gabe und Gefühl, von Ökonomie und Emotionalität, wie sie sich im Zuge

556 Hans-Heinrich Jarchow, Jg. 1955, Wangelin

557 Julia Greipl: Printenmänner und Posaunenengel. In: Zs monumente 6/2018, S. 70

558 Vgl. Martin Kumlehn: Weihnachtsmärkte. Ewigkeitsglanz in grauer Zeit als Inszenierung der Sehnsucht. In: Klie: Valentin, Halloween, S. 209 f.

der Herausbildung der modernen Familienreligiosität unweigerlich entwickelt. Mit der Entdeckung des Eigenwertes des Kindes und seiner Welt sowie unter ständiger Bezugnahme auf – zum Teil bloß angenommene – Bedürfnisse und Phänomene der Kindheit entstehen die charakteristischen Weihnachtsbräuche und die signifikanten Symbole des Festes: Tannenbaum und Engelshaar, Christkind und Weihnachtsmann, Lebkuchenherzen und Holzspielzeug."[559]

Sowohl in den Städten als auch in Dörfern des Landkreises Ludwigslust-Parchim fanden 2018 Weihnachtsmärkte statt, u.a. in Banzkow, Boizenburg, Brüel, Brunow, Demen, Dobbertin, Dömitz, Gallin-Kuppentin, Goldberg, Grabow, Hagenow, Kaliß, Lübtheen, Lübz, Ludwigslust, Malliß, Mestlin, Neustadt-Glewe, Pinnow, Plate, Plau am See, Raduhn, Redefin, Rentgendorf, Sternberg, Tempzin, Tewswoos, Tramm, Warin, Wittenburg, Zapel und Zarrentin. Im Gutshaus Weitendorf wird zum Adventsmarkt eingeladen. In Parchim herrscht Anfang Dezember buntes Treiben beim Adventsmarkt rund um die Marienkirche, der 2013 zum 12. Male stattfand. Während anderswo die Weihnachts- bzw. Adventsmärkte auf die Festtage einstimmen; heißt es in Sternberg Anfang Dezember Nikolausmarkt, ebenso in Warin, wo 2016 eine ökumenische Andacht zum 4. Nikolausmarkt stattfand.[560] 2017 kam der Nikolaus in Warin mit dem Boot im Pfarrgarten an.[561] Am 7.12.2019 wurde in Holthusen eine Nikolaus-Party veranstaltet.

In den letzten Jahren verstärkt sich ein Trend, in die Erdgeschossfenster von Privatwohnungen für die Passanten sichtbar Weihnachtsmänner, Christbaumkugeln, Schwibbögen, Engel, kleine Krippen, Erzgebirgs-

Plauer Weihnachtsstraße 2002

Räuchermännchen, Weihnachtssterne und Nussknacker zu stellen. Viele schmücken auch den Vorgarten zum ersten Advent, um so allen Vorübergehenden ihre Vorfreude auf das Weihnachtsfest zu zeigen. Die Straßen der Städte sind mit weihnachtlicher Beleuchtung und Tannenbäumen geschmückt. In Parchim wurden 2003 die Fenster des Rathauses zum großen Adventskalender dekoriert. Elektrische Lichterketten zieren Nadelbäume im Vorgarten, vereinzelt sind nach der Wende nach amerikanischem Vorbild ganze Hausfassaden mit Lichterketten behängt worden. Zur Werbung werden Geschäfte mit lebensgroßen Weihnachtsmännern versehen, die sowohl als Fassadenklette-

559 ebenda S. 211 f.

560 Vgl. SVZ Anzeiger für Sternberg, Brüel, Warin vom 5.12.2016

561 ebenda vom 6.12.2017

rer als auch als Türsteher zu betrachten sind. Unmittelbar vor dem ersten Advent werden in den Wohnungen Weihnachtsdekorationen aufgestellt, wie z. B. Weihnachtsleuchter, Krippen, Adventskränze, Schwibbögen, Räuchermännchen, leuchtende Sterne.

Weihnachtsfeiern gehören in die Adventszeit. In den Kindereinrichtungen, Schulen, Senioreneinrichtungen, Betrieben und Einrichtungen gibt es Weihnachtsfeiern, bei denen die jetzigen und ehemaligen Mitarbeiter zu einem geselligen Beisammensein bei Kaffee und Kuchen einladen werden.[562] Seit 2010 treffen sich zum 1. Advent die Tauchsportfreunde des Lübzer SV zum Abschluss ihrer Freiwassersaison zum Weihnachtstauchen am Kritzower See, wobei ein zuvor versenkter, geschmückter Weihnachtsbaum unter Wasser geplündert wird. Am 3. Advent wird in den Ruhner Bergen bei Marnitz am Aussichtsturm in Trägerschaft der Ämter Eldenburg-Lübz und Putlitz-Berge seit 2000 ein Turmblasen durchgeführt mit dem Riesen Ramm, dem Putlitzer Burgfräulein und Knecht Ruprecht.[563]

Die Plauer Bäckerei Behrens und der Verein „Wir leben" lädt seit Jahren Plauer Kindergärten und Schulen zum Adventsplätzchenbacken ein. Die Bäckerei stellt die Zutaten, bereitet den Teig vor, so dass die Kinder ihn nur noch ausstechen müssen. Anschließend werden die Plätzchen abgebacken. Am Tag darauf können die Kindergartengruppen bzw. Schulklassen das fertige Produkt abholen. Kinder der Grundschule Techentin bei Ludwigslust gingen auch zum Bäcker, um Weihnachtsplätzchen zu backen.

Einen „Lebendigen Adventskalender", bei dem an jedem Tag eine Veranstaltung angeboten wird, findet in Brüel, Crivitz, Dömitz, Neu Kaliß, Wittenförden, Döbbersen, Lassahn und Neunkirchen statt. Im evangelischen Gemeindeverbund Groß Pankow-Redlin-Burow öffnet bis einschließlich 23. Dezember jeweils von Montag bis Sonnabend ein Einwohner aus einem der zum Verbund gehörenden Ortschaften ab 19 Uhr Besuchern sein Haus und lädt in die Wohnung zum Singen und Reden ein.[564] In Woosten bei Goldberg feiert man am 1. Advent das „Anleuchten", das Schmücken der Hausfassaden mit Lichterketten, begleitet von einem Glühwein am Feuer. Die Lichterketten beleuchten die Umrisse von Häusern, schmücken Zäune, umrahmen Eingänge, und das zwischen dem 1. Advent und Silvester. Jedes Jahr kommen Gäste aus den umliegenden Orten zum „Anleuchten". Der Ursprung dieses Festes geht auf den Woostener Michael Mußfeldt zurück. Etwa zur Jahrtausendwende kehrte er aus den USA zurück, von wo er den Brauch der üppig illuminierten Häuser mitbrachte und machte seines offenbar zum leuchtenden Vorbild für andere Einwohner Woostens.[565] 2005 waren in Zapel-Ausbau bei Crivitz die meisten Häuser mit einem Lichtermeer geschmückt. Seit 2008 findet in Pampin vor dem Haus der Familie Pauli, wo eine große, selbstgefertigte Pyramide steht, ein Adventsfest für die Pampiner statt, so am 8.12.2018. Die Anregung für den Pyramidenbau kam bei einem Winterurlaub im Erzgebirge.[566] Ebenfalls seit zehn Jahren stellt in Lübz in der Blü-

562 Die Stadt Plau am See lädt die Senioren der Stadt zu einer Feier ins Parkhotel Klüschenberg, dies passiert auch durch die Volkssolidarität für ihre Mitglieder. Seniorenweihnachtsfeiern fanden 2019 auch u. a. in Dreilützow, Körchow, Luckwitz, Waschow, Perdöhl, Neustadt-Glewe, Dömitz, Malliß, Vielank, Malk Göhren, Granzin bei Hagenow, Picher/Jasnitz, Goldenitz/Warlitz, Kuhstorf, Toddin, Alt Zachum, Dümmer, Wittenförden und Stolpe bei Parchim statt.

563 SVZ Lübz vom 17.12.2018

564 SVZ Lübz vom 29.11.2014

565 SVZ Lübz vom 2.12.2015

566 SVZ Parchim vom 8.12.2018

cherstraße Egon Westphal zur Freude der Vorübergehenden in seinem Vorgarten eine Lichterinstallation auf.[567] In Karow lässt seit 2009 René Menning eine Lichtershow mit 48 000 LED-Lichtern am Haus und im Vorgarten erstrahlen und mit Musik untermalen. Bis zum 6. Januar gibt es die Karower Lichtershow zwischen 16 und 22 Uhr zu sehen. Alle 90 Minuten beginnt sie von vorne. Zum Start Ende November/Anfang Dezember gibt es die „Anmachparty" mit Glühwein und Bratwurst.[568]

567 SVZ Lübz vom 24.12.2018;
568 SVZ Lübz vom 27.12.2018; vgl auch zur Weihnachtsbeleuchtung an Häusern R. Roßmann: Sind die Lichter angeschaltet. In: SVZ MM vom 15.12.2017

Kunsteisbahn auf dem Parchimer Schuhmarkt 2018

Nikolaus, Ruklaas und Weihnachtsmann

Jedes Kind freut sich auf den 6. Dezember, wenn der Nikolaus kleine Geschenke in die vor der Wohnungstür bereitgestellten Schuhe füllt. Der 1916 in Zapel bei Crivitz aufgewachsene Otto Warnke hielt in seinen 1986 aufgeschriebenen Erinnerungen an die 1920er Jahre fest: „Am 5. Dezember stellten wir Kinder unsere geputzten Schuhe in die Küche. Der Nikolaus brachte morgens selbstgebackene weiße und braune Pfeffernüsse, Hasel- und Walnüsse, einen Apfel, eine Lakritzstange oder –rolle, manchmal eine bunte Lutschstange in Form eines Bleistiftes."[569] Andernorts war der Nikolaus als Gabenbringer bis nach dem 2. Weltkrieg unbekannt.

„ ... dann steht das Christkind vor der Tür". Sicher kennen viele diese Gedichtzeile, die auf den Höhepunkt der Adventszeit, den 24. Dezember, aufmerksam macht. Doch nur wenige wissen, dass das Christkind eine Erfindung von Martin Luther ist, der nach protestantischem Heiligenverständnis auch den Nikolaus in seiner Funktion als Gabenbringer um 1535 abschaffte. Der Kinderbeschenktag wurde vom Nikolaustag auf Weihnachten verlegt, und das Christkind wurde zum Gabenbringer, das ebenso wie der Nikolaus seine Geschenke heimlich und bei Nacht brachte. Heute ist das Christkind, eine nicht näher definierte Erscheinung eines leuchtenden, manchmal geflügelten 10–14jährigen Kindes, im evangelischen Norddeutschland durch den Weihnachtsmann abgelöst worden. Das Christkind ist dagegen ab 1900 konfessionsüberschreitend zum Gabenbringer in katholischen Familien geworden. Dessen Funktion übernahm bei den protestantischen und konfessionslosen Familien der Weihnachtsmann.

569 Otto Warnke

Plauer Weihnachtsstraße 2002

Auch bei dieser Weihnachtsfigur ist ein Trend weg von der Regionalisierung hin zur Internationalisierung unverkennbar. Worin hat diese bei den Kindern so beliebte Gestalt ihren Ursprung? In den protestantischen Niederlanden blieb das Schenkfest am Nikolaustage ebenso wie der Nikolaus als Gabenbringer erhalten. Der von Niederländern nach Nordamerika exportierte Nikolaus wurde dort zum „Santa Claus", allerdings wurde die Bescherung vom 6. auf den 25. Dezember verlegt. Vermischt mit aus Deutschland importierten Vorstellungen eines „Herrn Winter" verliert Santa Claus in Amerika in der Mitte des 19. Jahrhunderts die eindeutige Bischofbekleidung und erhält einen mit Pelz besetzten Mantel und eine ebensolche Pudelmütze und wird zum „Father Christmas". Den weißen Pelzbesatz zur roten Kleidung bekam der Weihnachtsmann schließlich 1932 durch die Firma Coca-Cola, die ihr Firmenlogo rot-weiß einsetzte. Damals wünschte der Weihnachtsmann in den Hausfarben von Coca-Cola in einer USA-weiten Plakataktion neben einem Gabenstrumpf eine „erfrischende" Pause. Seit diesem außerordentlich erfolgreichen Werbefeldzug ist der Weihnachtsmann standardisiert.

In Deutschland war der Weihnachtsmann bis in die 1930er Jahre in einem langen, weiten Kapuzenmantel aufgetreten, der sowohl braun, als auch weiß, blau, rot, violett, grün und schwarz gefärbt war. Nur manchmal war der Mantel mit Fell verbrämt. Eine Fellmütze verdeckte das weiße Haar des rotwangigen und langbärtigen Gabenbringers, dessen Requisiten Rute und Gabensack waren. Wenn vor 150 Jahren jemand gesungen hätte „Morgen kommt der Weihnachtsmann", so hätte ihn niemand verstanden. In Südwestmecklenburg kam nämlich statt eines Weihnachtsmannes der „Rugklaas" (bzw. „Ruklas" = rauher Niklas). Er brachte keine Geschenke, sondern flößte den Kindern auf dem Lande Respekt ein, da er mit der Rute Schläge verteilte, wenngleich er von den älteren Kindern gern aus sicherer Entfernung verspottet wurde. Während in der Stadt der Weihnachtsmann kam, kehrte in einige Häuser Klinkens noch der „Ruhklas" ein, berichtet Schultz in den 1950er Jahren.[570]

Richard Wossidlo überliefert viele dieser Rugklaas-Reime aus dem Südwesten, dafür einige Beispiele: „Ruklaas Bäckerknecht, lick mi in 'n Noors, un dat is recht" (Lübtheener Gegend); junge Mädchen banden sich ihre Kleider unten zusammen und riefen: „Klaas, Klaas, prügel man, an minen Noors kummt keener ran" (Woosmer); Klingklaas, der du bist, hest di in dat Hemd pisst" (Godern); Ein Kindelein so löbelich, wenn de Rump-

570 Karl Rolf Schultz-Klinken a. a. O., S. 113

sack kümmt, denn tööf ik nich, denn spring ik oewer 'n Tuun, denn süppt de Rumpsack sik duun, denn spring ik oewer 'n Steen, denn kann he mi nich sehn, denn spring ik oewer de Hecken, denn kann he mi nich recken, de Rumpsack drecht twee Kipen, he kann mi doch nich gripen, dorüm bäd' ik liker nich, ik will em leewer wat schiten" (Godems/ Göhren)." Andere waren versöhnlicher: „Ruuchklaas, kiek mi an, lütten Knirps bün ik man, väl bäden kann ik nich, gäben mööst mi likers wat" (Loosen)".[571]

Bruno Theek zeichnete in der Ludwigsluster Gegend folgende Spottverse auf: „Nach uraltem Brauch, vielleicht ursprünglich die heiligen Dreikönige darstellend, zogen früher und ziehen wohl hier und da auch noch heute zur Weihnachtszeit durch unsere Dörfer vermummte Gestalten, die vor jedem Hause sangen oder einen Spruch aufsagten, wofür ihnen dann eine kleine Gabe: Kuchen, Apfel, Nüsse oder Geld, herausgereicht wurde. Diese Gestalten wurden mit einem Sammelnamen „Ruklaas" genannt, ... Wenn sich der Ruklaas sehen ließ, zogen die Kinder hinter ihm her und sangen Spottverse, von denen hier einige, die natürlich örtlich verschieden lauteten, mitgeteilt seien: Hei hei Himmel, mien Vader sitt up'n Schimmel, / mien Mudder sitt up'n Lappen, / kumm her, Ruklaas, willn uns beid' klappen! / Rühr rühr Läpelstäl, / Uns Ruklaas dee frett so väl, / Ruklaas Grüttfatt, kumm rin un frät wat; / sett di up de Bänk dal, lang flitig hen nah de Schaal. / Aller Augen warten, Ruklaas dee sitt up'n Swarten, / hadd he 'n lütt bäten sider säten, / hadd ick em dor run räten. / Ruklaas, kiek mi an, / 'n lütten Knirps bün ick man, / dat ick nich val bäden kann, / süht de Ruklaas mi sülben an. / Ruklaas, ick wünsch di 'n fröhlich Wihnachtsfest, / aten un drinken is't allerbest. / Ruklaas, ick wünsch di 'n langes Läben, / wisst mi nich 'n poor Päpernöt gäben?"[572]

Erst der von den Eltern bestellte, mit gütigem Wesen ausgestattete Weihnachtsmann belohnte artige Kinder mit Geschenken und bedrohte nur unartige mit der Rute. Der ließ die Kinder ein Gebet aufsagen und beschenkte sie dafür mit ein paar Nüssen, Äpfeln oder Plätzchen aus einer Kiepe, die er auf dem Rücken trug. Die Unwissenden wurden mit einem Rutenschlag gezüchtigt. Hinter dieser weihnachtsmannähnlichen Gestalt mit Rute, später mit Sack und Larve, versteckten sich junge, unverheiratete Männer, zumeist Knechte, die in den Tagen vor dem Fest sowohl in den Bauern- als auch in den Gutsdörfern von Tür zu Tür gingen. Am Heiligabend pflegte man den unartigen Kindern zu drohen, der Ruklas werde kommen und sie in den Sack stecken. Vielerorts machten am Weihnachtsabend zwei Knechte mit Behängen und Umwickeln von Tüchern einen Schimmel, der dritte, daraufsitzende Knecht ist der Ruklas. Die Gruppe zog von Haus zu Haus und sammelte zum Festtrunk ein. Neben dem Gabenerheischen diente der Umzugsbrauch den Knechten auch dazu, sich unter dem Schutz der Maske unkontrolliert als Gruppe zu vergnügen und sich den Mädchen zu nähern und sie zu nekken. Die Weihnachtsvermummungen boten den unverheirateten Knechten eine der wenigen Gelegenheiten, ausgelassen zu sein. Der Umzug des Ruklas begann aber in den 1930er Jahren allmählich zu schwinden. Beschert wurde am Morgen des 1. Weihnachtsfeiertages.[573]

571 zitiert nach Henry Gawlick 1998 a. a. O., S. 28

572 Bruno Theek: Vom Ruklaas . In: Land und Leute. Ludwigslust 12/1957, S. 363

573 so ein Bericht aus Domsühl: „Soweit die Christfeier in manchen Häusern nicht am heiligen Abend sein kann, findet sie am ersten Weihnachtsmorgen in der Frühe statt. " Herrmann Fornaschon: Im Bauerndorfe. Das Weihnachtsfest. In: Zs. Mecklenburg 6.

Weihnachtsbäume in Südmecklenburg

„Ein Weihnachtsfest ohne geschmückten und mit Lichtern versehenen Tannenbaum wäre den meisten Menschen in unseren Breiten fremd", schreibt der Volkskundler Henry Gawlick.[574] Was wir für einen untrennbaren Bestandteil der weihnachtlichen Festgestaltung halten, ist in Südwestmecklenburg noch nicht einmal 200 Jahre üblich. Der nach 1850 allgemein verbreitete Tannenbaum[575] wurde zu einem „Lieblingsobjekt des neuen Brauchtums", weil er religiös unverbindlich blieb. Wichtigster Schmuck neben Äpfeln und Backwerk, die bis etwa 1870 den Baumschmuck dominierten, waren die Lichter. Dann ließen sich Landbevölkerung und Städter zunehmend durch Inserate in der Zeitung und Angebote in Geschäften für modernen glitzernden Baumschmuck interessieren. „Auch Kerzenhalter mit Pendelgewichten gehörten dazu, so daß die Kerzen jetzt aufrecht stehen konnten. Baumschmuck aus Watte, feingesponnene Drähte mit kleinen Wachsfiguren, Engelspüppchen, bunte, glänzende Papieroblaten mit Abbildungen von Nikolaus und Christkind, vor allem aber mundgeblasene Glaskugeln in großer Formenvielfalt ließen den Weihnachtsbaum zu einem Prestigeobjekt werden."[576]

Wie und wann genau sich der Weihnachtsbaum in breiteren Bevölkerungsschichten verbreitete, ist nicht exakt festzustellen. Man kann nur pauschal sagen, dass die Sitte, einen Baum in die Stube zu stellen, sich ab 1850 durchsetzte. Es war damals übrigens die Kiefer – die verbreiteste Nadelholzart. In späteren Jahren dominierte die Fichte. Bis 1900 kamen auch Blau- und Silbertannen in Mode, ohne dass die heimische Kiefer ganz aus der Stube verschwand.[577] Gawlick stellt fest, dass der Weihnachtsbaum religiös unverbindlich ist, „was für seine Verbreitung in konfessionell gebundenen wie auch atheistischen Familien und schließlich auch in nichtchristlichen Teilen der Welt spricht." Der Baum nahm seinen Weg von den Wohnstuben über den öffentlichen Marktplatz bis hinein in die Kirche.

Weihnachtsbaum vor dem 1. Weltkrieg

Jg. Heft 4/1911, S. 129

574 Gawlick 1998 a. a. O., S. 87

575 Ersterwähnungen stammen aus Hagenow 1825, Dömitz 1839 und Godern 1844. Müns a. a. O., S. 201

576 ebenda S. 202 f.

577 Die neuen Eisenbahnlinien machten den schnellen Transport der Bäume beispielsweise aus dem Harz möglich. So hatten Grabow, Ludwigslust und Hagenow schon 1848 Anschluss durch die Strecke Berlin – Hamburg. 1880 wurden Neustadt-Glewe, Parchim an Ludwigslust angebunden, die Strecke wurde 1885 weitergeführt über Lübz bis Neubrandenburg. Plau erhielt 1882 Eisenbahnanschluss in Richtung Güstrow und 1886 nach Meyenburg, bei Brüel, Sternberg und Goldberg passierte dies 1887.1873 war die Strecke Wittenberge – Dömitz – Lüneburg fertig. Die Eisenbahnstrecke Ludwigslust – Dömitz ging 1890 in Betrieb.

Tannenbaumschlagen 2006

Tannenbaumverkauf in Plau am See 2009

Aus Suckow (südlich von Parchim) wird um 1860 berichtet: „De Buern hadden een Dannenboom, de wüd dunn Rosinenboom nennt, wil dat he mit Rosinen behängt wir, de up'n Band treckt wiren, ok Fiegen (Feigen) würden anhängt. Vör Wihnachten güng de Semmelfru rüm un verköffte Haaspuppen, de wiren ut Weizenmehl un Water und wiren anmalt mit Adam un Eva. De Puppen würden uphängt bet Fastelabend, denn würden sei in de Melk brockt. Statt Lichter hüngen Slätkatten an den Boom. De würden so makt: In een Sieb würd Flaß leggt, un denn würd Wass von de Immen rövergaten, denn würd de Flaß to dicke Rullen dreiht, dormit würd lücht. To Wihnachten würden von disse Rullen fingerlange Enn awsneden un an den Boom hängt als Lichter".[578] Von Schmiedemeister Koch aus Marnitz (Jg. 1835) ist überliefert: „In meiner Schulzeit (1841-1849) gab es nirgends hier einen Tannenbaum. Am heiligen Abend legten wir unsere Mützen auf den Tisch, und dann legte Mutter Äpfel und Nüsse und Semmelpuppen vom Bäcker hinein, in einen Apfel steckte sie jedes Jahr sechs Schillinge. Am heiligen Abend war keine Feier in der Kirche. Diese kam erst bei dem Pastor (1912) auf. Wir sangen dann zu Hause Weihnachtsgesänge. Lichter wurden dabei nicht angesteckt. Um 1850 wurde hier ein Tannenbaum geschmückt. Weil es keine Lichter gab, wurde ein einziges großes Licht in die Spitze gebunden. 1860 gab es in allen Häusern Weihnachtsbäume. Solange ich weiß, sang nach dem letzten Blasen am Weihnachtsmorgen der Nachtwächter vor den Fenstern der Leute: Lobt Gott, ihr Christen."[579]

1861 war im Dezember in der „Plauer Zeitung" folgende Anzeige des Plauer „Forst-Departements" zu lesen: „Tannenbäume können vom Rathaus abgeholt werden. 1, 2, 3 Schillinge pro Stück. Es wird dabei in Erinnerung gebracht, daß das eigenmächtige Holen von Tannenbäumen verboten ist und unnachsichtig bestraft wird."[580] Der Kauf eines Weihnachtsbaumes kam besonders für die Landbevölkerung nicht in Frage, dafür gab man kein Geld aus. Man „organisierte" sich einen Baum aus dem Wald, wobei dieser Forstfrevel nicht als Delikt angesehen wurde. [581] Otto Warnke aus Zapel bei Crivitz notierte in seinen Erinnerungen: „Wir

578 Willi Zachow: Zu Weihnachtsbaum. In: Mecklenburg, Zeitschrift des Heimatbundes, 24. Jg. Nr. 3, Schwerin 1929, S. 110

579 ebenda S. 111

580 PZ Nr. 98 vom 18.12.1861

581 Vgl. Hermann Fornaschon: Im Bauerndorfe. Das Weihnachtsfest. In: Mecklenburg. Zeitschrift des Heimatbundes. 6. Jg. , November 1911, S. 128

waren arm, da mein Vater als Zimmermann den Winter über arbeitslos war, er arbeitete dann in der Forst oder ging dreschen beim Großbauern. Einige Tage vor dem Fest klaute mein Vater den Tannenbaum im Wald".[582] Das war auch in Hagenow üblich: „Dei klauten Dann'nbööm weer'n früher ümmer dei schönsten. Dat wüß Heiner Cabell ok, un jedes Johr tau Wiehnachten „besorg" hei för väle Hagenower Familien ein'n Dann'nboom ut dei Beiko. Daagsoewer sär hei all Bescheid: „Hüüt abend lat't achter dei Gordenpoort up, dei Wiehnachtsboom kümmt!" Öffentlich up'e Strat künn hei je dormit nich gahn, denn dei Panners harr'n em alltauhoop all up'n Kieker."[583] Je mehr sich der Weihnachtsbaumbrauch in allen Bevölkerungsschichten durchsetzte, desto dringender wurde deshalb ein organisierter Tannenbaumverkauf. Dieser erfolgte nicht, wie man mit Sicht auf heutige Verhältnisse annehmen könnte, während des üblichen Marktgeschehens durch Händler, sondern durch die Stadtverwaltungen. 1875 wurde in Plau annonciert: „Weihnachts-Tannenbäume Stück 10 und 15 Pf. sind am 22. Dezember vormittags von 8 bis 12 Uhr auf dem städtischen Holzhofe zu haben. Das Forst-Departement."[584]

Bis etwa 1870 dominierten Esswaren (Äpfel, Nüsse, Fondant) als Baumschmuck. Das änderte sich, als Inserate in Zeitungen, Beschreibungen in Zeitschriften und Angebote in Geschäften auf modernen glitzernden Baumschmuck aufmerksam machten. Aus Muchow bei Grabow berichtet Herta Liermann:[585] „Von Buntpapier wurden Papierschlangen, -blumen oder -rosetten gebastelt. Rote Äpfel wurden poliert und am Baum aufgehängt. Dazu Süßigkeiten (Fon-

582 Otto Warnke, Zapel
Walter Schleede (Jg. 1936 aus Wahlstorf) und Gerhard Müller (Jg. 1935 aus Karbow) berichten, dass in ihren Familien nach dem 2. Weltkrieg bis 1950 Weihnachtsbäume (Fichten) aus der Forst Marienfließ gestohlen wurden

583 Ernst Schneider (1907–1987). In: Fiekn hätt schräbn ut Hagenow Heft 1 Hagenow 1989, S. 23

584 PZ Nr. 101 vom 18.12.1875
1878 hieß es in der „Plauer Zeitung": „Weihnachtsbäume werden auch in diesem Jahre und zwar am Sonnabend, dem 21. December, auf dem städtischen Holzhofe zu mäßigen Preisen abgegeben, dagegen wird vor Ankauf solcher Bäume von Unberechtigten ernstlich gewarnt. Das Forst-Departement". PZ Nr. 100 vom 18.12.1878

585 zitiert nach Kluck: Muchow a. a. O., S. 172

Weihnachtsbaumschmuck im Wandel der Zeit im Museum Hagenow

dant) und weiße Kerzen angebracht. Die Kerzenhalter waren verschieden lang; am Ende befand sich ein Gewinde. Damit wurden sie in den Baum gedreht – oben kurze, unten lange. Die Baumgröße richtete sich nach den Platzverhältnissen. Die Bauern hatten dafür das Extrawohnzimmer, was es bei den kleinen Leuten natürlich nicht gab. Der Weihnachtsbaum wurde nach Neujahr abgeräumt. Die Kinder waren scharf auf den essbaren Christbaumschmuck.“ 1894 annoncierte M. Mietsch aus Dresden in der „Plauer Zeitung“: „Christbaumconfekt, hochfein, inc. Kiste, ca. 240 große oder 440 kleine Stück enthaltend für Mk 2,50 p. Nachn.“[586] Der Anteil des essbaren Weihnachtsbaumschmuckes – Walnüsse, Äpfel, Zuckerwerk (das oft jahrelang aufgehoben wurde) und Gebäck – geht gegenwärtig immer mehr zurück, so dass das früher lang ersehnte und beliebte „Weihnachtsbaumplündern“ nach Neujahr heutigen Kindern unbekannt bleibt.

Zunächst wurde der Tannenbaum mit einfachen, zumeist selbst gefertigten Dingen behängt, um ihn zu schmücken.[587] „Statt der Tanne holte einer der Männer eine Kiefer, „Grane“, aus dem Walde, die die Frauen mit selbstgefertigten Papierketten, vergoldeten Pappsternen und Nüssen schmückten. Die Lichter brannten am Heiligabend nicht aus. Sie mußten für Sylvester reichen.“ [588] 1861 konnte man in der „Plauer Zeitung“ eine Annonce lesen, die dies belegt: „Zu Tannenbäumen empfehle ich billigstens bunte Weihnachtslichte, Glaskugeln, gelben Wachsstock und vollkernige Wallnüsse, ergebenst Wilhelm Schmidt“.[589] In Zeitungsannoncen wurde von städtischen Kaufleuten vielgestaltiger Christbaumschmuck angeboten, wobei der Baumspitze ein besonders aufwendiger Glasschmuck als Stern oder runder Spitze vorbehalten war. Während man früher nur Kerzen in Metallhalterungen („Lichthalter“ genannt) benutzte, wird heute zumeist elektrische Baumbeleuchtung angebracht. Schon immer gaben Wunderkerzen dem Baum ein besonders festliches Aussehen.

1874 inserierte der Plauer W. Buddi in der Zeitung: „Für den Tannenbaum Gold- und Silberpapier, Gold- und Silberschaum, Bunte und Glanzpapiere, Rauschgold“[590] und Ernst

586 PZ Nr. 98 vom 8.12.1894
587 Das war bei den Familien, die aus den ostdeutschen Gebieten vertrieben worden waren, nach 1945 auch der Fall.
588 Kahns a. a. O., S. 69
589 PZ Nr. 98 vom 18.12.1861
590 PZ Nr. 101 vom 19.12.1874

Saß „Bunte Paraffin-Tannenbaumlichte, gelben Wachsstock, kleine Tannenbaumleuchter, sowie vorzüglich schöne Rheinische Wallnüsse uns Haselnüsse".[591] 1875: „Für den Tannenbaum bunte und einfarbige Papiere, Rauschgold, Gold- und Silberschaum hält ergebenst empfohlen W. Buddi."[592] Bäckermeister Hermann Sauber bot „Gebäck zum Tannenbaum" an.[593] Der Weihnachtsbaum erhielt bald dank des Handels abwechslungsreichen Schmuck. Verblüffend ist die Vielfalt des Weihnachtsschmuckes vergangener Zeiten. Verschiedene Materialien kamen zur Anwendung: Wachs, Eisen- und Messingblech, Zinn, Blei, Stoff, Früchte, Papier, Karton, Watte, Holz oder Glas verwandelten sich – teils industriell, teils in Heimarbeit hergestellt – in kleine Kunstwerke. Kein Motiv war zu profan, um sich einen Platz am Baum zu erobern. Dem Erfindungsreichtum der Hersteller waren keine Grenzen gesetzt. Bevor der Nadelbaum in die Stube geholt wurde, hatte man Pyramiden (mit in Etagen stehenden Holzfiguren bestückt und Kerzen versehen) auf den Tisch gestellt. Diese blieben in ihrer drehbaren Variante (die Kerzenwärme dreht ein Flügelrad) bis heute modern.

591 PZ Nr. 101 vom 19.12.1874
592 PZ Nr. 101 vom 18.12.1875
593 PZ Nr. 98 vom 6.12.1873

Otto Warnke berichtet über den Baumschmuck in einer Zapeler Häuslerfamilie in den 1920er Jahren des 20. Jahrhunderts: „Der Tannenbaum stand in der guten Stube, die nur an Feiertagen benutzt wurde. Unter ihm lagen die Geschenke sowie ein Naschelln für jedes Kind (Pfeffernüsse, Nüsse, Äpfel, Fondant, selten eine Apfelsine). Am Baum waren Glaskugeln, bunte Glasvögel, Glitzerstern, Glasspitze, selbstgebackene Kringel und Fondant, Kerzen, statt Lametta Watteflöckchen, Engelhaar, silbrige Ketten, an den untersten Zweigen hingen rote Äpfel."[594]

Walter Kintzel (Jahrgang 1936 aus Meseritz, seit 1945 in Quaßlin südlich von Lübz) erinnert sich zum Weihnachtsbaum: „Zu meiner Kindheit nach 1945 wurde der Weihnachtsbaum grundsätzlich aus dem Wald „geholt", meistens eine Fichte. Oftmals holten die Kinder den Baum aus dem Wald, was immer etwas nach Abenteurertum roch. Ein paar Jahre wurde aus dem Wald östlich von

594 Otto Warnke

Weihnachtsbäume in Parchimer Wohnungen 1985, 2012 und 2014

Quaßlin, gehörte zur Stiftsforst Stepenitz, eine „Edeltanne" geholt. Was wir Kinder nicht wussten – und auch nicht die Erwachsenen – dass die „Edeltanne" eine Douglasie war. Weihnachten 1945 war für die meisten Flüchtlinge ein trauriges Fest, viele warteten auf ihre Angehörigen, hatten zum Teil nicht einmal Nachricht von ihnen, Spielzeug bekamen die Kinder nicht beschert. Viele hatten sich zwar einen Weihnachtsbaum aus dem Wald „geholt", doch seine Ausschmückung war sehr bescheiden. Ein Licht mit Garn an der Spitze des Baumes angebunden – wenn überhaupt – und in Schlämmkreide getauchte Kienäppel wurden angehängt. Lametta wurde aus Rollen hergestellt, die von anglo-amerikanischen Flugzeugen zur Irreleitung des deutschen Radars abgeworfen worden waren. Außen war eine pergamentpapierähnliche Umhüllung, im Inneren war „Silberpapier", offensichtlich aus Aluminium, das zur Herstellung von Lametta diente. Ungewöhnlich war, dass die Flüchtlinge zwischen Weihnachten und Neujahr die Wäsche von der Leine nehmen mussten, „da sonst jemand sterben könne."[595]

595 Walter Kintzel

Auch in der jüngeren Vergangenheit kommt es zu neuen Brauchtumselementen: Seit 1970 bürgert es sich immer mehr ein, einen Nadelbaum im Vorgarten mit elektrischer Beleuchtung zu versehen und diese im Dezember nachmittags und abends einzuschalten. Der Besitz einer Außenbeleuchtung hing davon ab, ob man eine wetterbeständige Elektrolichterkette im DDR-Handel ergattert hatte oder aus dem Westen geschickt bekam. Die Anregung selbst kam aus Amerika nach Deutschland. Eine der am frühesten so geschmückten Bäume stand um 1970 in Lutheran bei Lübz.

Weihnachtliche Umzugsbräuche

Auf dem Lande war die weihnachtliche Festzeit bis Ende des 19. Jahrhunderts von Gemeinschaftsbräuchen bestimmt. Da waren die Hirten, die beim „Hirtenblasen" durchs Dorf gingen und Gaben erscheischten.[596] Bartsch berichtet: „Eine alte Sitte ist das Weihnachtsgratuliren der Hirten bei unserem Landvolk. Diese Sitte fand ihre Begründung in den Verhältnissen unseres Landvol-

596 Müns a. a. O., S. 187

Weihnachtsbäume vor dem Grabower Rathaus (li.) und in der Ludwigsluster Innenstadt 2018

kes selbst. Denn da die Bauern der einzelnen Dorfschaften eine Communewirthschaft hatten, so stellten sie auch auf gemeinsame Kosten ihre Ochsen-, Kuh-, Schaf- und Schweinehirten an, die dann unter sich einen sogenannten Hirtenstand bildeten … Kam Weihnacht heran, so gingen am Nachmittage vor Weihnacht die Frauen der Ochsen-, Kuh- und Schafhirten (Heirdfrugens = Hirtenfrauen) bei den einzelnen Bauern herum, gratulirten zu Weihnacht und erhielten von jedem Bauern eine Weihnachtsgabe."[597]

Im Bauerndorf gab es bis zu drei Hirten – den Schäfer, den Kuhhirten und den Schweinehirten (oft in der schriftlichen Überlieferung „Schweiner" genannt). Die Gänse wurden dagegen von Kindern beaufsichtigt. Schäfer hatte meist eine Flöte, die anderen Hirten ein Horn bzw. eine Schalmei. Sie gingen vor Weihnachten von Haus zu Haus, tuteten und gratulierten zum Fest. Dafür erhielten sie eine Gabe in Form von Alkohol, Nahrungsmitteln oder Geld. In der Gegend zwischen Lübtheen und Ludwigslust bliesen Heiligabend und Altjahrsabend im Dorf die Hirten und bekamen dafür von den Ortsbewohnern verschiedene Naturalien (Grütze, Brot, Wurst usw.).[598] Das Weihnachtsgratulieren hielt sich nur so lange, wie es den Hirtenstand im Dorf gab. Mit der Separation, die nach 1820 durchgeführt wurde und eine Neuaufteilung der Feldmark brachte, fiel auch die gemeinschaftlich genutzte Dorfweide fort, womit die Hirten überflüssig wurden. Jeder Bauer musste sich nun selbst um sein Vieh kümmern. Dieser Prozess zog sich allerdings in einigen Dörfern bis zum Ende des 19. Jahrhunderts hin. Das Weihnachtsgratulieren verlor damit seinen Träger und ging ersatzlos ein.

Illustration des Ludwigsluster Künstlers Herbert Bartholomäus

Außerdem zogen vermummte Gestalten in der Adventszeit auf den Straßen umher, die als „Rugklas" (Rauher Nikolaus) bezeichnet und von einem weiß gekleideten Christkind (Kinnjes = Kind Jesus) begleitet wurden. Sie trieben Schabernack, verteilten auch kleine Geschenke und sammelten Geld und Naturalien ein. Als Träger dieser abendlichen Umzüge traten die unverheirateten Knechte sowohl im Bauern- wie im Gutsdorf in Erscheinung. Wenn die Kinder am Weihnachtsmorgen ihre Mütze oder eine Schale auf dem Tisch mit figürlichem Gebäck aus Semmelteig und einem kleinen nützlichen Gegenstand vorfanden, hieß es, die Geschenke habe der „Heelchrist" (Heilige Christ) gebracht.

Im 19. Jahrhundert war in vielen mecklenburgischen Dörfern ein weihnachtlicher Umzugsbrauch von Knechten üblich, die in

597 Bartsch a.a.O., S. 225 f.

598 Bartsch a. a. O., S. 226

vermummter Gestalt schon in der Adventszeit polternd in die Häuser eindrangen. So in Groß Laasch: „Vor Weihnachten geht der „Kandjes“ im Dorf herum. Knechte verkleiden sich abends, kommen in die Stuben, lassen die Kinder aufsagen und schenken ihnen Äpfel und Nüsse oder bearbeiten sie auch mit Birkenruten, womit sie auch die Mädchen auf der Straße verfolgen.“[599] Bei diesen weltlich ausgerichteten „Heischeumgängen“ gaben die Mitwirkenden eine unterhaltsame Vorstellung und empfingen dafür anschließend von den Hausbewohnern Gaben.[600] „Neben dem Gabenerheischen bot dieser Umzugsbrauch den unverheirateten Knechten eine der wenigen Gelegenheiten, ausgelassen zu sein, denn ihr Alltag war geprägt von der Unterordnung unter den Willen der Haus- und Dienstherren. Außerdem übte auch die Öffentlichkeit eine ständige Kontrolle aus. Deshalb erfüllten viele Bräuche in der vorindustriellen dörflichen Gemeinschaft eine Ventilfunktion. Unter dem Schutz der Maske konnten sich die Knechte unerkannt als Gruppe vergnügen und den Mädchen nähern, sie necken und rügen.“[601]

Die Umzüge begannen vor dem 2. Weltkrieg zu schwinden. Als Gründe dafür werden angeführt, dass die wirtschaftliche (Gutsherr, Großbauern) und geistige (Pastor, Lehrer) Oberschicht im Dorf diesen Brauch ablehnten und den Unterschichten die Möglichkeiten des Auftritts nahmen. Der 2. Weltkrieg und seine Folgen (junge unverheiratete Männer standen als Brauchtumsausübende nicht zur Verfügung) bereiteten dann den Heische-Bräuchen ein Ende.

Bittgänge von Kindern in der Parchimer Gegend, so in Spornitz, waren verbreitet.[602] Hermann Fornanschon (um 1865 geboren) berichtet aus Domsühl: „Die Kinderzüge kreuzen verschiedentlich die Dorfstraße, alle besuchen Bekannte und Verwandte, um sich dort ihre Weihnachten zu holen. Ins rotbunte Taschentuch geknüpft, werden die Has- und Kinjespuppen (Gebäck) nach Hause transportiert.“[603] In Ziegendorf gab es einen Heischebrauch vor 1803, so überliefert der 84jährige Dorfschulze Brenncke, dass „die Lehrer mit den Kindern zu Weihnachten im Dorf umhergingen und vor Gehöften sangen. Dafür erhielten sie von den Hauswirten große Stuten Feinbrot, Pflaumen, Backbeeren und Wurst.“[604]

Aus Barkow bei Plau ist folgender Brauch überliefert: „Kam Weihnacht heran, so gingen am Nachmittage vor Weihnacht die Frauen der Ochsen-, Kuh- und Schafhirten bei den einzelnen Bauern herum, gratulierten zu Weihnachten und erhielten von jedem Bauern als Weihnachtsgabe jede von ihnen ein Brot von 12 Pfund und eine Spickgans. Sobald die Sonne untergegangen und es dunkel zu werden begann, versammelten sich die Hirten der Dorfschaft mit ihren Hörnern

599 G. Romberg: Bauernwirtschaft und Leben vor 100 Jahren. In: Mecklenburg Zeitschrift des Heimatbundes, 15. Jg. Heft 1/1920, S. 24 f.

600 vgl. Henry Gawlick: Mit de Tut up de Grotdeel. Vom Weihnachtsgratulieren der Hirten im mecklenburgischen Bauerndorf. In: SVZ Mecklenburg Magazin Nr. 26 vom 23.12.1994 S. 9
Henry Gawlick: Rugklaas, Kinnjes, Weihnachtsmann. Miniaturen zur Kulturgeschichte des Weihnachtsfestes in Mecklenburg. Hagenow 1995
Henry Gawlick: Rugklaas, Kinnjes, Schimmelrieder. Ein lebendiger Weihnachtsbrauch in Mecklenburg und seine Geschichte in Norddeutschland. Schwerin 2017

601 Henry Gawlick: Schimmelreiter, Knapperdachs und Weihnachtsmann. 1998 a. a. O., S. 19 und vgl. Henry Gawlick: Rugklaas, Kinnjes, Schimmelrieder a. a. O.

602 So berichtet der 1882 geborene Albert Neick aus Spornitz. Henry Gawlick 1998 a. a. O., S. 167

603 Hermann Fornaschon: Im Bauerndorfe. Das Weihnachtsfest. In: Mecklenburg. Zeitschrift des Heimatbundes. 6. Jg. , November 1911, S. 128–130

604 Burghard Keuthe: 600 Jahre Ziegendorf, 1992, S. 33

Schimmelreiterkopf aus Hinterpommern

unter den Armen und einem Eimer in der Hand und machten die Runde bei den Bauern, indem sie gewöhnlich von einer großen Anzahl Dorfkinder begleitet wurden. Traten sie in das erste Bauernhaus, stießen sie gewaltig in ihre Hörner, daß es durch das ganze Haus schallte. Darauf wünschten sie dem Hausherrn samt seiner ganzen Familie ein fröhliches Fest, erhielten von der Bauersfrau jeder zwei Kannen Bier, stießen wiederum in ihre Hörner und verabschiedeten sich."[605] Aus Groß Laasch wird für die gleiche Zeit berichtet, dass die weihnachtlichen Zuwendungen an die Hirten sozial gestaffelt waren. So erhielten sie „von jedem Tagelöhner und Büdner 1 Schilling und einen Schluck, bei den Bauern eine Kanne Bier, die in die Eimer gegossen wird, eine Schale Gerste und auch den Schluck, so daß sie zuletzt kaum stehen noch blasen konnten."[606]

605 Bartsch a.a.O., S.. 225 f..
606 Gawlick: Mit de Tut a. a. O., S. 9

Aus der Lübzer Umgebung überliefert Karl Bartsch das Weiterleben der eigentlich untersagten Bräuche: „Es war früher im Lande allgemein gebräuchlich, und mag noch jetzt vorkommen, daß Weihnacht der „Schimmel" erschien. Die Leute machten aus zwei Personen durch Behängen und Umwickeln mit Tüchern und vielleicht der Haut eines Pferdekopfes einen Schimmel nach. Dieser Schimmel ging in das herrschaftliche Zimmer und auf die Herrschaften los, um Gaben zu bekommen." Pastor Bassewitz aus Brüz berichtet an gleicher Stelle: „Weihnachtsabend machen zwei Knechte einen Schimmel. Der Daraufreitende ist Klingklas (Ruklas) und sammelt Gaben zum Festtrunk ein."[607]

Johannes Gillhoff (1861–1930), Verfasser des Romans „Jürnjacob Swehn der Amerikafahrer", schildert 1926 einen 1883 in Zarchlin abgehaltenen Schimmelreiterumzug in den Zwölften: „Schauplatz: Zarchlin bei Plau. Personen: ein Schimmel und viel Dorfjugend. Zwei Jungburschen, durch Säcke und weiße Tücher wohlverdeckt, stellten das edle Roß dar. Alles war da vom Kopf bis zum Schwanz. Unter viel Jubel, Geschrei und Peitschenknall kam der Zug durchs Dorf nach dem Herrenhaus. Der Schimmel kletterte die breite Freitreppe hinauf und auf der großen Diele wurde er den Herrschaften in allen seinen Tugenden und Gangarten mit Hüh und Hott vorgeführt. Zum Wiehern ähnlich. Dann trat einer der Jungburschen vor und sprach sein Sprüchlein: Das edle Roß sei augenblicklich leider recht krank. Zum Glück war just ein Tierarzt unter der Schar, der den Schimmel höchst sachverständig untersuchte. Zum Schluß kam natürlich die Bitte, der Gutsherr möge doch die Kurkosten bezahlen. Dann ging der Zug weiter durch das Dorf: neue Vorführungen, neue Kurkosten, und zum Beschluß wur-

607 Bartsch a. a. O., S. 224

den die eingesammelten Gelder im Krug angelegt."[608]

Einen Bericht vom Schimmelreiter um 1900 in Benthen gibt 1986 Johannes Pabst.[609] Der Brauch des Schimmelreiters wird noch immer ausgeübt in Buchholz und Zepkow bei Röbel, Wredenhagen und Tarnow bei Bützow.

Weihnachtsfest

In Mecklenburg bescherte man bis vor dem 1.Weltkrieg in den frühen Morgenstunden des 25. Dezember. In der Lübtheener Gegend wurde sogar erst am Silvesterabend ein Teller mit Gaben herausgestellt, nicht am Heiligabend.[610] In den 1920er Jahren verlagerte sich dieser Zeitraum auf den späten Abend des 24. Dezember. In den letzten Jahrzehnten vor der Jahrtausendwende rutschte der Beginn des Geschenkeausteilens auf den Nachmittag. Bei den meisten Familien wird nach dem Kaffeetrinken beschert. Noch in den 1950er Jahren fand dieser Akt erst nach dem Abendbrot statt. In Hans-Heinrich Jarchows Familie war es üblich, zu Fuß von Wangelin nach Gnevsdorf zum 17-Uhr-Gottesdienst zu gehen. Danach wurde Abendbrot gessen – Kartoffelsalat mit Bockwurst/Lungenwurst, dann erfolgte die Bescherung.[611] So war es auch in der Familie Ahlschläger, die im Forsthaus Teerofen bei Karow lebte.[612]

608 Johannes Gillhoff: In den Zwölften. In: Mecklenburgische Monatshefte 2. Jg. Januar 1926, S. 2 f.
609 In Benthen noch bis 1900 lebendig, erzählt 1928, aufgeschrieben 1930 von Carl Häcker, Kutscher in Benthen (1886–1954). Abgedruckt in: Johannes Pabst: Flas un Linnen. Schwerin 1986 S. 34
610 Wolfgang Bärenwalde: Von Ruklaas und Oornbier. Mecklenburgisches Brauchtum im Jahreskreis. Bonn 1986, S. 11
611 Hans-Heinrich Jarchow, Jg. 1955, Wangelin
612 Erika Arnold, geb. Ahlschläger, Jg. 1922, Karow

Weihnachtsbaum 1917

1837 wurde Georg Lüttmann in Goldberg geboren, der Vater war Wein- und Materialienhändler sowie Besitzer des Deutschen Hauses, er schrieb mit 50 Jahren „Erinnerungen aus meiner Kindheit" als etwa Zehnjähriger – also 1847 – auf. „Einige Wochen vor Weihnachten pflegte Vater das Spielzeug, das er auch zum Verkauf führte, aus den Kisten auf dem Boden auszupacken und in die große Stube bringen zu lassen. Das war allemal eine wichtige Zeit für uns, zu gern halfen wir dabei, sprachen auch unsere Neigung für den einen oder anderen Gegenstand, der dann auch auf dem Weihnachtstisch nicht zu fehlen pflegte. So erinnere ich mich der imitierten Schnupf-Tabakdosen, die bei leiser Berührung einen Teufel emporschnellen ließen, ich wünschte mir einen davon, und er lag auch Heiligabend richtig auf meinem Teller. An einem Weihnachtsheiligabend, er wurde in der vorderen Gaststube gefeiert,

Weihnachten 1930

Weihnachten 1933

bekam ich eine Schulmappe und das erste Schreibheft. Das hatte einen Umschlag aus rotem Glanzpapier, und auf dem Schilde stand mein Name in gedruckten Buchstaben. Ich habe mich unbeschreiblich dazu gefreut.

Wie in mancher guten Familie bildeten bei uns die Weihnachts-Heiligabende den Glanzpunkt des häuslichen Lebens, so wenig Zeit auch die Eltern haben mochten für die Vorbereitung und das Mitgenießen der Festfreuden. 14 Tage vor Weihnacht ging Mutter an das Backen der Pfeffernüsse. Dieser Tag brachte uns bereits in gehobene Stimmung, denn er läutete gleichsam das Weihnachtsfest ein. Ein oder zwei Tage vor dem Fest wurden dann die Platenkuchen gebacken, das Aroma der Gewürze verriet dem ganzen Hause, was vorging.

Am Heiligabend früh, oft schon vor 6 Uhr, weckte uns Gesang. Es waren die Kinder der Armen, die in Gruppen von Haus zu Haus gingen, Choral-Verse auf den Hausfluren sangen und dafür erhaltene Gaben in leinerne Beutel einheimsten ... Die Singe-Kinder bekamen bei uns stets Bilder. Neu-Ruppiner Bilderbogen schnitten wir mit der Schere in vier Teile. Wo es anging, machte Mutter auch mehr Teile. Wir Kinder passten auf, dass bereits Beschenkte nicht zum zweiten Mal sich einstellten, was auch vorkam.

Der eintönige, leiernde Gesang, wie süß klang er in unseren Ohren. Er bekräftigte ja, jeden Zweifel vernichtend: Heute ist wirklich wahrhaftig der große Weihnachtsheiligabend ... Logierende Fremde pflegten zu Weihnacht da zu sein, doch kam am Heiligabend kein Besuch für die Gaststube, die Leute hatten Beschäftigung und Vergnügen.

Dagegen hatte Vater im Laden an diesem Tage viel zu tun, ebenso Mutter in der Wirtschaft, da wurde gescheuert, geputzt, gebacken, gebraten, auch nicht zu vergessen, für den ersten Festtag den Mörbraten vorzurichten. Gegen 5 oder 6 Uhr abends gelangten endlich die Eltern an das Aufputzen des Baumes, wir Kinder wurden vorher in die Leute-Stube geschickt. Nach langem, langem Harren in steigender Aufregung ließ endlich Vater mit einem kleinen Messingmörser das Klingeln erschallen.

Das war ein Springen durch die geöffneten Türen! Zuerst wurde der Tannenbaum gemustert. Die Spitze trug eine Fahne von Flittergold, die Spitzen der Zweige kleine Wachslichter. Neben Äpfeln, von denen ei-

Weihnachtstisch 1920er Jahre

nige vergoldet waren, hingen an dem Baum kleine Backwaren, Uhren, Herzen, die Mutter selbst aus Mehlteig geformt hatte, Nüsse, Papiernetze mit gebrannten Mandeln und Bonbons, auch einige Stücke Konfekt, die Tante Rabe aus Rostock geschickt hatte. Letztere wurden in der Regel mehrere Jahre aufgehoben. So erinnere ich mich eines Stückes Likör-Konfekt, das einen Türken darstellte und wohl fünf- oder sechsmal den Baum schmückte. Als er dann zerbrach und eingeteilt wurde, wollte keiner die Zuckerstücken essen, der Türke schmeckte bereits stark nach Tabaksgeruch.

Vom Tannenbaum ging es dann daran, den Teller zu suchen, das heißt den richtigen für den Betreffenden. Mutter wies uns zurecht, und passte auf, während Vater sich an unserer Freude labte. Die Teller waren mit Pfefferkuchen, Nüssen und Äpfeln hoch bepackt, und neben ihnen lagen die eigentlichen Geschenke. Hatten wir alles besehen, so kamen wir mit unserer sogenannten Weihnachtszeichnung, die in den letzten Wochen in der Schule gemacht worden war. Während wir Nüsse knackten und von den Tellern aßen, kamen Julklappen, die Geschenke für die Eltern und Tante Lene zu enthalten pflegten. Mutter reichte noch Tee und Butterbrot, heute aber wurde das wenig geachtet ...

An den Weihnachtstagen kamen die kleinen Kunden vor dem Laden meist mit der Frage: „Wat krieg ick denn tau Kannjees?" Die Gaben waren dann recht verschieden, je nach dem Bedürfnis des Empfängers. Es war der Kannjees (wohl auch Kinnjees) das, was anderswo das Neujahrsgeschenk. Am ersten Weihnachtsfeiertag spielten die Goldberger Stadtmusikanten einen Choral vom Balkon des Rathauses. Unser Tannenbaum stand gewöhnlich bis Neujahr."[613]

Richard Giese schrieb über die Griese Gegend auf, dass Heiligabend im Dorf einige Musikanten mit Flöten und Hörnern erschienen, die mit dem Ausruf „Dei Heutslüd kamen" begrüßt wurden. Einer sagte folgenden Spruch: Ick wünsch ok all 'n fröhliche

613 Thomas Reilinger: Heiligabend – Glanzpunkt des häuslichen Lebens (22.12.2001) und Choral vom Balkon des Rathauses – Wie vor 150 Jahren in Goldberg Weihnachten gefeiert wurde (24.12.2001) SVZ Lübzer Ausgabe
Wie Weihnachten in Domsühl gefeiert wurde, berichtet Hermann Fornaschon: Im Bauerndorfe. Das Weihnachtsfest. In: Mecklenburg. Zeitschrift des Heimatbundes. 6. Jg. , November 1911, S. 128–130.

Weihnachtskarten vor 1920

Wihnacht, Fräden, Gesundheit, väl Glück un Sägen, ein langes Läben, un dornah dei ewiger Seligkeit, Amen! Als Belohnung für Musik und Glückwunsch erhielt er ein Geldgeschenk und in manchen Häusern außerdem Nüsse, Pfeffernüsse und einen wärmenden Koem. Nach einem nochmaligen Tusch geht es dann weiter zum nächsten Haus, und fern und immer ferner tönen Tuthorn und Flöte ... Wer waren nun die eigenartigen Musikanten? In ältesten Zeiten waren es die Hirten des Dorfes, der Schäfer und der Schweinehirt, der oftmals auch den Posten als Nachtwächter bekleidete. Später aber, als die Schafzucht in der Griesen Gegend fast ausgestorben war und auch die Schweine nicht mehr auf die Weide getrieben wurden, erschienen nur der Nachtwächter, der sich einige Mitspieler gesucht hatte.“[614]

614 Richard Giese: Wenn dei Heutslüd blasen. In: Richard Giese: Griese Gegend. Schwerin 1992, S. 60 f

Richard Giese führt weiter aus: „Manche der alten Weihnachtsbräuche sind zwar in Vergessenheit geraten und werden daher auch nicht mehr ausgeübt. Ich erinnere an das Glockengeläut von 1 bis 2 Uhr in der Heiligen Nacht. Sobald die Dorfbewohner es hörten, standen sie auf, tranken Kaffee und aßen Stollen, an anderen Stellen auch wohl Swartsuer. Dann legten sie sich wieder schlafen. Erhalten dagegen hat sich an vielen Orten noch der Brauch, den Hunden und auch dem übrigen Vieh am Heiligen Abend ein reichlicheres und besseres Futter zu geben, als gewöhnlich. Auch die Sitte, Weihnachten Gräunkohl mit ‘n dickn Beinen zu essen, wird noch vereinzelt geübt.“

„Die Geschenke zu Weihnachten hatte angeblich der Weihnachtsmann gebracht, während wir in der Kirche waren. Es kam auch ein verkleideter Knecht, haute mit der Rute an die Fensterladen und bullerte an der Tür. Er brachte aber keine Geschenke. Wir mussten singen oder ein Gedicht aufsagen. Zuweilen bekamen meine großen Brüder leichte Hiebe mit der Rute, wenn sie ein freches Gedicht sagten wie: Lütten Knaken, groten Knaken, Wihnachtsmann, dien Büx steiht aopen. Der Knecht erhielt für seinen Auftritt einen Groschen, für den er in der Kneipe einen Schnaps bekam. Beschert wurde gegen 19 Uhr am 24. Dezember. Der Tannenbaum stand in der guten Stube, die nur an Sonn- und Feiertagen benutzt wurde. Wir waren arm, da mein Vater als Zimmermann den Winter über arbeitslos war. Er arbeitete dann in der Forst oder ging dreschen beim Großbauern, eine Kriegsbeschädigtenrente bekam er nicht. Es wurden nur praktische Dinge (Unterhosen, Schulbedarf) gekauft. Spielsachen erhielten wir vom Kriegerverein – Holzbaukasten, Hampelmann, Baukasten mit Märchenbildern, Brummkreisel, Pferd mit Wagen, Puppe, Kochherd. Pferdestall und Puppenstube bastelte mein Vater selbst, während meine Mutter alle Kinder bestrickte – Strümpfe aus Schafwolle, Fausthandschuhe, Schal, Pulswärmer, Pudelmütze mit Troddel, Pullover. Für die Schwestern nähte meine Mutter neue Schürzen. Vater kaufte für Mutter eine Sonntagsschürze, Mutter für Vater eine Arbeitshose. Neue Schlittschuhe wurden natürlich gekauft. Damit tummelten wir uns am Weihnachtstage auf dem Dorfteich herum. Geschenke von Verwandten erhielten wir nicht.

Nach der Bescherung spielten wir Kinder, Vater rauchte seine Pfeife, Mutter machte das Essen. Um 20 Uhr wurde gegessen. Es gab Sauerfleisch und Wurst vom geschlachteten Schwein. Es wurden Volkslieder gesungen: Stille Nacht, Oh du fröhliche, O Tannenbaum. Später hatten meine Eltern ein Grammophon mit Weihnachtsplatten, dann ein Radio, einen Volksempfänger. Am Heiligabend erhielten alle Haustiere eine Sonderration Futter."[615]

Auf den Gütern richteten die Besitzer für ihre Arbeiter eine Weihnachtsfeier aus. In Dammereez: „Alle ledigen Arbeitskräfte wurden zu Weihnachten beschenkt. Die weiblichen Hausangestellten erhielten regelmäßig Bettwäsche, Tischwäsche und Handtücher, so daß sie nach ein paar Jahren eine kleine Aussteuer zusammen hatten. Am Nachmittag vor Heiligabend versammelte sich die gesamte Dorfjugend in der Diele des Gutshauses; es wurde gesungen, es wurden Gedichte aufgesagt, und jedes Kind bekam außer dem üblichen Weihnachtsteller ein Geschenk."[616] In Brüz: „Zur Weihnachtszeit übten wir mit den Dorfkindern ein Theaterstück welches im Gutshaus im Saal vor Publikum aufgeführt wurde. So gab es auf dem Lande keine Langeweile, die Jahreszeiten boten die Programme an."[617] In Greven bei Lübz: „Für die Dorfleute gab es den großen Lichterboom in der Diele des Gutshauses, wo

615 Otto Warnke, Zapel

616 Klaus Petersen: Das Gut Dammereez. In: Mario Niemann: Mecklenburgische Gutsherren im 20. Jahrhundert. Erinnerungen und Biographien. Rostock 2000, S. 514

617 Veronika Lipke/Rose Marie Reinicke: Das Gut Brüz. In: Mario Niemann: Mecklenburgische Gutsherren im 20. Jahrhundert. Erinnerungen und Biographien. Rostock 2000, S. 342

Annonce vom 14.12.1872

Den geehrten Bewohnern Grabow's und der Umgegend verfehle ich nicht hierdurch ganz gehorsamst anzuzeigen, daß ich meine diesjährige

Weihnachts-Ausstellung

bereits eröffnet habe und erlaube ich mir dieselbe Ihrer gütigen Beachtung angelegentlichst zu empfehlen. Dieselbe ist auch in diesem Jahre wiederum mit einer großen Auswahl zu Weihnachtsgeschenken passender Gegenstände versehen, als: **Schreib- u. Photographie-Albums, Schreibmappen, Schreibgeschirre, Rauchservice, Meerschaum-Cigarrenspitzen, Arbeitskasten, Cigarrentaschen, Brieftaschen, Portemonnaies, Blumenvasen, Blumentöpfe, Tassen** und vieles Andere.

Ferner empfehle mein Lager von **Spielen,** als: **Schach, Lotto, Domino, Dame, Poch, Glocke u. Hammer u. s. w., sowie Spielwaaren in Schachteln von Blech, Zinn, Holz u. Glas,** auch **Baukasten, Handwerkskasten, Trompeten, Flöten, Peitschen u. dgl. m.**

Zugleich erlaube ich mir auch noch mein Lager von **Jugendschriften, Bilderbüchern, Atlanten, Schulbüchern, Schreibbüchern, Tornistern, Schultaschen u. sonstigen Schulgegenständen aller Art** in gütige Erinnerung zu bringen.

Das Local ist geheizt! — Feste Preise!

Grabow, im December 1872.

L. Langschmidt.

Flötenmusik zu Weihnachten

jeder ein individuelles Geschenk zur Bescherung am Heiligen Abend erhielt. Lag in der Weihnachtsnacht hoher Schnee, nahmen die Gutsleute Dorfkinder in ihren Schlitten zur Christmette in Lancken mit."[618]

Gerhard Müller erinnert sich, dass er als Kind neben Süßigkeiten vor allem nützliche Dinge, wie Gestricktes geschenkt bekam, aber auch einmal ein Pferd aus Holz und Spiele. Walter Schleede fügte an, dass bei ihm Spielzeug „Luxus" war. Er erhielt Handschuhe, Schal, Pudelmütze, Schafwollsocken.[619] Dr. Karl-Fritz Schmidt schrieb auf: „Heiligabend und zu meinem Geburtstag gingen echte Wünsche in Erfüllung. Gefreut haben wir uns zu Schuhen, Stricksachen und natürlich zu den raren Köstlichkeiten. Außer Äpfeln und Pfeffernüssen satt lag auch eine Tafel Nussschokolade, ein großes Marzipan und ein paar Apfelsinen auf dem Teller. (Aber nur zu Weihnachten und zu Ostern!) Vor der Bescherung wurde gesungen, Gedicht aufgesagt, manchmal mit Weihnachtsmann. Meistens kam der aber später, schließlich hatte er ja eine Menge zu tun. Bei der Bescherung wurden auch Herr und Frau Müller bedacht. Herr Müller, ein aus Niederschlesien vertriebener Bauer, war bis zum „sozialistischen Frühling" 1961 bei uns angestellt. Am Heiligenabend machte unsere Mutter den gemeinsamen Gottesdienst in Lübz zur Pflicht. Mein tief ungläubiger Vater hatte wenigstens etwas für eine gute Predigt, Orgelspiel und Gesang übrig. Nach der Kirche kommentierte er kopfschüttelnd die erfolgreichen „Bemühungen" des Pastors, mit seinem Singen die Gemeinde und die Organistin aus der Melodie zu schmeißen. „Hei het`t wedder schafft mit sien Gekreih".

An den folgenden Feiertagen hatten wir mit Lesen und Naschen zu tun. Zuerst wurde möglichst unauffällig der Weihnachtsbaum geplündert. Heiligabend kam nichts Besonderes auf den Tisch. An beiden Weihnachtstagen gab es Gans und anderen Braten. Erwähnenswert auch die Weihnachtsfeier im „Kulturraum" des Dorfes. Kulturell war damals im Dorf einiges los! Es gab Dorfkapelle, Theaterspieler, Chor. Großes Verdienst von Lehrer Abromeit!"[620]

Gerlinde Jakowski hielt fest: „Die Weihnachtszeit war besonders schön. Es wurde viel gebastelt, es gab einen Adventskranz mit vier roten Kerzen. Zum Nikolaus fanden wir in unseren Schuhen Äpfel, vielleicht auch mal eine Apfelsine und wenige Süßigkeiten. Es wurden kannenweise braune und weiße Pfeffernüsse gebacken. Als Tannenbaum hatten wir eine Fichte, die selbst geschlagen wurde. Am Heilig Abend sind wir mit den Eltern immer zur Kirche gegangen. Erst wenn

618 Roland Knebusch: Glück und Leid in Greven. In: Mario Niemann: Mecklenburgische Gutsherren. a. a. O., S. 342

619 Müller und Schleede

620 Dr. Karl-Fritz Schmidt

wir zurückkamen, stand der geschmückte Weihnachtsbaum in der Stube. Alle sangen Weihnachtslieder und wir Kinder haben Gedichte aufgesagt. Am Heilig Abend gab es bei uns Bockwurst und Kartoffelsalat und zu Silvester Karpfen. Die Geschenke waren bescheiden. Wir haben Puppen geschenkt bekommen, Spiele und später Bücher und Sachen zum Anziehen. Die Spiele, die wir hatten, passten in ein Fach des Vertikots. Weihnachten gab es bei uns zu Mittag meist Entenbraten mit Rotkohl und zum Abendbrot selbstgemachtes Sauerfleisch von Gänsen. Meine Großeltern, die in der Nähe gewohnt haben, kamen zu Besuch oder wir sind dorthin gegangen, oft durch schneeverwehte Wege und wir haben viel Karten gespielt. Natürlich mußte auch immer das Vieh versorgt werden."[621] Ingeburg Kuse berichtet aus den 1940er und 1950er Jahren aus Plau, dasss die Bescherung am Heiligen Abend erfolgte, an diesem Tag wurde in der Familie Karpfen blau zubereitet. In der Kirche gab es kein Krippenspiel. Am 1. Weihnachtstag wurde Genickbraten, am 2. Weihnachtstag eine Ente gegessen.[622]

Für die Familie des Bauern einschließlich des Gesindes bedeutete der Heiligabend (im Gegensatz zu heute früher ein regulärer Arbeitstag) vielfach ein „Vullbuksabend" (Vollbauchsabend), bei dem es ein reichliches Festessen gab (mit Äpfeln, Pflaumen und Rosinen gefüllter Genick- oder Gänsebraten).[623] Die Karower Förstertochter Erika Arnold erinnert sich: „Am Heiligabend aßen wir Grünkohl mit kleinen runden Bratkartoffeln. Den ersten Feiertag gab es gefüllten Rippenbraten, den zweiten Festtag Hasenbraten, Silvester Karpfen und Neujahr den sog. Genickbraten."[624] In Muchow gab es bei Familie Menck Grünkohl mit Rippchen. „Wer es sich leisten konnte, aß Geflügel."[625] Bei Jarchows in Wangelin aß man Heiligabend Karpfen blau zum Mittag, am 1. Weihnachtsfesttag Ente oder Gans.[626] Bei Familie Froh in Plau kam Heiligabend Ragout fin oder Kartoffelsalat mit Bockwurst am Abend auf den Tisch. Am 1. Festtag gab es Gans oder Pute.[627]

Blasen vom Lübzer Amtsturm am 24.12.2018. Foto Ronald Makarow

Seit 1980 zieht das Turmblasen am späten Nachmittag des 24. Dezember in Lübz Hunderte an, wenn das Lübzer Jagdblasorchester vom Amtsturm herab ein Konzert gibt. Günter Hischer, Gründer des Jagdblasorchesters, ist Initiator des Lübzer Turmblasens. In Parchim werden am 24. Dezember um 11.15 Uhr vom Turm des ehemaligen Postamtes

621 Gerlinde Jakowski geb. Malchow Wahlstorf geb. 1946
622 Ingeborg Kuse, geb. Höppner, Jg. 1939 Plau
623 vgl. Müns a. a. O., S. 193
624 Erika Arnold Jg. 1922 Karow
625 Kluck Muchow a. a. O., S. 172
626 Hans-Heinrich Jarchow, Jg. 1955, Wangelin
627 Dieter Froh, Jg. 1936, Plau

am Schuhmarkt von vier Bläsern des Elde-Blasorchesters Parchim-Lübz Weihnachtslieder geblasen.[628] Turmblasen gibt es auch in Dabel und Borkow. 1988 haben in der Christvesper in Dabel die Sternsinger, Chor und Kurrende (Konfirmanden) zum ersten Mal den Quempas (v. lat. Quem pastores laudavere = „Den die Hirten lobeten sehre") gesungen."[629] In den evangelischen Kirchen findet allerorts ein Krippenspiele statt, bei dem von Kindern der Kirchgemeinde das Lukas-Evangelium mit den drei großen Themen Herbergssuche, Hirtenanbetung und Verehrung der Hl. Drei Könige nachgespielt wird, so 2019 in Wöbbelin.

Henry Gawlick stellt fest: „Wir leben in einer Zeit der Entzauberung der Welt, die auch vor dem Zauber der Weihnacht nicht haltgemacht hat. Jenen, die Distanz zu Kult und Kommerz halten wollen, können die über Jahrhunderte gewachsenen vielschichtigen weihnachtlichen Brauchüberlieferungen eine Hilfe sein, alternative Festinhalte zu entdecken, wenn sie Weihnachten immer noch als einen Höhepunkt im Jahreslauf empfinden."[630]

Die Zwölfer

Die zwölf Tage und Nächte von Weihnachten (24.12.) bis zum Dreikönigstag (6.1.) wurden „die Zwölfer" genannt. Zwei märkische Volkskundler, die Mitte des 19. Jahrhunderts in ganz Norddeutschland tätig waren, Adalbert Kuhn und Wilhelm Schwartz, überliefern 1848 zwei Nachrichten zu den Zwölften aus Grabow: „Damit das Vieh in den Zwölften keinen Schaden leide, verbirgt man in dem Futter etwas von Stahl, eine Sense oder dergleichen; auch füttert man es mit gestohlenem Kohl"[631] und „In den Zwölften zieht die Fru Gaue[632] an der Spitze des wilden Heers umher, deshalb hält man die Thüren verschlossen und vermeidet Abends auszugehen, aus Furcht, ihr zu begegnen."[633] Beyer hielt 1855 über Fru Gode fest: „Nach der Eldenaer Sage war sie menschlicher Herkunft, eine reiche Frau, welche einst zur Strafe frevelnder Jagdlust mit ihren 24, nun in Hunde verwandelten Töchtern in die Wolken versetzt und zu der wüsten Gespensterjagd verdammt ward, durch welche der Wanderer in den dunklen Winternächten der Zwölften, vorzüglich in der Christnacht und der Altjahrsnacht so oft in Schrecken gesetzt wird und die selbst durch die menschlichen Wohnungen hindurch braus't, wenn die Bewohner unvorsichtig genug sind, an solchen Abenden die Thüren (oder Luken) offen zu lassen."[634]

Heutzutage wird kaum noch ernsthaft von abergläubischen Regeln Notiz genommen – früher jedoch und auf lange Zeit hielt man an Geheimnisvollem fest. Dieser Aberglauben ist der Versuch des Menschen, das Urvertrauen wiederzuerlangen, Ängste abzubauen und sich eine zusätzliche Sicherheit zu verschaffen. Diese Vorstellungen sind uns heute fremd und finden keine Beachtung mehr.

628 SVZ Lübz vom 23.12.2016

629 Dabeler und Borkower Sternsinger S. 9 f.

630 Henry Gawlick: Schimmelreiter, Knapperdachs und Weihnachtsmann. a. a. O., S. 9

631 Adalbert Kuhn/Wilhelm Schwartz: Norddeutsche Sagen, Märchen und Gebräuche aus Meklenburg, Pommern, der Mark, Sachsen, Thüringen, Braunschweig, Hannover, Oldenburg und Westfalen. Leipzig 1848, S. 412

632 „Fru Gor ist ein Wesen, welches in der Luft sich herumtreibend, auch mancherlei Gestalten annehmend, den Menschen bald Glück bald Schaden zufügt", wie in Göhren bei Eldena gesagt wurde. Bartsch a. a. O., S. 242

633 Kuhn/Schwartz Norddeutsche Sagen a. a. O., S. 413

634 Wilhelm Gottfried Beyer: Erinnerungen an die nordische Mythologie in Volkssagen und Aberglauben Meklenburgs. In: Jahrbücher des Vereins für Mecklenburgische Geschichte und Altertumskunde, Band 20, 1855, S. 156

Sternsinger

Dieser von katholischen Kindern ausgeübte Brauch besteht darin, dass Kinder, unter ihnen die als Heilige Drei Könige verkleideten Caspar, Melchior und Balthasar, zwischen Weihnachten und dem 6. Januar durch die Stadt von Haus zu Haus ziehen, dem Stern folgend, dessen Licht ihnen den rechten Weg zeigt und segnen all diejenigen, „die friedvoll, gerecht und gütig sind". Sie gehen für die Kinder in der Dritten Welt singend und sammeln Geldspenden. Über oder an die Haustür schreiben sie (entweder an die Außen- oder an die Innenseite) dabei mit Kreide die Jahreszahl und die Buchstaben C M B (Christus mansionem benedicat = Christus segne dieses Haus), dazwischen Kreuze. Für 2019 also 20 + C + M + B + 19. In Lübz und Plau wurde das Sternsingen schon vor der Wende ausgeübt.[635]

635 Pfarrer Klaus Rziha aus Lübz, mündl. 2004

Die Dabeler Sternsinger und seit 1988 auch die Borkower Sternsinger sind wieder unterwegs. In jedem Jahr neu werden im Herbst die Kindergruppen zusammengestellt: Seit 1986 klingt es nun in der Advents- und Weihnachts- und Epiphaniaszeit auf den Straßen, in Kirchen und Wohnungen unseres Kirchspiels: „Die Sternsinger kommen, / sie ziehen durchs Land, / sie fassen sich an der Hand, / sie springen, sie singen, / sie tanzen ihr Lied. / Willkommen, willkommen, / wer mit uns zieht!"

Auch in Ludwigslust, Wittenburg, Sternberg, Hagenow, Neustadt-Glewe und Parchim sind alljährlich die Sternsinger unterwegs. Vier Kinder aus der katholischen Pfarrgemeinde St. Antonius in Bützow mit der Filialgemeinde St. Pius in Sternberg vertraten am 8. Januar 2018 das Erzbistum Hamburg beim Sternsinger-Empfang von Bundeskanzlerin Angela Merkel in Berlin.

Sternsinger im Plauer Rathaus 2001

Jahreswechsel

In Erwartung der Mitternacht feiern Silvester viele ausgelassen in Gaststätten. Herausragender Bestandteil des Silvesterbrauches ist das Zünden von Knallern, Böllern und Raketen am Abend und vor allem nach 24 Uhr. Die Räume, in denen gefeiert wird, sind mit Papiergirlanden und Luftschlangen geschmückt, es wird Konfetti geworfen. Etliche setzen bunte Papierhüte auf. Mit „Prosit Neujahr" wird auf ein gesundes neues Jahr angestoßen. Zum Jahresende werden unzählige Raketen[636] in den Himmel geschossen und Böller in die Gegend geworfen. Ihr lautes Knallen und Zischen soll die bösen Geister vertreiben, die den Menschen allerhand Schabernack antun können. Mit Sicherheit sollte es aber auch die Freude über den Sieg des Lichtes, die erneute Fruchtbarkeit der Erde und das erhoffte Glück im kommenden Jahr zeigen. Schon immer wurde in der Silvesternacht tüchtig Lärm gemacht. Früher schoss man in den Dörfern statt mit Raketen mit Gewehren, knallte mit Peitschen, um mit dem Krach den gleichen Zweck zu erfüllen. „Neben Vorstellungen des Volksglaubens war es sicher auch der jugendliche Übermut, der möglicherweise unter dem Deckmantel der Dämonenabwehr beim Schießen kräftig ausgelebt wurde."[637]

Aus Domsühl wurde 1958 folgender Brauch publiziert: „Am Silvestertag tobten die Kuhhirten und Kleinknechte als „Wilde Jagd" durchs Dorf. Kornsiebe, die mit einem weißen Laken überdeckt waren, sollten den Schimmel des Wilden Jägers darstellen. Greulich war der Lärm. Da klapperten Topfdeckel, Peitschen knallten und ein wildes

636 Siegfried Schliemann, Jg. 1937, aus Wessentin berichtet, dass es wegen des 2. Weltkrieges keinerlei Feuerwerk gab.

637 Henry Gawlick 1989 a. a. O., S. 141

Silvesterfeier 1927

„Hei-Ho" erklang. So wurde das alte Jahr aus dem Dorf gejagt. – In vielen Gehöften wurden die Ställe am Nachmittag ausgeräuchert. In einen alten Blecheimer, in dem glühende Holz- und Torfkohlen lagen, streute der Bauer Pulver von Huflattich, Krausminze oder Wegerich und trug dieses Rauchgefäß durch Stall und Scheune. Dabei murmelte er: „Ick driew dat Bas und Schlecht herut / mitsamt dei ganze Krankheitsbrut: / In Hus und Hof, in Schün und Stall – / öwerall – Gesundheit, Segen herrschen sall."[638]

In der Lübthener Gegend wurde früher ein Teller am Silvesterabend herausgesetzt, nicht am Heiligabend. Olljohrsmudder hadd dat bröcht, würd denn seggt.[639]

638 Unser Kreis Parchim. Heimatkundliches Arbeitsbuch für den Deutschunterricht der Unterstufe, Parchim 1958, S. 54 f.
639 Wossidlolesebuch 2009 S. 237

Dr. Karl-Fritz Schmidt berichtet zum Essen: „Silvester gab es immer Karpfen blau.[640] Ich musste Meerrettich holen, später auch tränenreich reiben. Abends kam meistens Besuch aus der winterlichen Skatrunde meiner Eltern. Wir durften auch länger aufbleiben und uns wichtig tun."[641] 1880 bot der Plauer C. Goldenbaum Karpfen zum Kauf an.[642] Aus Muchow berichtet Hildegard Korupp:[643] „Zu Silvester gab's Berliner Pfannkuchen.[644] Herr Tilse schoss in den Sod (Brunnen), um die Hexen todzuschießen bzw. vom Hof zu halten. Um 24 Uhr wurden die Glocken geläutet. Als Getränk

640 das war auch in der Familie von Ingeborg Kuse, geb. Höppner, Jg. 1939, in Plau so
641 Dr. Karl-Fritz Schmidt
642 PZ Nr. 102 vom 22.12.1880
643 zitiert nach Kluck: Muchow a. a. O., S. 172
644 das war auch in Plau bei Familie Froh und in Wangelin bei Familie Jarchow so. Die Pfannkuchen waren mit Marmelade/Pflaumenmus gefüllt bis auf einen, in dem war Senf.

Silvesterfeier in den 1950er Jahren

Neujahrskarten aus den 1910er und 1920ern

gab es Grog. Karpfen wurden entweder Silvester oder Neujahrsmittag gegessen. Bleigießen war üblich, solange die ältesten Muchower zurückdenken können. Feuerwerk und Silvesterknaller gab es erst seit den 1960er Jahren, Tischfeuerwerke konnte man schon in den 1930er Jahren kaufen."

In Hagenow gab es folgenden Brauch: „Noch in dei twinniger Johren (des 20. Jahrhunderts – W. H.) weer dat so usus, dat jedes Johr tau Niejohr dei Breifdräger, dei Schüttenzunftbote, dei Kauhhir un dei Schossteinfäger bie ehr Kunn'n inkeeken un ein „Prost Niejohr" wünschten"[645] und überall ein Geschenk bekamen.

Zum Jahreswechsel gehören Glückwünsche, die, wenn sie nicht persönlich ausgetauscht werden, in Form von Postkarten versendet werden. Ihnen wohnen der Sinn und die Vorstellung inne, dass jeder Anfang Zeichen der Zukunft enthält, im guten Anfang mithin das ganze neue Jahr positiv vorbestimmt wird. Dies korrespondiert mit Orakeln und Horoskopen, in denen Zeichen gelesen werden, um zu ergründen, was das neue Jahr bringen wird. Dass man auf einer Karte sowohl zum Weihnachtsfest als auch zum Jahreswechsel Glückwünsche verschickt, ist erst nach dem 2. Weltkrieg in Deutschland Mode geworden. Die gängige Aufschrift auf den entsprechenden Karten lautet: „Ein schönes Weihnachtsfest und alles Gute fürs neue Jahr". Auffällig ist, dass die Gestalter der Karten oft die abergläubischen Glückssymbole Kleeblatt und Schwein verwenden. Auf Karten des ersten Viertels des 20. Jahrhunderts sind dagegen meist lustige Abbildungen zu sehen.

Silvesterfeier 1966 in Parchim

645 Wiehnachts- un Niejohrsgrüße nah Heinrich Dreyer (1906–1983) und Ernst Schneider (1907–1987) in: Fiek'n hätt schräb'n ut Hagenow Heft 1, 3. Auflage, Hagenow 1989, S. 23

Feste im Lebenslauf

Geburt und Taufe

Die Geburt wurde schon im 19. Jahrhundert mit einer Zeitungsannonce angezeigt. So in der Plauer Zeitung 1872: „Am Donnerstag abend 11 ½ Uhr wurde meine liebe Frau Henriette, geb. Kopperborn, von einem gesunden, kräftigen Mädchen glücklich entbunden. Malchow, den 18. October 1872 Wilhelm Köchel.“[646] 1873: „Statt besonderer Meldung: Gestern Abend 6 ½ Uhr wurden wir durch die Geburt eines Töchterleins hocherfreut. Plau, den 11. Januar 1873 Heinrich Dankert und Frau, geb. Heitmann.“[647] Auch heute findet man Geburtsanzeigen in der Zeitung, die zudem in einer Extrarubrik „Die Neugeborenen grüßen“, „Willkommen in der Asklepios-Klinik“ oder „In Parchim geboren – in der Region zu Hause“ Fotos der Neugeborenen veröffentlicht werden, was in der DDR völlig unüblich war. In Ludwigslust veranstaltet die Stadtverwaltung einen „Babyempfang“ in die Stadthalle, der 2018 zum dritten Male stattfand. Im ersten Halbjahr 2018 wurden dazu 50 Kinder angemeldet. 2001 machten in Lutheran am Ortsausgang Richtung Lübz die Strohballenpuppen „Annika und Lucas“ auf das Begrüßungsgeld der Gemeinde von 1000 Mark für Lutheraner Babies aufmerksam.

2008 wurden fast zwei Drittel der Kinder in Mecklenburg-Vorpommern unehelich geboren.[648] Nach dem Mecklenburg-Schwerinschen Staatskalender gab es im Jahr 1858 unter 18593 Geborenen 14842 eheliche und 3751 uneheliche, also 1 uneheliches Kind auf ungefähr 4 eheliche.[649] Wie sich die Zeiten ändern, zeigt auch die Wahl des Vornamens: Unter je 223 Mädchen und Jungen der Lübzer Stadtschule, berichtete 1901 die Plauer Zeitung, waren 43 Anna, 20 Frieda, 18 Emma, 11 Martha und Elisabeth, 10 Marie, 9 Grete und Pauline, 8 Ella, Bertha, Elsa und Minna, 6 Erna und Ida. 25 Paul, 21 Hermann, 20 Friedrich, Karl und Wilhelm, 12 Heinrich, 11 Martin, 10 Rudolf, Otto und Emil, 8 Richard, 7 Johannes. Die beliebtesten Namen für 2018 geborene Mädchen und Jungs waren Emma, Mia, Hanna/Hannah, Emilia, Sophia/Sofia, Lina, Anna, Mila, Lea und Ella. Ben, Paul, Leon, Finn/Fynn, Elias, Jonas, Luis/Louis, Noah, Felix, Lucas/Lukas.

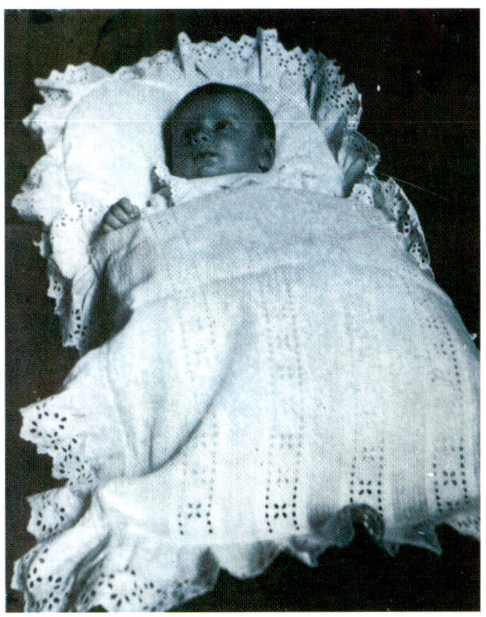

Taufe 1913 Parchim

Früher kam der Taufe große Bedeutung im Familienleben zu. Mit der Taufe wird das Kind in die Gemeinschaft der Christenheit aufgenommen. Meist wählen die Eltern zwei Paten als Garant für die christliche

646 PZ Nr. 83 vom 19.10.1872
647 PZ Nr. 4 vom 11.1. 1873
648 https://www. svz. de/nachrichten/uebersicht/fast-zwei-drittel-der-kinder-in-mecklenburg-vorpommern-unehelich-id4514396. html
649 http://www. lexikus. de/bibliothek/Ueber-die-agrarischen-Zustaende-in-Mecklenburg-Schwerin 1900 waren diese Zahlen gesunken: In Mecklenburg-Schwerin kamen auf 17985 geborene Kinder 2067 uneheliche. Statistisches Handbuch für das Großherzogtum Mecklenburg-Schwerin, Schwerin 1910, S. 39

Erziehung aus, welche den (meist) Säugling während der Taufzeremonie in der Kirche halten. Der Täufling erhält von seinen Paten ein Geschenk. Nach der Taufe vereinigt ein gemeinsames Festessen die Familie und die Gäste. Da der Anteil der konfessionell gebundenen Eltern immer mehr zurückgeht, ist auch die Prozentzahl der Kinder, die noch getauft werden, gering.

Aus der Griesen Gegend hielt Hans Heinrich Klatt fest: „Kam die Zeit der Niederkunft heran, brachte man etwa schon vorhandene Kinder zu den Nachbarn, wenn im Dorf keine Verwandten wohnten: un denn wier naher dei Adborre dorwäst. Normalerweise wurde die Hebamme von mehreren Frauen bei ihrer Arbeit unterstützt. Gleich nach der Geburt erhielt zunächst die Wöchnerin einen Sluck (Alkohol): Wöchnerin mütt 'n Rock versuppen, sei mütt naher ok wedder einen verdeinen, wie eine Hebamme in Tewswoos zu sagen pflegte. Danach wurde Mudder Griepsch und den anwesenden Frauen ein Essen gereicht, wobei Schnaps und Kaffee nicht fehlen durften. Wenn Verwandte die Pflege der Wöchnerin nicht übernehmen konnten, versorgten Nachbarn die Wöchnerin mit kräftigen Speisen, mit Hühnersuppe oder ähnlichem dormit dei jung'n Fru rasch wedder tau Kräften kem, denn sei müßt jo sögen (nähren). Wochensuppen waren Hafer-, Brot- und Fleischsuppen. Windeln (Schiedldäuker) und Jäckchen, an denen früher in der Mitte vorn ein Schilling befestigt wurde, lieh man sich unter Verwandten und Nachbarn gegenseitig aus. Geschenke für die Wöchnerin wurden z.B. in Groß Laasch erst nach 1918 üblich. Wenn sie Blumen erhielt, durfte sie sich dafür nicht bedanken, da die Blumen sonst vertrocknen sollten."[650]

Maria und Hans Esch schrieben aus Spornitz auf: „Im Volksgeist galt der Storch als Kinderbringer. Er sollte die Menschenkinder aus dem Teich holen und sie in den Schornstein eines Hauses werfen. Als Ursprungsorte galten Herrenteiche (z.B. Parchim), Hasenbrunnen und Hasennester. Der Hase galt als Sinnbild der Fruchtbarkeit, speziell des Kindersegens. Der Hase und Kinderreichtum gehörten zusammen. Der Hase war hier früher heilig und wurde nicht gegessen. Die Brotreste, die die Eltern von der Feldarbeit wieder mit zurückbrachten, wurden von den Kindern als „Hasenbrot" mit Vorliebe gegessen.

Die Wöchnerin musste so bald wie möglich ihren Kirchgang halten, da sie vorher als unrein galt und namentlich den Muttertieren schadete. Nach acht bis vierzehn Tagen sollte das Neugeborene getauft werden. Ganz schnell musste man mit dem Kind in die Kirche laufen, damit ihm kein Unheil geschehe, die Rückkehr konnte ruhig vonstatten gehen. Besonderes Glück bedeutete es für den Täufling, wenn heimlich ein Silberstück im Taufkissen versteckt wurde. Wenn ein Blatt aus dem Gesangbuch im Wickelband heimlich eingebunden war, würde das Kind klug werden. Ein Mädchen sollte von einem ledigen Mann und ein Junge von einem ledigen Mädchen über das Taufbecken gehalten werden, weil dann die Gewissheit gegeben sei, dass beide einmal heiraten würden. Ein besonders gutes Zeichen war es, wenn das Kind mit für das ganze Jahr geweihtem Osterwasser getauft wurde. Dem Osterwasser schrieb man große Heilkräfte zu, das man auch bei krankem Vieh wirksam anwandte.

In Spornitz verband der Pastor die Taufe mit dem Oster- oder dem Pfingstgottesdienst, ähnlich wie sonst die Abendmahlsfeier. Auch wenn die Taufe nach dem Gottesdienst erfolgte, blieb die Gemeinde zum

650 Hans-Heinrich Klatt: Familienbräuche in Mecklenburg. Geburt, Taufe, Hochzeit und Tod in der Griesen Gegend, Norderstedt 2014, S. 20

größten Teil in der Kirche. Die Haustaufe unter Anwesenheit der Verwandten wurde meistens nur im Winter vorgenommen. Während der Tauffeierlichkeiten läuteten in vielen Dörfern die Glocken. Anschließend begab man sich zum Taufmahl in das Elternhaus, wo für viele Gäste Tische und Bänke aufgestellt waren."[651] In Muchow bei Grabow fand die Taufe zumeist in der Kirche statt. „Die Täuflinge waren 1 1/2 bis 2 Monate alt. Die Taufkleider vererbten sich auf die Generationen. Zwei Paten waren üblich, Taufgäste waren meistens nur die Verwandten."[652]

„Auch im atheistisch verfassten Staat DDR setzte sich bei den Verantwortlichen die Erkenntnis durch, dass der Mensch nicht vom Kindergeld allein lebt und glücklich wird ... Auch in Atheisten und sogar in jenen, die vorgeben, an gar nichts mehr zu glauben, wohnt das Verlangen nach einer das Profane übersteigenden sakralen Sphäre."[653] In der DDR versuchte der Staat einen sozialistischen Ersatz für die Taufe einzuführen – die „Namensweihe", die nach der Deutschen Einheit 1990 zunächst verschwand. „Der Versuch, mit kirchlichen Zeremonien zu konkurrieren, muss scheitern", stellt Sigrid Grabner fest, denn „der Staat läuft ständig Gefahr, seine jeweiligen Zwecke zu verabsolutieren und nur das für gut, richtig und allgemein verbindlich zu erklären und durchsetzen zu wollen, was den ihn tragenden Parteien und ihrem Machterhalt dient. Deshalb wird auf keinem Gebiet so erbittert gestritten wie auf dem der Kindererziehung."[654]

651 Hans und Maria Esch: Spornitz früher und Leute. Ein Lesebuch, Schwerin 2005, S. 206
652 Kluck: Muchow. a. a. O., S. 165
653 Sigrid Grabner: Kindheit. In: Anne-Kathrin Ziesak (Hrsg.): Gott in Brandenburg. Christliche Lebenszeugnisse aus zwölf Jahrhunderten. Potsdam 2005, S. 40
654 ebenda

Taufschein 1922 Karow

Auszug aus dem Tauf-Register

der evangelisch-lutherischen Gemeinde Karow i. Mecklbg.

Jahrgang 1922 Nr. 9

Das am 26. März 1922 zu [illegible] ehelich

geborene

Kind des [illegible]

und der [illegible]

hat die heilige Taufe empfangen am 17. April 1922

unter den Namen [illegible]

[illegible] den 31.8.1925

[illegible]
Pastor.

SIEGEL DER KIRCHE ZU KAROW PR. PLAU.

Eduard Herbergers Hofbuchdruckerei Schwerin i. M.

Bei unehelich geborenen Kindern ist eventuell der obige punktierte Raum in der 2. Linie mit dem Zusatz auszufüllen: „aber durch nachfolgende Ehe der Eltern legitimiert".

Sandsteintauffünte, 1612, Woosten

Bronzetauffünte , 1365, Parchim Marienkirche

Holztauffünte, 17. Jh., Klüß bei Brunow

Bronzetauffünte, 1570, Stadtkirche Plau am See

Rolf Roßmann aus Neu Kaliß erinnert sich: „Die ersten Namensweihen in der DDR fanden in der zweiten Hälfte der 1950er Jahre statt. Es waren vor allen die Großbetriebe der DDR und die Maschinen-Traktoren-Stationen, die teilweise finanzielle Mittel für Namensfeiern bereithielten. Diese Betriebe stellten für die Feier auch ihre Kulturräume und den Festredner zur Verfügung und sorgten sich um eine festliche Atmosphäre. Als Patengeschenk des Betriebes wurde den Eltern neben der Urkunde zur Namensweihe in der Regel ein Sparbuch für das Kind übergeben – mit einem Guthaben zwischen 50 und 100 DDR-Mark. Die Urkunde verpflichtete die Eltern seinerzeit, „alles zu tun, um das Kind im Geiste des Friedens, der Völkerfreundschaft und zur Liebe zu unserer Heimat zu erziehen und ihm eine glückliche Zukunft im Sozialismus zu sichern."[655]

Im März 2006 wurde zum ersten Male im Landkreis Parchim wieder die Namensweihe gefeiert. Fünf Kinder aus der Region Parchim und Lübz erlebten mit ihren Eltern und Paten (!) in der Parchimer Stadthalle eine Feierstunde. Veranstalter war der Interessenverein humanistische Jugendarbeit und Jugendweihe, Regionalbüro Parchim/Güstrow.[656] Ein Jahr später erhielten erneut fünf kleine Erdenbürger in Parchim die Namensweihe.[657]

Taufkleid 1930er Jahre Plau

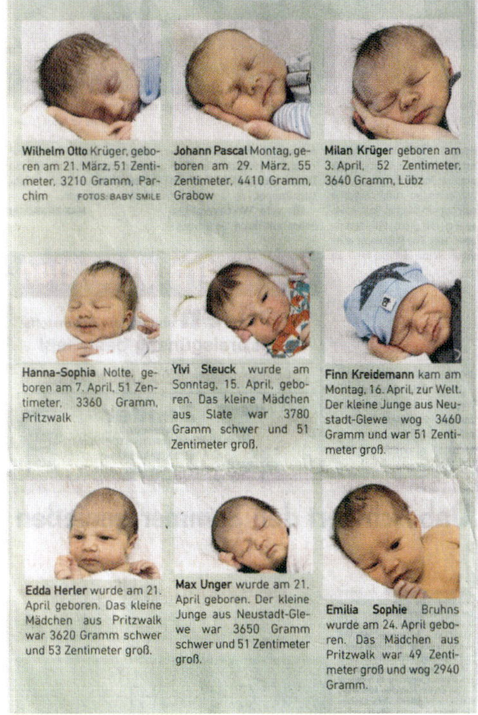

Wilhelm Otto Krüger, geboren am 21. März, 51 Zentimeter, 3210 Gramm, Parchim FOTOS: BABY SMILE

Johann Pascal Montag, geboren am 29. März, 55 Zentimeter, 4410 Gramm, Grabow

Milan Krüger geboren am 3. April, 52 Zentimeter, 3640 Gramm, Lübz

Hanna-Sophia Nolte, geboren am 7. April, 51 Zentimeter, 3360 Gramm, Pritzwalk

Ylvi Steuck wurde am Sonntag, 15. April, geboren. Das kleine Mädchen aus Slate war 3780 Gramm schwer und 51 Zentimeter groß.

Finn Kreidemann kam am Montag, 16. April, zur Welt. Der kleine Junge aus Neustadt-Glewe wog 3460 Gramm und war 51 Zentimeter groß.

Edda Herler wurde am 21. April geboren. Das kleine Mädchen aus Pritzwalk war 3620 Gramm schwer und 53 Zentimeter groß.

Max Unger wurde am 21. April geboren. Der kleine Junge aus Neustadt-Glewe war 3650 Gramm schwer und 51 Zentimeter groß.

Emilia Sophie Bruhns wurde am 24. April geboren. Das Mädchen aus Pritzwalk war 49 Zentimeter groß und wog 2940 Gramm.

Annonce im Elde-Express vom 9.5.2018

655 Rolf Roßmann: Namensweihe für ein Neugeborenes. In: SVZ MM Jg. 2013 S. 47

656 SVZ Lübz vom 14. 3.2006

657 Elde-Express vom 14. 3.2007

Erster Schultag

Der erste Schultag, vor dem 2. Weltkrieg nach Ostern, in der DDR am 1. September: Jeder verbindet eine Erinnerung daran. Seit über 100 Jahren wird dieses Ereignis im Foto festgehalten, auf denen man fein herausgeputzte Mädchen und Jungen mit Ranzen und bunter Papiertüte sieht. Der Inhalt des auf dem Rücken zu tragenden, so wichtigen Schulutensilien hat sich allerdings gewandelt. Bis in die 1950er Jahre gab es im ersten Schulhalbjahr keine Hefte sondern eine Schiefertafel. Das war eine Schieferplatte, die in einem Holzrahmen steckte. Auf der einen Seite waren Rechenkästchen farbig eingeritzt, auf der anderen Seite gab es Schreiblinien. Geschrieben wurde auf der Tafel mit einem Griffel, zu dem ein x-förmiger Griffelschärfer gehörte. Beides war in einem hölzernen Griffelkasten, der mit einem schiebbaren Brettchen (auf dem sich Abbziehbildchen oder Ornamente befanden) verschlossen wurde. Die Schiefertafel hatte an einer Schmalseite ein Loch, durch das ein Band gezogen werden konnte. Daran hingen ein trockener, weicher Lappen und ein feuchter Schwamm, womit die Griffelspuren auf der Tafel gelöscht wurden – zuerst nass vorgewischt, dann trocken nachpoliert. Übrigens lieferten die schiefergedeckten Hausdächer nach dem 2. Weltkrieg das Material für die zunächst nicht kaufbaren Schiefertafeln. Eine Fibel (Lesebuch der 1. Klasse) und ein Rechenbuch gehörten schon immer als Erstausstattung in den Ranzen, der sowohl aus Leder als auch aus Stoff oder verstärkter Pappe bestehen konnte.

Die scheinbar so selbstverständliche Schultüte aus buntem Papier ist eine „junge Erfindung", die zuerst in der Stadt aufkam und sich danach langsam auf dem Dorf verbreitete. Der ABC-Schütze erhielt sie von den Eltern oder seinen Paten, manchmal sogar von

Einschulung in Lübz 1928.
Grete Kulisch hatte bereits eine Schultüte

Carl-Hartmut Frehse am
1. Schultag 1947 in Spornitz

beiden. Ihr Sinn war sicher, den Lernanfang zu „versüßen". Der Volksbrauch hat sicher seinen Ursprung im Patengeschenk in Form von eingewickelten Geldstücken oder Sachgeschenken. Wahrscheinlich ist Sachsen das Ursprungsland dieses Brauches, der sich von hier aus im 20. Jahrhundert auch auf Norddeutschland ausbreitete.[658]

Schultüten (die zuweilen Zuckertüten genannt werden) können sowohl rund als auch vieleckig sein. Die spitz zulaufende Form der Schultüte kam ärmeren Familien entgegen, welche die untere Hälfte mit Knüllpapier ausstopften und so am Inhalt sparen konnten. Bei wohlhabenden Familien war die Tüte voll mit Süßigkeiten gefüllt, bei ärmeren enthielt sie auch Gebrauchsgegenstände, Gebäck und nur eine dünne Schicht Süßigkeiten. Vielfach werden heute den ABC-Schützen auch Schultüten in kleinerer Ausführung von Freunden und Bekannten geschenkt. Auch die jüngeren Geschwister des Schulanfängers bekommen eine kleine Schultüte. Bei der Schultüte kommt es nicht so sehr auf die Größe an, sondern darauf, dass mit diesem Brauch dem Kind die Bedeutung und der Beginn eines neuen Lebensabschnitts sinnfällig vor Augen geführt wird. Dazu gehört auch, dass das Kind nach dem ersten Schulgang mit der Schultüte fotografiert wird, damit es eine Erinnerung für das ganze spätere Leben besitzt.

Leider gibt es über den Schulanfang in Südmecklenburg noch keine volkskundliche Untersuchung, ob die Kinder zu ihrer Einschulung eine Schultüte besaßen, wann und wo das war oder ob sie ohne Tüte zum ersten Unterrichtstag in die Schule gingen. Erika Arnold kam 1928 in Karow zur Schule, damals hatte dort kein Kind eine Schultüte.[659] Dagegen gingen im gleichen Jahr die meisten

658 vgl. Manfred Schober: Brauchtum um den Schuleintritt. In: Kultur und Lebensweise 2/1981, hrsg. von der Gesellschaft für Heimatgeschichte im Kulturbund der DDR

659 Erika Arnold, geb. Ahlschläger

Einschulung 1959 in Stolpe bei Parchim. Fotos Willy Voß

Karower Kinder um 1930. Ein Mädchen besaß eine Schultüte.

In Dorfschulen saßen die Schüler mehrerer Jahrgänge in einer Klasse. Das Foto entstand vor dem 1. Weltkrieg. Stolz präsentieren die jüngsten Schüler ihre Schiefertafeln

Lübzer ABC-Schützen schon mit einer Papiertüte in das Schulgebäude neben der Stadtkirche. Ursula Kollmorgen, geb. Pape (Jg. 1926), wurde 1932 in Vietlübbe eingeschult. Sie berichtet, dass sie als einziges Kind in der Klasse eine kleine Schultüte hatte, die ihre Patentante aus Berlin mitgebracht hatte.[660] Charlotte Bachmann, geb. Garbe (Jg. 1926), kam 1932 in Lübz zur Schule. Sie hatte im Gegensatz zu anderen Kindern ihrer Klasse keine Schultüte, bekam aber eine Tafel Schokolade zum Schulanfang von ihrer Mutter geschenkt.[661] Es lag an den Eltern, ob sie das Geld für so „etwas Unnützes" ausgaben. In der Zeit der Weltwirtschaftskrise fiel die Entscheidung natürlich leicht gegen eine Tüte. Gerhard Müller aus Karbow hatte 1942 zur Einschulung keine Schultüte, auch Gerhard Müller und Walter Schleede 1941 nicht.[662] Auch Siegfried Schliemann aus Wessentin berichtet, dass zu seiner Einschulung 1943 in der heimatlichen einklassigen Dorfschule Schultüten unbekannt waren: „Ob meine Eltern mich begleitet haben, weiß ich nicht mehr. Zusammen mit einem Mädchen saßen wir beide ABC-Schützen in der hintersten Bank. Unser Pausenhof war die Straße – keine Autos, selten Pferdefuhrwerke."[663] In den ersten Nachkriegsjahren wurden die Schultüten zumeist selbstgefertigt, wenn nicht eine gebrauchte von älteren Geschwistern aus der Vorkriegszeit vorhanden war. Diese Tüten wurden aus Packpapier gerollt, bemalt oder mit ausgeschnittenen bunten Bildchen beklebt.

Zum Schulanfang schreibt Hans-Ulrich Rose aus Quetzin: „Ostern 1935 bün ik in dei Plauer Schaul upnommen wurden. Ik hew uk ne Schaultüt krägen. Ik kann mi erinnern: Dor legen poor Bonger un einen Griffelkasten mit Griffel för min Schifertafel in. Hütigendaags krigen dei Kinner uk noch Schaultüten. Dei Tüt möt öwer full sin vun verschidenen Kleinigkeiten. Natürlich dörf Spälwark nich fälen. Öwerfluß, Öwerfluß, segg ik dortau. Dei Schaulanfang is hüt ein Anlaß, lütt oder grot tau fiern. Dei nächsten Angehörigen un dei Paten hüren dortau."[664]

Alice Peterich erinnert sich an ihren Schulstart 1957: „Nach den Sommerferien werden aus den Kindergartenkindern Abc-

660 Ursula Kollmorgen, geb. Pape

661 Charlotte Bachmann, geb. Garbe

662 Gerhard Müller, Walter Schleede

663 Siefgried Schliemann, Jg. 1937, Wessentin

664 Hans-Ulrich Rose

Glückwunschkarten aus dem Anfang des 20. Jh. und von 1948

Schützen, die erwartungsvoll dem Tag der Einschulung entgegenfiebern. Besonders gespannt sind sie auf ihre Schultüte, gefüllt mit Geschenken und Süßigkeiten. Die Schultüte, auch Zuckertüte genannt, hat eine über 200-jährige Tradition. Früher schon war das Ereignis des Schulbeginns ein besonderer Tag im Kinderleben. Ältere Bräuche, die sich mit diesem Tag verbanden, orientierten sich darauf, die Lernfähigkeit der Kinder zu beeinflussen. So bekamen die Abc-Schützen beispielsweise ein „Karfreitagsei", in das man ganz fein die Buchstaben des großen und kleinen gedruckten Alphabets gehackt hatte, zu essen. Ebenso waren andere, meist süße Köstlichkeiten wie Kuchen aus Modeln mit Buchstaben, großen Brezeln, Schokolade oder ein Apfel üblich, um den Kindern den damals noch strengen Schulalltag zu versüßen. Von meiner Einschulung am 1. September 1957 gibt es ein Foto, das mich mit Ranzen, Brottasche und Schultüte im Vorgarten unseres Hauses zeigt. Ganz fest halte ich die Tüte mit meinen Armen umschlungen. Obwohl die Aufnahme nur in Schwarz-Weiß vorliegt, kann ich mich heute noch ziemlich genau an die Farbgestaltung der Tüte erinnern. Ihre runde Öffnung war mit einer raschelnden Manschette aus zartgrünem Krepppapier verschlossen. Bunt bedrucktes Papier umgab ihren Körper. Der Druck zeigte kleine Schulmotive wie Schulranzen, Schiefertafeln und die ersten Buchstaben des Alphabets.

Das Foto meiner Einschulung zeigt mich in einem besonders schönen Kleid aus Taftseide im Dirndlstil. Dazu eine rote Wolljacke, die im Patentmuster gestrickt war. Der Kleiderstoff und die rote Wolle stammten aus einem Westpaket und waren Geschenke von meiner Münchner Patentante. Nach der Prozedur des Fotografierens öffnete ich schnell die zugebundene Tüte. Unter einer dicken Seidenpapierhülle kamen grüne und gelbe Schaumzuckerfiguren wie Krokodile und Schlangen zum Vorschein, eine Tafel Vitalade, das war eine Ersatzschokolade, sowie eine runde braune Pappschachtel mit der Aufschrift: „Henri Milchecken". Von Tag zu Tag leerte sich die Tüte. Sie wurde aufgehoben und lagerte im oberen Fach eines alten Kleiderschrankes ... Als meine Schwester am 1. September 1960 in die Schule kam, war unsere „Kopftüte" noch recht gut erhalten und wurde für sie wieder zur Schultüte."[665]

Der erste Schulgang entwickelte sich in den vergangenen 50 Jahren mehr und mehr zu einem Familienfest. Der erste Schultag liegt auf einem Sonnabend, um so den Eltern der Kinder die Möglichkeit zu geben, das Er-

665 Alice Peterich: Hefte, Bleistift, Zuckertüte. In: MM 2016 S. 118

Verabschiedung von Kindern der Plauer Kita Villa Kunterbunt in die Schule 2010

Einschulungsfeier im Plauer Kino 2013

eignis im Kreise der Familie zu verleben. Die Schulaufnahmefeier wird von einem kleinen Kulturprogramm umrahmt, das von älteren Schülern gestaltet wird. Die Ansprache des Direktors/Direktorin wendet sich an die Schulanfänger und an die Eltern. Zur Feier kommen die Kinder in Festkleidung mit dem neuen Schulranzen auf dem Rücken. Die Kleidung wird meist eigens für diesen Anlass neu gekauft. Die Schultüte wird vor der Feier von den Erwachsenen getragen und danach dem ABC-Schützen überreicht. Ein Foto der neuen Schulklasse mit ihrer Lehrerin hält die Erinnerung an diesen Tag fest, es erscheint auch meist in der Lokalzeitung. Bereits im Kindergarten ist es üblich, den Kindern der großen Gruppe bei der Verabschiedung eine kleine Zuckertüte zu überreichen, wobei diese zumeist von den Erzieherinnen selbst gebastelt wurden. Zur Verschönerung des Abschiedstages vom Kindergarten findet ein kleines Fest mit Kulturprogramm statt, oft wird ein Ausflug unternommen. Glückwünsche an den ABC-Schützen werden auf einer besonderen Schuleingangskarte übermittelt, die eigens zu diesem Anlass hergestellt wurde. Sie sind ebenfalls schon seit 100 Jahren bekannt.

Was Ende des 19. Jahrhunderts unterrichtet wurde, zeigt ein Blick in ein Plauer Schulzeugnis des Jahres 1895. Anna Kolbow war eine sehr gute Schülerin, was ihre Zensuren in ihrem Zeugnisheft belegen. Sie wurde Ostern 1887 eingeschult in der Bürgerschule zu Plau, wo sie acht Schulklassen bis Schulentlassung Ostern 1895 absolvierte. Ostern war bis 1941 der Zeitpunkt des Schuljahresbeginns und -endes. Das erste Halbjahr umfasste die Zeit von Ostern bis Michaelis (29. September), das zweite Halbjahr ging von Michaelis bis Ostern, wo die Versetzung bzw. Schulentlassung erfolgte. Die 1860 erbaute Plauer Stadtschule war eine achtklassige Volksschule. Im Kaiserreich gab es als weiterführende Bildungseinrichtungen die Realschule und das Gymnasium. Aus dem Zeugnisheft der Anna Kolbow geht hervor, dass sie die ersten vier Halbjahre (2 Schuljahre) Benotungen in den Fächern Religion, Rechnen, Anschauung, Lesen und Schreiben erhielt. Im 5. Halbjahr (ab 3. Schuljahr) kamen Deutsch und Geographie hinzu, dafür fiel Anschauung weg. Im 7. Halbjahr (ab 4.

Schuljahr) wurde der Unterricht um Singen und Industrie (Handarbeit und Hauswirtschaft) erweitert. Im 9. Halbjahr (ab 5. Schuljahr) wurde sie auch in Naturgeschichte und Geschichte unterrichtet. In allen Halbjahreszeugnissen gab es Kopfnoten für Betragen, Fleiß und Aufmerksamkeit. Die Zählung der Klassen begann mit Klasse VI und endete mit Klasse I, wobei die Klassenstufen 5 und 6 als Klasse II sowie 7 und 8 als Klasse I zählten. Die Zensuren bedeuteten: 1 – sehr gut, 2 – gut, 3 – ziemlich gut, 4 – mittelmäßig, 5 – schlecht. Ferien gab es im Schuljahr etwa 10 Wochen – zu Ostern, Pfingsten, Weihnachten, im Sommer und im Herbst (sog. Kartoffelferien). Die Schulentlassung aus der Volksschule zu Ostern fiel mit der Konfirmation zusammen.

Ein Zeugnis des Jahres 1956 für die 1. Klasse der Adolf-Diesterweg-Schule Parchim bezeugt folgende benotete Fächer: Gesamtverhalten, Betragen, Fleiß und Mitarbeit, Ordnung, Lesen, Rechtschreiben, Mündlicher Ausdruck, Schreiben, Rechnen, Turnen, Gesang, Zeichnen. Eine 1 war „sehr gut", eine 2 „gut", eine 3 „befriedigend", eine 4 „mangelhaft" und eine 5 „ungenügend". Schulunterricht fand von Montag bis Sonnabend statt. Ferien gab es in der DDR rund 13 Wochen lang – im Februar (2 Wochen Winterferien), zu Ostern (eine Woche), im Sommer (sieben Wochen im Juli/August), im Oktober (eine Woche Kartoffelferien) und zwei Wochen zum/Jahreswechsel.

Liebe Anne-Sophie aus Weisin!
"Hurra, ich bin ein Schulkind!"
Einen schönen 1. Schultag und
eine schöne Feier wünschen Dir
Deine Schwester Nici & Toddy

Alles Gute zum Schulanfang
Hallo, liebe Celine!
Heute beginnt für Dich etwas
ganz Neues – die Schule! Wir hoffen,
dass Du als kleiner ABC-Schütze
viel Spaß und Erfolg hast.
Eine schöne Feier wünschen Dir
Deine Mama, Tristan,
Opa Siggi und Oma Marion

Lieber Ben Krefft!
Unserem großen Schulkind gratulieren wir sehr.
Dir fällt die Schule ganz bestimmt nicht schwer.
Wer so vergnügt und immer munter ist wie du,
dem macht das Spaß, und der begreift im Nu.
Von Herzen alles Liebe, Glück und Mut wünschen Dir
Mama, Papa sowie Deine Omas und Opas

Liebe Vanessa!
Alles Gute zur Einschulung und
viel Erfolg in der Schule
wünschen dir
Mama, Papa und Tim
sowie Oma und Opa

Lieber Cedric in Groß Molzahn!
Wir wünschen Dir zur
Einschulung alles Gute
und immer viel Spaß
beim Lernen.
Charly, Julia & Einar

Lieber Max
Wir wünschen Dir für Deinen
1. Schultag viel Spaß
und eine schöne Feier
Deine Eltern Silke und Franko,
Omas, Opas, Tanten, Onkels und Kai

Liebe Charlotte! Liebe Amalia!
Heute beginnt für Euch
etwas Neues - die Schule!
Viel Erfolg und auch Spaß wünschen
Mama, Papa und euer Bruder Tristan.

Lieber Alexander Weiemann!
Zum 1. Schultag viel Spaß und
viel Erfolg in der Schule
wünschen Dir *Deine Eltern,*
Oma Heidi, Opa Uwe
und Robert

Annoncen in der SVZ Lübz vom 21.8.2010

7. Klassse der POS Raduhn 1974

Schulfoto Marnitz 1909

Klassenfoto

Bei einem Gruppenfoto sind die Anlässe interessant, aus denen heraus sich die Gruppe fotografieren ließ – ob nun Soldaten, Berufsgenossen oder eine Hochzeitsgesellschaft. Was sollte mit dem gemeinsamen Bild gezeigt werden? Möglich wären die Dokumentation eines wichtigen Augenblicks im Leben (wie es eine Hochzeit ist), das Zeigen von Zusammengehörigkeitsgefühl (wie bei Vereinsfotos) oder der Abschluss eines gemeinsam verbrachten Lebensabschnitts (wie es die sogenannten Reservistenfotos zeigen, die nach Beendigung des abgeleisteten Wehrdienstes entstanden).

Wahrscheinlich hatten geschäftstüchtige Fotografen am Ende des 19. Jahrhunderts die Idee für Klassenfotos. Gab es doch hier die Möglichkeit, ein Bild mehrfach zu kopieren und an jeden Aufgenommenen zu verkaufen. Scheinbar zogen Fotografen von weit her von Schule zu Schule und sicherten sich diesen lukrativen Auftrag. Es gibt ein Schulfoto von 1897 aus dem Dorf Darß, das südlich von Lübz liegt. Auf der Pappe, auf der das Foto aufgeklebt ist, kann man lesen: „Photogr. Josef Weissgerber Erinnerung an meine Schulzeit. Halle a. d. Saale." Abgebildet ist der Darßer Lehrer Prosch samt Ehefrau mit 38 Schülern. Ein anderes Foto wurde in Marnitz südlich von Parchim aufgenommen. Auf der Pappe steht: „Gebr. Looff Dresden A 28". Zu sehen sind zwei Lehrer, der ältere mit Ehefrau, und 68 Kinder. An der Wand ist die Schiefertafel eines Schülers aufgehängt, auf der mit Kreide zu lesen ist: „Marnitz 1909", womit Aufnahmeort und -jahr dokumentiert sind.

Fotografieren war um 1900 nicht so einfach wie heute, wo schon viele „digital" mit einer elektronischen Kamera ihre Bilder „schießen". Bevor es Kameras mit Rollfilm gab, benötigte man eine schwer zu transpor-

Schulfoto vor dem 1. Weltkrieg auf dem Dorf

6. Klasse der Fritz-Reuter-Schule Parchim 1960

11. Klasse der Erweiterten Oberschule Lübz bei einem Ausflug nach Bobzin 1966

tierende Plattenkamera mit Stativ und Tuch, denn das Negativ war eine Glasplatte. Die Fotografen mussten genaue Kenntnis von Belichtungszeiten und Tiefenschärfebedingungen haben, hinzu kam die technische Erschwernis der geringen Lichtstärke des verwendeten Objektivs. Deshalb mussten die mehrere Sekunden benötigenden Aufnahmen inszeniert werden – die abzubildenden Personen mussten stillhalten. Wer sich bei der Aufnahme bewegte, der erschien auf dem Foto wie „verwischt", also hielten alle auf das Kommando des Fotografen inne. Die Positive wurden auf Basis von Chlor- oder Bromsilbergelatine hergestellt. Diese Papiere waren seit 1890 in Gebrauch und wurden bei Tageslicht oder starkem Glühlampenlicht nach Sicht kopiert. Die warmen Bildtöne verleihen heute den Bildern von damals eine eigene Aura, obwohl es sich doch nur um reproduzierte Fotos handelt.

Als die „Institution" Klassenfoto etabliert war, entwickelte sie sich zum Selbstläufer; jeder Schüler wollte möglichst sein Foto haben. Ein Klassenfoto diente damals und dient noch heute der Erinnerung und vermittelt gleichzeitig den Zusammenhalt noch nach Jahrzehnten, wenn sich die Klassengemeinschaft längst aufgelöst hatte. Man kann es unter verschiedenen Aspekten betrachten: Wer besuchte die Schule einst? Was ist aus diesen Schülern wohl geworden? Immer dokumentieren Gruppenfotos aber auch gesellschaftliche Verhältnisse, auch das Klassenfoto. Entstand es in einer Stadtschule, dann ist wirklich nur eine Schulklasse mit ihrem Lehrer zu sehen. Wurde es in einer Dorfschule aufgenommen, sind alle dort unterrichteten Schüler abgebildet, hatten doch die meisten Dorfschulen nur einen, selten zwei Klassenräume. Entsprechend sind ein oder zwei Lehrer mit den Kindern fotografiert worden.

Zu den von einem Klassenfoto ablesbaren gesellschaftlichen Umständen gehört vor allem die Kleidung. Das soll an dem Marnitzer Foto von 1909 näher erläutert werden. Abgebildet sind 21 Jungen und 47 Mädchen, was ein ungewöhnliches Geschlechterverhältnis darstellt, normalerweise ist es ausgewogener. Man kann davon ausgehen, dass die Kinder anlässlich der Aufnahme ihre Sonntagskleidung präsentieren. Die Mädchen tragen durchweg Kleider, die Jungen eine Jacke. Drei Mädchen und ein Junge sind in ein „patriotisches Gewand" gekleidet, einen „Matrosenanzug", der damals als modisch galt. Mit einem Matrosenanzug wurde die moralische Unterstützung der Marine im Kaiserreich gezeigt.

Auf dem Marnitzer Foto ist bei den Kindern in der vorderen Reihe die Schuhbekleidung zu erkennen. Von elf Kindern tragen zehn Lederschnürschuhe, nur ein Junge hat Holzpantinen mit Lederkappe – Marnitz war ein Bauern- und kein Gutsdorf mit armen Landarbeitern, es hatte 1908 753 Einwohner.

Ungeklärt wird bleiben, ob nur die besser gestellten Eltern das Klassenfoto ihres Kindes bzw. ihrer Kinder erwarben. Fest steht aber: War das Foto in den Besitz der Familie gelangt, fand es zumeist gerahmt einen sichtbaren Platz an der Stubenwand und blieb so über Jahrzehnte bis in die Gegenwart erhalten.

Auch heute noch gehören Klassenfotos zur Erinnerungskultur. So lassen sich die einstigen Schüler bei Wiedersehenstreffen ebenso gern ablichten.

Kinderspiel

Der Kieler Volkskundler Nils Hansen bemerkt zu den Kinderspielen: „Die Kinder, die auf dem Land aufwuchsen, kannten ebenso wie die Stadtkinder eine Vielzahl von Spielen und genossen in räumlicher Hinsicht ohnehin aufgrund der offeneren Siedlungsstrukturen weniger Einschränkungen. Zum Teil waren ihre Spiele identisch mit denen der Stadtkinder, zum Teil vielleicht sogar ein wenig kreativer, denn so manches Spielobjekt wurde regelmäßig selbst hergestellt, wie zum Beispiel Flöten, Puste- und Blasrohre aus Zweigen bestimmter Bäume und Sträucher. Das kam in der Stadt ebenfalls vor, war aber wohl nicht ganz so selbstverständlich wie auf dem Land. Insgesamt scheinen die Stadtkinder trotzdem ein wenig ideenreicher gewesen zu sein, denn sie entwickelten und gestalteten ihre Spiele häufiger selbst und gingen auch mit den Spielregeln flexibler um. Landkinder kannten dagegen mehr traditionelle, von früheren Generationen überlieferte Spiele und hielten sich eher an fest fixierte Regeln. Die Kinder auf dem Land mussten allerdings mit einem grundsätzlichen Problem leben: In den 1950er und 1960er Jahren galt er aus Sicht der Erwachsenen noch weitgehend die alte Einstellung, dass die Mädchen und Jungen in ihren Familien schon früh bestimmte haus- und landwirtschaftliche Arbeiten zu übernehmen hatten. Deshalb blieb oft nur wenig Zeit zum Spielen.“[666]

Die Spiele lassen sich in Gruppen einteilen: Kreisspiele, Hüpfspiele, Versteckspiele, Ballspiele, Rollenspiele und regelfreie Bewegungsspiele.[667] Hansen fährt fort: „Die Frage, wer wann und wo spielte, stand darüber hinaus in engem Zusammenhang der

Kinder 1898

sozialen Herkunft der Kinder. Töchter und Söhne aus den höheren Kreisen der Bevölkerung spielten eher im Haus, im eigenen Garten und unter Aufsicht der Eltern oder des Erziehungspersonals und nicht so häufig auf der Straße oder in den Hinterhöfen ... Der weitaus größte Teil der Kinder ... spielte jedoch, wann immer es möglich war, im Freien. Hauptgrund dafür waren die beengten Wohnverhältnisse ... Die vorhandenen Wohnungen, auch auf dem Land, waren vielfach durch die Einquartierung von Flüchtlingen und Vertriebenen überfüllt. Sehr oft fehlte es also einfach an Platz zum Spielen in der Wohnung. Außerdem war es in der breiten Masse der Bevölkerung noch immer nicht jedem Haushalt möglich, Kinderzimmer einzurichten, weil sich die Betroffenen eine entsprechend große Wohnung nicht leisten konnten. In vielen Fällen waren die Kinder schon froh, wenn sie wenigstens eine kleine Spielecke in der Wohnung für sich hatten.

666 Nils Hansen: Bei Wind und Wetter. In: Giesela Wiese (Hsg.): Spielwelten. eine Ausstellung zu Spielen und Spielzeug. Ehestorf 2016, S. 130 f.
667 ebenda S. 129

Kind mit Reifen, vor 1930

Die meisten Mädchen und Jungen spielten daher lieber draußen ... Erst seit Mitte/Ende der 1960er Jahre wurde das Kinderzimmer zu einer Selbstverständlichkeit (in der Bundesrepublik – W. H.) und gehörte dann allmählich in allen Gesellschaftsschichten zur Mindestausstattung der Haushalte."[668]

Im bäuerlichen Haushalt hatten Kinder zwei Funktionen – sie waren potentielle Arbeitskräfte, die der Hof brauchte und sie waren zudem billiger als Gesinde. Und dann sicherten sie die Kontinuität als Erben. Diese Funktionen prägten Kindheit und Erziehung durchgreifend. Spezielle für die Beaufsichtigung und Anleitung der Kinder zuständige Personen gab es im Bauernhaus nicht. Die Mutter war die primär verantwortliche Person, wo Altenteiler vorhanden waren, übernahm gelegentlich die Großmutter die Kinderpflege. Daneben kamen als Aufsicht die älteren Geschwister und das Gesinde in Frage. Wer gerade Zeit hatte, musste ein Auge auf das Kind werfen. Im Allgemeinen war es viel sich selbst überlassen. Außerdem spielten Dorfgemeinschaft und Nachbarschaft eine große Rolle. Dort lebten andere Kinder, man kapselte den Haushalt nicht gegenseitig nach außen ab, sondern war offen. Erziehung verstanden die Dorfbewohner als gemeinschaftliche Aufgabe, das Recht zur Züchtigung beschränkte sich nicht ausschließlich auf die Eltern. Oft hört man aus alten Lebenserinnerungen vom Respekt der Kinder vor einem Großknecht. Allmählich, aber stetig wurden die Kinder zur Arbeit herangezogen. Hin und wieder ließen sich Arbeit und kindliches Spiel gut miteinander vereinbaren – wie zum Beispiel beim Viehhüten. Die Übergänge zwischen Spiel und Arbeit waren zunächst fließend und erst allmählich dominierte dann die Arbeit vollständig. Das heißt, die Kinder wuchsen in die Tätigkeiten und Pflichten hinein, die sie von den Erwachsenen abgucken konnten. Überlastung der Kinder, vor allem der älteren, mit Arbeit war allerdings nicht selten.

Man bastelte sich Flöten aus einem Weidenstock und stellte eine „Ballerbüx" aus Holunder her, mit der man Eicheln verschoss. Einen „Flitzbogen" hatte jeder aus Haselnuss und einer „Strippe" hergestellt, verschossen wurden Pfeile aus Rohr mit einer Spitze aus Holunder. Es wurden Wettkämpfe im Weit- und Zielschießen ausgetragen. Dabei traten die Kinder aus Wahlstorf und Darß gegeneinander an. Auch mit einer „Fletsche"[669]

668 ebenda S. 131 f.

669 Auch Zwille genannt. Das ist eine Schleuder, die fast immer selbst von den Jugendlichen gebaut wurde. Man benötigt dazu eine Y-förmige Astgabel, meist von Haselnuss. Zwischen den oberen beiden Astenden wird ein Einkochglasgummi gespannt, in der Gummimitte wird ein kleines Lederstück eingefügt, das die Munition (Eicheln, Steinchen) aufnimmt. Man zieht am Lederstück und lässt dann los, das Geschoss fliegt davon.

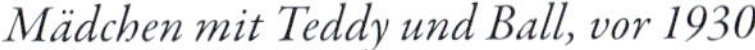

Mädchen mit Teddy und Ball, vor 1930

Junge mit Schaukelpferd, vor 1930

wurde gern geschossen. Beliebt waren Spiele wie Kippel-Kappel.[670]

Über „Kinnerspäl" schrieb Hans-Ulrich Rose aus Quetzin auf: „Süt eh un je hewwen Kinner spält. Früher het man sik mit einfache Mittel begneugt. Hüt möt dat je na Geldbüdel von dei Öllern kostspaliges Spälwark sün. Tau min Kinnertid wür väl Versteck spält, Dei best Möglickkeit gäw dei up' n Lan, up' n Buernhoff. Dor wir dei Schün, dei Stall, dei Gorden, dei Heck, wo man sik verstecken künn, um nich glik funnen tau warden. Inn Winter güng dat öftens bit in dei Düsternis. Dei Kinner vont halw Dörp Quetzin kämen denn tausommen. Gripen spälen wir uk sir beleiwt. Hüppen un springen deinten dei Ünnerhollung. Dei Kinner künnen sik uttowen un wiren meu, wenn sei na Hus kamen.

Uk in dei Schaul – up' n Schaulplatz – bewegten sik dei Kinner. Dei Jungs spälten Grip, dei jüngeren Dirns beschäftigten sik mit Volksdänze. Dei gröteren „Damen" güngen ünnerhakt von ein En' nat anner un ünnerhollen sik. Hüt kann man beobachten, dat dei Schäuler up ne Bank sitten – also wedder sitten – un sik nich bewägen oder an ein Eck Zigaretten schmöken. Natürlich het dei Jugend naug Möglichkeiten hütigendaags sik sportlich tau beschäftigen. Uk in uns Stadt Plau giwt dat naug Sportvereine, wo die Kinner un Jugendliche mitmocken können, Jeder süllte dat Angebot utnutzen un sinen Körper dordeuch gesund erhollen. Leider is dat hüt so, dat dei Komschuter (Computer) dei jungen Minschen „antrecken" deit, sik in dei Stuwen uptauhollen un üm sik mit gaude un leg Programme dei Tid tau verdriwen."[671]

Hans-Ulrich Rose berichtet weiter: „Min Kinner- un Jugendtid het sik vun dei dörtigen bit in dei virtigen Tiden bit Krigsen' hentreckt. Wi hewt alle Möglichkeiten taun

670 Walter Kintzel, Walter Schleede, Gerhard Müller

671 Hans-Ulrich Rose (Jg. 1929) PZ 10/2005

Toben un Spälen utnutzt. Hilfsmiddel brukten wi nich. Up unsen Buernhoff künnen wi uns so richtig uttowen. Rundherum gäw dat nauch Spälkameraden. Sei kämen girn na uns. Sir väle Familien wiren kinnerrik. Wat hewt wi anstellt? Dat Grip- un Versteckspälen stünn an böwest Stell. In'n Kreishüppen künn man sik schön bewägen. Tau Windersdag, wenn dat früh düster wurden is, mockte dat Versteckspälen besunners groten Spaß. In uns Schün un Veiställe künn man sik wunnerschön verstecken. Dei taun Seuken (Suchen) Verurteilte had männigmal schwer, dei Mitspäler tau finnen. Wi güng dat tau, üm einen Seuker tau bestimmen? Mi föllt ein Spruch in: „Eins, zwei, drei, vier, fünf, sechs, sieben, in der Straße Nummer acht hat der Storch ein Kind gebracht. Wie soll er nun mit Namen heißen? Karoline Klapperkasten. Wer soll ihr die Beine waschen? Ich oder du, Müllers Kuh, Müllers Esel – das bist du!"

Tau Summersdag güng dat in dei Quetziner Dannen. In'n Früjor wür sik na Kreidennester (Krähen) ümsein. Dei wiren in dei Spitz vun dei Böm. Wi rupstigen? Ünnen haden sei gor kein Äste, in dei Midd wiren sei drög un awbrocken. Wer kladdert nu hoch in dei hogen Böm? Twei oder drei Jungens wiren bereit, dat Kladdern tau wagen. Öwer wer käm in Frag? Wi möten awtellen, ein derber Spruch möt her: „Eine meine Macken, ein oll Fru, dei künn nich kacken – näm's 'n Stock, purt's im Noorslock, schät's 'n groten Hiringskopp."

In dei Schaulpausen wür uk nich an dei Ecken rümstan. Dei Jungs spälten gripen (greifen), während dei Dirns sik mit Späle vergneugt hewwen. Trotz dei schweren un schrecklichen Tiden hewt wi Kinner upn Lan' ne glückliche Kinnertid verläwt."[672]

Walter Kintzel, Jg. 1936, aus Meseritz stammend, kam im Spätsommer 1945 nach Quaßlin bei Wahlstorf (südlich von Lübz). Er schreibt über die Kinderspiele nach dem 2. Weltkrieg: „Nach einer kurzen Eingewöhnungszeit hatten sich die Unterschiede unter uns Kindern verwischt, es war nun völlig egal geworden, ob man einheimisch war oder als Flüchtling in die Gemeinde Wahlstorf ge-

672 Hans-Ulrich Rose

Kinder mit ihrem Spielzeug, vor 1930

kommen war. Kinder schließen ja schneller Freundschaften als Erwachsene, zumal sie auch nicht so starke und tiefe Erinnerungen an ihre alte Heimat wie die Erwachsenen hatten. 1948 war wohl das entscheidende Jahr für die Integration und auch das Jahr der Auflösung der Dorfgrenzen. Sicher hing das auch mit dem zunehmenden Alter zusammen, aber für uns Jungen war die Tatsache, dass hier und da einer einen Ball als kostbares Eigentum besaß, der entscheidende Faktor. Nun konnte man Fußball spielen und dazu brauchte man mehr Mitspieler. Diese gemeinsamen Erlebnisse und auch die Schülerstreiche, die ich nicht verschweigen will, schweißten uns zusammen.

Übrigens haben in jener Zeit auf dem Hof Quaßlin, wenn wir dort Fußball gespielt haben, auch die Mädchen mitgespielt. Wir brauchten ja Mitspieler! Auch wenn sie uns, weil sie nicht so perfekt im Spielen wie wir Jungen waren, öfter die Schienbeine poliert haben.

Da die Wohnverhältnisse überall ziemlich beengt waren, haben wir in den Stuben kaum gespielt. Nach der Devise „Meine Uhr das ist die Sonne, mein Kalender ist das Laub, mir gehören alle Blumen, mir gehört der Straßenstaub" waren wir fast immer draußen. Nach der Schneeschmelze im Frühjahr, wenn die Erde so herrlich roch, führten die Wiesengräben „Hochwasser". Für uns Anlass, Staudämme anzulegen, was die Bauern gar nicht gern sahen. Als wir einmal am Scheidegraben zwischen Quaßlin und Darß in unserem intensiven Spiel vertieft waren, sauste die Peitsche eines Bauern, der auf der Wiese mit seinen Pferden arbeitete, auf unsere Rücken herab: Wir hatten ihn nicht kommen sehen, nun blieb uns nur, schnell Reißaus zu nehmen. Wenn im Sommer Gewittergüsse herniedergingen, sammelte sich vorübergehend das Wasser auf den sandigen Landwegen. Sofort begannen wir mit dem Kanalisieren der kleinen Wasserströme. Natürlich wussten wir auch, wo es die wohlschmeckendsten Äpfel und die süßesten Pflaumen gab. Im Herbst, wenn die Eicheln fielen, gehörte es zu jedem „echten" Jungen, sich eine Ballerbüchse anzufertigen. Dazu wurde ein Stück

Junge mit Dreirad, vor 1930

Mädchen mit Fahrrad, vor 1930

Holunderast ausgehöhlt, dann wurde meist aus Haselnussstöcken ein Stempel (Schussbolzen) geschnitzt, der gerade in die Höhlung hineinpasste. Steckte man nun an beide Enden des ausgehöhlten Holunderastes eine Eichel hinein und drückte mit dem Ballerstab die eine Eichel in das Rohr hinein, flog die vordere Eichel durch das Komprimieren der Luft heraus. Hatte man das oft genug getan, war der „Schussbolzen" vorn so aufgefasert, dass man nur eine Eichel vorn brauchte, das aufgefaserte Ende wurde mit Spucke angefeuchtet und schon funktionierte beim Drücken die Ballerbüchse.

Flitzbogen stellten wir uns aus schier gewachsenen Weiden- oder Haselnussästen her. Die Pfeile, die am besten flogen, waren Rohrpfeile mit einer aufgesetzten Holunderspitze. Es ging immer darum, wer mit seinem Bogen die Pfeile am weitesten schießen konnte, Zieltreffen haben wir weniger gemacht. Im Winter bedeckten sich feuchte oder nasse Wiesen mit einer Eisfläche, natürlich auch die Dorfteiche. Unter den Holzpantoffeln oder den Holzschuhen befestigten wir Draht und benutzten einen Stock zum Abschieben, der zwischen die Beine gesteckt wurde, so konnte man über das Eis sausen. „Peikschläden" wurde das genannt. Bei Wahlstorf gab es ein Soll, das „Blanksoll", das im Windschatten einer erhöhten Uferböschung lag. Dort gab es das glatteste Eis.

In den Strohmieten hatten wir uns Höhlen gebaut und rutschten gern von den Strohmieten runter. Öfter neckten wir auch den Schafbock, wenn er uns dann „annehmen" wollte, flüchteten wir schnell auf die Strohmieten, nichtahnend, dass ein Schaf recht gut klettern kann. „Bocki" hat uns dann mit animalischer Kraft in seinem Schädel mit Horn von oben runter befördert.

Ein beliebtes Spiel in der kalten und regnerischen Jahreszeit war das Toben in einer Scheune. In der Scheune von Hennies, der Enkel Manfred Lemmer war ja mein Spiel- und Schulkamerad, bauten wir uns Höhlen auf dem Heuboden, liefen auf den Balken lang und sprangen von dort in das Fach mit dem Stroh. Manfreds Opa litt das aber gar nicht und jagte uns immer aus der Scheune, aber wie Kinder sind: Das Verbotene macht am meisten Spaß. Ich habe später lange darüber sinniert, warum Opa Hennies uns immer aus der Scheune jagte. Ich glaube, er hatte Angst, dass wir dort mit Streichhölzern spielen würden, denn in der Nachbarschaft war durch spielende Kinder vor wenigen Jahren eine Scheune abgebrannt.

Tauziehen, 1920er Jahre

Auf dem zugefrorenen Stolper Dorfteich 1955. Foto Willy Voß

Räuber und Gendarm spielten wir im nahen Wald, in einer kleinen Schonung gab es herrliche Verstecke. Dort konnten wir stundenlang spielen. Ansonsten spielten wir „Kippel-Kappel", wo es ganz genaue Spielregeln gab: Das Auffangen des Holzes mit beiden Händen gab 25 Punkte, mit der rechten Hand 50 und mit der linken Hand 100 Punkte. Die Punkte wurden in den Sand geschrieben. Ein anderes Spiel war „Stadt Land", bei dem aus einer vorgezeichneten Fläche durch Messerwurf Teile herausgetrennt wurden. Unter der Bezeichnung „Kiekhahn ick sei di, wenn du mi süst, dann freu di" spielten wir verstecken. Dazu gab es ja auf solch bäuerlichen Betriebsgelände viele Nischen zum Verstecken. Auch ein Jauchefass wurde dazu genutzt, ja sogar mit zugeklapptem Deckel! Wenn man das als Erwachsener überlegt, sieht man doch, wie leichtsinnig das war! Traditionell war das „Pferdchenspiel" mit Leine aus Band und einer Peitsche. Wenn zwei Pferdchen (Kinder) angespannt waren, gab es sogar einen Kreuzzügel, um beide „Pferde" in eine bestimmte Richtung zu leiten. Mit einem gebogenen Blech konnte man richtige Ackerfurchen im Sand ziehen.

Die einzige sportliche Betätigung in der Schule in den ersten Nachkriegsjahren, Geschichte und Sport waren verboten, war Völkerball, dieses Spiel wurde gemeinsam von Jungen und Mädchen betrieben. Wir Jungen waren aber erfinderisch, in der nahen Kieskuhle hatten wir uns eine Weitsprunganlage angelegt. Auf den Sandwegen probierten wir das Speerwerfen mit langen Haselnussstöcken. Mein Freund Werner Kirstein schaffte damit die Weite von 30 Metern. Für kurze Zeit hatten wir auch mit gewöhnlichen Handschuhen uns in einem abgesteckten Boxring ausprobiert ...

Als ich im Frühjahr 1948 abends einmal von Wahlstorf nach Quaßlin ging, hatte ein Bauer bis an den Landweg herangepflügt und Grassoden auf den Weg gekippt. „Platt bars“ trieb ich die mit dem Fuß vor mir her – wie beim Fußball. Dabei kam mir der Gedanke, daraus konnte man doch einen Fußball herstellen. Ich besorgte mir von meiner Mutter einen Stoffbeutel und füllte ihn. Nach längerem Herumexperimentieren fand ich heraus, dass es mit Moos besser ging. Dieser Ball aus dem Moosbeutel war die Geburtsstunde des Fußballs unter uns Kindern in der Gemeinde Wahlstorf. Bälle gab es nicht bzw. wir hatten dazu kein Geld. Mit unserem „Moosbeutelball“ waren Kopfbälle natürlich nicht möglich. Später bekam ich dann von Verwandten einen Gummiball geschenkt – etwas kleiner als ein Handball – für den mein Vater eine Hülle nähte. Das war ein gewaltiger Fortschritt, denn der Ball prallte schon. 1949, als wir mal in Westberlin waren, tauschte ich Ostgeld gegen Westgeld und kaufte mir dort eine Fußballblase ... Meistens spielten wir auf einer Koppel oder auf Schafschwingel ... Bald spielten wir auch gegen andere Dörfer Fußball. Das ging so vor: Eine Delegation von uns trabte am Sonntagvormittag 4 bis 5 Kilometer in ein anderes Dorf und fragte die Jungen, ob sie gegen uns Fußball spielen wollten. Die berieten sich und sagten zu. Die Delegation trabte zu Fuß nach Wahlstorf zurück, trommelte 11 Spieler zusammen, und am Nachmittag liefen wir zu Fuß in das andere Dorf ...

Im Wald, er war nur einen halben Kilometer entfernt, bauten wir uns „Bunker“. Das waren Erdhöhlen mit einem Dach aus Reisig und einer Lagerstätte aus Moos und „Waldgras“, heute weiß ich, das war die Schlangel-Schmiele, die bei tiefstehender Sonne den Kiefernwald so schön rosa leuchten ließ. In der Seitenwand des Bunkers hatten wir ein Fach, wo wir die „geernteten“ Äpfel, Mohrrüben usw. lagerten. Zur „Verteidigung“ unserer Bunker hatten wir einen Wall von Reisig aufgeschichtet und uns mit Pfeil und Bogen ausgerüstet.“[673]

Siegfried Schliemann, Jg. 1937, aus Wessentin schrieb über Spiele in seiner Kinderzeit: „Mit Schulfreunden spielten wir oft Karten (meist „Schwarzer Peter“). Im Sommer gingen wir meist schwimmen in der nahen Elde oder im Kritzower See. Oder wir bauten Flitzbogen und Katapulte. Ersteren aus einer Weidenrute mit gespanntem Band und Pfeilen aus Schilfrohr, an dessen Spitze ein Holunderkopf aufgesetzt (im Mark aufgesteckt) wurde. Die Katapulte haben wir aus passenden Astgabeln mit dem Taschenmesser geschnitzt. Zwei Weckgummiringe wurden befestigt, in der Mitte kam eine Schlaufe, in die ein kleiner Stein gelegt wurde. An der Schlaufe wurde gezogen und dann losgelassen, um auf ein ins Visier genommenes Ziel zu schießen. Leider haben wir auch auf Vögel gezielt und dabei Spatzen zur Strecke gebracht (wohl auch mal leichtsinnigerweise eine Schwalbe). Im Winter rodelten wir in einer Mergelgrube und fuhren auf dem Dorfteich Schlittschuh oder Peikschlitten. Mein drei Jahre älterer Bruder hatte sich mit seinen Freunden im nahen Wald einen „geheimen“ Bunker gebaut – eine Erdgrube mit Ästen und Zweigen bedeckt. Sie haben darin geraucht und ihren ersten Alkohol getrunken.“[674]

Dr. Karl-Fritz Schmidt aus Bobzin hielt fest: „Nachstehend umrissene „geographische und soziologische“ Bedingungen sind m. E. für das Verständnis meiner frühen Erinnerungen erwähnenswert. Das Dorf meiner Kindheit und Jugend ist Bobzin, inzwischen verwaltungstechnisch ein Ortsteil von Lübz. Es gibt nach wie vor mehrere räumlich getrennte Besiedlungen: Das ehemalige Gut (upp'n Hoff), der „Rote Strumpf“ („Rode

673 Walter Kintzel
674 Siegfried Schliemann

Strump“), „Am Kanal“ und „Riederfelde“. Lediglich um den ehemaligen Gutshof und im „Roten Strumpf“ entwickelte sich eine geschlossene dörfliche Bebauung. In den beiden anderen Teilen lagen Höfe mehr oder weniger in Einzellage: Die „Ausgebauten“ (de Utgebugten). Am Eldekanal bildete eine ehemalige Oberförsterei mit 4 Forstarbeiterhäusern einen lockeren Kern. Bis zu den entlegenen Gehöften an der „Fahrenhorst“ führten weitere ca. 1 km Landweg. Ich bin im ehemaligen Forsthaus aufgewachsen, was meine Großeltern vor fast 100 Jahren zusammen mit rd. 16 ha Land erworben hatten.

In meiner Kindheit waren Not und Elend der Nachkriegszeit noch sichtbar. Bewusst wurde mir das allerdings erst im Erwachsenenalter. Damals war das eben „normal“, was ich nun als schlimm und traurig erinnere: Schlecht ernährte Kinder, verstümmelte Männer, gemarterte Frauen. Auffällige Verhaltensweisen, Alkoholismus, Aggression, Angst waren oft Gegenstand von Spott und Klatsch. Spreche ich heute mit Gleichaltrigen über diese Zeit sagen wir wohl: „Der (Die) hatte auch von der Flucht (oder vom Krieg) ein Ding zu laufen“. Wir sagten das aber traurig und wären gerne gut zu ihnen gewesen.

Ich erinnere keine Not. Großmutter Marta hat uns Kinder gut versorgt. Das Haus war voller Flüchtlinge, die Not noch im Gepäck. Ich bin froh, dass diese später zu uns von einer großherzigen Frau gesprochen haben. Einschließlich meiner ersten Schuljahre gab es auch wegen der vielen Flüchtlingsfamilien in der Nachbarschaft eine große Kinderschar. Im Sommer kam dann das ganze Dorf zum Baden an den Eldekanal. Geangelt wurde von Jung und Alt. Jung natürlich „schwarz“. Engere Kontakte mit den „Gutsern“ ergaben sich in der Grundschulzeit Klasse 1 bis 4. Die Schule stand im „Roten Strupf“; ca. 1 km Schulweg für mich.

Kinderspiel im Stroh

Die langen Jahre eines Kindes: Ich fange mal mit den Wintern an. Meine Pflichten in früher Kindheit waren überschaubar: Hühner, Hund und Katzen füttern, Eier suchen, abends Hühnerluken schließen. Ein Stall lag außerhalb des spärlichen Lichtkegels der Hoflampe. Ich rannte so schnell ich konnte, bis ich wieder im Hellen war. Gott sei Dank, die Hexe hat mich nicht erwischt! Verständnis und Zuspruch fand ich ohnehin nur bei Oma. Unten im Haus bei Opa Krüger und Frau aus Ostpreußen kam an den langen Abenden oft das große Märchenbuch mit den eingeklebten bunten Bildern auf den Tisch. Meine jüngere Schwester, ohnehin dort Ersatzkind, und ich hörten Märchen ohne Ende mit jeder Menge Hexen u. ä. Bedrohungen. Tränenreich gestalteten sich die Spielrunden „Mensch Ärger dich nicht“ und Rommee. Habe meist gegen meine trickreichen Mitspieler verloren, oder? Zu Weihnachten und Geburtstagen lagen auf dem Gabentisch für mich auch immer Bilderbücher. Ich erinnere sehr Struwwelpeter und vom Wassermann. Damit war ich für ganze Abende versorgt. Ziemliche Horrordarstellungen.

Die Tage mit Schnee und Eis waren voller Freunde und Freuden: Auf dem Schulhof wurde geglitscht und Schneemann gebaut. Die Mädchen standen unter strengem Schutz des Lehrers, auch älterer Brüder. Es blieb bei verstohlenen Ballwürfen. Beim Glitschen habe ich die Jungen mit Holzsohlen an ihren Schweinslederschuhen beneidet. Igelitstiefel rutschten auch gut, waren aber wegen ihrer penetranten Ausdünstungen verrufen.

Zum Rodeln am Brückenberg kamen die Großen und die Kleinen. Der eine „Strolch" unter den älteren Jungen hatte in dieser Runde nichts zu melden. Schlitten oder wenigstens ähnliche Konstruktionen brachten fast alle mit. Wer nicht, konnte immer mitfahren. Die älteren Kinder achteten auf Gerechtigkeit. Uns wurde eingeschärft, nicht die Kanalböschungen zu befahren. Ein paar Jahre zuvor war ein Mädchen ertrunken.

Ich vermute „Wassermann" und „Struwwelpeter" haben aus diesen Gründen meinen Gabentisch geziert. Bei stärkerem Frost wurde die Fahrrinne auf dem Kanal nicht mehr durch „Eisbrecher" offen gehalten und die Anwohner auf der „Insel" (zwischen Kanal und Altlauf der Elde) zogen ihre Kähne auf das Ufer. Noch ein paar Tage und „Vadder" Kahlbohm ging mit Axt und Zollstock auf das Eis. Überall wenigstens 10 cm dick! So, nu dörpen ji rup! Durch wechselnde Wasserstände infolge der Bobziner Schleuse brach das Eis an den Ufern regelmäßig, so dass sich auf beiden Seiten immer ein Streifen Spiegeleis bildete. Oft war auch der ganze Kanal blank. Ich hatte einen Piekschlitten. Die meisten Jungens Selbstgebaute mit Draht unter den Kufen. Mein Schlitten hatte „Hörner", hinter denen die Füße standen. Wenn mich ein auf dem Eis liegender Schilfhalm stoppte, schlug ich lang hin. Die mit Marke „Eigenbau" sprangen mit einiger Übung einfach ab.

Manche Große besaßen Schlittschuhe. Einen Winter später waren auch bei mir ein Paar Sorte „Hackenreißer" angekommen, natürlich gebraucht. Den blöden Schlüssel zum Anschrauben musste ich alsbald abgängig melden. Der Schlüssel zum Aufziehen der großen Uhr passte auch, wurde aber im Haushalt schmerzlich vermisst. Im Besitz von Schlittschuhen und aus der Schule mit einigen „Gutsern" bekannt, ging ich auch in das 1,5 km entfernte Dorf zum Teich. Die Jungens spielten Hockey. Mit mir war nichts los. Drehen und Stoppen gelang mir mehr schlecht als recht. War (und wurde) nicht mein Ding, sagt man heutzutage. Auf den Spiegelstreifen des Kanals ging es ja meist geradeaus. Konnte ich bis Lübz oder Kuppentin und zurück.

Den Erwachsenen trödelte das Frühjahr bis zur Aussaat immer zu lange hin. Wir

Am Plauer See 1920er Jahre

aber hatten nun einen weniger beschwerlichen Schulweg. Ab 5. Schuljahr fand der Schulunterricht in der Zentralschule Broock statt. Die ca. 4 km Weg bewältigten wir „Ausgebauten“ mit dem Fahrrad, wintertags oft querfeldein zu Fuß. Der Rückweg bot sich mit steigender Sonne endlich wieder zum „Ströpen“ an. „Jakobs Tannen“ oder die „Fahrenhorst“ waren für eine Bande Jungen unwiderstehlich, trotz Krach oder „Fellvull“ bei arg später Heimkehr. Bis auf einige Pfützen ließ es sich mit Fahrrädern gut fahren. Neben den oft von Pferdehufen und eisernen Reifen tief zerfahrenen Wegen liefen etwa 40 cm breit, feste ebene Streifen, die sich nur durch den damals regen Radverkehr gebildet hatten. Sagenhaftes Lindmoor, Eldekanal, Alte Elde mit Schleusenruine, Wendenschanze schufen uns fantastische Welten, in denen ein verschworener Haufen zog, bewaffnet mit Speeren, Pfeil und Bogen, Angeln, Katschi. Krönung war ein blitzblanker Degen, gefunden von Horst H. in einem trockenen Durchlassrohr. Waffen und Gerät lagerten wir versteckt. Es passierten auch grenzwertige Dinge mit ungewissem Ausgang. Dazu gehörte der Einfall, in der Nähe unseres kleinen Lagerfeuers eine geharzte Kiefer anzubrennen. Die Flamme drohte rasend schnell den Stamm zu ergreifen. Wir arbeiteten in höchster Angst mit frisch belaubten Ästen. Gerade noch gut gegangen! Geangelt wurde bevorzugt von den Betontrümmern aus, die nach den Brückensprengungen (1945) noch lange in Ufernähe lagen. Hier fühlten wir uns sicher, entschlossen bei blöden Fragen nach dem Angelschein ins Wasser zu springen und zur anderen Seite zu schwimmen. Da kam der alte Fischer Freese mit dem Motorboot. Zu spät erkannt! In unser Erschrecken hinein sein Ruf: „Öwer nich up Häkt“. Damit war die Sache für ihn erledigt. Wir hatten Oberwasser. Kam sein

Sonntags am Stolper Dorfteich 1956. Foto Willy Voß

Sohn Fritz, taten wir fortan ungerührt: „Der is' auch froh, wenn er fröhlich is'.“

Mit Beginn der Feldarbeiten wurde es für uns Bauernjungens enger. Ich musste Quecken aus der Frühjahrsfurche sammeln, beim sogenannten „Abdrehen“ der Drillmaschine helfen, meinem Vater beim peniblen Abstecken der Schlagrichtungen die langen Staakforken tragen, nun als Fluchtstangen genutzt. Mit stillem Trotz führte ich das Pferdegespann vor der Drillmaschine. Beim Drehen am Schlagende wie auch beim Fahren musste das Innenrad genau in der Spur bleiben. Das Gespann sollte gleichmäßig ziehen, nicht ruckeln, nicht stehen bleiben. Lächerliche Abweichungen konnten schon zu väterlichen Ausrastern führen, begleitet von gezieltem Schmeißen mit Erdbrocken. Die Führungsstange der Maschine durfte „er“ ja nicht loslassen.

In früher Kindheit begannen wir an warmen Tagen auf dem Hof mit Murmeln schieben, Gummihopser, Verstecken und „Ausball“. Hier waren die Mädchen oftmals die Initiatoren. In der Scheune Strohhöhlen, gefährliche Sprünge von den Balken und Rutschen durch das dicke Rohr des Heugebläses lagen mehr in unserer Hand. Denn die Stra-

Der Milchbock war ein gern aufgesuchter Treffpunkt, Stolpe 1952. Foto Willy Voß

fe folgte auf dem Fuß. Diese schweren Fälle wurden sofort kommentarlos mit einer derben Tracht geahndet. Wir wussten warum. Unser Höhlenbauprogramm in der Sandgrube blieb lange unentdeckt. Ich hatte zudem einen Stahlhelm und ein Seitengewehr gefunden. Bei Bekanntwerden zerstörten die Erwachsenen unsere einsturzgefährdeten Stollen. Wieder mal gut gegangen!

In fortgeschrittenem Schulalter entwickelten wir eigene Ideen für Pfingsten und 1. Mai. Wir Jungen verzogen uns nach dem üblichen gemeinsamen Anbaden in die „Fahrenhorst", wo bald ein kleines Feuer brannte und mitgebrachte „Vorräte" zum Verzehr kamen. Im Vorfeld wurden dazu die häuslichen Weinballons angesaugt und Bierflaschen gefüllt, ferner Tabakblätter von den Trockenschnüren gezogen, Streichhölzer und Zeitungspapier eingesteckt. Wolfgang T. brachte von zu Hause Westernhefte Typ „Ein Schuss, ein Schrei, Tom Prox war frei!" Wenn es ging, klaute er auch seiner Mutter einen rattenscharfen Liebesroman, aus dem er ausgesuchte Stellen vorlas. Die üble Beschaffenheit der geistigen Getränke machte unserem Inneren zu schaffen, bevor von einem Rausch die Rede sein konnte. Die Selbstgedrehten waren aggressiver. Vom gelbgrünen Qualm drehten sich sofort Kopf und Magen. Wir fanden, das gehört nun mal dazu, gaben aber bald auf.

Vor der Ernte gab es immer eine arbeitsärmere Zeit, in der Verwandte und befreundete Familien besucht wurden. Wir fuhren mit Pferd und Wagen nach Bornkrug, Retzow, Karbow, Wangelin, Kuppentin und bis ins Brandenburgische Kuhbier „no de prößische Verwandtschaft". Dahin aber über zwei Tage. Mehr als um 35 km am Tag war den Pferden nicht zuträglich. Der Gummiwagen wurde zu der langen Tour mit Gestell und Plane versehen, mit Futter, Wasser, Verpflegung beladen. Wir fuhren über den Russenschießplatz (auch Feldflugplatz?) bei Retzow und über mehrere Dörfer. Meine Eltern stimmten immer wieder Lieder an. Hat großen Spaß gemacht. Auf der Rückfahrt mussten wir bei Gefahr für Leib und Leben noch bei Tageslicht über den Schießplatz. Einmal wurde es knapp. Scharfer Trab war von Nöten. Für die harmloseren schönen Tagestouren hatten wir eine Kutsche.

Heiße endlose Sommer brachten in den frühen Kinderjahren lange Spieltage mit den etwa 1 Jahr älteren Freunden Rudi und Lothar. Beide waren ohne Arg und für ihr Alter vorausschauend. Sie haben mir manche dumme Idee ausgeredet. Rudis skeptische Beurteilungen: „..und denn heulste". Im großen Garten und auf dem Gehöft gab es bald ausreichend Beeren und Obst. Für nach außen gerichtete Begehrlichkeiten gab es eigentlich keinen Grund. Es war mehr der Abwechslung halber, wenn wir mal fremde Gehöfte einbezogen haben. Vorausgesetzt, der Hofhund war mein Freund. Ich konnte gut klettern und insbesondere die Kronen der großen Süßkirschenbäume boten perfekten Sichtschutz. Der Eldekanal übte trotz des fürchterlichen Wassermanns große Anziehung aus. Alle Eltern sorgten sich, bis die Kinder schwimmen konnten. Unter Aufsicht älterer zuverlässiger Geschwister durften wir die Badestellen aufsuchen. An den Ufern hatten sich mehrere ausgespülte sandige Buchten gebildet. In einer stand noch die alte Pfahlreihe der ehemaligen Ufersicherung. In diesem „kleinen Kanal" durfte ich mit Schwimmring ohne Aufsicht üben. Mit sechs Jahren habe ich es über den Kanal und zurück geschafft. Fortan galt ich als Schwimmer. Da wir auf der anderen Seite Wiesen und Weiden besaßen, musste ich ab Mai rüber zum Viehtränken. Väterliche Kontrollfrage: „Hest du de Starken all börmt?" Der Eldekanal meiner Kindheit und Jugend lebt immer noch in mir. Dreimal am Tag baden war üblich. Abends kam die Dorfjugend, was aus vielen Gründen zunehmend interessant wurde.

Nach und nach verzogen die in unserem Ortsteil lebenden Flüchtlinge an Orte, wo sie Arbeit fanden oder gingen „nach drüben". Die Neubauern aus Pommern, der Neumark, Ostpreußen und Bessarabien waren meist um das ehemalige Gut ansässig. Viele meiner Spielfreunde verschwanden aus meinem Leben. Immerhin sammelten sich am Kanal noch fünf Jungen zu gemeinsamen Aktionen. Das hielt bis Ende der Schulzeit einschließlich neuer Kameraden aus der Broocker Schule. Unser Bandenunwesen habe ich ja schon beschrieben. Längst waren wir aber in das bäuerliche Wirtschaftsleben einbezogen. Wir hatten zu arbeiten, neben der Schule und in den Ferien ohnehin. Die Ernte begann für mich mit Aufhocken. In den ersten Jahren überragten die Roggengarben mich. Damals war gerade das weibliche Pendant zu Adolf Henneke, eine gewisse Frieda Hockauf, in allen Zeitungen. „Ach, wär doch Frieda Hockauf hier!"

Wir wurden, anfangs in Maßen, angestellt zum Bis–zu–Fahren der Erntewagen, beim Dreschen, Heumachen, Kartoffeln, Rüben, Vieh .... Als Sechzehnjähriger konnte ich ziemlich alle Arbeiten und ich habe sie (meistens) neben der Schule wie selbstverständlich erledigt. Der „Erlebnisbereich" ist trotzdem nicht zu kurz gekommen. Jugend schafft sich ihre Freiräume! Die Arbeit wurde bei uns Halbwüchsigen im Herbst nicht weniger. Kartoffelfeuer, Drachensteigen und gelegentlich Ströpen gehörten aber dazu. Üblich war auch ein Besuch auf dem Martinimarkt in Parchim. Seine Attraktionen schienen uns unübertroffen. Der Rummel auf dem Schützenplatz in Lübz war dagegen gar nichts."[675]

Waltraud Komorowski aus Goldberg (Jg. 1938) erinnert sich an ihre Kinderspiele. „Im Frühling waren es Murmeln (wir sagten Marmeln); Kreisel tanzen lassen; Kappel; cicero; hallihallo; Hinke, hüpfe; Himmel und Hölle; Seilspringen; Greif, Versteck (1, 2, 3, 4 Eckstein, alles muß versteckt sein, hinter mir, das gibt es nicht, vorder mir das gibt es nicht); Mudder Hex (Mudder Hex mit'n

675 Dr. Karl-Fritz Schmidt, Bobzin, Jg. 1943

Bessenstäl haugt de Kinner gräun un gäl); Indianer (mit älteren Jungs gespielt, ich war einmal an den Marterpfahl gefesselt, wurde aber bald „erlöst"); Räuber und Gendarm (mit Klassenkameraden, wenn wir „ausgerissen" waren, d.h. eine Schulstunde schwänzten); Der Plumpsack geht um (wer sich umdreht oder lacht, dem wird der Puckel blau gemacht); Blindekuh; Drittenabschlagen; Ist die schwarze Köchin da? (Ist die schwarze Köchin da? Ja, ja, ja! Dreimal muß sie 'rummarschiern, das vierte Mal den Kopf verliern, das fünfte Mal komm mit, Frau Schmidt!); Kreisspiele: Rote Kirschen eß ich gern, schwarze noch viel lieber; Schornsteinfeger ging spaziern; Dornröschen war ein schönes Kind; Ziehe durch, ziehe durch, durch die goldne Brücke; Häschen in der Grube; Wer will fleißige Handwerker sehn; Kiekebusch, ick seih di (Und wenn du denkst, ich lieb dich nicht und treib mit dir nur Scherz, dann zünd dir ein Laternchen an und leuchte mir ins Herz; Kiekebusch, ick seih di, wenn du mi sühst, dat freut mi, fidirallala)."

Zur Sommerszeit: „Wir waren immer in Bewegung! Bäume, Schuppendach (einmal Leitungsmast mit Steigeisen, ernste Ermahnung von meinem Vater, beim nächsten Mal den Sicherheitsgurt anzulegen. Eine Ermahnung reichte), Kirchtürme in Goldberg, Woosten, Dobbertin. Turnen: an Turnstange (einfaches Reck aus Stangen in angemessener Größe. Daran „rumschießen", „Schweinebammeln", „Vogelnest"), an Ringen schwingen, schaukeln (je höher, desto besser!). Baden, baden, baden: 2 km zum Badestrand, Verpflegung 2 Scheiben Brot, 1 Flasche Saft mit Wasser, Ermahnung: Nicht so oft ins Wasser, Wasser zehrt! (Half bei einer „Wasserratte" aber nicht!). 2 km zurück nach Hause, natürlich zu Fuß. Kein Bademeister beaufsichtigte uns. Wir wußten von den älteren Kindern, daß man nicht erhitzt,

Mädchen spielten gern Gummihopse, Parchim 1975

nicht mit vollem Bauch ins Wasser geht, daß man zuerst Gesicht und Oberkörper abkühlt. „Ströpen": Mit meiner Freundin zum Eckernkamp, Badestrand, Sandkuhle. Bauen, einrichten: Aus Holzkisten „Haus/Wohnung" bauen, darin spielen. Im Sand Burgen u. a. bauen, gern wurde auch „Gatsche!/Gullegatsch" angerührt!"

Im Herbst waren dran: „Kastanien sammeln und damit basteln. Drachen bauen und steigen lassen. Spiele drinnen: Pfänderspiele, Ringlein, Ringlein, du mußt wandern, 4-Ecken-Raten, Schinkenkloppen, Mien Vadder hett 'n Schwien schlacht't, wat wisst du dorvon hemm'n? Wattepusten, Quartett, Schwarzer Peter, Brettspiele Mensch, ärgere dich nicht! u.a., Schreibspiele Stadt, Land, Fluß, Opa plätschert lustig in der Badewanne, Stille Post, Fadenspiel".

Im Winter wurde draußen Schlitten gefahren. Eine Glitsche angelegt, geglitscht.

Auf dem Medower See glitschen – Schlittschuhe waren nicht vorhanden oder paßten nicht. Jungs fuhren mit dem „Peikschläden". Auf dem Goldberger See waren wir nicht. Auch nicht auf dem Dobbertiner See, zu gefährlich. Man sprach von warmen Quellen, die das Eis brüchig machten, oder auch davon, daß dieser See „alle 7 Jahre ein Opfer" fordere. Schneeballschlacht. „Abwaschen" mit Schnee (Jungs wuschen uns Mädchen gern ab, sie lauerten uns geradezu auf; sonderbarerweise wurden einige Mädchen immer verschont. Ich nie). Schneehütte bauen, Schneemann bauen, „Engel" im Schnee formen. Wir waren viel draußen, immer in Bewegung, kein Erwachsener mußte uns „anleiten"- Wir wußten immer, was wir spielen konnten und wollten."[676]

Elke Stratmann (Jg. 1939 aus dem Dorf Malchow bei Parchim) schrieb auf: „Mit Beginn unserer Schulzeit waren wir vier Mädchen viel zusammen. Der gemeinsame Schulweg nach Damm war lang. War dann der Unterrieht aus, die Hausaufgaben erledigt, trafen wir uns einmal bei der Einen, dann bei der Anderen. Die Nachmittage gehörten dem gemeinsamen Spiel. Hoch im Kurs standen „Verkleiden" oder „Hochzeit". Eine alte Gardine diente der Braut als Schleier, ein ausgedientes Jackett und ein alter Hut, wohl auch ein Zylinder für den Bräutigam. Ein kleiner Hochzeitszug bewegte sich auf dem Hof und auf der Dorfstraße. Hierzu war Komparserie vonnöten: Geschwister und Mitschüler durften mitspielen. Ich glaube, ein Hochzeitsessen gab es auch, bestimmt irgend Etwas aus dem Garten – keine „Pommes rot-weiß" oder „Hamburger". „Völkerball", „Hopse" oder „Versteck" waren angesagte Gemeinschaftsspiele ... Wo so viele Kinder zusammen spielten, gab es natürlich Meinungsverschiedenheiten. Es wurde heftig gestritten. Oft ging derjenige, der sich ungerecht behandelt fühlte, nach Hause. „Lass die andern sehen, wie sie ohne mich zurecht kommen!", hat sich dann wohl jeder gedacht. Von langer Dauer waren die Zerwürfnisse nicht. Bald spielten wir wieder miteinander. Und mittendrin immer wir vier!

Geburtstage waren immer ein Anlass, in großer Runde zu feiern. „Kartenspiele", „Mensch ärgere dich nicht", „Zuplinkern", „Vierecken raten", „Mien Vadder hett'n Swien slacht, wat wist du dorvon hebben?" – „linken verkrüppelten Backentähn" – war oft die Antwort. Wer erinnert sich nicht an diese Spiele?? Für uns verging die Zeit schnell. Ob wir als Kinder darüber nachdachten, dass es

676 Waltraud Komorowski Jg. 1938 Goldberg

Das Murmelspielen war bei Mädchen und Jungen beliebt

Die Spielgeräte im Plauer Burggraben werden gern genutzt. 2006

für unsere Eltern sicher nicht so einfach war, alle Gäste zu beköstigen? Wohl kaum. Wir waren alle nicht verwöhnt und mit Wenigem zufrieden. Der gemeinsam verbrachte Tag war das Beste!“[677]

Vom Baden, Rodeln und Schlittschuhlaufen berichtet sie weiter: „In unserer Freizeit im Sommer, die dann aber knapp bemessen war, war die Elde unser liebstes „Spielfeld“. Alle haben wir am Schleusenwärterhaus (am Kanalanfang) das Schwimmen erlernt. Anfangs kostete es viel Überwindung, nach langem Üben und Hundepaddeln den Versuch zu wagen, den Kanal zu überqueren. Hatte man es geschafft, war man sehr stolz. Auch die „Badestelle“ hinter der Kanalbrücke in Richtung Garwitz in der ersten Kurve, wurde gerne aufgesucht. Von der häufigen Benutzung war die Kanalböschung in einen herrlichen Strand mit hellem Sand verwandelt. Es wurde getaucht, gesprungen, aber auch „Schabernack“ getrieben- unbeschwerte Stunden für alle Kinder.

Im Winter war der Rodelberg bei Brandts unser Schlittenfahr-Eldorado. Sobald für unseren Landstrich „ausreichend“ Schnee gefallen war, kam der Schlitten zum Einsatz. Oft stand auch ein Baum im Wege, der Schlitten war beschädigt und der Kopf oftmals auch – aber die Kopfschmerzen gingen von alleine weg. Für den Schlitten sah es da in den damaligen armen Zeiten schon schlechter aus. Sogar eine „Sprungschanze“ wurde von den Jungens gebaut. Hatten manche von ihnen Skier? (Ja, und wer keine hatte, benutzte Tonnendauben, die mit einem Lederriemen als „Bindung“ versehen waren/ Kluck). Abends waren Kleidung und Schuhe durchnässt. Morgens zur Schule wurden mindestens die Schuhe wieder gebraucht – aber trocken. Gerodelt wurde aber trotzdem bis zum Dunkelwerden. War es kalt genug, bildete sich zuerst auf dem Kanal eine „begehbare Eisschicht“, auf der „dat Schlittschauhlopen losgahn künn“. Hohe Schuhe, um die Schlittschuhe zuzuschlagen, waren damals rare Ware. Oft mussten alte Arbeitsschuhe herhalten. Hatte man Pech, war vom ungeübten Laufen der Absatz locker oder sogar gänzlich ab. Irgendein Malheur passierte immer und wenn auch oft das Schuhband riss. Es wurde in gemischten Mannschaften „Eishockey“ gespielt. Ohne Rücksicht auf Verluste wurde der „Puck“ verfolgt – jede Mannschaft wollte gewinnen. Teamgeist wurde geschult. Lockerte sich bei einem Mitspieler der Schlittschuh, halfen die Freunde kameradschaftlich beim Anschrauben (der Schlittschauschlötel wurde gegen Verlustgefahr am Bindfaden um den Hals getragen). Bei Tauwetter konnten wir uns nicht recht durchringen, das oft schon brüchige Eis zu verlassen. Es gab schon riskante Situationen. Besonders in der Nähe des Wehrs war das Eis wegen der enormen Strömung nie sehr stabil. Trotz manchen Leichtsinns ist in all den Jahren nie etwas Ernsthaftes passiert. Besuch bekamen wir auch. Mitschüler und Jugendliche aus Matzlow und Garwitz kamen auf dem Kanal mit Schlittschuhen und Peikschlitten („Peiksläden“) bis nach Malchow. Auch von unseren Jungen hatten manche solche schnellen „Flitzer“. Man mußte schon trainiert sein, um sich auf dem Schlitten zu halten und um ein rasantes Tempo hinzulegen – ansonsten gab es schmerzhafte Bauch- und Po-Landungen. Wenn ich recht erinnere, war Adolf ein Könner auf diesem Gefährt.“[678]

677 Elke Stratmann, geb. Lietz 1939 Malchow: Erinnerungen an die Kindheit. In: Lesebuch von der Ergötzlichkeit, so man aus den Historien hat. Aus der Geschichte der Parchimschen Kämmereidörfer Damm, Malchow Neu Matzlow und des Rittergutes Möderitz, Damm 2004, S. 201

678 ebenda S. 203

Plauer Feuerwehrnachwuchs beim Sackhüpfen 2017

Lothar Kluck berichtet aus Muchow[679] von folgenden Spielen: Verstecken und Suchen; Ballspiele besonders Völkerball; Ringel, Ringel Reihen; Murmeln; Gripen und fangen; Hinkebein (Mädchenspiel) es wurde ein Kreuz aus fünf Kästchen gemalt, an das zweite von oben kam je links und rechts ein weiteres Kästchen: Zuerst wurde gelaufen dann auf einem Bein gehüpft, dann Schere, zuletzt blind, wer auf einen Strich trat, musste ausscheiden; Schlagball; Ballspielen gegen die Wand.

Gerlinde Jakowski aus Wahlstorf schrieb ihre Erinnerungen[680] auf: „Ich bin im September 1946 geboren und habe 2 Schwestern. Meine Eltern besaßen einen Bauernhof. 1953 wurde ich eingeschult (ohne Schultüte und ohne eigenes Foto). Ab der 2. Klasse betrug unser Schulweg 3 km; wir gingen zu Fuß zur Schule, erst viel später hatten wir ein Fahrrad. Bis zur 6. Klasse wurden wir mit anderen Klassenstufen (2-3) in einem Klassenraum unterrichtet. Wenn wir von der Schule nach Hause kamen, stand das Mittagessen in der Ofenröhre. Zu Hause wurden wir in die Arbeit auf dem Bauernhof einbezogen. Nach der Schule mußten wir Kühe hüten (mehr als 10, elektrische Zäune gab es noch nicht, bereits mit 7, 8 Jahren). Auch das Keimen von mehreren Mollen Kartoffeln und das Transportieren von Strohbunden aus der Scheune zum Schweinestall gehörte zu unseren Aufgaben. Im Sommer haben wir bei der Heuernte geholfen und vor allem beim Hocken aufstellen. Im Herbst war das Kartoffelracken eine wichtige Arbeit. Mit den Pferden wurde ein Kartoffelroder gezogen und jeder bekam einen Abschnitt zugeteilt, den er aufsammeln mußte. Beim Runkeln ernten wurden die Runkeln aus der Erde gezogen, in einen Kreis gelegt und die Blätter wurden mit einem scharfen Messer abgehauen. Das war eine schöne Arbeit, weil dabei viele Geschichten erzählt wurden und man als Kind gerne zugehört hat.

Als Kind bin ich viel draußen gewesen. Mit den Dorfkindern haben wir „Hahn, Hahn, ick sei di", „Räuber und Gendarm" und vor allem „Völkerball" gespielt. Im Winter sind wir auf dem kleinen Dorfteich oder auf zwei anderen kleinen Teichen in der Umgebung oder auf gefrorenen Pfützen Schlittschuh gelaufen und wir haben viel Eishockey gespielt. Einen Peikschlitten habe ich auch besessen. Abends zu Hause haben wir viel gespielt, vor allem Karten (Mau Mau, Romme und vor allem Schafskopf und Skat), aber auch Mensch ärgere dich nicht, Mühle, Dame, Halma und Schach.

Ich kann mich auch noch daran erinnern, dass wir zu Hause selbst Sirup gekocht haben und Kartoffelmehl selbst hergestellt haben. Auch das Schweineschlachten war ein wichtiger Höhepunkt. Hierzu kam ein Schlachter ins Haus. Das Schwein wurde an der Hausrückwand auf Brettern aufgehängt und danach wurde Wurst gemacht (Mettwurst, Leberwurst, Blutwurst und Preß-

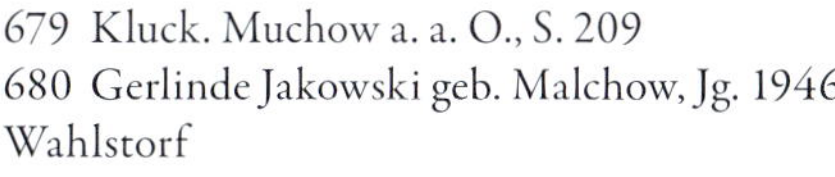

679 Kluck. Muchow a. a. O., S. 209

680 Gerlinde Jakowski geb. Malchow, Jg. 1946 Wahlstorf

Seifenkistenrennen bei der Plauer Schule am Klüschenberg 2015

kopf). Wurst und Schinken wurden auf dem Hausboden geräuchert. Mir hat besonders die Blut- und Grützwurst geschmeckt, die in der Bratpfanne warm gemacht und zum Abendbrot gegessen wurde.

Die Essgewohnheiten waren ganz anders als heute. Es wurde viel Milchsuppe gegessen. Abends gab es meist Bratkartoffeln, und Kuchen gab es nur sonntags und an Feiertagen. Es wurde sehr viel Schmalz verarbeitet. Wir haben zu Hause auch viel eingeweckt, Saft gemacht (Himbeer- und Johannisbeersaft) und auch Fruchtwein hergestellt. Meine Oma hat noch lange selbst Brot gebacken und im Herbst nach der Ernte viel Blechkuchen im Lehmbackofen gebacken, der dann beim „Austfest" von den Erntehelfern mit großer Begeisterung verzehrt wurde.

Um mich war es geschehen, als ich mein erstes Buch geschenkt bekommen habe (Das tapfere Schneiderlein). Ich habe es beim Kühehüten verschlungen. Seit diesem Schlüsselerlebnis habe ich sehr viel gelesen. Zu Hause habe ich mich oft hinter der Scheune versteckt, damit ich vor weiteren Aufträgen verschont blieb. Das Lesen ist ein wichtiges Bedürfnis geworden. In den Sommerferien hatten wir oft Besuch von den Kindern der Cousins meines Vaters aus Güstrow und Rostock. Mit ihnen sind wir gern in den Strohmieten herumgetobt."

Aus Plau erinnert sich Ingeborg Kuse, dass mit Brummkreisel samt Peitsche gespielt wurde, die Jungen trudelten eiserne Fassreifen mit einem Stock: „Wir spielten Verstecken auf unserem Hof in Plau, bei uns war es gut möglich, weil hier Scheunen und Ställe standen, bei schlechtem Wetter spielten wir auf dem Heuboden, auch reiten auf unseren Pferden war möglich, weshalb meine Freundinnen gern zu uns kamen. Im Frühjahr gingen wir im Stadtwald spazieren und im Herbst Laterne in den Straßen. Gern spielten wir mit Murmeln, die Lehmkugeln hießen bei uns Schörnlinge, die Glaskugeln Köpper. Auch mit dem Holzroller fahren machte viel Spaß. Beim Verstecken wurde abgezählt 1, 2, 3, 4 Eckstein, alles muss versteckt sein ... Wer sich freischlug, sagte Anschlag mi. Wir haben auch viel mit Jungen aus der Nachbarschaft gespielt, doch mit der 2. Klasse wollten die Jungen nicht mehr. Gern spielten wir mit Puppen, sowohl drinnen als auch draußen. Ab der 5. Klasse hörte das mit diesen Spielen auf."[681] Der Plauer Dieter Froh und seine Gattin erzählten von Puppenstube, Puppenwagen, Puppen, Ballspiel, Stelzen, Brummkreisel, Schörnlinge – Glasmurmeln, Springseil, Roller verstecken, spazieren im Wald, ströpern. „Das meiste Spielen fand auf der Straße statt, denn es fuhren ganz wenige Autos".[682] Hans-Heinrich Jarchow spielte in Wangelin gern Verstecken und Hopse, mit Murmeln und Kreisel und fuhr Fahrrad.[683]

Ina Kahns hat ausführlich Kinderspiele und Abzählreime in und um Boizenburg festgehalten.[684] Hier sollen nur einige Beispiele aufgeführt werden: „Die Knaben benutzen gerne einen Tonnenreifen. Mit

681 Ingeborg Kuse, geb. Höppner, Plau, Jg. 1939
682 Dieter Froh, Plau, Jg. 1936
683 Hans-Heinrich Jarchow, Wangelin, Jg. 1955
684 Kahns a. a. O., S. 36–56

dem Stock trieben sie ihn auf dem Gehsteig entlang. Manche Eltern schenkten ihrem Jungen einen eisernen Reifen, zu dem ein Metallstab mit Haken gehörte. Eingehakt in den Reifen, rollte dieser gerade über das Pflaster. Er hieß „Trünnelband".

Der Hahn: Ein Knabe versteckte sich. Die anderen gingen davon und riefen von Zeit zu Zeit: „Hahn, lat din Stimm hüren." Sie versuchten, aus dem Schall des Krähens das Versteck ausfindig zu machen. Das Spiel war beendet, wenn jemand unter den Suchenden rief: „Hahn, ik seih di."

Hinkebock ging so: Ein Rechteck wird mit Kreide auf das Pflaster gezeichnet oder mit einem Stock in die Erde geritzt. Es wird in weitere Felder geteilt. Das 4. Feld wird „Ruhe" genannt, auf dem das von Feld zu Feld hinkende Kind sich ausruhen darf. Jedes Kind wirft mit einem Stein möglichst weit in ein Feld, das getroffen werden muß. Das Kind nimmt dann auf diesem Feld den Stein auf und wirft ihn weiter. Zur Erschwerung wird ein Feld als Hölle bezeichnet. Es muß übersprungen werden. Am Ende der Felder ist der Himmel. Auf die Linien darf nicht getreten werden.

Himmel und Hölle: Ein Rechteck wird in mehrere vor- und nebeneinanderliegende Felder geteilt. An dem einen Ende ist der Himmel, an dem anderen die Hölle. Man muß mit verbundenen Augen von Feld zu Feld gehen, bis man in den „Himmel" kommt. Wenn man auf eine Linie tritt, ruft der andere Mitspieler „Hölle!", und man ist „ab". Das Spiel ist weithin bekannt in Parchin als „Hinken Düvel", in Boizenburg als „Hinkebock". In dem Dorf Gothmann bei Boizenburg wurde es noch nach 1945 gespielt.

Hinkebein (Mädchenspiel): Es wurde ein Kreuz aus fünf Kästchen gemalt, an das zweite von oben kam je links und rechts ein weiteres Kästchen: Zuerst wurde gelaufen dann auf einem Bein gehüpft, dann Schere, zuletzt blind, wer auf einen Strich trat, musste ausscheiden.

Alle Fische sind schon da: Von vielen Kindern, etwa bei Schulfesten, wurde es gerne gespielt. Es wurden mehrere Kreise gebildet. Jeder der Kreise erhielt den Namen eines Fisches. Die Kinder eines Kreises riefen: „Die Hechte, die Hechte, die sind hier. Wenn wir nur wüßten, wo die Karpfen wären!" Darauf wurden die Schleie aufgerufen und nachher weitere Fische, die sich alle bei der Namensnennung drehten. Waren nach und nach alle Kreise aufgerufen, hieß es: „Wenn wir nur wüßten, wo alle Fische wären!" Darauf vereinigten sich alle zu einem großen Kreis und sangen: „Alle Fische, alle Fische, die sind hier!"

Küselsläden: Für dieses Spiel benötigt man einen Pfahl, welcher in das Eis geschlagen wird. Ein „Peiksläden" ist ein kleiner Schlitten, flach, etwas größer als die Füße, vorne etwas umgebogen, so daß die Fußspitzen hineinpassen. Pfahl und Schlitten werden miteinander durch ein Tau verbunden. Der kleine Schlitten wird mit einer Peik gesteuert (Stock mit eiserner Spitze). Der Junge stößt sich mit dieser Peik im weiten Bogen um den Pfahl herum. Wer „rünnertaukriegen weer, har verspält". In Boizenburg wurde der „Krutschendiek" besonders gerne dazu benutzt.

„Blindekuh" dürfte überall bekannt sein: Einem Mädchen wurden die Augen verbunden, alle anderen bildeten einen Kreis um dasselbe. Dieses Mädchen mußte dann versuchen, ein anderes Mädchen aus dem sich drehenden Kreis festzuhalten und dessen Namen zu erraten. In Tessin sagte man dabei: Blinnenkauh, ik leid di. Wohen? Na Navers Huus. Wat sall ik dor? Klüten un Melk äten. Steck din Kopp innen Kätel. Hev keenen Katel. Oder: Gah hen und säuk di eenen."

Wenn Kinder ein Gruppenspiel vorhaben, muss jemand bestimmt werden, der beginnt. Dazu bedient man sich noch heute eines Abzählreims. Beim Abzählreim wird bei jedem Wort oder auch bei jeder Silbe der Reihe nach auf eines der in einem Kreis oder einer Reihe stehenden Kinder gezeigt und das Kind, auf das bei der letzten Silbe des Reims gewiesen wird, ist damit bestimmt. Bei den Abzählreimen „kommt es weniger auf den Inhalt an, die Hauptsache sind Rhythmus und Reim."[685] Folgender Abzählreim wurde erstmals von Horst Effland in der Nachkriegszeit gehört, der aus Lübz zu seinen Großeltern Nielandt nach Quaßlin kam:[686] Ene mene minken maken, / ene Frau dei künn nich kaken. / Nehmt Stock, purt Lock, / schäten groten Heringskopp.[687] In Muchow ging der Spruch folgendermaßen weiter: Häktkopp lööp wech. / lööp nah den Möllerknecht, / Möllerknecht, giv mi recht, / schiet mi nich vörn Duurwech.[688]

Aktuelle Abzählreime sind: „Eene, meene, muh ... raus bist du, raus bist du noch lange nicht, sag mir erst, wie alt du bist."[689] „Ene Mene miste, es rappelt in der Kiste. Ene Mene muh und raus bist Du." (Variante: Ene mene miste, es rappelt in der Kiste, ene mene meck und du bist weg.) „Ene mene mopel, wer frisst Popel, ene mene muh und raus bist du!" „Ich und Du, Müllers Kuh, Müllers Esel, das bist Du!"[690] Ähnlich: Enne, denne denken, du must senken. Ik und du Müllers Kuh, Müllers Esel, dat bist du.[691] „Ringel, Ringel, Reihe, wir sind der Kinder dreie, sitzen hinterm Hollerbusch, schreien alle husch, husch, husch!" „Eins, zwei, drei, vier Eckstein alles muss versteckt sein hinter mir und vorder mir gildet nicht, ich komme."

Beim „Kriegen": Das einfachste ist wohl: Ele mele muh, ab bist du. Oder etwas länger: Ele mele muh, Müllers Kuh, Müllers Esel das bist du. Kleinere Kinder gebrauchen auch wohl den Vers: 1, 2, 3, du bist frei oder H, a, u, ab bist du. 1, 2, 3, 4, 5, 6, 7 eine Bauersfrau kocht Rüben, eine Bauersfrau kocht Speck und du bist weg.[692] „Wer fürchtet sich vorm schwarzen Mann? – Niemand!", wobei die Kinder von einer Straßenseite zur andern rannten und gegriffen wurden.[693] Beim Versteckspiel sagte man: Eins-zwei-drei-vier Eckstein, Alles muss versteckt sein, hinter mir und vorder mir gibt es nicht. Ich komme![694]

Im Gegensatz zu heute hatten Kinder um 1960 viel mehr Spielkameraden als heute. Meine Eltern wohnten in einem dreigeschossigen Haus mit ausgebautem Dachgeschoss in der Parchimer Fichtestraße. In den vier Familien lebten 10 Kinder, die trotz Altersunterschied miteinander spielten, mussten doch die älteren auf die jüngeren aufpassen. In den Nachbarhäusern sah es nicht anders aus, die Kinder fühlten sich zusammengehörig. Die kleineren machten „auf Butterbrot" mit, d. h. „nicht richtig", sie zählten nicht bei wichtigen Spielen. Ganz oben stand Verstecken, Murmeln, auf dem Lehmberg toben, auf der Straße spielen und mit kleinen Indianer- und Cowboyfiguren den Wilden Westen nachempfinden.[695]

685 Richard Andree: Braunschweiger Volkskunde. Braunschweig 1901, S. 438
686 Walter Kintzel
687 auch Manfred Tunn, Jg. 1937, Neu Kaliß
688 Kluck. Muchow a. a. O., S. 209
689 Spruch bekannt in Plattdeutsch in Muchow. In: Kluck a. a. O., S. 209
690 dieser Reim war auch in Schlesien vor dem 2. Weltkrieg üblich. Vgl. Joseph Klapper: Schlesische Volkskunde. Stuttgart 1952, S. 142
691 so auch in Braunschweig Andree a. a. O., S. 438
692 auch bei A. Engelien/W. Lahn: Der Volksmund in der Mark Brandenburg – Sagen, Märchen, Spiele, Sprichwörter und Gebräuche, Berlin 1868, S. 197
693 Klaus Dieter Feige Jg. 1950 Parchim
694 Birger Kintzel, Jg. 1963, Lübz. So auch in Muchow üblich. Kluck a. a. O., S. 210
695 Wolfram Hennies, Jg. 1948, Parchim

Konfirmation

Die Konfirmation kann neben dem Beginn des Lebens als erwachsener, mündiger evangelischer Christ ebenso als Abschluss der Kindheit aufgefasst werden. Das Fest beinhaltet gängige Brauchtumselemente zur Markierung eines herausragenden Termins wie familiäre Feier mit festlichem Mahl, Geschenke, Erinnerungszeichen sowie besondere Kleidung. In der evangelischen Kirche ist der Grundgedanke der Konfirmation, dass die als unwissende Kinder Getauften nach umfassender Unterweisung im Glauben geprüft und durch Handauflegung (Weihe) als vollwertige Glieder in die Kirchgemeinde aufgenommen werden. Seit 1789 segnete man in Mecklenburg die Konfirmanden am Palmsonntag, dem Sonntag vor Ostern, ein.[696] Im Plattdeutschen wird die Konfirmation als Insägensdag (Einsegnungstag) bezeichnet.

Für die meisten Kinder fielen Konfirmation und Schulentlassung mit dem vollendeten 14. Lebensjahr zusammen. Es begann das Erwerbsleben, das oft mit einem Ortswechsel verbunden war, so dass die Konfirmierten die elterliche Familie verlassen mussten. Durch die Parallelität von Konfirmation und Erwachsenwerden kommt diesem Ereignis besondere Bedeutung im Leben zu. Dem entspricht auch die Feier zur Erinnerung der 50jährigen („Goldenen") Konfirmation. Im 19. Jahrhundert bürgerte sich durchgehend eine besondere Konfirmationskleidung heraus, die sich stark an der Abendmahlskleidung der Erwachsenen, teilweise auch an der Brautkleidung orientierte, wobei die Farbe schwarz bevorzugt

Konfirmationsschein vor dem 1. Weltkrieg

wurde. Mädchen trugen anlässlich der Konfirmation kleine Myrten- und Maiglöckchensträuße in der Hand, Jungen bekamen einen Buchsbaumzweig ans Revers ihres ersten Anzuges genäht.

Die Konfirmationsfeier erfolgt nach zweijährigem Konfirmationsunterricht und entsprechender öffentlicher Prüfung im Gemeindegottesdienst. Besonderes Erinnerungszeichen war der Konfirmationsschein, der zunächst im 19. Jahrhundert handgeschrieben mit Kirchensiegel und sogenanntem Konfirmationsspruch dem Konfirmierten als bloße Bescheinigung den Vollzug der Konfirmation und die Zulassung zum Abendmahl bestätigte. Um 1900 wurden die Konfirmationsscheine ansehnlicher gedruckt und mit großen Bildmotiven versehen, das machte sie zum gerahmten Wandschmuck, um an den Feiertag zu erinnern. Auch ein Konfirmationsfoto wurde aus diesem Anlass angefertigt. Eine familiäre Feier, die über den Kreis der Kernfamilie und Paten rasch hinauswuchs, etablierte sich im 20. Jahrhundert. In deren Mittelpunkt steht das allgemeine Schenken, in welche neben der Verwandtschaft auch die Nachbarschaft

696 Neue vollständige Gesetzessammlung für die Mecklenburg-Schwerinschen Lande vom Anbeginn der Thätigkeit der Gesetzgebung bis zum Anfange des 19. Jh. in fünf Bänden, Parchim 1841, Band 2 S. 259 f.

(diese zumindest mit Glückwunschkarte und eingelegtem Geldschein) einbezogen wurde. Erwachsenensymbole wie Uhr oder Fingerring/Halskette/Armband und anlassbezogene Geschenke wie Bibel und Gesangbuch hoben die Konfirmation von anderen Geschenkefesten wie Weihnachten heraus. Wer konfirmiert war, war erwachsen, man durfte nun auch als Pate bei der Taufe auftreten.

Der Lehrer Otto Warnke (Jahrgang 1916) hielt 1985 über seine Jugend in Zapel bei Crivitz fest: „In der Weimarer Republik wurden alle Kinder auf den Dörfern mit 14 Jahren konfirmiert, nachdem sie beim Pastor Konfirmandenunterricht erhalten hatten und das Glaubensbekenntnis, den kleinen Katechismus und Bibelsprüche gelernt hatten. Es war ein Familienfest mit Paten, Tanten und Onkeln, die Geschenke mitbrachten, für Mädchen meist Wäsche, für Knaben Schlips, Taschentücher, ein Portemonnai bzw. Brieftasche. Ich erhielt meine erste Armbanduhr von meinen Eltern. Knaben und Mädchen waren schwarz gekleidet, die Mädchen mit großer Haarschleife, die Jungs mit Schlips und Kragen. Die Kirche war gerammelt voll. Knaben und Mädchen saßen vorn, aber getrennt. In der Kirche fand eine Prüfung statt, die meistens so durch den Pastor vorbereitet war, daß sich kein Kind blamierte. Dann erhielt man das Abendmahl, erstmalig; damit war man vollwertiger Angehöriger der Kirche und hatte Anspruch auf kirchliche Trauung und Beerdigung. Nach dem Kirchengang feierte man im Familienkreis. Auch in der Nazizeit änderte sich hieran wenig, wenigstens auf den Dörfern, obgleich die Deutschen Christen dagegen opponierten."[697] In Spornitz war

697 Otto Warnke

Konfirmation Liesbeth Bruhn, Lübz 1950

Konfirmation Wilma Bruhn, Lübz 1953

üblich: „Zur Beichte, die einen Tag vor der Konfirmation stattfand, trugen die Konfirmandinnen ein weißes Kleid, während sie am Palmsonntag in einem schwarzen in die Kirche gingen. Die elterlichen Geschenke waren ein Gesangbuch und ein zartes Taschentuch, das auf dem Gesangbuch mit einem Kreuz aus Blumen, meistens waren es Veilchen, lag.“[698] Siegfried Schliemann aus Wessentin (hier stand keine Kirche) schreibt über seine Konfirmation, die 1951 in der Barkower Kirche stattfand: „Anschließend war Familienfest mit Verwandten im Elternhaus. Es gab nur einfache praktische Geschenke (z. B. Kleidung, Schuhe), es wurde wenig Aufwand getrieben.“[699]

Die Konfirmation blieb bis in die 50er Jahre des 20. Jahrhunderts die bestimmende Feier der Jugendlichen, bis die Beteiligung durch die staatliche verordnete DDR-Jugendweihe nach 1955 immer mehr zurückging. Nach der Wende stiegen die Teilnehmerzahlen an der Konfirmation nicht an, da die Mehrzahl der Bevölkerung nicht mehr konfessionell gebunden ist.

In der katholischen Kirche nimmt das getaufte, etwa neunjährige Kind zum ersten Male die vom Priester geweihte Hostie zu sich. Mit der Erstkommunion wird es in die Gemeinschaft mit Gott und in die Kirchengemeinde aufgenommen, worauf die lateinische Herkunft des Wortes „communis“ (gemeinschaftlich, gemeinsam) verweist. In Mecklenburg erhielten die kleinen katholischen Gemeinden nach dem 2. Weltkrieg durch die Vertriebenen aus katholischen Gegenden Schlesiens, Donauschwabens und aus den Sudeten eine Verstärkung.

698 Hans und Maria Esch: Spornitz früher und heute. Ein Lesebuch, Schwerin 2005, S. 207
699 Siegfried Schliemann

Konfirmation Carl-Hartmut Frehse, Spornitz 1955

Konfirmationsschein Karow 1930

Gedenkblatt zur Erinnerung an den Tag der Konfirmation

Wilhelm Friedrich Karl Ernst Ahlschläger

geboren den 11. Februar 1916 zu Rostock

getauft den 24. Februar ist am 13. April 1930 in hiesiger Kirche konfirmiert worden.

Karow, den 13. April 1930

Denkspruch: Er hat gesagt: Ich will dich nicht verlassen noch versäumen.

JUGENDWEIHE

In der Erinnerung vieler Zeitgenossen ist die Jugendweihe in der DDR immer eine Selbstverständlichkeit gewesen. Vergessen ist die Tatsache, dass die SED vor 1954 alle Bestrebungen aus den eigenen Reihen unterdrückte, die eine Einführung der antikirchlich und atheistisch geprägten Jugendweihe forderten. Die proletarische Jugendweihe galt als Initiationsritus für konfessionslose Jugendliche, die am Ende ihrer Schulausbildung auf der Schwelle zum Erwachsenenalter stehen.

Am 14. November 1954 wurde in der DDR die Jugendweihe eingeführt. Dieser Akt war Teil des Anspruches der SED auf alleinige Gestaltung der Gesellschaft. Im Aufruf des Zentralen Ausschusses für Jugendweihe hieß es: „Die Jugendweihe soll ein Kraftquell für die weitere Entwicklung der jungen Menschen sein. Sie soll sie anspornen, alle ihre Fähigkeiten zum Wohle ihres Vaterlandes zu entfalten." In einer Erinnerungsmappe zum 20. Jahrestag 1974 wird festgehalten: „Als Teil des sozialistischen Bildungswesens hilft die Jugendweihe mit, die Jugendlichen im 8. Schuljahr zu befähigen, tiefer in die wissenschaftliche Weltanschauung der Arbeiterklasse einzudringen, im Geiste des sozialistischen Patriotismus und proletarischen Internationalismus zu handeln und aktiv an der Gestaltung unserer Gesellschaft mitzuwirken. Damit leistet die Jugendweihe einen wirkungsvollen Beitrag zur Herausbildung sozialistischer Persönlichkeiten."[700] „Die Kirchen jedoch antworteten auf die Einführung der Jugendweihe mit heftigem Protest. Sie erkannten sofort den antikirchlichen Zweck, den die SED bewußt geheimgehalten hatte. Entsprechend christlicher Lehre verkündeten evangelische und katholische Kirche gleichermaßen, daß die Jugendweihe mit dem christlichen Glauben unvereinbar sei."[701]

Ab 1957 wurden in allen Bezirken der DDR sozialistische Ersatzrituale für Taufe, kirchliche Trauung und Beerdigung eingeführt, zugleich machte Walter Ulbricht, Erster Sekretär des ZK der SED, die Jugendweihe zur „Chefsache", da bisher nur rund 20 Prozent der Jugendlichen an ihr teilnahmen. 1958 beschloss das SED-Politbüro die verpflichtende atheistische Erziehung an allen Schulen und die ideologische Ausrichtung des Lehrkörpers. Dadurch gelang es, die Zahl der Jugendweiheteilnehmer enorm zu steigern. Im Bezirk Schwerin, der Anfang der 60er Jahre mit durchschnittlich 97 Prozent auf Platz 1 der Jugendweihebeteiligung in der DDR lag, beobachtete aber die SED argwöhnisch, dass ein großer Teil nachträglich zur Konfirmation geht. Bei der Jugendweihe ging es um die atheistische und staatsbürgerliche Erziehung. Den rituellen Kern der Jugendweihefeier bildete das Gelöbnis auf den sozialistischen Staat.[702] „Den mehrheitlich konfessionslosen ostdeutschen Familien gilt die Jungendweihe bis heute als das im Verhaltensrepertoire gewohnte „übliche" Fest des Abschieds von der Kindheit."[703]

Ab 1957 hatte die Jugendweihe das vorrangige Ziel, „unsere Jungen und Mädchen zum sozialistischen Denken und Handeln zu erziehen", was sich im Gelöbnis in der Verpflichtung niederschlug, dass die Jugendlichen ihre „ganze Kraft für die große und edle Sache des Sozialismus einsetzen".[704] Im

700 Gerd Froehse/Norbert Vogel: Jugendweihe in der DDR, hergestellt im Auftrage des Zentralen Ausschusses für Jugendweihe in der DDR. o. O. 1974

701 Georg Diederich/Bernd Schäfer/Jörg Ohlemacher: Jugendweihe in der DDR. Schwerin 1998, S. 18

702 vgl. Ute Mohrmann: Lust auf Feste. Zur Festkultur in der DDR. In: Ulrike Häußer/ Marcus Merkel: Vergnügen in der DDR, Berlin 2009, S. 38

703 ebenda S. 51

704 vgl. ebenda, S. 27

Gelöbnis heißt es weiter: „Seid ihr bereit, als wahre Patrioten die feste Freundschaft mit der Sowjetunion weiter zu vertiefen, den Bruderbund mit den sozialistischen Ländern zu stärken, im Geiste des proletarischen Internationalismus zu kämpfen, den Frieden zu schützen und den Sozialismus gegen jeden imperialistischen Angriff zu verteidigen, so antwortet: Ja das geloben wir." Wer sich der Jugendweihe und damit dem Treuegelöbnis auf den Staat verweigerte, nahm dafür in Kauf, nicht zur Erweiterten Oberschule (Abitur) zugelassen zu werden, damit bestanden kaum Studienmöglichkeiten. Die Zahlen der Jugendweihebeteiligung stiegen rasch auf über 95 Prozent in der gesamten DDR an, denn die meisten Eltern hielten dem Säkularisationsdruck, den die SED durch die Jugendweihe ausübte, auf Dauer nicht stand. Christen lösten den Konflikt, indem sie im Folgejahr nach der Jugendweihe die Konfirmation anschlossen. „Bis zum Ende der DDR war die sozialistische Jugendweihe ein wichtiger Faktor in der SED-Kirchenpolitik, mit dessen Hilfe man die Zurückdrängung der Kirchen aus dem gesellschaftlichen Leben und aus dem Bewußtsein der Bevölkerung erfolgreich betrieb. Als Initiationsritus auf der Schwelle des Mündigwerdens war die Jugendweihe strategisch in ein ganzes Konzept von Maßnahmen zur Entchristlichung der Bevölkerung eingeordnet."[705] Im Jugendweihejahr fand der Übertritt von den Jungen Pionieren zur FDJ statt, man bekam einen eigenen Personalausweis und wurde in der Schule nun mit „Sie" angesprochen.[706]

Wie eine Jugendweihefeier in der DDR ablief, schildert Rolf Roßmann aus Neu Kaliß: „In vielen Städten und Dörfern wurden zur Durchführung der Jugendweihe lokale Ortsausschüsse gegründet. In Neu-Kaliß

705 ebenda, S. 41.
706 vgl. Barbara Wolbert: Jugendweihe nach der Wende. Form und Transformation einer sozialistischen Initiationszeremonie. In: Zeitschrift für Volkskunde, 94. Jg. , 1998/II, S. 198 f.

Offizielles DDR-Jugendweihefoto

Offizielles DDR-Jugendweihefoto

entstand ein solcher Ortsausschuss Anfang 1955 ... Die erste Jugendweihefeier in Neu-Kaliß wurde in nur wenigen Wochen vorbereitet. Sie fand am Sonntag, dem 17. April 1955, statt und wurde vom Chor der Oberschule Ludwigslust umrahmt. An ihr nahmen fünf Jugendliche teil, denen nach einem Referat Geschenke überreicht wurden. Einige nahmen neben dieser Feier auch noch an der Konfirmation teil.

Elke Kretschmann aus Heiddorf gehörte zu den ersten Jugendweiheteilnehmern. Sie erinnert sich, dass die Feierstunde in einer Holzbaracke auf dem Hof der Papierfabrik Neu-Kaliß stattfand. Besonders gern denkt sie an die ersten Seidenstrümpfe mit Naht, die sie als Geschenk erhielt. Von der Landwirtschaftlichen Produktionsgenossenschaft (LPG) bekam sie 50 Mark. Die ersten Jugendweihen fanden am Palmsonntag statt, die Konkurrenz zur Konfirmation war also nicht zu übersehen. Zunächst reagierten die Kirchen restriktiv und wiesen in Hirtenbriefen und öffentlichen Schreiben auf die Unvereinbarkeit von Konfirmation und Jugendweihe hin. Nach verschiedenen Absprachen zwischen beiden Veranstaltern konnte für die Jugendweihefeiern schließlich ein anderer Termin vereinbart werden. In den folgenden Jahren bereiteten sich die Teilnehmer in zehn speziellen Veranstaltungen auf ihren Eintritt ins Erwachsenenalter vor ... Von 1959 bis 1974 nahmen in Neu-Kaliß 621 Jugendliche an der Jugendweihe teil.“[707]

Mit dem Ende der DDR schien auch die Existenz der Jugendweihe in Frage gestellt, da die Teilnehmerzahlen 1991 auf 70 Prozent zurückgingen. Danach setzte eine Konsolidierung ein. Das zeigt, dass die Jugendweihe einen festen Platz im privaten Bereich gewonnen hat. Allerdings sind ihre atheistischen Wurzeln, die offene Kirchenfeindlichkeit und die ideologische Indoktrination in den Hintergrund getreten. Nach der Wende präsentierte sich die Jugendweihe als „Form ohne Inhalt“. „Die Legitimationsstrategie der Jugendweihe – ein vom Kirchenrechtlichen absehender pluralistischer Rekurs auf die Konfirmation und ein universalistischer Hinweis auf Initiationsrituale im Lebenszyklus – wird oft mit deren Inhalt verwechselt. Ihren Inhalt als staatliches Initiationsritual hat die Jugendweihe eingebüßt. Die Bedeutung der Jugendweihe läßt sich daher nur über den sozialen Kontext erschließen oder indem man sich auf die aus dem Dienst entlassene rituelle Form konzentriert.“[708] Wolbert bemerkt nach Auswertung einer

707 Rolf Roßmann: 1955 – erste Jugendweihefeier in Neu Kaliß. In: Heimathefte für Mecklenburg und Vorpommern 10. Jg. Heft 1/2000, S. 53–55 und Rolf Roßmann: Jugendweihe im Wandel. In: SVZ MM Jg. 2014, S. 46

708 Wolbert a. a. O., S. 200

Berliner Jugendweihefeier: „Die einzige öffentliche Handlung der Jugendlichen sind ihre Schritte auf die Bühne. Der einzige Akt der Promotion ist ihre Anwesenheit bei der Rede. Die Namensliste des Aufrufenden, die Plazierung der Jugendlichen und die Sortierung der Urkunden sind perfekt aufeinander abgestimmt und alles läuft so reibungslos ab, daß sich jede Frage, von wem, wo, wann oder wie die Weihe, zu der gratuliert wird, eigentlich empfangen wurde, verbietet.“[709] Die Jugendweihe wurde nach der Wende zu einer rituellen Aktivität, die es den Ostdeutschen ermöglichte, sich zu stärken, sich vom Westen abzugrenzen und sich in einen größeren sozialen Zusammenhang zu integrieren: „Ohne daß unter den Beteiligten über die Bedeutung der Zeremonie Einigkeit zu herrschen braucht, stärkt die Jugendweihe insofern ein Bewußtsein für einen gemeinsamen Hintergrund, das ein Spiegeltitel als „Das Ost-Gefühl“ apostrophierte. Weshalb es aber ausgerechnet die Jugendweihe ist, auf die dazu zurückgegriffen wird, erklärt sich nicht aus dem sozialen Kontext. Diese Frage kann nur der Blick auf die rituelle Form in ihrer Dynamik beantworten. Die Wirkung der Jugendweihe entsteht aus einer Mischung von Laienhaftigkeit und Perfektion, von Kleinkunst und Pathos. Anerkennung und Rührung lassen die Tatsache vergessen, daß der rituelle Kern der Jugendweihe – das Gelöbnis – fehlt ... Bei der Jugendweihe trägt die Form selbst die gesamte Last des Fortbestehens ... Der Rahmen, den die Form gibt, wiegt den inhaltlichen Mangel auf. In dem Paradox, Nähe zur DDR-Jugendweihe zu gewährleisten und zugleich Distanz zu ihr zu demonstrieren, liegt der Erfolg der Jugendweihe: Vermittelt über die im hohen Maße standardisierte Form bezieht sie aus der Vergangenheit die notwendige Autorität, um weder auf die alte Moral angewiesen zu sein noch eine neue anbieten zu müssen.“[710]

GELÖBNIS

LIEBE JUNGE FREUNDE!

Seid ihr bereit, als junge Bürger unserer Deutschen Demokratischen Republik mit uns gemeinsam, getreu der Verfassung, für die große und edle Sache des Sozialismus zu arbeiten und zu kämpfen und das revolutionäre Erbe des Volkes in Ehren zu halten, so antwortet:

JA, DAS GELOBEN WIR!

Seid ihr bereit, als treue Söhne und Töchter unseres Arbeiter-und-Bauern-Staates nach hoher Bildung und Kultur zu streben, Meister eures Faches zu werden, unentwegt zu lernen und all euer Wissen und Können für die Verwirklichung unserer großen humanistischen Ideale einzusetzen, so antwortet:

JA, DAS GELOBEN WIR!

Seid ihr bereit, als würdige Mitglieder der sozialistischen Gemeinschaft stets in kameradschaftlicher Zusammenarbeit, gegenseitiger Achtung und Hilfe zu handeln und euren Weg zum persönlichen Glück immer mit dem Kampf für das Glück des Volkes zu vereinen, so antwortet:

JA, DAS GELOBEN WIR!

Seid ihr bereit, als wahre Patrioten die feste Freundschaft mit der Sowjetunion weiter zu vertiefen, den Bruderbund mit den sozialistischen Ländern zu stärken, im Geiste des proletarischen Internationalismus zu kämpfen, den Frieden zu schützen und den Sozialismus gegen jeden imperialistischen Angriff zu verteidigen, so antwortet:

JA, DAS GELOBEN WIR!

Das Jugendweihe-Gelöbnis

2004 berichtete die Zeitung „Hallo Nachbar“ über die Jugendweihefeier des Lübzer Gymnasiums in der Parchimer Stadthalle, an der 76 Mädchen und Jungen teilnahmen. „Bevor die Schüler ihre Urkunde, Rose und den Bildband über Mecklenburg-Vorpommern ausgehändigt bekamen, gab es ein buntes, frisches Programm vom Liedertheater Live aus Ludwigslust. Diese begeisterten mit ihren Vorträgen Jung und Alt gleichermaßen. Hinzu kam auch der Geschäftsführer des Landesverbandes, Wolfgang Langen vom Interessenverein humanistische Jugendarbeit und Jugendweihe MV e. V., um den frischgebackenen Erwachsenen noch ein paar zu beherzigende Worte mit auf dem Weg zu ge-

709 ebenda, S. 201

710 ebenda., S. 203

Das Buch „Weltall – Erde – Mensch" wurde zwischen 1954 und 1974 als Geschenk überreicht, danach bis 1982 „Der Sozialismus – Deine Welt" und ab 1983 bis 1989 „Vom Sinn unseres Lebens".

ben, aber auch mutmachende Worte mit auf den Weg zu geben."[711]

2016 kamen in der Parchimer Stadthalle an zwei Terminen 240 Achtklässler der Regionalschule Goldberg und Plau, der Lübzer Regional- und Förderschule, des Lübzer Eldenburg-Gymnasiums, des Friedrich-Franz-Gymnasiums Parchim, der Goethe-, Fritz-Reuter- und Pestalozzischule Parchim sowie der Marnitzer und Domsühler Regionalschule zur Jugendweihe zusammen. Jeder erhielt ein neues Buch „Wendepunkt, Weltanschauung, Werte", das als „helfende Handreichung für die weitere Entwicklung nach der Jugendweihe" dienen soll.[712] 110 Achtklässler aus Regionalschulen in Goldberg, Lübz und Plau am See sowie die Lübzer Schule am Neuen Teich und das Lübzer Gymnasium empfingen 2017 in Parchim die Jugendweihe. Bundestagsabgeordneter Frank Junge erklärte in seiner Festrede. „Jugendliche brauchen ein Ritual, um sich beim Aufbruch in die neue Zeit der Eigenverantwortung erst genommen zu fühlen." Sie sollten sich nicht von vermeintlich bedeutungsvollen Wohlstandssymbolen blenden lassen. „Vielmehr solltet ihr in die wirklichen Lebenswerte wie Ehrlichkeit, Freundschaft, Menschlichkeit und Liebe investieren."[713] „Weit über 40 Mädchen und Jungen des Amtsbereiches Grabow feierten am 28. Mai im Grabower Schützenhaus ihre Jugendweihe. Ministerpräsidentin Manuela Schwesig selbst übernahm im ersten Durchgang die Grußworte an die Jugendweiheteilnehmer und wünschte ihnen viel Glück und Erfolg in ihrem weiteren Leben. Auch Bürgermeister Stefan Sternberg gab den Jugendlichen einen guten Rat mit auf den Weg: niemals den Mut verlieren und immer an seine Träume zu glauben. Wir wünschen allen Jugendweiheteilnehmern nochmals alles Gute, Gesundheit und vor allem immer ein zuverlässiges Händchen dafür, die richtigen Entscheidungen für sich zu treffen."[714]

711 Hallo Nachbar vom 24. 4.2004

712 SVZ Lübzer Ausgabe vom 25. 4.2016: Jugendweihe liegt voll im Trend. 2006 erhielten 123 Jugendliche aus den Schulen Marnitz, Spornitz, Goldberg, Domsühl und Goetheschule Parchim in der Parchimer Stadthalle die Jugendweihe. SVZ Lübzer Ausgabe vom 9. 5.2006

713 SVZ Lübzer Ausgabe vom 2. 5.2017

714 Amtsanzeiger Grabow Nr. 6 vom 1. 6.2018

Letzter Schultag

Geschafft, das werden sicher alle Schüler denken, wenn sie sich zum letzten offiziellen Schultag aufmachen, in die Schule zu gehen. Denn nun stehen nur noch die Prüfungen bevor, bis es zur feierlichen Übergabe der Abschlusszeugnisse kommt. Doch zuvor wird am letzten Schultag lustig gefeiert. Es hat sich durchgesetzt, dass sich die Schüler einer Klasse T-Shirts mit dem „Motto des Tages" auf der Vorderseite und einer Liste alle Schüler auf der Rückseite bedrucken lassen. Oft wird sich auch lustig verkleidet und lärmend durch die Straßen gezogen. So war beispielsweise in Marnitz 2003 bei den 10-Klassenschülern auf den T-Shirts aufgedruckt: „Vom Stress geplagt und trotzdem nicht verzagt". 2008 war bei den Plauer 10-Klassenschüler zu lesen: „Wir prauchen keine Leera wir sint selba schlau genuk" und 2017 „10 Jahre bis zum Höhepunkt 10 A macht sich vom Acker".

2004 beendeten die Schüler der 13. Klassen des Parchimer Friedrich-Franz-Gymnasiums ihre Schulzeit mit einem „Fest-Gaudi-Programm". „Entgegen der normalen Rollenverteilung stellten die Abiturienten den Lehrern dieses Mal die Aufgaben. Diese waren aber nicht nur einfach zu lösen, sondern es ging im Wettstreit mit den Schülerinnen und Schülern der Abschlussklassen um Karten für den Abiturball, der nach den Prüfungen ansteht." Anschließend ging die fröhliche Schar lautstark durch die Stadt, und das in T-Shirts, auf denen stand: „13 Jahre Stoff – und immer noch nicht süchtig."[715]

2006 schrieb die SVZ unter der Überschrift „Zeitreise in jüngere Vergangenheit": „Eine Zeitreise war am letzten Schultag der beiden zehnten Klassen und der Abschlussklasse der Hauptschule aus Goldberg angesagt. Dieses Jahr sollte der Tag etwas anders ablaufen – es wurde getüftelt, gebastelt, Tanzen geübt und geprobt. Am Ende entstand ein Programm, was sie an ihrem letzten Tag präsentieren wollten. Die Schule war geschmückt mit Luftballons und Transparenten. Da diese Kinder 1989 und 1990 geboren wurden, gaben sie ihrem Programm den Titel „Wendekinder" und luden Lehrer, Schüler, Eltern und Zuschauer zu einer Zeitreise ab Kriegsende bis heute durch die Geschichte Deutschlands ein. Die Reiseleiter wurden von Jan Wegener und Nicole Dahl dargestellt, die immer wieder kleine Erklärungen zu den einzelnen Stationen gaben. Gestartet wurde mit einem „Fahnenappell" und die Reise begann mit dem Ende des zweiten Weltkrieges und der Gründung der beiden deutschen Staaten in Begleitung der Nationalhymnen. Nach Mauerbau, Juri Gagarins Ausflug ins Weltall (mit Rakete) und der Mondlandung durften auch die Zeit des Kalten Krieges und die Neue Deutsche Welle nicht fehlen. Zwischendurch gab es immer wieder passend zum Thema ausgewählte Musik, einstudierte Tänze und Einlagen, die das Publikum zum Mitklatschen animierten. Verabschiedet wurde sich mit Spaß, Niveau und einem Bonbonregen. Ein tolles Programm ging zu Ende, und man hofft, dass diese Art des letzten Schultages zur Tradition wird wie in vielen anderen Schulen."[716]

2010 gab es ein „Abi-Vegas" im Lübzer Eldenburg-Gymnasium. „Schon um zehn Minuten vor acht am Morgen wurden Lehrer und Schüler von den Abiturienten mit Wasserpistolen begrüßt, so dass keiner verschont blieb. Die Zwölftklässler hatten ihren letzten Schultag und der wird bekanntlich ausgiebig gefeiert. Erlaubt ist dann alles, was Spaß macht und bei den Schülern des Eldenburg-Gymnasiums hat es sich eingebürgert, diesen Tag unter ein ganz bestimmtes

715 Hallo Nachbar vom 24. 4.2004

716 SVZ Lübz vom 13. 6.2006

Motto zu setzen. In diesem Jahr drehte sich alles um die wilde Party-Metropole Las Vegas. Nach der feucht-fröhlichen Begrüßung durch die rund 40 Abiturienten der 12 a und 12 b mussten natürlich auch einige Aufgaben gelöst werden: So bekam die amtierende Schulleiterin Franka Warburg den Auftrag, die Nadel im Heuhaufen suchen, gemeinsam mit den Lehrern des Gymnasiums mussten Luftballons zum Platzen gebracht werden und eine riesige Micky Maus aus Pappkartons, die das Innere der Aula ausfüllten, sollte gebaut werden. Zur Belohnung für die vielen Mühen gab es dann aber auch ein großes Lehrerfrühstück, vorbereitet von den Zwölftklässlern. Die Brötchen dazu sponsorte die Bäckerei Lau. Ein Vierteljahr lang probten die Abiturienten ihre große Abschieds-Show – und das zweistündige Programm war furios, bunt und äußerst spannungsgeladen: Die Showtänze wechselten sich ab mit einer Schüler-Karaoke und gleich darauf ging es weiter mit der Suche nach dem Eldenburg-Gymnasium-Super-Talent. Alles in allem also ein sehr gelungener Abgang, waren sich viele Teilnehmer einig."[717]

An ihrem letzten Schultag pflanzte 2013 die Abschlussklasse der Schule Am Neuen Teich in Lübz einen Baum. Außerdem wurde ein Musikfest gefeiert.[718] In Hagenow verewigten sich 2016 die Abiturienten auf einem „Walk of Fame" im Atrium der Schule. In Ludwigslust gab es ganz großes Kino. In einem hölzernen Piratenschiff wurden die Tutoren der 12. Klassen des Ludwigsluster Goethe-Gymnasiums zur Schule gebracht. Das Motto des allerletzten Schultages: „Pirates of the CarABIan. Der Fluch hat ein Ende".[719]

„Letzten Schultag gefeiert" war 2016 der Bericht über den letzten Schultag in Plau am See betitelt: „Dieser Vormittag wird den 10-Klasse-Schülern der Plauer Schule am Klüschenberg mit ihrer Klassenleiterin Beatrix Schulz sicher in Erinnerung bleiben, war der 17. Juni doch der letzte offizielle Unterrichtstag vor den Prüfungen. Die Klasse hatte traditionell die gesamte Schule in die Turnhalle eingeladen, nachdem vorher auf dem Schulhof eine Polonaise einstimmte. Alle zusammen feierten ein kleines Fest, dessen Ablauf die 10. vorher ausgiebig geübt hatte. „James Bond" war das große Thema, unter dem der Tag stand, dazu gab es immer wieder die passende Filmtitelmusik. Alle 19 Schüler erschienen am Beginn im weißen Kleid oder schwarzen Anzug. Als Auftakt wurden beim Einmarsch der anderen Schüler alte Klassenbilder gezeigt als „Reise in die Vergangenheit". Danach zogen sich die Akteure um und präsentierten sich in einem schwarzen Kapuzenshirt mit der Aufschrift „Respect Abschluss souverän bestanden", auf dem Rücken waren die Namen der Schüler zu lesen. Das Programm, in das immer wieder die unteren Klassen einbezogen wurden, begann mit einer „Vorstellung zum Bewerbungsgespräch" – charakterisiert wurden beispielsweise ein „Mitläufer", ein „Streber" oder ein „Schläfer", die beim Defilee Bonbons in die begeisterte Menge schleuderten. Dass die Klasse gemeinsam singen kann, wurde mit Mark Forsters Lied „Die Welt ist klein und wir sind groß" bewiesen – die Zuhörer sangen gern mit. Ebenso war es später mit „Ich wünsch dir noch ein geiles Leben" von Glasperlenspiel. Es wurde mehrmals Schule nachgespielt. So mussten zwei Gruppen aus den 9. Klassen bei einem Quiz etliche Testfragen überstehen, z. B. war das zwischen Schweiz und Österreich liegende Land zu erraten. Der Wandel zum Erwach-

717 SVZ Lübz vom 2. 7.2010

718 SVZ Lübz vom 19. 6.2013

719 SVZ Lübz vom 19. 4.2016: Großes Kino: Der letzte Schultag

T-Shirts der Plauer 10. Klasse von 2007

T-Shirts der Plauer 10. Klasse von 2015

Lehrerauto am letzten Schultag in Plau 2015

Die Plauer Abschlussklasse von 2010

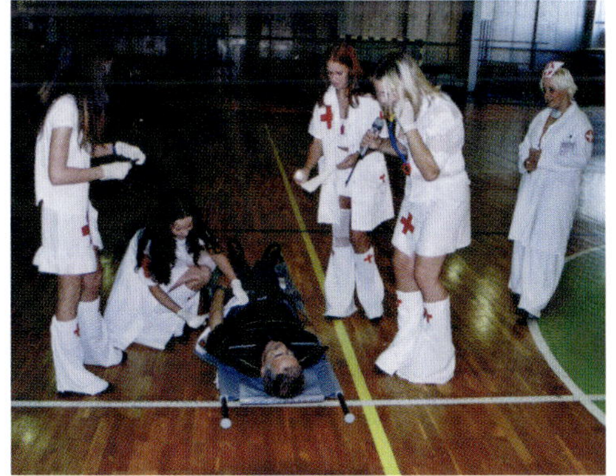

Am letzten offiziellen Unterrichtstag im Juni richtet die 10. Klasse in der Plauer Turnhalle für alle Schüler eine Feier mit buntem Programm aus. 2002 wird der Schuldirektor „verarztet".

Feierliche Zeugnisübergabe 2015 in Plau am See durch Schuldirektor, Klassenlehrerin und Bürgermeister

senwerden war in einer „Sportstunde" nachzuleben. Sportlich mussten sich die 5. und 6. Klassen bei einem „Behindertenrennen" beweisen, wobei die 5 C und die 6 A gewannen. Mit verbundenen Augen eine Pusteblume und eine Schultüte an die Tafel zu malen, erwies sich als gar nicht so einfach. Die Beifallsstärke der Schüler bestimmte schließlich die 9 B als Sieger. Dann war die ganze Schule samt Lehrer gefordert, sich im Tanzen zu beweisen zu Los del Rio „Macarena", wobei die Schulabschlusskandidaten eine saubere Tanzformation vorführten, aber auch die Lehrerinnengruppe überzeugte mit ihrem (nicht vorher eingeübten) Rhythmus. Zum Abschluss wurden Lehrer, Mitarbeiter und technisches Schulpersonal nach vorn gebeten und von den Zehntklässlern mit Blumen und Kugelschreibern beschenkt. Es gab bewegende Worte des Dankes, die in dem Satz gipfelten: „Danke, dass wir diese schöne Zeit mit Ihnen verbringen durften!"[720]

Der 16.6.2012 hielt für 20 Schüler der 9. und 10. Klassen der Regionalen Schule am Klüschenberg Plau am See ein bedeutendes Ereignis bereit: Sie erhielten in Anwesenheit ihrer Eltern und Verwandten ihre Zeugnisse aus den Händen ihres Schulleiters Bierger Zimmermann, ihrer beiden Lehrerinnen Ines Jurisch und Bärbel Schubert sowie von Bürgermeister Norbert Reier. Außerdem wurde jedem eine Rose und ein Exemplar der Verfassung überreicht. Die Schulentlassungsfeier im Foyer des Schulgebäudes wurde musikalisch umrahmt vom Plauer Jugendmusizierkreis St. Paulus unter Leitung von Professor Dr. Adelheit Geck und der von Susanne Brandt geleiteten Vokalgruppe mit den Solistinnen Mara Steinweg und Katja Blümel. Bürgervorsteher Klaus Bendel richtete traditionell ein Grußwort an die Schulabgänger. Dem schlossen sich Dankesworte von Eltern- und Schülervertretern an. Dann sprach der Schulleiter. Schülerauszeichnungen für sehr gute schulische Leistungen und besonderes außerschulisches Engagement beschlossen die Festveranstaltung.

720 PZ Nr. 7/2016

KLASSENTREFFEN

Klassentreffen erfreuen sich großer Beliebtheit, stoßen hier doch die jugendliche Erwartung und die Erfahrung des Alterns aufeinander. Tilman Allert hat das Klassentreffen als „eherne Institution", als „deutscher Geselligkeitsklassiker im Leben zwischen Familie, Verein und Beruf" bezeichnet. Er stellt zum Klassentreffen fest: „Eine Kultur der Zusammenkunft, heiliggesprochen und in rührender Zeremonialität praktiziert von den einen, unbedingt gemieden von den anderen, die nicht an eine biographische Phase erinnert werden mögen, deren prägenden Einflüssen sie froh sind, entronnen zu sein. Irgendjemand findet sich in jeder Schulklasse, die Einladungen, Programmplanung und Organisation zu übernehmen und sich den Vorkehrungen für die Inszenierung eines der eigentümlichsten sozialen Gebilde zu widmen. Ob sie im Abstand beinahe epochaler Zäsuren wahrgenommen oder aber, wenn die Wiedersehensschwüre nach der Abiturfeier noch ihre Wirkung tun, in relativ kurzen Zeitabständen zelebriert werden: Immer vollziehen Klassentreffen einen Drahtseilakt der Synthese divergierender Zugehörigkeiten, ein Abenteuer der Begegnung."[721]

Im Januar 2005 hatte Walter Kintzel die ehemaligen Schüler der Volksschule Darß aus den Jahren 1940–50 zu einem Treffen in der Wahlstorfer „Ottoquelle" aufgerufen. Immerhin 86 hatten die Einladung zum Wiedersehen angenommen und waren aus

721 Tilman Allert: Ja, so ein Klassentreffen ist 'ne gute Schule. In. FAZ Nr. 33 vom 8. 2.2017

ganz Deutschland in ihr Heimatdorf gereist. Jeder erhielt eine Dorfchronik von Darß und einen Abriss über die historischen Ereignisse ihrer Schulzeit in Darß. Walter Kintzel schreibt darin, dass mit etwa 120 Kindern am 1. Oktober 1945 der Unterricht in Darß wieder begann. Es stand nur ein Klassenraum zur Verfügung. Die Klassen 4–8 hatte am Vormittag, die Klassen 1–3 am Nachmittag Unterricht, der zuerst von zwei Lehrern, dann von vier Lehrkräften erteilt wurde. Nach 60 Jahren wurde in Erinnerungen an die Schulzeit auf den harten Vierer-Schulbänken mit den eingelassenen Tintenfässern geschwelgt, nachdem jeder der ehemaligen Schüler sich und seinen Lebensweg kurz vorgestellt hatte. Walter Kintzel stellte fest: „Wir werden an manche Dinge mit Freude, mit Wehmut oder gar mit Trauer zurückdenken. Es war die entbehrungsreiche Nachkriegszeit, viele von uns hatten ihre Heimat verloren, kamen als ungeliebte Flüchtlinge oder Vertriebene in die etwas abseits gelegenen Dörfer Wahlstorf, Darß und Quaßlin. Damals führten nur Landwege in die Gemeinde, in der wir aufwuchsen. Die Städte Lübz, Plau oder Meyenburg waren für uns weit weg, weil wir sie in der Regel nur zu Fuß erreichen konnten."[722]

Am 10.8.2013 folgten 27 ehemalige Mitschüler des Barkhagener Bürgermeisters Fred Hamann, um beim Treffen der Karower Schüler, die 1955 die 8. Klasse abgeschlossen hatten, dabei zu sein und in Erinnerungen zu schwelgen. Auch der Klassenlehrer Dr. Horst Krohn war angereist, der 1950 als 19-Jähriger an die Karower Schule gekommen war.

Nach 60 Jahren kamen im September 2015 22 der ehemaligen Erstklässler der Oberschule I in Lübz. zu einem Wiedersehenstreffen zusammen, zu dem auch der Klassenlehrer Wolfgang Wilky kam. Der 1. September 1955

Klassentreffen 50 Jahre nach der Einschulung POS I Lübz 2015

war ihr erster gemeinsamer Schultag. Angereist waren die meisten von außerhalb – von Hamburg, Berlin, Freital, Köln, Schwerin und Perleberg. Einige wenige verschlug es nicht in die Welt, sie hielten auch wohnungsmäßig ihrer Heimatstadt die Treue. Auf das Kaffeetrinken folgte ein Stadtrundgang, den Museumsleiterin Ilona Paschke mit vielen Informationen zur Vergangenheit und Gegenwart der Eldestadt verband. Augenscheinlich hatte sich in Lübz in den Jahren seit der Wende viel verändert: Die Stiftskirche wurde restauriert, fast alle hatten sie noch nie von innen gesehen. Auch die Fußgängerbrücke vom Busbahnhof zum Bauhof war den meisten unbekannt. Natürlich wurde auch das alte Schulgebäude von außen angesehen, heute das Domizil des Mehrgenerationenhauses. Aus der alten Badeanstalt wurde ein Bootshafen. Dass man alte Mühlentechnik im Sparkassengebäude sehen konnte, wurde interessiert wahrgenommen. Nach dem Abendbrot verging die Zeit bei angeregten Gesprächen über die Schulzeit, die berufliche Entwicklung und familiäre Situation viel zu schnell.[723]

722 Walter Kintzel

723 Anlässlich des Schulbeginns vor 70 Jahren 1946 in der Fritz-Reuter-Schule Grabow trafen sich auch 13 ehemalige Schüler der Kl. 8 c im Oktober 2016. Prignitz-Express vom 12.10.2016

Militärzeit

Mit der Einführung des Volksheeres in den Befreiungskriegen und dem Anwachsen des Nationalismus sowie den siegreichen Einigungskriegen gegen Dänemark, Österreich und Frankreich gewann im 19. Jahrhundert der Militärdienst ein populäres Ansehen. Allein die Tatsache, ob man Soldat gewesen war, entschied bis zum 1. Weltkrieg über das Ansehen bei der Dorfjugend. Der Militärdienst hatte weitgreifende Auswirkungen: „Da war das Kennenlernen neuer Orte, meistens Städte, und Lebensverhältnisse, das Erlernen anderer Sprachebenen durch die Vorgesetzten und ihre Befehle und den Stadturlaub, da waren Kleidungsordnungen und hygienische Maßnahmen, von denen man auf dem Dorf keine Ahnung gehabt hatte."[724] In der Kaiserzeit waren sogenannten Reservistenkrüge und -pfeifen zusammen mit den Reservistenbildern beliebte Erinnerungsstücke der Rekruten. Die buntfarbigen Bilder wurden eingerahmt und zu Hause an die Wand gehängt.

Solange es die Wehrpflicht gab, gehörte die Militärzeit zum Lebensweg eines jungen Mannes – ob nun im Kaiserreich, in der Wehrmacht der Nazizeit, in der Nationalen Volksarmee der DDR und in der Bundeswehr der Bundesrepublik Deutschland. Ein Gelöbnis auf die Truppenfahne markierte den Beginn der Militärzeit. Nach Abschluss der Dienstpflicht wurden Fotos aufgenommen, welche die nun ins zivile Leben entlassenen jungen Leute zeigten. Folgende Militärstandorte gab es im heutigen Landkreis Ludwigslust-Parchim: In der Kaiserzeit wurden Kasernen in Ludwigslust[725] und Parchim[726] errichtet. Die Wehrmacht nutzte die Garnisonen in Hagenow[727], Ludwigslust und Parchim[728], wo auch ein Flugplatz gebaut wurde, und hatte Soldaten zur Luftverteidigung in Karow (bei Plau) stationiert. Die NVA hatte Truppen in Dabel, Demen, Goldberg, Hagenow, Karow, Parchim-Dargelütz, Tramm und Ziegendorf.[729] Die Bundeswehr nutzte Goldberg (1997 aufgegeben), Dabel, Demen und Karow (alle drei 2006 aufgegeben) und nutzt weiter noch Hagenow.

In der DDR entwickelte sich unter den Wehrpflichtigen Bräuche, denen vor allem die EK (Entlassungskandidaten = Angehörige des dritten, letzten Diensthalbjahres) frönten.[730] In den letzten 150 Tagen hatte jeder EK ein sogenanntes Bandmaß. Es handelte sich um ein textiles Maßband in Zentimeter-Einteilung von 150 cm Länge, das jeden Tag um einen Zentimeter gekürzt wurde.

Die öffentlichen Gelöbnisse fanden nach der Wende auch in Orten ohne Garnison statt. Am 16. Oktober 1997 wurden 700 Bundeswehrrekruten in Plau am See im Beisein von 2000 Gästen vereidigt. Die Soldaten kamen aus Mecklenburg-Vorpommern Niedersachsen und Brandenburg. Zugegen war auch Parchims Landrat Klaus-Jürgen Iredi. Der Bataillonskommandeur Dietrich

724 Ingeborg Weber-Kellermann: Landleben im 19. Jahrhundert, München 1987, S. 196

725 Paul Freiherrn von Troschke: Geschichte des 1. Großherzoglich Mecklenburgischen Dragoner-Regiments Nr. 17, Bd. 2, Berlin 1938

726 Frank Grohmann: 2. Grossherzoglich Mecklenburgisches Dragoner-Regiment Nr. 18: 150-jähriges Gründungsjubiläum am 8. August1867–2017, Parchim, 2017

727 Franz Spur: Hagenow: der Flugplatz und das Militär; Geschichte des Flugplatzes und der Garnison im Rahmen der militärischen Ereignisse in Mecklenburg; 1935–1992, Hagenow 2006

728 Eberhart Schultze: Die Parchimer Flugplätze von 1937-2006 ihre Geschichte und Gegenwart. Band 1 das Leben mit Fliegern, Flugzeugen und Legenden, Schwerin 2001

729 Olaf Kersten, Hans-Georg Löffler, Reinhard Parchmann, Siegfried Stoof: Liegenschaften der NVA und GSTD. Zur Nutzung der militärischen Standorte von 1871 bis 2010. Berlin 2011

730 vgl. ausführlich bei Ralf Gehler: EK, EK, EK – bald bist du nicht mehr da! Soldatenkultur in der Nationalen Volksarmee. Hagenow 2000.

Robaszkiewicz des Nachschubbataillons 141 in Karow hielt die Festansprache, in der er die Gründe darlegte, warum seiner Ansicht nach ein junger Mann guten Gewissens als Soldat in der Bundeswehr dienen kann: „Auftrag und Grenzen sind im Grundgesetz eindeutig definiert – Soldaten der Bundesrepublik Deutschland kennen nur die Verteidigung, „denn nur Verteidigung ist erlaubt". Unsere Demokratie muss für den Notfall gerüstet sein, damit „Notwehr nicht zum sinnlosen Opfer" wird. Die Geschichte hat gezeigt: Recht, das nicht gestützt wird, geht allzu leicht verloren. Die Bundeswehr ist dazu da, den Frieden in Freiheit zu sichern und zu fördern. „Gab es jemals einen deutschen Staat, in dem Menschen freier lebten? Gab es jemals eine Staatsordnung, welche den Bürgern mehr Mitsprache ermöglichte? Die Bundesrepublik Deutschland ist das freieste und gerechteste Land, in dem jemals Deutsche lebten. Dieser Staat mit seinen Rechten und Freiheiten der Bürger ist es wert, geschützt zu werden. Unser Land ist verteidigungswert!", schloss Oberstleutnant Dietrich Robaszkiewic seine Ansprache. Der Plauer Klüschenberg war am 4. 9.2004 erneut Schauplatz des öffentlichen feierlichen Gelöbnisses von Bundeswehrsoldaten aus Karow, Dabel, Schwerin und Hagenow.

170 Rekruten vom Panzerartilleriebataillon 405 aus Dabel und 250 Rekruten vom Panzergrenadierbataillon 401 aus Hagenow leisteten am 8. Juni 2005 ihr feierliches Gelöbnis in Lübz. Der Kommandeur des Panzerartilleriebataillons 405, Oberstleutnant Helmut Foag, dankte den jungen Männern dafür, dass sie ihrer Pflicht als Staatsbürger nachkommen. Herzlich begrüßter Gast beim Gelöbnis war Ministerpräsident Dr. Harald Ringstorff, der Einsatz und Verantwortungsbereitschaft der Bundeswehr zum Erhalt von Frieden, Freiheit und Sicherheit lobte: Die Jahrzehnte, die auf den 2. Welt-

Dragoner in Parchim vor dem 1. Weltkrieg, Wehrmachtssoldaten in Parchim 1940 und Angehörige der Volkspolizeibereitschaft Schwerin 1969

Reservistenkrug; Kaiserzeit, Ludwigslust

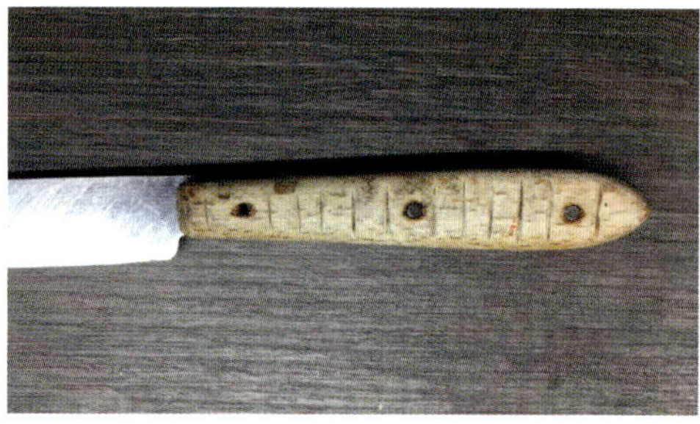

Die Kerben im Messergriff symbolisieren jeweils einen Monat Dienstzeit, 1967–69

NVA-Erinnerungsblatt

Gelöbnis der Bundeswehrsoldaten in Plau am See 2004

krieg folgten, waren für unser Land und für den größten Teil Europas eine geschichtlich beispiellose Epoche des Friedens und der inneren und äußeren Stabilität. Das verdanken wir auch der Bundeswehr. Durch das Konzept Staatsbürger in Uniform stehen deutsche Soldaten mitten in der Demokratie. Die Bundeswehr ist heute wie niemals zuvor deutsche Streitkräfte fest verankert in Demokratie, Rechtsstaat und Bevölkerung. Seit der Wiedervereinigung hat die Bundeswehr auch maßgeblich zur Verwirklichung der inneren Einheit Deutschlands beigetragen. Die Herausforderungen an die Bundeswehr haben sich seit 1989 mit den weltpolitischen Rahmenbedingungen grundlegend geändert. Eine Konfrontation von großen Militärblöcken gibt es zum Glück nicht mehr, aber es sind neue, oft unklare Konfliktlinien entstanden." Ihr Wirken im Ausland brachte neue Anforderungen an die Bundeswehr: „Aufgrund dieser Einsätze, die stets von einer kompetenten Ausbildung begleitet wurden, ist die Bundeswehr heute mehr denn je eine im Auslandseinsatz bewährte und international anerkannte Armee. Mit ihrer großen Mobilität und Flexibilität trägt sie zu Krisenbewältigung und Konfliktverhütung bei und leistet humanitäre Hilfe."

Gelöbnis der Bundeswehrsoldaten in Lübz 2005

WANDERSCHAFT

Den feierlichen Abschluss der Berufsausbildung bildet die traditionelle Freisprechung mit der Übergabe der Gesellenbriefe. 2004 nahm dieses Ritual Karl-Heinz Bahr von der Parchimer Kreishandwerkerschaft in Anwesenheit von Landrat Klaus-Jürgen Iredi in der Internationalen Freizeit- und Bildungsstätte „lütt pütt" in Dargelütz bei Parchim bei 40 Junghandwerkern aus den Ausbildungsberufen Elektroinstallation, Kfz-Mechaniker, Metallbauer, Gas-Wasser-Installateur und Zentralheizungs-Lüftungsbauer der Kreishandwerksmeister vor.[731] In der Aula des Regionalen Bildungszentrums in Ludwigslust erhielten 49 Auszubildende nach bestandener Winterprüfung im März 2017 ihre Gesellenbriefe und Zeugnisse. 2018 nahmen 49 Lehrlinge in Ludwigslust ihre Gesellenbriefe in Empfang, nachdem sie der stellvertretende Kreishandwerksmeister Dirk Rogmann von den Verpflichtungen eines Lehrlings freigesprochen und in den Gesellenstand erhoben hatte.[732]

Zum Ausbildungsweg eines Handwerkers gehörte in den vergangenen Jahrhunderten die Wanderschaft. Nach Abschluss der Lehre verließ der frischgebackene Geselle den Lehrort. Eine Wanderung war eine mehrjährige Angelegenheit. Die Zünfte forderten eine Mindestwanderzeit zwischen einem und drei Jahren. Noch heute weist unsere Redewendung „in Arbeit stehen" – also nicht auf der Suche danach unterwegs sein – indirekt auf die Tatsache der Wanderschaft. Kam ein Wanderbursche in eine Stadt, meldete er sich in der für sein Gewerk zuständigen Herberge, die durch entsprechende Aushängeschilder kenntlich war. Dort wurde er beköstigt und konnte übernachten. In Parchim war das im 19. Jahrhundert die ehemalige St. Bartholomäus-Kapelle in der Rosenstraße,

731 SVZ Lübz vom 18. 3.2004
732 Elde-Express Nr. 40/26 vom 2.10.2018

die als „Herberge zur Heimat“ Aufnahme gewährte. Außerdem gab es in der Langen Straße in Parchim eine weitere Herberge für alle Gewerke. 1891 wurde in der Plauer Mauerstraße die Herberge zur Heimat eröffnet. In den Herbergen trafen sich in regelmäßigen Abständen die einheimischen Handwerker der Umgebung und die fremden Gesellen, die sich momentan dort aufhielten und in Arbeit standen, um in geselliger Runde Erfahrungen und Informationen auszutauschen. Zudem wurden hier Arbeit bzw. ein Nachtquartier vermittelt. Handwerker aus ganz Mitteleuropa kamen durch Mecklenburg gezogen, andererseits gingen Mecklenburger nicht nur in andere Gegenden Deutschlands, sondern auch in viele europäische Länder. Vom Herbergsvater wurde der Wanderbursche an einen Meister vermittelt, welcher einen Gesellen suchte. Er zog dann in das Haus des Meisters, wo er arbeitete, wohnte und zu essen bekam. Entschied sich ein Geselle nach einer gewissen Zeit weiterzuwandern, musste er das seinem Meister rechtzeitig (in der Regel 14 Tage vorher) mitteilen. Natürlich wurde ihm seine geleistete Arbeit vergütet, wenngleich auf der Wanderschaft keine Reichtümer zu erwerben waren. Häufig passierte es, dass in vielen Orten keine Arbeit zu finden war. Das von den Eltern mitgegebene Wandergeld war schnell ausgegeben. Das Wandern war beschwerlich und keinesfalls mit dem Volkslied „Das Wandern ist des Müllers Lust“ gleichzusetzen.

Die Wanderschaft diente nicht nur der Sammlung von Arbeits- und Lebenserfahrungen. Mit ihr erfolgte zum einen ein Arbeitskräfteausgleich, zum anderen verbreiteten sich fremde Werkstatterfahrungen, und die Gesellen vervollkommneten ihre Ausbildung. Die mehrjährige Zeit der Wanderschaft wurde zudem genutzt, um andere

Wanderbuch des Zimmergesellen Christian Rohrahn aus Brüel 1828

— 6 —

7

Orte und Länder kennen zu lernen. Neben der Wissenserweiterung und Platzierung am Markt trat die Schaffung persönlicher Freiräume auf der Wanderschaft unabhängig von der beruflichen Weiterbildung.[733] Einen Eindruck vom zahlenmäßigen Umfang der Wanderschaft vermittelt eine Notiz in der „Plauer Zeitung". Vom 1.10.1879–1.4.1880 wurden unterstützt Handwerkergesellen in Warin 151, in Sternberg 77, in Goldberg 61, in Plau 88, in Parchim 108, in Ludwigslust 133, insgesamt 15 174 in Mecklenburg, darunter 1564 Schuhmacher, 1487 Tischler, 1459 Bäcker, 1180 Schmiede, 1092 Schlachter, 790 Schlosser, 756 Töpfer, 710 Müller, 548 Zimmerer, 519 Maurer, 473 Maler, 466 Sattler, 444 Schneider.[734] Der Verband der Mecklenburgischen Herbergs-Vereine berichtete: Im Zeitraum 1.–14.11.1880 haben sich hilfsbedürftige Reisende gemeldet in Parchim 181, in Grabow 247 und in Sternberg 81. Wegen mangelnder Legitimation wurden abgewiesen in Parchim 17, in Grabow 28 und in Sternberg 13. Unterstützt wurden in Parchim 164, in Grabow 219 und in Sternberg 68, insgesamt in Mecklenburg 2554.[735] Zwischen 1. und 14.11.1880 meldeten sich Wandergesellen und baten um Essen und Nachtquartier: 218 Bäcker, 39 Böttcher, 12 Barbiere, 49 Brauer, 61 Buchdrucker und Schriftsetzer, 33 Buchbinder, 26 Handlungsgehilfen. Sie verteilten sich auf die drei Städte Grabow (219), Parchim (164), Sternberg (68). Vom 1.–15. Dezember 1880 wurden in Plau 138 Wanderburschen verpflegt. Darunter waren 20 Sattler, 18 Schmiede, 14 Tischler, 13 Schlachter, 10 Maler, 10 Müller, 8 Töpfer,

733 Vgl. Jürgen Kocka: Arbeiterleben und Arbeiterkultur. Bonn 2015, S. 196–199

734 PZ Nr. 88 vom 3.11.1880

735 PZ Nr. 96 vom 1.12.1880

Wanderbuch des Schuhmachergesellen Christian Hinnerichs aus Parchim von 1842

8

No 20 nach Malchow

9

No 717

POLIZEY SIEGEL DER STADT SCHWAAN

POLIZEY SIEGEL DER STADT BUTZOW

POLIZEY SIEGEL DER STADT STERNBERG

No 1184

Gesellenherberge mit Zunftzeichen in der Parchimer Langen Straße

je 6 Schuster, Brauer, Bäcker, je 3 Schneider, Handlungsgehilfen, Stellmacher, je 2 Drechsler, Färber, Seiler, je ein Glaser, Hutmacher, Gärtner, Barbier, Korbmacher.[736]

Der 1. Weltkrieg unterbrach die aus Zunftzeiten stammende Tradition. In den zwanziger Jahren des 20. Jahrhunderts wurde sie wieder aufgenommen. Die Wanderung führte die Gesellen auch ins europäische Ausland. Die Freiheitsliebe der Wandergesellen stand im Konflikt mit der Politik des Nationalsozialismus. Daher wurde die Wanderschaft von den Nazis unterdrückt. Der 2. Weltkrieg bedeutete abermals das Ende von Gesellenwanderungen. In der abgeschotteten DDR war das zünftige Reisen über die Grenzen hinweg verboten, im Land machten die Bedingungen der volkseigenen Betriebe das Arbeiten an verschiedenen Arbeitsstellen nahezu unmöglich. Seit 1990 kommen wieder regelmäßig wandernde Gesellen, zumeist Zimmerleute, aber auch Steinmetze, Tischler, Dachdecker, Maurer und Maler, nach Mecklenburg. Am 28. August 2004 war beispielsweise der Zimmergesellen Stefan Röttger aus Immensen bei Hannover in Plau am See. Er hatte schon 27 Monate Wanderschaft hinter sich, auf der er auch Österreich, Italien, Frankreich und die Schweiz besuchte. Für Unterkunft, Verpflegung, Wäschewaschen und etwas Taschengeld wird jede Arbeit angenommen, die ins Fach schlägt. Nächste Ziele des Wanderburschen waren Dänemark und Norwegen, er plant sogar den Sprung über den großen Teich nach Kanada. Das Mitglied der Hamburger Zunft der „Rechtschaffenen fremden Zimmer- und Schieferdeckergesellen" reist zumeist per Anhalter: „Das macht überhaupt keine Schwierigkeiten, denn bei uns wandernden Gesellen wissen die Autofahrer, dass es mit uns keinen Ärger gibt."

Die Wanderschaft ist heutzutage freiwillig. Hat sich ein Geselle dafür entschieden, sind drei Jahre Wanderschaft als Minimum bei den Schächten vorgeschrieben. Mit „Schacht" wird eine Vereinigung von fremden und einheimischen Handwerkern bezeichnet, die sich für die Tradition des Gesellenwanderns stark macht. Die Rechtschaffenen Fremden, Rolandsbrüder und der Fremde Freiheitsschacht vereinigen männliche Bauhandwerker. Der Freie Begegnungsschacht nimmt auch Frauen auf. Im letztgenannten Schacht reisen nicht nur Bauhandwerker, sondern auch alle anderen Berufe. Gesellen, welche nicht in einem Schacht organisiert sind, nennen sich „Freireisende". Auf die Wanderschaft darf nur gehen, wer die Gesellenprüfung bestanden hat, jünger als 30 Jahre, ledig und schuldenfrei ist.

Die Wanderschaft ist an weitere Bedingungen geknüpft. So darf der Fremde in seiner Reisezeit einen Bannkreis von meist 50 Kilometern um seinen Heimatort nicht betreten. Weiterhin muss er in der Öffentlichkeit immer seine Kluft tragen, stets gepflegt erscheinen und sich einer rechtschaffenen Lebensweise befleißigen. Ein Wandergeselle

736 PZ Nr. 101 vom 18.12.1880

fällt auf mit seinem Knotenstock („Stenz") und seiner Bekleidung: schwarzer Hut mit breiter Krempe/Zylinder und eine Kluft mit der weißen Staude, einem kragenlosen Hemd, mit weiten Schlaghosen, Weste und Jackett. Er darf kein eigenes Fahrzeug besitzen und bewegt sich nur zu Fuß oder per Anhalter fort. Die Benutzung öffentliche Verkehrsmittel ist verpönt. All sein Hab und Gut verstaut der wandernde Geselle in einem „Charlottenburger" (buntes Einschlagtuch). Im Rathaus lässt er sich in seinem Wanderbuch mit dem Stadtsiegel bestätigen, dass er diesen Ort besucht hat – auch das ist Tradition, die Jahrhunderte zurückreicht.

Am 24.2.1813 wurde in Mecklenburg-Schwerin ein „Regulativ wegen der einzuführenden Wanderbücher" erlassen. Künftig sollte „kein Gesell in Unsern Landen in Arbeit angestellt werden", der kein Wanderbuch vorweisen konnte. Die Verordnung war allen „Handwerks-Altermännern und Zunft-Ältesten" bekannt zu machen. Die Mecklenburg-Schwerinsche Regierung verlangte nach den „Gesetzlichen Vorschriften in Betreff der Wanderbücher für reisende Handwerks-Gesellen" vom 24.2.1813: „Jeder Gesell, ohne Unterschied, er sei ein Einländer oder Ausländer, der in einem Ort in hiesigen Landen in Arbeit gestanden und weiter wandern will, ist schuldig, ein Wanderbuch zu nehmen ... Dieses Wanderbuch hat der Gesell, wenn er in einem Ort eingewandert, von der Orts-Polizei-Obrigkeit visitiren zu lassen, und erst wenn dies geschehen, ist er umschaufähig." Auch wenn er keine Arbeit aufnehmen wollte, musste er sich bei der Polizei melden.

„Erhält er im Ort Arbeit, dann ist er verbunden, das Wanderbuch zur Aufbewahrung in der Amtslade abzugeben und an den Orten, wo keine Aemter sind, bei den Orts-Polizei-Behörden. In dem Wanderbuch

Ehemalige Bartholomäus-Kapelle von 1349 in der Parchimer Rosenstraße, ab der 1. Hälfte des 19. Jahrhunderts Herberge zur Heimat

muß er von dem Meister, bei welchem er in Arbeit gestanden, bemerken lassen, wie lange er bei ihm gearbeitet, auch wie seine Aufführung beschaffen gewesen und von der Orts-Polizei-Obrigkeit unter Beidrückung des gewöhnlichen Orts-Siegels die Beglaubigung besorgen."

„Der Gesell muß sich auf seiner Wanderschaft anständig, sittsam und fleißig betragen. Entgegengesetzte Zeugnisse erschweren die Meisterschaft. Theilnahme an Gesellen-Aufständen und sonstigen Handwerks-Mißbräuchen schließen ihn davon aus." Ein mecklenburgischer Geselle, der das 25. Lebensjahr noch nicht erreicht hatte, „kann auf dies Wanderbuch nicht über die Landesgrenze wandern", musste also im Inland bleiben.[737]

737 Gesetzliche Vorschriften in betreff der Wanderbücher für reisende Handwerks-Gesellen vom 24.2.1813. In: H. F. W. Raabe: Gesetzsammlung für die Mecklenburg-Schwerinschen Lande 2. Folge umfassend den Zeitraum vom Anfange dieses Jahrhunderts bis zum Jahre 1848. 3. Band Polizeisachen,

Am 31.12.1823 wurde festgelegt, dass die Reiseroute des Wandernden im Wanderbuch anzugeben ist: „Der Endpunkt der Reise, es sei nun eine Stadt oder eine auswärtige Provinz, ist jedesmal im Paß einzurücken."[738]

Am 22.6.1841 wurde ein neues Regulativ zur Wanderschaft erlassen. Danach war die Wanderzeit für ausländische Gesellen ohne bestimmtes Reiseziel über 30 Jahren beschränkt, für inländische galt dies ab 40 Jahren. Ausländischen Maurer- und Zieglergesellen war die Wanderschaft im Zeitraum vom 1.11.–1.3. untersagt (da in dieser Zeit in diesen Berufen in der Regel nicht gearbeitet wurde). Inländische Handwerksgesellen, die ihrer Militärpflicht noch nicht nachgekommen waren, durften die Landesgrenzen nicht überschreiten. Inländische Gesellen, welche drei Monate ohne Arbeit, „und nicht wenigstens darin 4 Wochen gearbeitet", sollten der Heimat verwiesen werden, sie durften erst nach einem Monat zurückkehren. Ausländische Handwerksgesellen, die in Mecklenburg sechs Wochen umhergewandert waren, ohne wenigstens acht Tage gearbeitet zu haben, traf ebenfalls die Ausweisung oder die Einweisung ins Landesarbeitshaus.[739]

Krankheiten besaßen allerdings aufschiebende Wirkung. Oft geschah es in den Wintermonaten, wenn Arbeit kaum zu finden war und die Gesellen von einem Ort zum anderen weiterziehen mussten, dass sie erkrankten. Schlechtes Schuhwerk und mangelhafte Kleidung schützten häufig nicht ausreichend vor Regen, Wind, Schnee und Frost. Erfrorene Glieder waren daher ein häufiger Grund,

Parchim/Ludwigslust 1848, S. 123–126

738 ebenda S. 127 f.

739 Großherzoglich Mecklenburg-Schwerinsche Verordnung vom 22. Junius 1841 betreffend die Wanderbücher. In: Großherzoglich Mecklenburg-Schwerinsches officielles Wochenblatt. Schwerin 1841, Nr. 18 Beilage

Wandernde Zimmergesellin in Plau am See 1999

Zimmergeselle auf Wanderschaft in Plau am See am 28.8.2004

weshalb mancher Geselle mit letzter Kraft eine Stadt erreichte und dort auf Hilfe hoffte.

Den wandernden Gesellen war das Betteln verboten. Im Wandergesetz, das im Wanderbuch abgedruckt war, hieß es: „Die Handwerksgesellen müssen sich die nöthigen Reisemittel selbst verschaffen, sind also nicht berechtigt, in den Orten, durch welche sie wandern, Unterstützung zu fordern. Bei den Ortsbehörden und den Vorstehern der Armen-Anstalten können sich Hülfsbedürftige eine Beihilfe erbitten. Jedes Ansprechen anderer Personen um Unterstützung ist verboten und wird als Bettelei bestraft." Laut Gesetz waren Mecklenburgern, „welche hiergegen handeln" mit folgenden Strafen bedroht: „Die beiden ersten Male mit 24 und 48stündiger Gefängnisstrafe, das dritte Mal mit 6 bis 20 Rohrhieben", bei der vierten Wiederholung wurde er in das Güstrower Landarbeitshaus transportiert.

Im Wanderbuch, dessen Ausstellung 20 Schilling kostete, wurden die Stationen der Reise vermerkt. Wenn er im Ort gearbeitet hatte, kostete die Eintragung 4 Schillinge. Wanderbücher – falls sie erhalten blieben – geben heute demnach Aufschluss, wie lange die Wanderschaft dauerte, wo überall gearbeitet wurde, welche Landschaften und Städte ein Wanderbursche besuchte und sah.[740]

In einem solchen Wanderbuch, 1859 in Lübz ausgestellt,[741] ist folgendes zu lesen: „Großherzogthum Mecklenburg-Schwerin, Wanderbuch gültig im Inlande und Auslande mit Ausnahme der Schweiz. Signalement des Müllergesellen Bernhard Heinrich Friedrich Becker. 1. Geburtsort, 2. Heimathsort: Pankower Mühle, DA[742] Lübz, 3. Religion: evangelisch-lutherisch; 4. Alter: geb. den 18. Juni 1839; 5. Größe: ziemlich groß; 6. Statur: schlank; 7. Haare: blond; 8. Augen: blau; 9. Nase: groß; 10. Mund: gewöhnlich; 11. Gesicht: länglich; Besondere Kennzeichen: eine Schnittnarbe am Daumen der linken Hand."

Die Einschränkung „Schweiz" geht auf das Jahr 1835 zurück. Am 11.3.1835 forderte der mecklenburgische Großherzog, dass keine Gesellen nach Frankreich, Belgien und der Schweiz wandern sollten. Der Grund lag in der politischen Entwicklung in Frankreich seit der Julirevolution von 1830. Er legte fest: „Da es im Interesse des deutschen Bundes liegt, daß die deutschen Handwerksgesellen an keinen Associationen und Versammlungen Theil nehmen, wodurch die öffentliche Ruhe im In- oder Auslande bedroht oder gestöret werden könnte", weiter: „Ueber die in Deutschland wandernden Handwerksgesellen wird strenge polizeiliche Aufsicht, insbesondere rücksichtlich der Verbindungen, in welche sie sich einlassen könnten, geführet werden."[743] Der Sozialhistoriker Jürgen Kocka bemerkt dazu: „Sicherlich hat das Wandern die Gesellen verändert, ihren Blick erweitert und sie oft auch – im Westen Europas – mit freiheitlich-demokratischen und sozialistischen Ideen in Berührung gebracht, die sich in ihren Köpfen einnisteten und bisweilen in ihrem späteren Engagement in der entstehenden Handwerker- und Arbeiterbewegung niederschlugen. Die halb absolutistischen Regierungen des Deutschen Bundes wussten, warum sie das Gesellenwandern in die Schweiz, nach Frankreich und Belgien

740 vgl. Wolfgang Steusloff: Die Wanderschaft des Zahrensdorfer Zimmergesellen Carl Steusloff von 1845 bis 1850. In: Stier und Greif, Schwerin 1996, Jg. 6; Wolfram Hennies: Die Wanderung des Zimmermanns Heinrich Bresch. In: Grabower Heimathefte Heft 11/1996; Ingrid Möller: Die Wanderroute des Gärtners Heinrich Krambeer aus Goldberg (1881). In: Stier und Greif, Schwerin 2001, Jg. 11

741 Stadtarchiv Parchim: AE 1129 a (Wanderbuch Becker)

742 Domanialamt

743 Großherzoglich Mecklenburg-Schwerinsches officielles Wochenblatt. Schwerin 1835 13. Stück, S. 111 f.

teilweise verboten, wenn auch regelmäßig ohne Erfolg."[744]

Auf Seite 3 des Wanderbuches von Müllergeselle Becker ist eingetragen: „Verzeichneter Inhaber hat laut producirten Lehrbriefs des hiesigen Müller-Gewerks dd Lübz d. 5 October 1857 die Profession zunft- und ordnungsgemäß erlernet, ist am 5. October 1857 zum Gesellen ausgeschrieben worden und hat seit der Zeit als Gesell bei seinem Vater, dem Müllermeister Becker zu Pankower Mühle, bei gutem Betragen in Arbeit gestanden. Zur Erfüllung seiner Loosungspflicht[745] hat derselbe anfangs September 1860 bei seiner Behörde sich zu gestellen und darf bis dahin nur im Inlande wandern, mit den betreffenden Wandergesetzen, sowie mit dem hohen Publikat vom 26. Januar 1841 bekannt gemacht, geht derselbe zunächst über Parchim nach Neustadt zu übermorgen abend. – Lübz den 28. März 1859 F.H. Wolff Senator."

Bemerkenswert ist die Tatsache, dass der nach seiner dreijährigen Lehrzeit mit 18 Jahren ausgelernte Müllerbursche zunächst anderthalb Jahre bei seinem Vater als Geselle gearbeitet hatte, anstatt sofort mit seiner Wanderung zu beginnen. Dies hängt wahrscheinlich mit seiner noch nicht abgeleisteten Militärpflicht zusammen, die ihn zwang, sich nur innerhalb der Grenzen Mecklenburgs aufzuhalten und das Land nicht zu verlassen.

Die Amtsrolle der Lübzer Müller von 1717, die zusammen mit den Crivitzern eine gemeinsame Zunft bildeten, enthält eine Reihe von Bestimmungen über das Verhalten eines Müllergesellen auf der Wanderschaft. Im Paragraphen 24 heißt es beispielsweise: „Die reisenden Gesellen sollen auch an einem Orthe nicht länger als einen Tag und eine Nacht frey Nacht Lager bey einem Müller-Meister genießen." Und Paragraph 27 bestimmte: „Ein jeder Müller-Bursche, der wandern will, soll von seinem Meister 14 Tage vorher mit Güthe Uhrlaub fordern, und ihm die Mühle fertig und Gang-recht hinterlassen."[746] Als erste Eintragung im Wanderbuch des Müllergesellen Becker konnte man lesen: „Inhaber arbeitete bisher noch zu Poltnitz mit gutem Betragen und geht jetzt über Crivitz nach Schwerin in drei Tagen. Lübz, den neunten Mai 1850 & neun." Die folgenden Wanderstationen waren Schwerin, Grevesmühlen, Neubuckow, Doberan, Rostock, Schwaan, Bützow, Neukloster, Warin, Bruel, Sternberg, Goldberg, Plau und Malchow. Bis dahin war der zu Fuß wandernde Geselle Bekker drei Wochen unterwegs gewesen, ohne irgendwo Arbeit zu finden. Eine Fahrt mit der Postkutsche war sicherlich für ihn zu teuer. Die nächste Eintragung belegt einen Arbeitsaufenthalt: „Ueber Lübz nach Parchim, bis morgen. Inhaber hat vom 29 May letztes Jahr bis zum 24 Dcbr in Darser Mühle mit Wohlverhalten gearbeitet, die übrige Zeit bei seinen Eltern in Slate aufgehalten – Plau den 20.4.1860 W. Senftleben." Darunter steht: „In Arbeit P (archim). 23.4.60". Die folgende Notiz lautet: „Inhaber hat bisher hier und zu Slate hiesigen Kämmereidorfes mit Wohlverhalten gearbeitet. Durch Freilosung hat Inhaber seiner Militairpflicht genügt, es steht ihm die Wanderung ins Ausland, mit Ausnahme der Schweiz, nunmehr frei. Nach Pritzwalk in zwei Tagen, ohne heute. Parchim, 7.4.1861 H. Thieme." Der Müllergeselle hatte bei der Auslosung Glück gehabt und brauchte kein Soldat zu werden. Da er nun ins Ausland reisen durfte, machte er sich in die zu Preußen

744 Jürgen Kocka: Arbeiterleben a. a. O., S. 197

745 Da nicht alle jungen Männer eines Jahrgangs Soldat werden konnten, wurde gelost, wobei der Betroffene entweder ein Freilos – also Befreiung von der Militärpflicht – oder ein Einbeziehungslos zum Militär zog

746 Mecklenburgisches Landeshauptarchiv Schwerin: Acta civitatis spec. Lübz Nr. 131 (Amtsprivileg der Müller)

2002 kamen die Buchdruckergesellen in Krakow an See zusammen, um mit einem zünftigen Gautschen ihre Gesellenprüfung zu feiern

gehörende Prignitz auf: 22.7.1862 Pritzwalk „Inhaber arbeitet vom 11. April 1861 bis 14. Juni 1862 in Sadenbeck (Mittelmühle an der Dömnitz, Nebenfluss der Stepenitz – W. H.), und vom 14. Juni 1862 bis jetzt auf Wegemühle in Beveringen (beide Dörfer östlich von Pritzwalk gelegen – W. H.). gut nach Berlin in sechs Tagen."

Aus den Eintragungen geht hervor, dass der Geselle ein Wassermüller und kein Windmüller war, da er bisher nur in von Wasser angetriebenen Mühlen tätig wurde. Natürlich war er auch in der Lage, in Windmühlen zu arbeiten, wenngleich damals schon eine Spezialisierung erfolgte. Der alltägliche Arbeitsablauf des Müllergesellen Becker sah sicherlich so aus: Zunächst mussten in der Mühle die angelieferten Kornsäcke entgegengenommen und gewogen werden. Während des Mahlens musste immer wieder Korn aufgeschüttet und dabei die Arbeitsgänge in der Mühle kontrolliert werden. Das durchgelaufene Mahlgut musste gesiebt und je nach Vermahlungsgrad wieder aufgeschüttet werden. Dann folgten das Abfüllen und Abmessen, bevor dem Kunden das Mehl übergeben werden konnte.

Auf das Verhältnis zu den Mahlkunden nimmt das Lübzer Amtsprivileg von 1717 im Paragraphen 32 Bezug: „Auch sollen die Müller-Gesellen und Jungen sich gegen die Mahl-Gäste in und außer der Mühlen jeder Zeit bescheidentlich verhalten."[747] Ferner war die Mühle zu reinigen, die Wellenlager zu schmieren und verschlissene Teile auszuwechseln. Regelmäßig mussten in einer Mühle die Mahlsteine nachgeschärft werden. Bei dieser schweren Steinmetzarbeit, die vom Müller viel Erfahrung und Geschicklichkeit verlangte, wurden zunächst die Mahlsteine herausgehoben und dann mit Hammer und Meißel bearbeitet.

Natürlich musste der Müller auch mit Holz umgehen können und in Zimmermannsarbeiten bewandert sein. Im Lübzer Amtsprivileg wird gar davon ausgegangen, dass ein Müllergeselle auch als Zimmermann arbeiten konnte. Da die Mühlen vom antreibenden Wasser oder Wind abhängig waren, mussten die Müller bei günstigen Bedingungen auch bei Nacht und am Sonntag arbeiten. Selten führten die Bäche ausreichend Wasser, deshalb war oberhalb der Mühle

747 ebenda

ein Teich angelegt worden, in dem das für den Mahlbetrieb benötigte Wasser gestaut wurde. Diese Anlagen außerhalb der Mühle mussten ebenfalls in Ordnung gehalten werden. Nicht zuletzt betrieb jeder Müller Landwirtschaft zur Selbstversorgung, so dass die Gesellen auch dort bei der Feldbestellung und der Ernte mit anpacken mussten. Die tägliche Stall- und Hausarbeit fiel sicher vor allem in den Tätigkeitsbereich des Lehrburschen.

Das Wanderbuch des Müllergesellen Becker belegt dann seine weiteren Reisestationen Berlin, Magdeburg, Wernigerode, Hannover. Am 5.8.1862 findet man die lapidare Eintragung „Reisegeld" und den Stempel „Magistrat in Goslar". Dem Müllergesellen war das Geld ausgegangen und er musste um öffentliche Unterstützung nachsuchen. Nun wandte sich Becker nach Norden: Hannover, Nienburg, Bremen, Bremerhaven, Ritzebüttel (bei Cuxhaven – W. H.), Hamburg, Wandsbeck, Ratzeburg, Lübeck, Daschow, Grevesmühlen, Rehna, Gadebusch, Schwerin, Crivitz, Plau, Röbel, Zepckow, Pritzwalk. Am 29.9.1862 schrieb man dort: „Gut nach Wittstock in zwei Tagen. Inhaber hielt sich laut Bescheinigung auf der Wegemühle bei Pritzwalk auf." Sicher wird Becker hier den Müller und seine Bekannten besucht haben, die er während seines vergangenen Arbeitsaufenthaltes kennengelernt hatte.

Weiter heißt es: 20.2.1864 Wittstock „Gut nach Pritzwalk bis morgen. Inhaber arbeitete hier seit der letzten Visa mit gutem Betragen." 30.5.1864 Pritzwalk „Gut nach Parchim. Inhaber arbeitete bei Pritzwalk" (ob es wieder in der Wegemühle war, steht leider nicht verzeichnet – W. H.). 7.6.1864 Parchim „Inhaber hielt sich bisher laut Bescheinigung zu Slate auf" (zu Besuch bei seinen Eltern – W. H.). Über Platschow führte dann seine Reise nach Grabow, Boizenburg und Lauenburg. Eigentlich wollte er dann nach Berlin, aber er überlegte sich die Sache, denn eine ergänzende Eintragung am 13.6.1864 (mit Extrasiegel bestätigt) legte fest: „Umänderung Hamburg." 11.7.1864 Hamburg „Gültig nach Moellen. Inhaber stand hier in Arbeit". 13.9.1864 Ratzeburg „Nach Hamburg Inhaber stand hier seither mit gutem Betragen in Arbeit". 6.3.1866 Hamburg „Gültig nach Lübz. Inhaber arbeitete hier." 20.5.1866 Parchim „Gut nach Pritzwalk bis uebermorgen. Hielt sich zu Slate bei den Eltern auf." 29.5.1866 Pritzwalk „Inhaber hielt sich einige Tage auf Wegemühle bei Beveringen auf. Gut nach Magdeburg." Wieder einmal besuchte Becker seinen ehemaligen Meister, mit dem ihn anscheinend eine freundschaftliche Beziehung verband – oder hatte dieser vielleicht eine Tochter, zu der sich Becker hingezogen fühlte? Doch darüber ist natürlich nichts in dem offiziellen Wanderdokument vermeldet.

Seine weiteren Wanderstationen ab dem 4.6.1866 nach Süden waren Magdeburg, Helmstedt, Wernigerode, Goslar, Göttingen, Waltershausen, Würzburg. Spätestens ab hier muss Becker die Eisenbahn benutzt haben, denn die zurückgelegten Entfernungen sind zu Fuß in dieser kurzen Zeit nicht machbar. 27.6.1866 Aschaffenburg, 28.6. Frankfurt/Main, 29.6. Mainz, 30.6. Köln. Ab hier ging Becker wohl wieder zu Fuß, denn er kam erst am 9.7.1866 in Bielefeld an. 28.8.1866 Hamburg: „Gültig nach Parchim. Inhaber stand hier seither in Arbeit." Das Wanderbuch schließt ab mit der Eintragung „In Arbeit zu Stolp". Es handelt sich um Stolpe bei Parchim, denn Beckers Wanderbuch blieb im Parchimer Stadtarchiv verwahrt.

Der Müllergeselle Becker war zwischen 1859 und 1866 siebeneinhalb Jahre (2712 Tage) auf Wanderschaft. Er war als 20jähriger losgezogen und hatte Niedersachsen, Hessen, das Rheinland, Franken, Brandenburg, Holstein, Bremen und Hamburg bereist. Besonders gut lernte er die Hansestadt Hamburg und die Prignitz bei Pritzwalk kennen, denn hier arbeitete er jeweils am längsten. Fast sechseinhalb Jahre (2347 Tage) hatte er an elf Stellen bei Müllermeistern während seiner Wanderschaft Arbeit erhalten, bis er in der Parchimer Gegend als 27jähriger sein endgültiges Auskommen fand. Nur ein halbes Jahr (167 Tage) war er wirklich auf den Straßen unterwegs, drei Mal (weitere 198 Tage) hielt er sich zwischendurch bei seinen Eltern zu Besuch auf.

Während im 19. Jahrhundert die Routen nur quer durch Mitteleuropa führten, wandern die Gesellen seit der Wiedervereinigung in der ganzen Welt. Neu ist auch, dass Frauen selbstverständlich auf Wanderschaft gehen. Die Lokalzeitungen berichten gern über sie. Dafür einige Beispiele. 2006 trafen sich in Lübz rund 40 wandernde Zimmerleute- und Steinmetzgesellen zu ihrem jährlichen Frühlingstreffen, um ihre Erfahrungen auszutauschen. Natürlich holten sie sich im Rathaus einen Stempel in ihre Wanderbücher ab.[748]

Christian Szur kehrte 2010 nach mehr als drei Jahren Wanderschaft durch die Welt nach Sternberg zurück. Er gehört zur Bruderschaft „Freie Vogtländer Deutschland“. Rund 35 Zimmerleute dieser Gruppe reisen damals durch die Welt, um Erfahrungen zu sammeln. Nach dem ersten Jahr in verschiedenen Ländern von Europa zog es den jungen Sternberger zunächst nach Kanada und später nach Australien, Neuseeland und Tasmanien – mit einem Abstecher nach Südkorea. Er habe menschlich und arbeitstechnisch viel dazu gelernt, sagte Christian Szur nach seiner Rückkehr. Eine besondere Erfahrung für ihn war es, in Kanada Holzhäuser zu bauen.[749] Im Parchimer Rathaus meldeten sich im Juli 2017 innerhalb einer Woche elf Handwerksgesellen, ließen sich das begehrten Stadtsiegel für das persönliche Wanderbuch geben und bedankten sich für eine kleine finanzielle Unterstützung.

Zimmermann und Maurer auf Wanderschaft dargestellt in einem Festumzug

„Zimmerer, Steinmetze, Maurer, Dachdecker oder Tischler – mehr als 100 Wandergesellen aus sieben Schächten waren bis Mitte 2015 damit beschäftigt, in Dümmer ein zweigeschossiges Fachwerkhaus mit Ständerkonstruktion und rund 650 Quadratmeter Nutzfläche zu bauen. Das Projekt „Europahaus“, das als Treffpunkt für Wandergesellen und gleichzeitig von der Gemeinde als Dorfgemeinschaftshaus genutzt wird, war ein so ehrgeiziges wie einzigartiges Projekt. Seit Juli 2015 steht das Europahaus auch für Gesellen auf der Wanderschaft offen.

748 SVZ Lübz vom 21. 3.2006

749 SVZ Sternberg 14. 8.2010 Michael Beitien: Wandergeselle zurück in Sternberg

Geburtstage

Vieles im Lebensweg ist an ein bestimmtes Alter gebunden, ob nun die Einschulung, der Erwerb eines Führerscheins oder der Rentenbeginn. Deshalb ist der Geburtstag ein wichtiges Datum. Es ist der persönliche Feiertag eines jeden Menschen. Während der Namenstag in katholisch geprägten Gegenden gefeiert wird, spiegelt sich im Geburtstag der moderne, individualistische Geist des Protestantismus des Bürgertums wider. So wird der 50. Geburtstag eines Mannes häufig genutzt zur beeindruckenden Demonstration seiner beruflichen und sozialen Position. Dieses Fest des Individuums unterliegt nicht kollektiven, zyklischen oder religiösen Riten wie andere Feste, jeder begeht seinen Geburtstag nach seinem Geschmack. Im Kindesalter wird ein Geburtstag zusammen mit anderen Kindern aus Kindergarten und Schule gefeiert, wobei die Eltern zur „Unterhaltung" beitragen. Das Geburtstagskind wird von der Verwandtschaft mit Geschenken bedacht. Jugendliche und junge Erwachsene feiern ihren Geburtstag nicht mehr bevorzugt im Familienkreis sondern mit Freunden, Bekannten und Kollegen. Verbreitet ist es Brauch, dem Geburtstagskind einen mit Kerzen verzierten Kuchen oder eine Torte zu schenken, bei dem die Anzahl der Kerzen den Geburtstagsjahren entspricht. Es ist allgemein üblich, zum Geburtstag zu gratulieren oder ein Geburtstags-Ständchen zu singen. Das passiert persönlich bzw. mit Karte und Brief oder mit einem Telefonanruf (e-mail, SMS). Der Plauer Buchhändler Louis Hancke bot 1873 Gratulationskarten zu Geburtstagen an.[750] Das Gratulieren und Beschenken einerseits und das Bewirten und gemeinsame Feiern andererseits dient „der Neubestimmung der Beziehung zwischen dem Einzelnen und der Gruppe, sowie der Darstellung und Bestätigung der Werte und Normen und der Sozialstruktur der Gruppe selbst. So wirkt das Ritual gemeinschaftsstiftend", wie der Volkskundler Christian Marchetti feststellt. In der Hagenower Gegend musste vor über 100 Jahren ein Knecht an seinem Geburtstag für seine Mitknechte einen Liter Koem ausgeben.[751]

Kindergeburtstag wurde in vielen Familien nicht gefeiert, in anderen aber doch. Man lud Verwandtschaft ein, in der es Mitte des 20. Jahrhunderts mehrere Kinder gab. Auch kamen Freunde aus der Schule bzw. dem Dorf hinzu. wie Gerhard Müller aus Karbow berichtet.[752] In Wahlstorf feierte Walter Schleede dagegen im kleineren Kreis.[753] Zum Geburtstag luden Dieter und Sigrid Froh in Plau ihre Freunde und Schulkameraden ein, das waren so 6–7 Kinder.[754] Geburtstag feierte der Wessentiner Siegfried Schliemann mit Freunden aus dem Dorf in der „guten Stube" im Elternhaus. Es gab eine Geburtstagstorte, sonst keinen anderen Kuchen, die Eltern schenkten ihm einfache, praktische Sachen.[755] Zu Hans-Heinrich Jarchow in Wangelin kamen 10–12 Kinder.[756] Zu essen gab es meist Platenkuchen. Neben nützlichen kleinen Dingen lagen immer Bücher auf dem Geburtstagstisch. In Plau feierte Ingeborg Kuse mit ihren Freundinnen Geburtstag. Dazu backte ihre Mutter einen Frankfurter Kranz. Da es keine Mandeln nach dem Krieg gab, wurden Bucheckern mit Haferflocken gemischt und mit Butter in einer Pfanne angeröstet. „Auf dem Geburtstagstisch lagen kleine Geschenke – ein

750 PZ Nr. 104 vom 31.12.1873

751 Wossidlo/Teuchert a. a. O. Band 3 Sp. 95

752 Gerhard Müller, Jg. 1935, Karbow

753 Walter Schleede

754 Sigrid Froh, geb. Haenning, Jg. 1937, Plau und Dieter Froh, Jg. 1936, Plau

755 Siegfried Schliemann

756 Hans-Heinrich Jarchow, Jg. 1955, Wangelin

Bilderbuch (oft gebraucht, von der Mutter in der Bekanntschaft erbeten), Schulhefte, etwas zum Anziehen, eine selbstgefertigte Puppe. Eine Frau Denker war kunstgewerblich begabt, die machte Puppenkörper aus Seidenstrümpfen, die Haare aus Wolle. Wir spielten Topfschlagen."[757]

In den letzten Jahren häufen sich Zeitungsannoncen mit persönlichen Texten zum 18., 30., 50., 60. und dann in Fünfjahresabständen bis zum 100. Geburtstag, oft mit einem Foto, welches das Geburtstagskind meist als jungen Menschen zeigt. Zunehmend werden diese Wünsche auch in Reimform dargeboten. Im Januar 2012 war in der Lübzer Ausgabe der SVZ neben einem Kinderfoto abgedruckt: „Lieber Rayk, 40 Jahre auf Erden, / das muss doch gefeiert werden. / 40 sind es auch schon wert, / dass man dich besonders ehrt. /Gemeinsam wollen wir Dir sagen, / es ist schön, dass wir Dich haben. / Alles Liebe zum Geburtstag wünschen Silke und Kevin." Im April 2009 konnte man von einem Goldberger lesen: „Guten Tag und hurra! Bernd wird heute 50 Jahr. Bleib wie du bist zu jeder Stund. Vor allem bleib recht lang gesund. Wir wünschen dir zu Deinem Feste Gesundheit, Glück und nur das Beste. Sabine und Ulrike". „Monika wird 70 Jahr" war die Überschrift im Januar 2012 in Parchim: „Liebe Mutti, 70 Jahre sind vergangen, / seit Dein Leben angefangen. / Wir wollen es ganz deutlich sagen / hast viel geschafft in all den Tagen. / Ohne Dich, das sollst Du wissen, / wären wir oft aufgeschmissen. / Wir wollen Dir heut Danke sagen, / es ist schön, dass wir Dich haben. / Gesundheit, Glück, Zufriedenheit / sollen Dich begleiten alle Zeit. / Alles Gute zu Deinem Geburtstag wünschen Dir von ganzen Herzen Silvia, Mario, Mario und Nicole, Jasmin, Aileen und Dein Urenkel Jaren-Len."

757 Ingeborg Kuse, geb. Höppner, Plau, Jg., 1939

80. Geburtstag, Parchim 1938

Am 12.5.2013 war in der Lübzer Ausgabe der SVZ neben einem farbigen Portraitfoto abgedruckt: „Zum 70. Wiegenfeste wünschen wir dir Bernd das Beste. Gesundheit, Glück und Sonnenschein sollen für dich treue Begleiter sein. Die Familie steht immer hinter dir, da spendierst du gern auch mal Bier. Bleib stets lustig, fit und heiter, so geht es leicht bis 100 weiter. Von Herzen Robin und Claudia." Im Januar 2012 wurde einer Dobbertinerin gratuliert: „Kaum zu glauben, aber wahr Christel wird heut 80 Jahr. 80 Jahre sind es wert, dass man Dich besonders ehrt. Darum wollen wir Dir sagen, es ist schön, dass wir dich haben! Deine Kinder, Enkelkinder und Urenkel". „Lieber Artur, Vati, Opa und Uropa. 85 Jahre hier auf Erden möchte mancher von uns werden! Du hast dies Ziel erreicht – sicher wars nicht immer leicht. Du gabst nie auf, mach weiter so und bleib noch viele Jahre froh. Für Lieb und Müh an allen Tagen möchten wir danke sagen. Bleib noch lang in unserer Mitte, das

Einladung zum Zuschauen beim Straf-Fegen der Treppe des Plauer Rathauses, Juli 2008

ist für uns die größte Bitte. Alles Liebe und Gute und vor allem Gesundheit wünschen dir von ganzem Herzen Deine Frau Hilde und Deine Kinder Hans-Jürgen, Marita, Helmut, Norbert und Irena mit ihren Familien. Kossebade, den 12. August 2013." Neben einem Schwarzweißfoto stand folgender Spruch: „Ick wull wi wärn noch kleen, Jehann, donn wier de Welt so groot. Wi seeten up dem Stehen, Jehann, weest noch – bi Nahwers Soot? An Hebben seilt de stille Maand, wi seggen, wo he leep. Wi fraachten, wat de Hebben hoch un wat de Soot woll deep? Liebe Frau Anni Stein! Zu Ihrem 100. Geburtstag grüße ich Sie sehr herzlich und wünsche Ihnen noch eine schöne Zeit bei Ihrer Nichte und deren Familie. Maria Esch Spornitz, 23. Januar 2013." Oft bedanken sich Jubilare ihrerseits für die Glückwünsche ebenfalls mit einer Anzeige. Viele Angehörige und Freunde gehen seit der Wende zudem in die Öffentlichkeit, indem sie am geschmückten Wohnhaus mit Plakaten und Transparenten auf die runden Geburtstage, die dort gefeiert werden, verweisen.

Seit der Jahrtausendwende gewinnt der 30. Geburtstag in der Brauchtumspflege an Bedeutung. Von Bremen seit 1956 ausgehend eroberte nach der Wende dieser neue Brauch zum 30. Geburtstag auch Mecklenburg. Wer an diesem Tag noch ledig ist, wird dafür öffentlich „bestraft". Unerheblich ist es, ob die Fegenden eine Partnerin/einen Partner haben oder verlobt sind, allein die Eheschließung verhindert den Brauch des Fegens. Familie und Freunde planen die Aktivität und führen sie durch. Die betroffenen Geburtstagskinder haben meist keine Kenntnisse vom genauen Ablauf der Veranstaltung. Männliche Geburtstagskinder müssen vor dem Rathaus fegen – und das in möglichst lächerlicher Verkleidung, begleitet von aufmunternden Rufen der Clique, die derweil ein Gläschen zu sich nimmt und oft auch an vorbeigehende Passanten Bier und Schnaps ausschenkt. Weibliche Geburtstagskinder müssen die Rathausklinke putzen. Der Fegende darf erst von seiner Arbeit ablassen, wenn er von einer Jungfrau (es darf ruhig auch die kleine Nichte sein) geküsst wird.[758] Mit dem Freiküssen aber hat der Fegende seine Aufgabe erledigt und kann sich den Zuschauern anschließen, die ihn bereits die ganze Zeit angefeuert, sich amüsiert und getrunken haben, denn das gemeinsame Feiern ist der Grund des Zusammenkommens.

Der Brauch erregt immer viel Heiterkeit bei Passanten, so dass die Presse das Ereignis in den Lokalnachrichten vermeldet. Im April 2002 hatte die Lebensgefährtin ihren nichtsahnenden Dieter zum Eis eingeladen. Vor dem Parchimer Rathaus erwartete ihn

758 vgl. Kerstin Ehlert: Dreißig – ledig – lustig? Moderne Bräuche am 30. Geburtstag. Beiträge zur Volkskunde in Niedersachsen, Schmerse 2005; Christian Marchetti: Dreißig werden. Ethnographische Erkundungen an einer Altersschwelle. Tübingen 2005: Michael Simon: Moderne Brauchinnovation. Geschichte und Funktion des Treppenfegens beim 30. Geburtstag. In: Jahrbuch für Volkskunde 21, Würzburg 1998

eine Überraschung. Freunde und Verwandte hatten dafür gesorgt, dass genügend Unrat vorhanden war, der von Dieter zusammengefegt werden musste. Dazu musste er sich verkleiden. Auf seinem T-Shirt war zu lesen: „Bin schon 30 – noch nicht verheiratet" und „Ich brauche eine Jungfrau, die mich freiküßt". Im November 2002 konnte man auf einem Plakat vor dem Lübzer Rathaus lesen: „Heute werde ich 30 und war noch nicht vorm Traualtar". Unter der Überschrift „Single musste am Geburtstag den Besen schwingen" wurde berichtet, dass Ulf Sägespäne von der Rathaustreppe gefegt hat. Doch er hatte Glück: Die 18-jährige Katrin aus Lübz hatte ein Einsehen und küsste das ledige Geburtstagskind. 2003 war neben einem Babyfoto zu lesen: „Hallo Leute, es ist wahr! Karsten wird am 7.12. 30 Jahr. Wir wünschen ihm viel Glück und Segen, drum muss er noch vorm Rathaus fegen. Alles Liebe zum Geburtstag wünschen dir Deine Familie und Freunde. Fegen am 7.12. um 14 Uhr."

Manchmal spannen Freunde auch ein beschriftetes Laken am Ortseingang, auf dem der Termin der öffentlichen Bestrafung zu erfahren ist. Der Parchimer André ahnte im Oktober 2004 etwas, denn er warnte seine Freunde: „Wehe, wenn ihr mir das antut", aber es half nichts, er musste Späne zusammenfegen.

Im Dezember 2004 säuberte Ronald den Vorplatz vor dem Lübzer Rathaus. Der Lübzer Benno sollte angeblich auf dem Lübzer Markt jemanden abschleppen, doch statt eines kaputten Autos warteten seine Freunde, die einen großen Sack Sägespäne verstreut hatten. Um das Fegen zu erschweren, bekam der Junggeselle einen Besen mit elastischem Stiel, der bei jeder Bewegung eine andere Richtung einschlug. Im Januar 2007 reinigte in Plau am See der verkleidete Malte die Rathaustreppe.

Straf-Fegen eines ledigen 30-Jährigen vor dem Plauer Rathaus, April 2006

Im Mai 2005 musste Yvonne in Gummistiefeln und mit schwarzer Perücke in Lübz eine Tür abschrubben, die ihre Familie liebevoll mit Zuckerguss und Nougatcreme dekoriert hatte. Die Lokalzeitung berichtet auch von neuen Ideen für 30-jährige ledige Frauen. Im Januar 2007 wurde Sandy in Lübz verdonnert, bei schneidendem Wind eine Stunde lang im Stadtpark auf den Knien Wäsche in der eiskalten Elde zu waschen, sehnsüchtig wartend, dass ein junger Mann sie freiküßt. In der Nacht zuvor hatte ihre Mutter im ganzen Stadtgebiet Steckbriefe verteilt, die auf das Spektakel hinwiesen. Im Juni 2007 erwischte es Steffi in Plau am See. Sie musste sich an der Treppe zur Elde in der Strandstraße als Waschfrau betätigen, natürlich im Arbeitskittel mit Kopftuch und altem Waschbrett. Sie hatte Glück, dass sie der Bruder ihrer besten Freundin bald mit einem Kuss erlöste.

Die zu lösenden Aufgaben wurden immer aufwändiger: Am Pfingstsonntag hatte Tobias in Dobbertin im Clownskostüm und Flossen an den Füßen 700 Luftballons mit den Nägeln an den Flossen und einer klei-

nen Harke alle Ballons zu verknallen. Im Juli 2013 stand der Lübzer Manuel vor der Aufgabe, im Storchkostüm sein Auto aus einer dicken Schicht Folie zu pellen. Doch dann war noch der im Innern mit Kronenkorken und Luftballons gefüllten Wagen zu säubern. Im März 2018 wurde der Passower Sebastian von seinen Freunden nach Lübz entführt, wo er im rosa Elefantenkostüm Kronenkorken von der Rathaustreppe fegen musste.

Warum für die „Bestrafung“ gerade der 30. Geburtstag auserwählt wurde, bleibt spekulativ – vielleicht, weil dieses Alter das endgültige Ende der Jugend markiert und weil der unverheiratete 30jährige nicht den Anforderungen der bürgerlichen Normalbiographie entspricht, die in seinem Alter eine eigene Familie voraussetzt. Die traditionelle Eheorientierung hat einer Paarorientierung Platz gemacht, die neben der Ehe auch andere Formen des Zusammenlebens anerkennt. So sind die meisten 30jährigen keine Singles, sondern in festen Partnerschaften gebunden.

100. Geburtstage sind eine Besonderheit, wozu Landesregierung, Landkreis und Kommune gratulieren. Dafür ein Beispiel: Am 28. 2.2015 feierte Grete Hefenbrock im Plauer KMG-Seniorenheim „Eldeblick“ im Kreise ihrer Familie ihren 100. Geburtstag. Der 1. stellvertretende Landrat Wolfgang Schmülling überbrachte die Glückwünsche vom Ministerpräsidenten und vom Landrat, der Plauer Bürgermeister Norbert Reier gratulierte im Namen der Stadt. Schmülling sagte in seiner Gratulation: „Es ist erstaunlich, wie viele Menschen die 100 erreichen. Im März haben wir im Landkreis eine ganze Reihe von solchen Jubilaren. Das ist ein Zeichen, dass man in Mecklenburg-Vorpommern gesund leben kann.“

Geburtstagsannoncen aus der regionalen Presse, 2014 bis 2017

HOCHZEIT

VERLOBUNG

„Wenngleich das Familienfest Hochzeit auch zugleich eine öffentliche Angelegenheit des Dorfes war, die eine Vielzahl von Gemeinschaftsbrauchtum ermöglichte, so waren die Brauchteilnehmer doch nicht gleich in ihren Anschauungen, blieben ungeschriebene Gesetze im Dorf stets gewahrt. Bei den Bauern genügten Liebe und Zuneigung beispielsweise nicht als Grundlage für ein Verlöbnis. Bei den Bauerntöchter ging es vielmehr nach dem Wunsch der Eltern, um Vermehrung des Besitzes.“[759] Auch die Volkskundlerin Ingeborg Weber-Kellermann verweist auf dieses Faktum: „Bei den Familienbräuchen kam das bäuerliche Besitzdenken in ganz besonderer Eindeutigkeit zum Tragen. Ländliche Hochzeiten, aber auch Taufen und Leichenbegängnisse dienten in hervorragendem Maße der Repräsentation des Hofes und der Demonstration der eigenen materiellen Möglichkeiten.“[760] Für einen Bauern war die Heirat „in gewisser Weise eine unabdingbare Lebensnotwendigkeit. Schließlich brauchte er für die Bewältigung der täglichen Arbeit eine Frau, er wollte eigene Kinder, die ihn später, wenn seine Kräfte nachließen, bei der Arbeit entlasten und einen Erben, der den Hof weiterführte. Darüber hinaus bot die Ehe die einzige Möglichkeit, ein sozial gebilligtes Sexualleben zu führen.“[761] Die drei wichtigsten Kriterien der bäuerlichen Brautsuche waren Mitgift, Arbeitsfähigkeit und Gesundheit. „Eine spontane und unreflektierte, nur die aktuellen Gefühle der beiden Partner und nicht die Verpflichtungen berücksichtigende Entscheidung konnte in

Bemalte ovale Spanschachteln (auch Haubenschachteln genannt) für Hüte und Hauben wurden in Süd- und Mitteldeutschland hergestellt und gehörten bis ins 19. Jahrhundert zur Mitgift der Braut, Museum Sternberg

diesem Umfeld Katastrophen verursachen. Eine sorgsam bedachte und abgewogene Partnerwahl war Voraussetzung, um allen Bedürfnissen, den eigenen, denen der zu versorgenden Personen (Alterteiler, jüngere Geschwister) und denen der zukünftigen Kinder gerecht zu werden.“ Das persönliche Glück lag für den Bauern darin beschlossen, eine Frau zu heiraten, „mit der er arbeitete, die ihm gesunde Kinder gebar und ihn durch ihre Mitgift vor Schulden bewahrte. Man kann wohl nicht bestreiten, daß das auch eine Art von Glück ist.“[762]

Häufig schenkte der Bräutigam seiner zukünftigen Frau besonders verzierte Arbeitsgeräte als sogenannte Minnegabe – Harken, Ellen, Waschhölzer, Mangelbretter und Haubenschachteln. Die Haubenschachteln hatten vor allem im 18./19. Jahrhundert Konjunktur. Sie kamen aus Bayern (Berchtesgaden, Oberammergau) und Thüringen nach Mecklenburg und waren auf ihrem Deckel bemalt, oft auch am Rand mit einem Spruch versehen, z. B. „Leib und Seele wird vergnügt, wo getreue Liebe siegt“, „Die Liebes Hand macht Vestes Band“, „Wer Gott

759 Bentzien/Neumann a. a. O., S. 355
760 Weber-Kellermann: Feste a. a. O. S. 19
761 Rosenbaum a. a. O., S. 72
762 ebenda S. 73

vertraut krigt eine Braut".[763] Auch Verwandte beschenkten die Braut. So wurde in Loosen zur Hochzeit von einem Onkel an die Nichte eine Harke verschenkt, die mit Herzen und Tulpenmotiven verziert und mit folgenden Einritzungen versehen war „1845 Frau Dorothea Vonsien geb. Tiede".[764]

Johannes Pabst aus Benthen hielt fest, dass im Herbst immer an einem Freitag geheiratet wurde. „Un all siet ollen Tieden müßten de Preister un de Köster ut Benthen nah de Filialkirch un dor de Brutlüd tosammensmäten."[765] Er schreibt weiter: „Nu künn de Fier losgahn. Dor kem ok all 'n jungen Mäten rin, ünner'n Arm harr se einen tüünten Riesbessen mit 'n langen Still. Se flünkte denn' Brüjam ut: „Paul Kamens, hier frag ik di, hest du mi nich versspraken, dat du mi doch bald heuraten wist? Nu hest din Wurt du braken." Dunn ded se sik an de Brut wenn': Du annes Worm, du dest mi so recht von Harten durn, / de Slüngel ward ok di hemm' to 'n Griesen un to 'n Buern! / Bedrag di nich bie em as Lamm un holl em kort un holl em stramm! / Ik schenk di dissen Bessen, dormit du em kannst kessen un dükern bäten dal. He is mit alle Hunn' hißt, mit Schulten sinen tweimal!"[766]

763 Karla Kristine Lübeck: Hasen Braden und Sollad es ich gerne früh und spaht – Mentalität auf Haubenschachteln. In: SVZ Mecklenburg-Magazin Nr. 16 vom 5.8.1994
Vgl. Mechthild Wiswe: Spanschachteln – Geschichte, Herstellung, Bemalung. München 1986

764 Müns a. a. O., S. 236

765 Johannes Pabst: Flas un Linnen Schwerin 1986, S. 21

Polterabend Kuse 1959 in Plau

POLTERABEND

Das Zertrümmern von Glas oder Geschirr („Scherben bringen Glück") am Polterabend findet seine Ursache in der immer wieder gemachten Erfahrung, dass jedes menschliche Glück seinen Preis hat, weshalb die bösen Mächte ihren Teil bekommen müssen. 1887 wurde in Plau bestimmt: An Polterabenden Töpfe, Glas, Scherben und dergleichen gegen die Häuser und auf die Straßen zu werfen, ist verboten.[767] Aus Spornitz berichtet das Ehepaar Esch: „Der Polterabend leitete das Fest ein. Gute Nachbarn und vor allem junge Burschen und Mädchen warfen Schüsseln, Flaschen, Teller und anderes vor die Haustür und polterten damit. Am Hochzeitsmorgen musste das Brautpaar den Unrat zusammenfegen und wegräumen. Dabei durfte niemand helfen, denn derjenige würde dem Brautpaar „das Glück vor der Nase" wegnehmen. Am Polterabend war es durchaus üblich, mit einem Gedicht das Brautpaar und die Gäste zu begrüßen. Auch die Gäste und die Kinder brachten ihre Geschenke mit passenden Worten dem jungen Paar dar. Für schaulustige Zaungäste wurde oftmals eine Flasche Alkohol oder auch Kuchen herumgereicht."[768]

766 Vertellt von Johannes Pabst, Benthen, 1983. De Pulterabend. In: Johannes Pabst: Land un Lüd Riemels un Vertellers. Schwerin 1992, S. 68

767 Straßen-Polizei-Ordnung für die Stadt Plau am See von 1887

768 Hans und Maria Esch: Spornitz früher und Leute. Ein Lesebuch, Schwerin 2005, S. 210

Schon immer gehörten Scherz und Musik zum Polterabend. 1873 bot in Plau der Tanzkunstlehrer A. Wartenberg an: „Auch empfehle mich bei vorkommenden Fällen zur Einübung von Hochzeits-Tänzen und Polterabend-Tanz-Scherzen."[769] Anscheinend waren Verlobungsanzeigen in der 2. Hälfte des 19. Jahrhunderts in der Zeitung nur üblich, wenn einer der Brautleute aus einem anderen Ort stammte, wie aus den Annoncen in der Plauer Zeitung nach 1870 hervorgeht: 1872: „Meine Verlobung mit Fräulein Ida Michels in Rostock beehre ich mich hierdurch gehorsamst anzuzeigen. Plau, den 24. August 1872 Wilhelm Clasen."[770] 1874: „Die Verlobung ihrer Tochter Auguste mit dem Glasermeister Herrn Knaack im Hamburg zeigen hiermit statt besonderer Meldung ergebenst an W. Brandes und Frau."[771] 1876: „Statt besonderer Meldung Elisabeth Brüssow Schwerin Rector Paul Greve Verlobte Plau."[772] Das war auch bei Danksagungen so: 1875: „Am 12. Februar feierten wir den frohen Tag unserer ehelichen Verbindung Carl Knaack Auguste Knaack, geb. Brandes" und „Für die uns bei der Hochzeit unserer ältesten Tochter Auguste bewiesene freundliche Theilnahme sagen wir hiermit unsern herzlichen Dank W. Brandes und Frau."[773] Heute werden regelmäßig Verlobungs- und Hochzeitsanzeigen in der Zeitung abgedruckt, ebenso Danksagungen nach der Vermählung.

Der Polterabend als Abwehrzauber gegen die das Brautpaar bedrohenden dämonischen Mächte findet gemeinhin am Abend (meist der Freitag) vor der Hochzeit (meist der Sonnabend) im Haus der Braut statt. Nach 1990 verbreitet es sich, dies einen Tag vorzuverlegen, um dem Brautpaar einen Tag Pause zwischen Polterabend und Hochzeitsfeier zu gewähren. Etliche Paare legen auch Hochzeit und Polterabend zur sogenannten „Polterhochzeit" zusammen – am Vormittag erfolgt die standesamtliche Trauung, am Abend wird gepoltert.

769 PZ Nr. 5 vom 15.1.1873
770 PZ Nr. 68 vom 28.8.1872
771 PZ Nr. 70 vom 2.9.1874
772 PZ Nr. 82 vom 14.10.1876
773 Spornitz früher und heute. Ein Lesebuch, Schwerin 2005, S. 210

Junggesellenabschied

Nach 1990 verbreitete sich ein neuer Brauch, der Junggesellabschied. Für viele Brautpaare gehört der Junggesellen- und Junggesellinnenabschied inzwischen zum Programm vor der Hochzeit.[774] Mit diesem Ereignis wird ein anderes Publikum angesprochen als mit dem Polterabend, zudem findet er zeitlich einige Tage oder sogar Wochen vor der Hochzeit statt. Die Gäste sind in männlich und weiblich gemäß ihrer Zugehörigkeit zu Bräutigam und Braut getrennt. Es kommen nur enge Freunde, keine Verwandten oder

774 vgl. Andrea Graf: Erste Ergebnisse der Erhebung zum Junggesellinnenabschied im Rheinland „Der letzte Tag in Freiheit?" In: Alltag im Rheinland 2012, Mitteilungen der Abteilungen Sprache und Volkskunde des LVR-Instituts für Landeskunde und Regionalgeschichte, Bonn 2012

Junggesellinnenabschied in Plau, Juli 2009

Nachbarn, denn es verbindet die Gruppe die Freundschaft, nicht die gemeinsame Herkunft. Die Gruppe macht sich deshalb auch häufig nach außen durch einheitliche T-Shirts erkennbar. Der Ort der Feier ist fast nie der Herkunftsort, es wird absichtlich die nächstgelegene Stadt besucht. Es sieht so aus, als ob damit die Tradition des Polterabends verschwindet, bei dem Dorfgemeinschaft und Jugendfreunde vor der Hochzeit mit Scherben böse Geister vertreiben sollen. Der Polterabend gehört in eine traditionelle Gesellschaft, in der jedem seine Rolle zugeordnet war. Die soziale Norm in der Dorfgemeinschaft verlangte geradezu die Veranstaltung von Polterabenden: Jeder durfte kommen. Eine geschlossene Gesellschaft gab es nicht, dafür Essen und Trinken, Musik und Aufgaben für das Brautpaar. Im Gegensatz zum Polterabend ist der Junggesellenabschied kein Brauch, der an ein klassisch normierendes System gebunden ist, er stellt sozusagen einen „Partytermin von vielen" ohne traditionelle Erwartungshaltungen dar, der allerdings ohne Mitwirkung von Fremden nicht funktioniert. Er wird organisiert von den Freundinnen für die Braut und von den Kumpels für den Bräutigam.

Nicht von ungefähr wird in Plau am See deshalb die alljährliche „Badewannenrallye" im Juli dazu von getrennt agierenden Braut und Bräutigam genutzt, Geld zu sammeln. Dazu werden sie von Freundinnen bzw. Freunden begleitet. Die Tausenden Besucher sind der Anlass, die Vorübergehenden anzusprechen und sie um eine Spende für ihre Hochzeit zu bitten. Wer dem nachkommt, kann sich ein kleines Geschenk auswählen. Von dem Geld sollen die Hochzeitsschuhe bzw. der Hochzeitsstrauß gekauft wenden. Obwohl der Junggesellenabschied aus dem englischsprachigen Raum stammt, kann man ihn nicht als Kulturimport bezeichnen. Dazu fehlt eine Kontinuität der Form, der Funktion und der sozialen Trägergruppe – es gibt lediglich eine Anlasskontinuität. Außerdem ist der Gestaltungsspielraum groß, alles scheint möglich ohne festes Ritual: Das Programm ist öffentlich, die Gästeliste schreibt der Zufall, jeden, der vorüberkommt, kann es treffen. Der Junggesellenabschied zeigt aber, dass es weiterhin den grundsätzlichen Wunsch gibt, Übergänge im Lebenslauf rituell zu gestalten.

Das „Spektakel" erregt natürlich das Interesse der Öffentlichkeit, die oft danach aus einem Zeitungsartikel Näheres zum Hauptakteur/in erfährt. Aus ihrem Junggesellinnenleben verabschiedete sich 2013 in Matzlow Sarah Brummund, die Hochzeit folgte am 30. April, die kirchliche Trauung fand am 3. Mai statt. Mit ihren besten Freundinnen – allesamt kostümiert als Hippies der 60er Jahre – zogen sie mit Esel und Kinderwagen von Haus zu Haus und boten das Spiel auf einem Glücksrad an. Mit der Startgebühr von jeweils mindestens einem Euro finanzierte Sarah den Kauf ihrer Brautschuhe.[775]

Vor der Hochzeit

Was wäre eine Hochzeit ohne Gäste, die zusammen mit dem glücklichen Paar den gerade geschlossenen Ehebund feiern. Doch wie erfahren sie von dem frohen Ereignis? Ein Telefonanruf, ein Brief, eine E-Mail, es gibt heute viele Möglichkeiten, die Einladung an den Mann bzw. die Frau zu bringen. Es gab natürlich die Möglichkeit einer schriftlichen Einladung. Der Plauer Buchhändler Louis Hancke bot beispielsweise 1873 Gratulationskarten zur Silberhochzeit an.[776] Doch wie lief das vor Erfindung technischer Möglich-

775 SVZ Parchimer Ausgabe vom 10. 4.2013
776 PZ Nr. 104 vom 31.12.1873

keiten ab? Die Einladung überbrachten vor dem 1. Weltkrieg in den norddeutschen Dörfern die Hochzeitsbitter[777], welche in Mecklenburg „Hochtiedbidder oder Köstenbidder“ (Köst = Festschmaus) genannt wurden.

Pastor Bassewitz aus Brüz schrieb 1880 an den Volkskundler Karl Bartsch: „In Brüz wurde gesagt: „Guten Tag ins Haus, / Ist der Herr und die Frau ein oder aus? / Wie gehts, wie stehts um ein friedliches, fröhliches, junges Leben? / Jetzt komm ich geritten: / Hab’ ich kein Pferd, komm ich geschritten. / Hier zur Hochzeit zu bitten, ist mein Begehr, / Dem Bräutigam und der Braut zur Ehr. / Ich hab einen freundlichen Gruß anzubringen / Von dem Bräutigam und der Braut, die lassen bitten: / Herr und Frau, Jungfrau und Gesellen nicht allein, / Sondern das ganze Hausgesinde. / Der Bräutigam und die Braut, die lassen freundlich bitten: / Daß ihr am Freitag um 8 Uhr euch fleißig einstellt. / Schnüret den Beutel und putzet den Hut, / Habt einen unverzagten Muth; / Schmieret die Stiefel und putzet die Schuh, / Fahret oder reitet nach dem Bräutigam zu! / Ihr Mädchen setzet euch auf einen Kranz / Und seid bedacht auf einen fröhlichen Tanz! / Ihr Weiber seid wacker und stellet euch ein, / Denn ohne euch kann keine Lustigkeit sein. / Etliche Faß Bier und etliche Faß Wein, / Die sollen auch auf der Hochzeit sein. / Die groten Fisch mit den’n breiden Stiert, / Dei sünd dei Botter ok noch wiert. / Zwanzig fette Ochsen und zwanzig fette Schwein, / Zwanzig fette Hammel, die sollen da sein. / Die Hühner und die Gänse, die sitzen im Stall, / So hoch up den Wiemen und hab’n keine Tall. / Der Hahn sitzt bei der Henne, hat Sporen an den Föten, / Es soll auch nicht fehlen an Fiedeln und Flö-

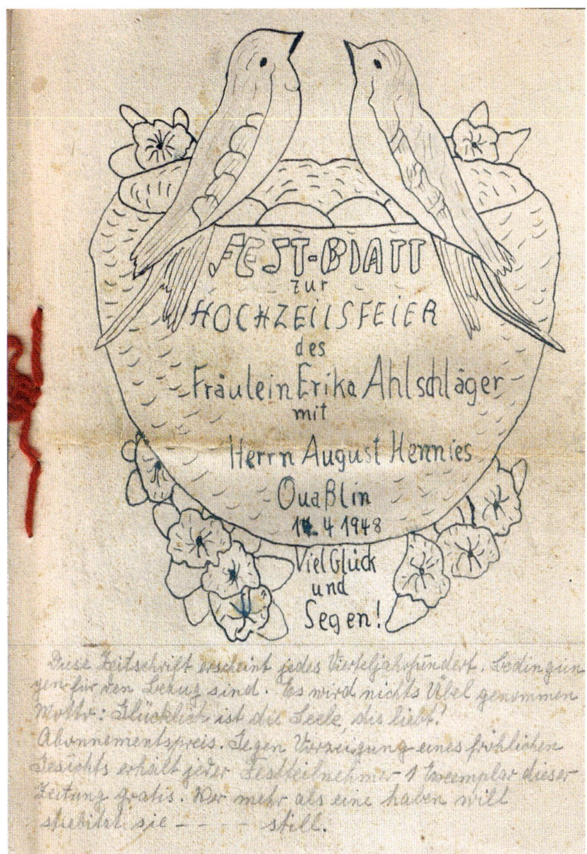

Hochzeitszeitung April 1948 in Quaßlin

ten. / De Krinten (Korinthen) un Rosinen hadd’ ik bald vergȩten, / Dei warr’n so gor mit ‘n Schȩpel mȩten. / Kannen und Krüge, Teller und Bricken / Darauf wird der Wirth sich von selber schon schicken. / Der Bräutigam und die Braut lassen euch bitten, / Die Gesellen zu Pferd und die Jungfern auf dem Wagen. / Ich bin nicht hoch studirt, / Ich hab nicht viel gelernt, / Ich bin nur klein von Sachen, / Viel Complimente versteh ich nicht zu machen. / Ich begehr’ ein gut Glas Bier oder Brantewein, / Dann werd ich noch ein wenig lustiger sein; / Oder ein Glas Wasser ganz rein, / Dann bleibt der Verstand darein.“[778]

777 ausführlich im Mecklenburgischen Wörterbuch Band 3 Sp. 723 f. unter dem Stichwort Hochtiedenbidder

778 Bartsch a. a. O., S. 74 f. Heike Müns druckte

Rätsel aus einer Hochzeitszeitung, 1948 Quaßlin

Die Einladung zur Hochzeit erfolgte in der Griesen Gegend folgendermaßen: „Die Hochzeit war früher nicht nur eine Angelegenheit der beiden beteiligten Familien. Das ganze Dorf nahm an der Hochzeitsfeier, dem bedeutendsten Fest des Lebens, lebendigen Anteil, der nicht nur von bloßer Schaulust eingegeben war. Das zeigte sich bereits bei der Einladung zur Hochzeit, die bis etwa 1870 in fast ganz Mecklenburg Aufgabe des Hochzeitsbitters („Hochtiedenbitter") war. In einzelnen Fällen trat der Hochzeitsbitter bis 1900 auf ... Der Hochzeitsbitter sollte ein vertrauenswürdiger, geistig beweglicher und dabei trinkfester Mann sein, der sich seiner Mission mit Würde und in althergebrachter Weise zu entledigen wusste. Deshalb bat man meist Personen dazu, die sich schon öfter als geeignet erwiesen hatten, mitunter auch Familienangehörige. Der Hochzeitsbitter kleiner Hochzeiten, besonders Tagelöhnerhochzeiten, ging zu Fuß. Er trug einen Spazierstock, der mit bunten Bändern umwickelt war, die ihm die Brautjungfern schenkten. Wenn zu großen Hochzeiten geladen wurde, war der Hochzeitsbitter stets beritten. Sein Pferd, häufig ein Schimmel, wurde vorher sorgfältig geputzt („blank makt") und mit Blumen, bunten Bändern, Stanniolpapier oder mit Schellen und einem Federbusch geschmückt. Er selbst trug eine Schärpe, bunte Taschentücher, seidene Tücher, Blumen und Bänder, die an seinem Hut befestigt waren. Wie auch der laufende Hochzeitsbitter erhielt er seinen Putz von den Brautjungfern, teilweise von geladenen Gästen oder wie in Ludwigslust und Grabow von Kaufleuten der Hochzeitsgesellschaft. Deshalb ritt er zuerst in die Städte, um die Kaufleute zur Hochzeit zu bitten, und erst dann in die Dörfer, wo Pferd und Reiter mit weiterem Flitterschmuck behängt wurden. Im Allgemeinen schickte man nur einen Hochzeitsbitter. Bei sehr großen Bauernhochzeiten konnten bis zu vier Bitter unterwegs sein. Diese ritten in die Läden hinein, auf die Dielen der Bauernhäuser oder gar in die Stuben. Dort ritten sie stellenweise umher und sagten ihren Spruch auf. Sobald sie stehen blieben, hängte man ihren Pferden Wischtücher, „ein Stück Fell oder andere Dummheiten" an, die sie nicht entfernen durften."

In einigen Dörfern wurde zweimal zur Hochzeit geladen, aber nur diejenigen Gäste, die im Ort wohnten, in dem die Feier stattfinden sollte. Entweder überbrachte der Hochzeitsbitter die zweite Einladung am Abend vor der Hochzeit oder am Morgen des Hochzeitstages. Es hieß dann: „Hochtiedenvater un Hochtiedenmudder laten välmals grüßen un se müchten nu man to Hochtied kamen." Wenn der Hochzeitsbitter am Morgen einlud, trug er eine große Henkelflasche („Kannsbuddel"), aus der er all denen einschenkte, die er unterwegs traf. In Vielank übernahmen diese Aufgabe die Brautjungfern in Begleitung blasender Musikanten. Ab etwa 1900 verlor sich der Brauch,

in ihrem Buch einen langen Hochzeitsbittereim aus Glaisin ab. Müns a. a. O., S. 238 ff.

Hochzeitsbitter für die Einladung zum Fest auszuschicken. Sie mussten ihren Platz den Karten überlassen."[779]

Im Mecklenburgischen Wörterbuch wird darauf hingewiesen, dass Aussteuer und Braut abgeholt wurden: „Am Tage vor der Hochzeit wurde die Aussteuer der Braut mit Musik auf den Kammerwagen, auch Koeken- oder Schapenwagen genannt, den der Bräutigam zu diesen Zwecke unter Begleitung von zwei Offer- oder Brutfrugens ausgeschickt hatte, geladen, zuerst kamen das Spinnrad und das Butterfaß, welches die Braut persönlich auf den Wagen reichen mußte."[780] Klatt bemerkt dazu aus der Griesen Gegend: „Braut und Aussteuer wurden am Morgen der Hochzeit bzw. einen Tag davor abgeholt. Der Transport der Aussteuer war besonders dann, wenn die Braut aus einem anderen Dorf kam, mit einer Reihe von Bräuchen verbunden. Der Leiterwagen („Austwagen"), mit dem die Aussteuer der Braut abgeholt wurde, hieß im Allgemeinen Brautwagen („Brutwagen"). Wenn ein Wagen nicht ausreichte, fuhren hinter ihm bis zu sechs andere, die sogenannten „Koekenwagen". Der Brautwagen war mit Flachs geschmückt oder wie in Loosen mit bunten Bändern, Konfekt und einem mit 10 bis 12 Lichtern besteckten Baum (Tanne oder Fichte). Der wurde im neuen Heim der Braut aufbewahrt, bis keine Nadel mehr an ihm steckte ... Mitunter saßen auf dem Brutwagen schon Musikanten oder „Juuchter" mit bunten Papierhüten. Zuweilen begleiteten Berittene den Wagen. Umfang und Wert der Aussteuer hingen natürlich von der finanziellen Lage der Brauteltern ab."[781] In der Griesen Gegend waren die Hochzeitswagen auf verschiedene Art geschmückt: „Am Tag vor der Hochzeit richteten die Brautjungfern

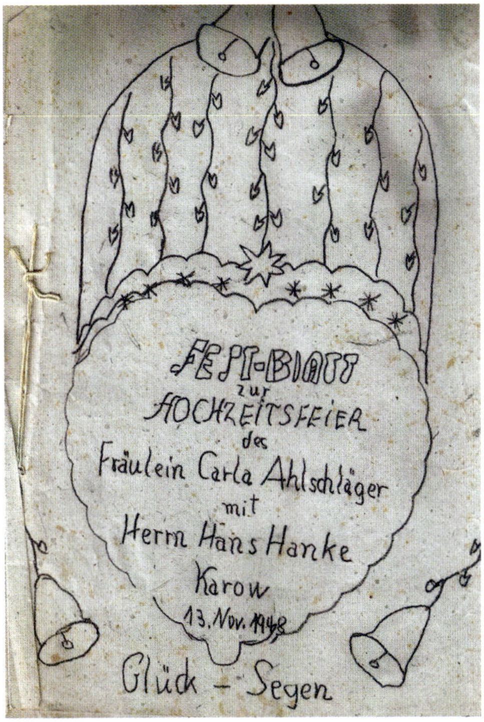

November 1949 in Karow

die Pferde des Brautwagens her und statteten die Kutscher aus. Sie waren mit Blumen, Bändern, Geisterblank" und zuweilen mit einem sogenannten „Tost" herausgeputzt. Unter dem Sitz des Brautwagens brachte man einen Holzpantoffel („Holtentüffel") an, damit der Mann später immer „unterm Pantoffel" sei."[782]

Eine nur für die Hochzeit angefertigte Brauttracht gab es im Südwesten Mecklenburgs nicht. „Die Braut trug die besten Stücke ihrer Sonntagstracht, die sich nur durch einen besonders reichen Schmuck auszeichneten. Dazu gehörten lange, buntseidene Schärpen und ein weißes, reich mit Gold und Silber besticktes Halstuch. Überall waren Sträuße von Flittergold und Glasperlen angebracht."[783]

779 Klatt a. a. O., S. 72–75
780 Wossidlo/Teuchert Band 3 a. a. O. Sp. 728
781 Klatt a. a. O., S. 75
782 ebenda S. 88
783 Mecklenburgische Volkstrachten, Rostock 1983, S. 7

Eine Hochzeitszeitung gehörte im 20. Jahrhundert ebenfalls zum festlichen Anlass, stellt sie doch ein schönes Erinnerungsheft an den Hochzeitstag dar. Meist wird die Hochzeitszeitung von den näheren Verwandten für das Brautpaar erstellt, kennen diese doch viele Geschichten und Anekdoten rund um das Brautpaar. Sie dient auch der Unterhaltung am großen Tag und soll das Paar und die Gäste auf humorvolle Weise vorstellen. Dazu mag die Hochzeitszeitung von Carla Ahlschläger und Hans Hanke vorgestellt werden, die am 13.11.1948 in Karow (bei Plau) heirateten. Sie beginnt mit einem Segenswunsch für Liebende jeder Altersklasse und einem Leitspruch. Es folgen Veranstaltungsmaßnahmen und ein Polizeibericht. Im letzeren ist u. a. zu lesen: „Ein junger Mann möchte heute seinem zu den schönsten Hoffnungen berechtigtem Junggesellenleben ein Ende setzen. Vor den Augen einer großen Menge stürzte er sich mit einem kaum vernehmbaren Seufzer in die Ehe. Selbstmord: Heute schwang sich ein junges Mädchen mit ihrem Liebhaber in einem Anfall von Liebesraserei in den Ehehafen. Amtliches: Die Polizeistunde ist für diese Nacht vom 13. auf 14. November aufgehoben. Polizist Hanke. Sobald die Zahl der Gäste auf weniger als einen zusammengeschmolzen ist, ist die Festlichkeit abzubrechen. Polizist W. Möller." Es folgen Tagesberichte, Wetternachrichten, Gedichte, Liedtexte und Anzeigen. Darin ist beispielsweise zu lesen: Anklage: Ach, Hans, warum hast du uns das angetan. Wir haben dich treu, innig und wahr geliebt. Gib uns unsere Briefe, Bilder und Haarschleifen zurück. 199 arme, von dir verlassene Mädchen. Meine Freunden bitte ich alles aus meiner Junggesellenzeit zu verschweigen, da es meine Frau nicht zu wissen braucht. Zu Gegendiensten gern bereit Hans Hanke. Dieb gesucht, dem es gelingt, meiner Frau den Pantoffel zu stehlen, unter den sie mich bringen will. Heidenmäßige Vergütung. Offerten unter Hans an die Expedition dieses Blattes. Erteile Anweisungen im Briefeschreiben jeder Form, ob zärtlich, grob oder lang, jedes Schreiben ist staatlich anerkannt Förster Ahlschläger." Jedem Gast war ein Zweizeiler gewidmet, der zur Liedmelodie „Eine Seefahrt, die ist lustig" gesungen wurde: „Tante Friedchen immer fleißig und zu jeder Zeit bereit, doch zu dieser weißen Hochzeit hat sie sich schon lang gefreut. Wolfgang Ahlschläger will jetzt kein kleines Muttersöhnchen sein, beweist es mit dem Wort. Was soll ich denn zu Haus ganz allein? Walter Frehse kann nichts passieren und es ist ihm einerlei, doch am liebsten mag er essen Bratkartoffeln mit Spiegelei. Unser Hanne wäre gern auch zur Hochzeit hergeeilt, aber trotzdem freut er sich, denn er weiß die Entlassungszeit (er war noch in Kriegsgefangenschaft – W. H.)". Die Hochzeitszeitung, mit der Hand geschrieben,[784] war übrigens im Ormig-Verfahren[785] auf grauem Papier hergestellt worden. Vor dem 2. Weltkrieg besorgten das in guter Qualität kleinere Druckereien in der nächsten Stadt, so die Druckerei Froh in Plau oder die Druckerei Taeschner in Parchim.

784 Die Schreibmaschinen, wie auch Fotoapparate und Radios, mussten 1945 an die sowjetische Besatzungsmacht abgegeben werden.

785 Bei dem „Spiritus-Umdruck-Verfahren" wird mittels Schreibmaschine oder Zeichenstift eine seitenverkehrte, farbintensive Kopie des Originals hergestellt. In einem zweiten Arbeitsschritt wird ein mit Spiritus befeuchtetes Papier gegen diese Kopie gepresst. Ein Teil der Farbe wird herauslöst und auf das Papier übertragen. Durch den zweifachen Kopiervorgang erscheint der Abzug wieder in seitenrichtiger Form. Je nach Qualität der Materialien lassen sich zwischen 30 und 250 Kopien herstellen

HOCHZEIT

„Die Bräuche, die sich direkt mit der Trauung verbanden, kreisten vor allem um drei zentrale Dinge: ein harmonisches Miteinander der Eheleute, Kindersegen und Familienhierarchie. Überblickt man die Aussagen der Zeitzeugen zur Trauung, ist man geneigt zu glauben, dass sich in jenen kurzen Augenblicken entscheiden würde, wer von den Brautleuten welche Position im künftigen Familienleben einnehmen werde. So sollte die Braut bei ihrem Jawort dem Bräutigam auf den linken Fuß treten, damit sie die Herrschaft im Hause erhalte. Das konnte während der ganzen Trauung geschehen und auch vom Bräutigam getan werden. Eine andere Möglichkeit ergab sich für die Braut gleiches zu erreichen, wenn sie beim Gang zum Altar versuchte, zwischen Bräutigam und Altar auf die linke Seite zu kommen. Andernfalls sollte der Bräutigam das Wort erhalten. Auch trachteten Braut und Bräutigam danach, jeweils ihre Hand oben zu haben, wenn der Pastor die Hände des Brautpaares zusammenlegte, da derjenige die Hand nachher im Hause oben habe, der sie während der Trauung oben hatte. Jene fast schon merkwürdig anmutenden Gesten drückten unter der Oberfläche noch etwas ganz anderes aus: Sie gestanden nämlich Braut und Bräutigam individuell zu, gemeinsam und frei über ihr künftiges Zusammenleben zu entscheiden. Nominell waren sie dadurch von gesellschaftlichen Sanktionen entbunden, die ein weniger freizügiges Familienmodell vertraten. Ob sich dieser gestikulierte Anspruch auch in die Praxis umsetzen ließ, ist eine ganz andere Frage."[786]

Klatt konstatiert weiter: „Hochzeiten in der Griesen Gegend wurden in der zweiten Hälfte des 19. und am Beginn des 20. Jahrhunderts noch weit mehr von materiellen und öffentlichen Interessen geprägt als in der Gegenwart. Der gesamte Ablauf der Heiratsverhandlung, Trauung und Hochzeitsfeierlichkeit war an unterschiedliche Bräuche und Rituale gebunden, welche Sorgen um

786 Klatt a. a. O., S. 90 f.

Hochzeitskutsche, 1920er Jahre

Bräute mit schwarzen Hochzeitskleidern (vor 1914). Fotograf Fritz Blanke, Parchim

das künftige Wohlergehen des Brautpaares eindringlich widerspiegeln. Weder die Auswahl der Gatten noch das künftige harmonische Beisammensein in der Ehe als Voraussetzung für Wohlstand und Nachkommenschaft der Familie sollten dem Zufall überlassen werden. Eine größtmögliche Anzahl von Werbern, Brautjungfern sowie Helfern bei den tatsächlichen Hochzeitsfeierlichkeiten halfen, dieses Ziel abzusichern. Jene waren ebenfalls Anzeiger für den sozialen Stand des Brautpaares innerhalb der Gemeinde. Dementsprechend unterschiedlich fielen die Hochzeiten im zeitlichen als auch finanziellen Umfang aus. Feierlichkeiten von Personen, die selbst oder deren Eltern im Mittelpunkt des Gemeindelebens standen, konnten bis zu drei Tage währen, mit einer Gästezahl von bis zu 300 Personen aus Familie, Freundeskreis sowie aus dem Umland."[787]

Richard Giese berichtet aus der Griesen Gegend: „Am Donnerstag, gegen neun Uhr morgens, rückten die ersten Gäste an und wurden mit einem „Tusch" empfangen. Die „Grotdäl" und der Hauseingang waren festlich geschmückt, und der Saal des Dorfkrügers lag auf der „Grotdäl" aufgeschlagen. Alles war auf den Empfang des Bräutigams vorbereitet. Er kam auf einem großen, von vier geschmückten Pferden gezogenen Leiterwagen aus dem Nachbardorf. Auch die „Biriders" fehlten nicht. Sie veanstalteten ein Rennen zum Hochzeitshaus. Der Sieger bekam eine weiße Schürze vorgebunden, in deren Taschen eine Flasche Wein und ein Stück Kuchen gesteckt wurden. So angekleidet jagte er wieder zum Dorf hinaus, dem Bräutigamswagen entgegen, der bis zu seinem Eintreffen an der Feldmarkgrenze warten mußte. Jetzt bekam der künftige Ehemann einen Schluck Wein und ein Stück Kuchen, und erst darauf durfte

787 ebenda

die Weiterreise angetreten werden. Mit gewaltigem Tusch wurde der fröhliche Zug bei seinem Eintreffen begrüßt, und jetzt konnte das Fest beginnen. An die zwanzig Wagen fuhren zum nahen Kirchdorf. Der Brautwagen kam bei der Hinfahrt an erster, bei der Rückfahrt an letzter Stelle. An verschiedenen Stellen wurde „gesnert", ein Seil über die Straße gezogen, und man mußte sich durch Herausgabe einer Flasche Koem loskaufen.[788]

Zu Hause war während der Abwesenheit der Hochzeitsfahrer alles für das Mittagessen vorbereitet. In langen Reihen hatte man auf der „Grotdäl" gedeckt. Es gab Kartoffeln und Braten. Auch die „blank Supp" fehlte natürlich nicht. Als Getränk wurde selbstbereitetes Bier und Branntwein, der auch im eigenen Haushalt hergestellt war, verabreicht. Zum Nachtisch aber wurde dicker Reis mit „Brunsupp", einer Suppe aus Rosinen, Korinthen und Sirup, sowie dickgekochte Pflaumen mit Kaneel aufgetragen. Die „Muskanten" bliesen, und die „Danzknechts" und „Brutdierns" juchten, und so war man zum kommenden Tanz in richtiger Stimmung. Schnell wurde abgeräumt, und bald fanden sich die Paare zum „Schottschen", „Walzer", „Scheperdanz", „Küssedanz" und vielen anderen schönen Tänzen. Noch heute klingt die Melodie des Walzers „As uns' Großvadder uns' Großmudder nehm, dunn wier uns' Großvadder jung Brüdigam un uns' Großmudder jung Brut" durch die Gegend, und über die welken Züge der „Alten" geht ein

Braut mit weißem Hochzeitskleid, 1920er Jahre

frohes Lächeln; wenn sie an den „Rückereh" denken, der in vergangenen Zeiten besonders beliebt war. So mancher, der bei diesem Hochzeitstanz die Braut rauben wollte, hat sich eine blutige Nase geholt. So verging bei Tanz und ausgelassener Fröhlichkeit die Zeit. Nur selten kam es vor, daß jemand vorzeitig das Fest verließ. Er wurde aber, sobald es bemerkt wurde; mit Musik auf dem „Stell", dem Vordergestell eines Ackerwagens, wieder zum Hochzeitshause gefahren.

Am Sonnabend gegen Mittag wurde endlich eine Pause eingelegt, alles war nun doch müde geworden. Am Sonntag aber erschienen die Gäste zur Nachfeier. Es wurde wieder getanzt, gegessen, getrunken und gesungen, bis der Montag graute und endlich die „Swartsupp" als letzte Speise aufgetragen wurde. Dies war das Zeichen, daß man die Berge von Brot, Kuchen und Braten aufgegessen, daß alles Trinkbare ausgetrunken

788 Die Volkskundlerin Ingeborg Weber-Kellermann stellt fest, dass man eigentlich nur im eigenen Dorf innerhalb der gleichen sozialen Schicht heiratete. Allein in der Gruppe der reichen Bauern suchte man zuweilen einen Ehegatten in einer der umliegenden Gemeinden, wenn im eigenen Dorf das Besitzprestige nicht zu befriedigen war. Solche Überschreitung der Norm musste mit Geldsanktionen gebüßt werden, die sich im Brauch der Wegsperre zeigte. Vgl. Weber-Kellermann: Feste, S. 21

war. Hochbefriedigt verließen die Gäste das Hochzeitshaus, indem nun ein junges Bauernehepaar sein neues, arbeitsreiches Leben beginnen sollte. Im Dorfe aber lieferte Trinas große Hochzeit noch wochenlang interessanten Gesprächsstoff für jung und alt."[789]

Die nicht geladen waren, kamen zum „Hochtiedkieken", wie es Ilse und Martin Daebel aus Lübz für die Zeit um 1900 beschreiben: „Wenn früher Hochtied fiert wör, wier abends dei ganze Nahwerschaft bi gäng. All Frugens keken int Hochtiedshus in dei Finstem un dei wiern weit apen. Dei Gedienen müßten ok noch trügg treckt sien, sodat dei Taukiekers allens genau mitkregen, wat sick binnen int Hochtiedshus afspälte."[790]

In Wahlstorf war nach dem 2. Weltkrieg üblich: „Wenn im Dorf Hochzeit gefeiert wurde, gab es abends Zaungäste. Dann kamen die Leute und schauten dem Leben und Treiben der Hochzeitsgesellschaft zu, meistens durch die Fensterscheiben in den Saal der Gastwirtschaft Tönse. Das Brautpaar spendierte meistens ein Schnäpschen. Manche Zaungäste bewiesen Ausdauer – oft bis nach Mitternacht. Wenn im Saal gefeiert wurde, hatte man durch die vielen Fenster beste Sicht und Gesprächsstoff für die folgenden Tage. Gratulationskarten schickte man nicht per Post, sondern die brachten die Kinder zum Hochzeitshaus und bekamen dafür ein Stück Kuchen."[791]

„Dass Hochzeiten Bestandteil der Gemeindeöffentlichkeit waren, zeigt sich auch

789 Richard Giese: As uns Großvadder uns Großmudder nehm. Aus vergangenen Hochzeitsbrauchtum der Griesen Gegend. In: Land und Leute Ludwigslust Heft 6/ 1956 S. 176–178

790 Ilse und Martin Daebel: Grotvadder veretellt von anno dunntaumaln – Geschichten aus Lübz und Umgebung. Lübz 1994, S. 32

791 Inge Zahn, geb. Schleusener, Jg. 1935, seit 1945 in Quaßlin

Hochzeitspaar 1930er Jahre, Fotograf Hilpert, Grabow

Hochzeitspaar Grete und Siegfried Ahlschläger, Karow 1949

in den „Rechten“, die den Zuschauern („Tokikers“) beim Hochzeitsfest eingeräumt wurden. In Alt Jabel sagten sie: „de drüdd Balken hüurt uns“. Das bedeutete, dass sie auf der großen Diele bis zum dritten Balken stehen durften, um den Feierlichkeiten beizuwohnen. Woanders schoben die Zuschauer Wagen vor die Tür, auf denen sie dann standen. In Laupin erhielten sie Weißbrot („Stuten“) und die Männer außerdem eine Flasche Branntwein. Alle nicht geladenen Einwohner von Loosen backten am Tage vor der Hochzeit Pfannkuchen, damit sie am Hochzeitstage nicht zu lange durch das Essen vom Zusehen abgehalten würden. In Bresegard bei Eldena ging man nur abends zum „Taukiken“ und in Eldena blieben die Zuschauer, bis der Kranz vertanzt war. Teilweise wurden extra für die Zuschauer einige Tänze bestellt. In Laupin durften dazu zuschauende Männer Damen aus der Hochzeitsgesellschaft auffordern und zu den Hochzeitsgästen gehörende Männer Damen aus dem Zuschauerkreis. Auf kleinen Hochzeiten musste sich die Braut in ihrem Staat den Zuschauern zeigen. Begleitet von ihren Brautjungfern, die Leuchter mit brennenden Kerzen trugen, begab sie sich auf die Diele oder auf die Straße, wo sie sich ein paar Male im Kreise herumdrehte, während die Brautjungfern sie mit dem Kerzenlicht beleuchteten. In Groß Laasch forderten die Zuschauer die Braut mit einem Reim auf, sich zu zeigen. Sie riefen: „Brut, kumm rut, / din Füer geiht ut, / din Älend geiht an, / du kriggst ‘n jungen Mann.“ Dann kam die Braut mit ihren Brautjungfern („Brutdiernens“) heraus und zeigte sich den Zuschauern, die unterdessen einen „Sluck“ erhielten.“[792] „In Techentin machten zwei Männer („Koetelstöter“) den Weg vor dem Hochzeitszug frei. In Groß Laasch trugen die Brautjungfern sowohl auf dem Weg zum Standesamt als auch auf dem zur Kirche je einen hölzernen Leuchter („Brutlüchter“). Die Kerzen wurden vor dem Standesamt und danach in der Kirche angezündet und brannten während der beiden Trauhandlungen. Sie durften nach der Beendigung nicht ausgepustet werden; der Wind musste sie draußen auswehen. Zuletzt fand in Groß Laasch 1898 eine Trauung statt, bei der die Brautjungfern Leuchter trugen. Danach kamen die Blumensträuße („Blaumenbukets“) auf.“[793]

Im Mecklenburgischen Wörterbuch wird das Hochzeitsgeschehen in einem langen Beitrag[794] geschildert: „Alle Dorfbewohner, Jung und Alt, wurden gebeten. War einer der Brautleute aus einem anderen Dorf, so wurde auch das Dorf geladen, ebenso die Verwandten von nah und fern. Ein Übergehen dieser Sitte erregte Unwillen und forderte den Spott der Übergangenen heraus ... Die meisten bäuerlichen Hochzeiten fanden im Herbst um Martini, wenn das Ackerwerk beschickt war, statt. Als eigentlicher Hochzeitstag wurde meist ein Freitag gewählt, doch währte die Feierlichkeit mit ihren Vor- und Nachfeiern drei bis vier, zuweilen auch wohl acht Tage lang.“[795]

Am 23. Oktober 1756 erließ der mecklenburgische Herzog Friedrich eine Verordnung, die mit „Beschränkung des übermäßigen Aufwandes“[796] betitelt war und die auf ein Edikt seines Vaters Christian Ludwig vom 10. Juli 1750[797] Bezug nimmt. In acht Punkten wird darin aufgelistet, was die Landbevölkerung im Domanium (dem

792 Klatt a. a. O., S. 68 f.

793 ebenda S. 87 f.

794 Wossidlo/Teuchert Band 3 a. a. O., Sp. 726 ff.

795 ebenda Sp. 728

796 Neue vollständige Gesetzessammlung für die Mecklenburgschen Lande vom Anbeginn der Thätigkeit der Gesetzesgebung bis zum Anfange des 19. Jh. in fünf Bänden, Band 4, Parchim S. 28 f.

797 ebenda S. 19 f.

landesherrlichen Besitz) künftig zu unterlassen hat und zu beachten ist: Bei einer Verlobung sind keine Gäste einzuladen und keine Mahlzeit zu geben. Bei einer Hochzeit sind nicht mehr als 14 Personen zum Essen, das nur drei Gerichte umfassen sollte, einzuladen, (wobei Prediger und Küster nicht zählten), nur einen Tag zu feiern und nur eine Tonne Bier auszuschenken. Bei einer Taufe sind nur den Prediger, den Küster und die Taufpaten „auf höchste einige der leiblichen Geschwister" zu bitten, aber keine Speisen zu reichen und nur eine halbe Tonne Bier auszuschenken. Bei einem Begräbnis ist „eben so wenig etwas zu essen" zu geben und es mit einer halben Tonne Bier zu belassen. Weder bei einer Verlobung noch bei einer Hochzeit durften Musikanten aufspielen, zudem sollte die Landbevölkerung das „Lösen der Schieß-Gewehre bey Hochzeiten, an Fest-Abenden oder bey sonstigen frohen Begebenheiten gänzlich unterlassen, um die Bauern nicht durch Schulden „zu Grunde" zu richten.[798]

Wer früher ein Gewehr besaß, nutzte dieses, um es Silvester und bei Hochzeiten abzuschießen, vorzugsweise in einen Brunnen, um den Knall zu verstärken. Dagegen wandte sich am 12. Dezember 1768 der mecklenburgische Herzog Friedrich, genannt der Fromme, mit einer Verordnung, die das „Verbot des Schießens in der Nähe von Gebäuden" beinhaltete. Er beklagte darin, die „sträfliche Gewohnheit, so wohl in der Neu-Jahrs-Nacht, als auch besonders auf Hochzeiten bey den Zügen zur Kirche und Trauung, imgleichen auf den Höfen und selbst aus den Häusern, wenn solche gleich mit Stroh gedeckt und mit Futter angefüllet sind, heftig und vielfaltig zu schießen." Auch die Gründe für das Verbot lieferte der Herzog gleich mit: „wodurch nicht allein unter den Schiessenden selbst, die mit Gewehr nicht umzugehen wissen und es daher aus Unwissenheit oder auch in Trunkenheit überladen, öftere Verletzungen ihrer Glieder erfolgen, sondern auch die größte Feuers-Gefahr entstehet, und schon mehrmalen eine würkliche Feuersbrunst veranlasst ist." Wer also künftig weiterhin zu lustbaren Anlässen ein Gewehr abschoss, musste mit fünf Talern Strafe rechnen. Zehn Taler Geldbuße oder „schwere Leibes-Strafe" drohten auch den Amts-, Guts- und Stadtobrigkeiten, die solches duldeten und die Missetäter nicht der Bestrafung zuführten.[799]

Wer sich nicht daran hielt, dem waren 10 Gulden Strafe oder bei Nicht-Zahlen-Können Gefängnis angedroht. Und warum das alles? Der Herzog teilte dazu „aus Landesväterlicher Vorsorge" mit, dass er mit „ungnädigem Mißfallen" vernommen hatte, „daß der übermäßige Aufwand in Essen und Trinken auf Verlöbnissen und Hochzeiten, Kindtaufen und Begräbnissen bey Unsern Leibeigenen und Bauernsleuten noch an vielen Orten zu ihren grossen Schaden im Schwange sey, und dadurch ihrer viele in Schulden und Rückstand gerathen, Unsere Bauer-Gehöfte mit den Wehren aber dadurch zu Grunde gerichtet werden." Mit seiner Verordnung hoffte er, „diesem verderblichen Uebel bevorab bey den itzigen schweren Zeiten aufs sorgfältigste vorzubeugen".

Mit den „schweren Zeiten" kann nur der Konflikt zwischen Herrscherhaus und Ständen (Adel und Städte) gemeint sein. 1755 wurde der Landesgrundgesetzliche Erbvergleich geschlossen, welche den Zwist zwi-

798 1750 war noch bestimmt worden, dass „Hochzeits-Gelage auf höchste nur zween Tage währen" sollten, an jedem Tag nur eine Mahlzeit von vier Gerichten gereicht und bei Hüfnern 3 Tonnen Bier, bei großen Kossäten 2 Tonnen und bei kleinen Kossäten eine Tonne Bier getrunken werden durfte. Neue vollständige Gesetz-Sammlung Band 4 a. a. O., S. 20

799 Neue vollständige Gesetz-Sammlung Band 5 Parchim 1831 S. 140

Hochzeit des Ehepaares Kuse in Plau am 20.2.1959

schen Herzog und den Ständen beendet, indem letztere alle ihre Rechte bestätigt wurden, was besonders den Adel stärkte, der nun ungehemmt Bauern legte, d.h. von ihrem Boden vertrieb und sich deren Landbesitz einverleibte. Mecklenburg hatte zwei Landesteile – Schwerin und Strelitz – und zerfiel rechtlich in drei Bereiche: Domanium, Ritterschaft und Landschaft (Städte). Herzog Carl Leopold (1678–1747) hatte versucht, in Mecklenburg absolutistisch zu regieren, was zum Konflikt mit den Ständen führte, so dass der Kaiser 1717–28 eine Reichsexekution verhängte. Wegen der Nichtbezahlung der Exekutionskosten wurden 1735 12 mecklenburgische Ämter an Hannover, Braunschweig und Preußen verpfändet, welche Truppen nach Mecklenburg entsandt hatten. Preußen erhielt die an die preußische Prignitz grenzenden Ämter Marnitz, Plau, Eldena und Wredenhagen. Das preußische Hauptquartier wurde nach Parchim verlegt. Die Pfandbesetzung fand erst 1787 ihr Ende.

Am 30.12.1769 erneuerte Herzog Friedrich seine Verordnung gegen die „schädliche Verschwendung und Ueppigkeiten“[800], weil diese nicht befolgt wurde. Man kann sich denken, dass die Landbevölkerung sich in ihren wenigen Festen nicht von der Landesobrigkeit einschränken lassen wollte. Die Familien waren groß, hinzu kamen Freunde und Nachbarn, alle sollten mitfeiern, da war eine Zahl von 14 Personen bei einer Hochzeit nicht einzuhalten. Natürlich wollte man bei diesem wichtigen persönlichen Fest im Leben auch tanzen – und wie sollte das ohne Musik gehen? Als zusätzliches Verbot legte der Herzog nun fest, dass kein Erntefest gefeiert werden sollte. Die „Untertanen“ sollten kein „Erndte-Bier in natura“ erhalten, sondern ihnen sollte statt dessen von den Pächtern der Domanialhöfe ein Geldbetrag gegeben werden, da die sonst „bey dieser Gelegenheit gehaltenen Zusammenkünfte und Schwärmereyen gäntzlich untersaget seyn sollen“.

Am 23.11.1814 machte der Pastor im Pfarrhaus in Gulow (das nördlich von Perleberg in der Prignitz liegt) eine Eintragung in sein Kirchenbuch, die über den Rahmen des sonst Üblichen hinausging, handelte es sich doch um eine schwerwiegende Angelegenheit. War der das Aufgebot bestellende junge Mann ein Junggeselle oder eventuell

800 ebenda S. 35 f.

ein Bigamist? Besaß die Braut bereits einen Ehemann? Die Fragen waren nicht einfach zu klären, waren beide doch keine Preußen, sondern Ausländer. „Verhandelt zu Gulow im Pfarrhause den 23ten November 1814. Es erschienen Friedrich Carl Christoph Reinke, ein Ackerknecht, und Jungfer Augustine Margarete Köppke, beide, ihrer Angabe nach aus Herzberg (bei Parchim) im Mecklenburgischen gebürtig, und erklärten, sie seien entschlossen, sich mit einander ehelich zu verbinden. Sie haben daher beide, der Königl. Verordnung vom 12.ten Juni 1766 gemäß, den Eid abgeschworen." Beide unterzeichnen mit je drei Kreuzen. Danebenstehend finden sich folgende Worte: „soll heißen Friedrich Carl Christoph Reinke, soll heißen Augustine Margarete Köppke, beide haben eigenhändig vorstehende Kreuzer geschrieben. Die attestiren gleichfalls Conow, Prediger und Schröder, Küster als Zeuge."[801] Auffällig sind an diesen Eintragungen zwei Fakten: Einmal belegen sie, dass Südmecklenburger in der preußischen Prignitz Arbeit und Auskommen fanden (es gab das mecklenburgische Sprichwort: Achtern König von Preußen sinen Tun is bäter liggen as inn Edelmann sin best Bedd), zum anderen, dass ihre Schulbildung miserabel gewesen sein muss, denn bei vergleichbaren Eintragungen von Prignitzern waren dort nur etwa ein Drittel Analphabeten.

801 Kirchenbuch Gulow

Hochzeit lief in der Griesen Gegend folgendermaßen ab: „Noch in den 70er Jahren des vorigen Jahrhunderts (= 1870) wurden die Bauernhochzeiten in den großen Bauerndörfern um Ludwigslust und südlich in alter Weise drei Tage lang gefeiert; erst in den letzten Dezennien kamen die alten Sitten in Verfall, hauptsächlich wegen der veränderten Wirtschaftsform. Man hatte in der Bauernwirtschaft keine Zeit mehr, drei und vier Tagen hindurch im Herbst zu festen, obendrein mehrmals, der intensivere Betrieb duldete solche Zeitvergeudung nicht mehr. Aus diesem Grunde besonders sind die Hochzeiten städtischer geworden und leben nur noch in den Erzählungen der Alten fort.

In der sog. grisen Gegend ging es vordem so zu. 4 bis 6 Wochen vor der Hochzeit, die immer im Hause des zukünftigen Wohnsitzes stattfand, wurde eingeladen durch den Hochzeitsbitter. In hohen Hut, mit Bändern und Kranz geschmückt, ritt er zu allen Leuten in Stadt und Land, die mit einer Einladung gedacht werden sollten. Er lud ein mit einem der Gedichte, die bekannt sind, erhielt über ein Trinkgeld von 2 bis 5 Mark, in der Stadt bei den Kaufleuten meistens ein seidenes rotes Taschentuch, das an den Hut geheftet wurde. Je größer die Hochzeit, je mehr Tücher prangten am Hut oder auch am Zaumzeug des Pferdes. Die Hochzeit begann immer am Mittwoch mit der Einholung der Braut, am Donnerstag war die

Dorfhochzeit von Christel und Artur Voß in Stolpe bei Parchim, August 1962. Fotos: Willy Voß

Trauung, am Freitag die Rückerei, am Sonntag der Kirchgang.

Am Mittwochmorgen wurde die Braut geholt nebst ihrer Aussteuer und Verwandten. Dazu zogen aus: ein sechsspänniger großer Erntewagen, auf den die Musikanten, 12 an der Zahl saßen, weitere zweispännige Wagen und 8 Reiter; Pferde und Wagen mit Kränzen und Bändern geschmückt. Auf der Grenze des andern Dorfes wurden sie von 8 Reitern der anderen Partei, gewöhnlich also der Braut, erwartet, und nun ging's auf den Hof zum Essen und Aufladen. Nachmittags fand die Abreise statt. Auf dem ersten Wagen saßen mit der Musik auch die Braut und Frauen, warfen Nüsse und Äpfel, in denen Geld steckte, Dreilinge und Groschen, auf die Straße unter die Kinder. Ihnen folgten die andern Wagen nebst Reitern. Im Hochzeitshause wurde abends getanzt, Polterei kannte man noch nicht. Zwei Stunden Tanz gab es dabei für die nicht geladenen jungen Leute des Ortes, für die Taukiekers. Und 12 Uhr nachts war der Tanz zu Ende. Am nächsten Morgen kamen schon rechtzeitig die Gäste, mit Musik begrüßt. Alle brachten außer Geschenken noch Lebensmittel mit, Eier, Butter, Hühner. Jeder hatte bei sich einen Löffel, Messer, Tasse und, wer mehr sein wollte, auch eine Gabel. Die Frauen banden sich alles immer wieder in ein Taschentuch, die Männer stecken den Löffel meistens ins Knopfloch, wodurch sie sich auch als Gäste auswiesen. Alle Männer hatten Mütze auf, die mit künstlichen Blumen und Bändern besteckt waren. Die ledigen Männer hatten eine Blume, die Brautführer zwei besonders schöne, die andern verheirateten Männer zwei geringere Blumen seitwärts an der Mütze, die Musikanten dagegen eine Blume vorne am Hut, woran sie wieder kenntlich waren. Die Musik bezahlte übrigens der Bräutigam mit 12 Talern für ihre Arbeit am Mittwoch und Donnerstag bei der Trauung. Für das weitere Tanzen zahlte jedermann 1 Taler, die Brautführer 2 Taler, so daß die Musikanten bis zu 500 Mark einnahmen.

Im Pfarrhause wurde die Braut von der Pastorin mit der Krone geschmückt, ein Kranz von hohen Metallblumen, an dem lange bunte Bänder befestigt waren. An manchen Orten, so z. B. in Groß Laasch, wurde dann die Braut mit brennenden Lichtern zur Kirche geleitet, wie noch in den 80er Jahren geschehen ist.

Nach der Trauung begann das Essen, welches auf den Höfen in großen Kesseln gekocht wurde. Es gab stets Fleischbrühe, in der die ganzen Hühner schwammen, dann Braten vom Rind, Kalb, Schwein mit Kartoffeln, dann dicken Reis mit Pflaumen und Siruptunke.[802] Als Teller gab es nur irdene Schalen,

802 Südmecklenburg gehörte damit zum mitteldeutschen Reis-Rindfleisch-Areal.
Günter Wiegelmann: Alltags- und Festspeisen in Mitteleuropa. Münster 2005, S. 143

Das Hochzeitspaar wird nach der Trauung auf dem Weg nach Hause „geschnürt" und muss sich freikaufen.

die das Hochzeitshaus lieferte, schön bemalt mit Tierbildern (bes. Hase, Hahn). Getrunken wurde nur Braunbier, oft selbstgebrautes, 1–2 Tonnen, dazu gab es „Kloren", nämlich Branntwein, oder auch Rum. – Viele der bekannten bunten Tänze wurden getanzt, stets gab es auch den „Kellentanz" für die Bedienung, Frauen und Männer. Letztere tanzten mit großen Kellen bewaffnet, denn die jungen Leute suchten ihnen die Tänzerinnen zu entreißen, erhielten aber mit den Kellen Schläge. Der Tanz endete erst am Morgen. Mittags zog der ganze Hochzeitszug durch das Dorf zu allen Häusern der Eingeladen. Vornean gingen junge Leute, die auf Blechpfannen und Deckeln lärmten, dann kam die Musik und die junge Frau in langem weißem Schleier, von zwei Brautführern an der Hand festgehalten. Letztere hatten ein zusammengerolltes Laken umgebunden, dessen loses Ende zu einem Knoten geschürzt war. Die jungen Leute suchten nun die Frau den Führern zu entreißen, welche sie durch Schläge mit dem Knoten abwehrten. Sämtliche Gäste folgten, und nun zog der ganze Zug durch jedes Haus der Eingeladenen. An der Haustür erwartete der Hausherr den Zug und schenkte dem Brautvater ein „Schluck" ein. Während sich der Zug durch das Haus durchdrängte entstanden besonders heftige Angriffe auf die junge Frau, deren Schleier, oft auch noch Kleid und Armgelenke hierbei gehörig mitgenommen wurden. Der junge Ehemann mussten während der Zeit zu Hause bleiben. Gelang es den jungen Leuten, die Frau zu entreißen, so musste der Ehemann sie mit einem Geldopfer lösen. Sonst empfingen die Frauen die Frau und nahmen ihr den Rest vom Schleier ab. Dann begann wieder der Tanz. Als Zeichen, daß die Hochzeit zu Ende sein sollte, galt es, wenn Schwarzbrot und Käse auf den Tisch gesetzt wurden. Dann hörte die Musik auf zu spielen, und jeder ging nach dem letzten „Happen" nach Hause, um auszuschlafen. – Von diesen Sitten, denen ja ein erkennbarer sozialer und ethischer Sinn zugrunde liegt, besteht jetzt wohl noch wenig. Der bebänderte Hochzeitsbitter ist noch manchmal zu sehen, auch der Kellentanz und der Tanz für die nicht Eingeladenen, sowie ein Umzug im Dorf nach dem Essen mit Musik geschieht wohl, im übrigen verläuft alles städtisch mit Polterei am Donnerstag abend. Trauung und Tanz am Freitag, Kirchgang am Sonntag mit etwas Tanz am Abend."[803]

In Muchow war üblich: „Es wurde zu Hause gefeiert, wenn der Platz ausreichte. Sonst zog man in die Gaststätte, aber gegessen wurde immer zu Hause. Die Hochzeiten fanden am Freitag statt, der Polterabend wurde am Donnerstag ohne professionelle Musik gefeiert, Die Gäste gestalteten den Abend mit Gedichten und Gesängen, dazu gab es warmes Essen, aber keinen Tanz. Am Freitag standen die Musiker vor dem Hochzeitshaus und begrüßten die Gäste mit Ständchen. Dann gingen das Brautpaar und die Trauzeugen zum Standesamt. Danach zog sich die Braut um; der Bräutigam kam mit Musikbegleitung und es ging zur Kirche. Die Trauungen waren meistens um 13 Uhr. Beim Hineingang legte die Braut ihrer Hand in die nach oben offengehaltene Hand des Bräutigams. Beim Herausschreiten aus der Kirche und auf den Nachhauseweg ging das Brautpaar eingehenkelt. Beim Betreten des Braut- oder Hochzeitshauses gab es Brot und Salz und eine Tasse Wasser. Die Tasse wurde dann zerschlagen. Das anschließende Mittagessen dauerte etwa zwei Stunden; dann machte man einen Verdauungsspaziergang und tanzte anschließend bis zum Kaffeetrinken etwa um 20 Uhr, wo

803 Gotthard Romberg: Gr. Laasch: Hochzeitssitten in der grisen Gegend bei Ludwigslust. In: Mecklenburg Zeitschrift des Heimatbundes 13. Jg. Heft 2/1918, S. 66–68

Hochzeitsgesellschaft Frank Hennies 1978 in Parchim

man etwa eine Stunde zubrachte. Bis zum Abendbrot (0 Uhr) tanzte man weiter, wer es nötig hatte, ging spazieren. Anschließend wurde bis zum Morgen weiter getanzt. Sonnabends wurde ausgeschlafen, um am Sonntag nachzufeiern. Man begann zum Mittagessen mit dem Resten vertilgen. Dazu wurden auch die Köchinnen und alle anderen eingeladen, die am Hochzeitsfest arbeiten mußten. Die traditionellen Hochzeitsfeiern hörten mit Beginn des Zweiten Weltkrieges auf, die kargen Zeiten nach dem Zusammenbruch hinderten sowieso so üppige Feiern. Vereinzelt ließen die Bauern nochmals die standesgemäßen Hochzeitstraditionen aufleben, wie die vielen Hochzeitsbilder belegen. Heute feiert man in einer Gaststätte."[804]

1865 feierte man in der Hagenower Gegend so: „Bei Hochzeiten werden der Braut Kornähren in ihren Brautkranz geflochten, man glaubt, daß sie dann zu allen Zeiten Korn im Hause hat. Auch wird der Braut aus dem elterlichen Hause ein Brod mitgegeben, welches sie aber immer aufheben muß. Der Aberglaube verbindet hiermit dasselbe."[805] Aus Garlitz wird 1865 berichtet: „Nachdem der Braut vor der Trauung der Kranz aufgesetzt ist, streut man ihr von mehreren Getreidearten Körner in den Kranz, damit diese Getreidearten immer gut gedeihen. Hauptsächlich geschieht dieses mit dem Leinsamen."[806] In Eldena war 1865 üblich: „Man schüttet der Braut Leinsamen in den Kranz. Auch habe ich es schon gesehen, dass der Kranz derselben mit Hafer und Weizenähren geschmückt war."[807] Aus Kreien bei Lübz wird über einen Brauch berichtet,

804 Kluck Muchow a. a. O., S. 164 f.

805 Zuschrift Hagenow im Mannhardt-Nachlass

806 Zuschrift Garlitz im Mannhardt-Nachlass

807 Zuschrift Eldena im Mannhardt-Nachlass

Hochzeitspaar während des Plauer Bahnhoffestes 1998

der 1865 zwar noch bekannt war, aber nicht mehr ausgeübt wurde: „Bei Hochzeiten soll es früher Gebrauch gewesen sein, der Braut Gänsefedern in die Schuhe zu legen, damit sie viel Glück in der Gänsezucht habe."[808]

Ausgangspunkt für den Brauch des Tragens eines Brautkranzes ist die theologische Rede vom Kranz oder der Krone Mariens als Zeichen ihrer jungfräulichen Reinheit: „Die allgemeine Beliebtheit von Brautkranz und -krone erlaubte es weltlichen und geistlichen Obrigkeiten, sie auch zu moralpädagogischen Zwecken einzusetzen."[809] War die Braut nicht mehr Jungfrau, durfte sie einen Kranz erst nach der Trauung aufsetzen oder sie trug einen offenen Kranz mit Blumen. Die Brautkrone und der Brautschleier symbolisierten Keuschheit und Fruchtbarkeit der Braut. In Groß Pankow war es üblich, dass Bräute, die keine Jungfrau mehr waren, ohne Brautkranz vor den Altar treten mussten.[810] Aus Below wird berichtet, dass 1907 vier Trauungen mit Kranz registriert waren. Dagegen musste der Pastor 1910 zwei „bekränzte Paare" und eines „ohne Kranz" trauen.[811]

Krone und Kranz schrieb man in der Griesen Gegend zauberhafte Kräfte zu: „Bis weit ins 19. Jahrhundert war die Brautkrone der Hauptschmuck der Braut, stellenweise „blank Kranz" oder „blank Kron" genannt. In der Regel bestand die Krone aus einem goldblanken abgestumpften und oben offenem oder spitzen Kegel, an dessen Unterseite ein Kissen befestigt wurde, damit die Krone auf dem Kopf hielt. An ihrem unteren Rand war sie mit künstlichem Grün und Blumen verziert oder mit Perlen besetzt. Unter dem Putz der Brautkrone sollten sich alle Kornarten der Region oder Leinen befinden, damit die junge Frau in ihrer Ehe glücklich werde. An den Seiten und hinten hingen von der Krone bunte Bänder in der Länge des Kleides hinab (auch Schleier genannt), die sich die Braut selbst kaufen musste. War sie dazu nicht in der Lage, lieh sie sich die Bänder von ihren Freundinnen, die sie manchmal erst von ihren Mützen abtrennten. Hatte man der Braut die Krone aufgesetzt, schüttete man Leinsaat über sie. Dann sollte sie künftig Erfolg im Flachsanbau haben. Die Brautkrone lieh der Pfarrer aus. Er hatte oft mehrere in verschiedener Ausfertigung, unter denen die Brauteltern ihren finanziellen Möglichkeiten entsprechend wählen konnten. Die dafür vom Pfarrer erhobene

808 Zuschrift Kreien im Mannhardt-Nachlass

809 Walter Hartinger: Religion und Brauch. Darmstadt 1992, S. 166

810 Burghard Keuthe: 600 Jahre Groß Pankow, 1996, S. 36

811 Fred Beckendorff: 1296–1996 700 Jahre Below, S. 71

Leihgebühr war verhältnismäßlig hoch, bis zu 4 Taler und später bis zu sechs Mark, so dass die Leute meinten: „Dat wiern Pastor sein Näbeninnahm." Dafür aber setzte seine Frau der Braut auch die Krone auf, wozu einiges Geschick gehörte. Andernorts gab es Frauen, deren Dienste wegen ihrer oft Jahrzehnte hindurch bewiesenen Fertigkeiten im Zurichten und Aufsetzen der Krone gern in Anspruch genommen wurden. Denn die Krone durfte während der ganzen Feierlichkeiten, die bis zu drei Tage dauern konnten, nicht abgesetzt werden, auch beim Schlafen nicht. In Laupin trugen die Bräute um 1855 sogar erstmals am letzten Sonntag vor der Hochzeit Brautkronen, wenn sie in vollem Hochzeitsschmuck gemeinsam mit ihrem Bräutigam zum Abendmahl gingen. Anderen allerdings war es erlaubt, der Braut die Krone abzunehmen, man erwartete es sogar: Am ersten Hochzeitstag stieß ein junger männlicher Verwandter gegen Mitternacht die Krone vom Kopf, worauf dieser mit einem Trinkgeld belohnt wurde. Oder man nahm der Braut die Krone ab und setzte ihr stattdessen die Frauenmütze auf, „hüllen" nannte man das. In Alt Jabel setzten die Frauen der Braut die Mütze zunächst verkehrt auf mit den Worten: „Umgekihrt, wie die Frau die Mütz gehürt", damit ein anderer sie abschlage und der Bräutigam das nicht zu tun brauchte. In Loosen wurde die Mütze nicht gleich festgemacht. Vielerorts musste dann ein junger Mann der Braut die Mütze abschlagen. Indem der Betreffende die Mütze nach oben warf, oder während er der Braut die Mütze vom Kopf stieß, rief er: „Ik stöt de Mütz ünner 'n Boen, tokam' Johr hest 'n jungen Sohn", oder ähnlich. Das Abschlagen der Frauenhaube sollte der Braut Glück bringen. In Laupin musste der junge Mann, welcher der Braut die Mütze vom Kopf gestoßen hatte, sie ihr wieder aufsetzen und dabei sprechen: „Ik hüll de jung Frau in Ehren, / dat kann mi niemand wehren, / ik hüll de jung Frau woll ünner den Boen, up tokamen Joor einen jungen Soen". In Alt Jabel, wo die Frauen der Braut die Mütze zunächst verkehrt herum aufgesetzt hatten, sagten andere: „Hier steiht ne Mütz up 'n grönen Twieg, ut ne jung Frau ward 'n oll Wief." Hatte die Braut dann die Frauenmütze auf, wurde das Licht ausgemacht und der Bräutigam musste seine Frau im Dunkeln suchen, was natürlich meist zu erheiternden Verwechslungen führte. Danach setzte man sich zu einem Essen, der „Hüllenmahltiet", nieder. Ab dem ausgehenden 19. Jahrhundert ging man in der Griesen Gegend dazu über, die Brautkrone durch einen Brautkranz zu ersetzen. Dieser Wechsel vollzog sich aber bestimmt nicht in allen Orten gleichzeitig. In Groß Laasch fand die erste Trauung, bei der die Braut einen Myrtenkranz trug, 1882 statt. In Eldena gab 1924 eine aus Glaisin stammende 82jährige Frau an, dass sie bereits einen grünen Kranz mit Schleier gehabt hatte ... Auch der Brautkranz konnte gegen Zahlung einer Gebühr („Kranzgeld") vom Pastor entliehen werden. Den Schleier dazu, scherzhaft als Handtuch („Handdook") bezeichnet, musste die Brautmutter kaufen. Wenn Familien jedoch nicht das Geld dazu hatten, konnten schon getragene Schleier an andere Bräute weiter gegeben werden."[812]

Frieda Pabst aus Benthen (Jg. 1907) erinnert sich, dass bis 1945 Klock twölf de Sleier afdanzt ward: „De Brutjungfern stell en sik in 'n Kreis up. De Brut warden de Ogen tobunnen, un se ward in denn' Kreis schaben. De Muskanten spälen: „Wir winden dir den Jungfernkranz". De jungen Dierns gahn in 'n Kreis rum un singen mit. De Brut möt ein von' ehr griepen. Nu kamen de Männer ran. De Lerriglosen maken ok 'n Kreis, un de Brüjom möt mit taubunnen Ogen einen von ehr griepen. De krigt denn' Brüjomsstrutz

812 Klatt a. a. O., S. 80–82

an, un de Brüjom krigt ne Zippelmütz up. De Hochtiedsmurrer nimmt de Brut denn' Sleier af un sett't ehr ne witt Huw up. Dorbie seggt se 'denn Vers: Ik holl de Brut woll ünner denn' Boen tokamen Johr 'n lütten Soehn. Denn" Sleier krigt de Brutjungfer up, de de Brut gräpen hett. Alle Hochtiedspoore stellen sik nu in einen groten Kreis up. De Musik spält 'n Walzer, ümmer korte Turen. In denn' Kreis danzen nu toierst dat oll Brutpoor un dat nie Brutpoor tosamen, un denn umschichtig miteinanner. Denn möt de Brüjam un de taukünftige Brutmann mit alle Frugens ut t denn' Kreis danzen un de Brut un de taukünftige Brut mit alle Männer, un tau 'n Schluß danzen alle Hochtiedspoore einen schönen Walzer. Noh dissen groten Upstand 'ward Kaffe drunken. Buten oewer raupen de Taukiekers: Brut, kumm rut,' din Füer geiht ut, din Abend geiht an, du kriegst 'n gauden Mann! Nu gahn de Brut un de Brüjam rut un halen de Taukiekers rin to denn' Taukiekerdanz. De Muskanten halen dat blank Hurn rut un maken Blasmusik, un de Hochtiedslüd un de Taukiekers danzen all miteinanner. Nah denn' Danz kamen de Koekschen mit Kauken un de Hochtiedsvarrer mit de Koembuddel un bewirten de Taukiekers as Dank dorför, dot se buten so long' uthollen hemm' vor de Finstern. Jo, de Hochtied is 'n Fest för 't ganze Dörp."[813]

Aus der Brüzer Gegend bei Lübz erfuhr Bartsch 1880: „Gewöhnlich werden mit dem Erntebier Hochzeiten verbunden. Mit Musik, natürlich alle zu Wagen, kommen sie Morgens 10 Uhr zur Pfarre, wo die Braut, falls sie eine Bekränzte ist (solche Hochzeiten sind nur mit dem Erntefest zur Auszeichnung in Verbindung), bekränzt und aufgeputzt wird. Viele lassen jetzt die Krone schon fahren, und nehmen statt derselben einen Kranz oder den modernen französischen Schleier. – Mit Musik geht der ganze Zug bis zum Kirchhofsthor, wo die Musikanten stehen bleiben und den Hochzeitszug bis zur Kirche spielen, wo der Pastor ihn empfängt. Nach der Trauung empfängt die Musik am Kirchhofsthor den Zug und so gehts denn mit Musik und vielem unvermeidlichen Juchen zu Hause nach dem Hofe. Die Knechte, welche fahren, haben bunte Tücher um die Hüte gebunden, bunte Bänder an den Peitschen und auch die Pferde sind damit geschmückt. Wein und Kuchen bringen sie mit zur Pfarre und verzehren es während des Aufputzens und natürlich darf der Pastor und Familie es nicht verschmähen, was davon angeboten wird. Das Festessen besteht fast immer in Fleischsuppe mit Klößen etc. in Rindfleisch und Kartoffeln, dickem Reis und Pflaumen. Wenn die Hochzeit bei Bauern ist, sind noch Fische da und verschiedene Braten und Wein für die vornehmen Gäste. Die geladenen Gäste liefern bei den Bauern als Hochzeitsgeschenke: Malz zu Bier, trockene Pflaumen, Hühner, Gänse, Butter etc. Nach dem Essen fängt das Tanzen an."[814]

In einigen Dörfern war das „Sneeren"[815] üblich. Fremde spannten ein Reep (Seil, Strick) über die Landstraße vor dem Hochzeitswagen, und die Brautleute mußten sich auslösen.[816] „In Leussow wurden die Brautleute nach dem Zweiten Weltkrieg hauptsächlich von ihren Arbeitskollegen geschnert bis zu fünfundzwanzig Mal. Mitunter hielten Hochzeitswagen nicht vor den „Schnerenden" an. Diese ließen beim Nahen der Wagen den Strang fallen, und während des Überfahrens warfen die Insassen Bierflaschen mit Branntwein herunter. Es kam auch vor, dass die Biriders mit ihren Peitschen nach den

813 Johannes Pabst: Flas un Linnen, Schwerin 1986, S. 23 f.

814 Bartsch a. a. O., S. 304 f.

815 binden mit einer Schnur

816 Kahns a. a. O., S. 67 f.

Schnerenden schlugen, um den Weg für den Hochzeitswagen freizumachen. Manchmal wurden aber auch Biriders geschnert und mussten sich mit Geld loskaufen. Durchzog der Hochzeitszug die Dörfer, ging jemand mit einem irdenen Krug voll Schnaps voraus und schenkte jedem, der an der Dorfstraße stand, ein großes Glas voll ein. Dem Brautpaar, das nicht geschnert worden war, sollte kein Glück vergönnt sein, fehlte ihm doch die öffentliche Aufmerksamkeit und damit der unerlässliche Anschluss an die ländliche Gemeinschaft."[817]

Wie man Mitte des 19. Jahrhunderts in Techentin bei Ludwigslust die größeren Hochzeiten feierte, überliefert Bartsch: „Am Hochzeitsmorgen fuhr die Braut mit den Brautjungfern nach Gr. Laasch und ließ sich im Pfarrhause den Brautkranz aufsetzen. Getraut wurde das Brautpaar in der Kirche zu Ludwigslust. Gleich nach Mittag gingen alle Hochzeitsleute nach Ludwigslust, nur die beiden sogenannten Opferfrauen fuhren in einem Wagen. Auf allen größeren Hochzeiten waren zwölf Brautjungfern. Jede Brautjungfer nahm zwei Leuchter mit auf die Hochzeit, die mit ›Buochsbom‹ oder mit anderem Grün geschmückt waren. Auf jeden Leuchter wurde im Hochzeitshause ein ziemlich dickes Licht gestellt. Wenn der Zug aus dem Hochzeitshause nach der Kirche ging, so steckten die zwölf Brautjungfern die vier und zwanzig Lichter an und trug je eine zwei brennende Lichter. Wehte der Wind, oder ging sonst ein Licht aus, so wurde es immer an einem andern wieder angesteckt. Hatten aber alle vier und zwanzig Lichter das Unglück, von dem Winde ausgeblasen zu werden, so wurden sie im ersten Hause am Kirchenplatze wieder angesteckt. In der Kirche wurden sie auf das Gelän-

Am 7.8.2009 schloss das Brautpaar Frank den Bund der Ehe in Plau am See. Noch heute wird das Hochzeitsfest von vielen Bräuchen begleitet, zu denen auch das Streuen von Blumen auf dem Weg zum und vom Standesamt und das Bewerfen des Brautpaares mit Reiskörnern gehört.

der des Altars gestellt, wo sie während der Trauung brannten. Der Rückweg nach dem Hochzeitshause wurde in derselben Weise wie der Weg zur Kirche gemacht. Kamen die Hochzeitsleute vor dem Hochzeitshause an, so fanden sie alle Thüren desselben verschlossen. Das junge Paar trat vor die Thür. Hinter der Thür stand ein Mann, der verschiedene Fragen zuerst an den Mann, sodann auch an die Frau richtete. Solche Fragen sind: Wollt ihr in Frieden und Eintracht in diesem Hause wohnen? Wollt ihr Vater und Mutter lieben? ... Hatte das junge Paar Alles versprochen, so wurde das Haus geöffnet. Nachdem nun gegessen war, wurde getanzt. Der erste Tanz war der sogenannte Kellentanz. Dieser wurde der Küche zu Ehren gespielt, und die Hauptrolle während desselben spielten die Köchin und der Küchenjunge. Die Köchin hatte eine große Kelle, der Küchenjunge eine Axt in der Hand. Beide tanzten mit einan-

817 Klatt a. a. O., S. 90

der und schlugen mit ihren Ehrenzeichen auf alle Sachen, die sie vom Tanzboden erreichen konnten, so lange los, bis die Kelle zerbrochen war.

Um Mitternacht wurde der jungen Frau der Brautkranz abgenommen und die Frauenhaube aufgesetzt. Sobald dieses geschehen war, spielten die Musikanten den ›Rückereih‹. Bei diesem Tanze faßten sich alle Hochzeitsleute, oder doch wenigstens Alle, die tanzen konnten, hinter einander an, und der junge Mann mußte nun seine Frau, die sich mit in der Reihe befand, greifen. Nachdem er einige Zeit vergeblich im Hause nach seiner Frau gehascht hatte, tanzten Alle auf die Straße hinaus. Endlich gelang es dem Manne, seine Frau zu bekommen und nun tanzte man paarweise wieder ins Haus hinein."[818] „In Brook bei Lübz ist es bei großen Hochzeiten Sitte, daß die Brautleute von den Musikanten nach einander zur Kirche geleitet werden. Zuerst wird der Bräutigam zur Kirche geführt, und bei diesem bleiben die Trauführer zur Bewachung zurück, während die Braut geholt wird. Früher fand auch hier, wie dies sonst noch aller Orten üblich, die entgegengesetzte Reihenfolge bei dem Zuge zur Kirche statt."[819]

Von Spornitzer Dorfhochzeiten in früheren Jahrhunderten schreibt das Ehepaar Esch: „So nimmt das Fest der Familiengründung, die Hochzeit, die erste Stelle im bäuerlichen Leben ein. Sie war nicht nur eine Angelegenheit der beiden Familien, sondern ein Fest für das ganze Dorf. Daher ist es nicht verwunderlich, dass bis zu hundert oder noch mehr Gäste an der Festlichkeit teilnahmen. Carl Korupp schreibt in seiner ausführlichen Familienchronik sogar von 700 Gästen mit Personal auf der Hochzeit

818 Bartsch a. a. O., S. 82 f.

819 ebenda S. 84

7.8.2009 in Plau am See. Transparent mit einer wichtigen Botschaft an den Bräutigam.

von Dorothea Kogerup und Johann Topp am 24.11.1876. Die Braut habe als erste im Dorf einen Myrtenkranz getragen. Drei Tage habe die Hochzeitsfeier gedauert. Auf der großen Diele ist nachts für Männlein und Weiblein ein Lager aus Stroh und Heu hergerichtet worden. Darauf haben sie ein paar Stunden geschlafen und dann ist weiter gefeiert worden. Die Hochzeit wurde allgemein im Herbst und meistens am Wochenende gefeiert. Ihr vorauf ging immer die Verlobung, welche im 17. und 18. Jahrhundert auch als kirchlich-staatliche Handlung wie die Hochzeit durch den Pastor vollzogen und mit 12 Schilling bezahlt wurde. Es war Sitte, dass Braut und Bräutigam in der Nacht vor der Hochzeit zusammen schliefen ...

Die Trauung war eine kirchlich-staatliche Handlung, die vom Pastor allgemein in der Kirche, in besonderen Fällen auch im Brauthause vollzogen und in das Trauregister eingetragen wurde. Staatliche Standesämter gab es erst später. Der Pastor überwachte die Einhaltung der kirchlich und staatlich verordneten Sitten und Gebräuche. So durften wiederheiratende Witwen nur in schwarzen Hochzeitsmützen, gefallene Mädchen in weißen Nachthauben und die jungfräuliche Braut in der Brautkrone bzw. im Brautkranz erscheinen. Erst im Januar 1928 wird mit dieser Sitte durch Beschluss der Landessynode gebrochen, weil viele Brautleute durch die bisher übliche Brautkranzsitte zur Lüge veranlasst wurden. In dem Beschluss heißt es: „Die Anrede soll als „Hauswirtstochter" oder „Häuslerstochter" oder auch nur mit dem Namen erfolgen. Den Brautkranz soll die Braut tragen, die sich seiner würdig weiß, und es wird vorher nicht mehr danach gefragt werden" ...

Am Tage vor der Hochzeit wurde die Aussteuer der Braut ins neue Heim gebracht. Wagen und Pferde waren mit bunten Bändern geschmückt. Die beiden Frauen, die vom Bräutigam mit der Abholung beauftragt waren, versuchten beim Aufpacken noch allerlei kleine Gegenstände aus dem Haushalt der Brautmutter zu entwenden. Es galt als Ehre, wenn es ihnen gelang. In das Brautbett[820] wurde eine Stopf- oder Nähnadel gesteckt, damit es böse Augen nicht behexen konnten. Es war eine uralte Ansicht, dass feindlicher Zauber nur wirksam wurde, wenn der, der ihn anwandte, die Zahl der Nadelaugen seines Opfers kannte.

Wie die Aussteuer der Braut beschaffen sein sollte, wurde in den einzelnen Gehöften verschieden geregelt. Überall aber gab man den Truhen mit dem selbstgesponnenen und selbstgewebten Leinen, dem Webstuhl, der Wiege und dem blinkenden Kupfer- und Messinggeschirr die Brautkuh mit, eine etwa vierjährige Stärke, die nicht geschlachtet werden durfte. Häufig erhielt die Braut noch eine Tonne Bier und drei Scheffel Roggen aus dem elterlichen Gehöft. Diese Dinge musste der Gehöftserbe den unverheirateten Töchtern zusichern. Hühner durften nicht mit ins neue Heim gebracht werden, weil sie das Glück und das Geld auseinander kratzen würden ... Am Hochzeitstag gingen Braut und Bräutigam mit ihrem Gefolge getrennt in die Kirche und nach der Trauung auch getrennt in das Hochzeitshaus zurück, wo sie auch beim Essen an verschiedenen Tischen saßen."[821]

820 Das Museum Schwerin-Mueß besitzt eine große Bettstelle aus Ziegendorf, die mit der großen Inschrift eines Männernamens IOHAN HEINERICH POTHAST 1835 geschmückt ist. „Das Schriftband bezeugt damit den Brauch, daß auch der Bräutigam, der in einen Bauernhof erinheiratet, eigene Möbel mit einbringt."
Reinhard Peesch/Wolfgang Rudolph: Mecklenburgische Volkskunst. Leipzig 1988, S. 55, Abb. 38 S. 66

821 Esch a. a. O., S. 207–210

Transparent in Lutheran 2004

Von der Bauernhochzeit in der Boizenburger Gegend schreibt Kahns: „Aber erst kam der Köstenbirrer, geschmückt mit Blumen und Bändern. Nicht nur die Verwandtschaft, das ganze Dorf, oft das ganze Kirchspiel, nicht weniger als zwei- bis dreihundert Personen, feierten mit. Es sollte Glück bringen, wenn sich die Braut im Schweinestall anzog; ebenso, wenn es in den Kranz regnete ... In Gr. Bengersdorf und Bennin wurde in folgender Weise gefeiert: „Wenn bi de Brut firt wür, kam de Brüdgam all een; de Dirns war' n all dor. Wenn de Hochtid in' n Hus von den Brüdgam wür, halt hei de Bruut 'n Abend vörher mit de jungen Lüd af. Wi leggten Bettlaken up de Gesässen (Sack mit Heu utstoppt, up den Hochtidswagen wegen de witten Kleeder). Twei Dirns säten bi 'n Brüdgam, twei bi de Brut. De Brutdirns harrn Bütel mit Appl, Nöt un Backbeeren för de Gören unnerwegens. Wenn 'n Mann vurbi käm, wärn 'n Buddl mit Köm von den Wagen dallangt. In Tessin: „Käm dat Brutpoor von ne Kirch trügg, wir de Husdör tauslaten. Een Spaß för de Brut mit'n dünnen Kled in'n Winter! De bet den müssen ne Tidlang täuben." „In Gr. Bengersdorf wür Solt un Brot up 'n Teller anbaden. „Das geschah durch die Schaffer (keine Verwandten), um ein Trinkgeld zu erhalten."[822]

Klatt schreibt: „Bei großen Hochzeiten aß man auf der „Grot-Däl"; dort waren lange Reihen Tische aufgestellt. Als Sitzgelegenheiten benutzte man mitunter Schulbänke. Auf kleineren Hochzeiten mit 30-50 Gästen wurde in der Stube gegessen. Die Kinder hatten dann meist eigene Tische in der Küche oder dem Schlafzimmer. Alle Gäste setzten sich mit Mänteln und Hüten zum Essen nieder, in Groß Laasch noch um 1895. Erst im Verlauf der Mahlzeit legten sie nach und nach die Überkleidung ab; die ersten nach der Fleischsuppe, andere blieben bis zum Beginn des Tanzes so sitzen: „Dat is so 'n ollen Höhnergloben, se meenen, wenn se sik gliek uttrecken, denn smiten se den' Sägen rut." Das Brautpaar nahm an der Querseite eines Tisches Platz. An die beiden Längsseiten setzten sich je zwei Trauzeugen, die Brautjungfern und „Juuchters". Die Eltern aßen später mit den Köchinnen in der Stube; denn sie mussten den Ablauf des Festmahls überwachen."[823] „Aufgetragen wurden die Speisen von den „Updroskers" oder „Updrägers". In Laupin mussten die Trauzeugen dem Brautpaar die Speisen vorlegen. Auf kleineren Hochzeiten waren „Knakenhaugers", „Koekenknechts", „Updroskers" und „Schenker" identisch. Aufgeteilt waren diese Ehrenämter hauptsächlich auf den großen Bauernhochzeiten, auf denen es außer dem übrigen Küchenaufgebot auch noch besondere „Schenken" gab. Diese anstrengenden Ämter wurden immer von Männern versehen. „Ik bun Schenk wäst up ne Hochtied von 300 Personen, heff mit tweemal 'n drög Hemd antreckt", erzählte ein Bauer in Warlow."[824]

822 Kahns a. a. O., S. 67 f.
823 Klatt a. a. O., S. 96
824 ebenda S. 97

Klatt erfuhr aus der Griesen Gegend zum Hochzeitsmahl: „Die Vorbereitungen für die Mahlzeiten – besonders der großen, dreitägigen Bauernhochzeiten mit 200–300 und mehr Gästen – erforderten viel Umsicht und begannen wochenlang vorher. Alle Geladenen trugen dazu bei, denn „de Dörper hebben früher den Globen hat: to ne Hochtit hebben se sik gegensidig hulpen.“ Sie brachten Hühner, Butter, Eier, Mehl, Milch, Backobst ins Hochzeitshaus oder übergaben Lebensmittel dieser Art, die früher meist als Geschenke gedacht waren, am Hochzeitstage. Denn es war nicht üblich, größere Geschenke mitzubringen, allenfalls noch Töpfe oder Geld, das jeder Gast beim Abschied „bi ‘t Adschüüs seggen“ der Braut in die Hand drückte. In Conow kam es vor, dass eine vermögende Familie das ganze Dorf zur Hochzeit einlud und jedem auftrug, was er zu liefern hatte. In Göhlen und Umgebung wurden z. B. zu größeren Hochzeiten 50 - 100 Platenkauken (Blechkuchen) gebacken. Wollten in früheren Zeiten die Hochzeitsgäste mit Besteck essen, mussten sie es sich selbst mitbringen. „Hochtidsgast hett n Läpel in ‘e Tasch“ hieß es. Die Brautleute durften bei den Zurüstungen nicht helfen. Nur in Groß Laasch war es seit der ersten Hälfte des 20. Jahrhunderts Aufgabe des Bräutigams, für Getränke und Rauchwaren zu sorgen und sie zu bezahlen.

Während das Brautpaar mit seiner Begleitung zur Kirche fuhr, bereiteten die Köchinnen die Hauptmahlzeit („de grot Mahltiet“) vor. Bei großen Hochzeiten waren oft zehn, zwölf und mehr Köchinnen tätig. Die „Hochtiedenmudder“ half nicht beim Kochen. In den groben Arbeiten wurden die „Koekschen“ von bis zu fünf männlichen Helfern unterstützt; sie mussten z. B. Wasser holen und Holz zerkleinern. Man nannte sie „Koekenknechs“, „Knakenhögers“ oder „Holthaugers“. In Belsch wurden um 1880

Hochzeitshinweis 2020 in Gnevsdorf

meist fertig zubereitete Speisen von den Gästen geliefert, so dass wegen der Vorbereitung des Mittagessens im Hochzeitshause nur wenig Unruhe herrschte. Wenn ein Gast in die Küche geriet, wurde ihm eine Schürze vorgebunden, die man ihm erst wieder abnahm, wenn er eine Summe Geldes bezahlt hatte.

Das Mittagsmahl war in seiner Zusammensetzung recht einfach: Kartoffeln und Braten, „blank Supp“ und als Nachtisch Reisbrei mit „Brunsupp“, einer Suppe aus Rosinen, Korinthen und Sirup, sowie dickgekochte Pflaumen mit Kanoel. Hühnersuppe und Reisbrei („dicken Ries“) waren Hauptbestandteile und durften noch um 1900 bei keinem Hochzeitsessen fehlen. Zum Reis gab es gekochte Backpflaumen, die auch zu einem richtigen Hochzeitsmahl gehörten, ebenso wie gekochter Meerrettich („Marrick“), den man zu Rindfleisch und Kartoffeln aß. In der Gegend von Ludwigslust wurde außerdem noch Blutsuppe („Swart Supp“, „Brun Supp“) aufgetragen. Nachtisch gab es früher nicht: „So ‘n Nagemüse as hüt geef dat jo früher nich, so as Pudding un so wat.“ Die Esssitten waren früher – auch bei so bedeutenden Gelegenheiten wie einem Hochzeitsmahl – sehr einfach. Die in Kesseln gekochte Hühnersuppe wurde in großen Schüsseln („Kummen“) aufgetragen. Darin schwamm das ganze zerkleinerte Hühnerfleisch, Keulen usw. In Trebs aß man die Hühner aus Schüsseln; Teller waren kaum vorhanden: „Soväl hadden se je nich, dat jeder eenen krigen künn.“ Auf einem Teller, der nicht gewechselt wurde nach den verschiedenen Gerichten, lagen die Speisen für drei bis vier Personen. In Loosen legte man einfach ein großes Stück Fleisch auf den Tisch und jeder nahm sich davon. Zum Trinken gab es früher in Vielank weder Bier noch Wein, sondern nur Branntwein („Griesen Twiem“). Eine große Flasche („Austbuttel“) davon stand auf dem Tisch, daneben ein Glas, aus dem jeder trank. Wer Durst hatte, begnügte sich mit Wasser. In der Gegend von Ludwigslust wurde außer Branntwein auch selbstgebrautes Bier getrunken.“[825]

„Zuletzt, wenn die eigentliche Mahlzeit vorbei war, erschienen einige der Köchinnen und baten die Gäste um eine Geldspende, „de Koekschen biddten vor den Afbrand“ … In Grebs gingen die „Koekschen” mit einem Waschlappen („Wascheldook“) in der Hand bei den Hochzeitsgästen herum und baten um Geld. Auf den größeren Hochzeiten wurden die Gäste auch von den „Schenken” und „Knakenhauers” um eine Spende gebeten. Das auf diese Weise gesammelte Geld wurde in verschiedener Weise verteilt. Entweder erhielten das von Koekschen und Knakenhauers erbetene Geld die Musikanten („Musikers“) – die mitunter aber selbst Geld einsammelten, indem sie mit einem Teller, auf dem das Mundstück einer Trompete lag, nach den Köchinnen bei den Gästen herumgingen – oder die Koekschen teilten untereinander das ihnen gespendete Geld. In Neu Krenzlin erhielten es die Männer, die in der Küche geholfen hatten.“[826]

In der Regel begannen nach dem Mittagessen die Hochzeitstänze. „Zu den beliebtesten Hochzeitstänzen zählten der „Bessendanz“, „Großvadderdanz“, „Kagel“, „Klatt un Mus“, „Küsserdanz“, „Lang' Zeh“, „Scheperdanz“, „Scherensleper“ oder wie in Tewswoos der „Barbiertanz”. Dabei schnitt der Barbier seinem Kunden den Hals ab und belebte ihn dadurch, dass er ihm mittels Blasrohr Luft in den After blies. Wenn etwas Besonderes auf Hochzeiten geboten werden sollte, spielte man den „Menuettwalzer“. Außerdem tanzte man Polka, Rheinländer, „Schottschen Öwerperrer” und Walzer. In Groß Laasch wurden nach 1900 die bunten Tänze um Mitternacht angesagt, wenn die Gäste begannen, müde zu werden. In Karenz begann man die Tänze mit einer Polonaise. Man tanzte aus der kleinen Tür („Lütt Dor“) heraus, um das Haus herum und durch die große Tür („grot Dör“) wieder hinein. In Wöbbelin zog sich die Polonaise bis auf die Straße hinaus. Höhepunkte des Tanzens waren der „Koekschendanz“, der „Kellendanz“, die Ehrentänze, das Abtanzen des Kranzes und der „Rückelreih“. Die Ehrentänze wurden in sehr verschiedener Weise getanzt. In Laupin musste dabei die Braut mit jedem Trauzeugen (oder auch mit jedem jungen Mann), der Bräutigam mit jeder Brautjungfer (oder mit jedem jungen Mädchen) einmal im Kreise herumtanzen und beide mussten nach jedem Tanz mit ihren jeweiligen Partnern ein Glas Branntwein leeren. Auch in Warlow musste die Braut mit allen anwesenden Männern, der Bräutigam mit allen anwesenden Frauen, jungen und alten, einmal herumtanzen. Hier dauerten die Ehrentänze zwei bis drei Stunden. In Neu Kaliß erhielten die Trauzeugen die ersten Ehrentänze mit der Braut.

825 Klatt a. a. O., S. 94–96

826 ebenda S. 98 f.

Wer außerdem mit der Braut tanzen wollte, musste vor sie gehen, mit dem Kopf nicken und mit den Knien zusammenschlagen. In Tewswoos eröffneten Braut und Bräutigam die Ehrentänze, indem sie drei kurze Tänze tanzten oder alle Gäste begannen in einem Kreis herumzutanzen. Danach tanzte die Braut je drei Tänze mit jedem der vier Trauzeugen. In Laupin fanden die Ehrentänze um Mitternacht statt, in Neu Krenzlin und Vielank nachdem der Kranz abgenommen worden war.

Eine besondere Form der Ehrentänze war der Lichtertanz. Dazu bildeten alle jungen Mädchen oder die Brautjungfern, von denen jede ein brennendes Licht in den Händen hielt, einen Kreis. Hinter den jungen Mädchen standen ebenfalls im Kreise die jungen Männer. Zunächst tanzte der Bräutigam einmal mit jedem der Mädchen im Kreise herum, dann die Braut mit jedem der jungen Männer und danach mit den Fuhrleuten. In Menkendorf tanzten Paare den letzten Tanz in einem Kreis herum. Dabei trugen alle Tänzerinnen brennende Lichter in den Händen. In Vielank stand in der Mitte des von den jungen Mädchen gebildeten Kreises ein Tisch mit brennenden Lichtern. Hier tanzte die Braut zuerst mit ihren Trauzeugen: zweimal Polka, einmal Walzer und einmal Galopp. Nach jedem Tanz leerten sie und ihr jeweiliger Partner je ein Glas Schnaps. Danach tanzte die Braut mit den Trauzeugen des Mannes, mit dem Kutscher, der sie gefahren hatte, mit den Verwandten und zuletzt mit dem Ehemann. Am Schluss des Lichtertanzes schlug die Braut mit ihrem Taschentuch, an den im Kreise stehenden, lichtertragenden jungen Mädchen oder Brautjungfern vorbeitanzend, nacheinander alle Lichter aus. In Menkendorf war damit die Hochzeitsfeier beendet. Dieser Tanz war der Glanzpunkt der Hochzeit."[827]

827 ebenda S. 101–103

Hochzeitshinweis 2006 in Marnitz

In Barkow bei Plau war der sogenannte Köchinnentanz üblich: „Bei den Hochzeiten auf dem Lande haben die Köchinnen und Drosten (Männer, die das Essen den Gästen vortragen) eine besondere Auszeichnung, indem ihnen ein Tanz bewilligt wird, an dem kein Anderer Theil nehmen darf. Dieser Tanz bringt das meiste Leben in die ganze Hochzeit hinein. Da die Bauernhochzeiten gewöhnlich drei Tage dauern, findet er am ersten Abend der Hochzeit gegen 11 Uhr statt (in einigen Dörfern gleich nach dem Abendessen). Alsdann erscheinen Köchinnen und Drosten in ihrem Anzuge und tanzen mit Kellen und Löffeln in der Hand einen Tanz. Andere Gäste holen dann Mulden, Körbe, Tannen u.s.w. herbei und werfen sie in das Tanzlocal hinein zum Aerger und Verdruß der Tanzenden. Aber sie müssen

Geschmücktes Hochzeitsauto in Plau am See 2020

diesen Unfug mit großer Vorsicht ausführen, da, wenn sie dabei von einer Köchin oder einem Drost ertappt werden, sie gehörige Schläge mit der Kelle bekommen. Herausräumen dürfen sie vor Schluß des Tanzes, der gewöhnlich eine halbe Stunde dauert, nichts. Nach Beendigung des Köchinnentanzes wird Alles wieder geordnet und der Tanz der Gäste beginnt aufs neue." In Parchim war üblich: „Bi de Hochtit ward en Rückelreih danzt; denn treckt de ganze Gesellschaft ut den Hus' mit Musik dörch dat ganze Dörp un dörch alle Hüser, un in jeden Hus' ward danzt. Wenn sei denn de Muskanten insluten in ęren Kreiß, denn krigen dei för den Danz nicks betalt. Wenn de Hochtidenlüd denn von den Rückelreih na Hus t'rög kamen, so is de Dör tauslaten un Alle möten irst verspręken, dat sei gaut daun willen, süs warden sei nich inlaten."[828]

„In Plau erhalten die unverheirateten Schwestern des Bräutigams von der Braut Handschuhe oder Gürtel, die verheirateten Tücher, die Brüder Hemden. Der Bräutigam dagegen gibt den Schwestern der Braut und jeder ein Paar Schuhe. In Sternberg werden ebenfalls Handschuhe gegeben oder einen Ring von geringem Wert."[829] In Parchim gab es die Biddelkost, die am Sonnabend vor der Hochzeit den nächsten Verwandten gegeben wird in Form von ein oder zwei Faß Bier.[830] In Grabow fand am Sonnabend die Feier des Stovenbades statt. „Es bedeutet an sich, daß sich die Braut mit Freundinnen vor dem Beginn des Festes in ein Badehaus begibt und hier nach dem großen Bade zu feiern beginnt." In Dömitz wird die Hochzeit an zwei Tagen gefeiert, in Grabow und Plau sechs Tage.[831] In Plau wurden bei einer Mahlzeit am Hauptfesttag fünf Gerichte aufgetischt.[832]

Bei Bauernhochzeiten der Elbgegend waren Leberreime beliebt. „In der Suppe, welche einer von den Brautjungfern zuerst präsentiert wird, befindet sich eine Hühnerleber. Die Brautjungfer reicht die Leber der Braut und sagt (jede gibt die Leber mit einem Reime weiter): Dei Lęwer is von 'n Haun un nich von 'n Tafellaken, / Krieg ik 'nen bösen Mann, ick will em fram maken. / Mit Dissel un Durn / Hau ik em feinslustig üm de Ohrn, / Mit Hassel un Bäuken / Will ik 't versäuken, / Dat hei schrigt: Min hartleiw Wif, / Lat mi doch minen Willen, / Ik will ok girn min gottlos Mul stillen. Diesen Reim sagt die Braut dem Bräutigam vor, oder: Dei Lęwer is von 'n Haun un nich von n' Citeron, / Hüt hew ik up min Ehrenkron. / Ik nęm sei af, ik legg sei nedder, / Ik glöw, ik krig s' min Dag' nich wedder. / Dei Lęwer is von 'n Haun un nich von 'n Farken, / Min

828 Bartsch a. a. O., S. 68

829 ebenda S. 137

830 ebenda S. 138

831 ebenda S. 139

832 ebenda S. 140

Nawer hett Lüs' un lett sik niks marken. / Dei Lẹwer is von 'n Haun un nich von Knüttelsticken, / Dei düt Jor friet, müt anner Jor Bücksen flicken. / Die Leber ist braun und auserkoren, / Ich habe mein feins Liebchen im Schnee verloren; / Ich habe sie gesucht und nicht gefunden, / Ich wollt ihr ein rothseidnes Band verbinden, / Und sie in meine Arme fassen / Und nie aus meinem Herzen lassen. / Ick un min feins Leiwiken seten an 'n Disch, / Hei seg rot ut un ik witt; / Wenn hei lacht, lacht ik mit. / Die Leber ist braun und lieblich, / Junggesellen sind betrüglich, / Mit den Augen thun sie winken, / Mit dem Herzen thun sie schwenken, / Mit den Füßen thun sie scharren, / Damit haben sie manches Junge Mädchen zum Narren. Der Schlussreim: Dei Lewer is rund, Ick stẹk s' in 'n Mund."[833]

„Im Strohkirchen bei Ludwigslust wurde früher die Braut regelrecht „verkauft", alle Angebote des Bräutigams wurden zurückgewiesen, bis sie ihm zuletzt für ein Faß Grütze zugeschlagen ward. In Burow bei Lübz mußte am Vorabend der Hochzeit die Braut ihre Befähigung, der Hauswirtschaft vorzustehen, dadurch beweisen, daß sie in Gegenwart der Gäste das „Instert" der zur Hochzeit geschlachteten Kuh regelrecht auseinander trennte. Sehr altertümlich mutet auch die in Spornitz früher verbreitete Vorstellung an, daß während der Trauung jemand in dem neuen Heim des Ehemanns sitzend verweilen müsse, damit der Zauber neidischer Menschen, die Unglück in das Haus „einwerfen" wollen, abgelenkt und unwirksam gemacht werde. Die göttliche Natur des „Schimmelreiters" zeigt sich darin, daß in Polz bei Dömitz sein Auftreten als eine Ehre galt, und daß eine Hochzeit, bei der er nicht erschien, nicht als vollgültig angesehen ward."[834]

833 ebenda S. 86 f.

834 Richard Wossidlo: Volkskunde in Mecklenburg 1926. In: Zs Mecklenburg 22. Jg. Heft 4/ 1927, S. 116

„Der Schimmelreiter wurde in den hier berücksichtigten Orten auf drei Arten dargestellt: Man befestigte auf dem gegabelten Ende einer „Wiemengaffel", einen aus Holz angefertigten Pferdekopf. Den Rücken des Pferdes bildete ein Roggensieb. Über den ganzen Aufbau, an dessen Ende ein Schweif angebracht war, zog man ein großes, weißes Laken, das bis auf die Erde reichte und die Beine des Reiters auf der Gaffel verdeckte. In Conow und Schmölen hängte man ein weißes Laken über zwei gebückt hintereinander gehende Personen. Die Ohren des Pferdes wurden durch eine hochgehaltene Gaffel gebildet, der Schweif des Pferdes war aus Flachs. In Tewswoos und Neu Kaliß hing sich ein Mann zwei runde Korn-Handsiebe so über die Schulter, dass das eine vorn, das andere hinten hing. Dann warf man ein weißes Laken, dessen Naht in der Mitte aufgetrennt war, darüber, so dass der Mann mit seiner oberen Hälfte durch das Loch des Lakens herausragte. Vorn bildete man einen Pferdekopf, auf welchen man einen Zaum steckte hinten einen Flachsschweif. Der Schimmelreiter und seine Begleiter trugen Haar und Bart aus Flachs oder Heede. In Conow hatte der Reiter eine Zipfelmütze („Pingelmütz") auf dem Kopf."[835]

Carl August Endler überliefert den Brauch des Brauthahns: „Um 1850 war es Sitte, bei Hochzeiten dem Bräutigam einen Hahn und der Braut ein Huhn zu schenken in Form von Nachbildungen aus Ton, Butter oder Talg. Allerdings wurde später der Hahn herumgereicht, damit die Gäste in ihn das Hochzeitsgeschenk hineinstecken konnten (in Form von Geldstücken – W. H.).[836] „Der Hahn hat sich nur an zwei Or-

835 Klatt a. a. O., S. 106 f.

836 Carl August Endler: Von der Altmecklenburger Hochzeit. In: Zs des Heimatbundes Mecklenburg 32. Jg. Heft 4/1937, S. 134

ten erhalten: in Goldberg und in Laage. In Goldberg gibt man zwei lebende Hühner und eine halbe Tonne Bier als Bruthan ... In allen übrigen Städten aber ist das Huhn selbst verschwunden und durch hühnerähnliche Darstellungen ersetzt bzw. ist nur der Name geblieben." In Boizenburg, Dömitz, Wittenburg, Neustadt, Lübz und Krakow gibt es als Bruthahn nur Äpfel, Birnen und Nüsse.[837]

Über moderne Hochzeiten schreibt das Spornitzer Ehepaar Esch: „Zur kirchlichen Trauung geht man heute gemeinsam mit den Brautleuten nach der standesamtlichen Heirat zur Kirche, wobei das Brautpaar auch extra im Auto oder mit der geschmückten Kutsche zur Kirche fährt und dort von der Familie und allen Gästen erwartet wird. Der Pastor geht den Brautleuten vor der Kirche entgegen, um sie zu begrüßen und die Eheringe und den Trauschein in Empfang zu nehmen. Vor 50 Jahren stellten sich die Gäste rechts und links an der Seite neben dem Altar und den Brautleuten auf und begleiteten die Trauung aktiv mit gesprochenen Wünschen. Nach der Trauung ging die gesamte Hochzeitsgesellschaft im langen Zug zur großen Feier in das Hochzeitshaus. Da vielfach der Hochzeitsschmaus nicht mehr im Elternhaus, sondern in einer Gaststätte stattfindet, geht man nicht mehr zu Fuß dorthin, sondern fährt mit Autos."[838]

Ute Mohrmann bemerkt: „Die private Festkultur – Geburtstags- und Hochzeitfeier ... – unterlag in den 1950er-Jahren auch in der DDR weitgehend den bürgerlichen Normen des „guten Tons". Das Festhalten am Überlieferten zählte. Gemütlichkeit, Anstand und Bescheidenheit galten den Älteren als Werte, aus deren Regelsystem jedoch die Jugendlichen mit Feten, Budenzauber und Tanzpartys auszugleichen suchten. Dabei spielte die Orientierung an diesbezüglichen Moden in der Bundesrepublik eine große Rolle. Diese hatten ihrerseits in der amerikanischen Lässigkeit und Zwanglosigkeit des Feierns, in Musik-, Kleidungs- und Haarstil nachahmungswürdige Vorbilder gefunden. In Zeiten enger moralischer Deutungsmuster, zudem in der heißesten Phase des Kalten Krieges, bedeutete dieser Kulturimport eine Provokation. Ihm wurde an der „Alltagsfront der Kultur" mit ideologischer Verteufelung begegnet."[839] Die Autorin fährt fort: „Neben der Jugendweihe kam der Hochzeit als Übergangsritus eine herausgehobene Bedeutung im Lebenslauf der DDR-Bevölkerung zu. In den Wertvorstellungen und Lebensplänen junger Leute besaßen Hochzeit, Ehe und Familie eine hohe Priorität. Das entsprach weitgehend dem sozialistischen Familienbild. Doch versagte die Passfähigkeit von privaten Vorstellungen und politischem Wunschmodell in der Realität ... Die Hochzeit, das Fest des Eintritts in eine meist neue Lebenssituation, galt als etwas Außergewöhnliches und Besonderes. Dementsprechend wurde sie aufwändig ausgestattet und „groß" gefeiert ... Der traditionelle Hochzeitszyklus mit seinen Hauptbestandteilen von Verlobung, Aufgebot, Polterabend, standesamtlicher Registrierung und kirchliche Trauung sowie Hochzeitfeier und Hochzeitsreise war in den 1950er Jahren noch weitgehend stabil. Das änderte sich infolge allgemeiner Säkularisierung, spezifischer Entchristlichung und staatlicher Verordnungen allmählich ... Der Tag der Eheschließung war vom Gesetzgeber als arbeitsfrei erklärt worden. In den Standesämtern gab es seit Mitte der 1970er Jahre repräsentative Festräume. Es

837 ebenda S. 136

838 Hans und Maria Esch a. a. O., S. 212

839 Ute Mohrmann: Lust auf Feste. Zur Festkultur in der DDR. In: Ulrike Häußer/ Marcus Merkel: Vergnügen in der DDR, Berlin 2009 S. 36

wurde ein feierlicher, in sich variabler Ablauf des Eheschließenszeremoniells eingeführt: Musik, Ansprache, Jawort, Unterschrift der Eheschließenden, Ringtausch, Kuss, Glückwünsche, auf Wunsch Anstoßen mit Sekt und Fotografieren. Dabei sind wesentliche Bestandteile des kirchlichen Brauchtums, darunter Ringtausch, langes weißes Brautkleid mit Schleier, Teilnahme der Hochzeitsgesellschaft an der Eheschließung, Blumen streuende Kinder, Wegsperren und Spaliere zur Ausschmückung und Zelebrierung der standesamtlichen Festlichkeit übernommen worden."[840]

Beliebt ist es, nach der Trauung das Brautpaar mit einem Spalier zu ehren, welche Arbeitskollegen, oft in ihrer Berufsbekleidung, vor dem Rathaus oder der Kirche bilden. 2013 mussten in Lübz vor der Stadtkirche die frisch getrauten Christine und Tobias ein Herz aus einem großen weißen Tuch schneiden – und das mit Gummihandschuhen und einer kleinen Schere. Anschließend stiegen sie durch das ausgeschnittene Loch. An ihrem Auto war übrigens eine mehrere Meter lange Schnur mit leeren Blechdosen befestigt, die bei der Fahrt über das Kopfsteinpflaster gehörigen Lärm machten.[841] In Parchim war 1979 ein Hausschuh an einer Schnur am Auto befestigt als Sinnbild, dass der Bräutigam künftig „unter dem Pantoffel" seiner Braut stehen wird.

In den ersten Jahren nach dem 2. Weltkrieg herrschte nicht nur Mangelwirtschaft an Industrieerzeugnissen, da die Friedensproduktion nur langsam wieder in Gang kam, es fehlte vor allem an Nahrungsmitteln. In vielen Familien gab es keinen Ehemann, Vater, Sohn und Bruder mehr, sie mussten auf den Schlachtfeldern des Krieges ihr Le-

Glückwunschkarten zur Hochzeit, Spornitz im August 1947, wahrscheinlich Brahlstorf

840 ebenda S. 47 f.

841 SVZ Lübz vom 23. 9.2013

ben lassen oder waren noch in Kriegsgefangenschaft. Dennoch herrschte bei der Jugend eine erwartungsvolle Aufbruchstimmung. Trotz beengter Wohnverhältnisse, knappem Essen und nicht vorhandener Konsumgüter, vor allem bei den Vertriebenen, die neben der Heimat auch all ihr Hab und Gut verloren hatten, wurden die Feste gefeiert, wo sie stattfanden. Nun hatten sie selbst im kleinsten Dorf, das einen Gasthof mit Saal besaß, Konjunktur. Nicht nur aus dem Ort, auch aus den umliegenden Dörfern strömte die junge Generation zum Feiern zusammen. Der Tanzboden war damals die Stätte, wo sich die meisten jungen Menschen kennenlernten. Die Krönung einer solch angebahnten Beziehung bildete die Hochzeit, die so gut es ging, mit den vorhandenen bescheidenen Mitteln ausgestattet wurde.

Zu den Hochzeitsutensilien gehörten auch Glückwunschkarten, mit denen damals dem jungen Paar gratuliert wurde. Als im August 1947 eine Hochzeit in Spornitz bei Parchim gefeiert wurde, erreichte das Hochzeitshaus eine Vielzahl von Karten. Bei denen aus der Parchimer Gegend handelte es sich um Druckerzeugnisse. Neben Vorkriegsware, die sich durch besseres Papier auszeichnete, waren es auch schon Karten aus der Nachkriegsproduktion, erkennbar an der schlechteren Papierbeschaffenheit. In Parchim gab es die Druckerei Carl Taeschner, von der diese Karten stammen könnten. Einige aus Brahlstorf abgeschickte Karten zeichnen sich dadurch aus, dass sie Unikate sind. Sie bestehen aus dünnerem Kartonpapier als die Druckereiware und waren handgefertigt. Vermutlich gab es einen Kunstmaler oder Zeichenlehrer, welcher Papierwarengeschäfte in der Brahlstorfer Umgebung (in Boizenburg, Lübtheen, Wittenburg oder

DANKESCHÖN

Für die zahlreichen Glückwünsche, Überraschungen, Blumen und Geschenke möchten wir uns bei allen Verwandten, Freunden, Bekannten und Nachbarn recht herzlich bedanken.

Ein besonderer Dank gilt unseren Eltern, unserer Trauzeugin Maria für ihre Unterstützung sowie all' denen, durch deren Engagement unsere Hochzeit sowie unser Polterabend zu einem für uns unvergesslichen Ereignis wurden.

Ein großes Dankeschön sagen wir ebenfalls Pastor Poppe, der Standesbeamtin Frau Stemmwedel, den Teams des Falk Seehotels Plau am See und der Stuerschen Hintermühle, dem Friseur- und Kosmetiksalon „Modische Linie", dem Kutscher Fritz Randt, Fam. Hoppenhöft und Fam. Jarchow sowie dem DJ Sven Glosinski.

Patrick & Anja Bandelin, geb. Muth

Plau am See, im April 2010

Tausend Dank!

Für die unzähligen Glückwünsche, Karten, Blumen und Geschenke anlässlich unserer Hochzeit möchten wir uns bei unseren Familien, allen Verwandten, Bekannten, Freunden, Kollegen und Nachbarn recht herzlich bedanken. Ein ganz besonderer Dank gilt unseren Eltern und Großeltern, unseren lieben Geschwistern mit Partnern und unseren tollen Freunden für die große Mühe und die vielen Überraschungen.

Danke für einen wunderschönen Polterabend und einen unvergesslichen Hochzeitstag. Danke an das Team des Falk Seehotel Stuersche Hintermühle, DJ Harmi, Bäcker Fenner, der Standesbeamtin Frau Stemmwedel, Pastor Winkelmann mit seiner Frau, unserer Friseurin Anne vom Friseurstudio Steinweg, Frau Golinski, dem Blumenparadies Breitmoser, dem Eiscafé Zum See, Familie Gedigk, unserer Fotografin „Schnucki" Carola Tews und den fleißigen Kuchenbäckern. Und danke an alle Anwesenden für die tolle Stimmung. Wir haben uns sehr gefreut.

Alexander Pieper und Constanze Pieper-Klonz, geb. Klonz — Dresenow, den 26.06.2010

Auch wir nehmen die Gelegenheit noch einmal zum Anlass und bedanken uns recht herzlich bei allen Gästen unserer gemeinsamen Feier für die nachträglich erbrachten Glückwünsche, Blumen und Aufmerksamkeiten anlässlich unserer Silberhochzeit.

Matthias und Ramona Klonz — Twietfort, den 20.06.2010

Herzlichen Dank

für den unvergesslich schönen Tag. Für die vielen Glückwünsche, Blumen und Aufmerksamkeiten anlässlich unserer

Hochzeit

möchten wir uns bei unseren Eltern, Geschwistern, Verwandten, Bekannten und Nachbarn recht herzlich bedanken. Ein besonderer Dank gilt dem Ferien- und Reiterhof Wulf „Charlottenhof", dem DJ Günter Grittke, den Arbeitskollegen, dem Fotostudio Karola Tews, der Blumenstube Pille sowie dem Friseursalon Fröner.

Heiner und Nicole Elgert, geb. Grüßner

Karow, 21. Mai 2011

Auf diesem Wege bedanken wir uns ganz herzlich für die zahlreichen Glückwünsche, Blumen, Geschenke und wundervollen Überraschungen anlässlich unserer

Hochzeit und Taufe

Ein besonderer Dank gilt unseren Eltern, Trauzeugen, Verwandten, Bekannten, dem Team der Autohaus Burmeister GmbH, dem Team von Praxis Dr. A. Blaschke, DJ Axel, dem Metzger Mario Dreffien mit seinem Team (Landfleischerei Karrenzin), Fotostudio Fröhlich, Frau Scholz für die schöne Hochzeitstorte, der Feuerwehr Ziegendorf, dem Jagdschloss Friedrichsmoor, Pastorin A. Saubert, dem Blumengeschäft Löwenzahn, Sandra Köhnke, Salon Sylvi, Kita Sonnenschein und allen Freunden und Nachbarn.

Jens und Susanne Niemann geb. Greiffenberg
mit Sophia Linn — Ziegendorf, 06.06.2014

Fotostudio Fröhlich

Das schöne Fest ist nun verklungen,
mit Freude denkt man dran und zurück
und wenn ein Fest auch gut gelungen,
dann waren's Stunden voller Glück.
Ein herzliches Danke an die Gratulanten,
an alle, die sich so viel Müh gemacht,
besonders den Verwandten, Freunden,
Nachbarn und Bekannten,
für all das Schöne und die Geschenke-Pracht.
Nun lässt sich nur noch davon zehren,
was man niemanden nehmen kann,
wenn diese Stunden auch nie wiederkehren,
bleibt doch die Erinnerung daran.

Für die Hilfe und Unterstützung, die zahlreichen Glückwünsche, den unvergesslichen Tag und Geschenke bedanken wir uns anlässlich unserer Hochzeit am 24.05.2014 von ganzen Herzen.

Ein besonderer Dank gilt all denen, durch deren Engagement unsere Hochzeit zu einem für uns unvergeßlichen Ereignis wurde sowie Hans Göldnitz und das Team der Kutschstuben in Matzlow.

Philipp & Christina Thater
mit Louis — geb. Eichendorff

Danksagungen in der regionalen Presse 2010–2014

Hagenow?) mit seinen Kreationen belieferte, um damit Geld zu verdienen. In Brahlstorf bestand damals ein Quarantänelager, vielleicht lebte hier eine Zeitlang der unbekannt gebliebene Künstler. Drei von den Karten zeigen die gleiche Handschrift sowohl bei der Zeichnung wie bei den Worten „Herzliche Glückwünsche zur Vermählung". Die Zeichnungen von einem Hochzeitspaar, einem Mädchen und einem Marienkäfer sind sehr professionell und zeigen die Illustrationskunst der 1930er Jahre. Eine weitere Karte mit den Worten „Viel Glück" und einer Zeichnung mit einer Birke und drei Engeln lässt ebenfalls Professionalität erkennen. Eine andere Karte mit der Aufschrift „Die besten Wünsche" und einem gemalten Kinderpaar wirkt dagegen laienhafter. Diese fünf Karten sind Beleg einer einziehenden Normalität im Alltagsleben, das nach den Schrecken des Krieges die Hoffnung auf eine glücklichere Zukunft für das Hochzeitspaar erkennen ließ. Das zeigt auch der Text auf einer Karte, mit dem eine Brahlstorfer Familie dem Hochzeitspaar gratulierte: „In allem Bangen um die Zukunft gibt es doch Stunden des Glücks und der Freude. Glück, ein Phantom im wahrsten Sinne des Wortes, das sich gepaart aus Wunsch und Erfüllung ergibt, ist unser aller Sehnsucht. Euer Wunsch möge es sein, glücklich zu werden. Eure Lebensbejahung die Erfüllung. So wünschen auch wir heute zur Vermählung Glück, Freude und eine zufriedene Zukunft!"

Walter Kintzel hat für die Gemeinde Wahlstorf folgendes Heiratsverhalten nach 1945 ermittelt: „Flucht und Vertreibung setzten im Jahr 1945 und danach eine Völkerwanderung in Gang. Aus Schlesien, Ostpreußen, Westpreußen, Pommern und Ostbrandenburg sowie dem Sudetenland stammten die Flüchtlinge und Vertriebenen, die in Mecklenburg eine neue Heimat finden mußten. Für viele war es auch nur eine Zwischenstation auf dem Weg in die Besatzungszonen der Westmächte. Während es 1939 in Wahlstorf (Dorf südlich von Lübz) 300 Einwohner – 235 Erwachsene und 65 Kinder – gab, setzte sich die Bevölkerung der Gemeinde Wahlstorf am 1. September 1945 aus 246 einheimischen Einwohnern und 341 Flüchtlingen und Vertriebenen zusammen. Noch vier Jahre nach Kriegsende – im Jahre 1949 – überwog bei einer Einwohnerzahl von 478 der Anteil der Flüchtlinge und Vertriebenen: 233 Einheimische und 245 Flüchtlinge und Vertriebene ...

Interessant ist nun, wie die Assimilation der Flüchtlinge und Vertriebenen auch durch Heiraten erfolgte. Dazu soll im Folgenden die Wahl der Ehepartner aufgeschlüsselt werden. Grundlage dafür sind die Trauungen nach 1945 der jungen Menschen im heiratsfähigen Alter, die der Kinder und Jugendlichen, die 1945 in der Gemeinde lebten (also vor 1946 geboren wurden), hier oder in der Umgebung heirateten bzw. sich schon als Schulkinder in der Darßer Schule kennenlernten. Nicht berücksichtigt sind die, die aus Gründen der Berufsausbildung, des Besuches einer weiterführenden Schule oder des Studiums in andere Orte verzogen sind und dort heirateten. Es werden folgende Begriffe verwendet: Alteingesessene, das sind Personen, die in der Gemeinde geboren wurden. Flüchtlinge, damit ist der Personenkreis umschrieben, der vor Kriegende aus den Ostgebieten vor der heranrückenden Roten Armee flüchtete bzw. nach Kriegsende aus den Ostgebieten und dem Sudetengau vertrieben wurde. Zugezogene sind solche Personen, die nichts mit den Kriegs- und Nachkriegswirren zu tun hatten.

Von 64 ermittelten Eheschließungen von 1945 bis 1970 kam bei 23 (= 35,9 %) der Ehepartner/die Ehepartnerin aus der Gemeinde Wahlstorf selbst. Es entfielen auf die Kombinationen: Alteingesessene x Alteingesessene: 2; Alteingesessene x Flüchtlinge: 13; Flüchtlinge x Flüchtlinge: 8. Die Heirat war also eine wesentliche Grundlage dafür, daß die Flüchtlinge in die Gemeindebevölkerung eingegliedert (assimiliert) wurden. Betrachtet man die Konfessionen, so sieht es so aus: Evangelische x Evangelische: 15; Evangelische x Katholische: 5; Katholische x Katholische: 3.

Bei 41 Eheschließungen stammte der Partner/die Partnerin nicht aus Wahlstorf. Es wurde aber meistens in die Dörfer der näheren Umgebung geheiratet, wohin die junge Generation zum Tanz ging bzw. woher die Heiratsfähigen nach Wahlstorf zum Tanz kamen. Der Tanzboden war damals die Stätte, wo sich die meisten jungen Menschen kennenlernten. Bei 25 dieser Ehen konnte der Ort des Partners ermittelt werden. Es waren dies: Redlin (6x), Klein Dammerow (3x), Wilsen (2x), Karbow (2x) und einmal Vietlübbe. Diese Orte sind alle nicht weiter als 5 km vom Wahlstorfer Dorfkrug mit Tanzvergnügen entfernt. Weitere Orte waren: Kreien, Burow, Klein Pankow, Gnevsdorf, Lübz, Werder, Lutheran, Dresenow, Plau, Mentin, Gallin. Karow, Goldberg. Die weiteste Entfernung beträgt in diesen Fällen 30 km, weiter entfernt sind Altenhof bei Röbel und Pritzwalk. Bei 5 Eheschließungen war der Ehepartner (männlich) ein Zugezogener, 4 Wahlstorfer im heiratsfähigen Alter heirateten nicht."[842]

Hochzeitsfoto

Als Erinnerung an die Hochzeit war vor der Erfindung der Fotografie üblich, Brautkränze zu rahmen und in der Wohnstube aufzuhängen. So besitzt das Dömitzer Museum einen im Goldrahmen unter Glas befindlichen getrockneten Myrtenkranz, in dessen Mitte zu lesen ist: „C. Runge L Koch getraut d. 18. Dezmbr 1848"[843] Seit nach 1860 durch die Fotografie ein „Abbild für jeden" ermöglicht wurde, belegen Erinnerungsfotos die Lebensphasen des Einzelnen von der Geburt bis zum Tod, denn die Fotografie wurde zunehmend in Rituale und Zeremonien einbezogen. Bevor sich Fotografen mit eigenem Atelier niederließen, zogen sie (zumeist in Großstädten ansässig) von Ort zu Ort und boten ihre Dienste an, wie 1861 aus der Anzeige des Fotografen Seifert in der „Plauer Zeitung" hervorgeht, der mitteilte, dass er sich „auf einige Zeit hier aufhalten werde, und empfehle mich mit Anfertigung von Lichtbildern zu billigen Preisen."[844] Weiter konnte man am 3. August 1861 lesen: „Dem geehrten Publikum von Plau und Umgebung erlaube ich die ergebene Anzeige zu machen, dass ich entschlossen bin, mich eine kurze Zeit hier aufzuhalten, um mich mit Anfertigen von Photographien auf Glas und Wachsleinen in verschiedenen Größen, von Medaillons, Broschen, Armbändern, Gruppen und größeren Portraits zu beschäftigen ... B. Dietzel, Photograph aus Berlin wohnhaft bei Witwe Jesser."[845] Einige Tage später teilte Dietzel mit: „Photographien fertige ich nur noch bis Dienstag, den 20. August 1861 an, da ich entschlossen bin, an genanntem Tage meine Weiterreise anzutreten."[846]

842 Walter Kintzel: Wer heiratete wen. In: Walter Kintzel: Quaßlin. Aus der Geschichte eines südmecklenburgischen Grenzdorfes. Wahlstorf 2000, S. 141 f.

843 Peesch/Rudolph a. a. O., S. 133 Abb. 100

844 PZ Nr. 29 vom 17.4.1861

845 PZ Nr. 60 vom 3.8.1861

846 PZ Nr. 63 vom 14.8.1861

Hochzeit von Friedchen und Ernst Ahlschläger, Karow 1906

Hochzeitsgesellschaft bei Plau vor 1914, aufgenommen von dem Plauer Fotografen Konrad Schußmann

Hochzeitsgesellschaft von Grete und Siegfried Ahlschläger, Karow 1949

Hochzeitsgesellschaft Marnitz 1950er Jahre

Die Fotografie war damals noch ein Gewerbe, das sich der Aufmerksamkeit des „Publikums“ sicher sein konnte, gab es doch erstmals die Möglichkeit, dass jedermann ein getreues Abbild von sich selbst anfertigen lassen konnte – ein Privileg, das zuvor nur begüterten Kreisen zustand, musste doch ein Kunstmaler zu diesem Zweck verpflichtet werden. Das Foto avancierte zum Bestandteil des Wandschmucks im Wohnzimmer. Dort dokumentierten gerahmte Fotografien den Lebenslauf: Das erste Erinnerungsfoto – das Säuglingsporträt – bildete das weltliche Pendant zum Taufritual. Das Foto am ersten Schultag belegte einen neuen Lebensabschnitt, wie auch das Klassenfoto. Das Konfirmationsfoto diente neben der Erinnerung der Bekräftigung und Bestätigung der kirchlichen Zeremonie. Der Militärdienst bot abermals Anlass für Erinnerungsbilder. Die nächste, in fotografischer Hinsicht zentrale Lebenssituation bildete die Hochzeit. Es wurde üblich, neben dem Brautpaar ein Gruppenfoto der gesamten Hochzeitsgesellschaft aufzunehmen, wobei die hier getragene Kleidung Aufschlüsse zur Kulturgeschichte ermöglicht. Das Brautkleid konnte die Funktion der ethischen Differenzierung übernehmen, worauf Walter Hartinger in seinem Buch „Religion und Brauch“ verweist: „Das heute dominierende lange weiße Kleid wurde erst – ausgehend von den Städten – in den 30er Jahren des 20. Jahrhunderts allgemein akzeptiert“[847], denn das bis dahin übliche schwarze Kleid kam in den Geruch, die Kleidung für „gefallene“ Bräute zu sein, da die Farbe Weiß für Reinheit und Jungfräulichkeit stand. Das aus Anlass der Hochzeit neu angefertigte schwarze Kleid diente der Trägerin danach als „Kirchenkleid“ und für andere feierliche Anlässe des Lebens, denn ein „einmaliges“ weißes Kleid konnten sich die wenigsten Frauen leisten. Als einen Übergang kann man das Tragen eines weißen Schleiers zum schwarzen Kleid ansehen.

Den Farbwechsel belegen zwei um 1930 aufgenommene Hochzeitsfotos aus dem Süden Mecklenburgs. Es wurde also die Kleiderfarbe zu einer Bedeutungsdifferenzierung herangezogen, nachdem der Brautkranz diese Funktion nicht mehr erfüllte. Dabei waren sowohl das schwarze als auch das weiße Kleid nur Anleihen aus der zeitgenössischen Mode. Den Luxus einer spezifischen Hochzeitstracht, d. h. einer nur zu diesem Anlass getragenen Kleidung, gibt es erst seit der Etablierung des weißen Brautkleides. Bis dahin war die Hochzeitskleidung die übliche Festkleidung gewesen, allenfalls aufgewertet durch einige spezielle Zutaten, so beim Bräutigam der Zylinder, die feinen weißen Stoffhandschuhe und der Myrthenzweig am Revers. Die Braut trug ein schwarzes Seidenkleid, dazu den Myrthenkranz mit langem weißem Schleier und weiße Handschuhe.

Schaut man sich die alten Hochzeitsfotos von Hochzeitspaaren an, dann sieht man darauf Braut und Bräutigam in steifer Haltung nebeneinander stehend, sie an seinem rechten Arm. Sie blicken ernst und gefasst in die Kamera. Es dauerte, bis ein scheues Lächeln in den Gesichtern auftaucht, das mit der Zeit zu einem offenen Lachen wird. Oft steht heute die Braut zwar neben, aber etwas vor dem Bräutigam, der sie manchmal auf dem Arm trägt. Ein Beleg für die Emanzipation? Auch die Aufnahmeszenerie hat sich gewandelt: Nicht mehr nur im Atelier stehend sondern genauso oft wird das Brautpaar in der Natur abgelichtet. Das Hochzeitsfoto zählt noch heute zum unverzichtbaren Zeichen im Lebenslauf, markiert es doch einen Höhepunkt, indem es der eigenen Geschichte bildhaften Ausdruck gibt.

847 Hartinger a. a. O., S. 166

Silberhochzeitsgeschirr vor dem 1. Weltkrieg

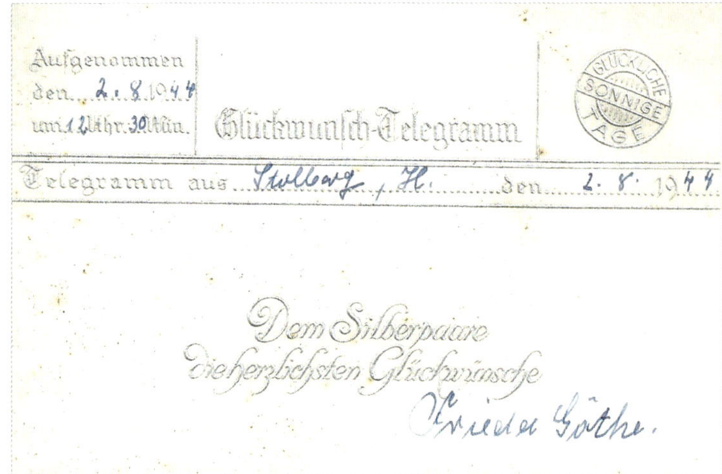

Aufgenommen den 2. 8. 1944 um 12 Uhr 30 Min.

Glückwunsch-Telegramm

GLÜCKLICHE SONNIGE TAGE

Telegramm aus Stolberg, H. den 2. 8. 1944

Dem Silberpaare die herzlichsten Glückwünsche

Frieda Gothe.

Telegramm zur Silberhochzeit 1944

Hinweis an der B 103 in Dresenow auf eine Silberhochzeit im Juli 2012

Ehejubiläen

Große persönliche Feiertage sind Ehejubiläen, beginnend mit der Silberhochzeit (25 Jahre) und der Goldenen Hochzeit (50 Jahre). Es ist üblich, diese Feste in der Zeitung anzukündigen bzw. Danksagungen abdrucken zu lassen. Verwandte und Bekannten versenden besondere Glückwunschkarten. So bot 1873 in Plau Louis Hancke „Gratulationskarten zu silbernen Hochzeiten passend in den einfachsten und reizendsten Mustern zum Preis von 1–24 Schillingen" an.[848] In der Zeitung war 2012 ein gereimtes Annoncenbeispiel zur Goldenen Hochzeit 2012 von Ingrid und Horst Westfahl zu lesen: „Fünfzig Jahre Eheleben, / Fest vereint in Glück und Leid, / immer nur das Beste geben / ist schon keine Kleinigkeit. / Alles Gute wünschen Euch Eure Kinder und Enkelkinder."[849] Diamantene Hochzeit (60 Jahre) feierten am 4.10. 2017 Gisela und Jürgen Andrees, worüber die „Plauer Zeitung" berichtete: „Das Datum konnten wir nicht vergessen, denn an diesem Tag startete Sputnik 1", erzählte die Jubilarin. Ihr 60. Ehejubiläum begingen Irma und Wilhelm Muth am 22. Mai 2015 in Wangelin. Die Glückwünsche des Ministerpräsidenten und des Landrates überbrachte der stellvertretende Landrat Wolfgang Schmülling und wünschte angesichts des „tollen Ehrentages noch viele gute gemeinsame Jahre". Namens der Gemeinde Ganzlin gratulierte der stellvertretende Bürgermeister Harald Benjo.

Seit 1992 laden in Parchim Stadtpräsident und Stadtoberhaupt die Ehejubilare des Jahres in der Vorweihnachtszeit zum gemeinsamen Kaffeetrinken ein.[850]

Silberhochzeitspaar Friedchen und Ernst Ahlschläger in Karow am 10.7.1931

Silberhochzeit von Hilde und Hans Bucks in Parchim 1955

848 PZ Nr. 104 vom 31.12.1873
849 SVZ Lübz vom 10. 2.2012
850 SVZ Lübz vom 20.12.2004

FIRMEN- UND HANDWERKERJUBILÄEN

Ein Geschäfts- und Firmenjubiläum stellt ein besonderes Ereignis dar. Es bietet die Gelegenheit, eine breite Öffentlichkeitswirkung zu erzielen und den Bekanntheitsgrad der eigenen Produkte oder Dienstleistungen zu erhöhen. Persönliche Geschäftsbeziehungen können mit der Feier zum Jubiläum vertieft sowie die Zusammenarbeit mit Kunden und Lieferanten gepflegt werden.

Einige Beispiele von Handwerkerjubiläen aus der Region: 2012 beging Uhrmachermeister Hans J. Möller in Goldberg das 60-jährige Meisterjubiläum. Seit 1898 werden in diesem Geschäft in der Langen Straße Uhren verkauft und repariert. Am 30.4.1965 erhielten die Bäcker Fritz Mulsow aus Parchim und Helmuth Lau aus Lübz ihren Meisterbrief und konnten 2015 ihr 50-jähriges Jubiläum begehen.[851] 1966 gründete Wolfgang Nußbücker die Mecklenburger Orgelbau GmbH in Plau. Seit 1999 führt sein Schwiegersohn Andreas Arnold das über 50-jährige Unternehmen weiter.[852] 2017, vor 25 Jahren, gründete Eckard Josl in Spornitz ein Bauunternehmen.[853] Die Sternberger Fotografenmeisterin Christine Jörss-Munzlinger beging 2017 ihr 40-jähriges Firmenjubiläum.[854] Bäcker Thomas Stenschke beging in Boizenburg 2017 sein 25. Meisterjubiläum. Die Bäckerei in der Königstraße ist schon seit 1935 ein Familienbetrieb.[855] Die Lübzer Firma Elektro-Wätke konnte 2017 das 40-jährige Geschäftsjubiläum begehen.[856] Gegründet vom Vater der Ehefrau 1948, beging das Geschäft des Optikerehepaares Klaus und Renate Spors in Lübtheen 2018 das 70-jährige Firmenjubiläum.[857] Am 1. Juli 1993 haben Herbert Pahlaß und Harald Preuß ihr Unternehmen in Eldena gegründet und in 25 Jahren erfolgreich entwickelt. Sie machen in ganz Norddeutschland mit ihren Arbeiten aus Glas und Metall auf sich aufmerksam.[858] Der Parchimer Fleischer Manfred Hildebrandt beging 2018 sein 50-jähriges Meisterjubiläum. Der Plauer Fotografenmeister Karl-Heinz Hautke feierte 2018 sein 48-jähriges Meisterjubiläum.[859] 2018 hatte Wilhelm Pahnke aus Parchim sein 60-jähriges-Meisterjubiläum.[860] Mit Taxi-Unternehmer Gebhard Schulze und Autohaus-Inhaber Alfred Schmidt haben in Lübz zwei Geschäftsleute am 2.1.2018 an einem Tag das 30- bzw. 40-jährige Bestehen ihrer Betriebe gefeiert.[861] Der Parchimer Friedrich Schünemann war von 1964 bis 2001 Parchimer Bezirksschornsteinfeger. 2018 feierte er sein 60-jähriges Meisterjubiläum.[862] Der Plauer Bäcker Hans Behrens begann am 1.4.1946 seine Lehre beim Großvater. Das Familienunternehmen wird seit mehr als 175 Jahren weitergeführt (inzwischen schon in der achten Generation – somit das älteste in Mecklenburg!). 1952 machte er seinen Meister und war von 1953–1993 selbständiger Handwerksmeister in der Stietzstraße, dann gab er den Staffelstab an seinen Sohn weiter, inzwischen führt der Enkel den Betrieb.[863] 2018 begingen in der Region Parchim (damit ist der Altkreis Parchim gemeint) 53 Handwerker ein Meisterjubiläum laut Ehrenordnung der Handwerkskammer Schwerin. Die Meisterprüfung von 29 Handwerkern lag 25

851 SVZ Lübz vom 31.3.2015
852 SVZ Parchim vom 17.2.2016
853 SVZ Parchim vom 8.5.2017
854 SVZ Sternberg vom 4.2.2017
855 SVZ Hagenow vom 22.6.2017
856 SVZ Lübz vom 27.3.2017
857 SVZ Hagenow vom 26.3.2018
858 SVZ Ludwigslust vom 6.7.2018
859 SVZ Lübz vom 17.7.2018
860 SVZ Parchim vom 30.10.2018
861 SVZ Lübz vom 4.1.2018
862 SVZ Lübz vom 19.10.2018
863 PZ 11/2017

Der Plauer Bäckermeister Hannes Behrens führt in 8. Generation die 1836 gegründete Bäckerei fort, 2016

Festumzug anlässlich 125 Jahre Brauerei Lübz 2002

Annonce zum 50-jährigen Firmenjubiläum der Parchimer Fleischerei Hildebrandt, SVZ Parchim vom 12.8.2017

Jahre zurück. Jeweils acht Handwerker hatten das 40- oder 50-jährige Meisterjubiläum. Weitere acht Handwerker kamen vor 60 Jahren zu Meisterehren.[864]

Erfolgreiche Unternehmen in der Region konnten in der jüngsten Vergangenheit ebenfalls ein Jubiläum feiern. Die Mecklenburgische Brauerei Lübz feierte 2002 mit einer Festwoche ihr 125-jähriges Jubiläum.[865] Das Lübzer Bier war schon in der DDR beliebt und deshalb knapp. Wer erinnert sich nicht an das begehrte „Lübsator" oder „Domquell"? Heute ist das Unternehmen der Marktführer in Mecklenburg-Vorpommern und zählt zu den erfolgreichsten Wirtschaftsunternehmen des Landes. Die Brauerei am Ortsausgang Richtung Parchim produzierte 1989 484 000 Hektoliter Bier in elf Sorten, von denen fünf exportiert wurden. 2002 erreichte der moderne Betrieb

40 Jahre Fotografenmeister Karl-Heinz Hautke in Plau am See 2010

eine Kapazität von 1,3 Millionen Hektolitern Bier.[866]

Mit der Einweihung einer neuen Lagerhalle beging am 25. September 2015 die Fries GmbH ihr 25-jähriges Bestehen in Ganzlin. Seit der Eröffnung 1990 hat sich die Firma zu einem der bedeutendsten Holz- und Bodenbelagsgroßhändler im nordostdeutschen Raum entwickelt und zählt mit 85 Mitarbeitern zu einem der größten Arbeitgeber in der Region. Das Kerngeschäft der Firma Fries umfasst: Bauelemente (Haustüren, Fenster, Innentüren, Zargen, Beschläge); Bodenbeläge (Design, Textil, Linoleum, PVC); Parkett und Laminat; Plattenwerkstoffe; Holz und Holzprodukte sowie Zusatz- und Zubehörartikel. Über 80 firmeneigene LKW liefern das von Handwerkern bestellte Material innerhalb von 24 Stunden aus.[867]

1892 erfolgte in Ludwigslust mit dem Kauf einer kleinen Ladenschlachterei durch die Gebrüder Schulze die Gründung des Unternehmens Ludwigsluster Fleisch- und Wurstspezialitäten GmbH & Co. KG. Anlässlich des 125-jährigen Jubiläums erschien eine Chronik der Jahre 1892–2017.[868]

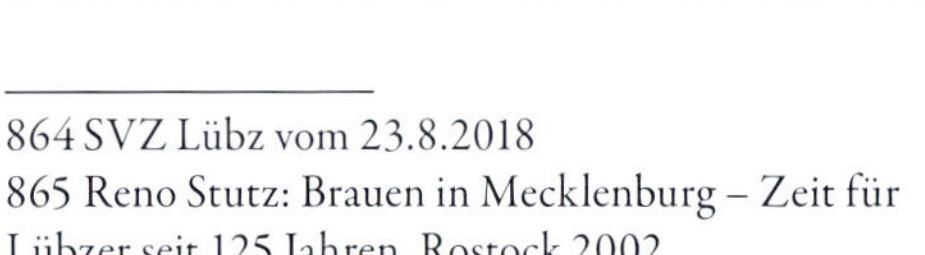

864 SVZ Lübz vom 23.8.2018

865 Reno Stutz: Brauen in Mecklenburg – Zeit für Lübzer seit 125 Jahren. Rostock 2002

866 Unser Landbote 9/2002

867 PZ 10/2015

868 SVZ Ludwigslust vom 13.5.2017

Lebensende und Beerdigung

Bevor der Tod im 20. Jahrhundert zunehmend tabuisiert wurde, gehörten „die Zurschaustellung des Toten und die Teilnahme von Nachbarschaft und Gemeinde an der Trauer und Hilfe bei ihrer Überwindung zu den Erfordernissen eines rechtschaffenen Lebens“, stellt Heike Müns fest.[869] Lange Zeit war der Tod fest in das Leben und den Alltag integriert, und der Umgang mit ihm, vor allem auf dem Land, durch zahlreiche Bräuche und Rituale reglementiert, die den Ablauf im Sterbefall strukturierten und so Sicherheit geben konnten. Im 20. Jahrhundert kam es zum Traditionsschwund. Vielfach fehlen Vorbilder und Bräuche. Es besteht Unsicherheit, was im Trauerfall zu tun und zu sagen bzw. wie mit den Betroffenen umzugehen ist.[870] Die Distanz zwischen den Lebenden und den Toten wurde groß. Das Sterben wanderte von den Häusern in die Heime bzw. Krankenhäuser.

Zur Beerdigung findet gegenwärtig entweder eine christliche oder eine weltliche Trauerfeier statt, wozu die sog. Leichenhalle auf dem Friedhof genutzt wird. In der Stadt liegt am Eingang der Leichenhalle oft ein Kondolenzbuch, in das sich die Trauergäste mit ihrem Namen einschreiben. Kränze oder Gestecke mit Schleifen werden am Sarg abgelegt und finden dann ihren Platz auf dem Erdhügel.[871] In der Kapelle brennen Kerzen. Die kirchliche Trauerzeremonie besteht aus einem wortgeprägten Teil (Gottesdienst) und einem handlungsgeprägten Teil (Grablegung), die durch den Weg zum Grab miteinander verbunden sind. In der Grabpredigt wird ein Bibeltext ausgelegt und das Leben des Verstorbenen nachgezeichnet. Am Grab ist ein dreimaliger Erdwurf („Erde zu Erde, Asche zu Asche, Staub zu Staub“) üblich, auch werden Blumen als Zeichen der Erinnerung in die Gruft geworfen. Das Vaterunser beschließt am Grab die Zeremonie. Im Anschluss wird die Trauergemeinde von den Hinterbliebenen zum Kaffeetrinken eingeladen.

In der DDR wurde bei der Trauerkultur kein solcher gesellschaftlicher und staatlicher Zwang ausgeübt wie bei der Jugendweihe, dennoch wünschten zum Ausgang der DDR in den ländlichen und kleinstädtischen Gebieten nur fünfzig Prozent eine kirchliche Beerdigung (bei etwa 230.000 im Jahr).[872] „In der Zeit bis zum Mauerbau 1961 fanden in Ostdeutschland harte Kulturkämpfe statt. So verweigerten einige Pfarrer die Beisetzung von ausgetretenen Kirchenmitgliedern und verboten weltliche Feiern auf kirchlichen Friedhöfen. Der Streit endete mit einem ökonomischen und kulturpolitischen Kompromiss: zum einen erhielten die Kirchen künftig vom Staat einen finanziellen Zuschuss zu den kirchlichen Friedhofskosten; zum anderen musste von Konfessionsfreien das Kreuz in der Friedhofskapelle in Kauf genommen und auf weltliche Symbole wie Staatsflagge und rote Fahne oder gar militärisches Zeremoniell verzichtet werden.“[873]

„Das weltliche Feierritual in der DDR orientierte sich an der evangelischen Bestattungsliturgie, versuchte aber, die religiösen Inhalte und Formen mit neuen Aussagen zu füllen. In der Rede wird der Verstorbene gewürdigt und zwar als Mitglied der (sozialistischen) Gesellschaft. Wichtig waren sein

869 Müns a. a. O., S. 263

870 vgl. Kerstin Lammer: Fortschritte der Trauerforschung. In: Klaus Grünwaldt/Udo Hahn: Vom christlichen Umgang mit dem Tod. Beiträge zur Trauerbewältigung und Bestattungskultur. Hannover 2004, S. 27

871 Das war schon im 19. Jh. so: 1894 annoncierte der Plauer Gärtner E. Meyer, dass er Bestellungen für Kränze entgegennimmt. PZ Nr. 94 vom 28.11.1894

872 vgl. Horst Groschopp: Weltliche Trauerkultur in der DDR. In: Humanismus aktuell, Zeitschrift für Kultur und Weltanschauung. Berlin 6/2002

873 ebenda S. 42

Grabstelen auf dem Ziegendorfer Friedhof

Lebenslauf, sein Arbeitsleben (was von dem Menschen zurück- und in Erinnerung bleibt) und seine Familie. Der Ablauf einer solchen weltlichen Feier folgte folgender Struktur: Einleitungsmusik, Rezitation, Musik, Trauerrede, Zwischenmusik, Kondolenzrede, Rezitation, Ausleitungsmusik, Beisetzung, Kondolenzen. Es versteht sich, dass hier moderne Wiedergabetechnik gefragt und häufig nicht vorhanden war. Neben dem Aufwand der kommunalen Betriebe für die Grabpflege und dem ständigen Mangel an Personal (es war dies oft ein Arbeitsfeld für missliebige Künstler, alkoholabhängige Sozialfälle, entlassende Straftäter, politisch Gemaßregelte – kulturell gesehen ein interessanter Ort), stellte die Gewinnung weltlicher Redner die größte Schwierigkeit für die Durchführung weltlicher Trauerfeiern in der DDR dar. Niemand war durch die Arbeitsmarktsituation dazu genötigt, solch eine Arbeit zu übernehmen. So ergingen Appelle an Funktionäre der SED und an die Lehrerschaft, als nebenberufliche Redner zu wirken. Wenn jemand Redner werden wollte (meist waren es Männer), dann konnten ihm schon höhere Motive unterstellt werden."[874]

Die eigentliche Bestattung war früher Aufgabe der Kirche. Fast alle Formen des Totengedenkens standen in enger Beziehung zum kirchlichen Bereich. Ob das Kreuz und Schwarz als Farbe der Trauer – die christliche Bestattungskultur erweist sich als stilbildend. „In der Bestattung kultiviert die christliche Kirche seit jeher ihren Umgang mit der Unumkehrbarkeit von Lebenswegen. Sie tut dies, indem sie die Osterbotschaft in Ritus und Rede zur Darstellung bringt. Die Kirche setzt hierbei religiöse Zeichen, die an der Grenze der Artikulierbarkeit begrenztes als geschenktes Leben umcodieren. In den verschiedenen Handlungsvollzügen vor, bei und nach der Bestattung wird in verdichteter Form das Zeitliche gesegnet und gedeutet."[875] In den Richtlinien für die Bestattung in der Evangelischen Kirche von 1999 heißt es im Artikel 65: „Die kirchliche Bestattung ist eine gottesdienstliche Handlung, bei der die Gemeinde ihre verstorbenen Glieder zur letzten Ruhe geleitet, sie der Gnade Gottes befiehlt und bezeugt, dass Gottes Macht größer ist als der Tod. In der Auseinandersetzung mit Tod und Trauer bedenkt die Gemeinde Leben und Sterben im Licht des Evangeliums und verkündet die Auferstehung der Toten ... Das Ritual hat bei der Beerdigung die Funktion, dem Trauernden

874 ebenda S. 43

875 Thomas Klie/Martina Kumlehn/Ralph Kunz/Thomas Schlag: Praktische Theologie des Bestattens. Berlin/München/Boston 2015, S. 1

die Freigabe des Verstorbenen zu erleichtern und damit zu verhindern, daß die emotionale Bindung einfach von dem Lebenden auf den Toten übertragen wird. Es hat die Aufgabe, die Emotionen zu kontrollieren, die diese Freigabe verhindern. Was die Kirche im Zusammenhang mit der Bestattung tut, geschieht mit dem Ziel, die Trauersituation zu bewältigen, sie zu verwandeln und dem Trauernden Hilfe zum Leben zu geben."[876]

Während heute zumeist im Krankenhaus gestorben wird, geschah dies vor 100 Jahren überwiegend zu Hause, so dass dem Sterbenden Zeit blieb, sich von den Angehörigen zu verabschieden. Die Familie wiederum war bestrebt, ihm das Sterben zu erleichtern. Das Ausstellen der Leiche im offenen Sarg im Trauerhaus oder in der Kirche ist heute verboten, dies ist nur in der Friedhofskapelle/Trauerhalle möglich. Die dörfliche Nachbarschaft war in das Geschehen einbezogen, sei es bei den Männern als Sargträger oder bei den Frauen in der Hilfe bei den Beerdigungsvorbereitungen und der Trauerfeier. Auch hier waren soziale Unterschiede zu beobachten. „Wenn ein Bauer oder Büdner starb, so folgten für gewöhnlich alle Dorfbewohner dem Sarg. Doch starb ein Bauer, wurde sein Sarg von Bauern auf den Schultern getragen, und das Begräbnis war mit einem mitunter recht üppigen Totenmahl für die Verwandtschaft und viele bäuerliche Gäste verbunden. Starb ein Büdner, so erwiesen ihm Büdner die Ehre des Tragens ... Bei den Armen wurde „um Gottes Willen" zur Leichenfolge gebeten, ein gemeinsames Mahl erfolgte nicht. Enger auf die Familie begrenzt blieben die Bräuche beim Herannahen des Todes, zur Erleichterung des Sterbens und unmittelbar nach Eintritt des Todes. Sie waren u. a. darauf gerichtet, den Schutz der Lebenden

Grabstele auf dem Kuppertiner Friedhof

zu garantieren, aber auch das Seelenheil des Verstorbenen zu sichern."[877] Dann übernahmen mehr und mehr Bestattungsunternehmen alle anfallenden Arbeiten (Besorgung der Leiche – Reinigen, Ankleiden, Aufbahren, Einsargen; Transport der Leiche bei Einäscherung zum Krematorium), womit kein Raum für entsprechende brauchtumsmäßige Handlungen der Angehörigen bleibt. Das Bestattungsunternehmen erledigt heute auch die mit einem Sterbefall zusammenhängenden behördlichen Formalitäten und leitet alle erforderlichen Schritte zur Vorbereitung der Beerdigung ein. Es stellt bei nicht christlich Gebundenen Kontakt zum weltlichen Trauerbegleiter her und sorgt für einen Beerdigungstermin. „Das Delegieren an die

876 Richtlinien für die Bestattung in der Evangelischen Kirche von 1999

877 Bentzien/Neumann a. a. O., S. 355 f.

Dienstleister der Bestattungsunternehmen und der Verwaltungen der Friedhöfe hat dazu geführt, dass Sterbende und Verstorbene immer stärker dem Einwirkungsbereich der Familie entzogen worden sind, diese Privatsphäre durch Bürokratisierung und Professionalisierung aufgehoben wurde."[878] Zunehmend gewinnt der ökonomische Aspekt an Bedeutung. Der Trend geht hin zu schlichten, preiswerten Särgen, Krematorien als kostengünstige Variante zur Erdbestattung und zu anonymen Gräberfeldern auf dem Friedhof.[879]

Der Spornitzer Ortschronist Alfred Lobbe schreibt: „Starb der Hauswirt, so begleiteten ihn die Sippe und die zum Kaffee geladenen und ungeladenen Bauern zum Friedhof. Die Nachbarn trugen die Leiche auf einer Tragbahre durch das Dorf, voran schritten Pastor und Küster mit den Chorsängern. Oft wurde auch ein Wagen zur Leichenfahrt hergerichtet und im Anfang des 20. Jahrhunderts erfolgten alle Beerdigungen mit einem Totenwagen. Auf der großen Diele, wo die Leiche aufgebahrt war, standen nach der Beisetzung die gedeckten Tische mit Kaffee und Kuchen, in den meisten Fällen wurde nach dem Kaffee trinken auch Bier und Branntwein verabfolgt, sodass durch die stark angeregten Gemüter die Trauerfeier manchmal mit erregten Auseinandersetzungen über die Erbschaft endete, und die mit dem Kopf auf die Diele schauenden Kühe haben wohl in solchen Fällen mit Brummen und Kettenklirren ihren Unmut darüber bekundet, dass man das Andenken des von ihnen gegangenen geliebten Hausherrn in dieser Form ehrte."[880]

878 Jutta Schuchard: Neue Entwicklungen und Tendenzen in der Bestattungskultur. In: Grünwaldt/Hahn S. 13; vgl. auch: Dagmar Hänel: Bestatter im 20. Jahrhundert. Zur kulturellen Bedeutung eines tabuisierten Berufs. Münster/New York/München/Berlin 2003

879 vgl. ebenda S. 14

880 Amtsblatt Parchimer Umland Nr. 5 vom 24. 5.2019

Dobbertiner Klosterfriedhof

Die Berliner Kunst- und Kulturwissenschaftlerin Dr. Sylvia Müller teilt mit, dass seit dem 17. Jahrhundert sich im christlichen Europa ein besonderer Brauch beim Begräbnis ledig Verstorbener verbreitete: Man widmete den zu früh Gegangenen Totenkronen. „Sie stellten das wichtigste Attribut des als Hochzeit verstandenen Begräbnisses von unverheiratet Verstorbenen beiderlei Geschlechts dar. Sie wurden als Ersatz für die im Leben entbehrte Brautkrone sowie als Lohn für die Jungfräulichkeit verliehen und machten aus den Verstorbenen Bräute und Bräutigame.“[881] Der Kunsthistoriker Horst Ende merkt an: „Zunächst wurden die Kronen mit ins Grab gegeben. In der Barockzeit ging man dazu über, sie in den Kirchen als Gedächtnismale auszustellen. Man hängte sie an Wänden und Emporen, oft wurden dafür Konsolbretter angefertigt. Im 19. Jahrhundert findet man auch verglaste Bilderrahmen mit Kränzen. Vieles spricht dafür, dass es in jeder mecklenburgischen Gemeinde über mehrere Generationen hinweg üblich war, Totenkronen als Gedächtnismale für ledig Verstorbene in den Kirchen auszustellen. Mit ihrer Entfernung bei Renovierungen ging auch das Wissen um den Totenkronenbrauch und seine Sachzeugen weitgehend verloren.“[882] „Aus Mecklenburg habe ich früher Totenkronen aus Suckow bei Puttlitz, teils in Diadem-, teils in Kronenform gesehen.“[883]

881 Sylvia Müller. In: Anne-Kathrin Ziesack (Hg.): Gott in Brandenburg. Christliche Lebenszeugnisse aus 12 Jahrhunderten. Berlin 2005 S. 192

882 Horst Ende: Von himmlischen Bräuten und irdischen Bräuchen. SVZ MM Nr. 17/2007

883 Otto Lauffer: Der volkstümliche Gebrauch der Totenkronen in Deutschland. In: Zeitschrift des Vereins für Volkskunde. 26. Jg., Berlin 1916, S. 235. Vgl. Kathrin Fischer/Margarethe Jochimsen: Kastenbilder zum Gedenken an Hochzeit und Tod. Faszination eines vergangenen Brauchs. Münster/New York/München/Berlin 2013.

Klatt schreibt: „Ledig verstorbene junge Mädchen und Männer wurden noch in den ersten Jahrzehnten dieses Jahrhunderts (20. W. H.) – mit den Symbolen der Hochzeit geschmückt. Junge Mädchen erhielten wohl immer einen Kranz, meist aber Kranz und Schleier. Vor dem Ersten Weltkrieg mussten die Kranzjungfern den Kranz bezahlen, danach die Eltern. In Belsch brauchten die Kranzjungfern nur den Sarg mit Grün zu schmücken. Den Angehörigen eines verstorbenen Mädchens oblag es, Myrtenkranz und Schleier zu besorgen und die Tote wie eine Braut herzurichten. Jungen Männern steckte man einen Blumenstrauß – den Bräutigamsstrauß an. In anderen Orten wurden sowohl die jungen Mädchen als auch die jungen Männer mit einem Kranz aus Blumen geschmückt, der mit Herzen und Kreuzen verziert, wie eine Krone aussah und ungefähr einen halben Meter hoch war. Die dafür benötigten Blumen mussten von den Kranzdierns oder Kranzjungfern besorgt und bezahlt werden. Wenn sie sich die Blumen aber vom Nachbarn erbaten, durften sie sich dafür nicht bedanken, da es sonst gleich wieder einen Toten geben sollte. Die Krone wurde mit in den Sarg gegeben. In Picher wurde jedoch eine zweite Krone unter einer Glaskuppel auf das Grab gestellt. In Eldena hängte man die Kronen in der Kirche auf.“[884]

„In Laupin hatte man sich vor der Jahrhundertwende (also vor 1900) dahingehend geeinigt, dass bei einem Todesfall in einer Erbpächterfamilie jeder Erbpächter des Dorfes und bei einem Todesfall in einer Büdnerfamilie jeder Büdner ein Pfund Butter ins Sterbehaus lieferte. Was nach der Mahlzeit übrig geblieben war, wurde entweder zu gleichen Teilen unter den Gästen verteilt oder es nahm jeder den Rest seiner Butter wieder mit. Gab es nur Kaffee, so steuerte die

884 Klatt a. a. O. 116 f.

betroffene Familie außer den alkoholischen Getränken nur Weizenbrot bei. Wie auch zu Hochzeiten mussten auch zu Beerdigungen die Gäste ihr Besteck mitbringen. Dies war in der Regel ein Löffel. Wenn man zu einer Beerdigung in das Kirchdorf fuhr, nahm man Lebensmittel für einen Imbiss mit. Dieser wurde in einem Gasthof des Kirchdorfes angerichtet. So brauchte man in Picher dem Wirt nur das Bier und die Heringe bezahlen, die man zu grobem Brot aß. Die aus Strassen nach Eldena kommenden Trauergesellschaften kehrten dort in einen Gasthof ein, wo sie dann Kuchen, Kaffee und Schnaps erhielten, nachdem ihnen im Hause während der Andacht des Lehrers auch schon von der Totenankleiderin Branntwein gereicht wurde.

Grabstein mit Angabe des sozialen Standes Altenteiler auf dem Gischower Friedhof

In der Regel aß man aber zu Hause. Es wurde vor der Beerdigung eine warme Mahlzeit oder ein Frühstück gegeben, in Glaisin nur den Verwandten. Nach der Jahrhundertwende (1900 – W. H.) gab es fast überall nur noch Kaffee und Kuchen, wenn die Beerdigung vorbei war. Den Hinterbliebenen war es nicht recht, wenn die Geladenen nicht zum Leichenmahl erschienen. Aus Rücksicht darauf, weniger aus Gedankenlosigkeit, nahmen die Teilnehmer des Gefolges auch dann am Leichenmahl teil, wenn der Tote an einer ansteckenden Krankheit gestorben war.

Eine warme Mahlzeit bestand aus dick gekochten Bohnen, die man aus einer Schüssel aß. Manchmal gab es auch dicke Erbsen mit Kartoffeln und Hering.[885] Weitere dickgekochte Gerichte waren: Grütze, dicker Reis oder Reissuppe mit Korinthen und Rosinen (Dodensupp [Totensuppe] genannt), Birnen und Pflaumen. Es gab aber auch Blank Supp [Fleischsuppe] mit Zwieback oder Biersuppe. Zum Essen wurde Bier getrunken.

Das Mittagessen für alle Trauergäste schaffte in Warlow nach 1880 zuerst ein Bauer ab. Er reichte nach der Beerdigung nur Kaffee und Zwieback. Andere folgten ihm darin nach. In Bresegard bei Eldena unterblieb die Verabreichung von Essen aufgrund eines Gemeindebeschlusses kurz vor dem Zweiten Weltkrieg. Es erhielten dann allgemein nur die Verwandten, die auswärtigen Trauergäste und teilweise der Totengräber ein Mittagessen. Ab der Mitte des 20. Jahrhunderts gab es dann nur noch Kaffee und Kuchen. Die Totenfrau lud zum Essen ein,

885 „An vielen Ortschaften ist die Sitte herrschend, dickgekochte Erbsen mit Speck und gesalzenem Hering (worauf der Branntwein gut mundet) den Gästen vorzusetzen." Fr. L. Graff: Sitten und Gebräuche des Mecklenburger Landvolkes a. a. O., S. 445

oft hatte sie auch den Kaffee für die Gäste zu kochen. Egal wie die Mahlzeit ausfiel, Branntwein gab es immer. Auch zu Kaffee und Kuchen gehört ein Sluck, Frauen erhielten Likör. In Laupin begann man um 1900 auch Zigarren zu reichen.

Das Beisammensein der Trauergäste nach der Beerdigung nannte man in Techentin Nachgräbnis fiern. Die Mahlzeit – der Leichenschmaus – hieß dat Fell vertehren [das Fell verzehren], allgemeiner dat Fell versupen [versaufen]. Bei manchen Nachbegräbnissen wurde auch getanzt oder Karten gespielt. Es ist mehrfach vorgekommen, dass sich die Gäste völlig betranken."[886]

Die Leichen der Hauswirte (Bauern) aus Rom bei Parchim wurden auf dem Kirchhof in Lancken beerdigt, alle übrigen Einwohner aber in Rom, wo es einen „geräumigen Kirchhof" gab.[887] Wahrscheinlich wollte man auch im Tode die soziale Trennung betonen, da die Lanckener Kirche größer als die Römer war. In Groß Pankow endete die Belegung des alten Friedhofs an der Kirche, denn es war ein neuer Friedhof am Redliner Weg angelegt worden.[888] Tote wurden in Wahlstorf und Karbow im Haus aufgebahrt, bevor der Sarg mit dem Leichnam in die Kirche gebracht wurde. Walter Schleede berichtet, dass dies vom Trauerhaus in Wahlstorf mit dem Pferdewagen zum Friedhof in Darß passierte. Am Sarg fand eine Andacht statt, dann folgte die Beisetzung. Die Trauergemeinde wurde zum Kaffee entweder nach Hause oder in den Dorfkrug eingeladen.[889] Siegfried Schliemann aus Wessentin hielt fest: „Ich kann mich an die Beerdigung meiner Mutter 1958 erinnern. Die Leiche wurde im Sterbezimmer offen aufgebahrt, alle Familienmitglieder (Vater, Bruder, ich) haben uns von ihr verabschiedet mit einer Berührung der Hand. Der große Spiegel im Wohnzimmer wurde mit einer Decke abgedeckt (wohl zur Abwehr „böser Geister"). Schließlich wurde der Sarg geschlossen und auf unseren Leiterwagen getragen. Unsere zwei Pferde zogen ihn den 3 km langen Weg nach Barkow auf den Friedhof. Dort fand die kirchliche Beerdigung statt. Anschließend zurück nach Hause zum Kaffeetrinken mit Streuselkuchen."[890] Am Weg zwischen Burow (bei Lübz) und Klein Niendorf gibt es eine „Dodenkul" (Totenkuhle): „Wenn der Trauerzug mit dem Toten aus Klein Niendorf bei dieser Kuhle war, mußten in Burow die Glocken geläutet werden."[891] In Muchow änderten sich Anfang des 20. Jahrhunderts die Beerdigungssitten: Erst fand die Beerdigung von zu Hause aus statt, dann folgte die eigentliche Trauerfeier mit Predigt in der Kirche, „der sonst früher übliche Leichenschmaus ist abgekommen"[892].

Die Plauer Familie Froh berichtet, dass die Großeltern zu Hause starben und dort auch drei Tage aufgebahrt blieben. Dann holte der von Pferden gezogene Trauerwagen den Sarg ab und brachte ihn zur Trauerhalle auf den Plauer Friedhof.[893] Als der Großvater von Hans-Heinrich Jarchow in Wangelin 1965 starb, bleib er drei Tage im Schlafzimmer im offenen Sarg aufgebahrt. Der Spiegel im Zimmer wurde verhüllt, „sonst sieht man den Toten ewig darin", wurde gesagt. Am Abend vor der Beerdigung kamen die Verwandten, um Abschied vom Toten zu nehmen. Aus Plau kam der Leichenwagen mit Pferden, die ganze Trauergemeinde stand

886 Klatt a. a. O., S. 126 f.

887 Horst Klawuhn: Schweigt mir von Rom, Rom 2000, S. 161

888 Burghard Keuthe: 600 Jahre Groß Pankow, 1996, S. 36

889 Walter Schleede, Wahlstorf

890 Siegfried Schliemann, Wessentin

891 Johannes Pabst: 700 Jahre Burow, o. O. 1988, S. 37

892 Kluck. Muchow a. a. O., S. 63

893 Sigrid Froh, geb. Haenning, Jg. 1937, Plau; Dieter Froh Jg. 1936, Plau

Grabstein mit Berufsangabe auf dem Friedhof in Darß

Grabstein für einen Erbpächter auf dem Gischower Friedhof

auf dem Hof, als der Pastor die Aussegnung machte. Dann wurde der Sarg nach Gnevsdorf gefahren. „Wenn wir über den Berg waren, wurden die Glocken geläutet." Die sechs Sargträger wurden reihum aus dem Dorf gestellt. Die Beerdigungszeremonie erfolgte am Grab, dann ging die Trauergemeinde in die Kirche zur Andacht. In dieser Zeit wurde das Grab verfüllt und die Kränze auf dem Hügel drapiert. Als Anfang der 1970er Jahre die Leichenhalle gebaut war, blieb die Leiche nicht mehr die drei Tage zu Hause, sondern wurde in diese Halle gebracht.[894]

Bundespräsident Richard von Weizsäcker bemerkte: „Unsere alten Friedhöfe prägen unser eigenes Gedächtnis, unser Land, unsere Stadt, unser Dorf. Sie sind kostbare Zeugen unserer Geschichte und Kultur. Wer Geschichte im Sinne von Freud und Leid früherer Generationen erleben will, der findet dafür keinen bewegenderen und aufschlussreicheren Platz als alte Friedhöfe. Dort erfahren wir etwas Entscheidendes über das Schicksal einer Gegend."[895] Anlage und Schmuck der Grabstätte stehen am Ende des Totenbrauchtums. Eine von Buchsbaumhecken eingefasste Grabstelle weist heute häufig einen meist mit Efeu bewachsenen Erdhügel auf. Viele Angehörige verzichten aber darauf und bepflanzen die Grabstelle statt dessen mit Blumen.

In der zweiten Hälfte des 19. Jahrhunderts wurde die Friedhofskultur industriell geprägt durch die Vervielfältigung von Kunstwerken.[896] Die Entscheidung ob Reihen- oder Familiengrab, ob Grabplastik, Grabstein oder Holzkreuz, war sozial begründet. Ein Grabmal war vor dem 19. Jahrhundert ein Privileg der Oberschicht. Erst die Gusseisentechnik, die Möglichkeiten

894 Hans-Heinrich Jarchow, Jg. 1955, Wangelin

895 Bund Heimat und Umwelt in Deutschland: Historische Friedhöfe in Deutschland, Bonn 2007, S. 9

896 vgl. Arlt a. a. O.

Grabstein für einen Hofbesitzer auf dem Friedhof Groß Raden

Grabstein mit Berufsangabe auf dem Friedhof in Gischow

der industriellen Bearbeitung von Naturstein und der Ausbau der Transportwege sorgten für die allgemeine Verbreitung des Grabmals. „Entsprechend dem bürgerlichen Repräsentationsbedürfnis des 19. Jahrhunderts nahmen die Familiengrüfte mit ihren aufwendigen Grabdenkmälern auffallend zu. Hier verbanden sich Totengedenken und Familienprestige zu einer großartigen, dem Adel mit seinen Erbbegräbnissen nachahmenden Figuration. Damit wiederholte sich die soziale Schichtung der Gesellschaft auch auf dem Friedhof", betont die Volkskundlerin Ingeborg Weber-Kellermann.[897]

Lina Franken schreibt: „Die Grabmalkultur um 1800 war geprägt vom Klassizismus. Der Tod wird hier häufig mit dem Schlaf assoziiert, Blumen und Schmetterlinge begleiten harmonische, entspannt wirkende Figuren. Noch stärker emotionsgeladen wurden die Grabmäler ab Mitte des 19. Jahrhunderts, als die Vorstellungen der Romantik hinzukamen. Am individuellen Grab wurde eine Synthese mit der Natur angestrebt. Neben Skulpturen der Toten war eine Kombination aus christlichen und antiken Motiven weit verbreitet. Trauer wurde ästhetisiert, beispielsweise in Grabplastiken, die trauernde Frauen darstellen. Mit der Industrialisierung erfolgte eine Vereinheitlichung: Industriell gefertigte Eisenkreuze, gusseiserne Grabeinfriedungen, Galvanoplastiken und maschinell polierte Granitsteine konnten nun aus dem Katalog bestellt werden. Gerade das Bürgertum nutzte Friedhöfe und Grabmäler als Zeichen von Repräsentation und Status. Die Friedhofsreformbewegung ab 1920 setzte hier Gegenpunkte: Sie forderte auch aus wirtschaftlichen Gründen eine Rückkehr zum zwar individuell gestalteten Grab – nicht ohne Grund hatten sich hier viele Steinmetze und Bildhauer organisiert –, propagierten aber größere Schlichtheit, die Nutzung regio-

897 Weber-Kellermann: Feste a. a. O., S. 152

Grabgitter auf dem Friedhof in Burow

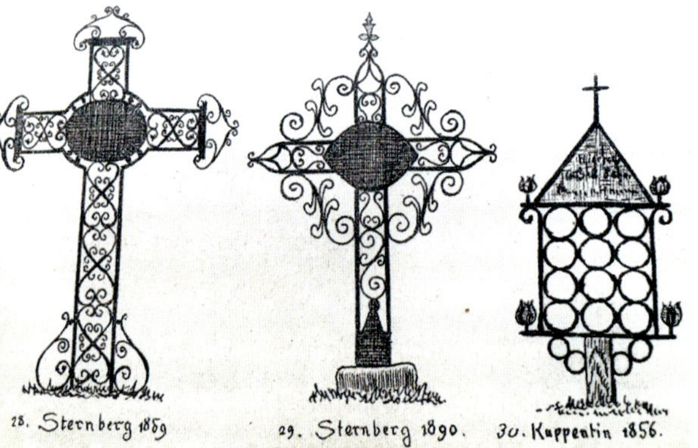

Zeichnungen von eisernen Grabkreuzen von Karl Schmaltz 1911

naler Rohstoffe und das Beibehalten lokaler Traditionen. Stärkere Reglementierungen und Normierungen durch Friedhofsordnungen erschwerten individuelle Grabgestaltungen, seit den 1930er Jahren sind die großen, auffälligen figuralen Grabmonumente weitgehend verschwunden, außer als historische Grabmale."[898]

Dem Einzelgrab wurde mit der Einführung des Reihenbegräbnisses ein Raumzuwachs verschafft und dadurch die Individualität des einzelnen Toten erhöht. Das individuelle Totengedächtnis und die zeichenhafte Erinnerung werden mittels Grabdenkmälern befördert. „Der bürgerliche Friedhof des 19. und frühen 20. Jahrhunderts wurde in beispielloser Weise zu einem Ort der individuellen und kollektiven Erinnerung mit einer blühenden Grabmalkultur, die vor allem am Ende des Jahrhunderts monumentale Zeugnisse bürgerlicher Repräsentationsfreude hinterlassen hat. Das materielle Totengedächtnis demokratisierte sich in diesem Jahrhundert, als schließlich fast jedes Grab mit einem eigenen Denkmal, das die Namen und Lebensdaten der Verstorben festhält, gekennzeichnet wurde."[899]

Die Grabstele war das dominierende Grabzeichen im 19. Jahrhundert. Nach 1870 widerspiegelt die Grabmalgestaltung den Historismus. Die nun größer werdenden Stelenkörper wurden mit reichem plastischem Schmuck, antikisierenden Friesen und Rosetten, neoromanischen Rundbögen, barockem Rollwerk oder neoklassizistischen Giebeln in freier Kombination geschmückt. Neben der Stele fand das Kreuz als christliches Symbol eine weite Verbreitung. Die Gestaltung der Grabkreuze zeigt eine reiche Formenvielfalt: einzeln und freistehend oder auf einem Sockel aus anderem Material montiert. 1878 empfahl C. Brasch in Plau: „Verschiedene hübsche Grab- und Geburtstagskränze sowie Kreuze."[900] 1892 offerierte der Parchimer Maschinenbauer Helmut Bauer „Grabkreuze und Grabgitter in Schmiede- und Gußeisen."[901] 1893 eröffnete Ernst Puls

898 Lina Franken: Stilles Gedenken? Friedhöfe als Teil der Siedlungsstruktur. In: https://alltagskulturen. lvr. de/de/link/LVR/lido/565471844e61f8. 65111867

899 B. Happe: Die Geschichte der Grabmalgestaltung. In: Sterben und Tod im ländlichen Raum, Blankenhain 1999, S. 55

900 PZ Nr. 98 vom 11.12.1878

901 PZ Nr. 55 vom 13.7.1892

in Plau eine Schlosserei und bot die „Anfertigung von Gittern, Grab-Kreuzen usw." an.[902]

Am Ende des 19. Jahrhunderts werden die Sockel-Kreuz-Kombinationen immer monumentaler. Bei den Familiengräbern werden den Sockeln breite Seitenflügel angesetzt, die als Schmuck- und Inschriftenträger fungieren. Pfeiler, Säulen und Obelisken gehörten nach 1800 zum festen Typenkanon. „Das Säulengrabmal (oft mit Urne kombiniert) gewinnt vor allem durch die Antikenbegeisterung des Klassizismus an Bedeutung. Die Obelisken, die im ganzen 19. Jahrhundert als Grabmal dienen, erlangen nach 1870 ihre größte Verbreitung und Beliebtheit. Als Symbole der Standhaftigkeit, des Reichtums und der Unsterblichkeit besaßen die ägyptischen Pfeiler in der Phase des gründerzeitlichen Aufbruches eine besondere Anziehungskraft. Ihre außerordentliche Beliebtheit in fast allen Gesellschaftsschichten hängt sicherlich mit der Verbreitung des Obelisken als Siegesmal für den Krieg von 1870/71 zusammen. Seit Ende des 19. Jahrhunderts bis in die 1920er Jahre wurde die Grabmalkunst der mehrstelligen Familiengräber teilweise zu außerordentlicher Monumentalität und Größe gesteigert."[903] 1875 annoncierte die Rostocker Bild- und Steinhauerei von W. Köllner in der „Plauer Zeitung", weil in dieser Stadt kein Steinmetz ansässig war, dass sich der Betrieb empfiehlt „zur Anfertigung von Denkmälern, Grabmonumenten, Kreuzen, Leichensteinen usw. in Marmor, Granit und Sandstein. Auch hält selbige ein reichhaltiges Lager von Grabmonumenten und Kreuzen bei prompter Arbeit und soliden Preisen. Aufträge nimmt bereitwilligst entgegen Herr W. Buddi in Plau".[904]

902 PZ Nr. 39 vom 20.5.1893
903 Happe a. a. O., S. 56
904 PZ Nr. 40 vom 19.5.1875

Eisernes Grabdenkmal von Johannes Zehlicke auf dem Neuen Friedhof Parchim von 1856

Die Gestaltung der Friedhöfe ist durch Satzungen geregelt. In der Friedhofsordnung für den kirchlichen Friedhof Plau am See vom 15.11.2007 heißt es im § 30 (10), dass für Grabeinfassungen und Gestaltungselemente ausschließlich Natursteine zu verwenden sind. In der Friedhofssatzung der Stadt Parchim vom 14.3.2019 ist festgeschrieben: „§ 23 (2) Für Grabmale dürfen nur Natursteine verwendet werden. In den dafür vorgesehenen Grabfeldern sind auch Findlinge, Grabmale aus Schmiedeeisen sowie geschmiedete oder gegossene Bronze zulässig. Diese müssen wetterbeständig und bruchsicher sein. Das Aufstellen von grellweißen Grabmalen ist nicht

Grabplatte des Mühlenbauers Hinrik Glove, gestorben 1371, im südlichen Kreuzgang des Dobbertiner Klosters. Auf dem zwei Meter hohen Stein ist in gotischer Minuskelschrift eingehauen: „Hier liegt Bruder Henrik Glove aus Dobbertin, ein Meister des Mühlenbaus, Gott und unsere liebe Frau möge seiner Seele rasten und ruhen lassen“.

gestattet. Die Friedhofssatzung von Bresegard vom 1.8.2011 lässt Grabmale nur aus Holz und Naturstein außer Findlingen zu.

Auf dem Friedhof Broock bei Lübz gibt es folgende Grabarten: Wahlgrabstätten für Sarg und Urne, Reihengrabstätten für Sarg und Urne, Rasenwahlgrabstätten für Sarg und Urnen. Das Nutzungsrecht beträgt 20 Jahre und kann bei Wahlgrabstätten verlängert werden.

Auf den Dorffriedhöfen werden gegenwärtig alte Grabstellen nach Ablauf der Liegefrist immer häufiger „abgeräumt“, indem deren Grabsteine entfernt werden. Angesichts von Grabsteinen und Erinnerungstafeln blickt der Besucher auf Menschen zurück, die in der Gemeinde gelebt haben. Mit den alten Grabstätten verschwindet aber ein Stück Dorfgeschichte, unterliegen doch Grabsteinform wie Inschrift dem modischen Wandel, denn Friedhöfe sind ein Stück Kulturgeschichte.

Die Beschriftung der Grabsteine ist unterschiedlich, viele tragen nur den Namen mit den Geburts- und Sterbedaten. Bei konfessionell Gebundenen wird die Inschrift eingeleitet mit „Hier ruht in Frieden“, „In Gottes Frieden ruhen“ bzw. „Hier ruht in Gott“. Oft wird das Verwandtschaftsverhältnis des Toten zu den Hinterbliebenen mitgeteilt. Die Inschrift wird beschlossen mit „Beachtet – verehrt – geliebt“, „Liebe – Glaube – Hoffnung“, „Ruhe sanft“ oder „Unvergessen“ (so in Dobbertin und Karow). Üblich war auch, auf dem Grabstein den sozialen Stand und die Tätigkeit/Beruf mitzuteilen.

Die Zunahme der Feuerbestattungen in den letzten 50 Jahren führte zu einer langanhaltenden und tiefgreifenden Veränderung der Bestattungskultur. Nur noch jeder vierte Tote wird gegenwärtig in einem Sarg beerdigt. Die große Mehrheit der Leichname wird verbrannt und kommt in einer Urne in die Erde. Vor allem die naturnahe Baumbestattung in Ruheforsten erfreut sich zunehmender Beliebtheit, wo die Asche des Toten in der Nähe der Wurzeln beigesetzt wird. Der Vorteil: Im Unterscheid zum Erdgrab muss der Baum samt Wiese kaum gepflegt werden. Das erspart den Hinterbliebenen Zeit und Geld. Deutlich rückläufig ist auch die Zahl der kirchlich begleiteten Bestattungen und liegt heute bei etwas mehr als die Hälfte. Schließlich gibt es vollständig anonyme Bestattungen, wo kein Kreuz und kein

Stein mehr auf den Namen des Verstorbenen hinweisen.[905] Möglich ist dies seit Jahrzehnten auf dem Neuen Friedhof in Rostock.

Lina Franken verweist auf moderne Änderungen der Bestattungskultur: „Für die Entwicklung der Friedhöfe seit den 1950er Jahren lassen sich zwei gegenläufige Tendenzen feststellen: einerseits eine starke Normierung und zunehmende Anonymisierung, die der These einer Tabuisierung des Todes entspricht, andererseits ein öffentlich ausgedrücktes Bedürfnis nach ästhetischer Gestaltung eines individuellen Trauer- und Erinnerungsortes. Erst stärkere Tendenzen von Individualisierung und Ästhetisierung führten ab den 1990er Jahren zu Veränderungen in der Grabmalgestaltung, die sich durch Aufhebungen von Friedhofsordnungen und Änderungen der Bestattungsgesetze deutlich verstärkten. Demgegenüber steht eine starke Normierung und Anonymisierung durch die stärkere Popularisierung der Feuerbestattung sowie das Aufkommen der anonymen Beisetzung seit den 1970er Jahren. Seit den 1990er Jahren führen neue Bestattungsformen sowie die Aufhebung des Friedhofszwangs zu neuen Grab- und Beisetzungsformen wie der Baumbestattung in speziell dafür ausgewiesenen Waldflächen oder der Aschenstreuwiese."[906]

Seit 2005 existiert der Langhagener Naturruhewald bei Goldberg. Bei der Waldbestattung wird die Urne an einem Baum beigesetzt, die Angehörigen wollen so den Toten direkt in den Kreislauf der Natur übergeben.[907] Auf den traditionellen Friedhöfen werden an vielen Orten statt des klassischen Einzel- und Familiengrabes mit Stein und Bepflanzung alternative Formen angeboten. Auf dem Neuen Friedhof in Parchim wurde 2017 ein Baumhain angelegt, auf dem Urnen- und Erdbestattungen stattfinden.[908] Seit 2007 gibt es auf dem Plauer Friedhof eine große Rasenfläche als Wahlgrabstätte für Urnen- und Erdbestattungen. Anonym sind die Grabstätten nicht, denn an jedem Gemeinschaftsgrab steht ein Gedenkstein, in dem die Namen aller der dort Beerdigten eingraviert werden.

Claudia Dutzi verweist darauf, dass erst aus dem Zusammenspiel von Grabstein,

Grabplatte in der Kirche Woosten mit der Inschrift: „Anno 1607 den 16. Octobris ist der edle gestrenge und ehrentveste Elar Grabow auff Wusten erbsessen in Gott dem Herrn selichlich entscchlaffen und den 12. Novembris unter diesem Stein christlich und ehrlich zu der Erden bestetigett worden sines Alters im 75. Jhare".

905 Vgl. Christoph Schäfer: Der Tod ist nicht kostenlos. In: FAZ vom 18.1.2021

906 Lina Franken a. a. O.

907 SVZ Lübz vom 24.11.2015 und 22.11.2016

908 SVZ Lübz vom 21. 2.2017

Grabdenkmal der Herzogin Sophia, gestorben 1634, und ihrer Tochter Anna Sophia, gestorben 1600, in der Lübzer Stadtkirche

Einfassung und Bepflanzung die Wirkung einer traditionellen Grabanlage entsteht: „Friedhöfe der Neuzeit sind planmäßig angelegt mit Wegen sowie einer Bepflanzung aus Bäumen und Gehölzen. Dazu kommen spezielle Friedhofsbauten (Trauerhalle, Leichenhalle). Diese Anlagen weisen oft Gestaltungs- und Aufenthaltsqualitäten bis hin zu gartenkünstlerischem Niveau auf. Ihre aktuelle Gefährdung rührt daher, dass die herkömmlichen Grabparzellen für Beisetzungen im Sarg oder für Urnen immer weniger nachgefragt werden. Stattdessen werden Baumbestattungen und Gemeinschaftsanlagen zahlreicher, ebenso Beisetzungen außerhalb traditioneller Friedhöfe. Insgesamt wird häufiger anonym bestattet. Denn immer seltener gibt es Hinterbliebene vor Ort, die ein Grab auf dem Friedhof besuchen oder gar die Grabpflege übernehmen, beispielsweise, weil sie nicht am Ort wohnen, es keine Nachkommen oder keine herkömmlichen Familienstrukturen gibt. Aus den gleichen Gründen werden häufig die Nutzungsverträge bestehender Grabstätten nicht verlängert. Dies alles wirkt sich besonders auf mehrstellige Familiengräber aus, denn diese basieren nicht nur auf Familienzugehörigkeit und Generationenfolge, sondern auch auf Ortsbezug. Heutzutage entscheidet sich der Bekenntnisort jedoch weniger nach Geburtsort oder Ursprungsfamilie, sondern etwa nach dem letzten Wohnort. So werden selbst bestehende Familiengräber weniger belegt."[909]

In Spornitz hielt man es nach den Aufzeichnungen von Hans und Maria Esch so: „Wenn ein alter Mensch hinfällig wurde, vielleicht auch krank oder gar bettlägerig war und sein Lebensende nahen fühlte, so bat er den Herrn Pastor zu sich für ein letztes, befreiendes Gespräch und Gebet. Das wurde ihm hier im Dorf immer gewährt. Hatte der Mensch nun das Zeitliche gesegnet, war gestorben und der Arzt hatte den Totenschein ausgestellt, wurden die Fenster geöffnet, damit die Seele ihren Weg in den Himmel findet, und die Spiegel im Haus verhängt. Der erste Weg eines Angehörigen führte zu Tischler Eggert, um den Sarg in Auftrag zu geben und die Totenkleiderin zu bestellen. Alles geschah ohne großes Gejammer, es war ja der Lauf des Lebens. Der Pastor besprach mit den Angehörigen die Zeremonie der Beerdigung. Am nächsten Morgen läutete der Küster die Totenglocke, bestellte den Kuhlengräber und die Pferde für den Totenwagen für den Beerdigungstag.

In der Stadt waren dann die Behördengänge zu erledigen, und die Frauen hatten mit dem Backen und Kochen zu tun. In der Kirche übte Frl. Margarete Gillhoff, die Organistin, mit den Chorkindern die Lieder, die bei der Beerdigung gesungen werden sollten. Dabei musste ein Schüler für den „Wind" sorgen und den Blasebalg treten, weil es noch

909 Claudia Dutzi: Grabpatenschaften. Bausteine zum Erhalt historischer Grabstätten und Friedhöfe. In: Denkmalpflege in Baden-Württemberg Heft 2/2019, S. 107

keinen elektrischen Strom in der Kirche gab. Der Kuhlengräber in seinem schwarzen Gehrock und Zylinder lud die Nachbarn zur feierlichen Beisetzung ins Trauerhaus mit Tag und Stunde ein.

Am Tag der Beerdigung läutete der Küster die offene Grube ein, putzte den Leichenwagen und lüftete die schwarzen mantelartigen Umhänge und Käppchen für die Chorkinder, die sich im Turmraum der Kirche einfanden und gemeinsam mit dem Küster den Pastor vom Pfarrhaus abholten, um dann mit ihm zum Trauerhaus zu gehen, wo der oder die Verstorbene aufgebahrt war. Dort wurde bei der feierlichen Aussegnung des oder der Verstorbenen gesungen, und mit Trauergesang ging es dann zum Friedhof. Der Küster und die kleinen Sänger führten den Trauerzug an, gefolgt von Tischler Eggert mit dem schlichten Kreuz. Danach folgte der Totenwagen mit dem geschmückten Sarg, der von zwei schwarzbedeckten Pferden gezogen wurde. Der Pastor und die Angehörigen gingen hinter dem Sarg, gefolgt von der gesamten Trauergemeinde. Am offenen Grabe wurde nochmals gesungen, und nach der Einsegnung der oder des Verstorbenen ging es mit Gesang in die Kirche. Während der gesamten Trauerfeier läuteten alle drei Glocken. Vor 1860, als der alte Kirchhof noch die Grabstätten aufnahm, trug man den Sarg vor der Beisetzung des Toten erst noch einmal um die Kirche herum, damit die Leiche völlig rein in den Gottesacker gelegt werden konnte und niemand etwas zuleide tun würde, wie es nach einer alten Erzählung vorgekommen sein soll.

Am Ende jeder Beerdigung erhielt jedes Chorkind 25 Pfennig Zehrgeld. In früherer Zeit gab es kein Geld, sondern jeder bekam eine Heißwecke. Nach der Beisetzung und der Andacht in der Kirche ging es zum Leichenschmaus ins Trauerhaus zurück. In

Epitaph des Bürgermeisters Matthaeus Giese und seiner Gattin Katharina, geb. Kempen, in der Parchimer Georgenkirche, gestorben 1713 und 1726

früherer Zeit wurde tüchtig gegessen und getrunken. Es gab Gebratenes vom Schwein, dazu trank man selbst gebrautes Bier und Schnaps auf das Wohl des Verstorbenen. Man blieb auch noch bis zur Kaffeezeit und aß den herrlichen Zuckerkuchen. Das geschah alles zu Ehre des Verstorbenen.

War der Verstorbene Mitglied eines Vereins, so folgten auch die Vereinsmitglieder mit ihrer Ehrenfahne der Trauergemeinde. Die Kameraden des Kriegervereins grüßten den Toten ein letztes Mal mit einem Ehrensalut am offenen Grab. Manchmal wurde auch die Kapelle von August Krüger aus Parchim zum Trauermarsch bestellt, dann sangen die Kinder nicht. Die Kapelle bestand

Der neue jüdische Friedhof in Parchim wurde 1763 am Wockersee angelegt, die Grabsteine 1969 abgeräumt und zum Neuen Friedhof auf dem Eichberg gebracht, wo 1970 eine Gedenkstätte eingerichtet wurde

aus ca. 20 Musikern, von denen 3–5 des öfteren auch zum Tanz in Spornitz aufspielten. Ein Angehöriger des Musikchores der Garde zu Schwerin wurde sogar mit hohen musikalischen Ehren und der Ehrenfahne des Chores in Spornitz zu Grabe getragen, er hatte den Schellenbaum des Chores der Garde getragen …

Heute im Jahre 2005 findet die Trauerfeier in der Leichenhalle auf dem Friedhof statt. Nach Absprache mit dem Pastor hält er dann nach der Beerdigung auf dem Friedhof die Trauerrede in der Kirche. Der Leichenwagen wird nicht mehr gebraucht und steht in Parchim im Museum auf dem Hof. Die Angehörigen bestellen bei einem Sterbefall meistens ein Beerdigungsinstitut, von dem alles, die Behördengänge, die Traueranzeige bei der Zeitung, sowie Sarg, Blumenschmuck und die Ausstattung der Trauerfeier, oftmals auch noch die Einladung zur Kaffeetafel, erledigt wird. Da nicht alle Einwohner von Spornitz der evangelischen Kirche angehören, finden auch katholische Beerdigungen hier statt, die ebenfalls mit Glockengeläut recht feierlich vor sich gehen. Auch Freigläubige werden auf dem Friedhof bestattet."[910]

Aus dem Mittelalter und der frühen Neuzeit sind mehrere große Grabplatten und Epitaphien von Adligen und Geistlichen in Kirchen erhalten geblieben, die neben den persönlichen Angaben auch Wappen und/oder die verstorbene Person als Halbrelief abbilden. Als Beispiele dazu: Grabplatten in Sternberg des Berend von Pressentin mit seiner Gattin Anna von Lepel (1605) sowie des Paul Andreas von Bülow mit seiner Gattin Dorothea von Sperling (1716),[911] in Groß Raden Elsabe Sperlinck (gest. 1584) und Magdalen Preins (gest. 1582), Reimar von Bülow (gest. 1579), in Greven das Epitaph Joachim von Stralendorf (gest. 1608) mit Gattin Anna Rotermund, in Lübz das Grabdenkmal der Herzogin Sophia von Schleswig-Holstein-Gottorf mit ihrer Tochter Anna Sophia (gest. 1634 bzw. 1631). Politische und religiöse Konfrontation beherrschte in den früheren Reformationsjahren das gesellschaftliche Geschehen, Auseinandersetzungen um Kirchenausstattungen gipfelten teilweise in Bilderstürmen. Die vielen Nebenaltäre wurden entfernt und oft in Dorfkirchen überführt. Waren vor der Reformation in den katholischen Kirchen nur Abbildungen mit biblischem Bezug sowie Apostel und Heilige zu sehen, wurden nach der Umwandlung in evangelische Kirchen auch Bilder von Reformatoren und Repräsentanten des örtlichen Bürgertums aufgehängt, letztere als Gedächtnisbilder (Epitaphien). Bei ihnen dominiert die Person des Verstorbenen, seine gesellschaftliche Stellung oder sein religiöses Engagement. Pastor Cleemann[912] listete 1825

910 Esch: Beerdigungen in früherer Zeit und heute. In: Spornitz a. a. O., S. 215 f.

911 Abb. in Friedrich Schlie: Die Kunst- und Geschichtsdenkmäler des Großherzogthums Mecklenburg-Schwerin. 4. Band Schwerin 1901, S. 144

912 Friedrich Joh. Christoph Cleemann: Chronik

folgende noch existierende Epitaphien für Geistliche und Bürgermeister in der Parchimer Georgenkirche auf: Johann Riebling (1. Superintendent in Parchim, starb 1554[913]), Asmus Hinzpeter (starb 1585), Christian Schulz (starb 1610), Christoffer Mageirus oder Koch (starb vor 1670), D. David Grundgreifer mit drei Bildnissen (starb 1689), Ambrosius Emme (starb 1704), D. Mathias Giese und Frau in Bildnissen (starb 1713), D. Engelken in Lebensgröße (starb 1734), D. Johann Conrad v. Wolf (1736). In der Lübzer Kirche hängen die Epitaphien von Frau Oelgard von Pentz von 1666 und des Heinrich von Stralendorff von 1630. In der Kirche von Greven befindet sich ein großes Epitaph des Joachim von Stralendorff, eine Mamor- und Sandsteinarbeit von 1608.

Die Friedhöfe lagen sowohl in den Städten als auch in den Dörfern um die Kirchen herum. Erst nach 1800 wurden die Begräbnisstätten aus den Städten verlegt. Jüdische Friedhöfe existierten einmal in Crivitz, Goldberg, Hagenow, Ludwigslust, Neustadt-Glewe und Sternberg. Erhaltene Anlagen gibt es in Boizenburg, Brüel, Dömitz, Grabow, Lübz, Plau am See und Wittenberg Der Parchimer wurde verlegt: „Bei dem Neuen Jüdischen Friedhof Parchim auf dem Neuen Friedhof der Stadt handelt es sich im Grunde um keinen echten jüdischen Friedhof, sondern vielmehr um eine nachträglich errichtete Gedenkstätte. Als 1969 die Stadt die Erweiterung des Schwimmbades am Wockersee beschloss, an den der alte jüdische Friedhof von Parchim angrenzte, überließ die Jüdische Landesgemeinde Mecklenburg der Stadt das Friedhofsgelände aufgrund des zerstörten Zustandes gegen Tausch eines neues Grundstücks auf dem geplanten Neuen Friedhof am Eichberg, worauf dann der Neue Jüdische Friedhof eingerichtet werden sollte. Die Jüdische Landesgemeinde hatte dem Tausch jedoch nur unter der Voraussetzung zugestimmt, dass alle Gebeine auf dem alten Friedhof geborgen und auf den neuen überführt würden. Alle noch vorhandenen Grabsteine wurden sodann abgeräumt. Nach der widersprüchlichen Quellenlage ist allerdings nicht klar, ob dabei wirklich alle Grabsteine zum Neuen Jüdischen Friedhof verbracht worden sind. Die bei den Eineb-

und Urkunden der Mecklenburg-Schwerinischen Vorderstadt Parchim, Parchim 1825, S. 279 f.

913 die Sterbedaten geben einen Hinweis für die Entstehungszeit der Epitaphien

Der jüdische Friedhof Lübz wurde 1823 angelegt, 14 Grabsteine sind erhalten

nungsarbeiten aufgefundenen Gebeine wurden eingesammelt, auf den Eichberg überführt und dort bestattet. Die Gedenkstätte wurde in Folge durch einen Gartenarchitekten aus Ludwigslust angelegt, wobei ein Gedenkstein in der Mitte des Areals und die noch vorhandenen Grabsteine halbkreisförmig darum aufgestellt wurden. 1970 kam es dann zur Einweihung des Neuen Jüdischen Friedhofs als Gedenkstätte. Bestattungen finden dort nicht mehr statt. Die überführten Grabsteine oder Bruchstücke solcher sind heute noch zu besichtigen.“[914]

Die Plauer Zeitung berichtet 1872 aus Lübz von Auseinandersetzungen zwischen Stadtverwaltung/Pastor und der jüdischen Gemeinde, aus denen hervorgeht, dass die christlichen und städtischen Autoritäten keine Toleranz zeigten und nicht von einer Erpressung der Schützengilde zurückschreckten, die es daraufhin nicht auf eine Konfrontation ankommen ließ: „Die Schützengilde in Lübz hat aus ihren Mitteln einen Leichenwagen angeschafft und denselben für die Beerdigung ihrer verstorbenen Mitglieder, ohne Unterschied der Confession, benutzt. Wenn ein Mitglied jüdischer Confession beerdigt wurde, beseitigte man die christlichen Embleme des Leichenwagens. Diese Gemeinschaft soll von dem Bürgermeister Simonis und dem Präpositus Daberstein gemißbilligt worden sein, und Letzterer, auf Grund eines älteren Erlasses des Oberkirchenraths, mit Versagung der Mitwirkung bei christlichen Leichenbegängnissen gedroht haben, bei welcher ein auch von Juden benutzter Leichenwagen zur Anwendung kommen würde. Als nun ein jüdisches Mitglied der Schützengilde, Rentier Jacob Arons, stirbt, wissen Bürgermeister und Präpositus die Gildemeister zur Verweigerung des Leichenwagens zu bestimmen, so daß für die Leiche ein anderes Fuhrwerk benutzt werden muß.“[915]

914 http://www. juden-in-mecklenburg. de/Friedhoefe/Neuer_Juedischer_Friedhof_Parchim

915 PZ Nr. 28 vom 10.4.1872

Erinnerungstafel für die Veteranen der Kriege 1808–1815 in der Kirche Wendisch Priborn

Gedenktafel für die Gefallenen des Krieges 1870/71 in der Kirche Wendisch Priborn

Es war zur Zeit der Zunftverfassung üblich, dass die Zunftgenossen ihre Zunftmitglieder zu Grabe trugen. Das belegt eine Totenbahre in der Parchimer Marienkirche mit der Inschrift: „Der Gilden Totenbahre J. C. Tiede, J.L. Michael Gildenmeister, J. L. Tieme, W. Ziegler Schaffer."[916]

Pastor Karl Schmaltz, bekannt als mecklenburgischer Kirchenhistoriker, beklagt 1911 zu den Grabdenkmalen, dass „die fabrikmäßig hergestellte Ware einer schlechten Denkmalindustrie immer mehr um sich greift ... Zementguß, Steingut, Marmor und polierter Sandstein fangen auch hier (in Mecklenburg – W. H.) an, sich breit zu machen ... Das Dorf begnügte sich mit einfachen hölzernen Kreuzen und Denkzeichen, und wo die Mittel etwas weiter reichten, mit solchen aus dauerhafteren Schmiedeeisen, einem Material, das in jeder Dorf- oder Kleinstadtschmiede zur Verfügung stand und in seiner außerordentlichen Bearbeitungsfähigkeit dem Geschick und der Fantasie des dörflichen oder kleinstädtischen Meisters einen weiten Spielraum zur Betätigung bot." Schmiedereiserne Grabdenkmäler wurden um 1890 aufgegeben und sind „seitdem aber so gut wie ausgestorben".[917] 1890 annoncierte eine Plauer Schlosserei: „Empfehle mich zur Anfertigung von schmiedeeisernen Gittern, Grabkreuzen etc. Billige Preise. Musterzeichnung zur Ansicht bereit. Schlosserei von Ernst Puls, Plau."[918]

1873 waren in der „Plauer Zeitung" folgende Traueranzeigen, die nicht durch einen schwarzen Rand abgehoben waren, zu lesen: „Am 4. d. Abends 7 Uhr entschlief sanft unsere geliebte Mutter und Schwiegermutter die Witwe Schultz im 78. Lebensjahr. Theilnehmenden diese Anzeige von Tuchmacher Schweder und Frau."[919] „Theilnehmenden

916 Mecklenburg. Zeitschrift des Heimatbundes 5. Jg. 1910, S. 68

917 Karl Schmaltz: Schmiedeeiserne Grabdenkmale. In: Zeitschrift. Mecklenburg des Heimatbundes 6. Jg. 1911, S. 115

918 PZ Nr. 22 vom 17.3.1894

919 PZ Nr. 11 vom 5.2.1873

Denkmaltafel für die gefallenen Soldaten in den Kolonialkriegen in der Parchimer Georgenkirche

Gedenktafel in der Gnevsdorfer Kirche für die Gefallenen des 1. Weltkrieges

Stelen für Urnenbestattungen auf dem Neuen Friedhof in Parchim

Urnengräberreihe auf dem Friedhof Marnitz

hierdurch die Traueranzeige, dass mein geliebter Mann der Tischlermeister Fr. Gilberg gestern Abend 7 Uhr durch einen plötzlichen Todesfall von meiner Seite gerissen wurde. Plau, den 5. Februar 1873 Friederike Gilberg, geb. Rohde."[920] Auch heute wird ein Todesfall mit einer Annonce in der Zeitung bekannt gemacht. Darin werden Name, Geburts- und Sterbedatum, Beruf, Funktionen und Auszeichnungen sowie vage Angaben zur Todesursache („nach langer, schwerer Krankheit" oder „plötzlich und unerwartet") angegeben. Meist werden die nächsten Verwandten namentlich mit dem Verwandtschaftsgrad aufgeführt. Ort und Zeit der Beisetzung sind fast immer angegeben. Während vor der Wende als Illustration in der Anzeige ein Kreuz, eine schwarze Rose, ein Baum, ein Palmwedel (um die häufigsten zu nennen) am linken Rand eingefügt wurden, änderte sich dies nach der Wende. Die Anzeigen wurden farbiger. Jetzt gehören oft ein Foto des/der Toten und Bildhinweise auf Beruf und Hobby (z. B. eine Lokomotive, ein Traktor, eine Angel mit Fisch, ein Musikinstrument) dazu. Entfernt wohnende Verwandte und Bekannte, welche die Todesnachricht in der Lokalzeitung nicht erreicht, informiert man mit Trauerkarten, welche in Briefumschlägen mit schmalem, schwarzem Rand (und oft mit Palmwedel) versandt werden. Die Hinweise „Von Trauerbekundungen am Grabe bitten wir abzusehen" und „Statt Kränze wird um eine Spende für gemeinnützige Institutionen gebeten" finden sich immer häufiger in den Trauerannoncen. Das ist ein Beleg für die Änderung der Einstellung zur Trauer. Sie wird verdrängt, denn sie gilt als etwas, das nicht öffentlich gezeigt werden darf. Das Untersagen von Kondolenz steigert die Anonymität. Zu Beginn der Beerdigung findet eine Trauerfeier statt. Kränze oder Gestecke mit Schleifen werden am Sarg abgelegt und finden dann ihren Platz auf dem Erdhügel, zu dem ein Grabstein gehört. Im Anschluss wird die Trauergemeinde von den Hinterbliebenen zum Kaffeetrinken eingeladen. Getrennte Trauerfeier mit einer späteren Urnenbeisetzung bzw. anonyme Bestattungen werden immer häufiger. Die Trauerfamilie bedankt sich mit einer Anzeige in der Zeitung für die Anteilnahme.

Die Bau- und Möbeltischlerei H. Ehrich in Plau annoncierte 1881, dass bei ihm zu haben sind „Eichene und tannene Ruhekisten, auch mit Holz- oder Zink-Einsatz, sowie alle Arten einfacher Särge bei vorkommenden

920 ebenda

Mausoleum der Herzogin Helene Pawlowna im Schlosspark Ludwigslust

Mausoleum der Herzogin Louise im Schlosspark Ludwigslus

Sterbefällen."[921] Mit der Einführung des Leichenwagens entfiel das Tragen des Sarges auf einer Leichenbahre durch Berufskollegen. Von der Stadt aus verbreitete sich der neue Brauch dann auch auf dem Lande. Die Einführung der Leichenwagen ergab sich aus der Tatsache, dass die Friedhöfe an die Peripherie der Städte und Dörfer verlegt worden waren und dadurch lange Wegstrecken für die Leichenzüge entstanden. Mit dem Leichenwagen kam auch das Gewerbe des Bestattungsunternehmens auf. „Neben der rein logistischen Abwicklung übernahmen die Bestatter allmählich auch zeremonielle Funktionen, die zuvor von anderen gesellschaftlichen Gruppen – vor allem der Kirche, aber auch den ehemaligen Zünften oder anderen Berufsverbänden – ausgeübt worden war."[922] Der Bau von Leichenhallen „läutete eine Entwicklung ein, die den Umgang mit dem Leichnam einer bürokratischen Reglementierung unterwarf. Die Leichenhallen sollten die als bedenklich betrachtete Hausaufbahrung ablösen. Damit wurden sie zum architektonischen Ausdruck einer neuartigen, technisch-hygienischen Rationalität im Umgang mit den Toten. Die staatliche Bürokratie bemächtigte sich nun eines Bereiches, der bisher den Kirchen und den Privatfamilien vorbehalten geblieben war – in den Leichenhallen lagen die Toten sozusagen unter öffentlicher Aufsicht."[923]

1803 und 1809 entstanden die Mausoleen der Herzoginnen Helene Pawlowna und Louise im Schlosspark zu Ludwigslust. Dieter Scheidig betont die „hohe Ästhetik dieser Sepulkralien" und „kunstgeschichtliche Qualität".[924] Hygienische Gründe führten dazu, dass die um die Kirche liegenden Kirchhöfe geschlossen wurden und die Verstorbenen in außerhalb des mittelalterlichen Stadtkerns angelegten Friedhöfen bestattet wurden. Das passierte in Goldberg 1797,[925] in Parchim 1808,[926] in Hagenow 1814[927] und Boizenburg 1834.[928] Der Parchimer

921 PZ Nr. 88 vom 2.11.1881

922 Norbert Fischer: Zum Wandel der Trauerkultur seit dem 19. Jh. In: Sterben und Tod im ländlichen Raum. Blankenhain 1999, S. 59

923 ebenda S. 60

924 Dieter Scheidig: Vom Kirchhof zum Friedhof. Mcura 2014, S. 26

925 Horst Ende: Stille Zeugen aus Erde und Stein. MM Nr. 23 vom 15.11.1991, ausführlich bei Scheidig S. 80 ff.

926 Der Alte Friedhof in Parchim wurde am 22.11.1808 eingeweiht. Fritz Kühl: Parchims Bau- und Kunstdenkmale. Parchim 1961. S. 66 f., ausführlich bei Scheidig S. 139 ff.

927 ausführlich bei vgl. Scheidig S. 68 ff.

928 Schmaltz: Kirchengschichte Mecklenburg 3.

Grabkapelle für Bürgermeister Isaak Johann Loescher auf dem Alten Friedhof in Parchim von 1796

Alte Friedhof ist 3,8 ha groß und weist noch 7 Gruftkapellen und rund 50 Grabstellen in künstlerischer Ausführung und stadtgeschichtlicher Bedeutung auf.[929] Zwischen 1920 und 1922 wurde auf dem Eichberg am Wockersee in Parchim der Neue Friedhof nach Plänen von Werner Cords angelegt.[930] Auf dem Neuen Friedhof in Parchim entstand 2017 eine neue Bestattungsanlage – ein 1200 qm großer Baumhain für Urnen- und Erdbestattungen. Die Stadt entsprach damit der zunehmenden Nachfrage nach alternativen Bestattungsarten, denn viele Angehörige wollte die Pflege der Grabstätte geregelt wissen, da sie weit entfernt wohnen. [931]

Der Kunsthistoriker Horst Ende äußerte sich zu Mausoleen: „Neugotische Mausoleen sind aber auch als Putzbauten überliefert, so jenes der Familie v. Schack in Stralendorf bei Schwerin, in dem mit Adolf Friedrich Graf v. Schack einer der größten Söhne Mecklenburgs seine letzte Ruhestätte fand: Der bedeutende Literaturwissenschaftler und Kunstmäzen, nominell Gutsherr in Stralendorfs Nachbarort Zülow, starb 1894 nach langem Krankenlager in Rom. Sein Sarg wurde nach Stralendorf überführt und unter großer Anteilnahme beigesetzt. Lokale Formen greifen auch solche Mausoleen auf, die sich stilistisch auf benachbarte Kirchen oder Schlösser beziehen, wie z. B. das in Neurenaissanceformen gehaltene Mausoleum der Familie v. Bassewitz in Bristow aus der 2. Hälfte des 19. Jahrhunderts, das sich südöstlich der 1601 vollendeten Dorfkirche erhebt und deren Giebellösung aufgreift.

Beliebt als Grundgestalt von Mausoleen waren auch Zentralbauten, da sie die Ewigkeit und Unendlichkeit der Zeit besonders verdeutlichen – beispielsweise das um 1860 auf einem frühdeutschen Turmhügel mit umlaufendem Wassergraben erbaute Mausoleum der Familie v. Laffert in Lehsen westl. von Wittenburg. Eines der jüngsten Beispiele dieser Gruppe ist das 1915 für die Familie von Schlutius in Karow nach Entwürfen des bekannten Bildhauers Wilhelm Wandschneider errichtete Mausoleum. Es nimmt sich eindeutig das berühmte Grabmal des Ostgotenkönigs Theoderich in Ravenna zum Vorbild. „Germanisch" wirkt die halb ins Erdreich eingetiefte, an den Ecken durch pylonenartige Aufbauten markierte Grablege der Familie v. Barner in Bülow bei Crivitz.

Eines der schönsten und relativ jungen Mausoleen ist das von Friedrichswalde bei Blankenberg. Es wurde um 1915 für die Großindustriellenfamilie v. Wedekind nach dem Entwurf eines leider bis heute unbekannt gebliebenen Architekten erbaut. Der rechteckige, in schlichten sachlichen Formen errichtete und mit Werkstein verkleide-

Band, Berlin 1952, S. 303

929 Fritz Kühl: Parchims Bau- und Kunstdenkmale. Parchim 1961, S. 68–75

930 vgl. Clauberg: Der Gemeindefriedhof der Stadt Parchim. In: Führer zum mecklenburgischen Städtetag in Parchim vom 16.–18. Juni 1927, S. 97–99

931 SVZ Parchim vom 21. 2.2017

te Bau, dessen Inneres durch Vandalismus erheblich gelitten hat, ist häufig der Zielpunkt von Wanderungen, denn das Bauwerk steht malerisch auf einer Terrasse am Ufer des Labenzer Sees und zieht Besucher auch deshalb an, weil hier der bekannte „Bronzehirsch" des belgischen Bildhauers Louis Tuaillon zu finden ist. Ein ebenfalls auf der Terrasse aufgestellter römischer Sarkophag wurde leider schon um 1960 gestohlen. Zahlreiche Mausoleen wurden im 19. Jahrhundert auf den städtischen Friedhöfen errichtet ...

Einen relativ reichen Bestand an Mausoleen weist der städtische Friedhof in Boizenburg auf. Die aus dem 18. bis 20. Jahrhundert stammenden Grabkapellen der vermögenden Bürgerfamilien sind fast alle in den sich zur Elbe neigenden Hang eingefügt. Neben mehreren klassizistischen und neoklassizistischen Bauten gibt es auch historistische Nachbildungen anderer Stilrichtungen. Dazu gehört die vereinfachte Nachbildung des Hl. Grabes in Jerusalem aus dem Jahre 1934. Der neoromanische Sandsteinbau für die Familie Gluud-Lechler ist vermutlich das jüngste und letzte Beispiel dieser Architekturgattung in Mecklenburg. Als bauliche Zeugnisse mit erheblicher kulturgeschichtlicher Bedeutung stehen die meisten Mausoleen auf den Denkmallisten."[932]

„Der Alte Friedhof ist einer der wichtigsten historischen, städtebaulich bedeutsamen Orte Parchims und ein hochwertiges Denkmal der Gartenkunst. Die Art der Anlage ist einmalig in Mecklenburg-Vorpommern. Bis zum Ende des 18. Jahrhunderts fanden in Parchim Beerdigungen nur auf den Kirchhöfen der beiden Kirchengemeinden St. Georgen und St. Marien sowie bei der Bartholomäikapelle statt. Bereits zu dieser Zeit verursachten die viel zu kleinen Friedhöfe katastrophale hygienische Zustände. Der ehemalige Bürgermeister und Hofrat Isaac Loescher bemühte sich bis zu seinem Tod 1796 um die Neuanlage eines Friedhofes vor den Toren der Stadt. Auf dem Friedhof errichtete die Stadt eine Kapelle für die Loescher'sche Familie, wo anlässlich der feierlichen Einweihung am 22. November 1808 die Leiche des Hofrats Loescher umgesetzt wurde. Die Anlage des Friedhofs erfolgte von Beginn an in der Form eines regelmäßigen Achtecks. Dieses Achteck verfügt über eine formale Strenge, die in der Entwicklung der Gärten seit der Renaissance eine wichtige Rolle spielte. So waren die Renaissancegärten regelmäßige, ornamentale Gebilde, wie zum Beispiel der erste europäische Botanische Garten in Padua von 1654 oder andere in Leiden und Florenz. Der regelmäßigen Gestaltung wird

932 Horst Ende: Ruhestätten für die Ewigkeit. In: SVZ MM Nov. 1998 Nr. 23

Eingang zum Plauer Friedhof von 1800

Eingang zum Alten Friedhof in Parchim mit vier Backsteinpfeilern von 1808

Naturstein-Eingangsportal mit zwei pylonenartigen Türmen zum Ludwigsluster Friedhof von 1791/92 mit Anlehnung an altägyptische Bauwerke, eine baukulturelle Seltenheit in Deutschland

die Idee zugrunde gelegen haben, den Friedhof als Ort der Ruhe und des Gedenkens zu entwickeln und dabei formale Aspekte zu erfüllen, die eher pragmatisch bedingt gewesen sind, wie eine geordnete Belegung und intensive Flächennutzung. Der Friedhof erwies sich bereits um das Jahr 1848 als zu klein. Eine erste Erweiterung wurde im Mai 1853 fertig gestellt, die wir dem „Plan von dem Kirchhofe zu Parchim" 1852 von C. Wehner entnehmen können. Heute noch nachvollziehbare Änderungen betrafen die Wegeführung. Die vom Haupttor zur Loescher'schen Kapelle führende Allee blieb erhalten. Die sich kreuzenden Alleen wurden so verändert, dass sich durch die Schnittpunkte die Form eines annähernd regelmäßigen Achtecks ergab. Die Hahn'sche und die Hoffmann'sche Kapelle standen durch die Erweiterung nicht mehr an den Endpunkten der Wege. Die Wege wurden jeweils an den Eckpunkten vom Kapellenkranz bis zur neuen Friedhofsgrenze verlängert. Lediglich der Hauptweg bildete weiterhin eine Achse mit seiner Verlängerung von der Loescher'schen Kapelle bis zur südlichen Grenze des Erweiterungsteils ... Die Kleinarchitekturen der Kapellen spannen mit der Mauer noch heute den Raum aus. Sie unterstreichen die strenge Regelmäßigkeit des Achtecks. Neben den Kapellen und der Mauer müssen auch die Grabstätten, Wege-, Platz- und Vegetationsflächen, Bäume und Baumgruppen, Ausstattungselemente und andere Strukturen gestalterisch miteinander und mit dem Raum in Einklang gebracht werden."[933]

„Das etwa 35 km südlich von Schwerin gelegene, von 1764-1837 als Residenz der mecklenburgischen Herzöge bzw. Großherzöge dienende Ludwigslust ist ein städtebauliches Gesamtkunstwerk von hohem Rang, in dem der fast 250 Jahre alte Friedhof ein bedeutendes Einzeldenkmal darstellt. In dem von Hofbaumeister Johann Joachim Busch entworfenen, etappenweise verwirklichten städtebaulichen Konzept war ein Stadtfriedhof von Anbeginn an eingebunden. Bereits auf den ersten Stadtplänen ist am heutigen Friedhofsweg ein rechteckiges Areal mit der Bezeichnung „Kirchhoff" verzeichnet. Inzwischen ist seine Fläche durch mehrere Erweiterungen in südlicher und westlicher Richtung auf ca. 7,6 ha und damit das Fünffache seiner ursprünglichen Größe angewachsen. Er gehört zu den ältesten noch genutzten Stadtfriedhöfen in Mecklenburg.

Aus der Frühzeit der Anlage haben sich die Mauer am Friedhofsweg und das Hauptportal erhalten. Nachdem in den 1760er Jahren zunächst ein hölzerner Eingangsbau errichtet worden war, entstand nach den Entwürfen Buschs in den Jahren 1791/92 der bestehende massive Torbau. Die hier verwirklichte Kombination von Tor und

933 Sabine Webersinke: Alter Friedhof Parchim. In: Bund Heimat und Umwelt in Deutschland: Historische Friedhöfe a. a. O S. 199 f.

Glockentürmen gehört zu den eigenwilligsten Schöpfungen der mecklenburgischen Barockbaukunst und war schon immer eine besondere Sehenswürdigkeit der Stadt. Weil die 1770 vollendete, etwa 200 m weiter westlich stehende Kirche ohne Turm errichtet wurde, brachte man deren Glocken im Torbau des Friedhofs unter. Das Portal flankieren deshalb zwei geböschte, pylonenartige Türme, die von kräftig überkragenden Traufgesimsen und flachen Zeltdächern abgeschlossen werden. Das Bauwerk ist ein frühes Beispiel der im späten 18. Jahrhundert aufgekommenen Ägypten-Mode. Die Turmkanten und das oberste Geschoss mit den Schallöffnungen bestehen aus Backstein, das aufgehende Mauerwerk aus Raseneisenstein, der in Mecklenburg „Klump“ genannt wird. Sein schwärzlich-rostiger Farbton bildet einen wirkungsvollen Kontrast zu dem hellen Ziegelmauerwerk. Aus Klump und Backstein bestehen auch die Friedhofsmauern. Auch für einige wohl erst im frühen 19. Jahrhundert an der Innenseite der Mauer errichtete Grabkapellen fand Raseneisenstein als Baumaterial Verwendung.

Charakteristisch für den Ludwigsluster Friedhof ist seine Struktur aus regelmäßig angelegten rechteckigen Grabfeldern und eine üppige Durchgrünung mit mehreren Alleen. Unter ihnen ist die aus Pyramideneichen bestehende zwischen Hauptportal und dem östlichen Ausgang an der Grabower Allee die schönste, aber auch die aus Birken sind charakteristisch. Die einzelnen Grabstellen sind durch Hecken eingefasst. Sie machten den Verzicht auf massive oder schmiedeeiserne Einfriedungen möglich. Der Gartenarchitekt Alfred Niendorf verwirklichte damit vor etwa einem halben Jahrhundert seine Vorstellung, den Friedhof auch zu einem Gartendenkmal zu machen.

Aus der Frühzeit haben sich unweit der neoklassizistischen Feierhalle mehrere spätbarocke Grabsteine aus Sandstein für Hofbedienstete aus dem letzten Viertel des 18. Jahrhunderts erhalten. Sie sind wohl in der Werkstatt des am Schlossbau tätigen Bildhauers Rudolph Kaplunger entstanden. Es existieren mehrere Gemeinschaftsanlagen. Die älteste ist die für die Schwestern des Stiftes Bethlehem, das 1851 gegründet wurde und heute das Krankenhaus der Kreisstadt ist. An die jüngere Vergangenheit erinnern die zahlreichen Holzkreuze für die Toten des Ersten Weltkrieges, eine Anlage für die Opfer eines Bombenangriffes vom 22.2.1945 und ein Monument für die hier beigesetzten 249 Opfer aus dem KZ Reiherhorst, einem unweit von Ludwigslust gelegenen Außenlager des KZ Neuengamme.[934]

934 Horst Ende: Friedhof Ludwigslust. In: Bund Heimat und Umwelt. Historische Friedhöfe a. a. O., S. 98 f., vgl. auch: Der Friedhof in Ludwigslust. Ar-

Abgeräumte Grabsteine auf dem Friedhof Pampin 2019

Himmelsbriefe

Eine volkskundliche Besonderheit sind die „Himmelsbriefe", dabei handelt es sich um gedruckte bzw. handgeschriebene Schutzbriefe, die jedermann vor Unheil jeglicher Art, Soldaten vor Tod und Verwundung sowie Haus und Hof vor Schaden durch Gewitter, Feuer und Wasser bewahren helfen sollten. Die häufigste Anwendung ist die als Schutzmittel im Kriege; der Himmelsbrief macht unverwundbar und kugelfest. Die Schutzwirkung entfaltet sich durch eine Herkunftslegende von der garantierten göttlichen Abkunft des Briefes. Die Firmen Oehmigke & Riemschneider sowie Gustav Kühn in Neuruppin („Neuruppiner Bilderbogen") druckten im 19. Jahrhundert solche Himmelsbriefe, sie wurden in ganz Deutschland verkauft. Haus- und Schutzbriefe pflegte man bei einem Gewitter zu lesen oder auf den Tisch zu legen, Soldaten trugen noch im 1. Weltkrieg einen Himmelsbrief zum Schutz in ihrer Uniform.[935]

Der Universitätsprofessor Karl Bartsch (1832–1888) hat einen dieser gedruckten Himmelsbriefe in seinem 1879/80 erschienenen Buche „Sagen, Märchen und Gebräuche aus Mecklenburg", einem Standardwerk der norddeutschen Volkskunde, aufgenommen. Der Himmelsbrief ist mit einem Holzschnitt „Jesus Christus mit einer Strahlenkrone umgeben, nach oben zeigend, steht auf einer Wolke" illustriert. Der Text lautet: „Im

chiv des Natureums Ludwigslust Heft 3, 2021

935 Siehe Erdmute Nieke: Religiöse Bilderbögen aus Neuruppin. Eine Untersuchung zur Frömmigkeit im 19. Jahrhundert. Frankfurt/Main 2008, S. 219–221

Ein bei Oehmigke & Riemschneider in Neuruppin gedruckter Himmelsbrief, Mitte 19. Jh.

Jesus Christus zu finden ist
Im Wort, da man von Jesu liest,
Jesus giebt Heil und Seligkeit
Dem, der ihm dienet allezeit;
Wer sich des Namens Jesu tröst't,
Der wird durch Jesum Christ erlöst.
Jesu, dem lieben Kindelein,
Dem herzlieben Jesulein
Sei Lob und Preis! O Jesu mild,
Schütz' du uns stets durch deinen Schild,
Gieb uns, Herr Jesu, deine Gnad',
Daß uns Welt, Teufel, Tod nicht schad'.

Gewiß ist der Tod, ungewiß ist der Tag,
Die Stund' auch Niemand wissen mag,
Drum trau' auf Gott und denk' dabei,
Daß jede Stund' die letzte sei.
Im Leiden habe guten Muth
Und liebe den, der Leid dir thut.

Freue dich von Herzen in Schmerzen,
Das ist die ganze Vollkommenheit,
So geht es zu in aller Zeit,
Thu' mir die Lieb', ich thu' dir Leid,
Hilf mich auf, ich stoß' dich nieder,
Sage nicht alles, was du weißt,
Ehr' mich groß, ich schänd' dich wieder.
Glaube nicht alles, was du hörst,
Richte nicht alles, was du siehst.

Ach Gott, dies ganze Haus bewahr'
Für Feuer, Schaden und Gefahr,
Mit Gnad' und Segen über uns walt'
Und uns dein reines Wort erhalt'.
Herr Jesu! durch den Namen dein
Gieb mir ein selig Stündelein;–
Steh' mir bei am letzten End',
Nimm meine Seel' in deine Händ'.

Himmels-Brief,

welcher mit güldenen Buchstaben geschrieben, und ist zu sehen in der Michaelis-Kirche zu St. Germai wird genannt Gredoria, allwo der Brief über der Taufe schwebt. Wer ihn angreifen will, von de weichet er, wer ihn aber abschreiben will, zu dem neiget er sich und thut sich selbst auf.

Namen des Vaters, des Sohnes und des heiligen Geistes! So wie Christus im Oelgarten still stand, so soll Alles Geschütz still stehen. Wer dieses bei sich trägt, der wird nicht getroffen von dem feindlichen Geschütz und er wird vor Dieben und Mördern gesichert sein, er darf sich nicht fürchten vor Degen, Gewehren, Pistolen, denn so wie man auf ihn anschlägt, so müssen durch den Tod und Befehl Jesu Christi alle Geschütze still stehen, ob sie sichtbar oder unsichtbar, Alles durch den Befehl des Engels Michaels, im Namen Gottes, des Vaters, des Sohnes und des heiligen Geistes. Gott sei mit uns! Wer diesen Segen gegen die Feinde bei sich trägt, der wird von den feindlichen Kugeln geschützt bleiben, wer dieses nicht glauben will, der schreibe ihn ab und hänge ihn einem Hunde um den Hals und schieße auf den Hund, so wird man sehen, daß der Hund nicht getroffen und dies Wahrheit ist, auch wird Derjenige, der an ihn glaubt, nicht von den Feinden gefangen genommen werden! So wahr ist es, als daß Jesus Christus auf Erden gewandelt hat und zum Himmel aufgefahren ist: so wahr ist es, daß Jeder, der an ihn glaubt, vor allen Waffen und Gewehren im Namen Gottes, des Vaters, des Sohnes und des heiligen Geistes unbeschädigt bleiben soll. Ich bitte im Namen unsers Herrn Jesu Christi Blut, daß ihn keine Kugel treffen möge, sie sei von Gold, Silber oder Blei; Gott im Himmel halte mich von Allem frei im Namen Gottes, des Vaters, des Sohnes und des heiligen Geistes! …

Dieser Brief soll von Einem und dem Andern abgeschrieben, oder auch zum Druck übergeben werden, und wenn ihr so viel Sünden gethan habt, als Sand am Meere, Laub auf den Bäumen oder Sterne am Himmel sind, sollen sie euch vergeben werden, wenn ihr glaubt und Alles thut, was dieser Brief euch lehrt und sagt; wer das aber nicht glaubt, der soll sterben. Bekehrt euch oder ihr werdet ewig gepeinigt werden und ich werde euch am jüngsten Tage fragen, dann werdet ihr mir Antwort geben müssen wegen eurer vielen Sünden. Wer diesen Brief im Hause hat, oder bei sich trägt, dem wird kein Donnerwetter schaden, und ihr sollt vor Feuer und Wasser und aller Gewalt des Feindes behütet werden. Zu haben bei G. Kühn in Neu-Ruppin."[936]

Kreuze am Strassenrand

Für Straßenverkehrsopfer, meist junge Leute, wird seit der Wende an der Unglücksstelle ein geschmücktes Holzkreuz aufgestellt. Diese kleinen Kreuze am Straßenrand sind in unserer Gegend zu einem Symbol dafür geworden, dass an dieser Stelle ein Mensch bei einem Unfall ums Leben gekommen ist. Über viele Jahre gestalten Angehörige und Freunde diese Todesorte auf oft anrührende Weise. So nimmt es nicht wunder, dass sich Volkskundler dieses neuen Brauchtums annehmen. Nicht nur die Kreuze, sondern vielfältige Collagen von Liebes- und Freundschaftsbeweisen, Kerzen und Geschenken machen die Unfallorte zu kleinen individuellen Pilgerstätten. Gespräche mit Angehörigen und Freunden zeigen, wie der Todesort in die Trauerverarbeitung eingebunden ist, wie er Gefühle hervorruft und der Suche nach Trost und Nähe dient. Als Indiz für öffentliche Trauer regen Unfallkreuze damit zum Nachdenken über heutige Formen von sinnstiftenden Ritualen und individueller Spiritualität an. Die zahlreichen Holzkreuze, die man allerorten am Straßenrand vorfindet, stellen eine neue Dimension des Totengedenkens, der Trauerbewältigung und der Erinnerungskultur dar. In den Kontext der gravierenden Veränderungen bisheriger

936 Bartsch a. a. O., S. 341 f

Erinnerungsort zwischen Damm und Matzlow

Wertesysteme ist auch der Erwerb und die Nutzung schneller Autos durch Jugendliche einzuordnen. Diese Entwicklung endete für viele jugendliche Autofahrer oft tödlich. Das Setzen von Unfallkreuzen aus Holz durch die nächsten Angehörigen und Freunde sowie das Schmücken mit echten bzw. Kunstblumen, meist noch jahrelang nach dem tragischen Ereignis, sind gewiss der Versuch, das Unfassbare zu verarbeiten, vielleicht möchte man auch andere vor den Gefahren einer enthemmten Fahrweise und Selbstüberschätzung warnen. Das Anheften von Briefen, Gedichten und Fotos am Unfallbaum sowie das Deponieren von Spielzeug durch Mitschüler und Freunde des tödlich Verunglückten an der Unglücksstelle bezeugt deren Trauer. Die Kreuze sind mit dem Namen (manchmal nur dem Vornamen) des Opfers und mit dem Unfalldatum versehen. Der Gebrauch eines christlichen Kreuzes ist angesichts der säkularisierten Gesellschaft augenscheinlich ein Rückgriff auf ein eindeutiges Symbol für Tod und Gedenken.[937]

Kreuze am Todesort sind keine Erfindung der Gegenwart. Schon vor Jahrhunderten wurden Menschen, die auf unnatürliche Art und Weise aus dem Leben scheiden mussten, ein Kreuz als Erinnerung gesetzt. Das belegt die Sage „Der Erinnerungspfahl auf dem Quetziner Felde bei Plau", dass ein Brandstifter, der Quetzin in Flammen gesetzt hatte, an einer Eiche aufgehängt wurde. In den Stamm wurde ein Kreuz geschnitten, ein Erinnerungspfahl gesetzt und Feldsteine von Vorübergehenden dort abgelegt.[938] „Der Pfahl auf dem Quetziner Felde. Wenn man von Plau nach Güstrow eine halbe Stunde auf der Chaussee geht, sieht man in der Nähe des Dorfes Quetzin auf der Feldmark einen Pfahl, über dessen Herkunft Folgendes erzählt wird. Vor vielen Jahren lebte in Quetzin ein Büdner mit seiner Familie und seiner Mutter. Sein ältester Sohn vergaß einmal die Ehrfurcht gegen seine Großmutter so weit, daß er sie schlug, als der Vater nicht zu Hause war. Dieser bestrafte ihn bei der Rückkehr hart dafür. Der Knabe beschloß, das Haus anzuzünden. Er that es auch. Als aber das Dach Feuer gefaßt hatte, bekam er Angst und rannte durch das Dorf, um sich hinter einer Dornhecke am Ende desselben zu verstecken. Der Nachtwächter sah ihn laufen und gewahrte bald darauf das Feuer, das einen großen Theil des Dorfes einäscherte. Der Verdacht fiel auf den Knaben, der denn auch zitternd gestand und von der erbitterten Bewohnerschaft ins Feuer geworfen wurde. Zum Andenken daran steht auf einem kleinen Hügel ein hölzerner Pfahl."[939]

---

937 vgl. Christine Aka: Unfallkreuze – Trauerorte am Straßenrand, Münster 2007

938 Albert Niederhöffer: Mecklenburgs Volkssagen, Bremen 2002, 164 ff.

939 Bartsch Band 1, Wien 1879, S. 459

Eine zweite Sage erzählt vom „Gedenkkreuz bei Barkow“: An der alten Landstraße zwischen Plau und Lübz, nicht weit von Barkow, steht, dicht am Wege auf einer kleinen Anhöhe, ein einfaches Holzkreuz, schon halb verwittert und halb umgesunken. Rund um das Kreuz sieht man eine Menge abgebrochener Baumzweige. „Hier soll vor vielen Jahren ein junges Mädchen aus Barkow ermordet worden sein. Zum Andenken wurde das Kreuz gesetzt, und die Vorübergehenden legen bis auf den heutigen Tag einen grünen Zweig hin, weil sie glauben, daß dadurch der Geist der Gemordeten eher Ruhe finde. Noch jetzt kann man von der neuen Chaussee aus in einiger Entfernung das Kreuz und das umherliegende Buschwerk sehen. Darunter findet man neben alten, schon halb oder ganz vergangenen Sträuchern und Zweigen auch ganz frische und grüne.“[940]

„Die Sage ist ein Bericht über Tatsachen oder Erlebnisse, welche mit dem modernen naturwissenschaftlichen Weltbild nicht in Einklang stehen. Die echte Sage hat im Gegensatz zum Märchen nicht den Zweck zu unterhalten; sie will auch meistens nicht nur berichten und mitteilen, sondern erklären, belehren und überzeugen“, betont der Schweizer Richard Weiss.[941] Trotz ihres mythischen Inhalts besitzen Sagen meist einen wahren historischen Kern. Es werden stets Umstände, Ort und Zeit angegeben. Dadurch bekommt die Sage einen Lokalcharakter. Auch in der Zeitangabe begnügt sich die Sage in der Regel nicht mit der Formel des Märchens: „Es war einmal“, sondern sie stellt oft einen Bezug her auf historische Ereignisse oder Persönlichkeiten.[942] Früheren

Erinnerungsort an einen Verunglückten bei Retzow, Oktober 2020

Sagenerzählern ging es nicht nur um schöne Geschichten zur Unterhaltung, sondern um die Deutung ihrer Welt, die Bewältigung ihres Daseins. Das Sagenerzählen trug mit dazu bei, den Beteiligten ihrer Identität zu versichern, auch wenn es um Bereiche ging, die jenseits der erfahrenen Wirklichkeit lagen. „Von Generation zu Generation über Jahrhunderte mündlich weitergereicht, lebte in den Sagen das Erlebte und Geschehene längst vergangener Zeiten weiter. Deshalb ermöglichen sie dem Leser heute tiefe Einblicke in den damaligen Alltag, in seit langem untergegangene Sitten und Gebräuche.“[943]

Handelt es sich bei diesen beiden Belegen um Sagen, die sicher einen wahren Kern haben, ist ein drittes Beispiel auf einen Raub-

940 Bartsch Band 1 Wien 1879 S. 455 f

941 Richard Weiss: Volkskunde der Schweiz. Erlenbach-Zürich 1946, S. 288

942 vgl. Utz Jeggle: Die Sage und ihre Wahrheit. In: Reinhard Johler/Bernhard Tschofen (Hg.): Empirische Kulturwissenschaft. Eine Tübinger Enzyklopädie. Tübingen 2008

943 Reno Stutz, Vorwort zu Albert Niederhöffer: Mecklenburgs Volkssagen, Bremen/Rostock 1998, S. 14

mord zurückzuführen. Der Nagelschmied Schöndorff, der sich auf der Wanderschaft befand, wurde im Oktober 1860 auf Karower Feldmark erschlagen. Die Stelle, wo der Tote aufgefunden wurde, trägt seither den Flurnamen „Totschlag". Alle Leute, die am Fundort der Leiche vorbeikamen, legten hier einen Ast nieder.[944] Zum Flurnamen „Totschlag" gibt es zwei weitere Mitteilungen aus dem Jahre 1911: „Auf der Feldmark Wessentin bei Lübz sieht man südlich von der Chaussee einen größeren länglichen Hügel mit einem eichenen Pfahl, den Totschlag. Heute liegt er frei im Felde, früher lag er in einem Tannengehölz an der alten Lübz-Plauer-Landstraße. Man nennt im Dorf den Namen der Ermordeten und behauptet, daß noch vor Menschengedenken Leute gelebt hätten, welche sich des Vorgangs erinnerten. Der Hügel liegt heute kahl. Der alte Erbpächter Drefahl aber, zu dessen Hufe er gehört, erinnert sich noch, daß früher immer ein Haufen Busch darauf gelegen habe, auch als das umliegende Land schon in Ackerkultur genommen sei; einst hätten Jungen diesen angezündet und damit sei die Sitte erloschen."[945] „Nach einer freundlichen Mitteilung des Herrn Buchhändlers H. Freise in Parchim befindet sich auf der Landstraße zwischen Parchim und dem Dorfe Möderitz eine Stelle, wo von Vorübergehenden zur Erinnerung an einen hier verübten Mord noch fortwährend Reisigbündel niedergelegt werden. So oft der Haufen auch entfernt wird, er entsteht immer wieder von Neuem."[946]

Erinnerungskreuz zwischen Neuhof und Gallin 1997

Erinnerungskreuz bei Karow 2018

944 MS Karower Sagen, gesammelt von Förster Hans Ahlschläger (1891–1963)
945 Zuschrift von Robert Beltz
946 Zuschrift von Hermann Kracht aus Parchim, beide in: Mecklenburg. Zeitschrift des Heimatbund 6. Jg. 1911, S. 71

Literaturverzeichnis

Christine Aka: Unfallkreuze – Trauerorte am Straßenrand. Münster 2007

Werner Albrecht: 550 Jahre Gnevsdorf Wangelin, 1998

Alltag im Rheinland 2010. Mitteilungen der Abteilungen Sprache und Volkskunde des LVR-Instituts für Landeskunde und Regionalgeschichte, Bonn 2010

Alltag im Rheinland 2011. Mitteilungen der Abteilungen Sprache und Volkskunde des LVR-Instituts für Landeskunde und Regionalgeschichte, Bonn 2011

Alltag im Rheinland. Sonderheft 2012: Feier-Tag Allerheiligen. Zwischen Kerzen und Kommerz. Mitteilungen der Abteilungen Sprache und Volkskunde des LVR-Instituts für Landeskunde und Regionalgeschichte, Bonn 2012

Alltag im Rheinland 2012. Mitteilungen der Abteilungen Sprache und Volkskunde des LVR-Instituts für Landeskunde und Regionalgeschichte, Bonn 2012

Alltag im Rheinland. Sonderheft 2016: Dörfer im Fokus - Skizzen über Veränderungsprozesse im ländlichen Raum, Bonn 2016

Tilman Allert: Ja, so ein Klassentreffen ist 'ne gute Schule. In: FAZ Nr. 33 vom 8.2.2017

Horst Alsleben: Heu für den Königsschuss. In: Mecklenburg-Magazin Jahresband 2019

Ernst Ammer: Wir feiern Erntefeste – Glückwünsche, Vorträge und Aufführungen zum Erntefest. Reutlingen 1937

Amtsblatt der Königlichen Regierung zu Potsdam und der Stadt Berlin 1821 und 1822

Richard Andree: Braunschweiger Volkskunde. Braunschweig 1901

Arbeiterleben um 1900. Berlin 1983

Äten un Drinken halt Liew ond Seel tosamen - ok in Fastelabend. In: Zs Mecklenburg 2/1998

Karl Baumgarten: Erntefest und Hallenhaus in Mecklenburg. In: Zeitschrift für Volkskunde, 61. Jg. Stuttgart 1965

Karl Baumgarten: Kleine Mecklenburgische Bauernhaus-Fibel. Rostock 1982

Wolfgang Bärenwalde: Von Ruklaas und Oornbier. Mecklenburgisches Brauchtum im Jahreskreis. Bonn 1986

Karl Bartsch: Sagen, Märchen und Gebräuche aus Mecklenburg, 2. Band, Wien 1880

Hermann Bausinger: Der Adventskranz. In: Reinhard Johler/Bernhard Tschofen (Hg.): Empirische Kulturwissenschaft. Eine Tübinger Enzyklopädie, Tübingen 2008

Fred Beckendorf: 1296–1996 700 Jahre Below

Manfred Becker-Huberti: Feiern, Feste, Jahreszeiten – Lebendige Bräuche im ganzen Jahr. Freiburg/Basel/Wien 1998

Manfred Becker-Huberti: Lexikon der Bräuche und Feste. Freiburg/Basel/Wien 2000

Bruno Benthin: Die historischen Flurformen des südwestlichen Mecklenburg. Schwerin 1960

Ulrich Bentzien: Bauernarbeit im Feudalismus. Berlin 1980

Ulrich Bentzien: Landbevölkerung und agrartechnischer Fortschritt in Mecklenburg. Berlin 1983

Ulrich Bentzien/Siegfried Neumann: Mecklenburgische Volkskunde. Rostock 1988

Gustav Bergter: Passow 1324–1999. Passow 1999

Gustav Bergter: Weisin 2000, o. O. 2000

Wilhelm Gottlieb Beyer: Aberglauben in Meklenburg. In: Jahrbücher des Vereins für Mecklenburgische Geschichte und Altertumskunde, Band 9. Schwerin 1844

Philipp Beyhl: Erntedank – ein mögliches Fest. Neue Aspekte zu einem beliebten und doch schwierigen Fest. Theolog. Dissertation. Heidelberg 2007

Sabine Bock: Bauen mit Klump. In: Stier und Greif. Schwerin 1987, Jg. 7

Carl Friederich Wilhelm Bollbrücke: Das Landvolk im Großherzogthum Mecklenburg-Schwerin. Güstrow 1835

Wilhelm Bomann: Bäuerliches Hauswesen im alten Niedersachsen. Weimar 1927

Christel Brandt: Erntefeste im sozialistischen Dorf (Bezirk Schwerin). In: Erntebrauchtum einst und jetzt. Rostock 1984

Fritz Breuel: Woans dat Tüffelracken bie de Ackerbörgers in Parchen vör sick güng. In: Pütt 87 - Informationen der Gesellschaft für Heimatgeschichte im Kulturbund der DDR. Parchim 1987

Harry Brüggmann: Leben am Gehlsbach. Geschichte und Geschichten aus Südmecklenburg. o. O. 2016

Hartmut Brun/Theodor Müller: Rathäuser in Mecklenburg-Vorpommern. Rostock 2001

Hartmut Brun (Hrsg): Voß un Haas. Norddeutscher Heimatkalender 2010. Rostock 2009

Fritz Buddin: Faslam im Ratzeburgischen. In: Mecklenburgische Monatshefte 3. Jg. Heft 3/1927

Werner von Bülow: Mecklenburg-Vorpommern ein Geschenk der Eiszeit. Schwerin 1996

Bund Heimat und Umwelt in Deutschland: Historische Friedhöfe in Deutschland. Bonn 2007

Christiane Cantauw: Mit Wasserspistole und Ballkleid – Feste, Bräuche und Rituale rund ums Abitur. Münster 2011

Clauberg: Der Gemeindefriedhof der Stadt Parchim. In: Führer zum mecklenburgischen Städtetag in Parchim vom 16.–18. Juni 1927

F. Chrestin: Der Weihnachtsbaum. In: Mecklenburg Zeitschrift des Heimatbundes, 26. Jg. Heft 1/1931

Chronik der Stadt Crivitz. Crivitz 2000

Friedrich Joh. Christoph Cleemann: Chronik und Urkunden der Mecklenburg-Schwerinischen Vorderstadt Parchim. Parchim 1825

Dabeler und Borkower Sternsinger. In: Heimathefte für Mecklenburg und Vorpommern 2. Jg. Heft 4/1992

Ilse und Martin Daebel: Grotvadder veretellt von anno dunntaumaln – Geschichten aus Lübz und Umgebung. Lübz 1994

Gabriele Dafft: Von Übergangsritualen, gekauften Bräuten und Individualisierungstendenzen. In: Alltag im Rheinland Mitteilungen der Abteilungen Sprache und Volkskunde des LVR-Instituts für Landeskunde und Regionalgeschichte (ILR) 2016

Georg Diederich/Bernd Schäfer/Jörg Ohlemacher: Jugendweihe in der DDR. Schwerin 1998

675 Jahre Domsühl 1312–1987. Eine Chronik. Schwerin 1987

Dorfgeschichten des Dorfes Granzin 1984

Dorf- und Stadtkirchen im Kirchenkreis Parchim. Bremen/Rostock 2001

Alois Döring: Rheinische Bräuche durch das Jahr, 2. Auflage. Köln 2007

Alois Döring/Michael Kemp/Mirko Uhlig (Hg.): Dem Licht entgegen. Winterbräuche zwischen Erntedank und Maria Lichtmess. Köln 2010

Ida von Düringsfeld/Otto Freiherr von Reinsberg-Düringsfeld: Hochzeitsbuch. Brauch und Glaube der Hochzeit bei den christlichen Völkern Europas. Leipzig 1871

Dieter Dünninger: Wegsperre und Lösung – Formen und Motive eines dörflichen Hochzeitsbrauches. Berlin 1967

Claudia Dutzi: Grabpatenschaften. Bausteine zum Erhalt historischer Grabstätten und Friedhöfe. In: Denkmalpflege in Baden-Württemberg Heft 2/2019

Kerstin Ehlert: Dreißig – ledig – lustig? Moderne Bräuche am 30. Geburtstag. Beiträge zur Volkskunde in Niedersachsen. Schmerse 2005

Rudolf Eisbrenner: Das große Buch der Bauernweisheiten. Würzburg 1997

Horst Ende: Stille Zeugen aus Erde und Stein. MM Nr. 23 vom 15.11.1991

Horst Ende: Friedhof Ludwigslust. In: Bund Heimat und Umwelt in Deutschland: Historische Friedhöfe in Deutschland. Bonn 2007

Horst Ende: Ruhestätten für die Ewigkeit. In: SVZ MM Nov. 1998 Nr. 23

Horst Ende: Von himmlischen Bräuten und irdischen Bräuche. SVZ MM Nr. 17/2007

Carl August Endler: Von der Altmecklenburger Hochzeit. In: Mecklenburg Zeitschrift des Heimatbundes, 32. Jg. Heft 4/1937

Stefanie Endlich: Krieg und Denkmal im 20. Jahrhundert. In: Hübener, Dieter/Hübener, Kristina/Schoeps, Julius H. (Hg.): Kriegerdenkmale in Brandenburg. Von den Befreiungskriegen 1813/15 bis in die Gegenwart. Berlin 2003

A. Engelien/W. Lahn: Der Volksmund in der Mark Brandenburg – Sagen, Märchen, Spiele, Sprichwörter und Gebräuche. Berlin 1868

Erntebrauchtum einst und jetzt. Rostock 1984

Hans und Maria Esch: Spornitz früher und heute. Ein Lesebuch. Schwerin 2005

Peter Fauser: Holzkreuze am Straßenrand. In: Lebensende. Kulturgeschichtlich volkskundliche Aspekte von Sterben, Tod, Trauer, Bestattung. Thüringer Hefte für Volkskunde, Band 8/9. Erfurt 2003

Norbert Fischer: Vom Gottesacker zum Krematorium – Eine Sozialgeschichte der Friedhöfe in Deutschland seit dem 18. Jahrhundert, phil. Diss. Hamburg 1996

Kathrin Fischer/Margarethe Jochimsen: Kastenbilder zum Gedenken an Hochzeit und Tod. Faszination eines vergangenen Brauchs. Münster/New York/München/Berlin 2013.

Hermann Fornaschon: Im Bauerndorfe Des Dorfes Hirtentag. In: Mecklenburg Zeitschrift des Heimatbundes, 4. Jg. Heft 2/1909

Hermann Fornaschon: Im Bauerndorfe Des Bauern Erntetag. In: Mecklenburg Zeitschrift des Heimatbundes, 4. Jg. Heft 4/1909

Hermann Fornaschon: Im Bauerndorfe Das Flachsbrechen. In: Mecklenburg Zeitschrift des Heimatbundes, 4. Jg. Heft 4/1909

Hermann Fornaschon: Im Bauerndorfe Das Erntebier. In: Mecklenburg Zeitschrift des Heimatbundes, 5. Jg. Heft 2/1910

Hermann Fornaschon: Im Bauerndorfe Bauernhochzeit. In: Mecklenburg Zeitschrift des Heimatbundes, 5. Jg. Heft 4/1910

Hermann Fornaschon: Im Bauerndorfe Fastnacht. In: Mecklenburg Zeitschrift des Heimatbundes, 6. Jg. Heft 1/1911

Hermann Fornaschon: Im Bauerndorfe Ein Todesfall. In: Mecklenburg. Zeitschrift des Heimatbundes, 6. Jg. Heft 2/1911

Hermann Fornaschon: Im Bauerndorfe Das Weihnachtsfest. In: Mecklenburg. Zeitschrift des Heimatbundes, 6. Jg. Heft 4/1911

Hermann Fornaschon: Im Bauerndorfe Das Pfingstfest. In: Mecklenburg Zeitschrift des Heimatbundes, 7. Jg. Nr. 1/1912

Lina Franken: Stilles Gedenken? Friedhöfe als Teil der Siedlungsstruktur. In: https://alltagskulturen.lvr.de/de/link/LVR/lido/565471844e61f8.65111867

Dieter Fricke: Kleine Geschichte des Ersten Mai. Berlin 1980

Gerd Froehse/Norbert Vogel: Jugendweihe in der DDR, hergestellt im Auftrage des Zentralen Ausschusses für Jugendweihe in der DDR. o. O. 1974

Christina Frohn: Löblich wird ein tolles Streben, wenn es kurz ist und mit Sinn – Karneval in Köln, Düsseldorf und Aachen 1823–1914, phil. Diss. Bonn 1999

Ludwig Fromm: Mecklenburg, ein niederdeutsches Landes- und Volksbild. Schwerin 1860

Ludwig Fromm: Ueber die Grenze zwischen der altmecklenburgischen (sächsischen) und der märkischen Bauweise der bäuerlichen Gehöfte in Mecklenburg und in der Priegnitz. In: Archiv für Landeskunde in den Großherzogthümern Mecklenburg und Revüe der Landwirtschaft. Jg. 16. Schwerin 1866

Henry Gawlick: Eigenbackt Brot. Brotbacken auf dem Lande in Mecklenburg. Rostock1992

Henry Gawlick: Mit de Tut up de Grotdeel. Vom Weihnachtsgratulieren der Hirten im mecklenburgischen Bauerndorf. In: SVZ Mecklenburg Magazin Nr. 26 vom 23.12.1994

Henry Gawlick: Rugklaaas - Kinnjes - Weihnachtsmann. Hagenow 1995

Henry Gawlick: Ostereier. Ein Jahrhunderte altes Brauchtum wird in Hagenow engagiert gepflegt. In: Mecklenburg. Zeitschrift für Mecklenburg-Vorpommern. 41. Jg. Heft 3/1999

Henry Gawlik: Schimmelreiter, Knapperdachs und Weihnachtsmann – Weihnachtsbräuche in Mecklenburg und Vorpommern. Rostock 1998

Henry Gawlik: Die Bildergalerie der kleinen Leute – Truhenbilder in Mecklenburg und Vorpommern. Rostock 2001

Henry Gawlick: Rugklaas, Kinnjes, Schimmelrieder. Ein lebendiger Weihnachtsbrauch in

Mecklenburg und seine Geschichte in Norddeutschland. Schwerin 2017

Henry Gawlik/Karla-Kristine Lübeck: Mecklenburgische Ornament-Fibel. Rostock 1988

Ralf Gehler: EK, EK, EK – bald bist du nicht mehr da! Soldatenkultur in der Nationalen Volksarmee. Hagenow 1998

Willi Giencke: Dei Oornbierfier. In: Stier und Greif. Schwerin 1987, Jg. 7

Richard Giese: Bunt Wasser und Auststruß - Altes Erntebrauchtum. In: Land und Leute. Ludwigslust Heft 2/1956

Richard Giese: Weihnachtssitten und Weihnachtsbräuche. In: Land und Leute. Ludwigslust 6/1956

Richard Giese: As uns Großvadder uns Großmudder nehm. Aus vergangenem Hochzeitsbrauchtum der Griesen Gegend. In: Land und Leute. Ludwigslust Heft 6/1956

Richard Giese: Faslam in die Gries Gegend. In: Land und Leute. Ludwigslust Heft 2/1957

Richard Giese: Rund um den Johannistag. In: Land und Leute. Ludwigslust Heft 6/1957

Richard Giese: Pfingsten, das Fest der Hütejungen. In: Land und Leute. Ludwigslust Heft 6/1957

Richard Giese: Dei witt Schimmel. Ein alter Hochzeitsbrauch der Griesen Gegend. In: Land und Leute. Ludwigslust Heft 6/1957

Richard Giese: Der Schimmelreiter von Polz. In: Richard Giese: Griese Gegend Sagen und Geschichten, Sitten und Bräuche. Schwerin 1992

Johannes Gillhoff: In den Zwölften. In: Mecklenburgische Monatshefte 2. Jg. Januar 1926

Joachim Göllnitz: 700 Jahre Raduhn. Raduhn 1964

Grabkultur in Deutschland – Geschichte der Grabmäler. Berlin 2009

Andrea Graf: Erste Ergebnisse der Erhebung zum Junggesell/innenabschied im Rheinland „Der letzte Tag in Freiheit?" In: Alltag im Rheinland 2012, Mitteilungen der Abteilungen Sprache und Volkskunde des LVR-Instituts für Landeskunde und Regionalgeschichte. Bonn 2012

Fr. L. Graff: Sitten und Gebräuche des Mecklenburger Landvolkes. In: Archiv für Landeskunde in den Grossherzogthümern Mecklenburg und Revüe der Landwirtschaft, Jg. 17. Schwerin 1867

Julia Greipl: Printenmänner und Posaunenengel. In: Zs monumente 6/2018

Frank Grohmann: 2. Großherzoglich Mecklenburgisches Dragoner-Regiment Nr. 18: 150-jähriges Gründungsjubiläum am 8. August 1867–2017. Parchim 2017

Horst Groschopp: Zwischen Bierabend und Bildungsverein. Berlin 1985

Horst Groschopp: Weltliche Trauerkultur in der DDR. In: humanismus aktuell, Zeitschrift für Kultur und Weltanschauung, Berlin 6/2002

Großherzoglich Mecklenburg-Schwerinsches officielles Wochenblatt 1821

Großherzoglich Mecklenburg-Schwerinscher Staatskalender 1818 und 1869. Schwerin

Klaus Grünwaldt/Udo Hahn: Vom christlichen Umgang mit dem Tod. Beiträge zur Trauerbewältigung und Bestattungskultur. Hannover 2004

W. Hahn: Handel und Industrie in der Stadt Parchim. In: Führer zum mecklenburgischen Städtetag in Parchim vom 16.–18. Juni 1927

Dagmar Hänel: Bestatter im 20. Jahrhundert. Zur kulturellen Bedeutung eines tabuisierten Berufs. Münster/New York/München/Berlin 2003

Nils Hansen: Brauchformen und Brauchforschung in Dithmarschen. In: Dithmarschen Heft 3/2001

Nils Hansen: Bei Wind und Wetter. In: Giesela Wiese (Hsg.): Spielwelten. Eine Ausstellung zu Spielen und Spielzeug. Ehestorf 2016

Walter Hartinger: Religion und Brauch. Darmstadt 1992

Ulrike Häußer/Marcus Merkel: Vergnügen in der DDR. Berlin 2009

Gustav Hempel: Geographisch-statistisch-historisches Handbuch des Meklenburger Landes, 2. Bd. Parchim/Ludwigslust 1843

Wolfram Hennies: Ortsnamensforschung und ihre Aussage zur Siedlungsgeschichte des Kreises Parchim. In: Informationen des Bezirksarbeitskreises für Ur- und Frühgeschichte Schwerin Heft 17/1977

Wolfram Hennies: Festumzug in drei Prignitzstädten und drei mecklenburgischen Dörfern. In: Heimatgeschichte 21/1988

Wolfram Hennies: Die städtische Entwicklung Lübz im 19. Jahrhundert. In: Lübz - Beiträge zur Geschichte der Stadt, Lübz 1989

Wolfram Hennies: Zu den Ortsnamen des Kreises Parchim. In: Schweriner Blätter. Beiträge zur Heimatgeschichte des Bezirkes Schwerin, Heft 9/1989

Wolfram Hennies: Das Wandern ist des Müllers Lust. In: Mecklenburg Heft 7/1993

Wolfram Hennies: Ausländische Arbeiter in der mecklenburgischen Landwirtschaft in der Weimarer Republik. In: Ein Jahrtausend Mecklenburg und Vorpommern. Rostock 1995

Wolfram Hennies Die Wanderung des Grabower Zimmermanns Heinrich Bresch. In: Grabower Heimathefte, Heft 11/1996

Wolfram Hennies: Das Eindringen der Industrie in das südmecklenburgische Dorf zwischen 1850 und 1914. In: Stier und Greif, Bd. 7/1997

Wolfram Hennies: Heuernte war eine schwere Arbeit. In: Mecklenburg Heft 7/1997

Wolfram Hennies: Die Wanderschaft des Lübzer Barbiergesellen E. F.W. Hagen. In. Heimathefte für Mecklenburg und Vorpommern 4/1997

Wolfram Hennies: Der 29. September - Michaelistag. In: Mecklenburg Heft 9/1998

Wolfram Hennies: Vom Feiern und Erinnern - Feste an der Lehm- und Backsteinstraße. In: Lehm- und Backsteinstraße Am Anfang. Ganzlin 1999

Wolfram Hennies: Die Zwölfer. In: Mecklenburg Heft 12/1999

Wolfram Hennies: Silvester. In: Mecklenburg Heft 12/1999

Wolfram Hennies: Ein neuer Brauch entstand. In: Mecklenburg 8/2000

Wolfram Hennies: Frühe Photographien in Plau. In: Heimathefte für Mecklenburg und Vorpommern, 1/2000

Wolfram Hennies: Wo Glück + Unglück dicht beieinander liegen: mit den Zwölften verbinden sich allerhand abergläubische Regeln, die mancher auch heute noch kennt. In: Mecklenburg-Magazin 2001, 52, S.22

Wolfram Hennies: Hofdamen, Maitressen und hitzige Kavaliere. In: Mecklenburg Heft 6/2002

Wolfram Hennies: Gottesdienst und Festumzug. In: Mecklenburg Heft 11/2002

Wolfram Hennies: Soziale und volkskundliche Auswirkungen der Entwicklung der Technik in der mecklenburgischen Landwirtschaft nach 1850. In: Heimathefte für Mecklenburg und Vorpommern 12. Jg. Heft 1/2002

Wolfram Hennies: Das Wandern ist des Müllers Lust : Geselle Becker musste sieben Jahre nur an 167 Tagen wandern. In: Schweriner Volkszeitung Mecklenburg-Magazin (SVZ MM) 2002, 28, S. 23

Wolfram Hennies: Die Schultüte war auf dem Lande lange unbekannt: vor 1945 war Einschulung noch nach Ostern. In: SVZ MM 2002, 12, S. 26

Wolfram Hennies: Lichtmess gibts was Neues, und wenns ein Gänseei ist ... : zum 2. Februar weiß der Bauer zahllose Wetterregeln. In: SVZ MM 2003, 5, S. 26

Wolfram Hennies: Die Mäher sind lustig ... hieß es vor 150 Jahren bei der Getreideernte: Strohballen wurden neues Materialelement in der Volkskunst. In: SVZ MM 2003, 28, S.22

Wolfram Hennies: Vör Johanni bidd üm Rägen ... : Wetterregeln, Volksglaube und Brauchtum um den 24. Juni. In: SVZ MM 2003, 25, S. 23

Wolfram Hennies: Rauschendes Fest zum Jubiläum – 50 Jahre Karneval in Lübz. In: Mecklenburg Heft 4/2003

Wolfram Hennies: Zu Michaelis war Stellenwechsel: aber auch viele Bauern- und Wetterregeln ranken sich um den 29. September. In: SVZ MM 2003, 39, S. 22

Wolfram Hennies: Entlassung in die Erwachsenenwelt: am Palmsonntag wird seit 1778 Konfirmation gefeiert. In: SVZ MM 2003, 15, S.23

Wolfram Hennies. Achtein Eier hewwt Ji woll. Zu Pfingsten wurden auf den Dörfern Eier und Speck für ein Festmahl geschnurrt. In: SVZ MM 2005, 19, S.22

Wolfram Hennies: Ein Dorf mit ganz besonderer Geschichte: Karow beging am 5. Juni sein 750jähriges Jubiläum. In: Mecklenburg, Heft 7/8 2004

Wolfram Hennies: Brauchtum in Südmecklenburg - Beharrung und Wandel nach der Wende 1990. In: Stier und Greif 14. Jg. Schwerin 2004

Wolfram Hennies: Wieviel Halloween braucht Mecklenburg? Anmerkungen zu einem irischen Volksbrauch, der über Amerika zu uns kam. In: SVZ MM 2004, 44, S.29

Wolfram Hennies: Wer kennt das noch? Der Peikschlitten – ein altes, heute fast unbekanntes Wintersportgerät. In: Mitteilungsblatt der Altschülerschaft des Richard-Wossidlo-Gymnasiums in Waren 2004

Wolfram Hennies: Mit Seidenkleid und Myrthenkranz: Hochzeitsfotos belegen den Modewechsel. In: SVZ MM 2005, 41, S.22

Wolfram Hennies: Ländliches Leben mit Strohpuppen gestaltet: Jubiläumsdorf Klinken belebte neuen Brauch. In: SVZ MM 2005, 20, S. 22

Wolfram Hennies: Ein Klassenfoto erzählt Geschichte: was Kleider, Schuhe, Sitzordnung aussagen. In: SVZ MM 2006, 3, S.22

Wolfram Hennies: Vom Weihnachtsgratulieren und anderen Bräuchen. In: Mecklenburg Sonderausgabe Weihnachten/Neujahr 2006/07

Wolfram Hennies: Mecklenburgische Erntekronen zum Erntefest. In: Heimathefte für Mecklenburg und Vorpommern 17. Jg. Heft 3/2007

Wolfram Hennies: Arbeit in der Getreideernte. Volkskundebefragung aus dem Jahre 1865 zu Erntebräuchen. In: Stier und Greif 17/2007

Wolfram Hennies: Glückwunschkarten nach dem Krieg. In: Heimathefte für Mecklenburg und Vorpommern 19. Jg. Heft 1/2009

Wolfram Hennies: Unterwegs mit Stenz und Charlottenburger. In: Mecklenburg-Magazin 2009, S.103

Wolfram Hennies Gutsbesitzer eingewickelt – das Schnüren zur Erntezeit ist heute ein fast vergessener Brauch. In: Schweriner Volkszeitung 21.11.2011, S.26

Wolfram Hennies: Schlösser an Brücken als Zeichen der Liebe: internationale Bräuche mit viel Symbolik erreichen auch den deutschen Nordosten. In: SVZ MM 13.2.2012, S. 27

Wolfram Hennies: Wolfgang Nußbücker 50 Jahre Orgelbau in Plau. In: Mein Mecklenburg Heft 1/2016

Wolfram Hennies: Der 30. Geburtstag. In: Mein Mecklenburg Heft 2/2016

Wolfram Hennies: Junggesellenabschied - ein neuer Brauch verbreitet sich. In: Stier und Greif Jg. 2017 Heft 1

Wolfram Hennies: Feste im Jahres- und Lebenslauf in der Prignitz. Berlin 2017

Wolfram Hennies: Volkskundliche Besonderheiten in Südmecklenburg. In: Mensch – Wirtschaft – Kulturlandschaft. Blankenhain 2018

Wolfram Hennies: Vergessene Pfingstbräuche in Barkow. In: Stier und Greif Jg. 2020 Heft 1

Ulrich Hermanns: Mittelalterliche Stadtkirchen Mecklenburgs. Schwerin 1996

Herrn Adolph Friderichen ... renovirte Gesinde-Tagelöhner- Paur- vnd Schäffer Ordnung/ Zu männigliches Nachricht/ Wissenschaft vnd gehorsamer beobachtung publicirt im Jahr Christi M.DC.XLVI. Rostock

Carl Hessler: Hessische Volkskunde. Marburg 1904

Angelika-Benedicta Hirsch: An den Schwellen des Lebens – Rites de passage als anthropologische Konstante. Eröffnungsvortrag in der Katholischen Akademie Berlin, 17. 9. 1999. In: www.ritesdepassage.de/pdf/Benedicta_Hirsch.pdf 16 www.politische-bildung-brandenburg.de/programm/ausstellungen/archiv/wendekinder/htm

Constantin Hoffmann: Weihnachten in der DDR. Halle/Saale 2016

Eduard Hoffmann-Krayer/Hanns Bächtold-Stäubli: Handwörterbuch des deutschen Aberglaubens. Berlin 2000, Band 2, Band 5, Berlin/Leipzig 1932/33, Band 6, Berlin/Leipzig 1934/35

Franz Holm: Eierschnurrn tau Pingsten in Stresendorp. In: Mein Mecklenburg Heft 3/2008

W.L. Icke: Neueste Geschichte der mecklenburg-schwerinschen Vorderstadt Parchim vom Jahr 1801 bis 1852 – Zur Ergänzung und Fortsetzung der Cleemannschen Chronik. Parchim 1853

Walter Ihrke: Pfingstbräuche der mecklenburgischen Hirten. In: Neue Mecklenburgische Monatshefte 1. Jg. Heft2/1956

Walter Ihrke: Mecklenburgische Fastnachtbräuche. In: Deutsches Jahrbuch für Volkskunde, 6. Bd., Jg. 1960. Berlin

725 Jahre Wilsen 1274–1999

Utz Jeggle: Die Sage und ihre Wahrheit. In: Reinhard Johler/Bernhard Tschofen (Hg.): Empirische Kulturwissenschaft. Eine Tübinger Enzyklopädie. Tübingen 2008

www.juden-in-mecklenburg.de/Friedhoefe/Neuer_Juedischer_Friedhof_Parchim

Ina Kahn: Zur Volkskunde des Landes Mecklenburg am Beispiel des alten Amtes Boizenburg zu Beginn des 20. Jahrhunderts. Dortmund 1983

Kuno Karls: Von einem Pfingstbrauch in Loosen. In: Stier und Greif, Schwerin 1984, Jg. 4

Kuno Karls: Fiekn hätt schräbn ut Hagenow. Heft 1 (3. Auflage) Hagenow 1989; Heft 2 Hagenow 1985, Heft 3, Hagenow 1988

Bernd Kasten: Herren und Knechte – Gesellschaftlicher und politischer Wandel in Mecklenburg-Schwerin 1867–1945. Bremen 2011

Olaf Kersten/Hans-Georg Löffler/Reinhard Parchmann/Siegfried Stoof: Liegenschaften der NVA und GSTD. Zur Nutzung der militärischen Standorte von 1871 bis 2010. Berlin 2011

Burghard Keuthe: 600 Jahre Ziegendorf. 1992

Burghard Keuthe: 600 Jahre Groß Pankow. 1996

Walter Kintzel: Die slawisch-deutsche Besiedlung des Kreises Lübz und der Niederschlag in den Ortsnamen. In: Informationen des Bezirksarbeitskreises für Ur- und Frühgeschichte Schwerin Heft 26/1986

Walter Kintzel: Flurnamen und Ortsnamen aus dem Kreis Lübz. Lübz 1987

Walter Kintzel: Quaßlin. Aus der Geschichte eines südmecklenburgischen Grenzdorfes. Wahlstorf 2000

Joseph Klapper: Schlesische Volkskunde. Stuttgart 1952

Hans-Heinrich Klatt: Familienbräuche in Mecklenburg. Geburt, Taufe, Hochzeit und Tod in der Griesen Gegend. Norderstedt 2014

David Klaubert: Unser Schloss am Fluss. In: FAZ Nr. 36 vom 12.2.2011

Horst Klawuhn: Schweig mir von Rom. Rom 2000

Jürgen Kleindienst/Ingrid Hantke: Als wir Räuber und Gendarm spielten. 2. Auflage. Berlin 2016

Thomas Klie: Valentin, Halloween & Co. Zivilreligiöse Feste in der Gemeindepraxis. Leipzig 2006

Thomas Klie/Martina Kumlehn/Ralph Kunz/Thomas Schlag: Praktische Theologie des Bestattens. Berlin/München/Boston 2015

Elisabeth und Lothar Kluck: dat anner Bauk Muchow. Muchow 2002

Lothar Kluck: Lesebuch von der Ergetzlichkeit, so man aus den Historien hat: aus der Geschichte der Parchimschen Kämmereiorte Damm, Malchow, Neu Matzlow und des Rittergutes Möderitz. Damm 2004

Jürgen Knauss: Überlieferte Bauernregeln - von Heiligentagen und ihrer Bedeutung für Meteorologie und Volksfrömmigkeit. In: Mensch – Wirtschaft – Kulturlandschaft. Deutsches Landwirtschaftsmuseum Schloss Blankenhain, Blankenhain 2018

Jürgen Kniesz/Volker Schrader: Mühlen in Mecklenburg-Vorpommern. Bremen 2006

Jürgen Kocka: Arbeitsverhältnisse und Arbeiterexistenzen. Grundlagen der Klassenbildung im 19. Jahrhundert. Bonn 1990

Jürgen Kocka: Arbeiterleben und Arbeiterkultur – die Entstehung einer sozialen Klasse. Bonn 2015

Otto Köhnke: Swinsslachten up'n Dörp üm 1900. In: Pütt 1993/94

Otto Köhnke: Das Parchimer Wörterbuch. Parchim 2019

Wilhelm Kotzde: Volks- und Kinderreime. In: Brandenburgia Jg. 1906/07

Hermann Kracht. In: Mecklenburg Zeitschrift des Heimatbund 6. Jg. 1911

Neidhardt Krauß/Egon Fischer: Schlösser, Gutshäuser und Parks in Mecklenburg-Vorpommern. Rostock 2002

Kreisblatt für die Westprignitz 1877, 1888, 1899

Gesine Krönert: Bimm, bamm Beier, de Köster mag keen Eier - Spielzeit auf dem Dorf. In: SVZ Mecklenburg-Magazin 8.8.1994, Nr. 16

Gesine Kröhnert: Pingsten wier dat Haupt - alte mecklenburgische Pfingstbräuche. In: Heimathefte für Mecklenburg und Vorpommern 7. Jg. Heft 1/1997

Fritz Kühl: Parchims Bau- und Kunstdenkmale. Parchim 1961

Adalbert Kuhn/Wilhelm Schwartz: Norddeutsche Sagen, Märchen und Gebräuche aus Meklenburg, Pommern, der Mark, Sachsen, Thüringen, Braunschweig, Hannover, Oldenburg und Westfalen. Leipzig 1848

Irmelin Küttner: Kulturlandschaft Lenzer Wische. In: Brandenburgische Denkmalpflege Jg. 21 2012, Heft 1

Ines Lange: Von der Wiege bis zur Bahre. Zur Geschichte Sozialistischer Feiern zu Geburt, Ehe und Tod in der DDR. In: Kulturation 1/2004, Online Journal für Kultur, Wissenschaft und Politik. www.kulturation.de

Otto Lauffer: Der volkstümliche Gebrauch der Totenkronen in Deutschland. In: Zeitschrift des Vereins für Volkskunde. 26. Jg. Berlin 1916

Claus Leichsenring: Erzgebirgische Weihnachtspyramiden. Dresden 2009

Lesebuch von der Ergötzlichkeit, so man aus den Historien hat – Aus der Geschichte der Parchimschen Kämmereidörfer Damm, Malchow Neu Matzlow und des Rittergutes Möderitz. Damm 2004

Carsten Liesenberg/Imke Thielk (Hrg): Bauernhäuser und Dörfer in Mecklenburg-Vorpommern. Lilienthal 2010

Gerhild Ludwig/Heidemarie Höfler/Paul Plagemann: Karneval in Mecklenburg-Vorpommern. In: SVZ Mecklenburg-Magazin 2001 Nr. 2 S. 12; Nr. 3 S. 12; Nr. 4 S. 12; Nr. 5 S. 12

Karla Kristine Lübeck: Hasen Braden und Sollad es ich gerne früh und spaht – Mentalität auf Haubenschachteln. In: SVZ Mecklenburg-Magazin Nr. 16 vom 5.8.1994

Friedrich Mager: Geschichte des Bauerntums und der Bodenkultur im Lande Mecklenburg. Berlin 1955

Kai-Olaf Maiwald: Wir sind keine Affäre. In: FAZ Nr. 3 vom 4.1.2013

Christian Marchetti: Dreißig werden. Ethnographische Erkundungen an einer Altersschwelle. Tübingen 2005

Mecklenburg Zeitschrift des Heimatbundes 5.Jg. 1910; 6. Jg. 1911

Heinrich Mehl (Hg.): Volkskunst in Schleswig-Holstein. Alte und neue Formen. Heide 1998

Herbert May/Andrea Schilz: Gasthäuser - Geschichte und Kultur. Petersberg 2004

Mecklenburgische Volkstrachten. Rostock 1983

Ingrid Möller: Die Wanderroute des Gärtners Heinrich Krambeer aus Goldberg (1881). In. Stier und Greif. Schwerin 2001, Jg. 11

Heike Müns: Von Brautkrone bis Erntekranz, Jahres- und Lebensbräuche in Mecklenburg-Vorpommern. Rostock 2002

Johann Jakob Nathanael Mussäus: Ueber die niedern Stände auf dem flachen Lande in Meklenburg-Schwerin. In: Jahrbücher des Vereins für Geschichte und Altertumskunde, Band 2 (1837)

Neue vollständige Gesetzessammlung für die Mecklenburg-Schwerinschen Lande vom Anbeginn der Thätigkeit der Gesetzgebung bis zum Anfange des 19. Jh. in fünf Bänden, 5. Band Polizei- und Militairsachen. Parchim 1841

Albert Niederhöffer: Mecklenburgs Volkssagen. Bremen 2002

Erdmute Nieke: Religiöse Bilderbögen aus Neuruppin. Eine Untersuchung zur Frömmigkeit im 19. Jahrhundert. Frankfurt/Main 2008

Mario Niemann: Mecklenburgische Gutsherren im 20. Jahrhundert. Erinnerungen und Biographien. Rostock 2000

Mario Niemann: Ländliches Leben in Mecklenburg in der ersten Hälfte des 20. Jahrhunderts. Rostock 2004

Mario Niemann: Beständiger Wandel. Landwirtschaft und ländliche Gesellschaft in Mecklenburg von 1900 bis 2000. Rostock 2020

Norddeutsche Post, Parchim

Öffentlicher Anzeiger für die Großherzoglichen Ämter Lübz-Marnitz, Goldberg-Plau und Wredenhagen zu Röbel 1868

Johannes Pabst: Flas un Linnen. Schwerin 1979

Johannes Pabst: Flas un Linnen. Schwerin 1986

Johannes Pabst: 700 Jahre Burow. o. O. 1988

Johannes Pabst: Land un Lüd – Riemels un Vertellers. Schwerin 1992

Reinhard Peesch: Ornamentik der Volkskunst in Europa. Leipzig 1981

Reinhard Peesch/Wolfgang Rudolph: Mecklenburgische Volkskunst. Leipzig 1988

Tina Peschel: Adventskalender – Geschichte und Geschichten aus 100 Jahren. Dresden 2009

Tina Peschel/Dagmar Neuland-Kitzerow: Weihnachtspyramiden. Tradition und Moderne. Husum 2012

Wilhelm Peßler: Niedersächsische Volkskunde. Hannover 1922

Wilhelm Peßler: Handbuch der deutschen Volkskunde. Band 2. Potsdam 1935

Isabeau Peter: Friedhöfe an Allerheiligen Blumen – Blätter – Lichter. In: Alltag im Rheinland. Mitteilungen der Abteilungen Sprache und Volkskunde des LVR-Instituts für Landeskunde und Regionalgeschichte Herausgegeben von Georg Cornelissen, Alois Döring, Dagmar Hänel – Sonderheft 2012: Feier-Tag Allerheiligen zwischen Kerzen und Kommerz. Bonn 2012

Alice Peterich: Auf den „Hochhackigen" zur Jugendweihe. In: SVZ MM Jg. 2014, S.59

Alice Peterich: Hefte, Bleistift, Zuckertüte. In: SVZ MM 2.9.2016

Robert Petsch: Bindesprüche der Roggenschnitter in Mecklenburg. In: Zeitschrift des Vereins für Volkskunde 12. Jg., 1902

Gerhard Pingel/Peter Richter: Die fünfte Jahreszeit bi uns in Pütt un annerswo. Parchim 1995

Plauer Zeitung

F. W. Raabe: Gesetzsammlung für die Mecklenburg-Schwerinschen Lande 2. Folge umfassend den Zeitraum vom Anfange dieses Jahrhunderts bis zum Jahre 1848. 3. Band Polizeisachen, Parchim/Ludwigslust 1848

M. Rausch: Prignitzer Volksrätsel. In: Mitteilungen des Vereins zur Förderung der Heimatforschung und des Heimatmuseums für die Prignitz in Heiligengrabe 5/1914

Norbert Rauscher: Dorfentwicklung in Brandenburg. Potsdam 2002

Helle Ravn/Heinrich Mehl: Folkekunst - kun fantasien saetter graenser (Volkskunst - nur die Fantasie setzt Grenzen). Rudköbing/Langeland 2006

Franz Rehbein: Gesinde und Gesindel. Berlin 1955

Annette Remberg: Wandel des Hochzeitsbrauchtums im 20. Jahrhundert dargestellt am Beispiel einer Mittelstadt. Münster 1995

Richtlinien für die Bestattung in der Evangelischen Kirche von 1999

Julia Ricker: Markenzeichen Mitgefühl – 1700 Jahre heiliger Martin von Tours. In: monumente 26. Jg. Heft 5/2016

Katharina Rieger: Fondant und Cuba-Orangen. Ein Rückblick: Weihnachten in der DDR. In: Der Elbländer 12/2012

Johann Ritter: Die Mäßigkeitsvereine in Mecklenburg. In: Wilhelm Raabe: Mecklenburg ein Jahrbuch für alle Stände. Parchim und Ludwigslust 1844

Gotthard Romberg: Gr. Laasch: Hochzeitssitten in der grisen Gegend bei Ludwigslust. In: Mecklenburg Zeitschrift des Heimatbundes, 13. Jg. Heft 2/1918

Gotthard Romberg: Bauernwirtschaft und Leben vor 100 Jahren. In: Mecklenburg Zeitschrift des Heimatbundes, 15. Jg. Heft 1/1920

Rolf Roßmann: 1955 - erste Jugendweihefeier in Neu Kaliß. In: Heimathefte für Mecklenburg und Vorpommern 10. Jg. Heft 1/2000

Rolf Roßmann: Vor Sonnenaufgang geschöpft. In: SVZ MM Jg. 2009 S. 46

Rolf Roßmann: Namensweihe für ein Neugeborenes. In: SVZ MM Jg. 2013 S. 47

Rolf Roßmann: Jugendweihe im Wandel. In: SVZ MM Jg. 2014, S. 46

Rolf Roßmann: Großer Rummel um die Frauen. In: SVZ MM 2016 S. 33

Rolf Roßmann: Von der Prozession zur Landpartie. In: SVZ MM Jg. 2016 S. 73

Rolf Roßmann: Von Totenfrauen und Chorkindern. In: SVZ MM Jg. 2016 S. 146

Rolf Roßmann: Kufenspaß auf dem Eis. In: Mecklenburg-Magazin Jahresband 2019

Rolf Rossmann: Zwei Ohrfeigen fürs Abzeichen. In: Mecklenburg-Magazin Jahresband 2019

Rolf Rossmann: Vom Lücht zur Funzel. In: SVZ MM vom 15.11.2019

Heidi Rosenbaum: Formen der Familie. Untersuchungen zum Zusammenhang von Familienverhältnissen, Sozialstruktur und sozialem Wandel in der deutschen Gesellschaft des 19. Jahrhunderts. Frankfurt am Main 1982

Heidemarie Ruchhöft: Chronik der Stadt Plau am See. Plau am See 2010

Dietmar Sauermann: Weihnachten in Westfalen um 1900. Münster 1979

Dieter Scheidig: Vom Kirchhof zum Friedhof-Mecklenburgische Sepulkralgeschichte der Neuzeit. Meura 2014

Hermann Schepler: Techentiner Karneval. In: Land und Leute Heft 2/1958

Franz Schildt: Die Gemeinde Vellahn zu Anfang des 18. Jahrhunderts. In: Jahrbücher des Vereins für Mecklenburgische Geschichte und Altertumskunde. Band 47 (1882)

Friedrich Schlie: Die Kunst- und Geschichtsdenkmäler des Großherzogthums Mecklenburg-Schwerin. 3. Band Schwerin 1899 und 4. Band Schwerin 1901

Karl Schmaltz: Schmiedeeiserne Grabdenkmale. In: Zeitschrift Mecklenburg (Heimatbund) 6. Jg. 1911

Karl Schmaltz: Kirchengschichte Mecklenburg. 3. Band, Berlin 1952

Christoph Schmitt: Tradition als Medium regionaler Identität – Formen des Brauchfolklorismus in Mecklenburg. In: Eva Leitzke-Ungerer/ Andrea Pagni: Europäische Regionalkulturen im Vergleich. Frankfurt am M./Berlin/Bern/ Bruxelles/New York/Oxford/Wien 2002

Manfred Schober: Brauchtum um den Schuleintritt. In: Kultur und Lebensweise 2/1981, hrsg. von der Gesellschaft für Heimatgeschichte im Kulturbund der DDR

Mila Schrader: Reet und Stroh als historisches Baumaterial. Suderburg-Hösseringen 1998

Edda Schulz: Slate 1254–2004. Slate 2001

Karl Rolf Schultz: Mecklenburgische Dorfchronik von der Eiszeit bis zur Gegenwart, 2. Aufl. Berlin 1957

Karl Rolf Schultz: Die Lewitz. Entstehung und Entwicklung zu einem intensiven Wirtschaftsgebiet. Schwerin 1961

Eberhart Schultze: Die Parchimer Flugplätze von 1937–2006 ihre Geschichte und Gegenwart. Band 1 das Leben mit Fliegern, Flugzeugen und Legenden. Schwerin 2001

Harald Schulze: Mummenschanz und Narrenfest. Dössel 2005

U. P. Schwarz: Landesschützentag 2001 in Parchim. In: Mecklenburg Nr. 6/2001

Wilhelm Schwartz: Der heutige Volksglaube und das alte Heidenthum mit Bezug auf Norddeutschland, besonders die Mark Brandenburg und Mecklenburg. Eine Skizze. 2. Auflage, Berlin 1862

Wilhelm Schwartz: Sagen und alte Geschichten der Mark Brandenburg. Berlin 1871

Wilhelm Schwartz: Vom Sagensammeln. Erinnerungen aus meinen Wanderungen in den Jahren 1837–1849. In: Archiv der Brandenburgia. 1. Band, Berlin 1894, S. 156

Wilhelm Schwartz: Heidnische Überreste in den Volksüberlieferungen der norddeutschen Tiefebene. In: Zeitschrift für Volkskunde 9. Jg. Berlin 1899

Hilde Schweikert: Erntebräuche in Mecklenburg-Vorpommern. In: Heimathefte für Mecklenburg-Vorpommern Heft 3/1991

Michael Simon: Moderne Brauchinnovation. Geschichte und Funktion des Treppenfegens beim 30. Geburtstag. In: Jahrbuch für Volkskunde 21. Würzburg 1998

Adolf Spamer: Die Deutsche Volkskunde, 2. Band. Leipzig 1935

Franz Spur: Hagenow: der Flugplatz und das Militär ; Geschichte des Flugplatzes und der Garnison im Rahmen der militärischen Ereignisse in Mecklenburg ; 1935–1992. Hagenow 2006

Statistisches Handbuch für das Großherzogtum Mecklenburg-Schwerin. Schwerin 1910

Sterben und Tod im ländlichen Raum. Blankenhainer Berichte 6, Blankenhain 1999

Wolfgang Steusloff: Die Wanderschaft des Zahrensdorfer Zimmergesellen Carl Steusloff von 1845 bis 1850. In: Stier und Greif. Schwerin 1996, Jg. 6

Heinrich Stiewe: Dorf- und Straßenkrüge - Ländliche Wirtshäuser im Norden Deutschland. In: Herbert May/ Andrea Schilz (Hsg.): Gasthäuser - Geschichte und Kultur. Petersberg 2004

Marianne Strack: Paascheneiner un süss noch wat – orrer Osterfieer so as früher. In: Heimathefte für Mecklenburg und Vorpommern 10. Jg. Heft 1/2000

Erich Stübe: Landmaschinen und Arbeitsgeräte unserer Vorfahren für den Kartoffelanbau. In:

Heimathefte für Mecklenburg und Vorpommern 4. Jg. 1+2/1994

Kurt Stüdemann http://www.heimatbund-parchim.de/mediapool/110/1101609/data/Mitgliederbeiträge/Stüdemann-Martinimarkt-Parchim-2000.pdf

Reno Stutz: Brauen in Mecklenburg - Zeit für Lübzer seit 125 Jahren. Rostock 2002

Bruno Theek: Laterne, Laterne. In: Land und Leute Ludwigslust 3/1956

Bruno Theek: Vom Ruklaas. In: Land und Leute. Ludwigslust 12/1957

Doris Tillmann: Weihnachtszauber. Heide 2000

Paul Freiherrn von Troschke: Geschichte des 1. Großherzoglich Mecklenburgischen Dragoner-Regiments Nr. 17. Bd. 2, Berlin 1938

Unser Kreis Parchim. Heimatkundliches Arbeitsbuch für den Deutschunterricht der Unterstufe. Parchim 1958

Konstantin Urum-Beglikow: Hubertusjagd durch Feld und Flur. In: Heimathefte für Mecklenburg und Vorpommenr 3. Jg. Heft 4/1993

Renate de Veer: Steinernes Gedächtnis. Gutsanlagen und Gutshäuser in Mecklenburg-Vorpommern. Schwerin 2006

Hans Vick: Von der Boizenburger Schützenzunft. In: Boizenburger Heimatblätter. Boizenburg 1933

Volkskunst in Schleswig-Holstein. Alte und neue Formen. Heide 1998

Volks- und Berufszählung vom 29.10.1946. Deutsches Gemeindeverzeichnis. Berlin/München 1950

Ingeborg Weber-Kellermann: Saure Wochen, frohe Feste. München/Luzern 1985

Ingeborg Weber-Kellermann: Landleben im 19. Jahrhundert. München 1987

Sabine Webersinke: Alter Friedhof Parchim. In: Bund Heimat und Umwelt in Deutschland: Historische Friedhöfe in Deutschland. Bonn 2007

Claudia Weingartner: Alles Mythos! 24 populäre Irrtümer über Weihnachten. Darmstadt 2013

Richard Weiss: Volkskunde der Schweiz. Erlenbach-Zürich 1946

Günter Wiegelmann: Alltags- und Festspeisen in Mitteleuropa. Münster 2005

Gustav Willgeroth: Die Mecklenburg-Schwerinschen Pfarren seit dem Dreißigjährigen Kriege. Band 2, Wismar 1925

Mechthild Wiswe: Spanschachteln – Geschichte, Herstellung, Bemalung. München 1986

Barbara Wolbert: Jugendweihe nach der Wende. Form und Transformation einer sozialistischen Initiationszeremonie. In: Zeitschrift für Volkskunde, 94. Jg., 1998/II

Richard Wossidlo: Der Tod im Munde des mecklenburgischen Volkes. In: Zeitschrift des Vereins für Volkskunde 4. Jg. 1894

Richard Wossidlo: Heimatgruß an uns Mekelbörger in'n Fell'n von'n Heimatbund Meckelborg. Schwerin 1917

Richard Wossidlo: Volkskunde in Mecklenburg 1926. In: Mecklenburg Zeitschrift des Heimatbundes 22. Jg. Heft 4/ 1927

Richard Wossidlo: Erntebräuche. Hamburg 1927

Richard Wossidlo: Altmecklenburgische Sitten und Volksbräuche in den Zwölften, zu Weihnachten, Silvester und Neujahr. Beiträge zur Heimatkunde. Hrg. f. d. Gau Mecklenburg, Nr.2. Wismar 1936

Wossidlo/Teuchert: Mecklenburgisches Wörterbuch. Neumünster 1996

Die Wooster Heide und ihre Walddörfer. Sandhof 2004

Willi Zachow: Zu Weihnachtsbaum. In: Mecklenburg, Zeitschrift des Heimatbundes, 24. Jg. Nr. 3, Schwerin 1929

Anne-Kathrin Ziesak (Hrsg.): Gott in Brandenburg. Christliche Lebenszeugnisse aus zwölf Jahrhunderten. Potsdam 2005

Ortsregister

Der Autor

Dr. Wolfram Hennies studierte Geschichte und Germanistik an der Universität Rostock und veröffentlichte schon als Student Beiträge zu historischen Themen und zur Regionalgeschichte Norddeutschlands. Seine Mecklenburger Herkunft und sein langjähriger Lebensmittelpunkt in der angrenzenden Prignitz sind für den 1988 promovierten Agrarhistoriker eine unerschöpfliche Basis seiner Forschungen zur ländlichen Volkskultur. 1991 berief ihn der Mecklenburger Landkreis Waren zum Direktor des Agrarhistorischen Museums Alt Schwerin, um dessen Erhalt und Weiterentwicklung er sich verdient gemacht hat. Im Auftrag des Brandenburgischen Wissenschaftsministeriums übernahm er in der Folge die Planungen für ein Brandenburger Agrarhistorisches Museum.

Als äußerst vielseitiger Wissenschaftler mit ungewöhnlichen Forschungsthemen versteht er es, Unscheinbares im ländlichen Raum zu entdecken, wissenschaftlich zu bearbeiten, konkrete lokale Zusammenhänge zu beschreiben und mit besonderer Befähigung allgemein verständlich darzustellen. Seine über 600 detailreichen Publikationen zeichnen ihn aus als „Entdecker des Unscheinbaren", durch die er dazu beiträgt, die Würde der einstigen Landbevölkerung mit ihrer naturverbundenen Lebensweise und vielseitigem Wissen zu bewahren.

Wie in seinen vorausgegangenen Büchern über Brauchtum in der Prignitz und die Geschichte der Landwirtschaft in der Prignitz, die ein unschätzbares Geschenk für die Prignitz sind, fügt der Autor mit seiner Publikation über das Brauchtum in Südwestmecklenburg den Forschungen in Mecklenburg einen facettenreichen Mosaikstein hinzu, der gewiss den Bewohnern, Besuchern und Liebhabern ein aufschlussreicher Lesestoff über die eigene Identität sein wird.

Lutz Partenheimer

Albrecht der Bär und die Entstehung Brandenburgs

160 Seiten, **16,80 €**

13,5 × 21 cm, Broschur

Ein kluger Mann oder ein »Slawenschlächter«? Oder verkörperte er einfach das Start-up Brandenburgs? Am 18. November 2020 jährte sich der Todestag Albrechts des Bären zum 850. Male. Er kam aus Ballenstedt am Harz, gehörte dem deutschen Fürstenhaus der Askanier an und wurde der erste Markgraf von Brandenburg. Vom bewegten Leben und Wirken dieses außergewöhnlichen Mannes berichtet Lutz Partenheimer.

Uwe Michas

Die Quitzows - Räuber oder Rebellen?

198 Seiten, **18 €**

Broschur mit historischen Abbildungen

Brandenburg im 15. Jahrhundert: Die Brüder Dietrich und Johann von Quitzow herrschen über weite Landstriche der Mark. Das Leben der Brüder gleicht einem Historienroman: Dem rasanten Aufstieg zum mächtigsten Geschlecht in der Mark Brandenburg folgt ein tiefer Fall. Geblieben ist das schaurige Bild der Brüder als Menschenschinder und Raubritter. Aber stimmt das? Uwe Michas, Archäologe und Mittelalterexperte, folgt den historischen Spuren der Quitzows und erzählt ihre Geschichte neu.

Rahnsdorfer Straße 26 · 12587 Berlin

+49 30 / 64 32 87 76 · +49 30 / 64 09 47 06

verlag@ammian-verlag.de · ammian-verlag.de

DIE MARK BRANDENBURG

Das Land Brandenburg – Gastgeber für Geschichte und Geschichten. Mit seinen Wäldern, Wiesen und über 3000 Seen, seinen Städten, Burgen und Schlössern ist Brandenburg eine durch die Jahrhunderte geprägte europäische Kulturlandschaft. Die wechselvolle Geschichte spiegelt sich in der lebendigen Region rund um die Metropole Berlin. Das Magazin **DIE MARK BRANDENBURG** beschreibt die Vergangenheit und führt in die Gegenwart dieses Landes.

Mit Themen aus Natur und Kultur sowie Politik und Wirtschaft, nimmt Sie **DIE MARK BRANDENBURG** mit hinter die Kulissen Ihres Urlaubsortes.

Ihre Urlaubslektüre finden Sie unter:

Ihr Geschichtsmagazin für das Land Brandenburg

www.die-mark-brandenburg.de
oder mit einem Abonnement der Zeitschrift **DIE MARK BRANDENBURG** für 24 Euro inkl. Versand (Versand ins Ausland in Abhängigkeit der Preise der Deutschen Post).

Rahnsdorfer Straße 26 · 12587 Berlin
+49 30 / 64 32 87 76 · +49 30 / 64 09 47 06
verlag@die-mark-brandenburg.de · die-mark-brandenburg.de